미래를 위한 과거로의 산책

세상을
움직이는 책

에게 드립니다

Oriental classics–Guwen Zhembao(The prose section)

고문진보
-후집(문편)-

Yukmoonsa

Oriental classics – Guwen Zhembao

세상을 움직이는 책

일봉 **고문진보－후집**(문편) 개정판

초판 1쇄 | 2015년 11월 15일 발행

원저자 | 황 견
편저자 | 박일봉
교 정 | 김숙희 · 박봉진
디자인 | 인지숙
펴낸이 | 이경자
펴낸곳 | 육문사

주소 | 서울 마포구 월드컵로 11길 35, 101동 502호
전화 | 02-336-9948
팩시밀리 | 02-337-4315
출판등록 | 제313-2011-2호 (1974. 5. 29)

ISBN 978-89-8203-124-3 04140
      978-89-8203-000-0 (세트)

국립중앙도서관 출판시도서목록(CIP)

(일봉) 고문진보 : 후집(문편) / 원저자: 황견 ; 편저자: 박
일봉. -- 개정판. -- 서울 : 육문사, 2015
    p. ; cm. -- (Oriental classic.Guwen Zhembao)

원표제: 古文眞寶 : 後集·文篇
원저자명: 黃堅
중국어 원작을 한국어로 번역
ISBN 978-89-8203-124-3 04140 : ₩30000
ISBN 978-89-8203-000-0 (세트) 04140

중국 문학[中國文學]

820.81-KDC6
895.108-DDC23   CIP2015029202

古文眞寶
－後集(文篇)－

序文

　《古文眞寶》의 전·후집에는 중국 역대 시문(詩文)의 명편(名篇)이 수록되어 있다. 예로부터 우리나라 선비나 학자들은 중국의 詩文들을 단순한 외국 문학이 아니라 우리 자신의 문학으로, 또는 학문을 하는 데에 꼭 필요한 것으로 배우고 익혀 왔다. 따라서 중국의 詩文이 우리나라의 문화 일반에 끼친 영향은 막대하다 하겠다.

　우리나라에서《古文眞寶》가 최초로 간행된 연대에 대해서는 학자들마다 조금씩 의견을 달리하고 있지만, 그 의견을 종합해 보면 고려시대에 처음으로 간행되었다고 보는 것이 좋을 것 같다. 그런데 그 당시 우리나라 선비·학자들 사이에서는 양(梁)나라 무제(武帝)의 맏아들인 소명 태자(昭明太子) 소통(蕭統)이 편찬했다는《文選》이 문장 교본으로 사용되었기 때문에,《古文眞寶》가 널리 읽히지는 못했다. 그러나 그 후 조선조(朝鮮朝)에 이르러《古文眞寶》의 진가(眞價)가 인정되고, 선진(先秦:秦의 시황제 이전의 시기, 즉 춘추 전국시대)부터 송대(宋代)에 이르기까지 각 시대의 다양한 문체(文體)의 작품을 접할 수 있다는 큰 장점 때문에 선비·학자들에 의해서《古文眞寶》가 널리 애독(愛讀)되기 시작하여 오늘날에 이르고 있다.

　《古文眞寶》후집에는 주로 문장(文章)이 수록되어 있기는 하나, 그중에는 사(辭)·부(賦)·잠(箴)·명(銘)·송(頌) 등의 운문(韻文)도 섞여 있다. 문(文)류는〈北山移文〉·〈弔古戰場文〉의 두 편이 실려 있는데, 이것은 사륙변려체(四六騈儷體:넉 자와 여섯 자의 對句를 많이 쓰고, 音調를 맞추며 故事를 많이 인용하는 한문체)나 부(賦)처럼 운(韻)이 있는 文으로, 文이라 칭하기는 하나 산문(散文)이 아니라 일종의 운문(韻文)이라 할 수 있다. 중국에서는 예로부터 文이라는 명칭을 운문과 산문 양쪽에 모두 사용했던 것이다. 그러나 이 책에는 이들 운문식의 文 외에, 설(說)·기(記)·해(解)·서(序)·문(文)·전(傳)·비(碑)·변(辯)·표(表)·원(原)·론(論)·서(書)의 12종류의 문(文)이 있는데, 이중에는 운문의 가(歌)를 동반한 것이 있기는 하나 모두 산문이다. 그리고 사(辭)·부(賦)가 심원(深遠)한 정회(情懷)를 읊은 서정적인 작품인 데에 비하여, 이들 각체(各體)의 산문은 어느 것이나 사회 생활면에서 무언가 실용적인 목적을 위해 쓰인 작품이다. 기사문(記事文)이나 설명문, 혹은 전기문(傳記文)·상주문(上奏文)·비문(碑文)·서간문(書簡文) 등 문체의 이름으로 보아도 알 수 있듯이 모두 실용문이다. 만약 실용문이 아니라면, 그것은 정치나 도덕의 훈계나 도리를 이야기하고자 하는 목적을 가진 문장이다.

　이러한 문장들은 대개 붓 가는 대로 한가롭게 쓰인 한문(閑文)이 아니라, 분명한 목적을 가지고 쓰인 것이다. 하긴 그중에는 〈蘭亭記〉·〈樂志論〉·〈酒德頌〉처럼 한가로이 자신의 뜻을 이야기하는 작품도 없지는 않지만, 일반적으로 이 책의 산문류는 실용문이며, 도(道)를 담은 문장이다. 道를 담은 문장이라 함은 자신의 뜻을 기술한 문장에 대해서 하는 말로, 유가(儒家)의 도덕, 인의충효(仁義忠孝)의 道를 담고 있는 문장이란 뜻이다. 이 '문장은 도덕을 담기 위한 도구'라고 하는 예부터의 뿌리 깊은 관념이 중국의 문학을 지배하고 있었던 것이다. 당대(唐代) 한퇴지(韓退之)의 고문부흥운동(古文復興運動) 이래 성행한 고문(古文)도 이 유가적(儒家的)인 문학관(文學觀)을 계승한 것이었다. 실제로 《古文眞寶》에 실린 글 중에서 한가로이 자신의 뜻을 이야기한 글이라고 생각할 수 있는 것은, 왕일소(王逸少)의 〈蘭亭記〉, 중장통(仲長統)의 〈樂志論〉, 유백륜(劉伯倫)의 〈酒德頌〉 및 도연명(陶淵明)의 〈五柳先生傳〉 등 당(唐) 이전 사람들의 작품에 많다.

이 글들이 대부분 실용적인 글이거나 道를 이야기하기 위한 글이라 하더라도, 우리는 그 각 편(篇)이 모두 뛰어난 작품이라는 것을 인정하지 않을 수 없다. 어느 한 편을 취해 보아도, 어떤 의미에서든지 독자에게 감명을 주지 않는 글이 없다. 다시 말해 모두 작자의 개성이 강하게 엿보이는 글들로서, 그것이 독자에게 깊은 감동을 주는 것이다. 작자의 정신이나 문자의 표현 방법 등 여러 가지 감흥을 글 속의 도처에서 느낄 수 있다. 말하자면 이 한 권의 책은 주옥같은 고문의 소품(小品)으로 넘쳐 있는 것이다. 편자(編者)가 이 책을 진보(眞寶:참된 보배)라 이름 지은 연유도 이에 있을 것이다.

그런데 현대 중국의 수필가 주작인(周作人)은,

"당송(唐宋)의 문인도 얼마간 자신의 뜻을 이야기하는 산문을 짓기는 했지만, 대개는 스스로 그것을 문장의 유희(遊戲)로 생각하고 있었으므로, 본격적인 문장을 지을 때에는 언제나 형식에 맞는 고문(古文)을 썼다."

고 말하여, 형식에 맞추어 道를 이야기하는 문장이 아닌 자신의 뜻을 이야기하는 산문은, 명(明)·청(淸) 시대에 이르러서 비로소 조금씩 쓰이게 되었다고 주장했다. 물론 당(唐)·송(宋)의 古文은 아직 형식에 맞추어 道를 이야기하는 문장으로, 완전히 형식을 타파한 자유롭고 서정적인 산문 소품은 아니다. 그러나 이들 古文의 산문은 이미 육조풍(六朝風)의 사륙변려문(四六騈儷文)의 속박에서 벗어나 자유로운 산문 정신을 획득하고 있으며, 고풍(古風)스런 형식 사이사이에서 개성미가 반짝거리고 있다는 것을 인정하지 않을 수 없다. 당(唐)의 고문운동(古文運動)의 성과는 이미 자유로운 산문에로 제1보를 내딛고 있었던 것이다. 이러한 의미에서 唐代의 古文運動은 일종의 문학 혁명이었으며, 古文은 이 문학 해방에 의해서 생겨난 새로운 생명을 가진 문체(文體)였다고 할 수 있다. 주씨(周氏)가 이야기하는 서정적인 산문 소품은 唐代에서는 아직 문장 유희(遊戲)로 인식되어 있었다 하더라도, 그 당시에 古文은 상당히 성행되었다. 그 古文의 산문은 전기소설(傳奇小說)의 가장 적합한 도구로 사용되어, 많은 재미있는 작품을 낳았다. 이것이 唐代의 古文이 이룩한 큰 업적이었음은 문학사가(文學史家)들이 인정하는 바이다. 이러한 의미에서, 중국 근대의 산문 소품의 원류(源流)를 唐·宋 古文의 산문에서 찾을 수 있을 것이다. 즉 중국의 산문(散文)은 일찍이 唐·宋 古文의 소논문(小論文) 중에서 발견할 수 있다고 말해도 지장이 없을 것 같다.

　이 책에 실린 古文의 산문은 결코 경서(經書)의 주소(註疏)와 같은 것이 아니다. 그것은 생생한 작자의 개성을 통해 독자에게 이야기되는 예술 작품의 경지에 도달하고 있다. 우리는 그 작품들의 성실하고 근엄한 정신에 감동하고, 그 익살스러움과 초탈한 경지에 이끌리며, 비통하고 슬픈 감정에 빠져드는가 하면, 논리 정연한 논술이나 교묘한 비유에 강한 설득력을 느끼기도 하는데, 이것은 모두 그 작품의 우수성에 기인한 것이라 해도 좋을 것이다.

　이 책에 실려 있는 글들을 옛사람이 보여 준 문장의 전형으로 배울 뿐만 아니라 그 작자의 개성적인 작품으로서 감상한다면, 그 문장에서 새로운 흥취를 느낄 수 있을 것이다. 예를 들면, 〈醉翁亭記〉는 산수(山水)의 아름다움에 취한 태수(太守) 구양수(歐陽修)의 유연(悠然)한 심경의 여유가 그 문장 표현을 전체적으로 유머러스하게 하면서, 마지막으로 백성과 함께 즐겨야 한다는 위정자(爲政者)의 마음가짐에 대해 언급하고 있으며, 〈岳陽樓記〉는 동정호(洞庭湖)의 웅대한 경관(景觀)이 그 경관을 대하는 사람의 기쁨이나 슬픔에 강하게 작용하는 것을 찬탄(讚嘆)한 다음, 일전(一轉)하여 이 개인적인 근심이나 즐거움을 초월하여 민(民)에 앞서 근심하고 민(民)보다 늦게 즐기는 군자의 의식(意識)으로 되돌아가는 것으로써 이야기를 끝내고 있다. 두 글 모두 감흥(感興)을 충분히 살리면서 마지막에 도덕과 정치에 관련시켜 이야기를 맺고 있는 것은, 작자가 단지 문인(文人)일 뿐만 아니라 관리이며 정치가였다는 사실을 고려할 때 결코 부자연스러운 것이 아니다. 記·序류의 모든 편(篇)에 관해서는 대개 이와 같은 말을 할 수 있을 것이다.

〈前後出師表〉와 〈陳情表〉에서는, 고대인(古代人)의 신하 된 자의 절실한 정(情)과 충의효자(忠義孝慈)의 강한 도덕심에 감동되는 동시에, 그것이 작자의 절박한 현실의 입장이며 또 그런 생활 속에서 생겨난 글이므로, 거기에는 유희적(遊戲的)인 감흥이 조금도 끼어들 여지가 없음을 느낀다. 이것이야말로 생활 문학이라 할 수 있는 것이리라. 또 이와는 반대로, 귀족 풍류인들이 한가롭게 시주(詩酒)와 산수(山水)를 즐기면서 세월의 흐름을 애석해하고 인생의 덧없음을 영탄(詠嘆)하며 인간의 영원한 근심을 써서 남긴 〈蘭亭記〉가 있으며, 후세에 이와 같은 사상을 계승한 것으로는, 사적지(史蹟地)로 귀양 가 그곳에서 풍류 넘치는 뱃놀이를 하면서 낭만적인 인생관을 노래한 〈赤壁賦〉가 있다. 〈待漏院記〉에서 정무(政務)에 힘쓰는 재상의 엄격한 마음가짐을 느낀 사람은, 〈歸去來辭〉에서 벼슬에서 떠나 고향에 안주하려고 돌아가는 시인의 한없는 기쁨에 공감할 것이다. 이와 같이 각 편(篇)에 갖가지 흥취가 있어서, 이것을 읽는 사람의 이해가 깊으면 깊을수록 그 흥미는 한이 없을 것이다.

　이와 같은 名詩文의 묘미를 우리말로 완벽하게 재현하는 일은 매우 어려운 일, 아니 거의 불가능에 가까운 일이다. 그래도 이런 어려움을 무릅쓰고 되도록 원문(原文)이 지닌 맛을 우리말에도 살려 보고자 온갖 힘을 기울였지만, 아무래도 原文의 아름다움에는 미치지 못하는 바가 많을 것이다.

〈일러두기〉

1. 이 책은 청려재(靑藜齋)의 발문(跋文)이 실려 있는 《重刊古文眞寶》를 대본으로 하여, 문편(文篇)인 후집에 수록되어 있는 67편의 작품을 완역한 것이다.
2. 이 책을 번역하는 데에는 되도록 원문(原文)이 지닌 묘미와 심오한 의미, 운율, 정연한 논리 등을 그대로 독자들이 맛볼 수 있도록 하는 데에 주력했다.
3. 이 책에 실려 있는 67편의 작품은 본디 황견(黃堅)이 편집한 대로 문체(文體)별로 모아져 있으며, 각 작품의 번역 및 해설에는 다음과 같은 방법을 취했다.

* 처음에 문체(文體)의 이름과 그 문체의 특성, 유래 등을 설명하고, 작품명과 그 작자를 썼다. 본디 《重刊古文眞寶》에는 작품명과 작자가 나온 다음에 작품명과 작자에 대한 간략한 소개가 씌어 있으나, 이 책에서는 뒤에 【解說】란을 두어 작품명과 작자에 대한 것은 물론이고 작품에 관련된 것을 개괄적으로 자세히 다루어 놓았으므로 중복을 피하기 위해 뺐으니, 독자들은 【解說】을 참고하기 바란다.
* 그 다음에 원문을 보기 쉽도록 약간 큰 활자로 싣고, 다음에는 원문 전체가 지닌 맛과 함축된 의미를 가능한 한 살려 우리말로 풀어 놓았으며, 그 뒤에는 원문에 나오는 【語義】를 원문보다 작은 활자로 상세히 풀어 놓았다. 【語義】를 푸는 방법에는, 본문을 이해하는 데에 필요한 의미는 물론, 그에 따른 고사(故事)나 인용된 문구가 있으면, 그 출전과 내용까지 자세히 소개하였다. 그 뒤에 【解說】란을 두어, 그 글이 쓰이게 된 배경이나 그 당시 작자의 심경, 상황, 혹은 그 글과 관련 있는 갖가지 이야기 등을 실어, 독자들이 원문을 이해하는 데에 도움이 되도록 했다.
* 원문 중에서 운(韻)이 있어 읽는 맛이 나며, 많은 사람들에 의해 널리 애송(愛誦)되는 작품은, 한 字 한 字에 음을 달아 주고, 그 운(韻)을 손상하지 않도록 우리말로 번역하여, 독자들이 원문의 전체적인 리듬과 의미를 동시에 감상할 수 있도록 배려했다.

차 례 / 고문진보-후집(문편)
(古文眞寶 後集·文篇)

서문 | 4
일러두기 | 10
고문진보 해제(古文眞寶 解題) | 16
고문진보서(古文眞寶敍) | 20
중간 고문진보 발(重刊古文眞寶跋) | 23

고문진보 후집 권지 1(古文眞寶 後集 卷之一)

사류(辭類) | 25
추풍사:한 무제(秋風辭:漢 武帝) | 26
어부사:굴평(漁父辭:屈平) | 28
귀거래사:도연명(歸去來辭:陶淵明) | 33

부류(賦類) | 45
조굴원부:가의(弔屈原賦:賈誼) | 46
아방궁부:두목지(阿房宮賦:杜牧之) | 56
추성부:구양영숙(秋聲賦:歐陽永叔) | 67
적벽부:소자첨(赤壁賦:蘇子瞻) | 75
후적벽부:소자첨(後赤壁賦:蘇子瞻) | 88
증창승부:구양영숙(憎蒼蠅賦:歐陽永叔) | 95

고문진보 후집 권지 2(古文眞寶 後集 卷之二)

설류(說類) | 105
사설:한퇴지(師說:韓退之) | 106
잡설:한퇴지(雜說:韓退之) | 116
명이자설:소노천(名二子說:蘇老泉) | 119
가설:소자첨(稼說:蘇子瞻) | 123
애련설:주무숙(愛蓮說:周茂叔) | 129

해류(解類) | 133
획린해:한퇴지(獲麟解:韓退之) | 134
진학해:한퇴지(進學解:韓退之) | 139

고문진보 후집 권지 3(古文眞寶 後集 卷之三)

서류(序類) | 157
춘야연도리원서:이태백(春夜宴桃李園序:李太白) | 158
집창려문서:이한(集昌黎文序:李漢) | 161
송맹동야서:한퇴지(送孟東野序:韓退之) | 171
송이원귀반곡서:한퇴지(送李愿歸盤谷序:韓退之) | 186
송설존의서:유자후(送薛存義序:柳子厚) | 195
등왕각서:왕발(滕王閣序:王勃) | 200

고문진보 후집 권지 4(古文眞寶 後集 卷之四)

기류(記類) | 225
난정기:왕일소(蘭亭記:王逸少) | 226
독락원기:사마군실(獨樂園記:司馬君實) | 234
취옹정기:구양영숙(醉翁亭記:歐陽永叔) | 240

주금당기:구양영숙(晝錦堂記:歐陽永叔) | 247

희우정기:소자첨(喜雨亭記:蘇子瞻) | 258

악양루기:범희문(岳陽樓記:范希文) | 265

엄선생사당기:범희문(嚴先生祠堂記:范希文) | 273

황주죽루기:왕원지(黃州竹樓記:王元之) | 279

대루원기:왕원지(待漏院記:王元之) | 286

간원제명기:사마군실(諫院題名記:司馬君實) | 298

원주주학기:이태백(袁州州學記:李泰伯) | 302

사정기:진사도(思亭記:陳師道) | 312

고문진보 후집 권지 5(古文眞寶 後集 卷之五)

잠류(箴類) | 321

대보잠:장온고(大寶箴:張蘊古) | 322

시잠:정정숙(視箴:程正叔) | 343

청잠:정정숙(聽箴:程正叔) | 345

언잠:정정숙(言箴:程正叔) | 347

동잠:정정숙(動箴:程正叔) | 349

명류(銘類) | 353

누실명:유우석(陋室銘:劉禹錫) | 354

극기명:여여숙(克己銘:呂與叔) | 357

서명:장자후(西銘:張子厚) | 363

동명:장자후(東銘:張子厚) | 378

고연명:당자서(古硯銘:唐子西) | 381

문류(文類) | 385

북산이문:공덕장(北山移文:孔德璋) | 386

조고전장문:이화(弔古戰場文:李華) | 405

고문진보 후집 권지 6(古文眞寶 後集 卷之六)

송류(頌類) | 419
성주득현신송:왕자연(聖主得賢臣頌:王子淵) | 420
대당중흥송:원차산(大唐中興訟:元次山) | 441
주덕송:유백륜(酒德頌:劉伯倫) | 449

전류(傳類) | 455
오류선생전:도연명(五柳先生傳:陶淵明) | 456
종수곽탁타전:유자후(種樹郭橐駝傳:柳子厚) | 461
독맹상군전:왕형공(讀孟嘗君傳:王荊公) | 469

고문진보 후집 권지 7(古文眞寶 後集 卷之七)

비류(碑類) | 475
조주한문공묘비:소자첨(潮州韓文公廟碑:蘇子瞻) | 476

변류(辯類) | 495
동엽봉제변:유자후(桐葉封弟辯:柳子厚) | 496
휘변:한퇴지(諱辯:韓退之) | 502

고문진보 후집 권지 8(古文眞寶 後集 卷之八)

표류(表類) | 513
출사표:제갈공명(出師表:諸葛孔明) | 514
후출사표:제갈공명(後出師表:諸葛孔明) | 526
진정표:이영백(陳情表:李令伯) | 542

고문진보 후집 권지 9(古文眞寶 後集 卷之九)

원류(原類) | 553
원인:한퇴지(原人:韓退之) | 554
원도:한퇴지(原道:韓退之) | 558

론류(論類) | 583
낙지론:중장통(樂志論:仲長統) | 584
과진론:가의(過秦論:賈誼) | 589

고문진보 후집 권지 10(古文眞寶 後集 卷之十)

서류(書類) | 607
상장복야서:한퇴지(上張僕射書:韓退之) | 608
위인구천서:한퇴지(爲人求薦書:韓退之) | 617
답진상서:한퇴지(答陳商書:韓退之) | 621
여한형주서:이태백(與韓荊州書:李太白) | 626
답장적서:한퇴지(答張籍書:韓退之) | 636

부록 | 651
작자 소전(作者 小傳) | 652

고문진보 해제(古文眞寶 解題)

이 책을 古文眞寶라 이름 한 것은, '古文 중에서도 참으로 보배로운 것'만을 모아 수록했다는 의미에서이다. 《古文眞寶》 전집(前集)에는 시(詩)가, 후집(後集)에는 문(文)이 수록되어 있다. 古文이란, 시의 경우 古詩 또는 古風이라고 일컬어지는 것들이며, 문장의 경우에는 한(漢) 이전의 고아(古雅)한 문체의 문장을 말한다.

진(晋) 이후 육조(六朝) 시대에는, 시의 표현 방법 면에서는 매우 교묘해졌지만, 그 사상이 빈약하고 정신은 퇴폐해졌다. 그리하여 당대(唐代)에 이르러 많은 시인들이 《詩經》의 문학 정신으로 돌아가자고 주장했다. 진자앙(陳子昂)의 〈感遇詩〉 38수, 이백(李白)의 〈古風〉 59수는 이러한 사상의 발현(發現)이었다. 고풍(古風)의 문학 정신은 근체시(近體詩)의 새로운 형식과 함께 당시 전성(唐詩全盛)의 원동력이 되었다. 《古文眞寶》 전집(全集)에는 주로 이 소박하고 건전한 고시(古詩)와 후세의 많은 시 중에서 내용과 정신이 고아(古雅)한 것들이 수록되어 있다.

문장에서도, 중당(中唐:詩文體의 변천에 따라 중국 唐代를 初唐·盛唐·中唐·晚唐의 네 시기로 구분한 셋째 시기)의 한유(韓愈)·유종원(柳宗元) 등이 '古文'으로 복귀를 주장하고 나섰다. 詩와 마찬가지로 육조(六朝)의 文은, 넉 字 여섯 字의 대구(對句)에 음성(音聲)의 해조(諧調), 어구(語句)의 화려를 다투는 율문(律文) 같은 산문, 이른바 사륙변려체(四六駢儷體)였다. 한유(韓愈)·유종원(柳宗元) 등이, 이런 연약한 문장을 배척하고 선진(先秦) 시대에서 《孟子》의 문장 같은 힘차고 자유로운 문장을 쓰자고 주장한 것이다. 이 고문체(古文體)의 문장은, 송(宋)의 구양수(歐陽脩)·소순(蘇洵)·소식(蘇軾)·소철(蘇轍)·왕안석(王安石)·증공(曾鞏)의 육가(六家:韓·柳와 함께 古文의 唐宋八大家라 칭한다)의 배출에 의해 세상에서 널리 쓰이게 되었다. 이 《古文眞寶》 후집에는 古文이라 일컬어지는, 주(周)·한(漢) 이래의 각종 작품이 수록되어 있는데, 그중에는 '四六文'도 섞여 있지만 역시 이 당(唐)·송(宋)의 古文이 그 주류(主流)를 이루고 있다.

요컨대 《古文眞寶》는 이제까지 이야기한 것과 같은 古風·古文을 존중하는 움직임이 활발해진 시대에, 古文 학습을 위해 편집된 것이다.

지정(至正:元 順宗의 연호) 26년(2년 후에는 明 太祖의 洪武 元年이 된다)에 쓰인 정본(鄭本, 字는 士文)의 서(敍:본 《古文眞寶》 文篇)에 의하면, 《古文眞寶》는 당시에 이미 오래 전부터 세상에 나와 있었으며, 정본(鄭本)이 敍를 쓴 것보다 조금 앞서 임이정(林以正, 이름은 楨)에 의해서 교정(校訂)되고 주석(註釋)이 정리되었다는 것을 알 수 있다. 임이정(林以正)은 복주(福州) 삼산(三山) 사람으로, 《詩學大成》 30권의 저자이다. 명(明)의 홍치(弘治) 15년에 쓰인 청려재(靑藜齋)의 중간고문진보발(重刊古文眞寶跋), (文篇)에 의하면, 이 책은 영양(永陽)에 사는 황견(黃堅)이라는 사람이 편집했다고 한다. 황견의 생애에 대해서는 명확히 알려져 있지 않은데, 이 책의

전집(前集)에 사첩산(謝疊山, 이름은 枋得, 1289년에 죽음)의 〈菖蒲歌〉가
수록되어 있는 것으로 보아, 송 말(宋末) 사람인 것으로 추정된다. 하긴 현
존(現存)하는 책은 몇 사람의 손을 거쳐 개편(改編)된 듯하니, 원편자(原編
者)보다도 후세 사람의 작품이 수록되어 있지 않다고는 확언할 수가 없다.

　현존하는 《古文眞寶》는 전집(前集)과 후집(後集) 각 10권으로 되어 있는
데, 전집은 詩, 후집은 文을 모은 것이다. 전집의 권두(卷頭)에 〈勸學文〉을
놓은 것은, 《論語》와 《荀子》에 각각 學而篇과 勸學篇을 두어 학문의 중요
성을 이야기하고 있는 것을 본뜬 것이라 생각된다. 그 제명(題名)이 나타내
는 바와 같이, 〈勸學文〉은 시(詩)가 아니고 운(韻)이 있는 문(文), 혹은 산
문에 가까운 시이다. 이밖에 전집에는 오언고풍단편(五言古風短篇)·오언
고풍장편(五言古風長篇)·칠언고풍단편(七言古風短篇)·칠언고풍장편(七
言古風長篇)·장단구(長短句)·가(歌)·행(行)·음(吟)·인(引)·곡(曲)의
10가지 체의 시, 모두 합해 217수가 실려 있으며, 후집에는 사(辭)·부(賦)
등의 운문을 포함해서 설(說)·해(解)·서(序)·기(記)·잠(箴)·명(銘)·
문(文)·송(頌)·전(傳)·비(碑)·변(辯)·표(表)·원(原)·론(論)·서(書)
의 모두 17가지 체(體) 67편의 문장이 실려 있다. 홍치본(弘治本)의 청려
재(靑藜齋)의 발(跋)에는, 二十有七體三百十有二篇이라 하고, 그 주(註)에
'전집 245편, 후집 67편으로, 홍치본의 전집은 괴본(魁本:初版本)과는 차
이가 있다.'고 했다. 편집 체재도 책마다 약간씩 다른 듯하다. 역시 황견

(黃堅)이 편집한 책으로 장천계(張天啓)가 주석(註釋)한 책이 있는데, 이 책은 부(賦)를 모두 후집 맨 앞에 싣고, 〈出師表〉·〈陳情表〉 두 표(表)를 후집의 맨 뒤에 실었으며, 주석도 약간 다른 것이 있다.

이밖에 조선간본(朝鮮刊本)으로 송백정(宋伯貞)이 음(音)을 달고 주석한 것을 유염(劉剡)이 교정한 《詳說古文眞寶大全》이 있는데, 이것은 전집이 12권으로 되어 있다. 또 명(明)의 엽향고(葉向高)가 주석한 《古文大全》은 전·후집 각 10권이고, 《評林註釋古文大全》은 후집이 11권이며, 청(淸)의 장서도(張瑞圖)가 주석하고 교정한 《新臺閣校正註釋補遺古文大全》은 전·후집을 합쳐 8권밖에 되지 않지만 내용은 20권에 담긴 것보다 많다. 이와 같이 권수도 내용도 여러 가지인 《古文眞寶》가 있으며, 책 이름을 달리 《古文大全》이라 한 것도 문헌(文獻)으로서는 불확실하고, 작품 채록(採錄)과 편집과정에도 통일성이 결여되어 있다. 그러나 이 책에 실린 작품은, 주 말(周末)의 7국(七國)·전국시대(戰國時代)·진(秦)·한(漢)·위(魏)·육조(六朝)·당(唐) 및 송(宋)의 역대 시문(詩文)의 명편(名篇)들로, 그야말로 '古文 중의 참된 보배'만을 모은 것이라 할 수 있다. 사방득(謝枋得)의 《文章軌範》에 실려 있는 작품은 〈歸去來辭〉와 〈出師表〉 두 편을 제외하고는 모두 당(唐)·송(宋) 대의 작품이고, 《唐詩選》에 실려 있는 작품은 당대(唐代)의 것에 한정되어 있음에 비하여, 《古文眞寶》는 각 시대의 갖가지 체(體)의 시문(詩文)을 접할 수 있다는 장점을 가지고 있다.

고문진보서(古文眞寶敍)

自六藝不講 而世之誨小學者 必以語孟 而次以古文. 亦餘力
學文之意也. 眞寶之編 首有勸學之作 終有出師陳情之表. 豈
不欲勉之以勤 而誘之以忠孝乎. 此編者之微意也. 惜乎舊所
梨行 率多刪略 註釋不明 讀者憾焉. 有三山林以正先生者 授
徒之暇 閱市而求書. 未善者正之 繁者芟之 略者詳之 必歸於
至當而後已. 若此書者 撮大意於篇題之下 精明訓解於句讀之
閒. 非惟使幼學之士得有所資 而挾兔園冊黨庠術序之閒者 亦
免箝口之譏矣. 子寓書林六年 得一善士 而與之友者 必先生
之高第也. 來後去先雖不及會 然觀其徒 則可以知其師矣. 一
日有章余君 語予曰 古文眞寶 先師用心之勤矣. 猶未有以題
其首 非缺歟. 盍請序之. 不獲辭 遂述其槩 而爲之書. 至正 丙
午 孟夏. 旴江 後學 鄭本士文 序.

옛날 주대(周代)에는 예(禮)·악(樂)·사(射)·어(御)·서(書)·수(數)의
육학(六學)을 가르쳤으나, 이 육예(六藝)를 가르치지 않게 되면서부터, 처
음으로 학문(學問)을 하는 사람에게는 반드시 《논어(論語)》와 《맹자(孟子)》
를 가르쳤고, 다음으로는 고문(古文)을 가르쳤다. 이것은 《論語》 學而篇에

있는, "젊은이들은 집에 들면 부모에게 효도하고, 밖에 나가면 어른께 공손하며, 행동을 삼가고 신의를 지키며, 널리 대중을 사랑하되 어진 이를 가까이해야 한다. 이런 일들을 실행하고도 여력(餘力)이 있거든 비로소 글을 배울지니라(弟子入則孝 出則弟 謹而信 汎愛衆 而親仁. 行有餘力 則以學文)."고 한 공자의 말씀을 따르려는 뜻에서였다.

이 《고문진보(古文眞寶)》의 첫머리에는 학문을 권장(勸獎)하는 〈권학문(勸學文)〉이 실려 있고, 뒷부분에는 충심(忠心)이 넘치는 〈출사표(出師表)〉와 효심(孝心) 어린 〈진정표(陳情表)〉가 실려 있다. 이는 읽는 이로 하여금 힘써 학문을 닦게 하여 충효(忠孝)를 행할 수 있도록 하려는 뜻이 아니겠는가. 이것이야말로 이 책을 엮은 사람의 은미(隱微)한 뜻이다. 그런데 애석하게도, 전에 간행된 책에는 문장이 거칠고 생략된 곳이 많으며 주석(註釋)이 명확하지 않은 곳이 많아, 읽는 사람들이 이 점을 아쉽게 생각하고 있었다.

삼산(三山:福建省의 福州府에 있음) 땅에 임이정(林以正) 선생이 계셨는데, 학생들을 가르치면서 틈틈이 시중(市中)의 책방을 뒤져 이 책을 구해다가, 그릇된 것은 바로잡고, 번거로운 것은 잘라 버리고, 생략된 것은 상세하게 하여 《古文眞寶》를 완전한 것으로 만들어 놓으셨다. 이 책에는 각 편(篇)마다 시문(詩文)의 대의(大意)가 요약되어 제하(題下)에 실려 있고, 어려운 자구(字句)에 대해서는 정밀하고도 명확한 훈해(訓解)가 문장의 사이

사이에 넣어져 있는데, 이는 나이어린 초학자(初學者)도 쉽게 이해할 수 있도록 하기 위해서일 뿐만 아니라, 향촌(鄕村)의 여러 학교에서 고문을 가르쳐 오던 많은 선생님이 그 뜻을 분명히 알지 못하여 학생들이 알고자 하는 것을 제대로 답하지 못함으로써 학생들의 비웃음을 당하는 일이 없도록 하려는 것이었다.

내가 서림(書林:책을 많이 소장하고 있는 집)에 기거하기 6년, 그동안 한 선비를 만나 벗으로 사귀게 되었는데, 그는 임이정 선생 문하(門下)의 뛰어난 제자임에 틀림없는 것 같다. 나는 늦게 태어나고 선생께서는 일찍 돌아가셔, 내 비록 임이정 선생을 직접 뵙지는 못했지만, 제자를 보아 그 스승이 어떠했는지를 넉넉히 짐작할 수 있다.

하루는 유장현(有章縣)에 살던 그(姓은 余氏)가 찾아와 내게 부탁하였다. "《古文眞寶》는 선사(先師)께서 마음을 다하여 힘써 교정(校正)한 것인데, 아직 책머리에 서문(序文)이 없으니 큰 흠이 아니겠습니까? 부디 서문을 지어 주시기 바랍니다."

나는 거절할 수가 없어 그 대강의 사정을 듣고, 이 글을 쓰게 된 것이다.

지정(至正:元 順宗의 연호) 병오(丙午:1366년) 맹하(孟夏:4월). 우강(旴江:江西省)의 후학(後學), 정본(鄭本) 사문(士文:정본의 字)이 서(序)하다.

중간 고문진보 발(重刊古文眞寶跋)

永陽(屬徐 州府). 黃堅氏(徐州 麟峰人). 所集古文眞寶二十
卷(指眞寶 前後集). 載七國而下諸名家之作 凡二十有七體 三
百十有二篇(前集有二百四十五篇 後集有六十七篇也. 合三百
十二篇. 弘治本前集與魁本有異 已有十體. 後集與魁本 全同
而十七體也). 蓋精選也. 梓行已久. 近日書肆中所傳者率多
湮蝕. 讀者患之. 子偶得善本 撫巡之暇 畧加點校 因命工重
刊以便後學. 烏虖 三代而上 不可尚已. 如此編所載 亦得例
謂古文者 以其去古不遠 而古人之法程猶在也. 自夫趨變愈下
逐使古人常立 乎千仞之上 若不可企及者. 是果古今人不可同
哉. 有志于復古者 曷于是而求之. 爰書以識歲月云. 弘治十五
年 孟冬上澣日. 靑藜齋(萬曆本作寓 非也). 雲中有斐堂書(雲
中大同府也).

영양(永陽:江蘇省 徐州府에 속해 있다)의 황건(黃堅:서주의 인봉 사람)
씨가 편집한《古文眞寶》20권(眞寶 전후집을 가리킨다)은, 주 말(周末)의
칠국(七國:韓·魏·趙·燕·齊·楚·秦) 시대 이후의 모든 명가(名家)의
작품 신기를 무려 27체(體) 312편(篇)이다.〔前集에 245편, 後集에 67편을

실어, 합해서 312편이다. 弘治(明의 孝宗의 연호)本 前集에는 10體가 실려 있어 魁本(初版本)과 다르며, 後集에는 17體가 실려 있어 魁本과 같다). 생각건대 이 책에 실린 작품은 모두 정선(精選)된 것이다. 그러나 간행된 지 너무 오래되어서, 요즈음 책방에 돌아다니고 있는 책은 글자가 지워졌거나 좀먹은 것이 많아, 읽는 사람이 무척이나 애를 먹고 있다. 그러던 차에 우연히 깨끗한 책을 얻은 나는, 순시(巡視)하는 틈틈이 그 책을 대강 점검하여, 후학(後學)을 위해 판공(版工)에게 명하여 중간(重刊)시켰다. 아아, 하(夏)·은(殷)·주(周) 삼대(三代) 이전의 문장은 너무나 뛰어나 더 이상 손댈 곳이 없다. 이《古文眞寶》에 실린 작품도 그러한 고문(古文)이라 할 수 있으니, 이는 옛것을 버린 지 오래지 않았으므로, 아직 그 문장에 옛사람의 법칙이 남아 있기 때문이다. 그 후 문장은 갈수록 급속히 피폐해져, 오늘날에 이르러서는 마침내 옛사람의 문장은 천길 이나 위에 있고 근대인의 문장은 그 아래에 있어, 도저히 옛사람의 문장에 미칠 수 없게 되었다. 이와 같은 현상이 일어난 것은 옛사람과 근대인이 같지 않기 때문일까? 결코 그럴 리가 없다. 고문(古文)으로 복귀하고자 하는 사람이 있다면 어째서 이《古文眞寶》에서 그것을 구하지 않겠는가. 틀림없이 이 책으로 고문(古文)을 배울 것이다. 이에 발(跋)을 써서, 그로써 흘러가는 시간을 기록한다.

홍치(弘治) 15년(1502) 맹동(孟冬:10월) 상한(上澣:10일). 청려재(靑藜齋)가 운중(雲中:山西省 大同府)의 유비당(有斐堂)에서 쓰다.

권지 1(卷之一)

사류(辭類)

《고문긍식(古文矜式)》에, "사부(辭賦)의 문장은 정숙한 아름다움을 존중한다. ……중략(中略)…… 사(辭)로써 깊은 정을 나타내며, 그 말이 부드럽다. 《易》의 계사(繫辭), 굴원(屈原)의 《楚辭》가 그것이다."라고 했다. 한대(漢代) 이후의 사(辭)라 일컬어지는 문체(文體), 즉 일종의 운문(韻文)은 말하자면 한(漢)의 사부(辭賦)체에 속한다. 그리고 이 사부(辭賦)는 《古文矜式》에 씌어 있는 대로 《楚辭》로부터 발전한 것이다. 또한 이 《楚辭》는 주관(周官:周代의 官吏)인 대축(大祝:神官의 長)이 담당하던 육사(六辭), 즉 사(祠:辭의 잘못이다) · 명(命) · 고(誥: 告論文) · 회(會) · 도(禱) · 뢰(誄:죽은 사람의 덕을 기술하는 辭)와 같은 종류의 제의 문학(祭儀文學)으로부터 발전했다. 《古文眞寶》 중의 〈秋風辭〉는 《楚辭》 중의 〈九歌〉의 체(體)이며, 〈漁父辭〉는 본디 《楚辭》 중의 한 편이고, 〈歸去來辭〉의 구(句)를 만드는 방법도 《楚辭》의 형식인데, 단지 '귀거래혜(歸去來兮)'의 句 외에는 兮자를 사용하지 않은 것만 다를 뿐이다.

추풍사:한 무제(秋風辭:漢 武帝)

> 上行幸河東 祠后土 顧視帝京欣然. 中流與群臣飮燕. 上歡甚
> 乃自作秋風辭 曰.

　임금께서 하동(河東)에 납시어 토지신(土地神)을 제사 지내고, 장안(長安)을 돌아보며 기뻐하셨다. 여러 신하들과 더불어 분하(汾河)에 배를 띄우고 주연을 벌였다. 임금께서는 매우 즐거워하며 그 자리에서 〈秋風辭〉를 지으니, 이러하다.

【語義】 上(상):임금. 行幸(행행):거둥. 임금의 나들이. 后土(후토):토지(土地)의 神. 顧視(고시):돌아봄. 帝京(제경):천자가 있는 도시. 여기서는 장안(長安). 飮燕(음연):술잔치를 벌임. 燕은 宴의 뜻.

秋風起兮白雲飛　　가을바람 부니 흰 구름 난다.
추 풍 기 혜 백 운 비

草木黃落兮雁南歸　초목 낙엽 지고 기러기 떼 남으로 돌아온다.
초 목 황 락 혜 안 남 귀

蘭有秀兮菊有芳　　난초 빼어나고 국화 향기 그윽하니
난 유 수 혜 국 유 방

懷佳人兮不能忘　　그리운 가인(佳人), 잊을 수가 없다.
회 가 인 혜 불 능 망

泛樓船兮濟汾河　　누선(樓船) 띄워 분하(汾河)를 건널 제
범 누 선 혜 제 분 하

橫中流兮揚素波　　물결 따라 흐르며 흰 물결을 날린다.
횡 중 류 혜 양 소 파

簫鼓鳴兮發棹歌　　피리 소리 북소리에 뱃노래가 시작된다.
소 고 명 혜 발 도 가

歡樂極兮哀情多
환 락 극 혜 애 정 다   즐거움이 다하니 애달픈 정 가슴에 가득하다.

少壯幾時兮奈老何
소 장 기 시 혜 내 로 하   젊은 날이 그 얼마이리. 늙는 것을 어찌할 것인가.

【語議】 雁南歸(안남귀):해마다 가을이 되면 기러기 떼가 돌아옴. 歸에는 돌아오다, 돌아가다, 두 가지 뜻이 함께 있다. 佳人(가인):한(漢) 무제 (武帝) 때에는 西王母 등 선녀들에 대한 전설이 많았고, 왕의 나들이 역시 仙女에 대한 신앙에서 비롯된 것이 많아, 仙女로 해석하는 것이 일반적이다. 혹 美人·忠臣 등으로 해석하기도 하는데, 忠臣이라는 해석은 지나친 도덕주의적 견해이다. 樓船(누선):안에 2층으로 집을 지은 놀잇배. 汾河(분하):산서성(山西省) 근처의 강으로, 黃河에 이른다. 棹歌(도가):노를 저을 때 사공들이 부르는 노래. 뱃노래.

【解說】 武帝는 漢의 제7대 天子. 위만 조선(衛滿朝鮮)을 없애고 그곳에 한 사군(漢四郡)을 설치했던 인물이다. 그는 악부(樂府:음악을 관장하는 관청)를 설치하여 많은 詩歌를 짓게 했으며, 文人 사마상여(司馬相如)를 등용하는 등 문학을 존중했다.

이 작품은, 武帝가 山西省에 나가 土地神을 제사 지내고, 가을바람에 느끼어 지은 것이다. 인생의 가을을 맞는 제왕의 마음이 잘 나타나 있는 이 작품은, 한대(漢代) 이후에 생겨난 문체인 辭의 첫 작품으로 간주된다. 詩篇에 나오는 漢 高祖의 〈大風歌〉와 시상(詩想)이 비슷하나, 내용은 매우 대조적이다. 高祖의 글은 項羽와 더불어 천하의 패권(覇權)을 다툰 영웅의 글답게 소박·호장(豪壯)하고, 경국지색(傾國之色) 이부인과 사랑을 나눈 武帝의 글은 섬세(纖細)·우미(優美)하다.

漁父辭:屈平(어부사:굴평)

> 屈原既放 遊於江潭 行吟澤畔. 顏色憔悴 形容枯槁. 漁父見而
> 問之曰 子非三閭大夫與 何故至於斯. 屈原曰 舉世皆濁我獨
> 淸 衆人皆醉我獨醒 是以見放.

굴원이 죄 없이 쫓겨나, 상강(湘江)의 물가를 거닐며 시를 읊조리고 있었
다. 시름 때문에 안색은 파리했으며, 몸은 마른 나무처럼 수척했다.

한 어부가 다가와 굴원에게 말했다.

"그대는 초(楚)나라의 삼려대부(三閭大夫)가 아니신가? 어찌하여 이곳
에 오게 되셨소?"

굴원이 대답했다.

"세상이 온통 이욕(利慾)에 눈이 어두워 흐려 있는데 나 혼자 맑았기에,
뭇 사람이 다 취해 있는데 나 혼자 깨어 있었기에, 이렇게 쫓겨나게 되었
다오."

【語義】放:죄를 입어 멀리 추방되는 것. 江潭(강담):상강(湘江)의 못. 行
吟(행음):거닐면서 시를 읊음. 枯槁(고고):여위고 생기가 없는 모양.
漁父:漁夫와 같음. 물고기 잡이를 업으로 하는 사람. 三閭大夫:楚 王
室의 三姓인 昭·屈·景 三家를 단속하는 장관. 屈原을 가리킨다. 舉
世:온 세상. 醉(취):술에 취함. 즉 양심이 어두워지고 부정한 것. 앞
문장의 濁과 同類. 醒(성):醉의 반대로, 앞 문장의 淸과 同類. 즉 청렴
결백하여 맑게 깨어 있다는 뜻. 見放:추방을 당함. 見은 당한다는 뜻.

漁父曰 聖人不凝滯於物 而能與世推移. 世人皆濁 何不淈其泥而揚其波. 衆人皆醉 何不餔其糟而歠其醨. 何故深思高擧 自令放爲.

어부가 말했다.

"성인(聖人)은 세상의 물(物)에 구애받지 않고, 맑으면 맑은 대로 흐리면 흐린 대로, 시세(時世)에 따라 자유로이 옮아가거니! 세상 사람 모두가 흐려 있거든, 결백한 지조 따위 안으로 감추고, 어째서 그들 따라 함께 출렁이지 못하는가. 뭇 사람 모두가 이욕(利欲)에 마음 취해 있거든, 안 취했어도 취한 척, 어째서 지게미 씹고 밑술 들이마시지 못하는가. 깊은 생각 높은 지조 어이 내세워, 그 몸을 그 지경으로 만든단 말인가!"

【語義】 凝滯於物(응체어물):凝滯는 꽉 막히어 융통성이 없는 것. 결백한 지조 따위를 내세우다가 곤란해지는 것을 뜻함. 與世推移(여세추이): 세상의 형편에 따라 적당히 처신함. 淈其泥而揚其波(굴기니이양기파): 진창에 빠져 흙탕물을 날리는 것. 즉 세인(世人)과 동조(同調)하며, 자신의 고결함을 내세우지 않는다는 뜻. 餔其糟而歠其醨(포기조이철기리):餔는 食, 歠은 飮, 醨는 진국을 걸러낸 찌꺼기 술. 지게미를 먹고, 찌꺼기 술을 마심. 즉 새삼스럽게 깨어 있는 것을 나타내어 남에게 미움을 받지 말고, 모가 없이 둥글게 사는 것을 뜻함.

屈原曰 吾聞之. 新沐者必彈冠 新浴者必振衣. 安能以身之察察 受物之汶汶者乎. 寧赴湘流葬於江魚之腹中 安能而皓皓之白 而蒙世俗之塵埃乎. 漁父莞爾而笑 鼓枻而去. 乃歌曰 滄浪之水淸兮 可以濯吾纓. 滄浪之水濁兮 可以濯吾足. 遂去不復與言.

굴원이 말했다.

"나는 들었소. '새로 머리를 감은 사람은 갓의 먼지를 털어서 쓰고, 새로 몸을 씻은 사람은 옷을 털어서 입는다.'고. 어찌 이토록 깨끗한 몸에다 그 더럽고 욕된 것을 받아들일 수 있단 말이오. 차라리 상수에 몸을 던져 고기의 뱃속에다 장사지낼망정, 희고 맑은 이내 몸이 어찌 세속의 더러운 먼지를 뒤집어쓸 수 있겠소!"

어부는 빙그레 웃고, 뱃전을 두드려 장단 맞춰 노래하며 떠나갔다.

"창랑의 물 맑듯 맑은 세상이라면,

갓끈을 씻고 벼슬하러 나가리.

창랑의 물 흐리듯 어지러운 세상이라면,

벼슬길 버리고 세상 물에 발이나 씻으리."

어부가 떠나 버린 후, 그들은 두 번 다시 이야기를 나누지 않았다.

【語義】 新沐(신목):새로 머리를 감음.　彈冠(탄관):갓의 먼지를 텖.　新浴(신욕):새로 목욕함.　安:어찌하여.　察察(찰찰):맑고 깨끗한 것.　汶汶(문문):더럽고 욕된 것.　者:것. 일을 가리켜 이름.　寧:차라리.　赴(부):다다르다. ~에 가다.　湘流:상수(湘水). 동남쪽으로부터 동정호(洞庭湖)에 흘러듦.　葬於江魚之腹中(장어강어지복중):물에 몸을 던져 고기밥이 된다는 뜻.　屈原은 後에, 상수(湘水)의 멱라(汨羅)에 몸을 던졌다

고 한다. 皓皓(호호):희고 맑음. 塵埃(진애):티끌. 먼지. 莞爾(완이):
빙그레. 枻(예):본래의 뜻은 상앗대. 여기서는 뱃전[舷]의 뜻으로 쓰였
음. 滄浪之水……:창랑의 물이 맑으면 갓끈[纓(영)]을 씻고, 창랑의 물
이 흐리면 발을 씻는다. 창랑의 물은 세상, 또는 조정(朝廷)을 뜻하고,
갓끈을 씻는다는 것은 나아가 벼슬하는 것을 뜻하며, 발을 씻는다는 것
은 상황에 맞게 처신(處身)하여 화(禍)를 입지 않는 것을 뜻한다. 세상
의 맑고 흐림에 따라 출처(出處) · 진퇴(進退)를 적당히 하여, 세상에 거
스르지 않는다는 뜻이다. 遂(수):마침내.

【解說】 이 작품은 초(楚)의 애국 시인 屈原이 상강(湘江)의 물가에서 어부
를 가장한 은사(隱士)와 문답한 것을, 屈原의 忠情을 애모(愛慕)한 楚나
라 사람들이 엮어 전한 것이라고도 하며, 屈原이 어부와 문답 형식을 빌
려 자신의 절조(節操)를 辭로 지은 것이라고도 한다. 〈漁父辭〉가 屈原의
作이냐 아니냐에 대해선 여러 가지로 논란이 많지만, 종래의 說대로 屈
原의 作으로 보는 것이 일반적인 견해이다.
　　이 작품은 屈原의 다른 작품과는 달리, 散文的이며 작자 자신이 객관
적으로 묘사되어 있는 것이 특정이다. 비록 짧은 글이지만, 屈原의 청
렴결백(淸廉潔白)한 성격이 매우 명료(明瞭)하게 나타나 있다. 글 속에
는 屈原이 자신의 운명을 예언한 듯한 부분이 있는데, 속세와 타협할
수 없었던 屈原은 결국 멱라(汨羅)에 몸을 던져 고기밥이 되고 말았다.
　　'글은 곧 사람이다.'라는 말이 있는데, 바로 이 작품을 두고 하는 말
인 것 같다. 작자의 人格과 人品이 이 작품처럼 투명하게 드러난 글도
드물다. 〈漁父辭〉가 후세 사람들의 애모(愛慕)와 동정(同情)을 받는 것
은 문장이 간결하고 아름다운 이유도 있지만, 무엇보다 작자 자신의 충
정(衷情)이 읽는 이의 마음을 사로잡기 때문이다. 어부가 사라지면서

남긴 '滄浪之水淸濯吾纓 滄浪之水濁濯吾足'이라는 말은 회자(膾炙)되는 文句로, 실로 많은 의미를 지니고 있다. 理想과 現實의 엄청난 차이에 고뇌하는 사람에게, 세속에 오염되지 않고도 세속과 공존할 수 있는 방법을 제시한 것이라 하겠다.

귀거래사:도연명(歸去來辭:陶淵明)

歸去來兮
귀 거 래 혜

자, 돌아가자.

田園將蕪胡不歸
전 원 장 무 호 불 귀

고향 전원이 황폐해지려 하는데
어찌 돌아가지 않겠는가.

既自以心爲形役
기 자 이 심 위 형 역

지금까지는 고귀한 정신을 육신의 노예로
만들어 버렸다.

奚惆悵而獨悲
해 추 창 이 독 비

그러나 어찌 슬퍼하여 서러워만 할 것인가.

悟已往之不諫
오 이 왕 지 불 간

이미 지난 일은 탓해야 소용없음을 깨달았고

知來者之可追
지 래 자 지 가 추

앞으로 바른길을 좇는 것이 옳다는 것을 깨달았다.

實迷塗其未遠
실 미 도 기 미 원

내가 인생길을 잘못 들어 헤맨 것은 사실이나
아직은 그리 멀리 벗어나지 않았다.

覺今是而昨非
각 금 시 이 작 비

이제는 깨달아 바른길을 찾았고
지난날의 벼슬살이가 그릇된 것이었음을 알았다.

【語義】歸去來兮(귀거래혜):돌아가자. 來·兮는 어조사. 蕪(무):전원에 잡초가 무성한 것. 胡(호):어찌. 何와 같다. 既(기):지금껏. 以心爲形役(이심위형역):마음이 육체의 노예가 되는 것. 마음이 오로지 먹고 사는 일에만 얽매이는 것. 奚(해):어찌. 何와 같다. 惆悵(추창):슬퍼하여 탄식함. 已往之不諫(이왕지불간):이미 지나간 것은 후회할 수 없음. 來者之可追(래자지가추):앞으로 돌아올 일만은 그 옳고 그름을 가려 바르게 고쳐 나갈 수 있음. 來者는 장래, 이제부터의 인생. 迷塗其未遠(미도기미원):벼슬길이라는 험한 길에 잘못 들어 한동안 헤매었지만, 다행

히 아직은 그다지 깊이 들지는 않았음. 塗는 途와 같은 뜻으로 인생길.
今是而昨非(금시이작비):지금은 옳고, 어제는 그르다, 즉 벼슬살이 그
만두고 고향으로 돌아온 것은 잘한 일이요, 고매한 정신이 육신의 노예
가 되었던 지난날의 일은 잘못된 일이라는 뜻.

舟搖搖以輕颺 주 요 요 이 경 양	배는 흔들흔들 가볍게 흔들리고
風飄飄而吹衣 풍 표 표 이 취 의	바람은 한들한들 옷자락을 헤친다.
問征夫以前路 문 정 부 이 전 로	길손에게 고향이 예서 얼마나 머냐 물어보며
恨晨光之熹微 한 신 광 지 희 미	새벽빛이 희미한 것을 한스러워 한다.

【語義】 搖搖(요요):가볍게 흔들리는 모양. 飄飄(표표):바람에 옷자락이
가볍게 나부끼는 모양. 征夫:나그네. 前路:앞길. 도연명의 고향 자상
(柴桑)까지의 길. 恨晨光之熹微(한신광지희미):여러 가지로 해석할 수
있는 文句이다. 새벽빛이 밝지 못하여, 길을 재촉할 수 없어 안타깝다
는 해석을 좇는다.

乃瞻衡宇 내 첨 형 우	마침내 저 멀리 우리 집 대문과 처마가 보이자
載欣載奔 재 흔 재 분	기쁜 마음에 급히 뛰어갔다.
僮僕歡迎 동 복 환 영	머슴아이 길에 나와 나를 맞고
稚子候門 치 자 후 문	어린것들 대문에서 손 흔들어 나를 맞는다.

三徑就荒 <small>삼 경 취 황</small>	뜰 안의 세 갈래 작은 길에는 잡초가 무성하지만
松菊猶存 <small>송 국 유 존</small>	소나무와 국화는 아직도 꿋꿋하다.
攜幼入室 <small>휴 유 입 실</small>	어린 놈 손잡고 방에 들어오니
有酒盈樽 <small>유 주 영 준</small>	언제 빚었는지 항아리엔 향기로운 술이 가득.
引壺觴以自酌 <small>인 호 상 이 자 작</small>	술 단지 끌어당겨 나 스스로 잔에 따라 마시며
眄庭柯以怡顏 <small>면 정 가 이 이 안</small>	뜰의 나뭇가지 바라보며 웃음 짓는다.
倚南牕以寄傲 <small>의 남 창 이 기 오</small>	남창에 몸을 기대고 마냥 의기양양해 하니
審容膝之易安 <small>심 용 슬 지 이 안</small>	무릎 하나 들일 만한 작은 집이지만 이 얼마나 편안한가.

【語義】 衡宇(형우):대문과 처마. 衡은 두 개의 기둥에 한 개의 횡목(橫木)을 가로질러서 만든 허술한 대문. 宇는 지붕, 또는 처마. 載欣載奔(재흔재분):기뻐서 뛰어가다. 載는 則, 조사로 ~하며 또 ~하다. 僮僕(동복):머슴아이. 稚子候門(치자후문):어린 자식이 문에서 기다림. 候는 기다리다. 영접하다. 三徑(삼경):뜰 안의 세 개의 작은 길. 漢의 장후(蔣詡)가 정원에 松徑·竹徑·菊徑 세 개의 작은 길을 만들었다는 故事가 있다. 就荒(취황):잡초가 무성해짐. 攜(휴):데리고. 盈樽(영준):술단지에 가득함. 壺觴(호상):항아리와 술잔. 自酌(자작):손수 술을 따라 마심. 眄庭柯(면정가):뜰의 나뭇가지를 바라봄. 怡顏(이안):미소를 지으며 즐거워함. 寄傲(기오):의기양양하여 마냥 활개를 펴는 것. 구속

받을 것이 없음. 傲는 남의 耳目을 두려워하지 않는 것. 審(심):앎[知],
또는 충분히 맛을 봄. 容膝之易安(용슬지이안):겨우 무릎을 들여놓을
만한 작은 집에 살아도 안빈낙도(安貧樂道)할 수 있음.《韓詩外傳》에 북
곽 선생(北郭先生)의 아내가, '수레와 가마가 줄을 이어 있어도, 편안하
게 쉴 장소는 고작 무릎을 들여놓을 넓이에 불과하다(今結馴連騎 所安
不過容膝).'고 한 말이 있다.

園日涉以成趣 원 일 섭 이 성 취	날마다 동산을 거닐며 즐거운 마음으로 바라본다.
門雖設而常關 문 수 설 이 상 관	문이야 달아 놓았지만 찾아오는 이 없어 항상 닫혀 있다.
策扶老以流憩 책 부 로 이 유 게	지팡이에 늙은 몸 의지하며 발길 멎는 대로 쉬다가
時矯首而游觀 시 교 수 이 유 관	때때로 머리 들어 먼 하늘을 바라본다.
雲無心以出岫 운 무 심 이 출 수	구름은 무심히 산골짜기를 돌아 나오고
鳥倦飛而知還 조 권 비 이 지 환	날기에 지친 새들은 둥지로 돌아올 줄 안다.
景翳翳以將入 경 예 예 이 장 입	저녁 빛이 어두워지며 서산에 해가 지려 하는데
撫孤松而盤桓 무 고 송 이 반 환	나는 외로운 소나무를 어루만지며 서성이고 있다.

【語義】園日涉(원일섭):날마다 동산을 산책함. 날마다 정원을 손질한다는
　　해석도 있다. 成趣(성취):즐거운 마음으로 바라봄. 아취(雅趣) 있는 풍
　　경을 이루고 있다고 해석하는 쪽도 있다. 流憩(유게):이리저리 거닐다

가 쉬고 싶으면 아무 곳에서나 쉼. 矯首(교수):고개를 듦. 游觀(유관):
한가한 마음으로 여유 있게 바라봄. 遐觀(하관)으로 되어 있는 책도 있
다. 雲無心以出岫(운무심이출수):岫는 산골짜기, 또는 산과 산 사이.
구름이 무심하게 산을 벗어남. 아무런 야심이나 미련 없이 속세나 속
인들 틈에서 벗어나는 것을 상징한다. 鳥倦飛而知還(조권비이지환):날
기에 지친 새가 둥지로 돌아갈 것을 앎. 이욕(利欲)에 눈이 어두워 지
칠 줄 모르고 아귀다툼하는 인간들을 비꼰 것임. 景翳翳(경예예):저녁
이 되어 어둑어둑해짐. 盤桓(반환):앞으로 나아가지 않고 주변에서 서
성이는 것.

歸去來兮 귀 거 래 혜	돌아왔노라.
請息交以絕游 청 식 교 이 절 유	세상과 사귀지 않고 속세와 단절된 생활을 하겠다.
世與我而相違 세 여 아 이 상 위	인제 세상과 나는 서로 인연을 끊었으니
復駕言兮焉求 부 가 언 혜 언 구	다시 수레에 올라 무엇을 구할 것이 있겠는가.
悅親戚之情話 열 친 척 지 정 화	친척들과 정담을 나누며 즐거워하고
樂琴書以消憂 낙 금 서 이 소 우	거문고를 타고 책을 읽으며 시름을 달랜다.
農人告余以春及 농 인 고 여 이 춘 급	농부가 내게 찾아와 봄이 왔다고 일러 주니
將有事于西疇 장 유 사 우 서 주	앞으로는 서쪽 밭에 나가 밭을 갈련다.
或命巾車 혹 명 건 차	혹은 수레를 타고

或棹孤舟 혹 도 고 주	혹은 혼자서 작은 배를 저어
旣窈窕以尋壑 기 요 조 이 심 학	깊은 골짜기의 시냇물을 찾아가고
亦崎嶇而經丘 역 기 구 이 경 구	험한 산을 넘어 언덕을 지난다.
木欣欣以向榮 목 흔 흔 이 향 영	나무들은 즐거운 듯 생기 있게 자라고
泉涓涓而始流 천 연 연 이 시 류	샘물은 졸졸 솟아 흐른다.
善萬物之得時 선 만 물 지 득 시	만물이 때를 얻어 즐거워하는 것을 부러워하며
感吾生之行休 감 오 생 지 행 휴	나의 생(生)이 머지않았음을 느낀다.

【語義】歸去來兮(귀거래혜):여기서는 돌아왔음을 말한다. 辭의 형식상 모두(冒頭:말이나 문장의 첫 구절)의 文句를 반복 강조한 것임. 息交(식교)·絶游(절유):교제를 끊음. 相違(상위):서로 잊음. 違는 忘. 復駕言兮焉求(부가언혜언구):다시 수레를 타고 나아가 무엇을 얻을 것인가? 駕는 수레에 타고 말을 부리는 것. 벼슬길에 나서는 것을 뜻한다. 言은 조사로 별 뜻이 없다. 琴書(금서):거문고와 책. 군자는 항상 琴書를 옆에 두고 마음을 닦는다. 西疇(서주):서쪽의 밭. 巾車(건차):장식을 한 수레. 窈窕以尋壑(요조이심학):조그만 배를 저어 깊은 골짜기의 시냇물을 찾아감. 窈窕는 구불구불하고 속이 깊은 것. 崎嶇(기구):높고 험한 산의 모습. 欣欣(흔흔):즐겁고 생기 있음. 向榮(향영):나무가 생기 있게 자라는 것. 涓涓(연연):물이 졸졸 흐르는 것. 行休(행휴):시간이 흐를수록 죽음에 이름. 休는 인생의 영원한 휴식, 즉 죽음을 의미한다.

已矣乎 이 의 호	아, 인제 모든 것이 끝이로다!
寓形宇內復幾時 우 형 우 내 부 기 시	이 몸이 세상에 남아 있을 날이 그 얼마이리.
曷不委心任去留 갈 불 위 심 임 거 류	어찌 마음을 대자연의 섭리에 맡기지 않겠는가.
胡爲乎遑遑欲何之 호 위 호 황 황 욕 하 지	이제 새삼 초조하고 황망한 마음으로 무엇을 욕심낼 것인가.
富貴非吾願 부 귀 비 오 원	현세의 부귀도 바라지 않고
帝鄉不可期 제 향 불 가 기	죽어 제향에 태어날 것도 기대하지 않는다.
懷良辰以孤往 회 량 신 이 고 왕	좋은 때라 생각되면 혼자 거닐고
或植杖而耘耔 혹 치 장 이 운 자	때로는 지팡이 세워 놓고 김을 매기도 한다.
登東皐以舒嘯 등 동 고 이 서 소	동쪽 언덕에 올라 조용히 읊조리고
臨清流而賦詩 임 청 류 이 부 시	맑은 시냇가에서 시를 짓는다.
聊乘化以歸盡 요 승 화 이 귀 진	잠시 조화의 수레를 탔다가 이 생명 다하는 대로 돌아가니
樂夫天命復奚疑 낙 부 천 명 부 해 의	주어진 천명을 즐길 뿐 무엇을 의심하고 망설이랴.

【語義】已矣乎(이의호):아, 모든 것이 다 끝났다. 寓形宇內(우형우내):육
신을 이 세상에 맡기고 사는 것. 復幾時(부기시):얼마나 더 오래일 것인
가? 曷不(갈불):~하지 않겠는가. 委心任去留(위심임거류):자신의 마

음에 맡겨, 모든 것을 대자연의 섭리에 따름. 委任은 맡기는 것. 去留는 가는 것과 머무르는 것. 즉 生死 · 興亡 · 盛衰 등을 가리킴. 胡爲乎(호위호):어찌하여. 遑遑(황황):초조하고 조급한 것. 欲何之(욕하지):무엇을 욕심낼 것인가? 帝鄕(제향):천국. 천제(天帝)가 사는 나라. 懷良辰(회량신):좋은 때라 생각되면. 植杖(치장):지팡이를 세워 놓음. 植는 置의 뜻으로 '치'라 읽음. 耘籽(운자):김매다. 東皐(동고):동쪽 언덕. 舒嘯(서소):조용히 읊조리는 것. 賦詩(부시):시를 지음. 聊(료):잠시. 잠깐. 乘化(승화):변화를 타다, 즉 자연 현상의 변화에 따르는 것. 歸盡(귀진):다함으로 돌아감. 자연의 변화에 따라 죽음으로 돌아감. 復奚疑(부해의):또 무엇을 망설이고 의심할 것인가?

【解說】 陶淵明의 증조부는 晉의 명장 도간(陶侃)이었고, 외조부는 당시에 풍류인으로 이름 높았던 맹가(孟嘉)였다. 그러나 陶淵明이 태어났을 때 그의 집안은 완전히 몰락하여, 오늘날까지 陶淵明의 부친 이름이 무엇인지조차 알려지지 않고 있다. 그가 살았던 시대는 惡德이 횡행하던 때였다. 왕실과 士族의 세력이 약화되고 신흥 군벌이 대두하여 각축을 벌였으며, 이민족의 침입과 농민의 봉기가 끊임없이 일어나, 사회는 말할 수 없이 혼란했고 백성들은 도탄(塗炭)에 빠져 허덕이고 있을 때였다. 높은 이상과 학식을 지닌 陶淵明이 횡포한 군벌들과 어울린다는 것은 도저히 생각할 수도 없는 일이다. 자연, 현실에 동조하지 않는 陶淵明에게는 뼈를 깎는 듯한 추위와 배고픔이 엄습했다. 그런 가운데서도 陶淵明은 志操를 굽히지 않으려고 필사적으로 노력했다. 그는 평생 다섯 번 출사(出仕)했는데, 이유는 오직 하나, 아사(餓死) 직전에 놓인 가족들을 구출하기 위해서였다. 그러나 그때마다, 자신의 천성으로는 도저히 용납할 수 없는 역겨운 현실에 환멸을 느끼고, 그는 다시 집으로

돌아오곤 했다. 이처럼 陶淵明은 불우한 사람이었다. 그의 주옥같은 작품은 모두 그러한 삶에서 우러나온 것으로, 한 인간의 끝없는 고뇌가 예술 작품으로 승화된 결정체라 할 수 있다.

〈歸去來辭〉는 송서(宋書) 《隱逸傳》에 전해지는 것처럼, '내 어찌 닷 말의 곡식 때문에 촌뜨기 아이놈에게 허리를 굽힐 수 있겠느냐(我豈能 爲五斗米折腰向鄕里小兒).'며 陶淵明이 그의 다섯 번째 은퇴이자 마지막 은퇴를 결정하고 남긴 글이다. 매우 비장한 분위기에서 지은 글인데도, 전혀 그러한 것을 느낄 수 없고 오히려 맑고 담담한 군자의 경지를 느낄 수 있게 한다. 〈歸去來辭〉는 名文 중의 名文이다. 唐宋八大家의 한 사람인 歐陽修가 이 글을 評하여, '晋에는 문장이 없다. 오직 陶淵明의 〈歸去來辭〉 한 편이 있을 뿐이다.'라고 극찬했을 정도이다.

〈歸去來辭〉에는 원래 序文이 있는데, 《古文眞寶》에는 本文만이 수록되어 있다. 참고로 序文을 싣는다.

余家貧 耕植不足以自給. 幼稚盈室 缾無儲粟 生生所資 未見 其術.

집이 가난하여, 농사를 지어도 자급자족할 수가 없었다. 어린것들은 많은데 항아리에는 저장된 곡식이 없어, 생계를 꾸려 나갈 마땅한 방법이 보이질 않았다.

親故多勸余爲長吏 脫然有懷. 求之靡途. 會有四方之事 諸侯 以惠愛德. 家叔以余貧苦 遂見用於小邑.

친척이나 벗들이 모두 나에게 지방 관리가 되라고 권했고, 나 또한 서슴지 않고 그렇게 하려고 했다. 그렇지만 자리를 찾아도 길이 없었다. 그러던 중, 정변이 자주 일어나 사방에서 일자리가 생겼고, 또 실권을 잡은 제후들은 남에게 은혜를 베풀어 자신들의 덕을 보이고자 했다. 마침 숙부께서 가난으로 고생하는 나를 위해 길을 터서, 조그만 마을의 벼슬아치 자리를 마련해 주셨다.

> 於時風波未靜 心憚遠役. 彭澤去家百里. 公田之利 足以爲酒.
> 故便求之.

당시는 세상이 평온하지 못하여, 멀리까지 가서 벼슬을 하는 것은 내키지 않았다. 그러나 팽택은 집에서 백 리 거리에 지나지 않았고, 또 녹(祿)으로 주어지는 공전(公田)의 수확으로 충분히 술을 빚어 마실 수 있었으므로, 이내 팽택령을 승낙했다.

> 及少日 眷然有歸與之情. 何則 質性自然 非矯厲所得. 飢凍
> 雖切 違己交病.

그런데 며칠이 못 되어, 나는 집으로 돌아가야겠다고 생각하게 되었다. 이유인즉, 나는 무위자연(無爲自然)을 본성과 성품으로 타고났는데, 그러한 성질과 본성은 고쳐질 수 있는 것이 아니었기 때문이다. 그러니 굶주림과 추위에 몰려 절박한 상황에 빠졌다 하나, 천성을 어기고 뜻에 맞지 않는 일을 하니 백 가지 병이 도는 듯했다.

> 嘗從人事 皆口腹自役. 於是悵然慷慨 深媿平生之志.

전에도 남의 밑에서 벼슬살이를 했지만, 그 모두가 입에 풀칠을 하기 위한 것으로, 스스로 내 몸을 학대한 것에 지나지 않았다. 새삼 서글픔과 비분강개(悲憤慷慨)하는 마음이 가슴을 메우고, 나 자신이 평소에 지녔던 뜻 앞에 부끄러워 고개를 들 수가 없었다.

> 猶望一稔 當斂裳宵逝 尋程氏妹喪於武昌 情在駿奔 自免去
> 職.

그저 그해의 추수나 끝나기를 기다려 옷을 챙겨 벼슬에서 물러날까 망설이던 차에, 마침 정씨에게 출가했던 누이가 무창에서 죽으니, 나의 마음은 오직 장례식에 참례해야겠다는 생각뿐이었다. 그래서 결국 스스로 벼슬을 버리고 말았다.

> 仲秋至冬 在官八十餘日. 因事順心命. 篇日 歸去來兮. 乙巳
> 歲十一月也.

음력 八月에서 겨울까지, 벼슬에 있은 지 80여 일이었다. 뜻밖의 일로 인해 나는 본심을 좇아 결국 고향으로 돌아왔던 것이다. 그리고 한 편의 글을 지어 〈歸去來兮〉라 이름 지었다. 乙巳年 十一月.

이상이 序文인데, 陶淵明이 은퇴를 결심하게 된 근본적인 이유는 뜻밖의 일(누이의 죽음) 때문이 아니라, 앞서 밝힌 것처럼 타락한 세속과 타협할 수 없었기 때문이다. 이 글에서도 알 수 있듯이, 도연명은 참으로 숭고한 정신을 지닌 참된 선비였다. 그의 가장 위대한 점은 남을 원망하거나 세상을 야유하지 않는 생활 태도에 있다. 대부분의 속된 사람들은 현실에 아부하며 구차스런 목숨을 연명하기에 급급하다. 또 현실과 타협할 수 없다고 생각하는 사람들은, 죽림칠현이라도 된 양 현실을 도외시하고 공리공담(空理空談)을 일삼으며, 인생을 달관한 척 거드름을 피우고 자신의 현실도피를 미화하기 십상이다. 그러나 도연명은 그 어느 쪽도 아니었다. 그는 은퇴했으되, 손수 김을 매고 땀 흘려 일했다. 바로 이 점이 도연명만이 할 수 있었던 일이며, 그의 위대한 점이다. 그의 글은 그의 생활만큼이나 질박(質朴)하면서 깊은 뜻을 담고 있다. 고난 속에서도 높은 정신을 잃지 않으려는 의지가 글마다 잘 나타나 있다. 고통을 체험하면서, 기품 있는 높은 정신을 옥같이 맑은 글에 담아 남겼기 때문에, 오늘날까지 그의 글이 생명을 가지고 있는 것이다.

권지 1(卷之一)

부류(賦類)

　부(賦)는 한대(漢代)에 번성한 운문(韻文)의 하나로, 사부(辭賦)라고도 일컬어지며, 주 말(周末)의 굴원(屈原)·송옥(宋玉) 등의 작품이 실린 《楚辭》로부터 생겨났다. 楚辭 중에서도 굴원의 〈離騷〉·〈九章〉 등은 賦라고 불리었다. 《史記》의 〈懷沙之賦〉는 〈九章〉 중의 한 편이다. 전한(前漢)·후한(後漢) 시대에는 가의(賈誼)·사마상여(司馬相如)·양웅(揚雄)·반고(班固) 등 많은 부가(賦家)가 배출되고, 따라서 그 작품도 매우 많이 씌어졌으므로 漢賦라 하기도 한다. 그 후 육조(六朝)·당(唐)·송(宋)을 거쳐 오면서 더욱 뛰어난 賦가 만들어졌다. 賦의 특징은 서술적(敍述的)이긴 하지만, 반드시 직서(直敍)하는 것은 아니다. 사물을 구체적으로 표현하되, 화려하고 정교(精巧)하게 표현한다. 따라서 賦에는 서사(敍事)·서경(敍景)에 뛰어난 작품이 많으며, 이야기나 신화적(神話的) 공상을 기술한 낭만적·서정적인 작품도 적지 않다. 그러므로 賦는 직서(直敍)하는 것은 아니지만, 역시 서술하고 나열하는 문학이라 할 수 있다.

조굴원부:가의(弔屈原賦:賈誼)

> 恭承嘉惠兮 竢罪長沙. 仄聞屈原兮 自湛汨羅. 造托湘流兮 敬
> 弔先生. 遭世罔極兮 迺隕厥身.

황공하옵게도 높으신 은혜를 입어, 죄를 기다리려 장사로 귀양 가게 되
었다.

소문에 들으니, 그 옛날 굴원은 멱라에 몸을 던졌다고 한다.

내 이제 상수에 이르러, 상수의 흐르는 물을 보며 삼가 굴원 선생을 조
위(弔慰)한다.

선생께서는 참으로 어지러운 세상을 만나서, 스스로 멱라에 몸을 던지
셨다.

【語義】 嘉惠(가혜):天子께서 내리신 은혜. 가의(賈誼)가 장사(長沙)로 귀
양 가는 것을 가리킴. 竢罪長沙(사죄장사):장사로 귀양 가 처벌을 기다
림. 仄聞(측문):소문. 湛(침):잠길 침(沈)과 같음. 汨羅(멱라):지금의
호남성(湖南省)에 있는 강 이름으로, 평강현(平江縣)에서 비롯하여 湘
江으로 들어간다. 楚나라의 屈原이 빠져 죽은 곳으로 유명하다. 造托
湘流兮 敬弔先生(조탁상류혜 경조선생):상수(湘水)에 이르러, 상수의 흐
름에 부쳐 굴원에 대해 조의를 표함. 造는 至, 또는 往. 托은 託. 世罔
極(세망극):세상이 어지러운 것. 罔은 없다의 뜻. 極은 中正의 道. 迺隕
厥身(내운궐신):필경, 그 몸을 마치게 되다, 즉 죽게 되었다는 뜻. 迺는
乃, 隕은 死.

烏虖哀哉兮 逢時不祥. 鸞鳳伏竄兮 鴟鴞翺翔. 闒茸尊顯兮 讒諛得志. 賢聖逆曳兮 方正倒植. 謂隨夷溷兮 謂跖蹻廉. 莫邪爲鈍兮 鉛刀爲銛.

아아, 슬프도다! 선생께서는 참으로 어지러운 세상을 만나셨다.

난새·봉황 같은 현인군자는 모두 숨고, 올빼미 같은 간악한 무리들이 때를 얻어 높이 난다.

용렬하고 어리석은 것들이 높이 앉아 참소와 아첨으로 뜻을 얻고, 성현과 곧고 바른 선비는 초야에 묻히거나 욕을 본다.

변수(卞隨)·백이(伯夷) 같은 청렴결백한 분을 흐리다 말하고, 만고(萬古)의 대도적(大盜賊)인 도척(盜跖)과 장교(莊蹻)를 청렴하다고 말한다.

보검(寶劍) 막야(莫邪)를 무디다 탓하고, 납덩이 칼을 날카롭다고 좋아한다.

【語義】 烏虖(오호):감탄사로 '嗚呼'와 같음. 鸞鳳(난봉):난조(鸞鳥)와 봉황(鳳凰). 전(轉)하여 영준(英俊)한 선비를 뜻한다. 伏竄(복찬):몸을 숨김. 鴟鴞(치효):올빼미. 간악한 무리에 대한 비유. 翺翔(고상):빙빙 돌며 낢. 闒茸(탑용):천하고 용렬한 것, 또는 그러한 사람. 讒諛(참유): 헐뜯고 아첨하는 것. 逆曳(역예):거꾸로 끌리다. 성현(聖賢)은 세상에 드러나고 소인배는 발붙일 곳이 없어야 하는데, 반대로 성현이 발붙일 곳이 없고 소인배가 득세하게 됨을 뜻한다. 方正:행위가 바른 사람. 倒植(도치):거꾸로 섬. 곧 선악이 전도(顚倒)됨을 뜻한다. 隨夷(수이):변수(卞隨)와 백이(伯夷). 변수는 殷나라 湯王이 왕위를 물려주려고 했지만 받지 않았고, 백이는 아우 숙제(叔齊)와 함께 周나라 武王의 革命에 반대하여, 정절을 지키어 首陽山에 숨어 고사리만 먹다 굶어 죽었다. 청

렴결백한 현인, 군자를 대표하는 사람들이다.   溷(혼):맑지 않고 흐림.
跖蹻(척교):魯나라의 대도적(大盜賊)인 도척(盜跖)과 楚나라의 대도적
인 장교(莊蹻). 둘 다 악인을 대표하는 인물들이다.   莫邪(막야):名劍의
이름.   鉛刀(연도):납으로 만든 칼, 즉 명검 莫邪에 대하여 아주 보잘것
없는 칼.   銛(섬):예리함. 利와 같다.

于嗟默默 生之亡故兮. 斡棄周鼎 寶康瓠兮. 騰駕罷牛 驂蹇
驢兮. 驥垂兩耳 服鹽車兮. 章甫薦履 漸不可久兮. 嗟苦先生
獨離此咎兮.

아아, 선생께서는 뜻을 얻지 못하고, 까닭 없이 화를 당하셨다.

세상이 온통 거꾸로 되어, 삼대(三代)의 지보(至寶)인 주(周)의 금솥을 굴
려 버리고, 흙덩이에 지나지 않는 항아리를 보배라 한다.

지친 소에다 멍에 매어 수레를 끌게 하고, 다리병신 절뚝거리는 말을 곁
말로 쓴다.

아, 천리마가 두 귀를 늘어뜨리고 소금 수레 끌며 헐떡이는 세상.

머리에 써야 할 장보관(章甫冠)을 발밑에 까니, 군자는 한시바삐 버리고
가야 할 어지러운 세상.

아, 슬프다, 선생께서는 그런 세상에 나시어, 홀로 그 고난을 당하셨다.

【語義】于嗟(우차):아아! 감탄사. 默默(묵묵):뜻을 얻지 못하는 것. 마음속
　　에 불만이 있어도 입 밖으로 낼 수 없는 것.   生:先生, 곧 屈原을 가리킨
　　다. 亡故(망고):까닭없이 화(禍)를 입음. 斡棄周鼎(알기주정):주(周)나
　　라 금솥을 굴려서 버림. 斡은 옮기다, 또는 굴리다의 뜻. 周鼎은 夏의 禹
　　王이 각국에서 바친 금으로 만든 솥으로, 아홉 개가 있었다고 함. 夏·

殷·周로 전해 내려오는 국보(國寶). 康瓠(강표):康은 大, 瓠는 표주박, 호리병박. 여기에서는 진흙으로 구워서 만든 큰 호리병박 모양의 항아리를 말한다. 騰駕罷牛(등가파우):지친 소가 수레를 끎. 騰駕는 수레를 끄는 것, 罷牛는 지친 소. 驂蹇驢(참건려):절뚝거리는 말을 곁말로 함. 고대(古代)의 마차는 네 필의 말이 끄는데, 바깥쪽 좌우의 말을 驂, 또는 騑(비)라 하고, 안쪽의 두 말을 服이라 한다. 蹇驢는 다리가 성하지 못하여 절뚝거리는 노새. 驥垂兩耳 服鹽車(기수양이 복염거):천리마가 두 귀를 늘어뜨린 채 소금 수레를 끎. 인재가 적소에 배치되지 않음을 뜻한다. 驥는 천리마. 服은 駕의 뜻으로 수레를 끄는 것. 章甫薦履(장보천리):머리에 써야 할 章甫冠을 신발 밑에 깐다는 뜻으로, 선악이 전도됨을 뜻함. 章甫冠은 殷나라에서 쓰던 冠으로, 공자(孔子)가 즐겨 썼다. 薦은 깐다는 뜻. 履는 신발. 漸不可久兮(점불가구혜):나라가 어지러워져 군자가 오래 있을 수 없음. 漸은 점점 쇠약해진다는 뜻. 嗟苦(차고):애달프다는 뜻의 감탄사. 離此咎(이차구):모진 고난을 만나다. 離는 걸리다, 또는 만나다의 뜻. 此咎는 어지러운 세상에서 굴원이 당한 어려움. 咎는 재난(災難).

訊曰. 已矣 國其莫吾知兮. 子獨壹鬱其誰語. 鳳縹縹其高逝兮 夫固自引而遠去. 襲九淵之神龍兮 沕淵潛以自珍. 偭蟂獺以隱處兮 夫豈從蝦與蛭蟥. 所貴聖之神德兮 遠濁世而自臧. 使麒麟可係而羈兮 豈云異夫犬羊.

이에 고(告)하여 말한다.
선생은 '할 수 없구나, 나라 안에 날 알아주는 이 아무도 없구나.' 했으니, 홀로 가슴 가득 끓어오르는 그 울분을 누구에게 토했을까.

봉황이 하늘 끝 저 멀리로 훨훨 날아가는 것은, 어지러운 세상과 인연을 끊고 멀리 사라지려는 것이며,

신룡(神龍)이 못 속 깊고 깊은 곳에 몸을 숨기는 것은, 고귀한 그 몸을 지키기 위해 뭇 물짐승과 어울리지 않으려는 것이다.

교달(蟂獺) 같은 소인배를 멀리하고 세상을 등짐이여,

어찌 신령스런 봉(鳳)과 용이, 두꺼비를 쫓으려 거머리나 지렁이와 어울리겠는가.

봉황과 신룡은, 성인의 신덕(神德)을 귀히 여기는 까닭에, 흐린 세상을 멀리하고 자신을 감춘다.

그 어진 기린(麒麟)도, 얽어매어 굴레를 씌워 두면 타고난 재주를 펼 길 없으니, 어찌 개나 염소와 다를 바 있겠는가.

【語義】訐曰(수왈):《史記》에는 訊(신)으로 되어 있다. 告하다의 뜻. 屈原의 楚辭體 노래에 쓰이는 말로서, 詩의 끝 무렵에 그 篇의 主旨를 요약할 때, 먼저 訐曰, 또는 亂曰이라 하고 그 문장을 쓰기 시작했다. 已矣(이의):절망의 뜻을 나타내는 말로서, 할 수 없구나, 다 틀렸구나 하는 뜻으로 쓰인다. 子:屈原을 가리킴. 壹鬱(일울):마음에 불평불만이 있어, 가슴이 답답함. 壹은 불평불만, 鬱은 가슴이 답답한 것. 鳳縹縹其高逝兮(봉표표기고서혜):봉황이 훨훨 높이 날아 사라짐. 봉황도 무도(無道)한 세상에서는 몸을 감추어 화를 피한다는 뜻으로, 屈原이 楚나라를 버리지 못하고 끝까지 지조를 지키다 화를 당함을 애석하게 여겨 한 말이다. 縹縹는 飄飄(표표)와 같은 뜻. 自引:스스로 물러남, 또는 세상과의 인연을 끊음. 引은 縮, 또는 絶의 뜻으로 쓰였음. 襲九淵之神龍(습구연지신룡):깊은 못에 있는 神龍이 몸을 사림. 神龍은 뒤에 나오는 麒麟(기린)과 더불어 有德한 군자를 뜻한다. 襲은 몸을 사리는 것. 九는 數의

극(極)이니, 九淵은 지극히 깊은 못을 뜻한다. 汩(물):깊고 아득함. 自
珍:자신을 귀히 여겨 소중히 함. 다른 물짐승과 어울리지 않는다는 뜻
으로, 어지러운 세상을 만났을 때 군자의 처신을 말한다. 俛(면):등지
다. 떠나다. 蝛獺(교달):교달 벌레. 물에 사는 벌레로, 모양은 뱀과 비
슷한데 발이 넷 달렸고, 사람을 해친다고 함. 교활한 小人을 이르는 말
로, 뒤에 나오는 두꺼비[蝦(하)]·거머리[蛭(질)]·지렁이[螾(인)]·개
[犬]·염소[羊] 등과 뜻하는 바가 같다. 自臧(자장):자신을 감춤. 臧은
藏과 같다. 麒麟(기린):성인이 세상에 나올 전조(前兆)로 나타난다고
하는 상서로운 동물. 성인, 군자에 비유된다. 係而羈(계이기):굴레를
씌움. 係는 繫(계)의 뜻으로, 묶다. 羈는 말이나 소의 얼굴을 얽는 줄.

般紛紛其離此郵兮. 亦夫子之故也. 歷九州而相其君兮. 何必
懷此都也. 鳳凰翔于千仞兮 覽德輝而下之. 見細德之險微兮
遙增擊而去之. 彼尋常之汙瀆兮 豈容吞舟之魚. 橫江湖之鱣
鯨兮 固將制於螻蟻.

봉황과 신룡도 그러한데,

선생께서는 끝내 어지러운 나라에 애착을 끊지 못하고 걱정하다가, 간악
한 무리들에게 참소를 당했으니, 이것은 선생의 한결같은 충정(忠情)이 화
를 불러들인 것이다.

중국 땅 구주(九州)를 두루 돌아, 어디든 밝은 임금 찾아 섬기면 그만일
텐데, 어이하여 버림받은 그 땅에만 마음을 두셨을까.

봉황은 하늘 끝 높이 날면서, 성군(聖君)의 덕이 어리는 곳에만 내려와
앉고,

덕이 없는 험악한 조짐(兆朕)이 보일 때에는, 다시 날개를 쳐 하늘 높이

날아올라 미련 없이 멀리 떠나 버린다.

　저렇게 얕고 더러운 웅덩이에, 어찌 배를 삼킬 만한 큰 물고기가 담길
수 있겠는가.

　강호(江湖)에서 헤엄쳐 놀던 전어(鱣魚)와 고래도, 장차 땅강아지와 개
미떼에 뜯기게 될 것이다.

【語義】 般紛紛(반분분):般은 도리어. 反과 같다. 紛紛은 혼잡하고 어지러
운 상태. 무뢰배들이 참소와 아첨을 일삼는 것.　離此郵(이차우):화를
당함. 離는 걸리다, 또는 만나다의 뜻. 郵는 허물. 尤와 같다.　夫子之
故:선생의 허물. 夫子는 굴원을 가리킴. 故는 허물. 어지러운 세상에서
는 봉황이나 신룡처럼 미련 없이 세상을 버려 자신의 몸을 보전해야 하
는데, 굴원은 반대로 몽매한 군주에 간신들이 득실거리는 楚나라에 대
한 미련을 버리지 못하여 화를 당한 것이므로, 그것은 전적으로 굴원
자신의 잘못이라는 뜻.　歷九州而相其君(역구주이상기군):구주를 두루
돌아 명군을 찾아 그를 섬김. 九州란 중국의 전 국토를 말하는 것으로,
禹나라 때 冀(기)·兗(연)·靑(청)·揚(양)·徐(서)·豫(예)·荊(형)·
梁(양)·雍(옹)으로 나눈 데에서 비롯된다. 相은 보필하다, 섬기다의
뜻. 其君은 명군(明君). 소인들에 둘러싸인 어두운 임금을 버리고, 온
중국 땅을 두루 돌아 명군을 찾아 그를 섬겼어야 하는데, 屈原이 일편
단심 楚王만을 생각하다 화를 당한 것을 애석히 여겨 한 말이다.　此都:
楚의 임금이 있는 곳. 郢(영). 역사상 음탕한 곳으로 유명함.　仞(인):6
척(六尺), 또는 8척이라고도 한다.　德輝(덕휘):덕이 빛나는 곳. 곧 성
군(聖君)이 다스리는 나라를 뜻함.　細德之險微(세덕지험미):덕이 없을
것 같은 낌새. 細德은 無德과 같은 뜻. 險微는 험악한 낌새.　遙增擊(요
증격):날개를 쳐 아득히 멀리 사라짐.　尋常之汙瀆(심상지오독):작고 더

러운 도랑. 어둡고 어리석은 군신(君臣)이 모인 어지러운 조정을 뜻한다. 尋은 여덟 자[尺], 常은 그 두 배인 열여섯 자[尺]. 아주 작고 얕은 것을 의미한다. 汙는 汚와 같은 글자. 瀆은 도랑, 웅덩이. 豈容呑舟之魚(기용탄주지어):어찌 배를 삼킬 만한 큰 물고기를 포용할 수 있겠는가. 呑舟之魚는 회자(膾炙)되는 단어. 배를 삼킬 만한 큰 물고기라는 뜻으로, 그릇이 큰 대인(大人)을 가리킨다. 정사(政事)가 어지러워 소인들이 득실거리는 조정에서는 대인(大人) 군자를 용납할 리 없다는 뜻. 橫江湖之鱣鯨兮 固將制於螻蟻(횡강호지전경혜 고장제어누의):강호(江湖)의 큰물에서 노는 전어와 고래가 땅강아지와 개미에 눌리게 됨. 전어나 고래 같은 큰 인물도 주인을 잘못 만나게 되면, 땅강아지나 개미같은 미천한 소인들에게 괴로움을 당하게 된다는 뜻. 鱣鯨은 대인이나 군자를 뜻하며 螻蟻는 참소와 아첨을 일삼는 소인에 비유한 말이다.

【解說】한(漢)의 대부(大夫) 가의(賈誼)는,《史記》〈굴원·가생열전(屈原賈生列傳)〉에 굴원과 합전(合傳)되어 있다. 굴원과 마찬가지로 비범한 재주를 지닌 젊은이로, 이 세상에 나타나 오히려 그 때문에 불우한 가운데 일찍 세상을 마쳤을 뿐만 아니라, 굴원을 사랑하고 그의 죽음을 애석해하여, 초사(楚辭)의 정조(正調)를 계승하여 賦를 지었다. 賈誼는 장사(長沙)에 귀양 가 상수(湘水)를 지날 때, 100여 년 전에 굴원이 상수(湘水)의 멱라(汨羅)에 몸을 던져 죽은 것을 슬퍼하며, 글을 물에 던져 굴원을 애도했다. "이 賦는 굴원의 죽음을 애도한 것이지만, 한편으로는 그것을 칭탁(稱託)하여 가의(賈誼) 자신의 불우함을 슬퍼하는 마음을 기술하고 있다."(朱熹의 楚辭集註序)

　　한편《文選》에서는, 이 〈弔屈原賦〉를 〈弔屈原文〉으로 하여 弔文 속에 넣고 있다. 이는 한(漢) 이후 육조(六朝) 시대에, 楚辭 형식으로 쓰인 弔

文이 이밖에도 또 있으므로, 賦와 弔文이 혼동(混同)된 것 같다. 그러나 〈弔屈原〉은 弔文이지 賦가 아니라는 주장에 따라 〈弔屈原〉을 문류(文類)에 넣은 책도 있다. 그러나 이미 《史記》〈屈原·賈生列傳〉에, '賦로써 屈原을 애도한다.'고 되어 있으므로, 賦로 보는 것이 옳을 것이다.

《史記》의 〈屈原·賈生列傳〉 끝 부분에 사마천(司馬遷)은, '장사(長沙)에 가서 굴원이 몸을 던져 죽은 멱라수(汨羅水)를 보니, 굴원의 인물됨을 눈물을 흘리며 추모하지 않을 수 없었다. 가생(賈生)이 굴원을 애도한 賦를 보매 가생도, 굴원이 그 정도의 재능을 가지고 자기가 섬길 만한 제후(諸侯)를 찾아 나섰다면 그를 받아들이지 않을 나라가 없었을 텐데, 어째서 스스로 그러한 최후를 마쳤느냐고 힐난하고 있다.'고 썼는데, 거기에는 가의(賈誼)의 이 賦의 주지(主旨)가 간결하게 나타나 있다. 가생(賈生)이나 사마천은, 굴원이 다른 나라에 가서 섬길 만한 제후를 찾아보지 않고 유배지(流配地)에서 유랑하며 망해 가는 조국을 보다 못해 마침내 멱라(汨羅)에 몸을 던진 것은 스스로 그 화(禍)를 초래한 것이라 힐난했다. 그러나 이 책망 비슷한 말은 굴원을 너무나도 애석하게 여기는 정(情)의 표현이다. 가의(賈誼)는 실로 굴원과 백년 지기(百年知己)라고 할 수 있다. 그리고 이 지기(知己)를 굴원과 짝지어 〈屈原·賈生列傳〉으로 엮은 태사공(太史公) 또한 그에 뒤떨어지지 않는 지음(知音)이었다고 말할 수 있을 것이다.

가의(賈誼)가 이 〈弔屈原賦〉 속에서 굴원의 불우함을 애도한 말은, 그대로 자기 자신의 고충을 호소한 것임을 이미 주희(朱熹)도 지적한 바와 같다. 나중에 가의(賈誼)가 양(梁)나라 회왕(懷王)의 태부(太傅)를 맡고 있을 때, 회왕이 낙마(落馬)하여 죽은 것을 자신의 불찰이라고 생각하여 비탄에 잠기기 1년여, 마침내 슬픔 때문에 33세의 젊은 나이로 죽은 일과 결부시켜 생각해 보면, 성실하고 다감(多感)한 성정(性情)에서 가의와 굴원은 서로 통한다고 할 수 있다.

송(宋)나라의 주희(朱熹)가 《楚辭集註》 속에 〈弔屈原賦〉를 비롯하여 가의(賈誼)의 賦 세 편을 넣은 것은 실로 뛰어난 식견으로, 〈弔屈原賦〉 는 한대(漢代)의 賦로서 뛰어난 것이라고 하기보다는 오히려 楚辭의 직계(直系)로 보는 것이 타당하다.

아방궁부:두목지(阿房宮賦:杜牧之)

六王畢 四海一. 蜀山兀 阿房出. 覆壓三百餘里 隔離天日. 驪
山北構而西折 直走咸陽. 二川溶溶 流入宮牆.

전국시대(戰國時代)의 육국(六國)이 망하니, 천하가 하나로 통일되었다.

촉산(蜀山)의 울창한 수목들 모두 베어져 민둥산이 되더니, 아방궁(阿房
宮)이 만들어졌다.

사방 삼백 리 땅에 자리를 잡고, 드리워진 지붕은 하늘과 해를 가렸다.

여산(驪山) 북쪽에서부터 지어지기 시작한 궁전은, 서쪽으로 꺾여 진(秦)
의 서울 함양(咸陽)에까지 이르렀고,

위수(渭水)와 경수(涇水) 두 큰물이 성안으로 유유히 흘러들었다.

【語義】 六王畢 四海一:六王이 망하고 천하가 통일되다. 六王이란 전국시대
의 韓(한)·魏(위)·趙(조)·燕(연)·齊(제)·楚(초)인 六國의 왕. 畢은
亡, 四海는 천하(天下), 一은 통일(統一). 진시황(秦始皇)이 천하를 통
일한 것을 말한다. 진시황이 六國을 통일한 것은 B.C. 221년, 그로부터
10년 뒤에 아방궁이 세워졌다. 蜀山兀(촉산올):촉산이 민둥산이 되다.
蜀山은 四川省에 있는 산. 兀은 높고도 평평한 것. 진시황이 궁전을 지
으려고 벌목(伐木)하여 蜀山이 민둥산이 되었음을 뜻한다. 覆壓(복압):
위에서 덮어 누름. 隔離天日(격리천일):하늘과 해를 완전히 가려 버림.
아방궁의 웅장함을 묘사한 것. 驪山(여산):陝西省(섬서성) 西安府(서안
부)에 있는 산. 構(구):構造, 즉 궁전을 세움. 咸陽(함양):秦(진)의 서
울. 二川溶溶(이천용용):二川이란 渭水(위수)와 涇水(경수)요, 溶溶은
큰물이 유유히 흐르는 모양을 형용한 말

五步一樓 十步一閣. 廊腰縵廻 簷牙高啄. 各抱地勢 鉤心鬪角.
盤盤焉. 囷囷焉. 蜂房水渦 矗不知其幾千萬落.

다섯 발짝마다 하나씩 전각(殿閣)이 섰고, 열 발짝마다 하나씩 이층집
이 섰다.

궁전의 복도는 끝없이 길게 이어졌고, 높이 솟은 처마 끝은 뾰족하여 모
이를 쪼는 새의 부리 같았다.

궁전은 지세(地勢)에 따라 세워졌는데, 그 중앙에서 지붕들이 갈고리처
럼 휘어져 뻗어나갔고, 처마와 처마는 뒤섞여 뿔을 맞대고 싸우는 것 같
았다.

또 큰 고리를 이어 놓은 듯, 누각과 궁실이 둥글게 무리 지어 늘어섰고,
지붕과 처마가 위아래 이쪽저쪽으로 구부러지고 휘어져 장관을 이루었다.

수많은 궁실이 벌집처럼 접근하여 서로 이웃하고, 물이 소용돌이치듯 둥
글게 이어지며 높이 솟아, 그 수효가 몇천 몇만이나 되는지 알 수 없었다.

【語義】 廊腰縵廻(낭요만회):廊腰는 복도. 縵廻는 빙빙 돌아 길게 이어진
　　모양을 말함. 簷牙高啄(첨아고탁):처마 끝이 높이 솟아, 마치 모이를
　　쪼는 새의 부리처럼 뾰족함. 簷牙는 처마 끝. 各抱地勢(각포지세):각각
　　지세에 안긴 듯함. 모든 건물이 땅의 높낮이에 따라 세워져, 어떤 것은
　　높고, 또 어떤 것은 낮다는 뜻. 鉤心鬪角(구심투각):건물의 지붕이 갈
　　고리처럼 휘어져 한곳에 모여 있고, 뾰족한 처마 끝이 마치 뿔과 뿔을
　　맞대고 싸우는 것처럼 어지러이 섞여 있음. 盤盤(반반):여러 건물이 원
　　형을 이루며 이어져 있음. 囷囷(균균):구부러지고 휘어짐. 갈고리처럼
　　휜 지붕과 뾰족한 처마 끝이 상하 좌우로 굽고 꺾임. 蜂房水渦(봉방수
　　와):많은 궁실이 벌집처럼 늘어서 있고, 물이 소용돌이치듯 둥글게 이

어져 있음. 矗(촉):높이 솟아 있음. 幾千萬落(기천만락):매우 많은 구
획(區劃). 落은 聚落(취락), 마을.

> 長橋臥波 未雲何龍. 複道行空 不霽何虹 高低冥迷 不知西東.
> 歌臺暖響 春光融融 舞殿冷袖 風雨凄凄. 一日之內 一宮之閒
> 而氣候不齊.

위수(渭水) 위에 길게 누운 다리는, 구름도 일지 않았는데 용(龍)이 나와
드러누운 것 같았고,

아방궁에서 남산(南山) 마루까지, 허공을 가로지른 이층의 복도는 비 개
인 뒤도 아닌데 무지개가 걸린 것 같았다.

높고 낮은 궁중의 누각들은 보는 이의 얼을 앗아, 아방궁을 보는 자, 동
서의 구별조차 하기 어려웠다.

가대(歌臺)에서 울려나오는 궁녀들의 노래 소리는 봄기운처럼 마냥 화
락(和樂)했고,

무희(舞姬)들의 펄럭이는 소맷자락 끝에서 이는 바람은 쌀쌀한 가을바
람과 같았으니,

같은 날 같은 궁전에서지만, 그 느끼는 바는 봄과 가을을 함께 느끼는 것
처럼 그렇게도 달랐다······.

【語義】 長橋臥波(장교와파):물결 위에 긴 다리가 놓여 있음. 아방궁과 咸
陽의 도성을 연결하기 위해 渭水에 설치한 다리. 未雲何龍(미운하룡):
구름이 없는데 어떻게 하여 용이 있는가. 長橋를 물결 위에 놓여 있는
큰 용에 비유한 것. 複道(복도):아방궁에서 南山 마루까지 이어진 2층
으로 된 복도. 위층은 天子만이 다닐 수 있다. 不霽何虹(부제하홍):비

가 갠 것도 아닌데 무지개가 나타남. 공중 높이 가로질러 있는 複道를
무지개인 양 하여 한 말이다. 冥迷(명미):정신이 어지러워 갈피를 잡
지 못함. 暖響(난향):봄기운처럼 부드러운 노래 소리. 融融(융융):부
드럽고 화락(和樂)함. 冷袖(냉수):차가운 옷소매. 춤을 추느라 옷소매
를 흔들면 바람이 일게 되므로, 이렇게 표현한 것. 凄凄(처처):써늘함.

妃嬪媵嬙 王子皇孫 辭樓下殿 輦來于秦. 朝歌夜絃 爲秦宮
人. 明星熒熒 開粧鏡也. 綠雲擾擾 梳曉鬟也. 渭流漲膩 棄脂
水也. 煙斜霧橫 楚椒蘭也. 雷霆乍驚 宮車過也. 轆轆遠聽 杳
不知其所之也. 一肌一容 盡態極妍. 縵立遠視 而望幸焉. 有
不得見者 三十六年.

비빈(妃嬪)과 궁녀들, 그리고 왕자와 황손(皇孫)들은, 누각과 전각에서
내려와 연(輦)을 타고 매일 진궁(秦宮)에 들었다.

아침에는 노래, 저녁에는 비파와 거문고, 밤낮없이 춤추고 노래했던 진
의 궁녀들.

그들이 화장을 하러 경대를 열 때면, 무수한 샛별이 반짝이는 것 같았고,

아침에 삼단 같은 머리채를 빗질할 때면, 검푸른 구름이 뒤엉켜 뭉실뭉
실 피어오르는 것 같았다.

위수(渭水)의 맑은 물에 흘러넘치던 미끄러운 것은, 궁녀들의 연지와 분
을 씻어낸 물이요,

궁중에서 매일같이 피어오르던 연기와 가로 어리던 안개는, 궁녀들이 사
른 초란(椒蘭) 향(香)의 연기였다.

궁녀들을 실은 마차가 떼 지어 지나갈 때면, 귀청을 찢는 우레 소리에
놀랐고,

덜거덕거리는 마차 소리 멀리 사라질 때면, 그 소리 아득하여 가는 곳이 어딘지 알 수 없었다.

피부와 얼굴 어느 한 곳 다듬고 손질하지 않은 곳이 없어, 그지없이 곱고 아리따운 궁녀들이,

한없이 서서 멀리 바라보며, 황제의 거둥을 기다렸건만,

진시황 재위(在位) 36년 동안에, 한 번도 황제를 뵙지 못한 궁녀가 있었다.

【語義】 妃嬪媵嬙(비빈잉장):妃는 皇后 다음의 女官. 太子의 정실(正室)도 妃라고 함. 嬪은 妃 다음가는 고급 女官. 媵嬙은 嬪 다음가는 宮女. 輦(연):임금이 타는 가마의 한 가지. 明星:샛별. 熒熒(형형):번쩍번쩍 빛남. 粧鏡(장경):여자가 단장할 때 쓰는 거울. 綠雲擾擾(녹운요요):녹색 구름이 어지럽게 흩어져 있음. 綠雲은 여자의 아름답고 탐스러운 머리카락을 형용한 것. 擾擾는 많은 것이 뒤얽혀 있는 것. 梳曉鬟也(소효환야):새벽 머리를 빗질함. 梳는 빗, 또는 빗질하는 것. 曉鬟은 아침에 잠에서 깨어났을 때의 머리. 膩(이):화장할 때 쓰는 기름. 여기서는 여자들의 피부에서 나온 기름기. 脂水(지수):화장한 뒤 연지와 분을 씻어 낸 물. 椒蘭(초란):산초나무와 난초. 전(轉)하여 향기가 좋은 것. 雷霆乍驚(뇌정사경):우레 소리에 깜짝 놀람. 轆轆(녹록):수레가 달리는 소리. 杳(묘):아득함. 一肌一容(일기일용):피부와 얼굴. 盡態極妍(진태극연):교태를 다하고 아름다움을 극함. 縵立(만립):한없이 서서 기다림. 幸(행):幸行. 임금님의 거둥. 三十六年:始皇帝가 秦의 왕이 되어 죽을 때까지의 36년 동안.

燕趙之收藏 韓魏之經營 齊楚之精英. 幾世幾年 取掠其人 倚疊如山. 一旦有不能輸來其閒. 鼎鐺玉石 金塊珠礫. 棄擲邐迤. 秦人視之 亦不甚惜. 嗟乎 一人之心 千萬人之心也. 秦愛紛奢 人亦念其家. 奈何取之盡錙銖 用之如泥沙.

연(燕)과 조(趙)에서 소중히 간직하던 온갖 귀중품들, 한(韓)과 위(魏)에서 애써 모은 허다한 보물들, 그리고 제(齊)와 초(楚)에 쌓였던 정교하고 아름다운 것들.

몇 세(世) 몇 년을 두고 이것들을 그 국민들에게서 빼앗아 모았는지, 첩첩이 쌓인 것이 태산과 같아, 짧은 시일로는 그것들을 모두 아방궁으로 실어 나를 수가 없었다.

고대(古代)의 국보였던 금솥이 밥 짓는 솥으로 쓰이고, 옥(玉)이 한낱 돌로, 금덩이가 흙덩이로, 값진 진주가 한낱 조약돌로 여겨졌으니, 길에는 내버려진 보옥들이 즐비하게 깔려 있었다.

또한 진(秦)의 궁인(宮人)들은 이를 보고도 조금도 아까워하지 않았다.

아, 상(上), 천자 한 사람의 마음은 온 백성 천만인의 마음에 영향을 주고 감화를 입히는 것이다.

시황(始皇) 한 사람이 호사스런 사치를 좋아하니, 그 아래의 모든 사람들도 자신의 치부(致富)만을 생각했던 것이다.

어찌하여 거두어들이기는 백성들의 털끝만한 것까지도 긁어 들이고선, 그것을 쓰기는 진흙이나 흙처럼 했단 말인가.

【語義】收藏:깊은 창고에 감추어 둔 재보(財寶). 經營(경영):무슨 일을 힘들여 하는 것. 여기서는 애써 긁어모은 진귀한 보물을 말한다. 精英(정영):아주 精巧하고 값진 물건. 取掠其人(취략기인):그들에게서 빼앗

아 취함. 其人은 魏(위)·燕(연)·趙(조)·韓(한)·齊(제)·楚(초)의 여섯 나라 사람들. 倚疊(의첩):첩첩이 쌓음. 輸(수):실어 나름. 其閒(기간):아방궁 안. 鼎鐺(정당):鼎은 보물 솥. 鐺은 발이 셋 달린 냄비. 珠:水中에서 나는 구슬. 礫(력):자갈. 棄擲(기척):버리고 내던짐. 邐迤(이이):즐비하게 끝없이 널리어 있음. 嗟乎(차호):탄식하여 내는 소리. 一人:진시황. 紛奢(분사):호사스러운 사치. 錙銖(치수):원래는 중량을 나타내는 단위인데, 여기서는 매우 하찮은 것이라는 뜻으로 쓰였다.

使負棟之柱 多於南畝之農夫. 架梁之椽 多於機上之工女. 釘頭磷磷 多於在庾之粟粒. 瓦縫參差 多於周身之帛縷. 直欄橫檻 多於九土之城郭. 管絃嘔啞 多於市人之言語. 使天下之人 不敢言而敢怒. 獨夫之心 日益驕固. 戍卒叫 函谷舉. 楚人一炬 可憐焦土.

궁전의 마룻대를 받친 기둥은 들판에서 밭갈이하는 농부보다 많았고, 들보에 걸린 서까래는 베틀에 앉아 베를 짜는 여자보다 많았다.

번쩍번쩍 빛나는 못대가리는 곳집에 쌓아 둔 곡식의 낟알보다 많았고, 지붕을 덮은 기와의 이음매는 몸에 두른 비단옷의 가느다란 비단 실 가닥보다 많았다.

높고 낮게 끝없이 이어진 난간은 중국 구주(九州)의 성곽보다도 많았고, 피리 불고 비파 뜯으며 노래하는 소리는 장바닥에서 울려나오는 사람들 소리보다 요란했다.

그러나 입이 있어도 말 못하던 세상이어서, 천하의 그 누구도 분노를 가슴속에만 감춘 채 입 밖에 낼 수가 없었다.

민심을 잃은 시황제의 마음은, 날이 갈수록 더욱 교만하고 완고해졌다.

이윽고 국경을 지키던 한 병사의 부르짖음에 너도나도 다투어 진(秦)의
학정(虐政)에 반기를 드니, 진나라 제일의 요해지(要害地) 함곡관(函谷關)
이 유방(劉邦)에게 함락되고, 웅장하던 아방궁은 항우(項羽)의 횃불에 가
련하게도 잿더미가 되었다.

【語義】南畝(남묘):남쪽 밭이랑. 椽(연):서까래. 磷磷(인린):번쩍번쩍 광
택이 나는 모양. 在庾之粟粒(재유지속립):곳집에 있는 곡식의 낟알.
庾는 곡식을 저장해 두는 곳. 粟은 좁쌀. 參差(참치):가지런하지 못한
모양. 기와의 이음매가 덧 포개진 상태를 말한 것. 周身之帛縷(주신지
백루):전신을 감싸고 있는 옷의 실 가닥. 直欄橫檻(직란횡함):종횡의
난간. 九土:九州와 같은 뜻으로, 중국의 전 국토를 뜻함. 嘔啞(구아):
악기 등속의 소리가 요란한 것을 말함. 多於市人之言語(다어시인지언
어):일반 백성들의 불평을 덮어 버릴 만큼 많음. 국민의 소리에 귀를 기
울이지 않고 향락에 빠져 있음을 뜻함. 不敢言而敢怒(불감언이감노):
법이 엄격하여, 불만이 있어도 입 밖에 내지 못하므로, 속으로 불만이
쌓임. 獨夫(독부):民心을 잃은 폭군. 진시황을 가리킨다. 驕固(교고):
교만하고 완고함. 戍卒(수졸):국경을 지키는 병사. 函谷擧(함곡거):函
谷關은 秦의 수도를 지키는 요충지로서, 난공불락이라고 믿어지고 있
었다. 漢王 유방(劉邦)은 먼저 函谷關을 함락시키고, 關中에 들어가 함
양을 함락시켰다. 擧는 함락시키다. 楚人一炬(초인일거):楚王 항우(項
羽)의 한 자루 횃불. 項羽는 나중에 들어와 秦宮을 불태웠는데, 그 불이
3개월 동안이나 꺼지지 않았다고 한다.

嗚呼 滅六國者六國也. 非秦也. 族秦者秦也. 非天下也. 嗟夫
使六國各愛其人 則足以拒秦. 秦復愛六國之人 則遞三世可至
萬世而爲君. 誰得而族滅也. 秦人不暇自哀 而後人哀之. 後人
哀之 而不鑑之 亦使後人而復哀後人也.

아, 슬프다.

연(燕)·조(趙)·한(韓)·위(魏)·제(齊)·초(楚) 여섯 나라를 멸한 것은
진(秦)이 아니라, 정치를 잘못한 바로 그 여섯 나라이다.

마찬가지로 진을 멸망케 한 것은, 천하가 아니라 바로 진나라 자신이다.

아, 진에게 멸망당한 여섯 나라들이 제각기 인의(仁義)의 정치를 펴 백성
을 사랑하였더라면, 진나라의 침공에 결코 쓰러지지 않았을 것이다.

진나라 역시, 평정한 여섯 나라의 백성들을 사랑으로 다스렸다면, 왕위
(王位)는 결코 삼 대(三代)에서 그치지 않고 만 대(萬代)까지 전해 이어졌
을 것이다.

진나라 사람들이 스스로의 멸망을 슬퍼할 겨를도 없이 나라가 망해 버리
고, 후세 사람들이 대신 슬퍼하고 있다.

하지만 후세 사람들이 옛일을 슬퍼만 하고 잘못을 고치지 않는다면, 그
들 또한 그 후세 사람들을 그와 같이 슬퍼하게 할 것이다.

【語義】 族(족):족멸(族滅). 한 사람의 잘못으로 인하여 一族이 다 화를 입
어 滅함. 嗟夫(차부):개탄하는 의미의 감탄사. 遞(체):대대로 王位를
계승함. 鑑(감):비추어 봄. 거울삼음. 자신을 반성하여 잘못을 고침. 좋
은 것이든 나쁜 것이든 자신의 교훈으로 삼음. 使後人而復哀後人(사후
인이부애후인):후세 사람으로 하여금 지금의 일을 애도하게 함. 앞의 後
人은 후세 사람, 뒤의 後人은 지금 말하고 있는 사람.

【解說】《史記》의 〈秦始皇本紀〉에 다음과 같이 씌어 있다. "秦始皇 35년(기
원전 212)에 조궁(朝宮:正殿, 뭇 신하들이 參朝하는 궁전)을 위수(渭水)
남쪽의 상림원(上林苑) 속에 지었다. 먼저 전전(前殿)을 아방(阿房:長安
西北의 땅)에 지었다. 그 규모가 엄청나, 동서(東西)는 오백 보(步), 남
북은 오십 장(丈)으로, 전상(殿上)에는 일만 명을 앉힐 수 있고, 전하(殿
下)에는 오 장(丈)의 기(旗)를 세울 수 있었다. 건물 주위에는 건물과 건
물을 잇는 복도를 둘러, 궁전 아래에서부터 복도를 따라 남산(南山)에
올라갈 수 있었다. 南山 꼭대기에 관문(關門)을 세워, 이 궁전의 문으로
삼았다. 阿房에서 渭水를 거쳐 咸陽에까지 복도(複道)를 만들어, 천극
(天極:하늘의 紫宮의 17星)이 각도(閣道:건물을 잇는 복도)를 따라 하늘
의 강을 건너 영실성(營室星)에 이르는 것을 상징했다. 阿房의 궁전은
아직 완성되지 않았다. 완성되면 좋은 이름을 붙이려고 했는데, 궁전을
阿房에 만들었으므로 천하 사람들은 이를 阿房宮이라고 불렀다. 그즈음
궁형(宮刑)에 처해진 자 및 도형자(徒刑者) 70여만 명이 있었는데 그들
을 둘로 나누어 한 편은 阿房宮을 짓게 하고, 다른 한 편은 여산(驪山)
의 궁을 짓게 했다. 이 공사를 하기 위해 북산(北山)의 돌과 촉(蜀), 형
(荊)의 재목을 수송하게 했다. 함곡관(函谷關) 안의 궁전의 수가 3백여,
함곡관 밖의 궁전의 수가 4백여였다."

함양(咸陽)을 맨 처음에 수도로 정한 것은 진(秦)의 효공(孝公)이었
다. 오늘날의 섬서성(陝西省) 장안현(長安縣)의 동쪽에 위성(渭城)의 고
적지가 있는데, 그것이 秦의 고도(古都) 함양이다. 지금은 섬서성 관중
도(關中道)에 속해 있다.

명(明)나라 소옥(邵玉:號는 二泉)은, "이 篇은 그 규모가 크고 아름답
다. 그 文勢가 마음껏 이리저리 치달아, 楚人一炬 可憐焦土의 句에 이
른다. 성쇠 변화(盛衰變化)의 논(論)이 여기에서 결정되는 것이다. 그

句 이후의 글 속에는 감계(鑑戒)의 뜻이 포함되어 있으며, 그것을 읽음에 뒷맛이 있다."고 했다. 〈阿房宮賦〉는 운문(韻文)에 의한 뛰어난 사론(史論)이다. 또 이 賦는 당(唐)·송(宋) 시대에 왕성했던 이른바 '文賦'를 선창(先唱)한 작품으로 간주된다. '文'이란 散文을 의미하며, 논문(論文)이나 서사(敍事)·서경(敍景) 같은 散文에 군데군데 압운(押韻)한 것을 '文賦'라 한다. 이것을 앞에서 나온 〈弔屈原賦〉와 비교해 보면, 句의 字數가 일정하지 않고 압운이 불규칙한 점 등이 뚜렷이 다르며, 또 그 내용도 서사(敍事)·논의(論議)를 주로 하여 서정적인 사상(思想)상의 운율(韻律)이 적다는 것을 알 수 있을 것이다.

賦는 풍간(諷諫:슬며시 돌려서 諫하는 것)하는 것을 목적으로 한 운문(韻文)이다. 따라서 이 賦도 마지막 한 단락에는 풍간(諷諫)하는 의미가 명백히 담겨 있다.

또 끝 부분의 '秦人不暇自哀……' 이하의 구법(句法:句를 만드는 법)은 《莊子》서무괴편(徐無鬼篇), '嗟乎 我悲人之喪者. 吾又悲夫悲人者. 吾又悲夫悲人之悲者(아아, 나는 세상을 초월했다는 사람이 자기의 본성을 잃는 것을 슬퍼한다. 또 사람이 타인의 본성 잃는 것을 슬퍼하는 것을 슬퍼한다. 또 본성을 잃은 자를 슬퍼하는 사람을 슬퍼하는 것도 슬퍼한다).'의 구절을 본뜬 것으로 간주된다.

추성부:구양영숙(秋聲賦:歐陽永叔)

歐陽子方夜讀書 聞有聲自西南來者. 悚然而聽之曰 異哉. 初
淅瀝以蕭颯. 忽奔騰而砰湃. 如波濤夜驚 風雨驟至. 其觸於
物也 鏦鏦錚錚 金鐵皆鳴. 又如赴敵之兵 銜枚疾走 不聞號令
但聞人馬之行聲. 予謂童子 此何聲也. 汝出視之. 童子曰 星
月皎潔 明河在天. 四無人聲 聲在樹間.

때는 바야흐로 밤, 구양자(歐陽子)가 책을 읽고 있었는데, 서남으로부
터 들려오는 소리가 있었다. 구양자는 이 소리에 섬뜩 놀라 중얼거렸다.

"이상도 하구나, 처음에는 그 소리가 비오는 소리 같더니 이내 음산하게
울부짖는 바람 소리로 변하고, 그런가 하면 갑자기 파도가 기운차게 바위
벼랑에 부딪는 소리 같기도 하고……. 아니, 마치 놀란 파도가 한밤에 곤두
박질치고, 비바람이 느닷없이 휘몰아치는 소리 같기도 하고…….

대체 저것이 무엇이기에, 무엇에 닿기만 하면 날카로운 쇳소리 무딘 쇳
소리 할 것 없이, 금(金)과 철(鐵)이 함께 울어대는 것 같은 소리를 내는가.
또 적을 향해 돌진하는 병사와 말에 재갈을 먹인 듯, 호령은 들리지 않고
사람과 말이 내닫는 듯한 소리만 들리는가."

구양자는 하도 괴이쩍어, 동자(童子)에게 그 소리가 무슨 소리인가 밖에
나가 알아보라 일렀다.

한참 뒤, 동자가 들어와 말했다.

"하늘에는 별과 달이 눈부시게 희고 맑으며, 은하수 또렷하여 손에 잡힐
듯합니다. 사방 어디에도 인적이라곤 없으니, 그 소리는 분명 나뭇가지를
울리고 간 바람 소리입니다."

【語義】 歐陽子:구양수 자신을 가리키는 말. 子는 남자에 대한 존칭. 자신의
일을 제삼자가 겪은 것처럼 객관화하여 표현한 데에 묘미가 있다. 悚
然(송연):두려운 듯 놀라는 모양. 淅瀝(석력):빗소리의 형용. 주룩주룩
쏟아지는 빗소리. 蕭颯(소삽):바람이 우는 음산한 소리. 奔騰(분등):기
운차게 달림. 砰湃(팽배):물결이 바위에 부딪치는 소리. 驟至(취지):느
닷없이 몰아닥침. 鏦鏦錚錚(총총쟁쟁):쇠붙이가 부딪는 소리의 형용.
鏦鏦은 칼과 같은 날카로운 쇠가 부딪는 소리를 형용한 것이고, 錚錚은
일반 쇠붙이가 부딪는 소리를 형용한 것. 가을바람을 묘사하는 데에 쇳
소리가 자주 등장하는 것은, 가을이 五行 가운데 金에 해당되기 때문이
다. 秋風을 金風이라 하는 것도 이 때문이다. 銜枚(함매):진군할 때에
군졸이나 말이 소리를 내지 못하게 하기 위하여 입에다 나무를 물리는
것. 枚는 젓가락처럼 생긴 나무인데, 입에 물리고 양쪽 끝에 끈을 달아
목 뒤로 매게 되어 있음. 皎潔(교결):눈부시게 희며, 맑고 깨끗함. 明
河(명하):은하수. 四:四方의 뜻. 閒:間과 같음.

予曰 噫嘻悲哉. 此秋聲也. 胡爲乎來哉. 蓋夫秋之爲狀也 其
色慘淡 煙霏雲斂. 其容淸明 天高日晶. 其氣慄冽 砭人肌骨.
其意蕭條 山川寂寥. 故其爲聲也 凄凄切切 呼號奮發. 豐草綠
縟而爭茂 佳木葱蘢而可悅 草拂之而色變 木遭之而葉脫. 其
所以摧敗零落者 乃一氣之餘烈.

나는 탄식하며 말했다.

"아, 슬프도다. 그 소리가 바로 가을 소리였구나. 기다리지도 않던 가을
이, 누가 오라 하였기에 벌써 왔단 말이냐."

생각해 보건대, 무릇 가을이란 그 성(性)이 애처로울 정도로 맑아, 연기

나 구름 같은 잡스러운 것들을 모두 날려 버린다.

　가을의 모양은 그지없이 맑고도 밝아, 하늘 더욱 높아지고 해 더욱 투명해진다.

　가을의 기운은 뼈가 시리도록 차가워, 매섭기가 뼛속까지 파고드는 돌침〔石鍼〕 같다.

　가을의 마음씨는 더없이 쓸쓸하여, 푸르른 산천(山川)을 온통 적막하게 만든다.

　그러기에 가을의 소리는 처량하고 구슬픈가 하면, 노한 듯 울부짖으며 세차게 일어난다.

　싱싱한 풀들이 초록빛 수를 놓으며 다투어 자라고, 아름드리나무들이 짙푸르게 우거져 기뻐할 만하더니, 가을 소리 한 가닥에 풀잎이 노랗게 마르고 무성했던 나뭇잎이 우수수 떨어진다.

　그렇게도 싱싱하고 아름답던 초목들이 무참히도 시들어 마르고 낙엽 지는 것은, 가을의 기운이 너무 매섭기 때문이다.

【語義】 噫嘻(희희):탄식하는 소리.　胡爲乎來哉(호위호래재):어찌하여 왔는가? 바라지도 않았는데 왔다는 뜻.　蓋夫(개부):대체로. 무릇. 생각해 보건대.　慘淡(참담):몹시 아프고 슬픔.　煙霏雲斂(연비운렴):안개와 구름이 걷힘.　其容(기용):가을의 모습.　晶(정):투명하게 맑음.　慄冽(율렬):뼈가 시리도록 차가움. 가을의 찬 기운이 매서움을 말함.　砭(폄):돌침〔石鍼〕. 여기서는 살 속을 찌른다는 뜻.　蕭條(소조):쓸쓸하고 한적한 모양.　寂寥(적료):조용하고 쓸쓸함.　凄凄切切(처처절절):처량하고, 절박함.　呼號奮發(호호분발):크게 부르짖고 세차게 일어남.　綠縟(녹욕):풀이 푸르고 무성하여, 수를 놓은 듯 아름다움. 綠은 짙은 녹색, 縟은 꽃무늬를 장식하는 것.　葱蘢(총롱):푸르게 무성함.　可悅(가

열):볼 만함. 摧敗零落(최패영락):摧敗는 꺾여 시드는 것, 零落은 초목
의 잎이 말라 떨어지는 것. 一氣之餘烈(일기지여렬):가을 기운의 매서
움에서 비롯되는 결과. 一氣는 가을 기운.

夫秋刑官也. 於時爲陰. 又兵象也. 於行爲金. 是謂天地之義
氣. 常以肅殺而爲心. 天之於物 春生秋實. 故其在樂也 商聲
主西方之音. 夷則爲七月之律. 商傷也. 物既老而悲傷. 夷戮
也. 物過盛而當殺.

대저 가을은 형벌을 맡은 형관(刑官)이요, 시절에서는 음(陰)의 때이다.
또 만물을 상(傷)하게 함이 날카로운 병기와 같고, 오행(五行)으로 따지
면 금(金)이다.

가을은 서리처럼 엄격한 의(義)의 덕을 천지에 구현한다 했으니, 언제나
냉혹한 마음으로 만물을 말려 죽이는 것을 그 본성(本性)으로 한다.

하늘은 만물로 하여금, 봄에는 싹트게 하고 가을에는 열매를 맺게 한다.

가을의 성정(性情)을 음률에서 찾아보면, 가을은 궁·상·각·치·우의
오성(五聲) 가운데 상성(商聲)에 해당하며, 가을은 서쪽의 음악인 금성(金
聲)을 주관한다.

또 십이율(十二律)에서도 음력 7月, 즉 맹추(孟秋)의 음률인 이칙(夷則)
에 해당한다.

상성(商聲)의 商은 傷을 뜻하니, 가을 소리는 싱싱하게 자라는 초목들을
모조리 말려 죽이고, 우리네 인생으로 말하면 이미 늙고 병들어 그 쇠약해
짐을 슬퍼하는 것을 뜻한다.

또 이칙(夷則)의 夷는 戮과 같아, 가을 소리는 만물을 도륙(屠戮)하고도
남음이 있고, 만물이 한창인 때를 지나면 반드시 쇠하여 죽게 됨을 뜻한다.

【語義】 刑官:주례(周禮)에 나오는 六官 가운데 하나로 刑罰을 맡은 官. 六官이란 天官(천관:冢宰)·地官(지관:大司徒)·春官(춘관:宗伯)·夏官(하관:大司馬)·秋官(추관:司寇)·冬官(동관:司空)을 말한다. 가을을 刑官이라 한 것은, 가을이 만물을 말려 죽이기 때문이다. 於時爲陰:사계절을 陰陽으로 따지면 봄, 여름은 陽에 속하고 가을, 겨울은 陰에 속한다. 兵象:兵器의 形象. 가을 기운이 만물을 말려 죽이는 것처럼 병기가 사람을 상하게 하는 것과 같다 하여, 가을을 兵象이라 한 것이다. 於行爲金:行은 木·土·水·火·金의 五行. 가을은 金에 해당된다. 참고로 말하면 봄은 木에, 여름은 火에, 가을은 金에, 겨울은 水에 해당하며, 土는 사계절 모두에 두루 포함되어 있다. 義氣:가을 서리와 같이 엄격한 기운. 즉 가을의 기운을 뜻함. 義는 金의 속성이기도 하다. 五行의 각 속성을 살펴보면 木은 仁, 金은 義, 火는 禮, 水는 智, 土는 信이다. 肅殺(숙살):말려 죽임. 商聲:宮(궁)·商(상)·角(각)·徵(치)·羽(우)의 五音의 하나로, 西方의 金聲에 해당된다. 金聲이므로 秋聲을 뜻하며, 쇠의 맑은 소리를 말한다. 夷則爲七月之律:夷則(이칙)은 12律의 하나로, 節候로는 음력 7월, 곧 孟秋에 해당된다. 夷는 傷을 뜻하고, 則은 法을 뜻한다. 곧 만물이 孟秋에 들어 비로소 傷하여 刑罰을 받는다는 것을 뜻한다. 12律을 12月에 배당하면, 正月은 태주(太簇), 2月은 협종(夾鐘), 3月은 고선(姑洗), 4月은 중려(仲呂), 5月은 유빈(蕤賓), 6月은 임종(林鐘), 7月은 이칙(夷則), 8月은 남려(南呂), 9月은 무역(無射). 10月은 응종(應鐘), 11月은 황종(黃鐘), 12月은 대려(大呂)이다. 商傷也:가을 소리는 만물을 시들어 죽게 함. 商은 商聲으로 秋聲. 夷戮也(이륙야):商傷也와 같은 뜻. 夷는 夷則으로 7月의 律戮은 형벌을 가하는 것. 殺:말려 죽임.

嗟夫 艸木無情 有時飄零. 人爲動物. 惟物之靈. 百憂感其心
萬事勞其形. 有動乎中 必搖其情. 而況思其力之所不及 憂其
智之所不能. 宜其渥然丹者爲槁木 黟然黑者爲星星. 奈何非
金石之質 欲與艸木而爭榮. 念誰爲之戕賊. 亦何恨乎秋聲.
童子莫對垂頭而睡. 但聞四壁蟲聲唧唧 如助予之歎息.

아아, 슬프다.

초목같이 감정이 없는 것도, 가을이 되니 가을바람에 느끼어 우수수 떨어진다.

하물며 감정(感情)을 지녀 만물의 영장이라고 하는 인간에게 있어서랴.

백 가지 근심이 마음을 뒤흔들고, 만 가지 수고로움이 일신을 괴롭힌다.

마음 가운데 느끼어 움직이는 것이 있으면, 솟아오르는 뜻과 정(情)마다 어지러이 흔들린다.

그러니 자신의 역량이 미치지 못하는 바를 굳이 바라 번민하고, 또 자신의 지혜로는 도저히 깨달을 수 없는 것에 대해 근심하는 사람이야말로, 얼마나 심신이 고달프겠는가.

젊어서는 그토록 붉고 곱던 얼굴이 어느새 늙어 고목처럼 되었고, 칠흑같이 검던 머리는 어느새 서리 맞은 듯 희어졌다.

금석(金石)처럼 단단한 바탕을 타고나지도 못한 몸으로, 덧없는 생명을 재촉하며, 초목들과 더불어 부질없이 번영을 다투어 무엇 하겠는가.

생각하건대 사람이 나고 죽는 것, 또 한때 성(盛)했다가 곧 쇠(衰)하여 스러지는 것이 누구의 탓이겠는가.

그저 자연계의 출렁이는 큰 물결일 뿐이니, 가을 소리를 탓하여 무엇 하겠는가.

밤이 깊었는가? 동자는 대답도 없이 머리를 떨군 채 졸고 있다.

다만 들려오는 것, 사방 벽에서 벌레 우는 소리.

그 소리, 나의 시름을 달래 주려는 듯이 조용히 밤을 지킨다.

【語義】 嗟夫(차부):아아. 감탄사. 飄零(표령):나뭇잎이 바람에 나부끼어 떨어짐. 渥然(악연):얼굴빛이 좋고 윤택한 모양. 槁木(고목):枯木. 노쇠함을 뜻함. 黟然(이연):칠흑같이 검음. 星星(성성):백발이 성성한 모양. 戕賊(장적):손상시킴. 喞喞(즉즉):벌레가 끊임없이 우는 소리.

【解說】 가을바람의 쓸쓸함을 형용하고, 가을에 만물이 조락(凋落)하는 것을 슬퍼하며, 자연 현상의 변화·추이(推移)의 엄격함과 인간 생활의 관계를 서술하고, 마지막으로 인생이 쉽게 쇠(衰)하여짐을 탄식한 賦이다. 구공(歐公) 52세 때의 작품이다. 〈秋聲賦〉는 〈阿房宮賦〉로부터 비롯된 文賦를 발전시켜, 송대(宋代) 賦의 특징이라고도 할 수 있는 산문적인 賦의 양식을 확립한 것이라고 일컬어진다. 구양수(歐陽修)의 이 賦와 〈명선부(鳴蟬賦)〉는 그 대표적인 작품이다. 구양수는 古文에서뿐만 아니라, 文賦 분야에서도 개척자 역할을 했던 것이다.

賦가 물상(物象)을 형용하는 서사(敍事)·서경(敍景) 문학이라 한다면, 이 〈秋聲賦〉야말로 참으로 그 특색이 유감없이 발휘되어 있는 글이라 하겠다. 가을바람 소리의 교묘한 형용에서부터 중국 고래(古來)의 가을에 대한 전통적인 관념, 음양오행(陰陽五行) 사상, 주(周)의 관제(官制)와 음악상의 율조(律調) 등에까지 언급하면서, 자연과 인생의 밀접한 관계를 서술해 간다. 그리고 작자의 연상(聯想)은 자연 현상과 관련하여 인생의 영고성쇠(榮枯盛衰)의 영탄(詠歎)으로 이어진다. 작자의 깊은 슬픔을, 자연의 추이에 따라 산다는 인생관에 의해서 위로받고자 하는 것이다. 이런 사상은 도연명(陶淵明)의 〈歸去來辭〉에서도 볼 수

있는 '乘化以歸盡'의 사상과 같다. 이른바 '자연철학(自然哲學)'이라고
도 할 수 있는 중국 전통의 처세관(處世觀)인데, 여기에서도 송대(宋代)
의 자연의 이치를 이야기하는 것을 주제로 한 산문부(散文賦)의 특성이
발견된다. 게다가 이 賦는 정경(情景) 묘사에 뛰어나다. 처음에 가을바
람 소리를, 비바람 소리나 물결치는 소리, 혹은 인마(人馬)의 소리인가
의심하여 동자(童子)를 문밖에 나가 보게 하니, 밤하늘은 그지없이 맑
고 사람 그림자도 보이지 않으며 오직 나무 사이에서 우는 바람 소리뿐
이었다고 하는 교묘한 표현은, 마지막에 이르러 구양자(歐陽子)가 이야
기를 끝냈을 때, 동자는 대답 없이 머리를 떨군 채 자고 있고, 벌레 소
리만 조용히 계속되어 작자의 시름을 위로해 주는 듯하다고 맺고 있는
표현과 수미일관(首尾一貫)하고 있다. 여기에 또 가을밤이 어느 사이에
깊어져, 추이(推移)한 시간의 경과가 교묘하게 표현되어 있는 것이다.

적벽부:소자첨(赤壁賦:蘇子瞻)

壬戌之秋
임술지추

임술(壬戌)해 가을

七月旣望
칠월기망

칠월 기망(旣望)에

蘇子與客泛舟
소자여객범주

소자(蘇子)는 객(客)과 더불어 배를 띄워

遊於赤壁之下
유어적벽지하

적벽(赤壁) 아래에서 놀았다.

淸風徐來
청풍서래

맑은 바람 서서히 불어오고

水波不興
수파불흥

물결 일지 않아 잔잔했다.

擧酒屬客
거주촉객

잔 들어 객(客)에게 권하며

誦明月之詩
송명월지시

명월(明月)의 시를 읊조리고

歌窈窕之章
가요조지장

요조(窈窕)의 장(章)을 노래했다.

少焉月出於東山之上
소언월출어동산지상

이윽고 동산 위에 둥근 달이 솟더니

徘徊於斗牛之間
배회어두우지간

남두성과 견우성 사이로 천천히 떠올랐다.

白露橫江
백로횡강

달빛에 젖은 흰 이슬이 강물 위에 비껴 있고

水光接天
수광접천

물 빛은 하늘에 닿아 물과 하늘이
하나로 이어진 듯했다.

縱一葦之所如 종 일 위 지 소 여	한 조각 작은 배를 띄워 물결 흐르는 대로
凌萬頃之茫然 능 만 경 지 망 연	한없이 너른 강물 망망한 속을 흘러 다녔다.
浩浩乎如馮虛御風 호 호 호 여 빙 허 어 풍	얼마나 너른지 마치 바람을 타고 허공에 오른 듯
而不知其所止 이 부 지 기 소 지	도저히 그 머무를 곳을 모르겠고
飄飄乎如遺世獨立 표 표 호 여 유 세 독 립	두둥실 가벼이 떠올라 속세를 떠난 듯
羽化而登仙 우 화 이 등 선	날개 돋아 신선이 되어 하늘에 오르는 듯했다.
於是飮酒樂甚 어 시 음 주 낙 심	이에 술을 마시고 매우 유쾌해져서
扣舷而歌之 구 현 이 가 지	뱃전을 두드리며 노래를 불렀다.
歌曰 桂櫂兮蘭槳 가 왈 계 도 혜 난 장	그 노래는 이러하다. 계수나무 노와 목란 상앗대로
擊空明兮泝流光 격 공 명 혜 소 류 광	맑은 물속에 빠진 달그림자를 치며 달빛 부서지는 물결을 거슬러 오른다.
渺渺兮予懷 묘 묘 혜 여 회	아득히 흘러와 나는 생각한다.
望美人兮天一方 망 미 인 혜 천 일 방	하늘 저편에 있는 아름다운 사람을…….

【語義】 壬戌(임술):송(宋)의 신종(神宗) 원풍(元豊) 5년. 旣望(기망):望은
음력 15일. 旣望이란 이미 望이 지나갔으니 음력 16일을 말한다. 蘇子
(소자):蘇東坡 자신을 가리킴. 泛舟(범주):배를 띄움. 赤壁(적벽):여

기의 赤壁은, 삼국시대(三國時代) 오(吳)의 손권(孫權)과 위(魏)의 조조(曹操)가 접전을 벌였던 赤壁과 이름은 같으나, 그 위치가 다르다. 호북성(湖北省) 황주(黃州) 부성(府城)의 西北쪽 한천문(漢川門) 밖에 있는 명승지로, 강가에 붉은 암벽(岩壁)이 깎아지른 듯 솟아 있어, 적비기(赤鼻磯)라고도 불린다. 屬客(촉객):屬은 付의 뜻으로, 손에게 잔을 권하는 것을 말함. 明月之詩 窈窕之章(명월지시 요조지장):明月之時는 《詩經》 진풍(陳風)에 나오는 〈月出〉의 詩를 가리킴. 窈窕之章은 〈月出〉의 詩 가운데 나오는 窈窕의 구절을 가리킨다. 少焉(소언):이윽고. 斗牛(두우):斗는 남두성(南斗星), 牛는 견우성(牽牛星). 徘徊(배회):보통은 '목적 없이 거니는 것'을 의미하지만, 여기서는 '서서히 나아가는 모양'을 의미한다. 一葦(일위):작은 배를 가리킨다. 한 다발의 갈대 묶음을 물에 띄워 배를 대신한 데에서 나온 말이다. 如:여기서는 去와 같은 뜻. 凌萬頃之茫然(능만경지망연):凌은 건너다, 萬頃은 한없이 넓은 수면, 茫然은 아득한 모양을 나타낸다. 浩浩乎(호호호):넓고 큰 것을 형용함. 馮虛御風(빙허어풍):바람을 타고 허공에 뜸. 馮은 의지한다는 뜻. 飄飄乎(표표호):가벼이 나부끼는 모양. 여기서는 몸이 두둥실 가벼이 떠오르는 것을 말한다. 遺世獨立(유세독립):속세를 떠나 무엇에도 지배되지 않는 자유로운 경지에 있음을 말한다. 羽化而登仙(우화이등선):날개가 돋아나 선인이 되어 하늘에 오름. 扣舷(구현):뱃전을 두드림. 桂櫂兮蘭槳(계도혜난장):계수나무로 만든 노와 목란(木蘭)의 상앗대. 空明(공명):물이 맑아 달빛이 투명하게 비치는 것을 말함. 流光(유광):달빛이 물결에 반사되어 물결 따라 흐르는 것 같음을 형용한 것. 渺渺(묘묘):아득히 먼 모양. 美人:사모하여 잊지 못하는 사람. 天一方:하늘 저쪽.

客有吹洞簫者 객 유 취 통 소 자	객(客) 가운데 퉁소를 부는 사람이 있어
倚歌而和之 의 가 이 화 지	노래에 따라 가락을 맞추었다.
其聲嗚嗚然 기 성 오 오 연	그 소리 구슬퍼
如怨如慕 여 원 여 모	원망하는 듯, 그리움에 겨운 듯
如泣如訴 여 읍 여 소	흐느끼는 듯, 호소하는 듯
餘音嫋嫋 여 음 요 요	가늘고 길게 이어지는 여음(餘音)이
不絕如縷 부 절 여 루	실처럼 끊이지 않았다.
舞幽壑之潛蛟 무 유 학 지 잠 교	그 소리, 깊은 골짜기에 숨어 사는 교룡(蛟龍)을 춤추게 했고
泣孤舟之嫠婦 읍 고 주 지 이 부	작은 배를 지키는 과부를 흐느끼게 했다.
蘇子愀然正襟 소 자 초 연 정 금	소자(蘇子) 슬픈 얼굴로 옷깃을 여미고
危坐而問客曰 위 좌 이 문 객 왈	단정히 앉아 객(客)에게 물었다.
何爲其然也 하 위 기 연 야	어찌하여 소리가 그리도 구슬픈가?

【語義】 洞簫(통소):퉁소.　嗚嗚然(오오연):구슬픈 소리의 형용.　嫋嫋(요요):가늘고 길게 이어짐.　幽壑之潛蛟(유학지잠교):깊은 골짜기에 숨어 있는 교룡(蛟龍). 蛟龍은 뿔이 없는 용.　孤舟之嫠婦(고주지이부):의지

할 곳 없어 작은 배를 집 삼아 사는 과부. 愀然(초연):슬픈 얼굴을 함.

正襟(정금):옷을 단정하게 함. 危坐(위좌):正坐. 몸을 단정히 하여 꼿

꼿이 앉음.

客曰 月明星稀
객 왈 월 명 성 희

烏鵲南飛
오 작 남 비

此非曹孟德之詩乎
차 비 조 맹 덕 지 시 호

西望夏口
서 망 하 구

東望武昌
동 망 무 창

山川相繆
산 천 상 무

鬱乎蒼蒼
울 호 창 창

此非孟德之困於周郞者乎
차 비 맹 덕 지 곤 어 주 랑 자 호

方其破荊州下江陵
방 기 파 형 주 하 강 릉

順流而東也
순 류 이 동 야

舳艫千里
축 로 천 리

旌旗蔽空
정 기 폐 공

객(客)이 말했다.
달빛 밝으니 뭇 별들이 빛을 잃고

까막까치 남녘으로 날아간다.

이것은 분명 조맹덕(曹孟德)의
시가 아닌가?

서쪽 하구(夏口)를 바라보고

동쪽 무창(武昌)을 바라보니

산천은 서로 뒤얽혀 하나가 되어 있고

나무들은 울울창창(鬱鬱蒼蒼)
우거져 있다.

이곳은 조조가 주유에게서
곤욕을 치렀던 바로 그곳이 아닌가?

조조가 형주(荊州)를 깨뜨리고
강릉(江陵)으로 내려와

오(吳)를 치고자 물결을 타고
동으로 나올 때

배와 배는 꼬리를 물고 천리에 이르렀고

크고 작은 기(旗)들은 하늘을 가렸다.

釃酒臨江
시 주 임 강

조조는 강물을 내려다보며 술잔을 기울이고

橫槊賦詩
횡 삭 부 시

긴 창 비껴 놓고 시를 지었다 하니

固一世之雄也
고 일 세 지 웅 야

참으로 일세(一世)의 영웅이 아닌가.

而今安在哉
이 금 안 재 재

그런데 그는 지금 어디에 있는가?

況吾與子
황 오 여 자

하물며 그대와 나

漁樵於江渚之上
어 초 어 강 저 지 상

고작 강가에서 고기 잡고 나무하며

侶魚蝦而友麋鹿
여 어 하 이 우 미 록

물고기와 새우를 짝하고 고라니와
사슴을 벗하는 우리야

駕一葉之輕舟
가 일 엽 지 경 주

작은 조각배 타고

擧匏樽以相屬
거 포 준 이 상 촉

바가지 술을 서로 권하고 있지만

寄蜉蝣於天地
기 부 유 어 천 지

하루살이 같은 목숨으로 천지에 붙어 있으니

渺滄海之一粟
묘 창 해 지 일 속

아득한 바다에 떠 있는 한 알의 좁쌀 같은 인생
아니겠는가.

哀吾生之須臾
애 오 생 지 수 유

아, 우리의 생(生)이 잠깐임을 슬퍼하며

羨長江之無窮
선 장 강 지 무 궁

긴 강의 무궁함을 부러워한다.

挾飛仙以遨遊
협 비 선 이 오 유

하늘을 나는 신선과 어울려 노닐어 보려 해도

抱明月而長終
포 명 월 이 장 종

밝은 달을 안고 오래도록 살아 보려 해도

知不可乎驟得
지 불 가 호 취 득

그것이 쉬이 될 수 있는 일이 아님을 깨달았기에

託遺響於悲風
탁 유 향 어 비 풍

서글픈 마음 퉁소 소리에 실어
슬픈 가을바람에 부친다.

【語義】 烏鵲(오작):까치, 또는 까막까치. 曹孟德之詩(조맹덕지시):曹孟
德은 위(魏)의 무제(武帝)인 조조(曹操). 孟德은 字. 曹操가 지은 〈短歌
行〉에 '月明星稀 烏鵲南飛. 繞樹三匝 無枝可依'라는 구절이 있다. '달
이 밝으니 별들이 드물다'는 것은, 조조의 위세(威勢)에 유비, 손권 등
의 군웅(群雄)이 자취를 감춘다는 뜻이고, '까치가 남쪽으로 날아간다'
는 것은, 유비가 패하여 달아난다는 것을 뜻한다. 또 '나무를 세 번 돌
아도, 의지할 만한 가지가 없다'는 것은, 유비에게 발붙일 곳이 없어진
다는 뜻이다. 소동파가 놀던 적벽(赤壁)은 삼국시대(三國時代)의 조조
와 주유(周瑜)가 싸우던 곳은 아니다. 이름이 같아 이러한 故事를 생
각하게 된 것이다. 夏口(하구) 武昌(무창):호북성(湖北省)에 있는 地
名. 相繆(상무):서로 얽혀 하나가 됨. 鬱乎(울호):초목이 빽빽하게 들
어서 무성한 모양. 孟德之困於周郎者(맹덕지곤어주랑자):후한(後漢)
헌제(獻帝) 건안(建安) 13년(280), 유비를 쫓던 조조의 백만 대군이 赤
壁에서 오(吳)의 주유가 이끄는 3만 군사에게 참패당했던 史實을 이르
는 말. 周郎은 주유(周瑜). 荊州(형주) 江陵(강릉):地名. 舳艫千里(축
로천리):舳은 선수(船首), 艫는 선미(船尾). 배가 천리에 잇닿아 있음.
즉 대선단(大船團)을 형용하는 말. 旌旗(정기):군병(軍兵)의 진(陣)에서
쓰는 여러 가지 깃발. 釃酒(시주):술을 거름. 여기에서는 술잔을 기울이
는 것을 뜻한다. 橫槊賦詩(횡삭부시):창을 눕혀 놓고 시를 지음. 漁樵
(어초):고기 잡고 나무하는 일. 侶魚蝦而友麋鹿(여어하이우미록):물고

기와 새우의 친구가 되고 고라니와 사슴을 벗함. 匏樽(포준):바가지로
만든 술잔. 相屬(상촉):主客이 서로 술을 권함. 蜉蝣(부유):하루살이.
人生의 덧없고 짧음을 비유한 말. 渺滄海之一粟(묘창해지일속):망망
한 넓은 바다에 떠 있는 좁쌀 한 알. 인간의 미미함을 표현한 것. 須臾
(수유):잠시 동안. 눈 깜짝할 사이. 羨(선):부러워하다. 挾飛仙以遨遊
(협비선이오유):나는〔飛〕신선과 함께 자유로이 놂. 抱明月而長終(포
명월이장종):명월을 안고 그것과 함께 오래도록 삶. 驟(취):갑자기. 쉽
사리. 遺響(유향):퉁소 소리 뒤에 남는 여운(餘韻). 悲風(비풍):秋風.
가을의 쓸쓸한 바람.

蘇子曰 소 자 왈	소자(蘇子)가 말했다.
客亦知夫水與月乎 객 역 지 부 수 여 월 호	객(客)이여, 그대는 저 물과 달을 알고 있는가?
逝者如斯 서 자 여 사	가는 것은 모두 저와 같아 밤낮으로 흘러 쉬는 일이 없다.
而未嘗往也 이 미 상 왕 야	그러나 그 흐름은 다하는 일 없이 여전히 흐르고 또 흐른다.
盈虛者如彼 영 허 자 여 피	차고 기울어 저와 같이 변화하지만
而卒莫消長也 이 졸 막 소 장 야	결국은 사라지거나 더 커지는 일이 없다.
蓋將自其變者而觀之 개 장 자 기 변 자 이 관 지	무릇, 모든 것은 변한다는 생각을 가지고 보면
則天地曾不能以一瞬 즉 천 지 증 불 능 이 일 순	천지도 변하는 것이니 한순간도 같은 상태로 있을 수 없고
自其不變者而觀之 자 기 불 변 자 이 관 지	모든 것은 변하지 않는다는 생각을 가지고 보면

則物與我皆無盡也 즉 물 여 아 개 무 진 야	물(物)과 나 모두 무한한 생명을 가지고 있는 것이다.
而又何羨乎 이 우 하 선 호	그러하거늘 그 위에 또 무엇을 부러워할 것인가.
且夫天地之間 차 부 천 지 지 간	대저 천지 사이의
物各有主 물 각 유 주	모든 물(物)에는 그 주인이 있어서
苟非吾之所有 구 비 오 지 소 유	어느 것이든 나의 것이 아니라면
雖一毫而莫取 수 일 호 이 막 취	털끝만한 것이라도 취할 수 없지만
惟江上之淸風 유 강 상 지 청 풍	오직, 강 위를 미끄러지는 시원한 바람과
與山間之明月 여 산 간 지 명 월	산 사이에서 빛을 던지는 밝은 달만은
耳得之而爲聲 이 득 지 이 위 성	누구든지 그 바람 소리를 즐기고
目遇之而成色 목 우 지 이 성 색	누구든지 그 달빛의 아름다움을 볼 수 있다.
取之無禁 취 지 무 금	이것만은 아무리 가져도 말리는 이가 없고
用之不竭 용 지 불 갈	또 아무리 즐겨도 없어지지 않는다.
是造物者之無盡藏也 시 조 물 자 지 무 진 장 야	이야말로 써도 다함이 없는 조물주의 곳집과 같은 것.
而吾與子之所共適 이 오 여 자 지 소 공 적	이것은 또 그대와 내가 좋아하는 것이 아닌가.
客喜而笑 객 희 이 소	객(客), 나의 말에 기뻐하며 웃으니

洗盞更酌 세 잔 갱 작	잔을 씻어 다시 술잔을 주고받게 되었다.
肴核旣盡 효 핵 기 진	얼마나 마셨을까 안주는 바닥나고
杯盤狼藉 배 반 낭 자	술잔과 쟁반은 여기저기 어지러이 흩어졌다.
相與枕藉乎舟中 상 여 침 자 호 주 중	두 사람, 서로를 베개 삼아 배 바닥에 쓰러져 잠들어
不知東方之旣白 부 지 동 방 지 기 백	동녘이 훤히 밝아오는 줄도 몰랐다.

【語義】逝者如斯(서자여사):《論語》子罕篇에 나오는 말. '가는 것은 모두이와 같은가. 밤낮으로 흘러 쉬는 일이 없도다.(逝者如斯夫 不舍晝夜)' 盈虛(영허):달이 차고 기움. 영휴(盈虧)와 같음. 消長(소장):스러져 없어지는 것과, 늘거나 불어서 커지는 것. 自其變者而觀之(자기변자이관지):모든 것은 변한다는 생각으로 보면. 다음의 自己不變者而觀之는, '모든 것은 변하지 않는다는 생각으로 보면'의 뜻. 우주 만상을 動的인 槪念으로 본다면 어느 것 하나 변하지 않는 것이 없고, 不變의 槪念으로 본다면 天地萬物은 그 根源이 오직 하나이므로, 나고 죽음이 따로 없고, 그 생명 또한 무한하다는 것. 曾不能以一瞬(증불능이일순):한순간이라도 결코 원래의 상태대로 있을 수 없음. 一毫(일호):한 가닥의 가는 털. 轉하여 극히 작은 것. 取之(취지):이를 취함. 淸風을 쐬고, 明月을 감상하는 것. 造物者(조물자):造物主. 천지 만물의 창조자. 無盡藏(무진장):써도 다함이 없음. 盞(잔):작은 술잔. 肴核(효핵):肴는 魚肉의 안주, 核은 果實의 안주. 杯盤(배반):잔과 접시. 狼藉(낭자):여기저기 어지러이 흩어져 있음. 枕藉(침자):이리저리 마구 누워 서로를 베

고 잠. 白:하얗게 날이 샘.

【解說】 송(宋)의 원풍(元豊) 5년(1082)의 가을 16일 밤, 소동파(蘇東坡)가
적벽(赤壁)에서 뱃놀이를 하며 읊은 것이다.

　〈後赤壁賦〉에 대하여 이것을 〈前赤壁賦〉라고도 한다. 적벽이라는 이
름을 가진 곳은 여러 군데가 있는데, 이 적벽은 호북성(湖北省) 황주(黃
州) 부성(府城)의 서북(西北), 한천문(漢川門) 밖에 있다.

　소동파의 제자 조보지(晁補之)의 〈續離騷序〉에, "前赤壁賦·後赤壁
賦는 소공(蘇公)의 작품이다. 조조(曹操)의 기세는 우주를 삼킬 듯, 누
선(樓船)을 강에 띄워 이미 안중에 오(吳)는 없었다. 주유(周瑜:吳의 명
장)는 젊었지만 비장(裨將:副將) 황개(黃蓋)와 함께 하나의 횃불로 조조
의 선단(船團)을 모조리 불태웠다. 公, 황망(黃岡)에 유배되어 갔을 때,
자주 적벽 아래에서 놀며 세상일을 잊었다. 치솟는 강 물결을 바라보며
옛일을 생각하고, 주유(周瑜)의 공(功)을 장하게 여겨 이를 賦로 짓는다
했다."고 씌어 있다. 붉은 흙의 암벽(岩壁)이 치솟아 있다 하여, 적벽을
적비기(赤鼻磯)라고도 한다. 건안(建安) 13년(208), 오(吳)나라 장수 주
유가 위(魏)나라 조조의 백만 대군을 격파한 고전장(古戰場) 적벽은 이
적벽은 아니나, 이 적벽에서 그리 멀리 떨어진 곳이 아니므로, 동파(東
坡)는 그 고사(故事)를 생각한 것 같다. 고전장(古戰場)인 적벽은 호북
성(湖北省) 강한도(江漢道)의 가어현(嘉魚縣)에 있다.

　동파(東坡)의 나이 47세. 앞서 원풍 2년에 시화(詩禍)를 입어 사형당
할 뻔했는데, 아우인 자유(子由)의 상서(上書)로, 12월에 황주단련부사
(黃州團練副使)로 좌천되어 갔다. 원풍 5년, 그곳 황주(黃州)의 동파(東
坡)에 설당(雪堂)을 짓고 동파거사(東坡居士)라 칭했다.

　〈赤壁賦〉는 운(韻)이 있는 산문 형식으로, 그 내용 또한 운율이 풍부

하며 변화 있는 명문(名文)이다. 소동파의 낭만적인 인생관이, 달밤의 아름다운 풍경과 회고(懷古)의 정감이 엮어 내는 서정적인 분위기 속에서 격조(格調) 있게 이야기되어 있다.

달이 뜨기를 기다려 《詩經》의 월출시(月出詩)를 읊고, 달빛 아래의 아름다운 여인을 읊은 장(章)을 노래한다는 낭만적인 서곡(序曲)으로부터 시작되어, 이윽고 동산(東山)에 달이 뜨고, 달빛 비치는 넓은 장강(長江)을 배 흐르는 대로 가고 있는 동파는, 문득 신선이 되어 허공을 나는 듯하고 바람을 타고 하늘에 오르는 듯한 기분이 된다. 그래서 그는 상강(湘江)의 선녀를 제사 지내는 《楚辭》의 〈구가(九歌)〉를 본떠 노래를 짓는다. '擊空明兮泝流光……望美人兮天一方'은 그대로 《楚辭》의 시형(詩形)이며 〈九歌〉의 신화 구상(神話構想)이다. 여기의 미인(美人)은 마땅히 신화적인 상상에서 나온 선녀의 의미로 해석해야 하며, 그렇게 해석해야만 앞의 窈窕之章의 句와 대응된다. 美人을 天子, 또는 조정의 군자(君子)를 가리키는 것으로 해석하는 설(說)이 있는데, 이 설은 타당하지 않다. 이 賦 속에서 東坡가 임금을 그리워하고 조정의 군자를 생각하는 것으로 해석할 수 있는 語句는 달리 어디에서도 찾아볼 수 없다. 〈後赤壁賦〉에서도 마찬가지이다.

그런데 東坡는 이때, 객(客)이 부는 통소 소리가 너무나 구슬퍼, 이상히 여기며 그 연유를 묻는다. 달 밝은 밤, 강상(江上)의 즐거움이 갑자기 비통한 슬픔으로 변해 간다.

객(客)은 옛 전쟁터였던 적벽을 회고하며, 나아가 인생의 허무함을 탄식한다.

그 말에 東坡는, 끊임없이 변한다고 생각되는 현상(現象)이 바로 무한한 본체(本體)의 발현(發現)임을 이야기하며, 장자(莊子)의 낭만적인 생명관(生命觀)을 서술한다. 만물은 여일(如一)하며, 모두 무한한 생명의 근원을 가지고 있으니, 다른 어떤 존재를 부러워할 까닭이 있겠는가. 자신이 좋아하는 강상(江上)의 맑은 바람과 산 사이의 밝은 달을 즐기며, 자신의 개성(個性)에 따라 살자는 것이다. 주객(主客)은 다시 유쾌해져 흔쾌히 술을 마시고, 서로를 베개 삼아 배 바닥에 쓰러져 잠든다.

이 賦에는, 당시 역경에 처해 있던 東坡가 그에 굴하지 않고 자신의 가치를 존중하며 자적(自適)한 생활을 즐기던 고매(高邁)한 정신이 생생히 살아 있다.

사첩산(謝疊山)은 이 賦를 평하여, "이 賦는 莊·騷(《莊子》·《楚辭》〈離騷〉)의 문장 만드는 법을 배워 쓴 것인데도, 한 구(句)도 莊·騷와 비슷한 구(句)가 없다. 탁월한 재능, 뛰어난 학식이 없다면 할 수 없는 일이다."라고 했는데 확실히 東坡는, 그 사상은 《莊子》에서, 표현 방법은 《楚辭》에서 배워, 그것을 완전히 자신의 것으로 만들어 이 작품을 쓴 것이다.

후적벽부:소자첨(後赤壁賦:蘇子瞻)

是歲十月之望 步自雪堂. 將歸于臨皐. 二客從子過黃泥之坂. 霜露既降 木葉盡脫. 人影在地. 仰見明月 顧而樂之 行歌相答. 已而歎日 有客無酒 有酒無肴. 月白風淸. 如此良夜何. 客日 今者薄暮 擧網得魚. 巨口細鱗 狀如松江之鱸. 顧安所得酒乎. 歸而謀諸婦. 婦日 我有斗酒. 藏之久矣. 以待子不時之需.

이 해 시월 보름, 나는 큰 눈이 내릴 때에 지은 설당(雪堂)에서 나와, 내가 거처하는 임고정(臨皐亭)으로 가는 길이었다.

때마침 손님 두 분이 나를 따르기에 함께 황니(黃泥)라고 하는 고개를 넘게 되었다.

때는 바야흐로 초겨울. 서리와 이슬이 내려 나뭇잎은 시들어 떨어지고 나뭇가지만 앙상한데, 휘영청 밝은 달 아래 세 사람의 그림자만 또렷했다.

우리들은 우러러 밝은 달을 보고, 주위를 돌아보며 초겨울의 풍경을 즐기면서, 길을 재촉하며 노래를 불러 서로 화답(和答)하였다.

노래 끝에 내가 탄식하며 말했다.

"술벗은 있는데 술이 없고, 혹 술이 있다 한들 안주가 없으니,

달 밝고 바람 서늘한 이 밤, 이를 어이하면 좋단 말인가."

이에 손님이 답하였다.

"오늘 땅거미 질 무렵, 그물을 던져 물고기를 한 마리 잡았는데, 입이 크고 비늘이 작은 것이 마치 송강(松江)의 농어 같았소."

그만하면 안주는 되었고, 그럼 술은 어디서 구할까.

나는 생각 끝에 집에 돌아와 아내에게 이 일을 의논했다.

아내가 웃으며 말했다.

"제게 말술〔斗酒〕이 있는데, 간직해 온 지 오래되었습니다. 오늘같이 불시에 술을 찾을 때를 대비하여 준비해 둔 것입니다."

【語義】 是歲(시세):宋의 神宗 元豊 5년. 1082년. 雪堂(설당):東坡는 元豊 5년 겨울, 큰 눈이 쏟아지는 중에 堂을 짓고 사방 벽에 雪景을 그려 雪 堂이라 하였다. 臨皐(임고):元豊 3년 2월, 東坡가 黃州에 온 처음에는 定惠院에 있었는데, 뒤에 臨皐亭으로 거처를 옮겼다. 黃泥之坂(황니지 판):黃泥라고 하는 고개. 今者薄暮(금자박모):今者는 今日, 薄暮는 땅 거미 질 무렵. 松江之鱸(송강지로):강소성(江蘇省) 松江(吳淞江)에서 나는 농어는 예로부터 유명하다. 《後漢書》〈左慈傳〉에, "曹操, 많은 손 님들을 둘러보며 말하기를, '今日의 高會엔 진수(珍羞:진귀한 음식) 빠 짐없이 준비된 바, 없다면 松江의 노어(鱸魚:농어)뿐이다.'라고 했다." 할 정도이다. 顧(고):생각하건대. 謀諸婦(모제부):아내에게 상의하다. 諸는 之의 뜻. 斗酒(두주):한 말가량의 술. 不時之需(불시지수):뜻하지 않은 때의 요구, 즉 남편인 소식(蘇軾)이 뜻하지 않은 때 술을 찾는 것.

於是攜酒與魚 復遊於赤壁之下. 江流有聲 斷岸千尺. 山高月 小水落石出. 曾日月之幾何. 而江山不可復識矣. 予乃攝衣而 上 履巉巖披蒙茸 踞虎豹登虯龍 攀棲鶻之危巢 俯馮夷之幽 宮. 蓋二客之不能從焉. 劃然長嘯 草木震動 山鳴谷應 風起水 涌. 予亦悄然而悲 肅然而恐 凜乎其不可留也. 反而登舟 放乎 中流 聽其所止而休焉. 時夜將半. 四顧寂廖. 適有孤鶴 橫江 東來. 翅如車輪 玄裳縞衣 戛然長鳴 掠予舟而西也.

그리하여 술과 안주를 들고 다시 적벽(赤壁) 아래에 가서 노닐게 되었다.

강물은 소리 내며 흐르고, 깎아지른 듯한 강 언덕은 천(千) 척이나 되었다. 산은 높아 까마득하고, 달은 작아 손바닥만한데, 강물이 크게 줄어 강바닥의 바위들이 드러나 있었다.

아니, 저번에 이곳에서 뱃놀이한 지 얼마나 되었기에, 같은 물, 같은 산인데도 이토록 알아볼 수가 없단 말인가!

나는 그대로 옷자락을 걷어쥐고 산을 올랐다. 깎아지른 듯한 험한 바위를 밟으며, 어지러이 무성한 풀숲을 헤치고 나아갔다. 호표(虎豹) 모양의 바위에 걸터앉기도 하고, 날랜 매가 깃들인 규룡(虯龍) 같은 모양을 한 구부정한 나무의 꼭대기까지 기어올라, 빙이(馮夷)의 수궁(水宮)을 굽어보기도 하였다.

나를 따르던 두 손님은 도저히 나의 뒤를 쫓지 못했다.

나는 가슴이 찢어질 듯한 큰 소리로 갑자기 외쳤다. 초목이 진동하고 산이 울고 골짜기는 메아리쳐 응답했다. 그 때문에 바람도 놀란 듯 어지러이 일고, 강물도 소용돌이치며 솟구쳐 오르는 듯했다.

얼마 있자, 나는 어쩐지 근심에 싸여 슬퍼지고, 적적한 기운에 휘말려 무섭기까지 하였다. 두렵고 처절한 마음에 더 이상 그곳에 머물 수가 없었다.

산에서 내려와 이번에는 배에 올랐다. 물결 흐르는 대로 흘러가다가 배가 멈추면 나도 멈추어 쉬었다.

때는 벌써 한밤, 사방은 온통 고요하고 적적한데, 때마침 학 한 마리가 강을 가로질러 동쪽에서 날아왔다.

학은 수레바퀴처럼 큰 날개를 힘차게 치면서, 검은 치마와 하얀 비단옷을 두른 듯한 맑은 모습으로, 날카로운 쇳소리를 내며 길게 울면서 날아와, 내 배를 스칠 듯이 지나쳐 서쪽으로 날아갔다.

【語義】攜酒與魚(휴주여어):술과 안주를 손에 듦. 水落石出(수락석출):겨울이 되어 강물이 줄고, 강바닥의 돌이 드러남. 曾日月之幾何(증일월지기하):지난번 전적벽부를 짓던 7月 16日로부터 몇 날이나 지났는가. 江山不可復識矣(강산불가부식의):강과 산을 다시 알아볼 수가 없음. 즉 7월에 뱃놀이할 때와 강과 산이 너무나 달라져 당시 풍경과는 너무나 다르다는 뜻. 攝衣(섭의):긴 옷의 옷자락을 걷어 쥠. 巉巖(참암):깎아지른 듯이 높이 솟은 바위. 蒙茸(몽용):풀이 어지러이 나 무성한 모양. 踞虎豹(거호표):호랑이나 표범과 같은 형상을 한 바위에 걸터앉음. 虯龍(규룡):용의 새끼로서, 빛이 붉고 뿔이 있다는 전설의 동물. 여기서는 용 모양을 한 구부정한 枯木. 虬는 虯의 俗字. 棲鶻之危巢(서계지위소):날랜 매가 깃들이는 높은 곳에 있는 둥지. 馮夷之幽宮(빙이지유궁):馮夷가 사는 물속 깊숙한 궁전, 즉 깊은 못〔深淵〕을 말함. 馮夷는 黃河의 水神인 하백(河伯). 劃然(획연):갑자기 무슨 물건을 쪼개는 듯한 높은 소리의 형용. 長嘯(장소):길게 울부짖음. 悄然(초연):낙심하여 근심하는 모양. 肅然(숙연):삼가고 두려워하는 모양. 凜乎(늠호):위태로워 두려워하는 모양. 위풍(威風)이 있는 당당한 모양의 뜻으로 쓰이는 예도 있음. 聽(청):從, 또는 任의 뜻으로 맡겨서, 또는 되는 대로의 뜻. 四顧(사고):사방을 둘러봄. 翅如車輪(시여차륜):날개가 마치 수레바퀴 같음. 강을 가로지르는 학의 두 날개를 수레바퀴로 본 것. 玄裳縞衣(현상호의):검은 치맛자락에 비단처럼 희고 깨끗한 윗옷. 학의 외모를 형용한 말로서, 날개 끝과 꼬리 끝이 검고, 온몸이 눈처럼 희므로 이렇게 표현한 것이다. 戛然(알연):금속이 서로 부딪치어 나는 소리의 형용. 여기서는 학의 울음소리를 형용한 것. 掠(략):살짝 스침.

須臾客去 予亦就睡. 夢一道士. 羽衣翩躚 過臨皐之下 揖予
而言曰 赤壁之遊樂乎. 問其姓名 俛而不答. 嗚呼噫嘻 我知
之矣. 疇昔之夜 飛鳴而過我者 非子也邪. 道士顧笑. 予亦驚
悟. 開戶視之 不見其處.

잠시 뒤 손님들도 가고, 나 또한 집에 돌아와 잠이 들었다.

꿈에 한 선인(仙人)이 새(鳥)의 깃으로 만든 옷〔羽衣〕을 펄럭이며 임고정
(臨皐亭) 아래를 지나와 내게 읍(揖)하며 말했다.

"적벽(赤壁)의 놀이는 즐거웠던가?"

나는 선인의 성명(姓名)을 물었으나, 선인은 고개를 숙인 채 아무 말이
없었다.

오, 이제야 알겠구나.

간밤에 울면서 내 배를 스쳐 지나간 학이 바로 그대 아니신가.

선인이 나를 바라보며 빙그레 웃었다.

나는 흠칫 놀라 꿈에서 깨어났다. 문을 열고 밖을 내다보았지만, 어디로
갔는지 간 곳을 알 수 없었다.

【語義】 須臾(수유):얼마 아니해서. 道士:仙人. 羽衣翩躚(우의편선):羽
衣는 새(鳥)의 깃으로 만든 옷으로, 仙人이 입고 날아다닌다는 옷. 翩
躚은 펄럭펄럭 날리는 모양. 揖(읍):두 손을 가슴에까지 올려 맞잡고
예를 표하는 것. 俛(부):俯와 仝字로, 고개를 숙이는 것. 勉과 仝字이
기도 함. 嗚呼噫嘻(오호희희):감탄사(感歎詞). 疇昔之夜(주석지야):어
젯밤. 疇昔은 전날.

【解說】 〈赤壁賦〉를 지은 지 3개월 후에, 東坡는 다시 赤壁에 놀러가 이

〈後赤壁賦〉를 지었다.

　달빛 비치는 한겨울 赤壁의 풍경 묘사를 중심으로 하여, 풍류를 사랑하는 東坡나 그 부인의 인품, 신비스러운 선경(仙境)의 학(鶴), 그에 관련된 신선과의 낭만적인 꿈 이야기 등, 다양한 구상(構想)으로 엮어진 매우 교묘한 문장이다. 낙엽 뒹구는 황니(黃泥) 고개에 떨구어진 뚜렷한 검은 그림자, 하늘에는 맑은 달빛. 이 좋은 밤에 뜻하지 않게 객(客)의 농어와 부인이 준비해 두었던 말술을 얻어, 赤壁에 놀러가기 전에 벌써 풍류인의 감흥은 고조되어 있다. 東坡는 기암괴석(奇岩怪石)을 밟고 높은 벼랑에 올라, 달빛에 그 모습을 드러내고 있는 강물을 내려다보며 큰 소리로 외친다. 산이 울고 골짜기가 메아리로 대답하는 깊은 밤의 그 반향(反響)에는, 아무리 불굴의 정신을 지닌 蘇東坡라 해도 형언할 수 없는 슬픔과 두려움에 떨며 적적함을 느끼지 않을 수 없었다. 때마침 동쪽에서 날아와 東坡가 타고 있는 배를 스칠 듯이 지나쳐 간 학(鶴) 한 마리가 있었는데, 그 학은 그날 밤 꿈에, '적벽의 놀이는 즐거웠던가?' 하고 물어 온 신선(神仙)의 화신(化身)이었을지도 모른다. 겨울 밤 赤壁의 놀이는 속진(俗塵)을 끊은 낭만적인 즐거움이며 선인(仙人)의 놀이이기도 했다. 그래서 선학(仙鶴)이 그 마음을 알고, 자신의 배〔舟〕를 찾아와 준 것이리라 東坡는 생각했던 것이다. 〈前赤壁賦〉와 마찬가지로 유배(流配) 중인 東坡의 우울한 심경에서 지어졌으나, 역시 〈後赤壁賦〉에도 초연(超然)히 자신을 세속의 티끌 밖에 두는 그의 강한 정신이 나타나 있다. 송(宋)나라 여조겸(呂祖謙)은, '이 편(篇)은 한유(韓愈)의 〈石鼎聯句序〉의 미명(彌明:사람 이름) 이야기의 줄거리를 이용하고 있으며, 학(鶴)을 신선으로 간주한 것은 《高道傳》(宋의 賈善翔著)의, 청성산(靑城山:西川)의 서좌경(徐佐卿)이라는 사람이 학이 되었다는 고사(故事)를 사용한 것.'이라고 말했다. 〈石鼎聯句序〉에 의하면, 형산(衡

山)의 선인(仙人)인 미명(彌明)은 원화(元和) 7년 12월 4일, 유사복(劉師服)의 거처에 가서 師服과 후희(侯喜)와 함께 돌솥〔石鼎〕에 대하여 시(詩)를 지었다. 侯喜는 彌明을 존경하여 가르침을 받고자 하였으나 대답을 얻지 못했다. 새벽녘, 師服도 侯喜도 벽에 기대어 잠들었는데, 눈을 떠 보니 날은 훤히 밝아 있고 彌明은 어디로 갔는지 그 행방을 알 수 없었다고 한다. 〈後赤壁賦〉의 신선도 이와 비슷한 데가 있다. 《高道傳》과 《神異記》에 다음과 같은 이야기가 실려 있다. 天寶 13년 9월 9일에, 현종(玄宗)이 사원(沙苑:陝西)에서 학 한 마리를 활로 쏘았는데, 그 학은 화살을 몸에 꽂은 채 사라져 버렸다. 그런데 청성산(靑城山)의 선인인 서좌경(徐佐卿)이 화살 하나를 가지고 돌아와서는, 이 화살의 주인이 내년에 필시 이곳에 올 테니 그때 이것을 돌려주라고 말했다. 다음해, 현종(玄宗)이 안록산의 난을 피해 촉(蜀)으로 갔을 때 그 화살을 보고, 사원(沙苑)의 학이 서좌경이었음을 알았다고 한다. 이 賦의 학이 신선의 화신이었다는 생각은 이 설화에서 착상한 것이라 한다. 중국에서는 예로부터 학을 선금(仙禽)이라 하고, 또 중국에는 선인(仙人)이 학을 타고 나는 등, 학과 선인에 관한 설화가 많다. 그러한 연유로 선인의 옷도, 학의 날개와 비슷한 하얀 上衣에 검은색 下裳을 사용했다. 이 篇에서 학의 날개를 玄裳縞衣라 형용하고 있는 것은 바로 그러한 사상에서 비롯된 것이며, 이 사상은 학이 이윽고 꿈에 신선이 되어 나타난다는 구상(構想)의 전제(前提) 조건이 되어 있는 것이다.

증창승부:구양영숙(憎蒼蠅賦:歐陽永叔)

> 蒼蠅蒼蠅 吾嗟爾之爲生. 旣無蜂蠆之毒尾 又無蚊虻之利觜.
> 幸不爲人之畏 胡不爲人之喜. 爾形至眇 爾欲易盈. 盂盂殘瀝
> 砧几餘腥 所希秒忽 過則難勝. 苦何求不足 乃終日而營營. 逐
> 氣尋香 無處不倒. 頃刻而集. 誰相告報. 其在物也雖微 其爲
> 害也至要.

쉬파리야, 쉬파리야.

나는 네가 이 세상에 나온 것을 몹시 슬퍼한다. 벌이나 전갈처럼 꽁무니에 독한 촉이 있는 것도 아니고, 또 모기나 등에처럼 날카로운 침이 있는 것도 아니다. 그래서 우리네 사람들에게 두려움을 주지 않는데, 그렇다면 어찌하여 우리에게 즐거움을 주지 못하고, 그토록 우리의 미움을 받게 되었느냐.

네 모양이 지극히 작으니, 어찌 그 욕심이 크다 할 수 있겠느냐. 잔과 밥그릇에 남은 질척한 국물, 생선회 접시에 묻은 비린내 약간이면 네 배를 채울 수 있겠지. 네가 바라는 것은 눈곱만하니, 조금만 양이 넘치게 되면, 그 작은 몸뚱이가 견디지를 못할 것이다. 그런데도 무엇이 그리 부족하여 하루 종일 앵앵거리며 돌아다니느냐.

음식이 있다는 낌새만 알면 쫓아다니고, 음식 냄새 퍼지기가 무섭게 몰려들어 안 꾀는 곳이 없구나. 음식만 나오면 삼시간에 몰려드니, 누군가가 음식이 있다고 알려 주기라도 한단 말이냐.

세상 만물 중에 그 크기는 아주 작으면서도, 사람에게 끼치는 해악은 더없이 큰 녀석이다.

【語義】蒼蠅(창승):푸른 파리, 곧 쉬파리.　蜂蠆(봉채):벌과 전갈.　蚊虻(문맹):모기와 등에.　虻은 蝱과 仝字.　利觜(이취):날카로운 부리. 여기서는 모기 따위의 날카로운 침을 말한다.　至眇(지묘):매우 작음. 眇의 본뜻은 애꾸눈.　盃盂殘瀝(배우잔력):잔과 밥그릇에 남은 질척한 국물 따위.　砧几餘腥(침궤여성):생선의 회(膾)를 담았던 그릇에 남은 비린 것.　秒忽(묘홀):지극히 미세한 것.　過則難勝(과즉난승):과하면 견디기 어려움, 즉 파리는 몸집이 아주 작아 많이 먹으면 견디기 어려울 것이라는 뜻.　營營(영영):앵앵거리며 왔다갔다 함.　氣(기):음식이 있다는 낌새.　頃刻(경각):눈 깜박하는 사이.　至要(지요):지극히 중요함.

若乃華榱廣廈 珍簟方牀 炎風之燠 夏日之長 神昏氣蹙 流汗成漿. 委四肢而莫擧 眊兩目其茫洋. 惟高枕之一覺 冀煩歊之暫忘. 念於爾而何負 乃於吾之見殃. 尋頭撲面 入袖穿裳. 或集眉端 或沿眼眶. 目欲瞑而復警 臂已痺而猶攘. 於此之時 孔子何由見周公於髣髴. 莊生安得與蝴蝶而飛揚. 徒使蒼頭丫髻 巨扇揮颺 或垂頭而腕脫 或立寐而顚僵. 此其爲害一也.

화려하게 장식한 서까래, 대궐같이 크고 너른 집, 대오리로 짠 값진 자리가 깔린 침상.

찌는 듯한 더위에 바람조차 후끈하게 느껴지는 길고 긴 여름날, 정신은 혼미해지고 기운은 빠진 채, 땀은 걸쭉한 장국을 이루어 줄줄 흐르고, 사지는 축 늘어져 까딱할 수가 없으며, 두 눈에는 어릿어릿 헛것마저 보일 때, 이럴 때 오직 간절한 생각은, 대오리로 짠 자리가 깔린 침상에서, 베개를 높이 하고 한잠 푹 자, 땅에서 김이 솟을 듯한 모진 더위를 잠깐이라도 잊었으면 하는 것인데……

요 못된 쉬파리야, 내 너에게 무슨 해코지를 했기에, 날 이다지도 못살게 군단 말이냐. 머리 위를 날며 정신을 어지럽히고, 얼굴을 더듬으며 귀찮게 굴고, 소매 속으로 기어들어 땀이 밴 살을 맛난 듯 핥는다. 어이 그뿐이랴, 눈썹 끝에 앉아 눈을 간질거리고, 눈두덩을 따라 기어 다니니, 아무리 눈을 감아도 잠이 올 턱이 없고, 저린 팔을 휘저으며 놈들을 쫓아야 한다.

이럴 지경이라면, 공자(孔子)님인들 어느 꿈속에서 그리던 주공(周公)님을 만나 뵈었을 것이며, 장주(莊周)인들 어느 꿈속에서 나비가 되어 날았겠는가.

놈들한테 시달리다 못해, 노비·동자 할 것 없이 모두 큰 부채를 들고 나와 놈들을 쫓으라 일렀지만, 아랫것인들 이 무더위에 무사할까. 머리를 떨군 채 부채질하던 팔에 힘이 빠져 조는 놈, 선 채로 졸다 뒤로 벌렁 자빠지는 놈……. 이것이 쉬파리가 인간에게 끼치는 첫 번째 해악(害惡)이다.

【語義】若乃:문장을 시작할 때에 관용적으로 쓰는 用語. 華榱(화최):장식을 한 화려한 서까래. 廣廈(광하):크고 너른 집. 簟(점):대오리로 엮어 만든 자리. 方牀(방상):모난 침상. 炎風(염풍):여름의 찌는 듯한 바람. 燠(욱):무더움. 氣蹙(기축):기운이 줆. 漿(장):미음처럼 묽은 액체, 즉 流汗成漿은 무더위에 많은 땀을 흘리는 것을 형용한 것. 眊(모):눈이 흐리고 정신이 어두움. 茫洋(망양):정신이 아득하고 어릿한 것. 본래의 뜻은 바다의 한없이 너른 모양을 형용하는 말. 一覺(일각):한잠 자고 깨는 것. 冀(기):바라건대. 煩歊(번효):찌는 듯한 더위. 殃(앙):재앙. 여기서는 귀찮게 구는 것. 尋頭撲面(심두박면):머리에 모여들고, 얼굴을 두드림. 眶(광):눈두덩. 瞑(명):눈을 감음. 痺(비):저리거나 마비됨. 攘(양):쫓아버림. 孔子何由……:공자인들 어찌 周公의 모습을 볼 수 있겠는가. 孔子가 聖人으로 받든 사람은 여럿인데, 그중에서도 周

公을 가장 숭배했다. 《論語》〈述而篇〉에는, '심하도다! 나의 노쇠함이여. 오래되었도다! 꿈속에서 주공을 뵙지 못한 지가(甚矣 吾衰也. 久矣 吾不復夢見周公).'라는 구절이 있을 정도이다. 이 대목과 다음의 장주(莊周)의 이야기는, 쉬파리의 방해로 잠을 이루지 못함을 매우 해학적으로 표현한 부분이다. 髣髴(방불):방불(彷彿)하다. 쏙 뺀 듯이 닮은 것을 말함. 莊生安得……:장주가 어찌 나비와 더불어 날 수 있겠는가. 莊周가 꿈속에서 나비가 되어 날아다닌 이야기는, 《莊子》에 나오는 유명한 우화(寓話)이다. 蝴蝶(호접):나비. 蒼頭丫髻(창두아계):노비(奴婢)와 동자(童子). 蒼頭란 노비가 머리에 푸른 수건을 쓰는 데에서 나온 말이며, 丫髻란 童子가 丫 字 모양으로 머리를 땋는 데에서 나온 말이다.

又如峻宇高堂 嘉賓上客 沽酒市脯 鋪筵設席 聊娛一日之餘閑 奈爾衆多之莫敵. 或集器皿 或屯几格. 或醉醇酎 因之投溺 或投熱羹 遂喪其魄. 諒雖死而不悔. 亦可戒夫貪得. 尤忌赤頭. 號爲景迹. 一有霑汙 人皆不食. 奈何引類呼朋 搖頭鼓翼 聚散倏忽 往來絡繹 方其賓主獻酬 衣冠儼飾 使吾揮手頓足 改容失色. 於此之時 王衍何暇於淸談. 賈誼堪爲之太息. 此其爲害者二也.

또 고대광실(高臺廣室) 으리으리한 집에 반가운 손님과 귀한 분들을 모시어, 술과 안주를 준비하고 대자리〔筵〕를 펴 좌석을 마련하여 하루의 여가를 마음껏 즐기려고 하면, 어디서 어떻게 알고 그처럼 새까맣게 몰려오는지, 도저히 네 놈들을 당해 낼 수가 없다.

그릇과 접시에 엉겨 붙는 놈, 술상에 온통 진(陣)을 치는 놈, 맛좋은 진국술에 취해 그대로 술 속에 몸을 던져 익사(溺死)하는 놈, 국 맛에 넋을 잃어 펄펄 끓는 국 속에 빠져 혼백을 날리는 놈……. 하기야 음식을 탐내다 그 지경이 되었으니 죽어도 후회할 만한 사연도 없을 것이나, 우리네 사람들도 네 놈들처럼 탐욕을 부리다 어처구니없는 꼴을 당하는 일이 많으니, 탐욕이란 참으로 경계해야 할 일이다.

쉬파리 중에서도 가장 경계하고 피해야 할 놈은 바로 머리가 붉은 놈으로, 이름하여 경적(景迹)이라 하는데, 이름 그대로 큰〔景〕 자취〔迹〕를 남긴다.

이놈이 한번 음식에 입을 대어 더럽히면, 아무도 그 음식을 먹을 수가 없다. 게다가 이놈들은 온통 저와 같은 무리들을 떼거리로 이끌고 다니며, 머리를 흔들고 날개를 치며, 모였다 흩어지고 흩어졌다 다시 모이기를 잠깐 사이에 하며, 쉴새없이 술상 주위를 넘나드니…….

바야흐로 손님과 주인이 서로 술잔을 돌리고 의관을 위엄 있게 갖추어야 하는 때에, 주인으로 하여금 손을 휘두르고 발을 구르게 하여, 몸가짐을 흐트러뜨리게 하고 낯빛을 잃게 한다.

이러한 경우라면, 왕연(王衍)인들 어느 겨를에 청담(淸談)을 늘어놓을 수 있겠으며, 한양(漢陽)의 천재 가의(賈誼)인들 어찌 탄식을 하지 않을 수 있겠는가. 이것이 쉬파리가 인간에게 끼치는 두 번째 해악(害惡)이다.

【語義】峻宇(준우):지붕이 높다란 큰 집. 嘉賓上客(가빈상객):嘉賓은 반가운 손님. 上客은 존귀(尊貴)한 손님. 沽酒市脯(고주시포):술을 사고 포를 삼. 沽나 市는 모두 買의 뜻. 脯는 고기를 얇게 저미어서 말린 안주. 鋪筵(포연):대자리〔筵〕를 깖. 聊(료):애오라지. 屯几格(둔궤격):屯은 병사가 陣을 치는 것. 几는 机와 같고 格은 시렁이니, 几格은 음식을 차려 놓는 상을 말한다. 음식상에 병사가 진을 치다, 즉 파리 떼가 음식상에 모여드는 것을 뜻한다. 醇酎(순주):진국으로 된 좋은 술. 投溺(투

닉):빠져 죽음. 熱羹(열갱):뜨거운 국. 魄(백):精神을 魂이라 하고, 肉體를 魄이라 한다. 諒(량):진실로. 의심할 나위 없이. 赤頭(적두):머리가 붉은 파리. 景迹(경적):커다란 자취. 景은 大와 같다. 霑汙(점오):적시어 더럽힘. 汙는 汚와 仝字. 倏忽(숙홀):갑자기. 忽然과 같다. 絡繹(낙역):왕래가 끊이지 아니하는 모양. 獻酬(헌수):獻은 主人이 賓에게 잔을 주는 것이고, 酬는 賓이 主人에게 잔을 되돌려 주는 것. 곧 잔을 주고받는 일. 儼飾(엄식):衣冠을 위엄 있게 꾸밈. 揮手頓足(휘수돈족):손을 휘두르고 발을 구름. 王衍(왕연):晋나라 사람으로, 字는 이보(夷甫). 풍채가 뛰어나며, 하루 종일 老莊의 說을 말하고, 옥(玉) 자루가 달린 먼지떨이(拂子를 말한다)를 가지고 있었는데, 그것이 손의 빛깔과 똑같이 흰색이었다고 한다. 淸談(청담):세속의 때가 묻지 않은 맑고 깨끗한 담화라는 뜻. 晋나라 때, 죽림칠현을 비롯하여 학자, 貴人 사이에서 老莊 사상을 주로 한 철학 담론이 많이 행해졌는데, 王衍의 때에 가장 왕성했다. 賈誼(가의):前漢 사람으로, 앞에 나온 〈弔屈原賦〉의 작자이다. 文帝에게 올린 書에, '통곡해야 할 일이 세 가지, 탄식해야 할 일이 여섯 가지 있다.'고 말했는데 이 대문(大文)은, 賈誼도 쉬파리한테 이러한 해를 당했다면 틀림없이 탄식했을 것이라는 뜻이다. 대단히 해학적인 문장이다.

又如醯醢之品 醬䤅之制 及時月而收藏 謹缾罌之固濟. 乃衆力而攻鑽 極百端而窺覗. 至於大胾肥牲 嘉殽美味 蓋藏稍露於罅隙 守者或時而假寐 纔少怠於防嚴 已輒遺其種類 莫不養息蕃滋 淋漓敗壞. 使親朋卒至 索爾以無歡 臧獲懷憂 因之而得罪. 此其爲害者三也.

또 육장(肉醬)과 젓갈, 된장과 장조림 등을 만들 때에는, 기간이 다 차 제대로 익을 때까지 단지와 항아리를 깊숙한 곳에 숨겨 잘 간수해야 한다. 그런데 요놈 쉬파리들은 어느 틈에 알았는지 떼를 지어 모여와, 힘을 합쳐 치고 뚫는 등 백 가지 방법을 다 쓰며 틈을 엿본다.

큼직하게 토막 낸 고깃점, 제물로 쓸 양으로 마련한 살찐 고기, 맛좋은 생선에 산해진미 등 어느 것 하나 지키기를 소홀함이 없더라도, 혹 뚜껑에 틈이 생기거나, 혹 지키는 이가 깜빡 졸기라도 하여 엄중한 경계를 조금만 게을리 하면, 그 틈을 놓치지 않고 달려들어 쉬를 슬니, 고기마다 구더기가 들끓고 짓물러 썩은 물이 흐른다.

이럴 때 만약 친한 벗들이라도 갑자기 들이닥치게 되면, 마음은 그지없이 처량하고 삭막해져, 모든 즐거움이 일시에 가셔 버린다.

이 바람에 음식을 지키던 사내종 계집종 할 것 없이 모두 몸 둘 바를 몰라 하고, 이로 인해 모두들 어이없이 꾸중을 듣게 되니, 이것이 쉬파리가 인간에게 끼치는 세 번째 해악(害惡)이다.

【語義】 醯醢(혜해), 醬臡(장니):모두 젓갈의 일종. 醢는 국물이 많은 육장(肉醬), 醯는 포(脯)를 잘게 썰어 누룩과 소금을 섞어 술에 담근 음식, 醬은 된장, 간장 따위의 장, 臡는 고기와 뼈를 난도질하여 섞어 넣은 장조림. 時月:젓이나 장조림 등이 익을 만한 기간. 謹(근):조심하다. 缾罌(병앵):단지와 항아리. 固濟(고제):뚜껑을 덮고 단단히 지킴. 攻鑽(공찬):치고 뚫음. 百端(백단):온갖 수단. 窺覬(규기):틈을 엿봄. 大胾(대자):큼직하게 토막 낸 고깃점. 肥牲(비생):살찐 고기. 牲은 神을 제사 지내거나 빈객(賓客)을 대접하기 위한 축류(畜類). 三牲과 六牲이 있는데, 소〔牛〕·양(羊)·돼지〔豕〕를 三牲이라 하며, 소〔牛〕·양(羊)·돼지〔豕〕·말〔馬〕·닭〔雞〕·개〔犬〕를 六牲이라 한다. 嘉殽(가효):매우 맛

이 좋은 생선. 罅隙(하극):틈. 假寐(가매):잠깐 좀. 纔少(재소):약간
만. 輒(첩):용이하게. 種類(종류):파리가 깔긴 알. 즉 쉬의 무더기. 蕃
滋(번자):무성하게 퍼짐. 淋漓(임리):물이 뚝뚝 흘러내리는 모양. 여기
서는 고기 같은 것이 썩어 문드러진 것을 말한다. 索爾(삭이):쓸쓸하고
삭막함. 臧獲(장획):臧은 사내종[奴], 獲은 계집종[婢].

是皆大者. 餘悉難名. 嗚呼止棘之詩 垂之六經. 於此見詩人之
博物 比興之爲精. 宜乎以爾刺讒人之亂. 誠可嫉而可憎.

지금까지 것들은 쉬파리가 인간에게 끼치는 해악 중 큰 것 몇 개를 꼽아
본 것이다. 그밖에 이루 셀 수 없을 정도로 많은 해악을 남김없이 말로 표
현하기란 매우 어렵다.

營營靑蠅止于樊
영 영 청 승 지 우 번

앵앵 날던 저 쉬파리 울타리에 앉았네.

豈弟君子無信讒言
개 제 군 자 무 신 참 언

점잖으신 우리 임금님 참언을 믿지 마옵소서.

營營靑蠅止于棘
영 영 청 승 지 우 극

앵앵 날던 저 쉬파리 가시 울에 앉았네.

讒人罔極交亂四國
참 인 망 극 교 란 사 국

참소꾼은 끝없이 많아 온 나라를 어지럽히네,

營營靑蠅止于榛
영 영 청 승 지 우 진

앵앵 날던 저 쉬파리 개암나무에 앉았네.

讒人罔極構我二人
참 인 망 극 구 아 이 인

참소꾼의 못됨은 한이 없어 우리를 서로
미워하게 하네.

(작자가 原文에서 '止棘之詩'라 표현한 《詩經》 小雅篇에 나오는 〈靑蠅〉
의 全文이다)

아, '지극(止棘:가시 울에 앉다)의 詩'를 六經에서 다루었으니, 사물을 관찰하는 시인의 안목이 참으로 놀랍고, 쉬파리를 빌어 참소꾼을 호되게 꾸짖은 비흥(比興)의 시법(詩法)을 쓴 것이야말로 더없이 정교한 작시(作詩)의 기법이라 하겠다.

생각하건대, 네 놈 쉬파리를 나라를 어지럽히는 소인배 참소꾼에 비긴 것은 너무도 이치에 맞는 일이다.

쉬파리 요놈, 네 놈은 아무리 생각해도 미워하고 또 미워해야 할 놈이다.

【語義】 止棘之詩:《詩經》 小雅篇에 나오는 〈靑蠅〉이라는 詩. 詩의 내용은, 쉬파리와 같은 소인배 참소꾼의 말을 임금께서는 듣지 말라는 것으로, 참인(讒人)을 풍자(諷刺)한다. 六經:《詩經》·《書經》·《易經》·《春秋》·《禮記》·《樂經》. 比興(비흥):《詩經》 六義(風·雅·頌·比·賦·興) 중의 比와 興의 修辭法. 곧 比는 비슷한 것을 例로 들어 比喩하는 것이고, 興은 자신과 관계가 적은 다른 것을 빌려 그를 통해 자신의 뜻을 밝히는 것이다.

【解說】 '창승(蒼蠅)'이란 쉬파리를 말한다. 쉬파리가 미물(微物)이면서도 사람에게 큰 해악을 끼치는 모양이, 소인배들이 참언(讒言)으로써 군주의 덕을 손상시키고, 옳고 그름을 속이는 것과 비슷하므로, 이것을 미워하여 이 賦를 지은 것이다.

이 賦는《詩經》 小雅篇의 〈靑蠅〉이라는 시(詩)를 본떠 만든 것으로, 그 목적 또한 〈靑蠅〉과 마찬가지로 참소꾼을 파리에 비유하여 비난하려 한 것이다. 그러나 작자가, 파리라는 그야말로 조그만 곤충에 진지하게 열중하여, 파리의 습성을 교묘히 묘사하면서 파리에 대한 증오감을 전편에 걸쳐 해학적으로 기술하고 있다는 점에서, 이 賦에서는《詩

經》의 〈靑蠅〉에서 느끼는 맛과는 다른, 즉 배해문(俳諧文)으로서 재미를 충분히 맛볼 수 있다.

구양수(歐陽修)의 작품으로, 이 賦 외에 모기에 대한 미움을 노래한 〈憎蚊詩〉가 있다. 〈憎蚊詩〉도 대개 이 賦와 같은 배해시(俳諧詩)로 볼 수 있다. 중국의 시인이 동식물이나 기구류(器具類)를 읊은 시(詩)는 대체적으로 해학적이다. 그리고 그 이면(裏面)에는 풍자의 뜻이 숨겨져 있다. 이 賦도 마지막 단락에서, 《詩經》〈靑蠅〉에서 파리로써 참소꾼을 비난한 것은 지당한 일이라고 말하여, 이 賦를 지은 의도를 표명하고 있다. 이 賦를 읽으면, 작자가 대관(大官)으로서 호화로운 생활을 하고 있다는 것을 알 수 있는데, 그런 만큼 파리로 인해 괴로움을 당하는 그들의 모습이 오히려 더욱 재미있고 해학적으로 느껴지는 것이다.

권지 2 (卷之二)

설류(說類)

   의(義)나 이(理) 등을 해석하고, 자신의 의견을 서술하는 문체. 논
(論)과 마찬가지로, 할 말을 자세하고도 충분히 하는 것을 주지(主旨)
로 한다. 비유를 많이 사용하여 설득하는 방법을 사용하므로, 說文에
는 설화(說話)의 재미가 있다. 說文은《韓非子》중의〈內外儲說〉이나
〈說林〉등의 제자백가(諸子百家)의 소품(小品)으로부터 유래된 것이
다. 논의문(論議文)보다는 뜻이 약간 얕고 쉽다. 당(唐)나라 한유(韓
愈)의〈師說〉·〈雜說〉, 유종원(柳宗元)의〈捕蛇者說〉등이 說文의 대
표작이다.

사설:한퇴지(師說:韓退之)

古之學者必有師. 師者所以傳道授業解惑也. 人非生而知之者. 孰能無惑. 惑而不從師 其爲惑也 終不解矣. 生乎吾前 其聞道 也 固先乎吾 吾從而師之. 生乎吾後 其聞道也 亦先乎吾 吾從 而師之. 吾師道也. 夫庸知其年之先後生於吾乎. 是故無貴無 賤 無長無少 道之所存 師之所存也.

옛날, 학자(學者:道를 배우려고 하는 사람)에게는 반드시 스승이 있었다.

스승이라 함은 옛 성인(聖人)의 道를 전해 주고, 육경(六經:詩·書·禮· 易·春秋·樂) 등 옛 성현의 글을 가르쳐 주며, 사람의 마음속에 도사리고 있는 천지 만물에 대한 의혹을 남김없이 풀어 주는 분이다.

사람은 나면서부터 아는 것이 아니니, 누구에게나 의혹이 없을 수가 없 다. 천지 세상의 일에 막힘이 많고 의혹되는 바가 많으면서 스승을 따르지 않는다면, 그 의혹되는 것은 끝내 풀리지 않을 것이며, 우리는 영원히 사리 (事理)의 어둠에서 헤어나지 못할 것이다.

누구든 나보다 먼저 나서 道를 듣고 깨달은 사람이 있다면, 나는 기꺼이 그분을 스승으로 섬겨 따를 것이다. 또 나보다 늦게 났다 할지라도, 나보다 먼저 道를 듣고 깨달은 사람이 있다면, 나는 그분을 쫓고 나의 스승으로 섬 길 것이다. 나는 오직 道를 스승으로 하니, 스승을 삼는 데에 어찌 그 태어 남이 나보다 이르고 늦은 것을 개의(介意)하겠는가.

이처럼 배움에는 신분의 귀천(貴賤)이 문제될 수 없고, 나이의 많고 적음 이 문제될 수 없는 것이다. 오로지 옛 성인의 道를 지닌 사람이라면 그 누 구라도 스승으로서 자격이 있는 것이다.

【語義】 道:인생에서 마땅히 지켜야 할 일. 유학(儒學)을 누구보다도 숭상했던 한퇴지(韓退之)이니, 儒學에서 가장 이상으로 삼았던 修己治人의 道를 뜻한다. 부연하면 격물(格物:사물의 이치를 연구하여 궁극에 도달함)·치지(致知:사물의 도리를 연구하여 지식을 밝힘)·성의(誠意:자신의 의지를 성실하게 함)·정심(正心:자신의 마음을 바로잡음)·수신(修身:악을 물리치고 선을 북돋아 심신을 닦음)·제가(齊家:집안을 바르게 다스림)·치국(治國:나라를 잘 다스림)·평천하(平天下:천하를 태평하게 함)의 8단계를 완수하는 것. 업(業):詩·書·禮·易·春秋·樂의 六經의 學術. 惑(혹):마음속의 의문. 마음 가운데에 의혹(疑惑)이 있어 바른 도리에 밝지 못한 것. 人非生而知之者:사람이란 나면서부터 아는 것은 아니다. 이 문장은 孔子의 말씀에서 인용한 것이다. 孔子는 사람의 재능과 기질(氣質)을 네 등급으로 나누어 평했다. 즉 최상의 등급으로 나면서부터 아는〔生而知之〕天才, 다음으로 배워서 아는〔學而知之〕秀才, 그 다음으로 막히는 바가 많아 거듭 학습하여 아는〔困而學之〕努力家, 최하급의 부류로 막혀도 배우려 하지 않고〔困而不學〕자포자기하는 비천(卑賤)한 存在가 그것이다.《論語》述而篇에, '나는 나면서부터 아는 사람은 아니다. 옛것을 좋아하여 부지런히 알아내기에 힘쓰는 사람이다(我非生而知之者. 好古敏以求之者也).'라고 하여, 孔子께서는 당신을 나면서부터 아는 生而知之者〔聖人〕가 아닌, 발분망식(發憤忘食) 학이불염(學而不厭), 꾸준히 노력하여 아는 學而知之者라고 낮추어 말씀하셨다. 聞道(문도):道를 들음.《論語》里仁篇에, '아침에 道를 들어 깨달으면, 저녁에 죽어도 좋다(朝聞道夕死可矣).'라는 구절이 있다. 이는 앞서 얘기한 道가 무엇인가를 알아 인생의 의의(意義)를 깨닫는 것이 무엇보다도 중요한 것임을 강조한 말이다. 庸知(용지):庸은 豈의 뜻으로, 어찌. 知는 어떤 일에 대해 신경을 쓴다는 뜻. 先後生:먼저 나고 뒤에

남. 先生後生의 넉 자를 석 자로 생략하여 숙어로 한 것.

> 嗟乎 師道之不傳也久矣. 欲人之無惑也難矣. 古之聖人 其出
> 人也遠矣. 猶且從師而問焉. 今之衆人 其去聖人也亦遠矣. 而
> 耻學於師. 是故 聖益聖 愚益愚. 聖人之所以爲聖 愚人之所以
> 爲愚 其皆出於此乎.

슬프다, 사도(師道)가 세상에 전해지지 않게 된 지 오래니. 그러니 지금
사람들에게 의혹이 없기를 바라는 것은 너무나 어려운 일이다.

옛 성인은 보통 사람들보다 까마득히 뛰어났건만, 그래도 훌륭한 스승
을 찾아 도(道)를 묻기를 서슴지 않았다. 한데 지금 사람들은 옛 성인에 비
하면 까마득히 못났건만, 어찌된 일인지 스승을 찾아 도(道)를 배우는 것
을 부끄럽게 여긴다. 이러니 옛날의 성인은 날이 갈수록 더욱 성인이 되
셨고, 지금의 어리석은 사람들은 날이 갈수록 더욱 어리석어지는 것이다.

성인이 성인 되는 까닭과 어리석은 자가 어리석은 자 되는 까닭은 다름
아니라 바로 여기, 스승을 찾아 도(道)를 배우느냐 배우지 않느냐에 있는
것이다.

【語義】嗟乎(차호):탄식의 뜻을 담은 감탄사. 師道(사도):스승 되는 사람
    이 지켜야 할 바른 道. 앞에 나온 傳道(성인의 道를 전해 줌)·授業(육
    경 등 옛 성현의 글을 가르쳐 줌)·解惑(사람들의 마음속에 있는 의혹
    되는 바를 풀어줌)을 말한다. 出人:出衆과 같다. 남보다 뛰어난 것. 遠
    (원):멀다. 멀리하다. 猶且從師(유차종사):그래도 역시 선생을 따라 배
    움. 耻(치):부끄럽게 여김. 聖益聖 愚益愚(성익성 우익우):성인은 더
    욱더 지혜로워지고, 어리석은 자는 점점 더 어리석어짐.

愛其子 擇師而敎之. 於其身也 則恥師焉惑矣. 彼童子之師 授
之書而習其句讀者也. 非吾所謂傳其道 解其惑者也. 句讀之
不知 惑之不解 或師焉 或不焉. 小學而大遺. 吾未見其明也.

　지금 사람들은 자식을 귀여워하는 마음에, 자식에게 좋은 스승을 딸려
글을 가르친다. 그런데 정작 마음속의 의혹을 풀어야 할 자신들은 스승을
찾지 않고 배우기를 꺼리니, 이 무슨 미혹하기 이를 데 없는 짓인가.

　어린아이를 가르치는 스승은 아이에게 책을 주어 고작 구두(句讀)를 가
르치는 정도이니, 앞서 말한 옛 성인의 도(道)를 전하고 마음속의 의혹을
풀어 주는 스승은 아니다. 그렇다면 문자(文字)의 음(音)이나 읽고 구두(句
讀)를 알아 문장을 끊어 읽는 정도의 초보적인 것, 즉 소인(小人)의 학문을
배우는 데에는 스승을 둘 줄 알면서, 성인의 도(道)와 육경(六經)의 학(學)
을 전하여 사람들의 마음속에 든 의혹을 깨뜨리고 영혼을 살지게 하는 대
인(大人)의 학문을 배우는 데에는 스승을 둘 줄 모르니, 이것은 분명 보잘
것없는 작은 것은 배우고 사람에게 진실로 중요한 큰 것을 버리는 일이다.
이 얼마나 어리석고 사리(事理)에 어두운 일인가. 이 모두가 다 마음속의
의혹을 풀지 못한 때문이다.

【語義】 句讀(구두):句는 語意가 한 단락을 지어 끝나는 곳, 곧 句節을 뜻
　하고, 讀는 한 句節 안에서 읽기 편하도록 말의 가락을 따라 끊어서 읽
　는 곳을 말한다. 예를 들면 愛其子 擇師而敎之는 句이고, 그 안의 愛其
　子나 擇師而敎之는 讀이다. 여기서 句讀라 함은 학문의 초보적인 단계
　를 말하는 것이다. 　或不焉(혹불언):혹은 그렇지 아니함. 즉 스승을 두
　지 않음을 말한다. 或不焉은 앞의 或師焉과 관계되는 말로, 或不師焉을
　생략한 것. 　小學而大遺(소학이대유):작은 것은 배우고 큰 것은 버림.

작은 것이라 함은 앞의 句讀를 가리키고, 큰 것이라 함은 의혹을 푸는 것을 가리킨다. 즉 초보적인 小人의 학문에는 스승을 두고, 의혹을 푸는 大人의 학문에는 스승을 두지 않음을 개탄한 것이다.

巫醫樂師百工之人　不恥相師.　士大夫之族　曰師曰弟子云者
則羣聚而笑之.　問之則曰　彼與彼年相若也　道相似也.　位卑則
足羞　官盛則近諛.　嗚呼　師道之不復可知矣.　巫醫百工之人　君
子不齒.　今其智乃反不能及.　其可怪也歟.

무당, 의원, 악사(樂士), 온갖 장인(匠人) 등 그들은 비록 하찮은 업(業)에 종사하지만, 서로가 서로에게서 배우는 것을 조금도 부끄럽게 여기지 않는다. 그런데 세상에서 그 누구보다도 스승을 받들고 열심히 배움에 정진해야 할 사대부(士大夫) 무리들은, 누가 스승이니 제자니 하며 배움의 길을 가려 하면, 당장 무리를 지어 그들을 비웃는다. 내가 왜 그들을 비웃느냐고 물은즉, 그 대답이 이러하다.

"저 선생이라는 자와 제자라는 자는, 나이가 같고 일상생활에서 행하는 도(道) 역시 별 차이가 없으니, 스승이니 제자니 하는 꼴이 우습기만 하오."

스승이 아무리 뛰어난 덕을 갖추고 있어도 자기보다 지위(地位)가 낮으면 그에게서 배우는 것을 수치로 알고, 또 자기보다 지위가 높은 사람을 스승으로 삼아 배우려고 하면 주위에서는 모두 아첨하는 짓이라고 비난을 한다.

아, 슬프다. 옛날의 사도(師道)가 사라져 회복되지 않는 까닭을 알 만하다. 군자연(君子然)하는 무리들은 무당 의원, 악사(樂士), 온갖 장인(匠人) 등을 비천하게 여기지만, 사실 지혜로써 말하면, 군자입네 떠드는 족속들이 한 가지 일에라도 정통한 무당, 악사 등의 무리보다 못한 것이다. 이는 조금도 이상하게 여길 일이 아닌 것이다.

【語義】 巫(무):무당. 특히 여자 무당을 말함. 남자 무당, 곧 박수는 격(覡)
이라 한다. 樂師(악사):음악을 연주하는 것을 業으로 하는 사람. 百工:
일반의 細工人, 또는 기술자. 相師:서로 상대를 스승으로 하여 배움. 또
는 동료 중에서 뛰어난 자를 스승으로 하여 배움. 族(족):同類라는 뜻.
相若(상약):서로 같음. 相似(상사):큰 차이 없이 같음. 位卑則足羞(위
비즉족수):지위가 낮은즉 부끄러워함. 즉 지위가 낮은 사람에게서 배움
을 구하는 것을 부끄럽게 여긴다는 뜻. 官盛則近諛(관성즉근유):지위
가 높은즉 아첨에 가깝다고 생각함. 즉 높은 지위의 사람에게서 배움을
구하면, 다른 사람들이 아첨하는 것이라고 비난한다는 뜻. 不復(불복):
회복되지 않음. 君子:여기서는 유가(儒家)에서 말하는 참된 君子를 가
리키는 것이 아니고, 위의 士大夫가 뜻하는 것과 같이 君子입네 하고 떠
드는 족속을 가리킨다. 不齒(불치):나란히 서지 않음. 여기서는 얕보
다, 하찮게 여기다의 뜻. 其可怪也歟(기가괴야여):왜 그러한지 이상함.

聖人無常師. 萇弘師襄老聃郯子之徒 其賢不及孔子. 孔子曰
三人行 則必有我師. 故弟子不必不如師. 師不必賢於弟子. 聞
道有先後 術業有專攻 如斯而已.

성인에게는 본래 일정한 스승이 따로 없다.
　위(衛)의 대부(大夫) 공손조(公孫朝)가 자공(子貢)에게, '귀하의 스승인
공구(孔丘)께선 누구에게서 배우셨나요?'라고 물었을 때 자공은, '우리 선
생님께선 어디에서든지 배우지 않은 곳이 없습니다. 특별히 누구에게서 배
웠다고 할 수 없습니다.'라고 말했다.

성인 공자(孔子)께서는, 옛 성인의 도(道)가 있는 곳은 다 배울 곳이요, 또 도(道)를 아는 사람은 모두 스승이라고 생각하셨던 것이다. 그러기에 공자께서는 담자(郯子), 장홍(萇弘), 사양(師襄), 노담(老聃)에게 기꺼이 배움을 청하셨던 것이다. 그러나 어질기로 따진다면, 담자(郯子)와 같은 무리들을 어찌 성현 공자와 비길 수가 있겠는가.

　일찍이 공자께서 말씀하셨다.

　"세 사람이 함께 간다면, 그중에는 반드시 나의 스승이 있다. 선행(善行)이 있는 사람을 보게 되면 그를 본받을 것이요, 혹 불선(不善)이 있는 사람을 보게 되면 그로써 자신에게도 불선(不善)이 없나 반성한다."

　그러니 제자라고 스승보다 반드시 못하라는 법은 없고, 스승이라고 반드시 제자보다 뛰어나라는 법도 없는 것이다. 다만 도(道)를 듣고 깨달은 것이 나보다 먼저면 나의 스승이 되는 것이요, 또 술업(術業)에서는 그 기술에 가장 정통(精通)한 사람을 스승으로 삼아 따르면 되는 것이다.

　배움의 세계에 무슨 노소 귀천(老少貴賤)이 있을 수 있단 말인가.

【語義】聖人無常師:성인에게는 일정한 스승이 없음. 위(衛)나라의 大夫 공손조(公孫朝)가 孔子의 제자 자공(子貢)에게, '중니(仲尼)께선 어디서 배우셨나요?' 하고 물었다. 이에 子貢이 대답하였다. '우리 선생님께선 어디에서고 배우지 않은 데가 없습니다. 따라서 어디서 누구에게 배웠다고 하는 일정한 스승이 없습니다(夫子焉不學 而亦何常師之有).'(《論語》子張篇) 이는 성인의 道가 있는 곳은 다 배울 곳이요, 道를 아는 사람은 누구나 다 스승이라는 말이다. 萇弘(장홍):周나라 大夫로서 음악에 정통하였다. 그래서 孔子는 그에게 음악에 관하여 물었다고 한다. 師襄(사양):노(魯)나라 악관(樂官)으로, 거문고의 名人. 孔子는 師襄에게서 거문고 타는 법을 배웠다. 老聃(노담):道家의 始祖인 老子. 孔

子는 老子에게 예(禮)에 관해 물었다.   郯子(담자):춘추시대(春秋時代) 郯나라의 임금. 孔子는 郯子가 魯나라에 왔을 때, 그에게 소호씨(少皞氏)·황제(黃帝)·염제(炎帝)·복희씨(伏羲氏) 등 古代 帝王의 官名에 관하여 물은 적이 있다고 한다.   三人行……:《論語》述而篇에 나오는 말. '세 사람이 함께 가면 그중에는 반드시 나의 스승이 있다. 善한 점을 골라 따르도록 하고, 惡한 점을 골라 스스로를 반성하도록 한다(三人行 必有我師焉. 擇其善者而從之 其不善者而改之).' 이 말은 자신이 받아들이기에 따라서는 善에서건 惡에서건 얼마든지 배울 수 있다는 의미로, 배움을 구하는 바른 자세를 이야기한 것이다.   弟子不必不如師:제자라 하여 반드시 스승만 못한 것은 아님.   術業(술업):학술과 직업.   專攻(전공):전문으로 한 가지 일을 연구함.

李氏子蟠 年十七. 好古文 六藝經傳 皆通習之. 不拘於時 請學於余. 余嘉其能行古道 作師說以貽之.

정원(貞元:唐 德宗) 19년에 진사(進士)에 급제한 李氏의 아들 반(蟠)은, 나이 겨우 열일곱에 고문(古文)을 좋아하여 육경(六經)과 경전(經傳)을 남김없이 섭렵(涉獵)하고 통했다. 더욱이 놀랍게도, 스승을 찾을 줄 모르고 제자 됨을 수치로 여기는 세상의 풍속에도 개의치 않고, 나에게 배움을 청해 왔다. 내 그의 옛 도(道)를 행하려는 갸륵한 뜻에 크게 느끼어, 이 사설(師說)을 지어 그에게 준다.

【語義】李氏子蟠(이씨자반):이반(李蟠). 蟠은 貞元(唐, 德宗) 19년(803)의 進士. 李氏子라 한 것은 李蟠의 나이가 어리기 때문이다.   古文:六朝 시대의 넉 字, 여섯 字의 對句를 사용한 율문체(律文體)의 四六文은 화

려, 섬약함으로 한퇴지(韓退之)는 이것을 배척하고, 周·秦의 經典이나 제자백가(諸子百家), 漢代 史傳의 文體처럼 자유롭고 힘찬 문장, 특히 《孟子》 같은 문장을 써서, 이것을 古文이라 하였다. 李蟠이 좋아한 문장도 이것이다.   六藝經傳(육예경전):六藝는 詩·書·易·春秋·禮·樂의 六經. 經은 六經의 本文으로, 성인의 말씀을 기록한 글. 傳은 經의 의미를 해석한 주석서(註釋書).   古道:옛날의 학자들은 반드시 스승을 섬겨 배웠다고 하는 師道를 말한다.   貽(이):주다. 여기서는 韓退之가 李蟠에게 글을 준 것을 뜻한다.

【解說】 한퇴지(韓退之)가 살던 시대에는, 남을 스승으로 삼고 그의 '제자가 되어 배우는 것을 부끄럽게 생각하던 사람이 많았다. 한퇴지는 그러한 세상 풍습을 개탄하며, 이 〈師說〉을 지어 사도(師道)의 소중함을 이야기한 것이다.

이 〈師說〉은 참으로 정연(整然)한 논술이다. 먼저 첫째 단락에서 스승의 본질(本質)과 필요성을 이야기하고, 도(道)와 스승의 관계를 명확히 하고 있다. 둘째 단락에서는, 세상에 사도(師道)가 없음을 개탄하고, 성인이 성인 되는 까닭과 어리석은 자가 어리석은 자 되는 까닭을 이야기하여, 앞 단락의 의미를 전개시키고 있다. 셋째 단락에서는, 문장이나 읽는 소인(小人)의 학문을 배우는 데에는 스승을 두면서 마음속의 의혹을 풀고 영혼을 살지게 하는 대인(大人)의 道를 배우는 데에는 스승을 둘 줄 모르는 세상 사람의 어리석음을 지적한다.

넷째 단락에서는, 체면이나 세상 이목 때문에 스승 두기를 기피하는 사대부(士大夫)들이, 신분은 천하지만 서로 스승으로 하여 모르는 것을 배워 아는 무당이나 악사(樂士), 장인(匠人) 같은 사람들보다 그 지혜가 못함을 비난하고 있다. 다섯째 단락에서는, 공자(孔子) 같은 성인조차 많은 사람에게서 배운 일이 있다는 것을 이야기하고, 배움에는 노소 귀천(老少貴賤)이 있을 수 없음을 주지시키면서 글을 맺고 있다. 그리고 그 말미(末尾)에 이 〈師說〉을 쓴 동기를 서술하여, 고문(古文)을 좋아하고 스승에게서 배우는 옛 道를 행하고 있는 이씨(李氏)의 아들을 격려하고 있다.

우리가 여기서 주목해야 할 것은, 古文家 한퇴지는 이 문장에서도 古文의 정신은 옛 道에 있음을 암시하고 있다는 사실이다. 한퇴지는, '古文은 단순히 문장 형식상만의 복고(復古)가 아니라 유가(儒家)의 정신, 즉 공자의 사상을 그 정신으로 삼아야 한다.'고 생각하고 있었으므로, 이 글에서도 공자의 사도(師道)를 찬양함으로써 古文의 정신을 나타낸 것이다. 유가(儒家)의 도덕을 논술한 강력하고 명쾌한 논설문이야말로 한유 문장의 특징이다. 이 〈師說〉은 그의 많은 논설문 중에서도 뛰어난 것이며, 논설문의 범례(範例)라 할 만한 것이다.

잡설:한퇴지(雜說:韓退之)

世有伯樂 然後有千里馬. 千里馬常有 而伯樂不常有. 故雖有
名馬 祇辱於奴隸人之手 駢死於槽櫪之閒. 不以千里稱也.

세상에는 백락(伯樂)이 있은 다음에 천리마(千里馬)가 있는 것이다. 천
리마는 항상 있는 것이지만, 그를 알아보는 백락은 항상 있는 것이 아니다.
그러므로 비록 명마(名馬)가 있다 한들 백락이 없으면, 명마가 하찮은 말들
틈에 섞여 아랫것들의 손에 의해 길러져 여물통과 마판 사이를 배회하다가
죽게 될 뿐, 결코 천리마의 이름을 얻지 못하게 된다.

【語義】 伯樂(백락):말의 상(相)을 보는 名人. 진(秦)나라 목공(穆公) 때 사
람.《莊子》마제편(馬蹄篇)에, '伯樂, 좋은 말을 골라낸다.' 했다.《莊子
音義》에, '伯樂, 姓은 孫, 이름은 陽, 좋은 말을 길들인다.' 했다.《星經》
에, '伯樂은 별의 이름. 天馬를 주관한다. 孫陽은 말을 잘 다룬다. 그러
므로 伯樂이라 한다.'고 했다. 별의 이름을 취해 사람의 이름으로 한 것
이다. 말을 매매하는 사람이나 마부를 伯樂이라 하는 것도 그로부터 나
왔다 한다. 여기서 伯樂은, 사람을 잘 알아 대접하는 현명한 군주에 비
유되었다. 千里馬:천 리를 하루에 달리는 말. 여기서는 능력을 갖춘 사
람을 뜻한다. 祇(지):다만. 駢死(변사):나란히 죽음. 千里馬가 名馬로
서 재능을 펴지 못하고, 보통 말 틈에 섞여 죽는 것을 말하니, 英才가
뜻을 펴지 못하고 凡人들 속에서 묻혀 죽는 것을 개탄한 것이다. 槽櫪
(조력):말구유와 마판.

> 馬之千里者 一食或盡粟一石. 食馬者 不知其能千里而食也.
> 是馬雖有千里之能 食不飽力不足. 才美不外見. 且欲與常馬
> 等 不可得. 安求其能千里也.

하루에 천 리를 달리는 말은, 한 끼에 겉곡식 한 섬을 먹는다. 그런데 말을 먹이는 사람이 천리마임을 모르고 여느 말 먹이듯 하니, 그 말이 비록 하루에 천 리를 내닫는 재능을 지니고 있다 한들 먹는 것이 변변치 못하여 힘을 못 내니, 어찌 재능의 아름다움을 나타낼 수 있겠는가. 차라리 보통 말들과 똑같아 보려고 하나, 그도 또한 이루기 어렵다.

아, 천리마가 난다 한들, 어찌 그 뛰어난 재주를 펼 수 있겠는가.

【語義】 馬之千里者:천 리를 가는 말. 재능이 있는 英才를 뜻한다. 粟一石(속일석):껍질을 벗기지 않은 쌀 한 섬. 英才에게 내려져야 할 重祿을 뜻한다. 食馬者:말을 먹이는 사람. 千里之能:천 리를 달리는 능력. 安:어찌.

> 策之不以其道 食之不能盡其材. 鳴之不能通其意. 執策而臨
> 之曰 天下無良馬. 嗚呼其眞無馬耶. 其眞不識馬耶.

채찍질을 하는데 천리마 다루는 법을 몰라 마구하고, 먹이는데 주린 배도 채워 주질 못하니, 재주를 드러낼 수가 없다. 천리마가 섧게 울며 자신의 뜻을 전하려 해도, 암매(暗昧)한 사주(飼主)는 그 뜻을 헤아리지 못한다. 채찍을 거머쥐고 다가와 고작 한다는 소리가, '세상에는 좋은 말이 없도다.'이니……

오, 슬프다.

세상에는 진정 천리마가 없는 것인가, 아니면 천리마를 알아보는 백락이 없는 것인가.

【語義】 策之(책지):策은 채찍. 之는 千里馬. 其道:千里馬를 다루는 바른 法. 鳴之不能通其意:울어도 그 뜻을 헤아리지 못함. 즉 천리마가 자신을 바르게 대접해 달라 하며 울어도, 말 먹이는 사람이 그것을 모르는 것.

【解說】《韓文公集》에는 〈雜說〉이 네 편 있는데, 네 편 모두 특별한 제목이 없는 소품(小品)의 논설문(論說文)이다. 용(龍)에 대한 說, 의(醫)에 대한 說, 학(鶴)에 대한 說, 그리고 이 말〔馬〕에 대한 說이 그것이다. 사첩산(謝疊山)은, '이 篇의 주지(主旨)는, 영웅호걸은 자기를 알아보는 군주를 만나 높은 직위로써 존중받고, 후한 봉록으로써 중임(重任)을 맡게 되면, 반드시 그 재능을 널리 펼 수 있다는 것이다.'라고 말했다. 사첩산이 지은 《文章軌範》 권5(卷五)에 〈雜說〉上(龍에 대한 說), 下(馬에 대한 說) 두 편이 실려 있는데, 그 下篇이 바로 이것이다.

이 〈雜說〉은 풍유문(諷喻文)으로서 참으로 교묘한 것이다. 심덕잠(沈德潛)은, '매우 짧은 문장이다. 암매(暗昧)한 사주(飼主)의 막힌 귀와 흐린 눈〔庸耳俗目〕을 생생하게 표현했다.'고 평하고, 뇌산양(賴山陽)은, '千里馬라는 글자가 일곱 번이나 나오는데, 일곱 번 바꾸어 그 글자를 사용하고 있다. 策之不以其道…… 부분은, 이 글을 더욱 빛나게 하고 있다.'고 말했다. 일곱 번 바꾸어 千里馬라는 글자를 사용하고 있다는 것은 문법상의 용법까지 포함해서 한 말인데, 이 짧은 글 속에서 같은 어구를 일곱 번씩이나 사용하고 있는데도 그것이 조금도 번거롭게 느껴지지 않는 것이 사실이다. 이와 같이 조금씩이라도 語句의 용법을 바꾸는 작자의 세심한 배려에 주목해야 할 것이다.

명이자설:소노천(名二子說:蘇老泉)

> 輪輻蓋軫 皆有職乎車. 而軾獨若無所爲者. 雖然去軾 則吾未
> 見 其爲完車也. 軾乎 吾懼汝之不外飾也.

　수레바퀴, 바퀴살, 수레 덮개, 수레의 뒤턱나무 등은, 모두가 수레에 없어서는 안 되는 것들로, 제각기 맡은 바 하는 일이 뚜렷하다. 그런데 수레 앞에 있는 가로막이 나무 식(軾)만은 있어도 그만 없어도 그만, 별로 하는 일이 없어 보인다. 그러나 식(軾)을 갖추지 않고 완전한 수레가 된 것을 아직 보지 못했다.

　식(軾)아, 나는 네게 이 이름을 지어 주며, 모두가 겉치레에 급급한 세상에서 홀로 진실을 지키려다 세속에 어울리지 못하고 화를 입을까 걱정이다.

【語義】輪輻蓋軫(윤복개진):輪은 수레바퀴, 輻은 바퀴살, 蓋는 수레 덮개, 그리고 軫은 수레의 뒤에 있는 가로나무.　職(직):맡은 일.　軾(식):수레 앞에 있는 횡목(橫木)으로, 수레 위에서 禮를 할 때에 잡는 나무. 수레가 구르는 데에는 아무런 역할을 하지 못하지만, 이것이 없으면 완전한 수레가 될 수 없다.　無所爲(무소위):쓸모가 없음.　吾懼汝之不外飾也(오구여지불외식야):나는 네가 겉을 꾸미지 아니할까 두려워한다. 즉 겉을 꾸미지 않고, 솔직 강의(率直剛毅)한 태도를 취해, 세속의 반감을 사지 않을까 두려워한다는 뜻. 과연 軾은 뒤에, 王安石의 신법을 비방하다가 참소를 입어 流配되었다.

> 天下之車 莫不由轍. 而言車之功 轍不與焉. 雖然車仆馬斃 而
> 患不及轍. 是轍者禍福之間. 轍乎 吾知免矣.

　천하의 수레 가운데, 땅 위에 바퀴 자국[轍]을 남기지 않는 것이 없다. 그
런데도 수레의 공덕(功德)을 논할 때에, 단 한 번이라도 바퀴 자국을 들먹
이는 것을 들은 적이 없고, 또 수레가 엎어지고 말이 죽는 등 사고가 나도,
바퀴 자국이 화(禍)를 입는 것을 한 번도 본 적이 없다. 이처럼 바퀴 자국
은, 복(福)을 입는 일도 없지만 화(禍)를 입는 일도 없어, 화(禍)와 복(福)
의 중간에 있다.

　철(轍)아, 내 깊이 헤아려 그 이름처럼 한평생 화(禍)가 없기를, 혹 있더
라도 쉽게 모면하기를 바라는 마음에서, 네게 이 이름을 지어 준다.

【語義】 轍(철):수레가 지나간 다음 길바닥에 남는 수레바퀴의 자국. 不與
(불여):관계하지 않음. 患不及轍(환불급철):화(禍)가 轍에는 미치지 않
음. 禍福之間(화복지간):禍와 福의 중간. 轍은 수레의 다른 부분처럼
중요한 기능을 담당하여 功을 이루는 일도 없지만, 수레에 사고가 발생
해도 특별히 禍를 입는 일도 없다. 그래서 禍와 福의 中間者라 한 것이
다. 知免(지면):모면하게 될 것을 헤아려 앎. 소순(蘇洵)이 둘째아들을
轍이라 이름한 것은, 그 이름처럼 특별한 功을 세워 福을 받는 일도, 또
특별한 사건에 연루(緣累)되어 禍를 입는 일도 없었으면 하는 마음에서
였는데, 과연 소철(蘇轍)은 아버지의 뜻대로 되었다. 형인 소식(蘇軾)이
죄를 입자 한때 流浪 生活을 했지만, 곧 관직(官職)에 복귀하여 평생 풍
파 없는 생활을 하였다.

【解說】 송(宋)나라 古文家 소순(蘇洵)이 그의 큰아들과 작은아들의 이름

을 각각 식(軾)과 철(轍)이라 이름 지은 이유를 설명한 글이다. 순(洵)의 字는 명윤(明允), 호(號)는 노천(老泉)인데, 洵이 촉(蜀)의 노천(老泉)에서 살았으므로 호를 노천이라 한 것이다. 식(軾)은 송대(宋代)의 문호(文豪) 東坡이고, 철(轍)도 형과 나란히 古文家로서 유명하며, 호는 영빈(穎濱)이다. 父子 세 사람이 모두 당송팔대가(唐宋八大家) 속에 낀다. 父子 세 사람을 삼소(三蘇)라 하고, 형제를 이소(二蘇)라 한다. 이 두 아들의 이름은 모두 수레와 관련이 있다. 식(軾)은 수레 앞에 있는 횡목(橫木)이며, 철(轍)은 수레의 바퀴 자국이다.

소노천(蘇老泉)의 이 〈名二子說〉 역시, 說의 특징인 비유(比喩)·풍유(諷喩)의 재미를 갖추고 있다. 그가 두 아들의 이름을 식(軾)과 철(轍)이라 이름한 것 자체가 이미 교묘한 비유이다. 아버지는 두 아들에게 그와 같이 이름 지어 주면서, 두 아들이 일생 동안 안온 무사(安穩無事)하게 살기를 바랐을 뿐만 아니라, 비록 두드러진 존재는 되지 못한다 하더라도, 없어서는 안 될 존재[軾]나 필요한 존재[轍]가 되어 주기를 바란 것이다. 蘇老泉의 이와 같은 겸허한 처세관(處世觀), 사양하는 듯한 생활 태도를 인생 행로상의 수레에 관련지어 비유한다면, 軾과 轍의 존재가 그것이다. 老泉의 배해적(俳諧的) 취향에 의한 軾과 轍이라는 이름에서는 유머러스한 일면과 함께, 그러면서도 깊은 노장(老莊) 철학적인, 세상사에 통한 깊은 마음을 엿볼 수 있다. 老泉의 이와 같은, 큰아들 軾에 대한 우려와 작은아들 轍에 대한 예측은 그대로 적중했다. 蘇東坡는, 그 강렬한 성격 때문에 왕안석(王安石) 일파와 대립하여 위험에 처했던 일이 있으며, 그로 인해 동생인 轍마저 한때 유랑 생활을 했지만, 轍은 온화 냉정(溫和冷靜)하여 사느냐 죽느냐 하는 위험에 빠진 일이 없었다. 오히려 轍의 상서(上書)로 형의 목숨을 구할 수 있었던 것이다. 심덕잠(沈德潛)은 이 글을 평하여, '두 아들의 성정(性情)이나 재능, 살아가면서 만나는 여러 가지 일이 이미 그 이름에서 결정되었다. 모두 80자밖에 안 되는 글을 읽는데, 도저히 막을 수 없을 것 같은 큰 물결이 세차게 흐르는 듯한 기세(氣勢)를 느끼는 것은 어인 일인가?' 하고 말했다.

가설:소자첨(稼說:蘇子瞻)

> 蓋嘗觀於富人之稼乎. 其田美而多 其食足有餘. 其田美而多
> 則可以更休而地力得完 其食足而有餘 則種之常不後時 而斂
> 之常及其熟. 故富人之稼常美 少秕而多實 久藏而不腐.

　자, 우리 같이 부자(富者)들의 농사짓는 일을 생각해 보세. 기름진 밭
이 많고, 먹을 것이 풍족하여 여유가 있는 부자들의 농사짓는 일 말일세.
　경작하는 밭이 기름지고 많은즉, 한 해 걸러서 아니면 3년에 한 번씩 돌
아가며 땅을 묵힐 수 있어, 땅에는 자연 지력(地力)이 충실해지고, 또 먹을
것이 넉넉하여 여유가 있으니, 언제나 때에 늦지 않게 밭갈이, 씨뿌리기,
풀 뽑기 등 모든 농사일을 할 수 있으며, 추수를 할 때에는 곡식이 완전히
여물기를 기다려 거두어들일 수 있네. 그렇기 때문에 부자들의 농사는 항
상 잘 되어, 수확한 곡식에는 쭉정이가 적고 잘 영근 낟알이 많으며, 오래
도록 저장해도 곡식이 썩지를 않네.

【語義】 蓋嘗觀於富人之稼乎(개상관어부인지가호):시험 삼아 부자들의 농
　사짓는 일을 살펴보자. 蓋~乎는 '어찌~않느냐?'의 뜻. 嘗은 시험하다.
　稼는 농사일. 곡식을 심는 것을 稼라 하고, 거두는 것을 穡(색)이라 한
　다. 斂(렴):추수. 거두어들임. 秕(비):쭉정이. 更休(경휴):비옥한 땅
　을 만들기 위하여, 격년(隔年) 또는 3년에 한 번씩 번갈아 가며 땅을 쉬
　게 하는 것.

今吾十口之家 而共百畝之田 寸寸而取之 日夜以望之. 鋤耰
銍艾 相尋於上者 如魚鱗 而地力竭矣. 種之常不及時 而斂之
常不待其熟. 此豈能復有美稼哉.

지금 내가 열 식구를 거느리고 백 묘(百畝)의 농지를 경작한다고 하세.
먹는 입은 많고 곡물을 거둘 땅은 적으니, 한 치의 땅도 남기지 않고 곡식
을 심어 밤낮으로 바라보며 수확할 날만을 기다릴 걸세. 그뿐인가, 일 년
내내 모두가 밭에 매달려, 호미질, 고무래질, 낫질, 풀베기를 쉴새없이 해
대며, 마치 물고기의 비늘처럼 촘촘하게 밭에 엎드려 잠시라도 밭을 놀려
두지 않을 터이니, 필경 지력(地力)이 바닥나 소출마저 없게 될 것일세. 당
장 먹을 양식도 부족한 판이니 제때에 씨를 뿌리기도 힘들고, 또 주린 배를
채우기 위해 낟알이 여물기도 전에 곡식을 거두어야 할 터이니, 이 어찌 좋
은 수확을 바랄 수 있겠는가.

【語義】 今吾:'가령 지금 내가'의 뜻. 十口之家:10인 家族의 집. 상농(上農)
  을 말함. 중농(中農)은 八口, 빈농(貧農)은 五, 六口. 百畝之田(백묘지
  전):중국 하(夏)·은(殷)·주(周)나라 때의 정전제(井田制)에서, 한 사
  람의 남자가 받던 전지(田地). 사방 십 리의 농지 일정(一井)을 井 字 모
  양으로 100묘씩 아홉으로 나누어, 그 중앙의 100묘는 공전(公田), 주위
  의 800묘는 여덟 가구에 분여(分與)되는 사전(私田)으로 함. 寸寸而取
  之:한 치의 땅도 남기지 않고. 望之(망지):田地를 바라보며 수확(收穫)
  을 고대함. 鋤耰銍艾(서우질예):鋤는 호미, 耰는 흙을 고르거나 씨를
  뿌린 뒤 흙을 덮는 고무래, 銍은 낫, 艾는 풀 베는 일. 相尋於上(상심어
  상):그 위에 서로 차례로 함. 식구는 많고 땅은 적으므로, 잠시도 밭을
  놀리지 않고 1년 중 몇 번씩 경작함을 말한다. 如魚鱗(여어린):물고기

비늘처럼 연이어 있음. 밭을 잠시도 묵혀 두지 않고 쉴새없이 경작함을 뜻한다. 地力竭矣(지력갈의):땅을 묵히지 않고 계속 경작하여, 地力이 떨어져 곡물을 생산할 수 없게 됨.

古之人 其才非有大過今之人也. 其平居所以自養而不敢輕用 以待其成 閔閔焉如嬰兒之望長也. 弱者養之以至於剛 虛者養 之以至於充. 三十而後仕 五十而後爵. 信於久屈之中 而用於 旣足之後 流於旣溢之餘 而發於持滿之末. 此古之君子所以大 過人 而今之君子所以不及也.

옛사람이 지닌 재능이 날 적부터 지금 사람들보다 훨씬 뛰어난 것은 아 닐세. 다만 옛사람은 평소에 자신을 닦고 학문에 힘쓰면서, 가벼이 벼슬길 에 나아가 재능을 써 버리지 않고 자신의 재주와 학문이 완성되기를 기다 림이, 마치 어버이가 갓난아이의 자람을 지켜보듯 조심스러웠을 뿐이라네.

학문이 빈약하면 그것이 견고해질 때까지 밤낮으로 노력하였고, 학문이 아직 덜 차 빈 데가 있으면 그것이 충일해질 때까지 열심히 닦고 길렀네. 그리하여 나이 서른이 되어야 비로소 벼슬길에 나아갔고, 나이 쉰이 되어 야 비로소 작위(爵位)를 받았네. 참으로 오랜 세월을 두고 정진하여, 학문 이 성취되고 재능이 갖추어진 다음에야 그것을 드러내고, 시위를 충분히 당긴 다음 활을 쏘듯, 학문과 재능이 자신 안에 가득 차 겉으로 넘쳐흐를 정도가 되어야 세상에 나왔다네.

이것이 바로, 옛날의 군자(君子)가 범인(凡人)보다 크게 뛰어나게 된 까 닭이요, 또 지금의 군자가 옛 군자에 미치지 못하는 까닭이기도 하네.

【語義】 平居:平常. 無事安居의 뜻. 自養而不敢輕用(자양이불감경용):스

스로 기르며 감히 쓰지 않음. 天下를 다스리는 일에 쓰일 것에 대비하기 위해, 평소에 학문을 닦고 자기 수양에 힘쓰지, 섣불리 벼슬길에 나아가 才能을 써 버리지 않음을 뜻한다. 閔閔焉(민민언):근심하는 모양. 信於久屈之中(신어구굴지중):오래 굽히는 가운데 폄. 信은 伸의 뜻. 학문이 성취되고 재능이 갖추어지기까지 오랜 세월을 참고 노력했다가, 그것을 발휘하는 것을 뜻한다. 用於旣足之後(용어기족지후):충분히 갖추어진 다음에 씀. 流於旣溢之餘(유어기일지여):이미 넘칠 만큼 충분한 다음에 흐름. 학문을 완성하고 재능을 충실하게 갖춘 다음에 그것을 드러낸다는 뜻. 溢은 넘쳐흐른다는 뜻. 發於持滿之末(발어지만지말):시위를 충분히 잡아당긴 다음에 씀. 즉 재주와 학문이 충분히 갖추어진 다음에 그것을 나타냄을 뜻한다.

吾少也有志於學. 不幸而早得 與吾子同年. 吾子之得 亦不可謂不早也. 吾今雖欲自以爲不足 而衆且妄推之. 嗚呼 吾子其去此 而務學也哉. 博學而約取 厚積而薄發. 吾告吾子 止於此矣. 子歸過京師而問焉. 有曰轍子由者. 吾弟也. 其亦以是語之.

나는 일찍부터 학문에 뜻을 두어 그 완성을 보려 하였더니, 불행하게도 스물둘의 젊은 나이에 진사(進士)에 급제(及第)하는 화(禍)를 만나 벼슬길에 나아가게 된 것이 그대와 같은 해라. 그런데 그대가 벼슬길에 나아감도 결코 이르지 않다고는 말할 수 없네. 나는 지금 자신의 부족함을 뼈저리게 느껴, 그것을 보충하고픈 뜻이 간절하건만, 주위에서 나를 억지로 관직에 끌어 앉혀 매어 두니 어쩔 수가 없네.

아, 그러나 자네는 오늘 이곳을 떠나 고향으로 돌아가는 몸. 못다 이룬 학문의 꿈을 성취할 수 있는 더없이 좋은 기회이니 부디 학문에 힘을 쓰게. 널리 배우고 많이 알아서, 그를 요긴하고 정확하게 활용하게. 학문의 공(功)은 두텁게 쌓아 올리고, 재능은 되도록 아껴 쓰게.

　　오늘 우리가 헤어지는데, 내가 자네에게 줄 말은 이것뿐이네. 혹 돌아가는 길에 경사(京師)를 지나거든 철자유(轍子由)를 찾아 주게. 다름 아닌 바로 내 아우일세. 만나거든 부디 자네한테 한 이 말을 그에게도 들려주게나.

【語義】不幸而早得(불행이조득):불행하게도 일찍 얻다. 早得은 일찍이 벼슬길에 오른 것을 말한다. 東坡는 22세에 進士에 급제하였다. 일찍이 벼슬길에 나아갔기 때문에, 학문을 완성할 기회가 없었음을 불행하게 생각하는 것이다.　吾子(오자):君과 같다. 그대, 또는 자네. 여기서는 같은 해에 급제한 장호(張琥)를 가리킨다.　吾今雖欲自以爲不足 而衆且妄推之:나는 비록 자신의 부족함을 채우려 하나, 사람들이 망령되이 나를 밂. 東坡가 자신의 학문을 부족하게 여겨 벼슬을 그만두고 학문을 더 닦고자 하나, 세상 사람들이 자꾸 추천하여 관직에 앉히니 그러지 못한다는 뜻.　博學而約取(박학이약취):널리 학문을 배우고 알아서, 이를 활용할〔取〕때에는 요긴하고 적확하게 씀.　厚積而薄發(후적이박발):두텁게 쌓아 엷게 발휘함. 학문의 功은 두텁게 쌓되, 재능은 되도록 아껴 쓰라는 뜻.　京師:京은 大요, 師는 衆의 뜻이니, 大衆이 모여 사는 곳, 즉 天子의 도읍을 말한다.　轍子由(철자유):轍은 東坡의 아우. 子由는 轍의 字.

【解說】자첨(子瞻)이 그 친구 장호(張琥)와 이별하면서 고향으로 돌아가는 張琥를 격려하기 위해 지은 것으로, 때는 송(宋)나라 인종(仁宗) 황제 가우(嘉祐) 2년(1057) 정유(丁酉), 자첨의 나이 22세 때였다. 가설(稼說)

이란 농사에 관한 설론(說論)이라는 의미이다.

먼저 농작물 경작의 예(例)를 이야기하고, 다음에 사람의 학문과 재능을 기르는 것도 그와 같음을 이야기한다. 그리고 일전(一轉)하여, 자신이나 장호(張琥)나 일찍 급제(及第)하여 천천히 학문을 쌓을 여지가 없었음을 말하고, 장호가 귀향(歸鄕)하는 것은 오히려 자신을 수양하고 학문을 성취할 좋은 기회임을 이야기한다. 소동파(蘇東坡) 자신이 평소에 학문 성취를 위해 얼마나 마음 쓰고 있었느냐를 잘 알 수 있는 글이다.

청(淸)나라 황진(黃震:字는 東發)은 자신의 저서(著書) 《日抄》에서, "東坡는 〈稼說〉에서, '두텁게 쌓아 엷게 발휘한다(厚積而薄發).'고 말하여, 道의 깨우치기 어려움에 대해서 논(論)하고 있는데, 그것은 학문에 힘쓰지 않는 사람을 위해 경고한 것이다. 東坡의 문장은 큰 강의 줄기가 한 번 흘러 천 리를 가는 것 같은 강한 기세를 지니고 있다. 그 큰물이 이리 굽이치고 저리 굽이치면서 흐르는 듯한 문장의 변전(變轉)에 이르러서는 그 묘미(妙味)를 무엇으로도 형용할 수가 없다. 아무리 뛰어난 문장가(文章家)라도 이 이상 쓸 수는 없을 것이다."라고 절찬하고 있다.

참으로 평이하고 솔직한 글인데도, 말 없는 중에 친구나 동생에 대한 애정이 따뜻하게 느껴진다.

애련설:주무숙(愛蓮說:周茂叔)

> 水陸艸木之花 可愛者甚蕃. 晉陶淵明獨愛菊. 自李唐來 世人
> 甚愛牡丹. 予獨愛蓮之出淤泥而不染. 濯清漣而不妖. 中通外
> 直 不蔓不枝. 香遠益淸 亭亭淨植. 可遠觀而不可褻翫焉.

꽃,

물속에서 나는 꽃, 땅 위에서 피는 꽃, 세상에는 사랑할 만한 꽃이 너무
나 많다. 진(晉)나라 도연명(陶淵明)은 유독 국화(菊花)를 사랑했고, 당조
(唐朝) 이래 세상 사람들은 유행처럼 모란(牡丹)을 사랑했다.

그런데 나는, 흙탕 속에서 꽃을 피우되 더러움에 물들지 않는 연(蓮)을
사랑하노니……. 맑은 잔물결에 씻기어도 요염하지 않고, 속은 비어 위아
래가 통한 채 겉은 대쪽같이 꼿꼿하다. 어지러이 덩굴지는 일도 없고, 번
잡하게 가지를 치는 법도 없다. 그 향기 멀수록 더욱 맑고, 언제 보아도 그
모습 물위에 우뚝 깨끗하게 서 있다. 위엄 있는 군자를 우러러보듯 멀리서
바라볼 수는 있어도, 가까이 접근하여 희롱할 수는 없다.

【語義】 蕃(번):원래는 풀이 무성하다는 뜻. 轉하여 많다(多)는 뜻으로 쓰
임. 晉陶淵明獨愛菊(진도연명독애국):晉의 陶淵明은 유독 국화를 사
랑했다. 그의 〈飲酒〉라는 詩에, '동쪽 울타리 밑 국화꽃 따 들고, 유연
히 남산을 바라본다(采菊東籬下 悠然見南山).'라는 구절이 있다. 自李
唐來:唐으로부터 내려오면서. 自는 '~로부터'의 뜻. 李唐이라 한 것은,
唐의 高祖 이연(李淵)의 성(姓)을 딴 것이다. 愛牡丹(애모란):唐 高祖의
皇后 측천무후(則天武后)가 모란을 사랑하여 宮中 곳곳에 모란을 심은
뒤로부터, 上下를 가리지 않고 모란을 사랑하는 것이 유행처럼 되었다

고 한다. 淤泥(어니):진흙. 흙탕. 연꽃이 흙탕 속에서 나왔으면서도 흙 물에 더럽혀지지 않는다는 것은, 군자가 세속에 몸담고 있으면서도 거 기에 물들지 않는 것에 비유된다. 濯淸漣而不妖(탁청련이불요):맑은 잔물결에 씻기어도 요염하지 않음. 티없이 맑고 깨끗하며 겉을 꾸미지 않는 군자의 덕에 비유된다. 中通(중통):속이 통해 있음. 사욕이 없고 사물의 이치에 통달한 군자의 마음에 비유된다. 外直(외직):밖이 곧음. 대쪽같이 곧고 바른 군자의 言行에 비유된다. 不蔓(불만):덩굴지지 않 음. 사사로운 이욕에 끌리지 않아 아첨하지 않는 군자의 태도에 비유된 다. 不枝(부지):가지를 치지 않음. 이것은 군자가 쓸데없는 일을 하지 않음에 비유된다. 香遠益淸(향원익청):향기가 멀리 갈수록 맑아짐. 군 자의 미덕이 날이 갈수록 널리 미치는 것에 비유된다. 亭亭淨植(정정 정식):우뚝 깨끗하게 섬. 군자는 비록 외롭더라도 결백하게 中正의 길 을 가는 것에 비유된다. 不可褻翫(불가설완):만만하게 여겨 함부로 다 루지 못함. 우러러 바라볼 수는 있어도 함부로 할 수는 없는 위엄 있는 군자의 모습에 비유된다. 褻翫의 본디 뜻은 '가까이 두고 완상(玩賞)함.'

> 子謂 菊花之隱逸者也 牡丹花之富貴者也 蓮花之君子者也.
> 噫菊之愛 陶後鮮有聞. 蓮之愛 同子者何人. 牡丹之愛 宜乎
> 衆矣.

나는 이렇게 생각한다.

국화는 모든 꽃이 다 피고 진 뒤 찬 서리를 맞으며 홀로 피니, 속세를 떠 나 은둔(隱遁)하는 선비의 꽃이요,

모란은 화사한 자태를 뽐내며 활짝 웃는 부귀(富貴)의 꽃이며,

연꽃은 흙탕 속에서 피나 더러움에 물들지 않으니, 진정 군자(君子)의

꽃이라고.

　아, 사람마다 부귀공명을 찾아 눈에 핏발을 세우는 혼탁한 세상.

　국화를 사랑한다는 말은 도연명 이후 들어 보지를 못했고, 연꽃을 사랑
함이 나와 같은 자, 그 몇이나 될까.

　그러나 부귀가 좋아 모란을 사랑하는 사람이 많음은 너무나 당연한 일
이겠지…….

【語義】 菊花之隱逸者也(국화지은일자야):국화는 숨어 사는 사람과 같음.
　국화는 모든 꽃이 다 피고 진 뒤 홀로 서리를 맞으며 피므로, 사람에 비
　유하면 속세를 떠나 사는 隱士와 같다는 뜻. 牡丹花之富貴者也(모란화
　지부귀자야):모란은 부귀한 자와 같음. 모란은 꽃 중에서도 매우 화려
　하므로, 부귀한 사람에 비유한 것이다. 蓮花之君子者也(연화지군자자
　야):연꽃은 군자와 같음. 연꽃은 흙탕 속에서 피지만 결코 더러움에 물
　들지 않으므로. 군자라 한 것임. 菊之愛(국지애):국화를 사랑함. 도치
　법(倒置法)을 쓴 문장이다. 之는 강조의 뜻을 나타내는 助詞. 陶後鮮
　有聞(도후선유문):도연명 이후로는 들은 적이 없음. 부귀공명을 찾기에
　급급한 세상이라, 국화를 사랑할 만한 사람, 즉 은둔의 취미를 가질 만
　한 사람이 없다는 뜻. 牡丹之愛 宜乎衆矣(모란지애 의호중의):모란을
　사랑하는 사람은 당연히 많을 것임. 모란은 사치스럽고 부귀를 상징하
　므로, 세속에 물든 사람들이 모두 좋아할 것이라는 뜻. 宜乎衆矣는 其
　衆宜矣의 倒置文.

【解說】 주무숙(周茂叔)은 이 篇에서, 연(蓮)에는 군자 같은 덕(德)이 있으
　므로 다른 어떤 꽃보다 蓮을 사랑한다는 것을 이야기한다. 또 자신이
　蓮을 사랑하는 것을 도연명(陶淵明)이 국화를 사랑한 것과 은근히 비교

하여, 자신의 뜻은 세상 사람들이 호화로운 모란의 부귀스러움을 좋아하는 것과는 다름을 나타내고 있다.

　송(宋)의 황산곡(黃山谷)은 주무숙(周茂叔)을 평(評)하여, '周茂叔의 인품은 매우 고결하다. 어떤 것에도 구애되지 않는 그의 마음은, 비가 말끔히 갠 뒤의 찬란한 햇빛이나 맑게 갠 밤하늘의 투명한 달빛 같다.'고 했다. 〈愛蓮說〉에는 그와 같은 작자의 고결한 사상이 연꽃의 생태(生態)를 빌어 표현되어 있다. 송대(宋代) 도학(道學)의 할아버지라 일컬어지는 작자는, 과연 자연물(自然物)을 바라보는 경우에도 도리(道理)와 도덕(道德)을 생각하는 것이었다. 그의 눈에는 연꽃이 군자의 덕을 모두 갖춘, 이른바 꽃의 군자로서 비친 것이다. 그 같은 연꽃을 불교도는 정토(淨土)의 꽃으로 보았으며, 당(唐)의 현종(玄宗) 황제는 양귀비의 얼굴로 보았다. 이와 같이 보는 사람의 마음에 따라서 달리 보이긴 했으나, 아름답고 맑은 이 꽃은 예로부터 많은 사람들의 사랑을 받아 왔다. 그러나 이 꽃을 군자로 보아 주무숙(周茂叔)만큼 사랑한 사람은 없을 것이다.

　간결한 문장이지만 여정(餘情)이 있다. 비유(比喩)의 교묘함은 說의 특징이거니와, 이 점 앞에서 나온 네 가지 說文과 같다.

권지 2(卷之二)

해류(解類)

《文體明辯》에, '자전(字典)에, 해(解)는 석(釋)이라고 했다. 의심스러운 점이 있으면 그것을 해석하는 것이다. 양웅(揚雄)이 처음으로 해조(解嘲)를 지어 세상 사람들이 이것을 본떴다.'고 씌어 있다. 해조(解嘲)란 양웅이 《易經》을 본떠 《太玄經》을 초(草)하고 있을 무렵에, 어떤 사람이 현묘(玄妙)한 道를 이야기하면서 아직 그(揚雄)의 덕이 얕고 속됨을 조소(嘲笑)한 데에 대하여 변해(辯解)한 설론체(設論體)의 글로, 본래 동방삭(東方朔)의 〈答客難〉을 본뜬 일종의 해학적이며 배해적(俳諧的)인 문장이다. 한퇴지(韓退之)는 양웅의 이 문장을 본떠 〈獲麟解〉와 〈進學解〉를 지었다.

획린해:한퇴지(獲麟解:韓退之)

麟之爲靈昭昭也. 詠於詩 書於春秋 雜出於傳記百家之書. 雖
婦人小子 皆知其爲祥也.

기린(麒麟)이 신령스러운 짐승〔靈獸〕이라는 것은 세상이 다 아는 사실
이다.

일찍이 《詩經》에서도 읊었고, 《春秋》에도 기린에 관한 사실(史實)이 기
록되어 있으며, 그밖에 옛날의 일을 기술한 전기(傳記)나 제자백가(諸子百
家)의 글 가운데에도 심심찮게 나온다. 그래서 기린이라고 하면, 부인네들
과 어린아이들에 이르기까지, 그것이 상서로운 짐승이라는 것을 모르는 사
람은 아무도 없다.

【語義】 麟:기린. 수컷을 麒라 하고, 암컷을 麟이라 한다. 거북〔龜〕·용
(龍)·봉황(鳳凰)과 함께 신령스러운 짐승으로 꼽힌다. 흔히 聖人의 출
현을 알리는 동물로, 생물(生物)을 먹지 않고 산 풀을 밟지 않는 인수(仁
獸)라 함. 昭昭(소소):밝게 앎. 詠於詩(영어시):《詩經》에서 읊음. 《詩
經》 국풍편(國風篇) 〈麟之趾〉라는 詩. '기린의 발, 제후의 훌륭한 아들
들은 모두 기린이로세(麟之趾 振振公子 于嗟麟兮). 기린의 이마, 제후
의 훌륭한 자손들은 모두 기린이로세(麟之定 振振公姓 于嗟麟兮). 기린
의 뿔, 제후의 훌륭한 일가들은 모두 기린이로세(麟之角 振振公族 于嗟
麟兮).' 書於春秋(서어춘추):《春秋》에 씌어 있음. 《春秋》에, '哀公 14년
봄, 서쪽으로 사냥을 나가 기린을 얻다(十有四年春西狩獲麟).'라고 되어
있다. 雜出(잡출):이 책 저 책에 두루두루 나오는 것을 말함. 傳記百家
(전기백가):傳記는 六經 이외의 책으로, 옛날의 일을 기술한 책. 百家는

諸子百家를 말함. 春秋·戰國時代의 經書 이외의 제가(諸家)의 論說書.

> 然麟之爲物 不畜於家 不恆有於天下. 其爲形也不類. 非若馬
> 牛犬豕豺狼麋鹿然. 然則雖有麟 不可知其爲麟也.

그런데 기린은 가축처럼 집에서 기르는 짐승도 아니며, 또 아무 때에나
세상에 나타나는 것도 아니다. 더욱이 그 모양 됨이, 말, 소, 개, 돼지, 승
냥이, 이리, 고라니, 사슴 등 우리가 흔히 볼 수 있는 짐승들과는 전혀 다
르다. 그런즉 사람들은 그런 기린이 나타난다 하더라도, 그것이 기린임을
알 수가 없는 것이다.

【義義】麟之爲物(인지위물):기린이라고 하는 동물은. 畜(축):가축으로 기
　　름. 不恆有(불항유):늘 있지는 않음. 기린은 원래 聖人이 나타날 때에
　　만 나타난다. 豺(시):승냥이. 狼(랑):이리. 麋(미):고라니. 鹿(록):
　　사슴.

> 角者吾知其爲牛. 鬣者吾知其爲馬. 犬豕豺狼麋鹿 吾知其爲
> 犬豕豺狼麋鹿. 惟麟也不可知. 不可知 則其謂之不祥也亦宜.

뿔이 있는 짐승을 보면, 나는 그것이 소임을 안다. 갈기가 길게 늘어진
짐승을 보면, 그것이 말임을 안다. 또 개, 돼지, 승냥이, 이리, 고라니, 사
슴 등, 나는 그것들이 개, 돼지, 승냥이, 이리, 고라니, 사슴임을 안다. 그
런데 오직 하나, 기린만은 세상에 자주 나타나지도 않은 데다가 본 적 또
한 없어, 나타나더라도 그것이 기린임을 알아볼 수가 없다. 그런즉 기린
을 보고도 그것을 상서롭지 못한 짐승이라 해도 조금도 이상할 것이 없다.

【語義】 鬣(렵):말갈기. 惟(유):오직. 其謂之不祥也亦宜(기위지불상야역
의):그것을 상서롭지 못한 것이라고 말해도 조금도 이상하지 않음. 기
린이 어떻게 생긴 것인지를 잘 모르므로, 기린을 보고도 상서롭지 못한
것이라 해도 이상할 것이 없다는 뜻.

雖然麟之出 必有聖人在乎位. 麟爲聖人出也. 聖人者必知麟.
麟之果不爲不祥也.

그러나 기린은 반드시 성인이 위(位)에 계실 때 나온다. 고대(古代)의
복희(伏羲)·신농(神農)·황제(黃帝)·요(堯)·순(舜) 등 오제(五帝) 때와,
하(夏)·은(殷)·주(周) 3대의 성왕(聖王)인 우(禹)·탕(湯)·문왕(文王) 때
에 기린이 나타난 것을 보면 잘 알 수 있다. 즉 기린은 성인의 출현을 기리
기 위하여 나타나는 것이다.
또 성인은 반드시 기린을 알아본다. 춘추(春秋) 시대에 기린이 나타났는
데, 아무도 그것이 기린임을 알지 못하고, 상서롭지 못한 일로 생각했으나,
공자께서만은 그것이 기린임을 분명히 알아보셨다.
그때 기린이 나타난 것은 성인 공자의 출현을 기리기 위한 것이니, 누가
기린을 상서롭지 못한 짐승이라 할 수 있겠는가.

【語義】 麟之出 必有聖人在乎位:기린은 반드시 성인이 위(位)에 계실 때
에 나옴. 伏羲·神農·黃帝·堯·舜의 五帝 때와 禹·湯·文王의 三王
때에 기린이 도성 밖 숲 속에 나타났다고 한다. 聖人者必知麟:성인은
반드시 기린을 알아봄. 춘추시대에 기린이 나타났는데, 노(魯)나라 사
람들은 그것을 알아보지 못하고 상서롭지 못한 것이라고 하였으나, 孔
子만은 그것이 기린임을 알았다고 한다. 그때 기린의 나타남은, 聖人 孔

子의 출현을 기리기 위한 것이었다 한다.

> 又曰 麟之所以爲麟者 以德不以形. 若麟之出 不待聖人 則其
> 謂之不祥也亦宜.

또 말하노니, 기린이 기린이라 불리는 까닭은 그 어진 덕 때문이지 결코
생김새가 유별나기 때문은 아니다. 만약 옛날의 오제(五帝) 삼왕(三王)과
같은 성왕(聖王)도 없고 공자와 같은 성인도 없는데 기린이 나타났다고 하
면, 이는 필경 기린의 덕(德)이 쇠해 버린 탓이니, 그때에는 기린을 상서롭
지 못한 동물이라 해도 조금도 그릇된 것이 아니다.

【語義】 以德不以形(이덕불이형):덕 때문이지 생김새 때문은 아님. 기린을
　　기린이라 하는 것은, 생물(生物)을 먹지 않고 산 풀을 밟지 않는 어진
　　德이 있기 때문이지, 단지 다른 동물과 그 생김새가 다르기 때문은 아
　　니라는 뜻이다.　若麟之出……(약린지출……):성인이 나지도 않았는데
　　기린이 나타난다면, 이것을 상서롭지 못한 것이라고 말해도 당연하다.

【解說】《春秋》에, '노(魯)의 哀公 14년 봄, 서쪽에서 사냥하다가 기린을 잡
　　았다.'고 씌어 있다. 노(魯)나라 수도의 서쪽에 있는 대야(大野)라는 곳
　　에서 사냥하다가, 뿔이 하나 있는 짐승을 쏘아 잡은 것이다. 사람들은
　　그것을 상서롭지 못한 짐승이라 하여 우인(虞人:수렵지나 산림을 관리
　　하는 사람)에게 주었다. 공자(孔子)는 그것을 보고 기린이라고 했다.
　　기린은 인수(仁獸)로, 성인(聖人)이 위(位)에 있을 때에만 나타나는 것
　　인데 이러한 때에 나타났다가 잡힌 것이다. 그래서 공자는 왕도(王道)
　　가 쇠하여 도(道)가 행해지지 않으리라고 생각하여,《春秋》를 저술, 노

(魯)나라 은공(隱公) 원년(元年)부터 애공(哀公) 14년까지 242년간의 일을 기술하고, 獲麟이라는 곳에서 붓을 놓았다. 한퇴지(韓退之)는 이 獲麟의 의미를 배해적(俳諧的)인 문장으로 해설했지만, 道가 행해지지 않는 어두운 세상에 나타났다가 상처를 입고 잡혀 상서롭지 못한 짐승으로 취급받은 기린을 자기 자신에 비유하여, 자신의 감개(感慨)를 서술한 것이라 할 수 있다.

청(淸)나라 황진(黃震)은 자신의 저서(著書) 《日抄》 五十九에서,

"退之는 〈獲麟解〉에서, '기린은 상서로운 짐승이지만, 나타날 때가 아닌 때에 나타나면, 사람들은 기린을 상서롭지 않은 짐승이라 할 것이다.'라고 했다. 그는 나타날 때가 아닌 때에 나타난 기린을 자신에 비유하여, 직설(直說)하지 않고, 문법(文法:문장 만드는 법)의 묘(妙)를 이루고 있다."고 했다.

사첩산(謝疊山)은 〈獲麟解〉를 평하여, "이 篇의 글자 수(數)는 180여 字밖에 안 되지만, 많은 전환(轉換)과 변화가 있다. 만약 이 문장을 숙독(熟讀)한다면, 문장 쓰는 법이 원활(圓滑)해지고, 자신의 견해를 논(論)할 수 있게 될 것이다."라고 했다.

진학해:한퇴지(進學解:韓退之)

> 國子先生 晨入大學 招諸生立館下 誨之曰 業精于勤 荒于嬉.
> 行成于思 毀于隨. 方今聖賢相逢 治具畢張 拔去兇邪 登崇俊
> 良. 占小善者 率以錄 名一藝者 無不庸. 爬羅剔抉 刮垢磨光.
> 蓋有幸而獲選 孰云多而不揚. 諸生 業患不能精. 無患有司之
> 不明. 行患不能成. 無患有司之不公.

국자(國子) 선생이 아침 일찍 대학(大學)에 나오시어 모든 학생을 관(館) 아래에 정렬시킨 다음, 이렇게 가르쳐 말씀하셨다.

"학업(學業)이란 부지런히 해야 정밀해지고, 놀기에 힘쓰면 거칠어진다. 품행(品行)은 깊이 생각하는 데에서 이루어지고, 자기 마음 내키는 대로 하는 데에서 허물어진다.

바야흐로 세상은, 성천자(聖天子)의 높은 덕을 어진 재상(宰相)이 받들어 펴는 때, 정치의 바른 법도가 두루 미쳐, 사악하고 흉악한 무리들이 여지 없이 뽑혀 제거되고, 빼어난 인재들은 모두 등용되어 귀히 대접받고 있다. 조그마한 선행(善行)이라도 있는 자는 빠짐없이 기록되고, 한 가지 재주라도 지녀 이름을 얻은 자로서 쓰이지 않는 자는 하나도 없다.

이처럼 손톱으로 긁어내고 그물로 새를 잡듯이 인재를 구하고, 칼로 뼈와 살을 도려내듯 악인을 제거하며, 사람의 결점을 바로잡고 재주를 빛나게 한다. 혹 개중에는 무능한 사람이 요행으로 등용되는 일도 있지만, 재능이 있고서 기용되지 않는 일이 있는 어두운 세상이라고 누가 말할 수 있겠는가. 재능만 있으면 누구나 다 높이 기용되는 세상인 것이다.

제군들, 자신의 학문이 정밀하게 닦이지 않는 것을 걱정해야지, 조금이라도 조정 관리의 인물 보는 눈이 밝지나 않을까 하는 것을 걱정해서는 안 된다. 품행을 단정히 갖추지 못하게 됨을 걱정해야지, 나라에서 행하는 인물 기용이 공평치 못할까를 걱정해서는 안 된다."

【語義】國子先生:韓退之 자신을 가리키는 말. 退之는 元和 7년(812)에 국자박사(國子博士)가 되었다. 당시 귀족의 자제, 또는 민간의 수재들을 모아 가르치는 대학을 국자감(國子監)이라 하고, 여기에서 강론하는 사람을 博士라 하였다. 박사란 관명(官名)으로, 지금의 교수(敎授)와 같은 것이다. 大學:太學. 옛날 중국의 최고 학부로서 국립대학. 荒于嬉(황우희):놀기만 하면 학문이 거칠어짐. 毁于隨(훼우수):멋대로 하고 싶은 대로 하면 헐어짐. 方今:지금. 聖賢(성현):聖天子와 현재상(賢宰相). 당시의 天子는 헌종(憲宗), 宰相은 황보박(皇甫鎛), 이봉길(李逢吉) 등. 治具(치구):나라를 다스리는 도구, 즉 法令. 登崇俊良(등숭준량):뛰어난 재주를 지닌 인물을 높은 지위에 올려 귀히 여김. 占:持와 같음. 名一藝者(명일예자):한 가지 기예로라도 이름이 난 사람. 庸(용):用과 같음. 爬羅(파라):숨은 인재까지 샅샅이 찾아내어 남김없이 등용함. 爬는 손톱으로 긁어내는 것이며, 羅는 그물로 새를 잡는 것. 剔抉(척결):뼈와 살을 도려내고 잘라내는 것. 즉 악인을 하나도 남기지 않고 제거함. 刮垢磨光(괄구마광):때를 깎고 광채를 냄. 사람의 결점을 고치고 장점을 발휘하게 함을 뜻한다. 有司(유사):宰相, 또는 인선(人選)을 맡은 관리.

言未旣 有笑于列者曰 先生欺予哉. 弟子事先生 于玆有年矣. 先生口不絕吟於六藝之文. 手不停披於百家之編. 記事者必提其要 纂言者必鉤其玄. 貪多務得 細大不捐. 焚膏油以繼晷 恆兀兀以窮年. 先生之業 可謂勤矣.

선생의 말이 채 끝나지 않았는데, 줄 가운데에서 한 학생이 웃으며 말했다.

"선생님께서는 저희들로 하여금 학업에만 정진토록 하기 위해, 사실을 숨기고 계십니다.

저희들이 선생님을 섬긴 지 벌써 여러 해가 됩니다. 그동안 선생님의 입에선 육경(六經)의 문장을 외는 소리가 끊인 적이 없었으며, 손에는 단 한 시라도 백가(百家)의 책이 들려 있지 않은 적이 없었습니다. 그리고 사실(事實)을 기록할 때에는 반드시 요체(要諦)를 잡으셨고, 언설(言說)을 모아 편찬하실 때에는 반드시 심오한 원리와 현묘한 사상을 끌어내셨습니다. 항상 많이 읽기를 탐(貪)하고 널리 배우기에 힘쓰셔, 크고 작고 간에 어느 한 가지도 소홀히 버리는 것이 없으셨습니다. 해가 지면 기름을 태워 등불을 밝히면서 밤낮을 가리지 않고 독서를 하셨으며, 항상 한결같은 자세로 해〔年〕를 보내셨습니다. 참으로 선생님께서 기울이신 학문의 뜻이야말로, 더할 나위 없이 근면한 것이었다고 말할 수 있습니다."

【語義】旣(기):진(盡), 또는 종(終)과 같다. 六藝:詩·書·易·春秋·禮·樂의 六經. 百家之編(백가지편):春秋 時代에 여러 학파의 학자들이 저술한 책. 周代의 유가(儒家) 이외의 학자를 제자백가(諸子百家)라 한다. 記事者(기사자):사실을 기록하는 것. 纂言者(찬언자):말을 모아 편찬하는 일. 鉤(구):끌어냄. 玄:현묘(玄妙)하고 심오한 사상. 不捐(불연):버리지 않음. 焚膏油以繼晷(분고유이계구):기름을 태워 낮을 잇다. 晷는 日光. 밝은 낮뿐만 아니라, 밤에도 등불을 켜고 공부를 한다는 뜻. 兀兀(올올):힘써 쉬지 않음.

抵排異端 攘斥佛老 補苴罅漏 張皇幽眇. 尋墜緒之茫茫 獨
旁搜而遠紹. 障百川而東之 廻狂瀾於旣倒. 先生之於儒 可謂
勞矣.

"선생님께서는, 세상인심을 어지럽히는 백가(百家)의 이단사설(異端邪
說)을 여지없이 격파하시고, 부처와 노자(老子)의 사상을 배척하시는 한편,
유학의 미흡한 점을 찾아 이를 보완하셨으며, 깊고 오묘하여 알기 어려운
성인의 도(道)를 환히 밝히셨습니다.

맹자(孟子) 이후 그 계통이 끊어져 쇠퇴해질 대로 쇠퇴해진 유도(儒道)의
명맥을 찾고자, 홀로 백방으로 공자(孔子)의 덕을 살피고 아득히 먼 옛 맹자
의 뒤를 이으셨습니다. 또 어지러이 흐르는 백 갈래의 물줄기를 막아 이를 모
두 동으로 흐르게 하듯, 세상을 마구 휩쓸던 백가(百家)의 숱한 잡설(雜說)
을 막아 정통 유교가 다시 세상의 큰 물줄기가 되도록 하셨으며, 미친 듯
거세게 일어난 백가(百家)의 이단사설(異端邪說)에 밀려 되살릴 수 없으리
만큼 피폐해진 유도(儒道)를 다시 회복시키셨습니다. 이처럼 선생님께서는
유교의 진흥을 위하여 참으로 많은 노고를 기울이셨습니다.

【語義】 抵排異端(저배이단):이단을 배척함. 異端이라 함은 儒教와 다른 사
상, 즉 老子·墨子 등 諸子百家를 일컫는 말이다. 攘斥(양척):떨쳐서
물리침. 補苴罅漏(보저하루):틈과 물이 새는 곳을 보완함. 聖人 孔子의
道인 儒教에 결점이 있으면, 그를 보충하고 감싸 준다는 뜻. 張皇幽眇
(장황유묘):깊고 오묘한 것을 벌려서 크게 확대함. 尋墜緒之茫茫(심추
서지망망):땅에 떨어져 희미해진 儒家의 道를 찾아. 땅에 떨어져 희미
해졌다는 것은, 孟子 이후 孔子의 道가 쇠퇴한 사실을 말하는데, 韓退
之는 儒家의 바른 道를 부흥시키기 위해 매우 애쓴 사람이다. 獨旁搜

而遠紹(독방수이원소): 홀로 널리 찾아, 먼 것을 계승함. 韓退之가 천여 년 전의 孟子의 계통을 이어받은 것을 뜻한다. 障百川而東之(장백천이동지): 백 갈래의 내를 막고, 이것을 동쪽으로 흐르게 함. 百川은 諸子百家를, 東쪽은 儒敎를 뜻한다. 즉 諸子百家의 이단사설(異端邪說)을 격파하고, 세상의 가치관을 儒家의 것으로 바꾸어 놓았다는 뜻. 中國의 地形은, 西와 北이 높고 東과 南이 낮다. 따라서 모든 물은 東이나 南으로 흐르는 것이 정상이다. 儒敎를 東으로 흐르는 물줄기에 비유하고, 諸子百家의 異端邪說을 順理를 거스르는 물줄기에 비유한 것이다. 廻狂瀾於旣倒(회광란어기도): 미친 물결에 의해 이미 엎어진 것을 다시 본디대로 회복시킴. 百家의 說이 크게 힘을 떨쳐 儒道가 쇠미해졌는데, 韓退之가 이를 다시 회복시켰다는 뜻. 狂瀾은 큰 파도, 즉 異端邪說이 크게 盛行함에 비유한 것. 旣倒는 이미 무너진 것. 즉 儒道의 추락(墜落).

沈浸醲郁 含英咀華 作爲文章 其書滿家. 上規姚姒渾渾無涯 周誥殷盤 佶屈聱牙 春秋謹嚴 左氏浮誇 易奇而法 詩正而葩. 下逮莊騷 太史所錄 子雲相如 同工異曲. 先生之於文 可謂閎其中 而肆其外.

"선생님께서는 짙고 향기 높은 술맛에 빠져들듯, 꽃망울을 입에 물고 꽃잎을 씹어 맛을 보듯, 격조 높은 문장(文章)의 깊은 묘미를 남김없이 음미하여 글을 지으셨고, 집안을 그와 같은 문장으로 가득 차게 하셨습니다.

선생님의 문장은 위로는, 《書經》에 실린 〈요전(堯典)〉·〈순전(舜典)〉·〈우공(禹貢)〉의 소박하고 함축 있는 문장, 주대(周代)의 〈대고(大誥)〉·〈강고(康誥)〉·〈반경(盤庚)〉 등 읽기 어렵고 이해하기 힘든 문장, 일언일구(一言一句)마다 정사 선악(正邪善惡)을 논하여 더없이 근엄하고 추상(秋霜) 같

은《春秋》의 문장, 좌구명(左丘明)이 엮은《左氏傳》의 현란하고 과장적인
문장, 천지 음양(陰陽)의 도리를 술(述)하고 64卦 384爻의 묘리(妙理)를
밝힌《易經》의 기묘하고 심오한 문장, 꽃처럼 아름다운 글에 중정(中正)
한 사상을 실은《詩經》의 문장을 모범 삼았습니다. 그리고 아래로는, 무위
자연(無爲自然)을 설(說)한 장주(莊周)의 명문(名文)《莊子》, 애국 시인 굴원
(屈原)의 갸륵한 충정(忠情)이 넘쳐흐르는〈이소(離騷)〉, 한(漢) 태사공(太
史公)의《史記》, 전한(前漢)의 부(賦)의 대가 양웅(揚雄)과 사마상여(司馬
相如)의 문학에까지 미쳐, 지으신 글마다 취의(趣意)는 달라도 그 빼어남
은 한결같았습니다.

　선생님의 문장은, 그 담긴 뜻이 한없이 깊고 너르며, 그 표현은 막힘이
없이 자유자재합니다."

【語義】沈浸醲郁(침침농욱):沈浸은 푹 젖는 것, 醲郁은 술의 향기가 높고
　　그으윽한 것. 즉 문장이 매우 훌륭하다는 뜻이다. 含英咀華(함영저화):
　　꽃망울을 입에 물고, 꽃잎을 씹어 맛을 봄. 문장의 妙味를 잘 음미하여
　　감상하는 것에 비유한 것. 規姚姒(규요사):《書經》에 있는〈堯典〉·〈舜
　　典〉·〈禹貢〉등의 문장을 모범삼다. 姚는 舜임금의 姓, 姒는 禹임금의
　　姓. 渾渾無涯(혼혼무애):깊고 넓어 끝이 없음. 즉 기교를 부리지 않고
　　소박한 그대로여서, 함축이 있고 헤아리기 어려움. 周誥殷盤(주고은
　　반):周誥는《書經》周書 가운데에 있는〈大誥〉와〈康誥〉, 殷盤은《書經》
　　商書 가운데에 있는〈盤庚〉을 가리킨다. 〈大誥〉는 武王의 아들 成王이
　　폭군 주(紂)의 아들 무경(武庚)을 칠 때, 반드시 쳐야 할 그 이유를 周
　　公이 王을 대신하여 백성들에게 고한 글이며,〈康誥〉는 成王의 숙부(叔
　　父)인 강숙(康叔)을 위(衛)의 제후로 봉하면서 周公이 成王을 대신하여
　　한 교훈이다. 〈盤庚〉은 殷의 17代 天子 반경(盤庚)이 도읍을 박(亳)으로

옮길 때, 그 이유를 백성들에게 고한 글이다. 佶屈聱牙(길굴오아):문장이 읽기 어렵고 이해하기 어려움. 佶屈은 막혀 나아가지 못하는 것, 聱牙는 이가 서로 맞지 않음. 즉 읽기 어렵다는 뜻. 春秋謹嚴(춘추근엄):《春秋》의 근엄함.《春秋》는 魯나라의 은공(隱公) 1년(B.C. 722)에서 哀公 14년(B.C 481)까지 12대 242년 동안의 사적(事跡)을 魯나라의 史官이 편년체(編年體)로 기록한 것을, 孔子가 윤리적 입장에서 비판 수정을 가하고 정사 선악(正邪善惡)의 평가를 내린 역사책. 謹嚴하다고 한 것은, 문장의 一言一句에도 正邪善惡을 밝히는 추상(秋霜) 같은 뜻이 담겨져 있기 때문이다. 左氏浮誇(좌씨부과):《左氏傳》의 사치스럽고 과장됨.《左氏傳》은《春秋》의 해석서로서 모두 30권으로 되어 있다. 그 저자는 좌구명(左丘明)이라 전해지는데, 문장이 퍽 사치스럽고 과장되었다. 易奇而法(역기이법):《周易》의 기묘하면서도 바른 법칙. 詩正而葩(시정이파):《詩經》의 바르고 아름다운 것. 葩는 꽃잎, 즉 詩句의 아름다움을 뜻한다.《詩經》은 孔子가 殷代부터 춘추시대까지의 詩 3천여 편 중에서 311편을 골라 편찬한 것. 그 사상은, 즐겁되 음란하지 않고 슬프되 감상적이 아니어서, 매우 중정(中正)하다. 逮(태):及과 같음. 미치다. 莊騷(장소):《莊子》와 〈離騷〉.《莊子》는 周代의 莊周가 지은 책. 無爲自然을 주장하는 老子의 思想을 이어받았는데, 우언(寓言)과 名文章이 많다. 〈離騷〉는 楚나라의 애국 詩人 屈原이 참소를 당해 長沙로 귀양 가 지은 장편의 賦. 情感이 깊으며 문학적 향기가 높은 장편의 抒情詩이다. 太史所錄(태사소록):漢의 太史公 사마천(司馬遷)이 지은《史記》.《史記》는 司馬遷이 黃帝로부터 漢나라 武帝까지 역대 왕조의 史蹟을 기전체(紀傳體)로 엮은 130권의 역사책. 전설이나 기록 외에 널리 여행하여 史料를 수집하여 만든 책으로, 史書로서뿐만 아니라 문학적으로도 높이 평가되며, 중국 正史와 紀傳體의 남상(濫觴:사물의 시초)이라 일컬어진

다. 子雲相如(자운상여):양웅(揚雄)과 사마상여(司馬相如). 揚雄은 한
대(漢代)의 大儒로서 賦의 大家. 子雲은 그의 字. 司馬相如는 漢代의 文
學家로 賦를 잘 지었다. 同工異曲(동공이곡):工은 같이하면서 曲을 달
리함. 工은 詩文에 대한 재주의 교묘함을 말하고, 曲은 문장의 취지(趣
旨)를 뜻한다. 즉 詩文의 취지는 달라도 그 재주의 교묘함은 같다는 뜻.
閎其中(굉기중):그 중심이 넓음. 中은 詩文의 思想, 內容을 뜻함. 곧 詩
文의 思想, 內容이 크고 너르다는 뜻. 肆其外(사기외):그 밖은 자유로
움. 外는 詩文의 表現形式, 肆는 막히지 않고 자유로이 표현하는 것. 즉
문장의 사구(辭句)를 자유자재로 구사(驅使)하는 것을 뜻한다.

少始知學 勇於敢爲 長通於方 左右其宜. 先生之於爲人 可謂
成矣.

"선생님께서는 어려서부터 학문에 힘써 배움의 바른 뜻을 깨달아 배운
것을 하나하나 과감히 행동으로 옮기셨고, 성장하셔서는 바른 도리에 통
하여 세상 어디에서 무슨 일을 하든 조금도 도리에 어긋나는 법이 없으십
니다.
참으로 선생님이야말로 완성을 이루신 분이라 하겠습니다."

【語義】 敢爲(감위):결행(決行), 또는 감행(敢行)의 뜻. 즉 배운 것을 용감
하게 실행하는 것. 方:方正. 바른 道理. 左右其宜(좌우기의):전후좌우
어느 모로나 도리에 어긋남이 없음. 成:완전히 이룸.

然而公不見信於人 私不見助於友. 跋前躓後 動輒得咎. 暫爲
御史 遂竄南夷 三爲博士 冗不見治. 命與仇謀 取敗幾時. 冬
暖而兒號寒 年登而妻啼飢 頭童齒豁 竟死何裨. 不知慮此 反
敎人爲.

"선생님께서는 이처럼 학문과 덕행이 훌륭하심에도, 공적(公的)으로는
사람들에게서 신임을 받지 못하고, 사적(私的)으로는 어느 벗에게서도 도
움을 받지 못하고 계십니다.

《詩經》〈낭발(狼跋)〉의, '늙은 이리, 앞으로 나아가려 하니 제 턱밑에
늘어진 살을 밟아 넘어지게 되고, 물러서려 하니 제 꼬리에 걸려 넘어지
네······.'라고 한 문구처럼, 움직이셨다 하면 얻는 것은 허물뿐입니다.

잠시 관리들의 비행(非行)을 다스리는 어사(御史)의 중책을 맡으신 일이 계
셨지만, 천자께 올린 글이 화(禍)가 되어 멀리 남쪽 오랑캐 땅으로 유배(流
配)되셨고, 그 후로 세 번 박사(博士)가 되셨지만, 박사란 원래 정치에 관
여할 수 없는 직책이라 선생님께서는 품은 뜻을 펼 기회가 없으셨습니다.

선생님의 팔자는 마치 운명과 원수가 한통속이 된 듯 비색(否塞)하니, 그
로 인해 실패를 거듭함이 그 몇 번이셨습니까?

겨울이 아무리 따뜻해도 선생님의 자제들은 춥다 울부짖었고, 해마다 든
풍년에 격양가(擊壤歌) 드높아도 부인께서는 굶주림에 우셨습니다.

비운(悲運) 속에 젊은 세월 다 보내시고, 이제는 늙어 머리는 벗겨지고
남은 이〔齒〕몇 개 안 되니, 이대로 세상을 하직하신다면 세상에 무슨 보
탬이 되겠습니까? 그런데도 선생님께서는 그런 것은 조금도 걱정하지 않
으시고, 저희들이 학문 성취에 게으름을 피우지나 않을까 그것을 걱정하
고 계십니다."

【語義】 跋前疐後(발전치후):《詩經》國風篇 〈狼跋〉이라는 詩에 나오는 내
용. 늙은 이리가 앞으로 나아가려 하면 턱밑에 늘어진 살을 밟게 되어
넘어지게 되고, 뒤로 물러서려 하면 꼬리에 걸려 넘어진다는 뜻. 즉 진
퇴양난(進退兩難)의 곤경에 빠졌음을 뜻한다. 動輒得咎(동첩득구):움
직인즉 허물을 얻음. 걸핏하면 남의 비방을 듣게 된다는 뜻. 御史(어
사):감찰어사(監察御史). 관리들의 비위(非違)를 다스리는 벼슬. 竄南
夷(찬남이):남쪽 오랑캐의 땅으로 유배됨. 한유(韓愈)는 御史가 된 지 1
년도 못 되어 政治를 論하여 글을 올렸는데, 이것이 덕종(德宗)의 노여
움을 사 연주(連州)에 유배된 적이 있다. 冗不見治(용불견치):한가한
직책이라 정치에 참여할 기회가 없었음. 冗은 용관(冗官), 즉 중요하지
않은 벼슬자리. 命與仇謀(명여구모):운명이 원수와 한패가 되어 모의
함. 즉 運이 막혀 제대로 되는 일이 없다는 뜻. 登(등):풍년이 듦. 頭
童齒豁(두동치활):머리는 벗어지고 이는 빠져 엉성함. 童은 산에 나무
가 없는 것. 豁은 비어 공허한 것.

先生曰 吁 子來前. 夫大木爲宋 細木爲桷 欂櫨侏儒椳闑扂
楔 各得其宜 以成室屋者 匠氏之功也. 玉札丹砂 赤箭靑芝 牛
溲馬勃 敗鼓之皮 俱收竝蓄 待用無遺者 醫師之良也. 登明選
公 雜進巧拙 紆餘爲姸 卓犖爲傑 校短量長 惟器是適者 宰相
之方也.

학생의 말을 다 듣고 난 선생이 탄식하며 말했다.

"아, 자네, 앞으로 나오게. 내 자세히 가르쳐 주지.

무릇 큰 나무는 대들보로 쓰고 작은 나무는 서까래로 쓰며, 그밖의 두공
(枓栱), 대들보 위에 세우는 짧은 기둥, 문지도리, 문지방, 빗장, 문설주 등

각각 그에 알맞은 재목을 사용하여 집을 짓는 것은 목공(木工)의 공(功)이라 할 수 있다. 또 옥찰(玉札), 단사(丹砂) 등의 귀한 약 재료와 적전(赤箭), 영지(靈芝) 등의 값비싼 약초는 물론 소 오줌, 말똥, 못쓰게 된 북 가죽 등의 하찮은 것까지 그 쓸 때를 대비하여 골고루 갖추어 두었다가, 병에 따라 그것들을 유효하게 쓰는 것은 의사의 미덕이라 할 수 있다.

이와 마찬가지로 인재를 등용하는 데에 인물을 보는 눈이 밝고, 사람을 골라 쓰는 데에 사사로움이 없이 공평하며, 재능이 뛰어난 사람에게는 물론 재능이 부족한 사람에게까지 적당한 자리를 주어 그들로 하여금 자신들의 재주를 펴게 하고, 재학(才學)이 뛰어난 사람을 아름답게 여기며, 역량이 뛰어난 사람을 인걸로 귀하게 대접하고, 저마다 지니고 있는 장점과 단점을 비교하고 깊이 헤아려 마땅한 인재를 마땅한 자리에 쓰는 것은, 다름 아닌 재상(宰相)이 해야 할 일인 것이다."

【語義】 吁(우):탄식의 뜻을 나타내는 감탄사. 棟(망):대들보. 桷(각):서까래. 欂櫨侏儒(박로주유):欂櫨는 기둥 위에 세우는 네모진 재목. 두공(枓栱). 侏儒는 난쟁이. 小人의 뜻이니, 여기서는 대들보 위에 세우는 짧은 기둥을 말한다. 椳闑扂楔(외얼점설):椳는 문지도리. 闑은 문지방. 扂은 빗장. 楔은 문설주. 匠氏(장씨):木工. 玉札丹砂(옥찰단사):玉札은 옥의 가루. 丹砂는 水銀과 유황(硫黃)의 화합물로 주사(朱砂)라고도 한다. 모두 귀중한 약품으로 쓰인다. 赤箭靑芝(적전청지):赤箭은 붉은 화살 모양의 풀로 약초임. 靑芝는 고목에서 나는 버섯의 하나로 영지(靈芝). 牛溲馬勃(우수마발):牛溲는 소의 오줌. 馬勃은 말의 똥. 敗鼓之皮(패고지피):찢어진 북의 가죽. 매우 하찮은 것을 뜻한다. 待用無遺者(대용무유자):쓸 때를 대비하여 버리지 아니함. 紆餘(우여):재주가 뛰어나 여유작작한 모양. 즉 才學이 풍부하여 넘침. 卓犖(탁락):역량이

높고 뛰어남. 校:비교함. 器是適(기시적):역량에 맞게. 適器의 도치법
(倒置法). 器는 능력. 方:道理.

昔者孟軻好辯 孔道以明. 轍環天下 卒老于行. 荀卿守正 大論
以興. 逃讒于楚 廢死蘭陵. 是二儒者 吐辭爲經 擧足爲法. 絶
類離倫 優入聖域. 其遇於世何如也.

"옛날, 유가의 정통(正統)을 이으신 맹자(孟子)께서는, 당시 세상의 인심
을 어지럽히던 양주(楊朱)·묵적(墨翟) 등의 숱한 이단 사설(異端邪說)을
변박(辯駁)하여 물리치고, 평생 인의(仁義)와 왕도 정치(王道政治)를 외치
며 공자(孔子)의 도(道)를 밝히셨다. 그럼에도 결국 뜻을 얻지 못하고, 온
천하에 수레 자취만 남긴 채 길에서 늙으셨다. 또 순자(荀子)께서는 공자의
도(道)를 굳게 지키며 유교를 크게 발양(發揚)시켜, 세상을 온통 유가(儒家)
의 훌륭한 의론(議論)으로 뒤덮이게 했지만, 나중에는 참소를 만나 초(楚)
나라로 도망하는 신세가 되었을 뿐만 아니라, 춘신군(春申君) 밑에 숨어 살
다가 난릉(蘭陵)에서 한 많은 생(生)을 마치셨다. 이 두 분이야말로, 입을
열어 말을 토(吐)하면 그 말씀이 바로 성인의 가르침인 경(經)이었고, 발을
떼어 일을 행하면 그것이 그대로 세상사람 모두가 우러러 본받아야 할 법
(法)이었다. 가히 그 누구와도 비교될 수 없는 뛰어난 분들로서, 능히 성인
의 영역에 들고도 남음이 있는 분들이셨다. 그럼에도 그분들이 만나셨던
세상은 어떠하였던가."

【語義】 昔者(석자):옛날. 孟軻好辯(맹가호변):孟子는 辯論을 좋아했음.
軻는 孟子의 이름. 字는 자여(子輿). 孔子의 道를 발전시켰으며, 천하
를 순회하며 仁義와 民本政治를 바탕으로 한 왕도(王道)를 설파하였음.

孔子에 버금가는 聖人이라 하여 아성(亞聖)이라 불린다. 맹자가 변론을 좋아했다는 말은,《孟子》〈滕文公 下篇〉에 있는 孟子와 그의 제자 공도자(公都子)의 문답에서 비롯된 것. 公都子가 孟子에게, '세상 사람들이 선생님을 가리켜 변론을 좋아하신다고 평하고 있는데, 감히 그 이유를 묻습니다.'고 하자 孟子는, '내가 어찌 말하기를 좋아하랴. 어쩔 수 없이 말할 뿐이다. …… 인심을 바로잡고, 사설을 종식시키고, 과격한 행동을 물리치고, 방종한 언론을 배격하기 위해서이다. ……'라고 대답했다. 轍環天下(철환천하):수레를 타고 온 세상을 돌아다님. 孟子는 세상을 구하고자 천하를 두루 돌아다니며, 仁義에 바탕을 둔 王道政治를 주장했다. 卒老于行(졸로우행):마침내 길에서 늙음. 孟子가 뜻을 펴지 못한 채 방황한 것을 뜻함. 荀卿守正(순경수정):荀子는 正道를 지킴. 荀卿은 荀子. 이름을 황(況)이라 하며, 卿은 荀子를 존경하여 붙인 것. 荀子는 孟子와 함께 孔子의 道를 발양(發揚)하였는데, 특히 후세에 경서(經書)를 전하는 데에 공이 컸다. 逃讒于楚(도참우초):참소를 피해 楚로 도망함. 荀子는 조(趙)나라 사람으로, 제(齊)나라 임금이 學者를 우대하므로 齊에 있었으나, 참소를 만나 楚나라로 도망하였다. 만년(晚年)에는 楚의 春申君을 섬겨 난릉(蘭陵)의 현령으로 있었으나, 春申君이 죽자 벼슬을 그만두고 그곳에 숨어서 한 많은 生을 마쳤다. 經:聖人의 가르침. 곧 영원불변의 常道. 賢人이 經에 대해 해석을 한 것이 傳이다. 絶類離倫(절류이륜):보통 사람과 거리가 멂, 즉 출중(出衆)함. 倫도 類와 같은 뜻으로, 평범한 人間의 무리. 優(우):훌륭히, 충분히. 其遇於世何如(기우어세하여):만났던 세상이 어떠하였는가?

今先生 學雖勤 而不繇其統. 言雖多 而不要其中. 文雖奇 而
不濟於用. 行雖修 而不顯於衆. 猶且月費俸錢 歲糜廩粟. 子
不知耕 婦不知織. 乘馬從徒 安坐而食. 踵常途之役役. 窺陳
編以盜竊. 然而聖主不加誅 宰臣不見斥. 玆非幸歟. 動而得謗
名亦隨之. 投閑置散 乃分之宜.

"이제 선생인 나 한유(韓愈)는, 비록 학문을 이루고자 애썼다 하나 맹자
이후로 끊어진 유교의 도통(道統)을 잇지는 못했고, 또 숱한 이단 잡설(異
端雜說)을 물리치고 공자의 도(道)를 밝히려고 많은 언론(言論)을 폈다고
하나 언(言)의 과부족이 없는 중정(中正)의 도(道)를 얻지는 못했으며, 비
록 나의 문장이 기묘하다고 세상이 말하지만 아직 세상에 옳게 쓰일 만하
지는 못하고, 나의 몸가짐이 잘 닦였다고들 말하지만 중인(衆人)들과 조금
도 다를 바가 없다.

그럼에도 나는 다달이 나라에서 내리는 봉급을 허비하며, 해마다 관(官)
에서 급여하는 곡식을 축내고 있다. 내 자식들은 밭갈이를 모르면서도 밥
을 먹고, 내 처는 베 짜는 수고를 않고도 옷을 걸칠 수 있다. 그뿐이랴, 그
래도 명색이 박사(博士)라고, 나는 나들이 때마다 말을 타고 종자(從者)를
거느리며, 편히 앉아 밥을 먹고 있다.

고작 한다는 일이, 어려울 것 없이 평범한 박사의 직(職)도 힘에 겨워 쩔
쩔매며, 옛 책이나 뒤적여 잘 지어진 남의 글을 훔쳐내어 내 것인 양 할
뿐이다. 그럼에도 천자(天子)께서는 이런 쓸모없는 나를 벌주지 아니하시
고, 나라의 재상(宰相) 또한 나를 버리지 않는다. 이 어찌 분에 넘친 행복
이 아니랴.

공연히 움직여 비방을 듣고, 그로 인해 명예 또한 훼손된다. 차라리 이
런 한직(閑職)에 던져져 무용(無用)의 관(官)으로 있는 것이, 내게는 분수

에 맞는 일이다."

【語義】不繇其統(불요기통):系統을 잇지 못함. 繇는 由와 같고, 統은 儒
　　敎의 正統인 孟子를 가리킨다. 孟子가 죽은 뒤로 聖人의 道統이 끊어
　　져, 韓退之 자신은 그 누구에게서도 성인의 道統을 이어받지 못했다는
　　뜻. 糜廩粟(미름속):곡식을 축냄. 糜는 문드러져 없어지는 것, 곧 소비
　　하는 것. 廩粟은 창고의 식량으로, 官에서 급여하는 곡식을 말한다. 踵
　　常途(종상도):평범한 길을 감. 踵은 밟는다는 뜻, 常途는 예나 지금이나
　　변함없는 平常의 길. 役役(역역):부지런히 힘씀. 窺(규):엿봄. 여기서
　　는 읽는다는 뜻. 陳編(진편):옛 책. 陳은 舊, 編은 서적(書籍). 盜竊(도
　　절):도둑질함. 즉 남의 좋은 글을 훔쳐 자기 것인 양 함. 投閑(투한):한
　　가한 관직에 앉게 됨. 置散(치산):중요하지 않은 관직에 버려져 있음.
　　分之宜(분지의):자신의 분수에 알맞음.

> 若夫商財賄之有亡 計班資之崇庳 忘己量之所稱 指前人之瑕
> 疵 是所謂詰匠氏之不以杙爲楹 而訾醫師以昌陽引年 欲進其
> 豨苓也.

"만일 재화(財貨)의 있고 없음을 따지고, 관직(官職)의 고하(高下)와 봉
록(俸祿)의 많고 적음을 헤아리며, 자신의 역량은 생각하지도 않고 인재를
등용하는 윗사람만 원망하며 모든 것을 그분들의 잘못이라 탓한다면, 이
것은 마치 말뚝으로 큰 기둥을 삼지 않는 목공의 처사가 그릇되었다 힐난
하고, 장생(長生)의 약초인 창포(菖蒲)로 인명을 연장하려는 의원을 비방
하며, 대신 독초(毒草)인 희령(豨苓)을 써야 옳다고 주장하는 것과 같다.
　목재에 관한 일은 목공에게 맡기고, 약재에 관한 일은 의원에게 맡겨야

하듯, 인재를 골라 쓰는 일은 오로지 재상에게 맡겨야 하는 것이다."

【語義】 商財賄之有亡(상재회지유무):재산의 유무를 남과 비교함. 商은
計와 같고. 財賄는 재화(財貨), 有亡는 有無와 같다. 班資之崇庫(반
자지숭비):官位나 봉록(俸祿)의 高下를 헤아림. 班은 班列, 곧 官位요,
資는 資給, 곧 俸祿. 崇庫는 高下. 前人:자기 앞에 있는 사람, 즉 上官.
瑕疵(하자):결함. 杙(익):작은 재목. 말뚝. 楹(영):큰 기둥. 昌陽(창
양):창포(菖蒲). 長生의 약초(藥草)라 함. 引年(인년):延年(연년)과 같
은 뜻으로, 수명을 늘임. 狶苓(희령):독초(毒草)의 이름.

【解說】 한유(韓愈)는 唐의 貞元 18년(802)에 國子四門博士(國子監과 四門
學의 敎授)가 되고, 이듬해에 監察御史를 배임(拜任), 元和 元年(893)
에 國子博士, 2년에 東都의 敎授, 7년에 또 國子博士, 뒤에 四門學의
博士가 되었다.

國子監은 귀족의 자제들을 모아 가르치던 최고 학부이며, 四門學은
국자감 주위에 서민을 위하여 세운 학교이다. 국자감의 교수를 國子博
士, 사문학의 교수를 四門博士라 하였다.

韓愈는 元和 8년(813)부터 여러 차례 좌천되는 불운을 겪었다. 韓
愈는 사제(師弟)의 문답 형식을 빌려 자신의 처지를 간접적으로나마 소
상하게 밝혔는데, 그것이 바로 이 〈進學解〉이다.

이 글은 賦에 속하는 文體로, 韻을 지니고 있다. 시종일관 학자는 오
로지 자기 수양과 학문 탐구에만 정진해야 한다고 역설하고 있다. 그러
나 외견상으로 보이는 글의 흐름과는 달리, 내면으로는 학생의 입을 빌
려, 자신에게 뛰어난 재주와 덕이 있음에도 크게 쓰이지 못하고 있다는
울분과 불만을 토로하고 있다. 즉 사제 간의 대화를 빌어 上位者를 교

묘하게 풍자(諷刺)한 것이다. 나중에 宰相은 이 글을 읽고, 韓愈에게 比部郎中의 벼슬을 주었다고 한다.

이 글은 前漢의 大儒 揚雄의 〈解嘲〉를 본떠 지은 것이다. 이 글도 그렇지만, 대체로 韓愈의 문장은 깊은 學識과 儒家의 정신을 바탕으로 한 것이 많아, 어려운 것이 많다. 글로써 알 수 있듯, 韓愈의 성품은 대쪽처럼 곧다. 그런 剛强한 학자가 이런 해학미(諧謔味) 넘치는 글을 썼다는 것은 매우 재미있는 사실이다. 名文인 데다가 구성이 치밀하고, 높은 품격을 지닌 글이다. 자신의 불우함을 호소하되 남에게 아양을 부린 흔적이 없고, 孟子·荀子의 예를 들어, 뛰어난 덕과 재능을 지닌 인물이 바르게 쓰이지 못함을 비분강개(悲憤慷慨)하는 정의감이 잘 나타나 있다.

韓愈의 작품 중에는 이처럼 해학적인 것이 몇 편 더 있는데, 대부분 揚雄의 작품을 본뜬 것들이다. 韓愈가 揚雄을 이처럼 존경한 이유는, 揚雄이 孟子·荀子 이후 儒家의 명맥을 잇는 儒學者이며 名文章家이기 때문이다. 韓愈는 儒家의 道統에 揚雄 이후 최대의 儒學者이며, 문장에서도 揚雄의 뒤를 잇는 대가라 할 수 있다.

권지 3 (卷之三)

서류(序類)

序란 사물의 경위를 순서 있게 서술하는 문장이다. 序에는 서서(書序)·후서(後序)·송서(送序)·증서(贈序)·수서(壽序) 등이 있다. 《詩經》에 大序·小序가 있고, 《尙書》에도 序文이 있다. 後序는 책의 맨 뒤에 쓰는 文으로, 발(跋)이나 書後처럼 단문(短文)은 아니다. 또 送序는 지인(知人)과 헤어질 때에 석별(惜別)의 정(情)을 써 보내는 것, 贈序는 唐代에 생겨난 것으로, 자신의 생각을 전하는 것이다. 韓退之는 送序·贈序 두 종류의 序를 매우 잘 썼다. 壽序는 사람의 수명(壽命)을 축복하는 文으로, 송(宋) 이후에 생겨났다.

춘야연도리원서:이태백(春夜宴桃李園序:李太白)

> 夫天地者萬物之逆旅 光陰者百代之過客. 而浮生若夢 爲歡幾
> 何. 古人秉燭夜遊 良有以也. 況陽春召我以煙景 大塊假我以
> 文章. 會桃李之芳園 序天倫之樂事. 群季俊秀 皆爲惠連. 吾
> 人詠歌 獨慚康樂. 幽賞未已 高談轉淸. 開瓊筵以坐花 飛羽觴
> 而醉月. 不有佳作 何伸雅懷. 如詩不成 罰依金谷酒數.

대저, 천지(天地)는 만물이 쉬어 가는 나그네의 집이요, 세월은 영겁(永 劫)을 두고 흘러가는 길손이로다.

우리네 인생, 덧없고 짧음이 꿈과 같으니, 인간으로 태어나 즐거움을 누린다 한들 그 얼마이겠는가. 옛사람, 낮은 짧고 밤이 깊을 한탄하여 촛불 들고 밤에도 놀았다 함은, 참으로 까닭이 있는 일이다. 어찌 일각(一刻)인들 허비할 수 있으리. 촌음(寸陰)을 다투어 즐거움을 누려야지. 하물며 향기로운 봄날은 백 가지 꽃과 아지랑이로 날 부르고, 자비로운 천지는 내게 글재주를 주었음에랴.

복숭아꽃 · 오얏꽃 활짝 핀 동산에 형제들 모두 모여, 술잔치를 벌이고 봄날의 즐거움을 펴니, 젊은 수재(秀才)들의 글 솜씨는 사혜련(謝惠連)에 버금가고, 내가 읊는 노래마이 강락후(康樂侯)에 부끄러울 뿐이다.

끝없이 펼쳐지는 그윽한 봄의 경치 다 음미할 수 없고, 세속을 떠난 높고 맑은 이야기 주위에 가득 찬다. 옥 같은 자리를 열어 꽃을 향해 앉고, 모두들 술잔을 날리며 달빛 속에 흠뻑 취하노라.

아, 즐거운 밤놀이.

이 봄밤을 어찌 시 한 수 없이 보낼 수 있겠는가. 가작(佳作)이 아니고서는 고아(高雅)한 뜻을 담을 수 없으리라……. 누구든 시를 이루지 못한다면,

예의 금곡(金谷)의 예에 따라, 마땅히 벌주(罰酒) 서 말을 마셔야 되리……

【語義】 夫:대저, 무릇. 逆旅(역려):나그네를 맞는 곳. 객사(客舍). 逆은
迎의 뜻. 光陰(광음):光은 日, 陰은 月을 뜻하니, 곧 세월(歲月). 百代
之過客(백대지과객):영원한 길손. 百代는 天地가 생긴 태초부터 영겁(永
劫)에 이르기까지 영원무궁한 세월. 過客은 나그네, 길손. 浮生(부생):
덧없는 인생. 若夢(약몽):꿈과 같음. 덧없고 짧음. 古人秉燭夜遊(고
인병촉야유):옛사람이 촛불을 잡고 밤에 놂. 前集 五言古風短篇의 〈古
詩〉에 나오는 내용. 낮은 짧고 밤이 긴 것을 안타까워하여, 밤에는 촛불
을 켜 들고 낮 삼아 논다는 것. 良有以也(양유이야):참으로 까닭이 있
음. 良은 誠, 以는 故와 같다. 陽春(양춘):따뜻한 봄. 煙景(연경):연하
(煙霞)의 풍경. 아지랑이가 낀 봄의 경치. 大塊(대괴):天地. 假(가):나
누어 줌. 序天倫之樂事(서천륜지락사):형제가 모여 즐거움을 폄. 序는
舒, 天倫은 兄弟, 樂事는 모여서 즐거이 노는 것. 群季(군계):여러 젊
은이들. 季는 少年. 惠連(혜련):中國 南北朝 때 宋의 사혜련(謝惠連,
397~433). 강락(康樂)의 족제(族弟)로, 열 살에 벌써 詩를 잘 지었다
하며, 康樂이 惠連과 함께 詩를 지으면 좋은 句가 나왔다 한다. 吾人:
여기서는 李白 자신을 가리킨다. 康樂(강락):南朝 宋의 山水詩人 사영
운(謝靈運, 385~433). 강락후(康樂侯)에 봉(封)해졌으므로 謝康樂이
라 함. 名文章家여서 李白이 그의 詩風을 흠모했다. 幽賞(유상):조용히
바라보며 즐김. 高談(고담):고상한 이야기. 轉(전):한층 더. 瓊筵(경
연):옥 같은 자리. 아름답고 훌륭한 연석(宴席)을 가리킴. 坐花(좌화):
꽃을 향해 앉음. 飛:술잔이 자주 교환됨을 뜻한다. 羽觴(우상):새의 깃
모양을 한 술잔. 醉月(취월):달빛 속에서 취함. 雅懷(아회):아취(雅趣)
있는 마음. 罰依金谷酒數(벌의금곡주수):罰은 金谷의 술잔 數에 의함.

晉의 석숭(石崇)이 金谷의 별장에 손님들을 초대하여 酒宴을 베풀고, 시를 짓지 못하는 사람에게는 罰酒로 술 서 말을 마시게 했다고 한다.

【解說】 이백(李白)이 봄날 밤에 형제 · 친척들과 함께 복숭아꽃, 오얏꽃 활짝 핀 동산에서 술잔치를 벌이고, 각자 시(詩)를 지으며 놀았다.

〈春夜宴桃李園序〉는, 그때 지은 시편(詩篇)들 앞에 그 시(詩)들에 대한 감상과 함께 놀이의 경위를 서술한 글이다.

李白은 언제나 인생의 짧고 근심 많음을 탄식했다. 천지는 만물의 객사(客舍)이며, 광음(光陰)은 百代의 과객(過客)이다. 참으로 덧없는 인생, 꿈과 같다고 노래한다.

《分類補注李太白詩》卷24에 실려 있는 〈擬古 12首〉의 제9首에,

生者爲過客　살아 있는 자는 지나가는 길손이고
死者爲歸人　죽은 자는 돌아간 사람이다.
天地一逆旅　천지는 하나의 객사(客舍)이니
同悲萬古塵　인생이 만고의 티끌임을 슬퍼하노라

고 한 것도 같은 사상(思想)이다.

인생을 나그네로 보고 덧없는 것으로 생각하는 나그네 시인 李白이, 온갖 꽃이 활짝 핀 동산에서 형제, 친척들과 단란한 한때를 어떻게 즐겼을까 상상할 수 있다. 이러한 낭만적인 정조(情調)는 그의 시집(詩集) 도처에서 발견된다. 두보(杜甫)는 인간 세상의 사건과 사회의 혼란을 근심했지만, 李白은 자신의 생명을 응시하며 유한한 인생을 탄식했던 것이다.

집창려문서:이한(集昌黎文序:李漢)

> 文者貫道之器也. 不深於斯道 有至焉者不也.

문장(文章)은 도(道)를 밝히는 도구이다. 따라서 문장에 깊이 통하지 않고서 성인의 도(道)에 이른 사람은 아무도 없다.

【語義】 文者貫道之器(문자관도지기):文章은 道를 꿰는 도구. 文은 文章, 貫은 꿰다·밝히다, 道는 人道의 당연한 도리, 器는 道具. 文章은 無形의 도덕을 有形의 글자로 나타낸 것이므로, 도덕을 밝히는 도구가 된다. 不深於……:문장에 깊지 않고서 道에 이른 사람 없음.(이 부분은 예부터 두 가지로 해석되어 왔다. 즉 不深於斯에서 끊어 해석하는 것과, 不深於斯道에서 끊어 해석하는 것이다. 그러나 앞뒤 문장의 내용상, 前說을 옳은 것으로 한다.) 不也:없음. 無也와 같음.

> 易繇爻象. 春秋書事. 詩詠歌. 書禮剔其僞. 皆深矣乎.

문장이 도를 밝히는 도구라는 것은, 다음과 같은 사실로 명백히 알 수 있다.

《역(易)》은 성인 주공(周公)과 공자께서 각각 효사(爻辭)와 상전(象傳)을 지어 삼라만상의 심오한 법칙을 밝힌 것이고, 《春秋》는 노(魯)의 사관(史官)이 기록한 역사적 사실에 공자께서 정사 선악(正邪善惡)의 비판을 가한 더없이 준엄한 글이며, 《詩經》은 채시관(采詩官)이 모은 3천여 편의 시(詩) 가운데 티 없이 맑고 깨끗한 인간의 심성(心性)을 노래한 것 삼백여 편을 골라 모은 것이다. 또 고대의 정사(政事)에 관한 일을 기록한 《書經》과 주대(周代)의 예(禮)에 관한 글을 실은 《禮記》는 모두 성인이 지은 것으로, 여기에는 한 점도 거짓된 기록이 없고, 오직 참된 도리만이 기록되어 있다.

　진정 이들 오경(五經)에 실린 문장이야말로, 그지없이 높고 깊은 성인의 도(道) 바로 그것이다.

【語義】 易:변이(變易)하는 중에 변이하지 않는 우주 현상의 도리가 있음을, 효(爻)라는 부호로 단순화하여 고찰하는 학문. 주역(周易), 또는 역경(易經)이라고도 한다. 중국 上古 시대에 복희씨(伏羲氏)가 그린 八卦에 대하여, 周나라 文王이 卦의 大體를 총설(總說)한 괘사(卦辭)를 짓고, 周公이 六爻를 해석하여 효사(爻辭)를 지었다. 그 후 孔子가 文言, 계사(繫辭) 등의 십 익(十翼)을 만들었음. 爻象(효상):爻辭와 象傳. 爻辭는 周公이 易의 64卦 384爻의 각 효마다 그 뜻을 설명해 놓은 글. 象傳은 孔子의 作으로, 卦辭를 부연한 大象과 爻辭를 부연한 小象으로 이루어져 있다. 春秋:魯나라의 한 史官이 魯나라의 事跡을 기록한 것을, 孔子가 倫理的인 입장에서 加筆한 역사책. 詩:五經의 하나인 《詩經》. 書禮:《書經》과 禮記. 《書經》은 堯·舜 때로부터 夏·殷·周 三代에 이르기까지 政事에 관해 기록한 것을, 孔子가 수집 편찬한 것이다. 《禮記》는 孔子와 그 뒤의 儒者들에 의해 꾸며진 것으로, 周代의 禮에 관해 기록한 책이다. 以上에 나온 《易》·《春秋》·《詩經》·《書經》·《禮記》를 五經이라 한다.

秦漢已前 其氣渾然. 迨乎司馬遷相如董生揚雄劉向之徒 尤所謂傑然者也.

진한(秦漢) 이전, 요(堯)·순(舜)·탕왕(湯王)·문왕(文王)·무왕(武王)·

주공(周公)·공자 등 성인이 계시던 시절의 문장은, 참으로 그 기상(氣象)
이 높아 완전무결한 것이었다. 그리고 전한(前漢) 시대에 내려와서, 《史記》
의 저자 사마천(司馬遷), 부(賦)문학에 뛰어난 사마상여(司馬相如), 그리고
동중서(董仲舒)·양웅(揚雄)·유향(劉向) 등 유학자들이 지은 문장만 해도,
그런대로 글 가운데에 도덕이 깃들어 있어, 걸출한 것이라 할 수 있다.

【語義】渾然(혼연):완전무결하여 티 한 점 없음. 迨(태):及과 같은 뜻. 司
　　馬遷(사마천):漢 武帝 때의 太史公. 《史記》130권의 저자. 相如:漢 武
　　帝 때의 文人 司馬相如. 賦文學에 매우 뛰어났다. 董生(동생):동중서
　　(董仲舒). 漢 武帝 때의 사람으로 당대의 大儒學者. 저서에 《春秋繁露》
　　가 있다. 揚雄(양웅):前漢의 儒學者로, 字는 子雲. 韓愈가 崇仰하던 인
　　물로, 《太玄經》, 《揚子法言》, 《揚子方言》 등의 저서를 남겼다. 劉向(유
　　향):前漢 시대의 儒學者. 本名은 更生, 字는 子政. 宣·元·成 3帝를 섬
　　기었고, 저서에 《列女傳》, 《新序》, 《說苑》 등이 있다. 傑然(걸연):뭇 사
　　람 가운데에서 뛰어남. 傑出과 같음.

> 至後漢曹魏 氣象萎苶. 司馬氏以來 規模蕩盡. 悉謂易已下爲
> 古文 剽掠潛竊爲工耳. 文與道蓁塞 固然莫知也.

　그런데 불행하게도 후한(後漢)과 조위(曹魏)의 시대에 이르자, 문장이 형
식적인 외면에만 치우치게 되어 그 기상은 점차 시들고 피폐해져 갔다. 그
러다가 사마씨(司馬氏)의 서진(西晉)·동진(東晉)의 시대에 접어들자, 문
장의 법도는 완전히 땅에 떨어져, 옛글에서 볼 수 있었던 문장이 지닌 높은
기상은 그 흔적조차 찾을 수 없게 되었다. 지금 사람들은 입을 모아 《易》·
《詩》·《書》 등 성인의 글을 낡고 쓸모없는 글이라 하찮게 여기고, 너 나 할

것 없이 이 책 저 책에서 남의 글을 함부로 따다가 마치 제가 지은 것인 양 내보이며 교묘한 문장이라 자랑한다.

　이제 문장과 성인의 도(道)는 완전히 막혀 통할 수 없게 되었는데도, 누구 하나 이를 깨닫는 사람 없고, 또 이러한 사실을 걱정하는 사람이 없다.

【語義】後漢:光武帝의 유수(劉秀) 元年부터 효헌제(孝獻帝)의 25년까지 12代 196년간(25~220).　曹魏(조위):魏의 시대. 魏의 武帝 曹操의 姓을 따서 曹魏라 한 것. 曹操의 字는 孟德, 魏는 220년부터 265년까지 46년간 지속됨.　萎苶(위날):기상(氣象)이 쇠미(衰微)하여 피폐해짐. 문장이 형식적인 것에 매이어 내용이 빈곤해짐을 뜻한다.　司馬氏:西晉·東晉을 가리킨다. 晉王 사마염(司馬炎)의 태시(泰始) 元年부터 민제(愍帝)의 建興 4년까지 4王 52년간(265~316)을 西晉이라 하고, 元帝의 建武 元年부터 공제(恭帝)의 元熙 2년까지의 104년간(317~420)을 東晉이라 한다. 이 156년간을 司馬氏가 다스렸다.　規模(규모):문장의 法度.　蕩盡(탕진):흔적도 없이 다 무너짐.　悉謂(실위):입을 모아 말함.　易已下(역이하):《易》 이하 여러 經書.　剽掠(표략):협박하여 빼앗음.　潛竊(잠절):몰래 훔침. 남의 글을 따다가 자기 글인 양 발표하는 것.　蓁塞(진색):막히어 통하지 못함. 蓁은 초목이 더부룩이 무성한 것.　固然(고연):단단하게 굳어 고질화됨.

先生生大曆戊申. 幼孤 隨兄播遷韶嶺. 兄卒 鞠於嫂氏 辛勤
來歸. 自知讀書爲文 日記數千百言. 比壯經書通念曉析. 酷
排釋氏 諸史百子 搜抉無隱. 汗瀾卓踔 瀸泆澄深. 詭然而蛟
龍翔 蔚然而虎鳳躍 鏘然而韶鈞鳴 日光玉潔. 周情孔思 千態
萬貌 卒澤於道德仁義炳如也. 洞視萬古 愍惻當世. 遂大拯頹
風 敎人自爲.

선생께서는 당(唐)나라 대종(代宗) 황제의 대력(大曆) 3년 戊申歲에 창
려(昌黎)에서 나셨다. 세 살의 어린 나이에 아버님(韓仲卿)을 여의고, 열
한 살 때에 죄를 입어 유배(流配)되시는 형님(韓會)을 따라 남쪽 소령(韶
嶺)으로 옮아가셨다. 그런데 불행하게도 형님마저 돌아가시자, 선생께서
는 형수 정(鄭)씨에게 양육되며 모진 고생을 겪으시다 북방 하양(河陽)으
로 돌아오셨다.

선생께서는 책을 읽고 문장을 지을 줄 알면서부터 날마다 수천 수백의
글을 쓰시었고, 20여 세의 장년(壯年)이 되어서는, 성인이 남기신 오경(五
經)의 경서를 연구하며 당신의 깊은 사념(思念)을 통하여 성인의 심오한 도
(道)를 깨쳐 아셨다. 선생께서는 투철한 유학자로 불교(佛敎)를 매우 배척
하셨는데, 석가(釋迦)의 유골을 존숭하는 헌종(憲宗) 황제에게 불골(佛骨)
을 논하는 표문(表文)을 올렸다가 화(禍)를 입어, 조주(潮州)로 유배를 가
신 적도 있으셨다.

선생께서는 평소 학문을 널리 연구하시어, 《사기(史記)》·《전·후한서
(前後漢書)》·《삼국지(三國志)》·《진서(晋書)》·《남사(南史)》·《북사(北
史)》·《수사(隋史)》등 역사책은 물론이요, 유교(儒敎) 이외의 학파인《노자
(老子)》·《장자(莊子)》·《열자(列子)》·《묵자(墨子)》·《한비자(韓非子)》·
《회남자(淮南子)》등 춘추 전국시대에 활약한 여러 학파의 학자들이 쓴 책

에 이르기까지 섭렵(涉獵)하여, 어느 책 한 권 그대로 남겨 두지를 않으셨다.

선생의 문장은, 맑게 굽이치는 물결처럼 아름답고, 우뚝 솟은 태산처럼 웅장한데다가 잔잔한 바다처럼 넓고, 조용한 못처럼 맑고 깊어, 수식과 표현이 보석을 깔아 놓은 듯 빛나며 윤이 날 뿐 아니라, 일언(一言)·일구(一句)마다 심오한 성인의 도(道)가 담겨져 있다. 또 선생의 문장은 기괴(奇怪)하기가 교룡(蛟龍)이 하늘로 나는 듯하고, 웅장하기가 범과 봉(鳳)이 뛰는 듯하며, 가락의 격조 높음이 순(舜)임금이 노래한 구소(九韶)와 천제(天帝)가 부르는 균천광악(鈞天廣樂)을 연주하는 듯하고, 명백(明白)하기가 일광(日光)이 빛나는 것과 같으며, 아름답기가 옥(玉)의 맑고 깨끗함 바로 그것이다.

또 선생께서는 주공(周公)의 정지(情志)와 공자의 사상(思想)을 천만 가지의 표현으로 문장에 담아, 마침내 옛 성현의 도덕과 인의(仁義)의 도(道)를 밝히셨으니, 천하의 사람들이 그 은혜를 입은 것은 마치 횃불을 밝힌 듯 명백한 사실이다.

선생께서는 태고(太古)나 현재는 물론, 먼 앞의 미래까지도 꿰뚫어보시고, 오늘날과 같은 어둡고 흐린 세상을 깊이 가슴 아파하시었다. 그리하여 도덕이 결핍된 퇴폐한 문장을 쓰는 그릇된 풍토(風土)를 바로잡고, 사람들을 교화(敎化)하여, 모든 사람들로 하여금 스스로 문장과 도덕이 일체였던 옛 성인의 글, 곧 고문(古文)으로 복귀하도록 하셨다.

【語義】 大曆戊申(대력무신):唐나라 代宗 皇帝의 3년. 韓愈는 唐 代宗의 大曆 3년(768)에 태어나 목종(穆宗)의 장경(長慶) 4년(824)에 죽었다. 孤(고):어려서 아버지를 여읨. 韓愈는 3살에 아버지(韓仲卿)를 잃었다. 播遷韶嶺(파천소령):韶嶺으로 流配됨. 韓愈는 11살에, 兄 韓會가 죄를 입어 韶嶺으로 流配되자, 兄을 따라 韶嶺으로 갔다. 鞠(국):養과 같음.

기르다. 嫂氏(수씨):형수. 比壯(비장):壯年이 되었을 무렵. 比는 頃의
뜻, 壯은 壯年, 여기서는 20세를 가리킨다. 通念曉析(통념효석):깊은
思念을 통하여 심오한 도리를 밝게 깨달아 앎. 酷排釋氏(혹배석씨):불
교를 철저히 배격함. 釋氏는 석가(釋迦)의 가르침인 佛敎. 唐의 헌종(憲
宗)이 불사리(佛舍利:佛骨)를 궁중에 모셨으므로, 이것에 백성이 예배
하고 희사하는 것이 많았다. 이에 韓愈는 〈佛骨을 論하는 表〉를 올려 憲
宗에게 간(諫)했다가, 憲宗의 노여움을 사서 죽을죄를 입게 되었으나,
여러 사람의 간청에 의해 죽을죄를 면하고, 潮州에 유배된 것은 유명한
일이다. 諸史百子:諸史는 《史記》·《前·後漢書》·《三國志》·《晉書》·
《南史》·《北史》·《隋書》 등, 역대 史官이 쓴 역사책. 百子는 諸子百家.
곧 老子·莊子·列子·墨子·韓非子 등 春秋 戰國時代에 활약한, 儒家
이외의 학자들이 저술한 책. 搜抉無隱(수결무은):찾고 들추어내어 숨
은 것이 없음. 즉 韓愈는 역사책 百家의 書 할 것 없이 모두 다 읽었다
는 뜻. 汗瀾卓踔(한란탁탁):汗瀾은 瀾汗과 같은 뜻으로, 물결이 길게
굽이친다는 뜻. 卓踔은 매우 뛰어난 것. 둘 다 문장의 훌륭함을 형용한
말. 奫泫澄深(윤현징심):넓고 빛나며, 맑고 깊음. 문장의 빼어남을 형
용한 말로 문장이 맑고 아름다울 뿐 아니라, 사상이 깊고 너르다는 뜻.
詭然(궤연):奇怪함. 蔚然(울연):무성함. 즉 문장의 壯大함을 뜻함. 鏘
然(장연):玉, 또는 방울이 울리는 소리. 여기서는 아름다운 음악 소리
를 가리킨다. 韶鈞(소균):韶는 九韶로, 舜임금이 노래한 음악. 鈞은 균
천광악(鈞天廣樂)이라 하여 天帝가 연주하는 음악. 韓愈의 문장에 흐
르는 격조 높은 가락을, 가장 훌륭한 음악인 九韶와 鈞天廣樂에 비유한
것. 日光:문장의 明白함을 뜻하는 말. 玉潔(옥결):주옥같이 맑고 깨끗
함. 문장의 아름다움을 형용한 말. 周情孔思(주정공사):周情은 周公의
情과 志, 孔思는 孔子의 思想. 卒:마침내. 澤(택):恩澤. 炳如(병여):

빛을 비춘 듯 明白함. 洞視(통시):속까지 꿰뚫어 봄. 洞察과 같음. 萬
古:太古와 現在는 물론 먼 미래까지. 愍惻(민측):슬퍼하고 가슴 아파
함. 拯(승):救하다. 건지다. 頹風(퇴풍):퇴폐한 문장의 풍토. 敎人自
爲(교인자위):사람들을 가르쳐, 사람들로 하여금 스스로 하도록 함. 즉
도덕이 결핍된 퇴폐한 문장을 쓰는 세상의 풍토를 바로잡아, 세상 사람
들로 하여금 스스로 문장과 도덕이 일체였던 옛 성인의 글, 古文으로 복
귀하도록 했다는 뜻.

> 時人始而驚 中而笑且排. 先生益堅. 終而翕然隨以定. 嗚呼先
> 生於文 摧陷廓淸之功 比於武事 可謂雄偉不常者矣.

　선생께서 고문(古文)으로 복귀하여 인의(仁義) 도덕을 바탕으로 한 글을
짓자, 처음에는 사람들이 모두 깜짝 놀라더니, 얼마 있자 정신 나간 사람
의 글이라며 비웃고 배척하였다. 그러나 그럴수록 선생께서는 더욱 마음을
굳게 하시고, 고문의 복귀와 인의 도덕의 실현에 온 힘을 쏟으셨다. 마침내
천하 사람들은 한마음 한뜻이 되어 선생에게로 귀복(歸服)하고, 문장을 쓰
는 데에는 선생의 것을 모범으로 하기 이르렀다.
　아, 참으로 빛나는 선생의 문장!
　선생께서 세상의 모든 병든 문장을 몰아내시고, 문장이 곧 인의 도덕이
었던 옛 문장의 법도를 다시 밝히신 공적이야말로, 천고(千古)에 드문 명
장(名將)이 세상에 나, 백성을 괴롭히고 나라를 어지럽히는 난적(亂賊)을
말끔히 제거하여, 천하의 기강을 바로잡은 공과 같다 하여도 조금도 지나
친 것이 아니다.

【語義】翕然(흡연):모든 사람이 한마음 한뜻이 됨. 摧陷(최함):적을 공격

하여 무너뜨림. 廓淸(확청):더러운 것을 떨어 버리고 깨끗하게 함. 문
장의 폐(弊)를 바로잡은 것을, 적진을 깨뜨린 것에 비유한 것. 雄偉(웅
위):勇力이 뛰어남.

【解說】 李漢이 韓愈의 유작(遺作)을 모아 文集을 만들 때에 쓴 序文이다.
韓愈가 死後 창려백(昌黎伯)에 봉(封)해졌으므로, 〈昌黎文集〉이라 한
것이다. 李漢은 韓愈의 애제자로, 韓愈가 그의 뛰어난 글재주와 剛强한
품성을 사랑하여 그를 사위로 삼았다고 한다.
　이 글은 韓愈의 문학상(文學上)의 공적을 찬양한 글로, 韓愈의 古文
운동에 대하여 처음에는 세상 사람들이 놀라고, 다음에는 이봉길(李逢
吉)이나 황보박(皇甫鎛) 등이 비웃었지만, 나중에는 모두 韓愈의 주장
에 동조한 것을 기술하고 있다. 이른바 韓愈의 古文은, 四六文에 반대
하여 자유롭고 힘찬 散文의 모범을 古代의 문장에서 구한 것으로, 일
종의 문학 혁명이라고도 할 수 있다. 이 古文에 의한 散文은 儒家의 實
學을 근거로 했으므로, 그 대부분의 내용이 老莊·佛敎 사상을 배척하
고 仁義道德을 주장하는 것이었다. 그 후 이것은 唐宋八大家의 古文에
받아들여져 자유로운 古代의 散文 형식을 취함과 동시에, 자신을 수양
한 다음에 남을 다스린다는 儒家의 정치 도덕을 그 정신의 지주로 삼
게 되었다. 柳宗元도 韓愈와 나란히 唐의 古文家이지만, 韓愈의 공적에
는 미치지 못한다. 어떻든 이 古文에 의한 散文은, 唐詩와 나란히 文學
史의 귀중한 산물이다. 또 唐代에 전기소설(傳奇小說)이 번성했던 것도
이 古文이라는 표현 도구가 있었기 때문이다. 이와 같은 것들을 생각
하면 韓愈의 古文의 영향이 얼마나 컸던지 가히 알 수 있을 것이다.
　本集에 실려 있는 것에 의하면, 李漢의 序文은 이다음에 147字의
文이 더 있다. 그 내용은 다음과 같다.

장경(長慶) 4년 겨울에 先生이 돌아가셨다. 그의 제자 李漢이 선생을 잘 알고 가까워서, 마침내 선생이 남기신 글을 빠짐없이 모았다. 賦 4, 古詩 210, 聯句 11, 律詩 160, 雜著 65, 書啓序 96, 哀辭祭文 39, 碑誌 76, 筆硯鱷魚文 3, 表狀 52, 총 700을 모아 합하여 41권으로 만들어, 《昌黎先生集》이라 이름 지어 후세에 전한다.

송맹동야서:한퇴지(送孟東野序:韓退之)

> 大凡物不得其平則鳴. 草木之無聲 風撓之鳴. 水之無聲 風蕩
> 之鳴. 其躍也或激之. 其趨也或梗之. 其沸也或炙之. 金石之
> 無聲 或擊之鳴.

무릇 세상 만물은 무엇인가 평안함을 얻지 못하면 소리 내어 우는 법이다.
초목은 본래 아무런 소리가 없는 것인데, 바람이 흔들면 소리 내어 울게
된다. 물 역시 아무런 소리가 없는 것인데, 바람이 불어 물결을 일게 하니
소리 내어 울게 된다. 물이 거슬러 올라 높이 뛰는 것은 바람이 격하게 불
기 때문이요, 물이 급히 치닫는 것은 무엇인가가 그 물길을 막기 때문이요,
물이 펄펄 끓어오르는 것은 무엇인가가 뜨겁게 하는 것이 있기 때문이다.
또 쇠와 돌도 마찬가지로 가만히 놓아두면 언제까지고 소리가 없는데, 무
엇인가가 이를 두드려 소리 내어 울게 하는 것이다.

【語義】 物:萬物. 蕩(탕):動과 같음. 或(혹):有와 같음. 趨(추):달리다.
趨의 俗字. 梗(경):塞과 같음. 막히다. 炙(자):원래는 고기를 굽는다는
뜻. 여기서는 熱氣를 더하는 것을 뜻한다.

> 人之於言也亦然. 有不得已而後言. 其謌也有思. 其哭也有
> 懷. 凡出乎口而爲聲者 其皆有弗平者乎.

사람이 말하는 데에도 이와 같으니, 말을 안 하려야 안 할 수 없는 원인
이 있은 뒤에야 비로소 입을 열어 말을 하는 것이다. 사람이 노래를 부르
는 것은, 마음속에 즐거운 생각이 무르익어 그것이 소리가 되어 나타난 것

이다. 또 사람이 슬프게 소리 내어 우는 것은, 가슴속에 서린 회포가 북받쳐 그것이 슬픈 소리가 되어 나타난 것이다. 무릇, 사람이 입을 열어 소리를 냄은, 마음속에 무엇인가 불편한 것이 있기 때문이다.

【語義】 有不得已(유부득이):마지못해 어쩔 수 없는 일이 있음.   謌(가):歌와 순字.   哭:슬픈 일이 있어 소리 내어 욺.   懷(회):가슴속에 담겨 있는 회포.

樂也者 鬱於中 而泄於外者也. 擇其善鳴者 而假之鳴. 金石絲竹匏土革木八者 物之善鳴者也.

음악이란 즐거운 감정이건 슬픈 감정이건, 그것이 가슴속에 쌓이고 쌓여 답답할 때 밖으로 터져 나오는 것이다. 그리고 그것은 사람들이 가슴속에 쌓인 감정을 소리 잘 내는 악기를 빌어 나타내는 것이다. 쇠북·꽹과리 등 쇠로 만든 악기. 경쇠와 같이 옥이나 돌로 만든 악기, 칠현금·비파 등 현악기, 피리·생황 등 죽관(竹管)으로 만든 악기. 바가지에 구멍을 내어 대를 끼워서 만든 악기. 흙을 구워서 만든 악기. 북·장구 등 가죽으로 만든 악기. 그리고 음악을 그치게 할 때에 사용하는 어(敔)라고 하는 악기 등, 이 여덟 가지 종류의 악기들은, 많은 악기 가운데에서도 아주 잘 소리 내어 우는 것들이다.

【語義】 鬱於中(울어중):가슴속의 답답함.   泄於外(설어외):밖으로 새어나옴.   金石絲竹匏土革木:모두 악기 종류. 金은 쇠북, 꽹과리 등, 쇠로 만든 악기. 石은 경쇠 등 옥이나 돌로 만든 악기. 絲는 칠현금, 비파 등의 현악기. 竹은 피리, 생황 등 竹管으로 만든 악기. 匏(포)는 바가지에 구

멍을 뚫고 대를 끼워 만든 생황의 한 가지. 土는 흙을 구워서 만든 피리. 革은 북, 장구 등 가죽으로 만든 악기. 木은 어(敔)로, 모양은 복호(伏虎:엎드린 범) 같으며 등 위에 스물일곱 개의 깔쭉깔쭉한 부분이 있어 그것을 견(籈)으로 긁어 소리를 내는데, 음악을 그치게 할 때에 사용함.

維天之於時也亦然. 擇其善鳴者 而假之鳴. 是故以鳥鳴春 以
雷鳴夏 以蟲鳴秋 以風鳴冬. 四時之相推奪 其必有不得其平
者乎.

이것은 하늘이 나타내 보이는 사계절의 변화에서도 마찬가지이다. 하늘은 사계절의 때에 맞게 잘 우는 것을 가려서, 그로 하여금 울게 한다. 즉 봄에는 새로 하여금 울게 하고, 여름에는 우레로 하여금 울게 하고, 가을에는 벌레로 하여금 울게 하고, 겨울에는 바람으로 하여금 울게 한다. 봄·여름·가을·겨울이 서로 바뀌어 가며 나타나는 것은, 천지의 음양의 조화가 깨어져 나타나는 현상으로, 하늘에도 무엇인가 평정(平靜)을 이루지 못하는 것이 있기 때문이다.

【語義】維(유):강조의 뜻을 나타내는 조사. 天之於時:하늘이 나타내 보이는 四時의 변화. 四時之相推奪(사시지상추탈):四時가 서로 물려주고 빼앗음. 즉 春·夏·秋·冬 四時가 서로 번갈아 가며 나타남.

其於人也亦然. 人聲之精者爲言. 文辭之於言 又其精者也. 尤
擇其善鳴者 而假之鳴. 其在於唐虞 皐陶禹其善鳴者也. 而假
之以鳴. 夔弗能以文辭鳴. 又自假於韶以鳴. 夏之時 五子以
其歌鳴. 伊尹鳴殷 周公鳴周. 凡載於詩書六藝 皆鳴之善者也.

그것은 사람에게도 마찬가지이다. 사람의 소리 가운데에서 가장 깨끗하고 순수한 것이 말이다. 또 문장의 사(辭)는 그 말을 표현한 것 중에서 가장 깨끗하고 순수한 것이다. 사람은 말이든 문장이든 자신의 뜻을 훌륭하게 나타낼 수 있는 것을 선택하여, 그것으로 자신의 뜻을 나타낸다.

옛날, 요순(堯舜) 시대의 현능한 신하였던 고요(皐陶)와 우(禹)는 훌륭한 말과 문장으로 이름을 남겼는데, 이를 기록한 것이《書經》의 〈고요모(皐陶謨)〉와 〈대우모(大禹謨)〉이다. 또 순(舜)임금 때 음악을 맡아 교육하던 기(虁)는, 문장으로써 울 만한 재주가 없어 대신 구소(九韶)의 음악을 빌려 훌륭하게 울었다.

하(夏)의 시대에 와서는, 하(夏)임금 태강(太康)의 다섯 아우가 낙수(洛水)에서 우(禹)임금의 훈계하신 말씀을 들어, 그로써 각각 노래를 지어 울었다. 탕(湯)왕을 도와 은(殷)을 세운 명신(名臣) 이윤(伊尹)은 천하에 자신의 재주를 드러내어 울었고, 성인 주공(周公)은 주(周) 왕조의 기초를 다지고 예악(禮樂)을 제작하는 등 큰 업적으로써 천하에 울었다. 무릇《詩經》·《書經》·《易經》·《春秋》·《禮記》·《樂記》 등 육경(六經)은, 성인의 깊은 도(道)를 나타내 보이는 것으로, 다 울기를 잘 한 것들이다.

【語義】精(정):가장 뛰어나고 좋은 것. 文辭(문사):문장의 辭句. 唐虞(당우):唐堯와 虞舜. 즉 堯舜 시대. 皐陶(고요):舜임금의 신하. 字는 정견(庭堅). 사구(司寇), 옥관(獄官)의 長을 지냈음. 여기서는《書經》의 〈皐陶謨〉를 가리킨다. 禹:堯舜의 신하로서 황하의 홍수를 다스렸음. 여기서는《書經》의 〈大禹謨〉를 가리킴. 虁(기):舜임금의 신하로서 음악을 맡아 교육하였음. 五子:禹의 손자. 啓의 아들로, 夏王 太康의 다섯 아우. 太康이 방종하여, 낙수(洛水) 밖에 사냥을 나가서 석 달 열흘이 되어도 돌아오지 않았다. 그 사이 유궁(有窮) 의 君主가 謀反을 일으켜 河

北을 점령, 太康은 돌아올 수 없게 되었다. 그래서 太康의 다섯 아우가
어머니를 모시고 洛水에서 太康을 기다리면서, 탄식하며 禹임금의 훈
계하신 말씀을 들어 각각 노래를 지어 부르니, 이것이 《書經》 가운데의
〈五子之歌〉이다. 伊尹(이윤):殷나라 湯王의 賢宰相. 湯에게서 세 번 부
름을 받은 다음에 나아가, 湯을 도와 夏의 폭군 걸(桀)을 치고 殷을 세
워, 湯으로 하여금 천하의 王이 되게 한 殷의 功臣. 周公:周公旦. 周 文
王의 아들이며 武王의 아우로서, 武王을 도와 殷나라의 폭군 주(紂)를
치고 周를 세웠다. 武王이 죽은 뒤에는 成王의 섭정(攝政)이 되어, 周 王
朝의 기초를 튼튼히 하였고, 예악(禮樂)을 제작하여 文化 발전에 큰 공
을 남겼다. 聖人 周公은, 孔子가 가장 理想으로 하는 인물이기도 하다.
詩書六藝:《詩經》·《書經》·《易經》·《春秋》·《禮記》·《樂記》의 六經.

周之衰 孔子之徒鳴之. 其聲大而遠. 傳曰 天將以夫子爲木鐸.
其弗信矣乎. 其末也 莊周以其荒唐之辭鳴於楚. 楚大國也. 其
亡也以屈原鳴. 臧孫辰孟軻荀卿以道鳴者也. 楊朱墨翟管夷
吾晏嬰老聃申不害韓非愼到田騈鄒衍尸佼孫武張儀蘇秦之屬
皆以其術鳴.

주(周) 왕조의 세력이 쇠퇴할 무렵에는, 공자와 그의 문인(門人)들이 천
하를 두루 돌아다니면서 옛 성인의 도(道)를 부르짖으며 크게 울었다. 그
소리가 크고 원대하여 천하의 구석구석 멀리까지 퍼져 나갔는데, 후세인
지금까지도 전해져 내려온다. 공자께서 천하를 주류(周流)하며 성인의 도
를 설(說)하게 된 것은 《論語》에 기록된 것과 같이, 하늘이 공자로 하여금
방랑의 길에 오르게 하여 천하에 성인의 도(道)를 밝히게 하고 인간을 교
화시키려 했기 때문이었다. 옛날에 관리가 나라의 명령을 전달하고 사람을

가르칠 때에는 쇠로 만든 목탁을 울리면서 다녔듯이, 하늘은 공자로 하여
금 목탁이 되게 하여 울며 다니도록 했던 것이다.

주(周)나라 말기에 와서는, 장자(莊子)가 인의 도덕을 무시한 황당무계
(荒唐無稽)한 허무 사상을 가지고 울었고, 대국(大國) 초(楚)나라가 진(秦)
나라에 의해 망할 때에는, 멱라(汨羅)에 몸을 던진 비운의 애국 시인 굴원
(屈原)이 자신의 충정(衷情)과 우국(憂國)의 정을 담은 〈이소(離騷)〉를 지
어 울었다.

또 노(魯)나라의 대부 장문중(臧文仲), 공자의 인(仁)의 사상을 계승 발전
시켜 성선설(性善說)을 주장한 맹자(孟子), 공자의 예(禮)의 사상을 계승하
여 성악설(性惡說)을 주장한 순자(荀子), 이들은 모두 인의(仁義)의 도(道)
로써 어지러운 전국시대에 울었다.

그리고 철저한 개인주의 · 위아주의 (爲我主義)를 주장한 양주(楊朱), 묵
가(墨家)의 시조(始祖)로 양주의 위아주의에 반기를 들고 겸애주의(兼愛主
義)를 주장한 묵자(墨子), 제(齊)나라 환공(桓公)의 명재상(名宰相)으로 패
도 정치(覇道政治)를 편 관중(管仲), 검약을 주장한 제(齊)나라의 명신(名臣)
안평중(晏平仲), 도가(道家)의 시조로 무위자연(無爲自然)을 주장한 노자(老
子), 형명(刑名)의 학(學)으로 법가(法家)의 시조가 된 신불해(申不害), 법가
의 학(學)을 대성하여 진(秦)의 천하통일에 기여한 한비(韓非), 황제(黃帝)
와 노자의 도(道)인 자연의 세(勢)를 설(說)한 신도(愼到), 제(齊)의 학자이자
변설가(辯舌家)인 전병(田騈)과 추연(鄒衍), 진(秦)에서 부국강병책(富國强
兵策)을 편 상앙(商鞅)의 스승 시교(尸佼), 제(齊)나라 사람으로 병법(兵法)
의 달인(達人) 손무(孫武), 연횡책(連衡策)을 설(說)하여 육국(六國)을 깨뜨
리고 진(秦)의 재상이 된 장의(張儀), 천하의 변설가로 육국 합종책(合縱策)
을 주장한 소진(蘇秦) 등의 무리는, 모두 제 나름대로의 술책(術策)을 하나
씩 들고 나와, 그 어지러운 전국시대에서 열심히 울어 댔던 것이다.

【語義】孔子之徒(공자지도):孔子와 그의 門弟 72人. 傳:여기서는 四書 가
운데 하나인 《論語》를 말한다. 夫子:孔子에 대한 경칭(敬稱). 지금의
先生님이란 말과 통한다. 木鐸(목탁):쇠로 만든 방울의 한가지로, 옛날
에 관리가 이것을 흔들고 다니며 정치 명령을 백성들에게 전달하고 사
람들을 가르쳤다. 孔子가 방방곡곡을 돌아다니며 仁義의 道를 說하고,
文敎를 펴므로 그렇게 말한 것이다. 여기에 인용된 글은 《論語》〈八佾
篇〉에 나오는 말이다. '여러분은 어째서 선생님께서 잠시 동안 벼슬자리
를 잃으신 것을 근심합니까? 천하가 무도(無道)한 지 오래되었는지라,
하늘이 장차 선생님으로 세상을 깨우치는 목탁을 삼으려고 합니다(二
三子 何患於喪乎. 天下之無道也久矣 天將以夫子爲木鐸).' 莊周(장주):
전국시대의 楚나라 사람으로, 老子와 함께 虛無, 無爲自然을 주장한 道
家의 祖宗. 荒唐之辭(황당지사):너무 크고 허황된 言說. 莊子의 思想이
仁義道德을 초월한 것이어서, 荒唐하다 한 것임. 屈原(굴원):전국시대
楚나라의 애국 시인으로, 초사(楚辭) 문학의 開祖. 臧孫辰(장손진):魯
나라의 大夫 臧文仲. 孔子보다 先輩로서, 당시의 賢者. 孔子는 그에게
不仁과 不智가 셋씩 있다고 했음. 孟軻(맹가):儒敎의 正統인 孟子. 荀
卿(순경):荀子. 儒敎를 集大成한 전국시대의 大儒. 孟子의 性善說에 대
하여 性惡說을 제창하였다. 楊朱(양주):전국시대의 사상가로, 字는 子
居. 철저한 個人主義·爲我主義를 주장하여, 조금이라도 남의 이익을
위해서 노력할 필요도 없지만 자신의 快樂을 위해서 털끝만치도 남에
게 해를 끼쳐서도 안 된다고 하였다. 墨翟(묵적):墨家의 始祖. 楊朱의
爲我主義에 대립하여 겸애주의(兼愛主義)를 주장하였다. 절약·克己를
說하고, 非戰論·禮樂否定論 등을 주장한 社會主義的 思想家이다. 管
夷吾(관이오):齊나라 桓公의 名宰相 管仲. 夷吾는 그의 字. 桓公을 도
와 그로 하여금 춘추 5패(春秋五覇)의 우두머리가 되게 한 큰 功臣이

다. 仁·義·禮의 도덕보다 권모술수를 앞세우며 功利를 먼저 하는 霸道政治를 폈다. 晏嬰(안영):齊나라의 名臣 晏平仲. 齊의 靈公·莊公·景公을 섬겼다. 절검(節儉)을 내세워 儉約의 정치를 주장하였다. 景公이 孔子를 쓰려 했을 때 반대했다. 老聃(노담):老子. 楚나라 사람으로, 姓은 李氏, 이름은 耳, 字는 伯陽, 시호(諡號)는 聃. 道家의 始祖로, 虛無·無爲自然을 주장하였음. 그의 저서로는 84章으로 이루어진 五千字의 《道德經》이 있음. 申不害:(신불해):韓의 소후(昭侯)에게 出仕했던 전국시대의 정치가. 刑名의 學으로 法家의 始祖가 되었으며, 法治政治를 폈다. 韓非:전국시대의 法治主義者. 이사(李斯)와 함께 荀子에게서 배웠으며, 刑名法術의 學을 大成하였다. 愼到(신도):전국시대 趙나라의 학자로, 法家의 한 사람. 黃帝·老子의 道德의 術을 배워 十二論을 지었다. 田騈(전병):齊의 학자며 변론가(辯論家)로, 齊 宣王이 우대하여 직하(稷下)에서 살았다. 《田子》25편을 지었다. 鄒衍(추연):대단한 변설가(辯舌家)로, 세상에선 그를 談天衍이라 불렀다 한다. 尸佼(시교):楚나라 사람으로, 秦의 富國强兵策을 편 法家 상앙(商鞅)의 스승이다. 商鞅이 거열(車裂)의 刑을 받자, 蜀으로 도망했다. 孫武:齊나라 사람으로, 兵法의 達人. 吳起와 함께 孫吳라 일컬어지며, 兵書《孫子》를 남겼다. 張儀(장의):魏의 사람으로, 소진(蘇秦)과 함께 齊의 鬼谷子에게서 종횡(縱橫)의 術策을 배웠다. 여횡책(連衡策)을 說하여 6國을 깨뜨리고 秦의 宰相이 되었다. 蘇秦(소진):河南 洛陽 사람. 齊·楚·韓·魏·燕·趙의 6國이 동맹하여 强大國인 秦에 대항하자는, 이른바 합종책(合縱策)을 說하였다. 위의 張義와 함께 辯舌에 뛰어난 모사(謀士)로 이름 높으며, 縱橫家라 불린다. 術:方策. 學問.

秦之興 李斯鳴之. 漢之時 司馬遷相如揚雄最其善鳴者也. 其
下魏晉氏 鳴者不及於古. 然亦未嘗絕也. 就其善鳴者 其聲清
以浮 其節數以急 其辭淫以哀 其志弛以肆. 其爲言也 亂雜而
無章. 將天醜其德 莫之顧邪. 何爲乎不鳴其善鳴者也.

진(秦)나라 천하가 되자, 재상 이사(李斯)가 시황제(始皇帝)의 폭정을 도
와 크게 울었다. 그리고 한(漢)나라 무제(武帝) 때에는, 사관(史官) 사마천
(司馬遷)이《史記》130권을 저술하고, 부문학(賦文學)의 대가 사마상여(司
馬相如)가〈子虛賦〉·〈上林賦〉·〈大人賦〉등의 노래를 짓고, 유학자로서
부문학에도 뛰어난 양웅(揚雄)이〈甘泉賦〉·〈河東賦〉·〈長楊賦〉등 명문
을 짓고, 또《太玄經》·《揚子法言》·《揚子方言》등 훌륭한 저서를 남겼는
데, 이들 세 사람이야말로 그 시대 사람들 중에서 가장 잘 운 사람들이라
할 수 있다.

그 밑으로 내려와 위(魏) 및 진(晉)의 시대에 이르러서는, 자신의 사상과
감정을 문장을 빌려 나타낸 사람이 다행히 끊이지 않고 있기는 했지만, 그
모두가 옛 문장의 빼어남에는 도저히 미치지 못하였다. 그 시대에 가장 잘
운 사람의 문장에서도, 음운(音韻)만 맑고 고우며 겉만 화려하지, 내용에
진실성이 없고 빈약하며, 음운의 절주(節奏)가 번거롭게 잦고 급해서 여유
가 없다. 또 문사(文辭)가 음탕하고 지나치게 감상에 젖어 중정(中正)을 잃
고, 나타난 글쓴이의 뜻이 맺힌 데가 없이 제멋대로여서 고상한 맛이 없다.
한마디로 언설(言說)이 난잡하여 문장의 아름다움이란 찾아볼 수가 없다.

어찌 하늘이 위(魏)·진(晉)의 임금의 덕을 미워하여 돌아보지 아니한 탓
이라 말하지 않을 수 있겠는가. 어찌하여 좀 더 훌륭하게 울 수 있는 사람
들을 내어 그들로 하여금 잘 울게 하지 않으셨던가.

【語義】 李斯(이사):韓非와 함께 荀子에게서 배웠으며, 뒤에 秦 始皇帝의 폭정(暴政)을 도와 宰相이 되었다. 秦始皇 34년에 있었던 이른바 분서갱유(焚書坑儒)의 강행도 李斯의 政策이다. 韓非와는 同門의 사이이나, 韓非의 뛰어난 재주를 두려워한 나머지 韓非를 무고(誣告)하고, 獄中에 있는 그에게 毒藥을 보내어 자살시켰다. 司馬遷(사마천):前漢의 역사학자. 字는 子長.《史記》130권을 저술했다. 相如:司馬相如. 漢代의 文人으로 賦文學의 大家.〈子虛賦〉·〈上林賦〉·〈大人賦〉등의 名文을 남겼다. 揚雄(양웅):前漢 末의 大儒이며 大文章家였는데, 불우(不遇)하였다. 字는 子雲. 賦文學에 뛰어나,〈甘泉賦〉·〈河東賦〉·〈長楊賦〉등의 名文을 지었으며,《太玄經》·《揚子法言》·《揚子方言》등의 名著를 남겼다. 韓愈가 매우 흠모한 사람이다. 清以浮(청이부):맑으나 가벼움. 곧 문장의 語句는 맑고 아름다우나, 실속 없이 겉만 화려하여 내용이 빈약하고 진실성이 없다는 뜻. 數以急(삭이급):잦고 급함. 문장의 音韻의 절주(節奏)가 번거롭게 잦으며, 급해서 여유가 없음. 淫以哀(음이애):文辭가 음탕하고 지나치게 감상적이어서, 中正을 잃고 있음. 詩의 正風은, '아무리 즐거워도 음탕한 쪽으로 흐르지 않고, 아무리 슬퍼도 마음을 상하게 하는 데에까지는 이르지 않는 것'이다. 弛以肆(이이사): 늘어져 방자함. 곧 문장에 사상 전개의 흐름이 느슨하며 제멋대로여서, 高尚한 맛이 없음. 亂雜以無章(난잡이무장):言辭가 질서 없이 뒤섞이고 文彩가 전연 없음.

唐之有天下 陳子昂蘇源明元結李白杜甫李觀 皆以其所能鳴. 其存而在下者 孟郊東野始以其詩鳴. 其高出晉魏 不懈而及於古. 其他浸淫乎漢氏矣. 從吾遊者 李翶張籍其尤也. 三子者之鳴 信善鳴矣.

당(唐)의 천하가 되어서는, 당시(唐詩)를 풍아(風雅) 높은 고도(古道)로 돌이킨 당시(唐詩)의 선구자 진자앙(陳子昂), 안록산(安祿山)의 난을 만나서도 붓을 꺾지 않고 문사(文辭)로서 이름을 날린 소원명(蘇源明), 숙종(肅宗) 때에 〈대당중흥송(大唐中興頌)〉을 짓고 빼어난 시를 모아 《협중집(篋中集)》을 편찬한 원결(元結), 당대(唐代) 제일의 시인으로 만고에 그 이름을 떨친 시선(詩仙) 이백(李白)과 시성(詩聖) 두보(杜甫), 뛰어난 문재(文才)를 타고나 당대(當代)의 문장가와 우열을 다투었던 이관(李觀) 등, 이들은 모두 제각기 타고난 재주를 가지고 당(唐)나라에서 한바탕 멋지게 울고 간 사람들이다.

그들이 사라진 다음으로는 지금, 동야(東野)라는 자(字)를 가진 맹교(孟郊)가 뛰어난 시로써 아름답게 울고 있다. 그의 시가(詩歌)는 위(魏)·진(晋) 시대의 것보다 훨씬 격조(格調)가 높고 뛰어나, 그가 노력만 게을리 하지 않는다면 머지않아 문채(文彩)와 풍골(風骨)이 뛰어난 옛 글에 미칠 것이다. 또 그의 시 이외의 문장은, 한대(漢代)의 문장이 지녔던 고상(高尚)한 격조에 점점 젖어들고 있어, 곧 한(漢)나라 문인들의 작품에 필적할 것이다.

나를 따르며 내게서 문장을 배운 사람 가운데에서 이고(李翶)와 장적(張籍)이 가장 글을 잘 짓는 사람들인데, 맹교(孟郊)까지 합하여 이들 세 사람이야말로, 좋은 문장으로 참으로 잘 우는 사람들이라 할 수 있다.

【語義】 陳子昂(진자앙):初唐의 詩人으로 字를 白玉이라 하며, 唐詩의 선구자로 추대된다. 〈感遇詩〉38首가 있다. 蘇源明(소원명):字는 弱夫. 처음 이름은 預. 안록산(安祿山)이 入京하여 源明을 복종시키려 했으나, 듣지 않았다. 숙종(肅宗) 때, 考功郎中이 되었다. 文辭가 巧美하였다. 元結(원결):忠義 사람으로 字를 次山이라 하며, 肅宗 때에 〈詩議〉3편, 〈大唐中興頌〉, 〈賦退〉 등을 지었다. 李白杜甫:唐代 제일의 詩人 李白과

杜甫. 李白은 詩仙이라, 杜甫는 詩聖이라 불린다. 李觀(이관):字는 원빈(元賓). 독창적인 문장을 지었을 뿐 아니라 文才 또한 뛰어나 韓愈에 필적할 만한 文人이었는데, 아깝게도 29세에 요절하였다. 其高:東野가 지은 시의 격조(格調)가 높은 것. 出晉魏(출진위):晋·魏를 뛰어넘다. 즉 東野의 글은, 文辭만 화려할 뿐 힘이 없고 내용이 빈약한 六朝 시대의 글을 닮은 것이 아니라, 그에 앞서 風骨이 당당했던 漢代의 글을 닮았다는 뜻. 不懈(불해):게을리 하지 않음. 古:文彩와 風骨이 뛰어난 옛 글. 其他:맹교(孟郊)의 詩 이외의 문장. 浸淫(침음):물이 스며들듯이 점점 가까워짐. 漢氏(한씨):漢代의 문장. 李翶(이고):字를 習之라 하며, 韓愈에게서 문장을 배워 文名이 높았다. 성격이 强硬하여, 宰相 이봉길(李逢吉)의 허물을 그의 면전에서 꾸짖어 여주(廬州)의 知事로 좌천되었다.《復性書》3편이 전한다. 張籍(장적):字는 文昌. 韓愈에게서 문장을 배웠으며, 韓愈의 추천으로 國子博士가 되었다. 文名으로 이름이 높았다. 尤(우):가장 뛰어남.

抑不知 天將和其聲 而使鳴國家之盛邪. 抑將窮餓其身 思愁其心腸 而使自鳴其不幸邪. 三子者之命 則懸乎天矣. 其在上也奚以喜. 其在下也奚以悲. 東野之役於江南也 有若不懌然者. 故吾道其命於天者以解之.

아, 모르겠노라.

하늘이 장차 이들 세 사람으로 하여금 서로의 시문(詩文)을 화(和)하게 하여, 당(唐)나라의 태평세월을 천하에 노래하도록 하려 함인지도……. 아니면 이들을 궁(窮)하게 하고 주리게 하여 이들의 가슴속에 시름과 근심이 가득 깃들이게 한 다음, 이들로 하여금 자신의 불행과 비탄을 만고(萬古)에 남을 문장으로 지어 울게 하려 함인지도…….

죽고 삶, 귀하게 되고 천하게 되는 것, 이것은 오로지 천명(天命)에 달린 것이다. 이제 이들 세 사람의 명(命) 또한 하늘에 있거늘, 윗자리에 앉았다 즐거워할 것이 무엇이며, 아랫자리에 있다 슬퍼할 것이 무엇이겠는가.

벗 동야(東野)가 명을 받아 멀리 강남(江南)으로 가게 되었는데, 그는 가는 자리가 한직(閑職)이라 실망의 빛을 감추지 못하고 있다. 내 이에, 인간의 명(命)은 오로지 하늘에 달렸음을 이야기하여 그를 위로하고자 한다.

동야여, 우리들은 모두 천명(天命)에 따라 타고난 재주대로 한바탕 울고 갈 뿐일세…….

【語義】 抑(억):의문(疑問)의 辭로 쓰임.　和其聲(화기성):소리를 和하게 함.　窮餓(궁아):곤궁하여 배를 주림.　命則懸乎天(명즉현호천):운명은 곧 하늘에 달려 있음. 인간의 힘으로는 도저히 어떻게 할 수 없는 경우를 말함.《論語》〈顔淵篇〉의, '죽음과 삶은 명에 달렸고, 부귀는 하늘에 달렸다(死生有命 富貴有天).'에서 나온 말.　役:명령을 받아 任地로 가는 것.　懌然(역연):기뻐하는 모양. 本集에는 釋然으로 되어 있음.

【解說】 이 글은 韓愈가 임지(任地)로 떠나는 벗 맹동야(孟東野)와 이별에 부쳐 지은 글이다.

孟東野의 이름은 교(郊)이며, 東野는 그의 字이다. 浙江 武康 사람으로, 고상한 절조(節操)를 지켜 嵩山에 숨어 살다가 唐나라 德宗 貞元 12년에 進士에 급제하니, 그의 나이 50세였다. 그 뒤 4년 만에 발령을 받았는데, 멀리 江南 율양(溧陽)의 위(尉)라고 하는 보잘것없는 자리였다. 이에 東野는 크게 실망하여 失意에 빠지고 말았다. 평소 東野와 문장의 벗으로 가까이 지내던 韓愈는 그런 東野를 위로하기 위하여 이 글을 지어 보냈다.

　사첩산(謝疊山)은 이 글을 평하여, "630여 자로 이루어진 이 한 편에, 鳴 字가 39번이나 나온다. 그러한데도 독자가 번잡함을 느끼지 않는 것은 무슨 까닭일까? 39가지의 구법(句法)의 변화, 돈좌(頓挫:문장의 기세가 갑자기 부드럽게 바뀌는 것)가 있고, 승강(升降:오르내림)이 있으며, 기복(起伏)이 있고, 억양(抑揚)이 있어, 첩첩(疊疊)한 산봉우리와도 같고, 노한 파도와도 같다. 한 구(句)도 허술한 句가 없고, 한 字도 쓸데없는 字가 없다. 읽으면 읽을수록 더욱 맛이 난다."고 했다.

　이 序의 文은, 운다(鳴)는 말을 의지 표시나 사상의 표현이라는 의미로 사용하여 구상(構想)을 전개시키고 있다. 먼저 세상 만물은 평안을 얻지 못했을 때 우는 것이라 하여, 사람이 말을 하는 것도 평안을 얻지 못했을 때의 부득이한 결과임을 이야기한다. 음악은 物 중에서 잘 우는 것을 사용하여 마음속의 울(鬱)을 풀어 없애는 것, 자연의 풍물(風物)이 우는 것은 천지의 음양(陰陽)의 조화가 깨어짐으로 해서 일어나는 움직임 때문이며, 또 그 때문에 사계절의 변화가 생기는 것이라 한다. 다음에 언설(言說)·음악·시가(詩歌) 등에 의해서 사상을 표현하는 자, 이른바 인간이 우는 것에 대해서 언급, 중국 역사상의 저명한 인물에 대하여 열거하고, 당대(唐代)에 이르러 이 序를 받을 장본인인 孟東野와 그의 벗 이고(李翶)·장저(張籍)에 대해서 이야기한다. 그늘은 참으로 잘 운다는 것, 즉 재학(才學)이 뛰어났음을 말하고, 하늘이 그들에게 불행한 경우를 당하게 하여 그들로 하여금 그 시름과 비탄을 만고(萬古)에 남을 문장으로 짓도록 할지도 모른다고 생각한다. 그리고 이런 경우의 불행은 천명(天命)이니, 東野가 江南(현재의 湖南)의 보잘것없는 자리에 부임하게 된 일 또한 天命일지도 모른다고 암시하여 東野를 위로하는 것이다.

여기서 주목해야 할 것은 작자는 벗 東野에게, 그 才學으로써 心中의 사상을 표현하여 대문장(大文章)을 지어야 하지, 자신의 불행한 처지를 슬퍼하여 그 때문에 불평을 일삼아서는 안 된다는 것을 말하고 있다는 사실이다. 또한 역대(歷代) 文化史에서 뛰어난 위인(偉人)들과 필적하는 인물로서 孟東野를 높이 평가함으로써, 孟東野로 하여금 그의 才學으로써 나라를 위해 크게 울 수 있도록 해 주기를 조정의 윗사람들에게 요망하는 뜻도 겸하고 있음을 알 수 있다. 실로 '운다[鳴]'는 말을 자유자재로 구사했다 할 수 있다.

또 孟東野의 詩文을 평하여, 詩는 위(魏)·진(晉) 시대의 것보다 뛰어나, 노력만 게을리 하지 않는다면 옛 글에 필적할 것이라 하고, 그밖의 문장은 한대(漢代)의 문장에 접근할 것이라고 말한다. 이 말에는 古文복귀 운동에 앞장섰던 韓退之의 문학관(文學觀)이 명백히 드러나 있다.

송이원귀반곡서:한퇴지(送李愿歸盤谷序:韓退之)

太行之陽有盤谷. 盤谷之閒 泉甘而土肥 艸木叢茂 居民鮮少.
或曰 謂其環兩山之閒 故曰盤. 或曰 是谷也 宅幽而勢阻 隱者
之所盤旋. 友人李愿居之.

태행산(太行山) 남쪽에 반곡(盤谷)이 있다. 그곳은 단 샘물이 사철 넘쳐
흐르고, 기름진 땅에는 초목이 무성하며, 인적이 드물어 늘 고요하다.

어떤 이는 말하기를,

"두 개의 산이 빙 둘러싼 사이에 있어서 '반곡(盤谷)'이라 한다."고 하고,
또 어떤 이는 이렇게 말한다.

"이 골짜기는 집터로서도 깊고 그윽한 데다가 지세도 험하여, 세상을 등
진 은사(隱士)가 반선(盤旋:두루 돌아다니며 놂)할 만한 곳이라 하여 '반곡
(盤谷)'이라 한다."

나의 벗 이원(李愿)이 바로 그곳에서 산다.

【語養】太行之陽:太行山의 남쪽. 盤旋(반선):두루 돌아다니며 놂.

愿之言曰 人之稱大丈夫者 我知之矣. 利澤施于人 名聲昭于
時. 坐于廟堂 進退百官 而佐天子出令. 其在外 則樹旗旄 羅
弓矢 武夫前呵 從者塞塗 供給之人 各執其物 夾道而疾馳. 喜
有賞 怒有刑. 才俊滿前 道古今而譽盛德 入耳而不煩. 曲眉豊
頰 清聲而便體 秀外而惠中 飄輕裾 翳長袖 粉白黛綠者 列屋
而閑居 妬寵而負恃 爭妍而取憐. 大丈夫之遇知於天子 用力於
當世者之所爲也. 吾非惡此而逃之. 是有命焉. 不可幸而致也.

일찍이 이원(李愿)이 말했다.

"세상 사람들은 대장부(大丈夫)라 일컫는 사람들이 어떠한 사람인지를 잘 안다.

그들은 남에게 이익과 은택을 베풀며, 명예와 이름을 당대에 널리 빛내는 사람들이다. 조정(朝廷)에서는 재상의 자리에 앉아 백관(百官)의 진퇴를 다스리고, 천자를 도와 천하에 영(令)을 편다. 조정 밖에 나와 행차할 때에는, 이우(犛牛)의 꼬리를 단 기가 앞에 높이 서고, 활을 든 무사들이 즐비하게 늘어서며, 선두에 선 호위병들이 벽제(辟除) 소리로 길을 열고, 뒤따르는 종자들이 길을 메우며, 수행원들이 각자 그 직책에 따른 집물(執物)을 들고 길 양편에서 따른다. 마음을 즐겁게 해 주는 자에게는 상을 내리고, 노엽게 하는 자에게는 벌을 내린다.

또 뛰어난 재사(才士)들이 구름처럼 모여 앉아, 고금(古今)의 일을 예로 들며, 대장부라 불리는 그 사람들의 성덕(盛德)을 찬양하는데, 그 어느 소리도 귀에 거슬리는 소리가 없다.

초승달 같은 눈썹에 붉고 풍만한 볼, 옥을 굴리듯 맑은 목소리에 우아한 몸가짐, 빼어난 외모에 고분고분 유순한 마음씨를 지닌 미인들이, 옷자락을 가볍게 날리며 긴 소매로 몸을 가리고, 분을 칠해 눈처럼 흰 얼굴에 검푸른 눈썹을 그리고, 늘어선 집에 기거하면서 서로 귀인(貴人)의 총애를 질투하여 자신들의 고운 모습을 뽐내고, 아름다움을 다투며 귀인의 마음을 얻고자 애를 쓴다.

한마디로 대장부란, 천자에게 중히 등용되어, 자신의 재주를 세상에 마음껏 드러낼 수 있는 사람이다. 나는 결코 이러한 대장부가 되기 싫어서 못된 것이 아니다. 대장부가 되고 못 되고는 오로지 명(命)에 달려 있기 때문이다. 내가 원한다고 하여 세상일이 내 뜻대로 이루어지는 것은 아니다. 인의(仁養)를 펴는 것은 인간으로서 당연한 도리일 뿐, 결코 한 인간의 부귀에 이바지하는 것은 아니다. 부귀란 인의를 실행한 것에 대한 하늘의 보답이 아니라, 이미 정해진 명(命)인 것이다."

【語義】願之言(원지언):이것은 작자 韓愈가 李願의 말이라 하며 자신의 뜻을 서술한 것이다. 大丈夫(대장부):재주와 기량이 뛰어나고, 뜻을 얻어 크게 起用되어 만인의 존경을 받는 사람. 利澤(이택):利益과 恩澤. 廟堂(묘당):조정(朝廷). 在外:外出時에는. 이것을 조정 밖에서 나라를 지키는 將軍의 일로 해석하기도 하지만, 下文의 행렬은 武將에만 한하는 것은 아니다. 旗旄(기모):이우(犛牛:검정소)의 꼬리를 단 기. 羅(라):늘어놓음. 呵(가):꾸짖음. 貴人들의 행차 앞에서 벽제(辟除) 소리를 하는 것. 塞塗(색도):길을 막음. 뒤따르는 사람이 많아 길을 메울 정도라는 뜻. 供給之人(공급지인):貴人의 측근에서 쓰임새를 조달(調達)하는 사람. 喜有賞(희유상):貴人을 기쁘게 하면 賞을 받게 됨. 才俊滿前(재준만전):貴人 앞에 모여든 수많은 才士들. 淸聲而便體(청성이편체):淸聲은 맑은 목소리, 便體는 품위 있는 몸가짐. 秀外而惠中(수외이혜중):외모(外貌)는 뛰어나게 아름답고 속마음은 유순(柔順)하여, 남을 거스르지 아니함. 飄輕裾 翳長袖(표경거 예장수):옷자락을 가볍게 날리면서 긴 소매로 얼굴을 가림. 粉白黛綠(분백대록):분을 바른 얼굴이 희고, 눈썹을 그린 먹이 검푸름. 즉 美人의 형용. 負恃(부시):의지하고 믿음. 곧 자신의 아름다움을 믿고 뽐냄. 取憐(취련):사랑을 얻고자 함.

窮居而野處 升高而遠望. 坐茂樹以終日 濯淸泉以自潔. 採於山美可茹 釣於水鮮可食. 起居無時 惟適所安. 與其譽於前 孰若無毀於其後. 與其樂於身 孰若無憂於其心. 車服不維 刀鋸不加 理亂不知 黜陟不聞. 大丈夫不遇於時者之所爲也. 我則行之.

"이에 반해 은자(隱者)는, 때를 만나지 못해 산야에 묻혀 사는 사람으로서, 때로는 높은 산에 올라 먼 데를 바라보기도 하고, 때로는 녹음이 우거진 나무 밑에 앉아 하루해를 보내기도 하며, 맑은 샘물에 몸과 마음을 씻어 스스로를 깨끗하게 한다.

산에서 캔 산나물도 먹음직스럽고, 물에서 건진 물고기 또한 신선하며 먹음직스럽다. 벼슬에 매인 몸이 아니니, 앉고 섬에 때와 장소를 가릴 것 없이 마음 내키는 대로 한다.

때를 만나 기용된 사람은, 앞에서는 칭찬을 받아도 뒤에서는 헐뜯음을 당하기 일쑤, 앞에서 칭찬을 받는 것과 뒤에서 헐뜯기지 않는 것 중 어느 것이 낫겠는가. 욕됨이 기다릴지도 모르는 일신의 영화를 누리는 것과 마음에 근심이 없는 것 중 어느 것이 낫겠는가. 칭찬도 없지만 헐뜯음도 없는, 영원히 근심 없이 마음의 평안을 즐길 수 있는 은자의 즐거움이야말로 참 즐거움이 아니겠는가.

은자야 거추장스럽게 거마(車馬)와 예복에 매일 것이 없고, 죄지을 일이 없으니, 평생 칼이나 톱 같은 형구(刑具)와 벗할 리 없으며, 세상을 떠나 사니 나라가 잘 다스려지건 어지럽게 되건 마음 괴롭힐 일이 없고, 관직에서 쫓겨나거나 더 높은 지위에 나아가거나 하는 따위에 귀를 기울일 일이 없다.

이것이야말로 세상에 태어나 재주가 있음에도 때를 얻지 못한 대장부가 할 만한 일이 아니겠는가. 나 이제 이 길을 택하여, 속세 밖에서 평생을 소요하리라."

【語義】 窮居而野處(궁거이야처):궁하게 살며 野에 있음. 불우(不遇)하여 세상에 쓰이지 못하고 들어앉아 있는 사람을 말함. 自潔(자결):몸을 깨끗이 하는 것뿐만 아니라 마음까지도 깨끗이 하는 것을 말함. 茹(여):

食의 뜻으로 쓰였음. 與其(여기):'~하기 보다는'의 뜻. 사물을 비교해 말할 때에 씀. 孰若(숙약):어느 편이 나은가. 두 가지 일을 놓고 비교하여 물을 때에 씀. 車服(거복):車馬와 禮服. 維(유):얽어맴. 속박(束縛)을 의미한다. 刀鋸(도거):칼과 톱. 곧 刑具. 理亂(이란):治亂과 같음. 黜陟(출척):黜은 관직에서 쫓겨나는 것. 陟은 벼슬이 오르는 것.

伺候於公卿之門 奔走於形勢之途 足將進而趑趄 口將言而囁
嚅. 處汚穢而不羞 觸刑辟而誅戮 僥倖於萬一 老死而後止者.
其於爲人 賢不肖何如也.

"명리욕(名利欲)에 눈이 먼 무리는, 눈만 뜨면 삼공(三公) 구경(九卿)의 대문 앞에 모여 머리를 조아린 채 높으신 분의 기분을 살피고, 권문세족(權門勢族)의 집 앞을 분주히 뛰어다닌다. 또 행여 화를 입을까 두려워, 할 일이 있어도 나아가지 못하고 주저하며, 할 이야기가 있어도 입 밖으로 꺼내지 못하고 머뭇거리며 눈치만 살핀다.

더러움에 몸담고 있으면서도 부끄러운 줄 모르고, 공연히 죄를 입어 죽임을 당하기 일쑤이다. 만에 하나 있을까 말까 한 영달(榮達)의 요행을 바라 버둥거리다가, 늙어 죽은 다음에야 그 헛된 욕심을 버린다.

지금까지 이야기한, 때를 만나 뜻을 이룬 대장부, 재능이 있어도 쓰이지 못한 채 세상을 등진 은자, 오로지 헛된 명리를 찾아 생(生)을 재촉한 무리, 과연 이 가운데 어느 것이 뛰어난 것이고 어느 것이 못난 것이겠는가."

【語義】 伺候(사후):윗사람을 방문함. 轉하여 윗사람의 기분을 살피는 것.
公卿(공경):三公 九卿. 곧 高官을 가리킴. 形勢(형세):세력이 있는 사람. 趑趄(자저):머뭇거리는 모양. 趑는 趀와 仝字. 囁嚅(섭유):겁이

나서 말을 하려다가 머뭇거리는 모양.　刑辟(형벽):刑罰.　誅戮(주륙):
죽임을 당함.　僥倖(요행):뜻밖에 얻은 행복.　賢不肖(현불초):뛰어난
것과 열등한 것.

> 昌黎韓愈聞其言而壯之 與之酒 而爲之歌曰.

창려(昌黎) 한유(韓愈)가 그 말을 듣고서 그의 뜻을 장하게 여겨, 그에게
술을 권하며 노래를 지어 부르니 이러하다.

【語義】 昌黎(창려):원래는 地名.　韓愈가 昌黎 사람이어서, 韓愈를 昌黎先
生이라 부른다.

盤之中維子之宮
반 지 중 유 자 지 궁
반곡 안, 그곳은 그대의 집.

盤之土維子之稼
반 지 토 유 자 지 가
반곡의 기름진 땅, 그대가 곡식 심어 거둘 땅.

盤之泉可濯可湘
반 지 천 가 탁 가 상
반곡의 맑은 샘, 그대의 손발을 씻고 목을 축일 물.

盤之阻誰爭子所
반 지 조 수 쟁 자 소
반곡은 험한 곳, 누가 그대의 땅을 탐내어
뺏고자 다툴 수 있으리…….

窈而深廓其有容
요 이 심 확 기 유 용
깊고 그윽한 데다가 넓어, 사람 살기에
더없이 좋은 곳.

繚而曲如往而復
요 이 곡 여 왕 이 복
구불구불 굽이돈 골짜기가 들어가는 듯하면서
되돌아 나오는 곳.

嗟盤之樂兮
차 반 지 락 혜
아, 반곡에서 노니는 즐거움이여!

樂且無央
낙 차 무 앙
그 즐거움 누리고 누려도 다함이 없어라.

虎豹遠跡兮
호 표 원 적 혜

범과 표범이 발걸음을 않고

蛟龍遁藏
교 룡 둔 장

교룡마저 깊이 몸을 숨겨 나타나지 않으니

鬼神守護兮
귀 신 수 호 혜

이는 귀신이 그대를 수호하려고

呵禁不祥
가 금 불 상

상서롭지 못한 것들을 모조리 꾸짖어 막음일세.

飲且食兮壽而康
음 차 식 혜 수 이 강

맑은 물 여문 곡식 먹고 마시며
오래오래 마음 편히 지내니

無不足兮奚所望
무 부 족 혜 해 소 망

부족함이 없는 세상 더 바랄 게 있겠는가.

膏吾車兮秣吾馬
고 오 거 혜 말 오 마

나도 수레에 기름 치고 배불리 말을 먹여

從子于盤兮
종 자 우 반 혜

그대 따라 축복받은 반곡으로 가

終吾生以徜徉
종 오 생 이 상 양

이 생명 다하도록 함께 소요할거나.

【語義】維(유):此와 같음. 子:君과 같은 뜻. 李愿을 가리킴. 稼(가):곡식
을 심음. 湘(상):물을 끓임. 음식을 삶음. 窈(요):깊고 고요함. 廓(확):
크고 넓음. 繚而曲如往而復(요이곡여왕이복):반곡의 길이 산을 굽이돌
아, 들어가는 것이 마치 되돌아 나오는 것 같다는 뜻. 央(앙):盡과 같
음. 遁(둔):달아남. 숨음. 呵(가):큰 소리로 꾸짖음. 膏(고):기름. 여
기서는 수레를 손질한다는 뜻. 秣(말):말을 먹임. 徜徉(상양):徘徊와
같음.

【解說】이 글은 한유(韓愈)가 속세를 떠나 태행산(太行山) 남쪽 반곡(盤谷)으로 은거(隱居)하려는 이원(李愿)에게 보내는 序이다. 이원은 당(唐)나라 덕종(德宗) 때의 공신(功臣) 이성(李晟)의 아들로, 원화(元和) 초에 절도사로 있었으나 뒤에 수주자사(隨州刺史)로 좌천된 채 끝내 뜻을 얻지 못했다. 반곡(盤谷:河南省 濟源縣)에 이 〈送李愿歸盤谷序〉의 석각(石刻)이 있다고 한다. 한유의 나이 34세, 변경(汴京:河南省 開封縣)의 난(亂)을 피하여 낙양(洛陽)에 와서 관직을 구하려 하던 때에 쓴 것이므로, 가슴속에 꽉 차 있던 답답함이 글에 그대로 드러나 있다.

이 序는 처음에 반곡의 지세(地勢)와 명칭에 대해서 서술한 것 외에는 모두 이원(李愿)의 말을 빌려 서술하고, 마지막에 '노래(歌)'를 지어 부르고 있다. 이원의 말을 빌려 서술한 것도 사실은 한퇴지 자신의 논(論)이다. 그 부분에서는, 먼저 세상의 대장부라는 인간의 세속적인 권세와 호화로운 생활을 서술한 다음에 은자(隱者)의 우유자적(優遊自適)한 생활을 서술하고, 은자의 생활을 대장부가 세상을 만나지 못했을 때의 생활로서 찬양한다. 그리고 부귀(富貴)를 찾아 욕된 행동을 하면서도 부끄러움을 모르는 어리석은 인간이 있다는 것을 이야기하고, 은자의 생활이야말로 이원이 바라는 생활임을 명백히 하고 있다. 마지막의 노래에서는 반곡에서 생활의 즐거움을 찬미하고, 한유 자신도 그곳에서 노닐고 싶다고 말하고 있다.

이 글에 불우한 이원에 대한 깊은 동정이 감동적으로 나타나고 있는 것은, 그 당시 한유 자신도 실의(失意)에 빠져 있었기 때문일 것이다.

《東坡志林》卷7에 다음과 같이 씌어 있다. "구양공(歐陽公)이 말하기를, '진(晉)에 문장 없다. 오직 도연명(陶淵明)의 〈歸去來〉 한 편이 있을 뿐이다.'라고. 그래서 나도 말했다. '당(唐)에 문장 없다. 오직 한퇴지의 〈送李愿歸盤谷序〉 한 편이 있을 뿐이다.' 이것을 본떠 평생에 한 편(篇)

지어 보기를 원하면서도, 정작 붓을 들면 쓰지를 못한다. 낭패한 마음에 스스로 웃으며, '잠시 퇴지로 하여금 멋대로 독보(獨步)하도록 놔둘 수밖에 없구나.'라고 말해 본다."

송설존의서:유자후(送薛存義序:柳子厚)

> 河東薛存義將行. 柳子載肉于俎 崇酒于觴 追而送江之滸. 飮
> 食之 且告曰. 凡吏于土者 若知其職乎. 蓋民之役 非以役民
> 而已也.

　동향인(同鄕人) 하동(河東)의 설존의(薛存義)가, 영주(永州) 영릉(零陵)
의 현령(縣令)으로 있다, 다른 곳으로 임지(任地)를 옮기라는 명을 받고 길
을 떠난다고 한다. 섭섭한 마음 금할 길 없어, 쟁반에 고기를 올리고 잔에
술을 넘치도록 부어, 강가까지 그를 전송했다. 서로 잔을 돌리며 아쉬운 이
별의 정을 나누면서, 나는 존의에게 이렇게 말했다.
　"그대는 지방 관리가 된 사람으로서 해야 할 일이 무엇인지를 알고 있는
가? 무릇 관리란, 백성의 머슴이 되어 백성들을 위해 몸 바쳐 일해야 하는
사람으로서, 결코 편히 앉아 백성을 부리려고 해선 안 되네."

【語義】 河東(하동):산서성(山西省) 황하(黃河)의 동쪽 지역. 유종원과 설
　　존의는 동향인(同鄕人)으로서 河東 출신이다. 柳子:유종원 자신을 가
　　리킨다. 俎(조):고기를 올려놓는 대(臺). 제사(祭祀), 또는 주연(酒宴)
　　을 베풀 때에 쓰는 기구(器具). 崇(숭):充의 뜻. 가득 채움. 觴(상):술
　　잔. 滸(호):물가. 土:군(郡)·현(縣)·향(鄕)·읍(邑) 등의 지방(地方)
　　을 말함. 若(약):汝와 같음. 자네. 役(역):명령하여 일을 시킴. 民之
　　役은 백성의 머슴, 非以役民而已也는 백성을 부리는 것으로 끝나는 것
　　이 아니라는 뜻.

凡民之食於土者 出其十一傭乎吏 使司乎於我也. 今受其直怠
其事者 天下皆然. 豈惟怠之. 又從而盜之. 向使傭一夫於家.
受若直怠若事 又盜若貨器 則必甚怒而黜罰之矣. 以今天下多
類此 而民莫敢肆其怒與黜罰何哉. 勢不同也. 勢不同 而理同.
如吾民何. 有達于理者 得不恐而畏乎.

"무릇 땅에 의지하여 논밭을 갈아 곡식을 가꾸는 백성들은 수확의 10분의 1을 나라에 세(稅)로 바치는데, 나라는 그것으로 관리들에게 봉급을 주며, 관리들로 하여금 백성을 잘 다스리도록 하는 것이네. 그런데 오늘날, 백성들의 피땀이 담긴 세금으로 녹(祿)을 받으면서도, 제 할 일을 태만히 하는 관리가 천하에 두루 깔렸네. 어찌 그뿐이겠는가. 직권을 남용하여 백성을 등치는 무리는 또 얼마인가. 가령 자네의 집안에 일꾼을 한 사람 고용했다고 하세. 그 사람이, 자네가 주는 보수를 받으면서도 마땅히 제가 할 일을 태만히 한 채 오히려 집안의 재화(財貨)와 값진 기물 등을 도둑질한다면, 자네는 필경 크게 노하여 그를 내쫓고 벌을 줄 걸세. 사실 오늘날의 관리들은 모두가 그 일꾼 같은데도, 백성들이 감히 성을 내지 못하고 벌을 주지 못하는 것은 무슨 까닭이겠는가? 그것은 바로, 백성과 관리의 신분이 다르고 권력이 같지 않기 때문이네. 그러나 아무리 신분이 다르고 권력이 다르다 해도, 세상의 이치는 마찬가지일 것이네. 우리의 가엾은 백성들을 어찌하면 좋겠는가? 바른 도리를 아는 자라면 진실로 백성들을 두려워하며, 자신에게 주어진 직분을 충실히 지키고자 애쓸 것일세."

【語義】 食於土者(식어토자):농사를 지어 생활하는 사람. 농민(農民). 出其十一:收穫의 10분의 1을 나라에 바침. 我(아):일반 백성을 가리킴. 直(치):봉록(俸祿)을 뜻함. 向使(향사):가정(假定)의 뜻으로 假使, 또는

假令의 뜻으로 풀이한다. 若(약):자네. 그대. 黜罰(출벌):내쫓고 벌을
줌. 肆(사):멋대로 함. 勢(세):권력(權力).

存義假令零陵二年矣. 蚤作而夜思 勤力而勞心. 訟者平 賦者
均. 老弱無懷詐暴憎. 其爲不虛取直也的矣. 其知恐而畏也審
矣. 吾賤且辱 不得與考績幽明之說. 於其往也 故賞以酒肉 重
之以辭.

"그대 존의는, 영릉(零陵) 현령(縣令)의 가관(假官)으로 2년 동안 일했
네. 아침 일찍부터 밤늦게까지, 어떻게 하면 백성들을 잘 다스릴까 염려
하여, 힘써 일하고 마음을 태웠네. 송사(訟事)를 공정하게 처리했고, 세금
을 공정하게 부과했네. 남녀노소 모두 그대의 밝은 덕에 감화되어, 어느
누구도 사(邪)된 마음을 품거나 난폭한 짓을 하거나 윗사람을 미워하는 일
이 없었네.

참으로 그대 존의야말로, 봉록을 헛되이 받지 않았음이 명백하네. 또 진
실로 백성들을 두려워했음이 분명하네.

나는 관위도 낮고, 또 죄를 입어 이곳에 유배되어 온 몸이라, 관리들의
공적을 상고(詳考)하여 그에 따른 상벌을 상주(上奏)하는, 이른바 고적유
명(考績幽明)의 설에 관여할 수 없는 것이 실로 안타깝네.

오늘 그대와 이별에 섭섭한 마음 금할 길 없어, 그동안 그대의 노고를 이
술과 고기로써 상찬(賞讚)하고, 한 편의 글을 지어 그대를 보내네."

【語義】假(가):假官. 正官이 아닌 자가 그 직위와 임무를 대행하는 것을 말
함. 蚤(조):무와 통함. 일찍. 作:起와 같은 뜻. 暴憎(폭증):난폭한 짓을
하거나, 윗사람을 미워하거나 하는 일. 的:적확(的確)한 것. 審(심):분

명함. 賤(천):官位가 낮음. 辱(욕):유종원이 罪를 입어 永州에 유배된
것을 말함. 與:일에 관여함. 考績幽明(고적유명):업적을 살펴 밝고 어
둠을 밝힘.《書經》舜典에 나오는 말. '3년에 한 번 관리의 치적을 상고
(詳考)하여, 政事에 어둡고 무능한 자와 밝고 어진 자를 가려, 각각 그
에 합당한 상과 벌을 내림(三載考績 三考黜陟幽明).' 重之(중지):무슨
일에 다른 일을 더함. 즉 酒肉 위에 사(辭)를 더한다는 뜻.

【解說】 설존의(薛存義)가 영주(永州) 영릉(零陵)의 현령(縣令)으로 있다가
임기가 차 다른 곳으로 전임되게 되자, 당시 永州에 있던 柳宗元이 그
를 보내며 지은 序이다.

　柳宗元은 字를 자후(子厚)라 하며, 薛存義와 같은 고향인 河東 사람
이다. 당송팔대가(唐宋八大家)의 한 사람으로, 한유(韓愈)와 함께 古文
부흥에 공이 크다.

　이 글은 담백 간명(淡白簡明)하며, 구상(構想)에 특이한 점은 없다.
한마디로 古風스러운 멋이 있고 힘찬 가운데 질박하다. 이 글의 요지(要
旨)는 '蓋民之役 非以役民而已也'에 있다. 〈送寧國范明府詩序〉에, '무릇
관리 된 자는 백성의 일꾼이다. 백성들이 주는 祿으로 생활하니, 어찌
보답하지 않을 수 있겠는가. 관리로서 자애 예절(慈愛禮節)을 다하고,
기위 능폭(欺僞凌暴)을 버리며, 성실한 마음으로 직분을 다해야만 祿을
받기에 부끄럽지 않을 것이다.'라고 했다. 이것이 柳宗元의 관리로서의
정신이다. 관리가 백성의 하인이어야 한다는 사상은 중국에서는 그리
드문 일은 아니지만, 이 인민(人民)에게 봉사하는 정신은 이도(吏道)의
제일의(第一義)로, 오늘날에도 잊어서는 안 되는 것이다.

　전해본제하(箋解本題下)의 註에 이 글을 평하여, '이 篇은 문세(文
勢)가 원활하고 구슬이 쟁반을 구르는 듯하여, 논의(論議)의 막힘이 없

다. 吏는 民의 봉사자이지 民을 부리는 자가 아니라는 정신은 매우 훌륭한 것이다. 글의 중간쯤에서, 범용(凡庸)한 사람은 직무에 대한 보수를 民으로부터 받으면서도 일을 태만히 한다는 것을 비유로 들면서, 권력은 같지 않지만 세상의 이치는 같다고 이야기하는데, 이 식견은 보기 드문 卓見이다. 結句에 이르러 賞讚하는 데에 酒肉과 辭로써 한다는 것은, 이 글의 처음과 相應한다. 文章을 배우는 자는 이것을 완미(玩味)하는 것이 좋다.'고 했다.

등왕각서:왕발(滕王閣序:王勃)

南昌故郡 洪都新府. 星分翼軫 地接衡廬. 襟三江而帶五湖 控
蠻荊而引甌越. 物華天寶 龍光射牛斗之墟. 人傑地靈 徐孺下
陳蕃之榻. 雄州霧列 俊彩星馳. 臺隍枕夷夏之交 賓主盡東南
之美.

옛 남창군(南昌郡)이었던 이곳에 새로이 홍도(洪都)가 섰다. 28숙(宿)의
별자리로는 익(翼) · 진(軫)에 해당하는 땅으로, 서쪽으로는 형산(衡山)에
접해 있고, 북쪽으로는 여산(廬山)에 접해 있다. 형강(荊江) · 송강(松江) ·
절강(浙江) 의 세 강이 굽이돌아 흘러가고, 태호(太湖) · 파양호(鄱陽湖) ·
청초호(靑艸湖) · 단양호(丹陽湖) · 동정호(洞庭湖)의 다섯 호수가 산허리
에 걸린 구름처럼 자리 잡고 있다. 또 이곳은 초(楚)나라와 월(越)나라에
잇닿아 있어 교통의 길목이기도 하다.

이곳 홍주(洪州)는 신령스럽고 기이한 땅이라, 나는 물건마다 모두 하늘
이 낸 보배로, 밤마다 북두성과 견우성 사이에 신비한 빛을 보내던 명검
(名劍) 용천(龍泉)도 바로 이곳에서 나온 보물이다. 나는 인물 또한 걸출하
여, 평소 손님을 대접할 줄 모르는 진번(陳蕃)조차도 그 덕을 흠모하여 손
수 걸상을 내려 맞이하였다고 하는, 만민의 우러름을 한 몸에 받던 서치(徐
穉)가 바로 이 땅에서 났다.

또 이곳에는, 훌륭한 주(州)와 군(郡)이 안개가 깔린 듯 즐비하게 벌려
있고, 문채가 뛰어난 인물들이 밤하늘의 뭇 별처럼 찬란하게 활약하고 있
다. 이곳에 있는 누대(樓臺)와 성 밑의 못〔淵〕은 초(楚)나라와 중화(中華)
사이에 자리 잡고 있는데, 주인 염백서(閻伯嶼)를 비롯하여 이곳 등왕각
에 모인 많은 빈객(賓客)들은, 홍주 땅의 아름다움을 한 몸에 안은 훌륭한

인물들이다.

【語義】星分翼軫(성분익진):별의 28宿에 의하여 중국의 全土를 配當하고, 각 별은 자신에게 배당된 땅을 관장한다는 설에 의해, 洪州는 남쪽을 관장하는 井·鬼·柳·星·張·翼·軫의 일곱 개 별 중 翼과 軫이 관장하는 땅이라는 것. 衡廬(형려):西南의 형산(衡山)과 북경(北境)의 여산(廬山). 襟三江(금삼강):형강(荊江)·송강(松江)·절강(浙江)의 세 강이 홍도(洪都)의 주위를 옷깃처럼 두르고 있음. 帶五湖(대오호):태호(太湖)·파양호(鄱陽湖)·청초호(青艸湖)·단양호(丹陽湖)·동정호(洞庭湖)의 다섯 호수가 洪州의 허리 부분에 허리띠를 맨 것처럼 둘리어 있음. 控蠻荊(공만형):洪州가 楚에 연(連)해 있음. 楚는 본디 남쪽 야만국(野蠻國)이었으므로 蠻荊이라 한 것임. 引甌越(인구월):越나라와 연(連)해 있음. 越나라에 甌라고 하는 川이 있어 甌越이라 한 것임. 物華天寶(물화천보):洪州는 신령스럽고 기이한 곳이어서, 그곳에서 나는 물건은 모두 광화(光華)가 어리어 하늘의 보배라는 뜻. 龍光射牛斗之墟(용광사우두지허):龍泉이라는 검(劍)의 빛이 북두성(北斗星)과 견우성(牽牛星) 사이를 쏨. 《晋書》張華傳에 나오는 전설. 洪州 풍성(豊城)이라는 곳의 하늘에 자기(紫氣)가 보이므로, 땅을 파 보니 상자가 있었다. 그 속에서 두 자루의 劍이 나왔다. 한 자루는 龍泉, 다른 한 자루는 太阿라고 하는 名劍이었다. 뇌환(雷煥)이 이것을 얻어 한 자루를 장화(張華)에게 나누어 주었다. 이 두 자루의 劍은 옛날의 간장(干將)·막야(莫邪)였다고 한다. 人傑地靈(인걸지령):洪州에 뛰어난 사람이 나는 것은 그 땅이 신령스럽기 때문이라는 뜻. 徐孺(서유):後漢의 서치(徐穉). 字는 유자(孺子)로 南昌 사람이다. 有德하여 만민의 존경을 받았다. 下陳蕃之榻(하진번지탑):陳蕃의 걸상을 내려놓음. 陳蕃은 洪州의 太守로, 평소

에 쉽사리 빈객(賓客)을 접대하는 일이 없었다. 다만 서치(徐穉)에게만은 예외로, 그의 덕을 흠모하여, 그가 오면 내려서 앉히려고 특별히 걸상을 준비하여 걸어 놓았다.　雄州霧列(웅주무열):안개가 자욱이 깔리듯, 뛰어난 고을이 줄지어 늘어서 있음.　俊彩星馳(준채성치):俊彩는 준수하고 광채 있는 사람, 星馳는 성좌처럼 찬란하게 빛남. 뛰어난 인물들이 크게 활약함을 뜻한다.　臺隍(대황):누대(樓臺)와 성 둘레에 판 못.　枕夷夏之交(침이하지교):枕은 임(臨)해 있음. 夷는 만이(蠻夷)의 땅, 여기서는 楚를 뜻함. 夏는 文明國인 中國. 交는 間.　東南:동남에 자리한 洪州 땅을 가리킨다.

都督閻公之雅望 棨戟遙臨. 宇文新州之懿範 襜帷暫駐. 十旬休暇 勝友如雲 千里逢迎 高朋滿座. 騰蛟起鳳 孟學士之詞宗. 紫電淸霜 王將軍之武庫.

　고상한 덕망을 지닌 도독(都督) 염공(閻公)은, 의장용 창을 줄지어 앞세우고 이곳 홍주(洪州)에 부임하였다. 또 새로 예주(澧州)의 태수가 되어 훌륭한 위의(威儀)를 갖추고 임지로 가던 우문균(宇文鈞)이 잠시 수레를 멈추고 오늘 이 등왕각(滕王閣)의 잔치에 참가하였다. 오늘은 마침 천자께서 십순(十旬)의 휴가를 내리신 날이라, 훌륭한 벗들이 구름처럼 모이고, 천리 먼 곳에 있는 귀인들까지 맞이하여 접대하니, 덕 높은 분들이 자리에 가득하다.

　아, 저기 저분, 교룡(蛟龍)이 하늘에 오르고 봉황이 날개를 펴듯 찬란한 문채를 유감없이 발휘하는, 문장의 대가 맹학사(孟學士)가 아닌가. 번개같이 빛나는 칼과 서릿발같이 번득이는 창에 둘러싸인 저분은 왕장군(王將軍)이 아닌가. 실로 문무의 명인들이 모인 성대한 자리이다.

【語義】都督(도독):군사를 지휘하는 長官. 당시 자사(刺史)는 병권(兵權)을 쥐고 있었다. 여기서는 洪州知事 염백서를 가리킨다. 雅望(아망):고상 (高尙)한 人望. 棨戟(계극):의장용 기구로, 관리가 出行할 때에 맨 앞에 선 병사가 들고 감. 新州(신주):새로 고을의 長官이 된 사람을 일컬음. 懿範(의범):눈에 뜨이는 훌륭한 위의(威儀). 襜帷(첨유):본뜻은 수레의 휘장이나, 여기서는 수레라는 뜻. 이 대문의 뜻은, 우문균(宇文鈞)이 새 로 예주 지사(澧州知事)가 되어 임지(任地)로 가는 길에 잠시 수레를 멈 추고 등왕각(滕王閣)의 연회(宴會)에 참석함을 말한다. 十旬休暇(십순 휴가):十旬은 百日. 당제(唐制)에는, 관리는 主君으로부터 10일에 이틀 씩 휴가를 받았다. 十旬의 휴가는 20일이 된다. 勝友(승우):훌륭한 벗 들. 千里逢迎(천리봉영):千里 먼 곳 사람들까지 맞이하여 접대함. 騰 蛟起鳳(등교기봉):하늘로 날아오르는 교룡(蛟龍)의 光彩와, 깃을 펴고 일어나는 봉황(鳳凰)의 五色 날개. 文才가 뛰어나게 빛남을 형용한 것. 孟學士(맹학사):孟은 姓, 이름은 불상(不詳). 學士는 한림원(翰林院) 學 士. 文人의 최고 직위. 一說에는 맹호연(孟浩然)이라고도 하나, 확실치 않다. 詞宗(사종):문장의 대가. 紫電淸霜(자전청상):번개같이 빛나는 칼과, 서릿발같이 번득이는 창. 무장한 병사들을 형용한 말. 王將軍(왕 장군):文人으로 든 孟學士에 對하여 武人으로 王氏를 든 것인데, 누구 를 가리키는 것인지 확실치 않다. 武庫(무고):무기고(武器庫)에는 없는 것 없이 다 갖추어져 있으므로, 재지(才智)와 무용(武勇)을 갖춤이 무기 고에 무기를 갖추어 놓은 것 같다는 뜻.

> 家君作宰 路出名區. 童子何知. 躬逢勝餞.

나는 오늘, 가친께서 영관(令官)으로 가 계신 교지(交趾)로 가던 길에,

유명한 이곳 홍주(洪州) 땅을 지나다 이 자리에 참석하게 되었다. 나이 어린 내가 무엇을 알겠는가. 그저 등왕각의 훌륭한 연회에 참석하게 된 것이 영광스러울 뿐이다.

【語義】 家君(가군):왕발(王勃)이 자기의 가친(家親)인 왕복치(王福時)를 일컬은 것. 宰(재):主宰. 곧 令官이 됨을 말한다. 名區(명구):유명한 곳. 곧 洪州를 말한다. 童子:작자가 年少한 자신을 가리킨 말이다. 勝餞(승전):훌륭한 잔치. 곧 滕王閣의 宴會.

時維九月 序屬三秋. 潦水盡而寒潭淸 煙光凝而暮山紫. 儼驂騑於上路 訪風景於崇阿. 臨帝子之長洲. 得仙人之舊館. 層巒聳翠 上出重霄 飛閣流丹 下臨無地. 鶴汀鳧渚 窮島嶼之縈廻 桂殿蘭宮 列岡巒之體勢. 披繡闥 俯雕甍 山原曠其盈視 川澤盱其駭矚. 閭閻撲地 鐘鳴鼎食之家. 舸艦迷津 靑雀黃龍之軸. 虹銷雨霽 彩徹雲衢. 落霞與孤鶩齊飛 秋水共長天一色.

때는 바야흐로 9월, 사시(四時)의 차례로는 가을 석 달이다.

연일 맑은 날이라 땅에 괸 웅덩이 물은 바짝 마르고, 쓸쓸히 가을을 맞는 못물만이 시리도록 투명한데, 석양에 안개구름 자욱이 어리니 저물어 가는 산 빛은 온통 보랏빛이다.

9월 9일, 등고(登高)의 가절(佳節). 귀인들 모두 마차를 몰아 아름다운 가을 풍경을 즐기고자 산에 오른다.

옛날, 등왕 원영(滕王元嬰)이 긴 섬 위에 세웠다는 등왕각(滕王閣)을 굽어본다. 등왕각 좌우에 오래된 숙사(宿舍)가 있는데, 그곳에서 쉬는 사람들은 모두 신선 같다.

겹겹이 잇닿은 산봉우리가 깎아 세운 듯 짙푸르게 솟아 하늘을 찌르고, 날아갈 듯 높이 앉은 등왕각은 곱디고운 단청 빛을 강물에 띄워 보내며 천 길 밑 저 아래 깊은 물을 아득히 굽어본다. 점점이 떠 있는 모래섬에는 학과 물오리가 떼 지어 모여 앉아 빈틈이 없고, 계수나무로 지은 전각(殿閣)과 목란(木蘭)·향목(香木)으로 지은 궁전들이 높고 낮은 지세에 따라 줄지어 늘어서 있다. 그림을 그려 새긴 문을 열고 조각한 기와지붕을 내려다보니, 드넓은 산과 들이 시야에 가득 차고, 내와 못이 하도 커 보는 이의 눈을 놀라게 한다. 마을에는 민가들이 촘촘히 들어서 빈틈이 없는데, 그중에는 식사 때마다 종을 치고 솥을 늘어놓아야 할 큰 집도 많다. 강변 나루마다 갖가지 모양을 한 숱한 배들이 배 댈 곳을 찾아 바삐 움직이는데, 배마다 고물에는 하나같이 청작(靑雀)·황룡(黃龍)의 화려한 그림이 그려져 있다.

무지개 사라지고 비가 개니, 비 갠 뒤의 맑은 광채가 허공에 빛난다. 스러져 가는 저녁놀은 외로운 들오리와 함께 하늘에 떴고, 푸르른 가을 물은 길게 뻗어 하늘과 이어져 한 빛을 이루었다.

【語義】 序:四時. 春夏秋冬의 序次. 三秋(삼추):7,8,9월의 가을 석 달. 潦水(요수):비 온 다음 길바닥에 괸 물. 寒潭(한담):가을의 쓸쓸한 연못. 煙光凝(연광응):안개와 구름이 어우러짐. 儼(엄):嚴과 통함. 엄숙히 함. 驂騑(참비):사두마차(四頭馬車)의 바깥쪽에 있는 두 말. 驂은 騑와 같다. 여기서는 귀인이 탄 마차로 해석함이 좋다. 上路(상로):路上과 같다. 訪(방):풍경을 찾아 완상(玩賞)함. 崇阿(숭아):높은 언덕. 9월 9일은 중국에서 登高節이라 하여, 작은 언덕에 올라 주연을 벌이는 풍습이 있다. 臨(림):내려다보다. 帝子:帝의 아들. 滕王 원영(元嬰)을 가리킨다. 長洲(장주):洲는 섬〔島〕. 滕王 원영(元嬰)이 이 섬에 滕王閣을 세웠다. 仙人之舊館(선인지구관):등왕각의 좌우에 舊館이 있는

데, 閣에 오르려는 사람들은 먼저 여기에 와서 쉰다. 舊館에서 쉬고 있
는 사람들을 仙人과 같이 보아 이렇게 표현한 것이다. 層巒(층만):겹
겹이 연해 있는 산봉우리. 聳翠(용취):짙은 초록색으로 높이 솟아 있
음. 聳은 높이 솟아 있는 것. 翠는 비취색. 물총새라는 뜻으로도 많이
쓰임. 重霄(중소):높은 하늘. 飛閣(비각):등왕각이 하늘 높이 솟아나
는 듯한 모양을 했으므로 飛閣이라 한 것임. 流丹(유단):붉게 칠한 등
왕각의 丹靑빛이 강물에 비치어, 마치 붉은빛이 흐르는 것 같음. 無地
(무지):땅이 보이지 않음. 등왕각이 매우 높이 있고, 그 밑으로 흐르는
강은 매우 깊음을 뜻함. 鶴汀鳧渚(학정부저):학이 사는 물가와 물오리
가 노는 물가. 窮島嶼之縈廻(궁도서지영회):학과 물오리가 섬을 빙 둘
러싸 빈틈이 없음. 縈廻는 조금의 틈도 없이 빙 둘러싸고 있는 것. 桂
殿(계전):계수나무로 지은 전각(殿閣). 蘭宮(난궁):木蘭이라는 香木으
로 지은 궁전. 列岡巒之體勢(열망만지체세):누각과 궁전이 언덕과 봉
우리의 높고 낮은 지세에 따라 줄지어 늘어서 있음. 披(피):開와 같은
뜻. 綉闥(수달):그림을 새긴 문. 綉는 수(繡)의 뜻. 闥은 작은 문. 俯
(부):굽어봄. 雕甍(조맹):조각한 기와. 雕는 彫와 같은 뜻. 盈視(영시):
시야에 꽉 참. 盱(우):大와 같은 뜻. 駭矚(해촉):눈을 놀라게 함. 駭는
驚의 뜻. 矚은 視의 뜻. 閭閻(여염):촌 읍(村邑)의 門. 轉하여 村落. 撲
地(박지):비어 있는 곳 없이 民家가 꽉 들어서 있음. 撲은 원래 친다는
뜻이나, 여기서는 盡의 뜻. 鐘鳴鼎食之家(종명정식지가):大家를 말함.
大家에는 가족도 많거니와 食客도 많으므로, 종을 울려 식사 때임을 알
리고, 식탁에 식기를 많이 늘어놓기 때문에 이렇게 표현한 것이다. 舸
艦(가함):큰 배와 전함. 여러 종류의 많은 배. 迷津(미진):배들이 꽉 들
어찬 나루에서, 배들이 배 댈 곳을 찾아 헤맴. 舳(축):고물. 배의 뒤쪽.
虹銷雨霽(홍소우제):무지개 사라지고 비가 갬. 彩徹雲衢(채철운구):비

갠 뒤의 맑은 광채가 허공에 빛남. 彩는 비 갠 뒤의 맑은 하늘의 광채.
雲衢는 구름이 오가는 길이니 곧 허공. 落霞(낙하):스러져 가는 놀. 孤
鶩(고목):외로운 들오리.

> 漁舟唱晚 響窮彭蠡之濱 雁陣驚寒 聲斷衡陽之浦. 遙吟俯暢
> 逸興遄飛. 爽籟發而淸風生 纖歌凝而白雲遏. 睢園綠竹 氣凌
> 彭澤之樽. 鄴水朱華 光照臨川之筆. 四美具 二難幷. 窮睇眄
> 於中天 極娛遊於暇日. 天高地迥 覺宇宙之無窮. 興盡悲來 識
> 盈虛之有數. 望長安於日下 指吳會於雲閒. 地勢極而南溟深
> 天柱高而北辰遠. 關山難越 誰悲失路之人. 萍水相逢 盡是他
> 鄕之客.

　저녁 풍경을 노래하는 어부의 노래 소리는 팽려(彭蠡)의 물가에 울려 퍼
지고, 추위에 놀란 기러기 떼의 울음소리는 형산(衡山)의 회안봉(回雁峰)
을 넘지 못하고 형양(衡陽)의 포구에서 끊어진다. 아득히 먼 곳을 바라보며
읊조리다 고개를 떨군 채 생각에 잠기니, 아취 있는 즐거움이 쉬이 사라진
다. 상쾌한 피리 소리 울리자 시원한 바람 일고, 아름다운 여인의 노래 소
리에 떠가던 구름이 갈 길을 멈추고 귀를 기울인다.

　등왕각의 동산에는, 옛날 양(梁)나라의 효왕(孝王)이 만든 수원(睢園)처
럼 푸른 대나무가 무성한데, 그 푸른 대나무의 향기는, 왕홍(王弘)이 도연
명(陶淵明)에게 보내 주었던 술의 향기보다 드높다. 등왕각 연못에 핀 연
꽃은, 뛰어난 문사 조식(曹植)이 읊던 업수(鄴水)의 연꽃인 양, 임천(臨川)
의 내사(內史)였던 왕희지(王羲之)의 웅필(雄筆)과 서로 비추어 찬연히 빛
을 발한다.

　오늘 이 잔치에는 네 가지 좋은 일, 9월 9일 중양절(重陽節)의 기쁜 날,

더없이 아름다운 등왕각의 경치, 또 그것을 완상(玩賞)하는 그윽한 마음, 그리고 미주(美酒)와 시가(詩歌)에 음악이 어우러진 환락(歡樂)이 빠짐없이 갖추어졌고, 그 위에 세상에 흔하지 않은 두 가지 것, 현명한 주인과 좋은 손님까지 갖추어졌다.

취하여 반쯤 열린 눈으로 아득히 먼 하늘을 바라보고, 오늘 하루 쉬는 날을 맘껏 즐기며 만족하게 노닌다.

가을 하늘 높고 땅은 가없이 넓어, 우주의 끝없음을 새삼 깨닫는다. 달이 차면 기울듯, 흥(興)이 다하면 슬픔이 오니, 차고 기울고 성(盛)하고 쇠하는 것이 다 하늘의 뜻임을 알겠다.

천자의 노여움을 사 멀리 오랑캐 땅으로 가던 길에, 태양 아래 저쪽 천자 계신 장안을 하염없이 바라보다, 구름 사이로 까마득히 보이는 오(吳)나라 도읍을 가리키며 생각에 젖는다.

이곳 홍주(洪州) 땅은, 동남으로 지세(地勢)를 뻗어 그 남쪽 끝에 있는 바다는 깊고 넓으며, 북쪽을 우러러보면 하늘이 높아 북극성이 까맣게 보인다. 앞으로 가야 할 관소(關所)의 산길은 험하여 넘기가 어렵다고 하는데, 그 누가 길을 잃고 헤맬 나를 슬퍼해 주랴. 이 자리에 모인 빈객들은 모두, 물과 부평초(浮萍草)가 만나듯 우연히 만난 타향의 객(客)들이니, 이 자리만 끝나면 곧 뿔뿔이 흩어질 사람들이다.

【語義】 響窮彭蠡之濱(향궁팽려지빈):노래 소리가 팽려(彭蠡)의 물가에까지 울려 퍼짐. 窮은 極의 뜻. 팽려는 양주(楊州)에 있는 연못으로, 江西省의 파양호(鄱陽湖)를 말한다. 雁陣(안진):기러기 떼. 聲斷衡陽之浦(성단형양지포):洪州 가까이에 형산(衡山)이 있어, 그 山이 있는 현(縣)을 형양(衡陽)이라 한다. 형산 남쪽에 회안봉(回雁峰)이 있는데, 기러기는 이 봉우리보다 남쪽으로는 가지 못한다고 한다. 그런 까닭에, 기러

기의 우는 소리가 형양의 포구(浦口)에서 그치고 더 이어지지 않는다고
한 것이다. 遙吟俯暢(요음부창):아득히 먼 곳을 바라보며 읊고, 고개
숙여 생각을 폄. 遙는 요망(遙望), 吟은 음영(吟詠), 暢은 서(舒)와 같은
뜻. 逸興遄飛(일흥천비):아취 있는 즐거움이 쉬 날아감. 즐거움은 금
방 사라진다는 뜻. 爽籟(상뢰):상쾌한 피리 소리. 纖歌(섬가):아리따
운 미인의 노래 소리. 白雲遏(백운알):미인의 가냘픈 노래 소리가 너무
나 아름다워, 하늘에 떠가던 구름마저 멈춤. 알(遏)은 止의 뜻. 睢園(수
원):전국시대 楚나라에 있던 원지(園池). 梁나라의 孝王이 만든 것으로,
푸른 대나무에 덮여 있었다고 한다. 지금 이 글에서는 등왕각을 睢園에
견주어 말한 것이다. 氣凌彭澤之樽(기릉팽택지준):그 대나무의 푸른색
과 향기는, 팽택의 현령 도연명(陶淵明)의 국화를 띄운 술의 향기보다
도 높다는 뜻. 氣는 향기. 녹색의 대나무를 술에 비교한 것은, 술의 녹
색을 대나무 잎에 비교하여 죽엽주(竹葉酒), 또는 죽엽삼청(竹葉三淸)
이라는 소흥(紹興)의 명주(銘酒)가 있기 때문으로, 당 초(唐初)의 시(詩)
에 많은 용례(用例)가 있다. 《南史》에, '연명(淵明), 9월 9일(重陽節)에
술이 없었다. 울타리 근처의 풀숲 속에 앉아서 국화를 따고 있었다. 얼
마 후, 하얀 옷을 입은 사람이 술을 가지고 왔다. 태수 왕홍(王弘)이 보
낸 것이다.'라는 이야기가 있다. 이와 같은 고사(故事)로부터 연명의 술
은 국주(菊酒)가 되었으며, 이 술은 또 연명의 고결한 인품을 상징적으
로 나타내기도 한다. 鄴水朱華 光照臨川之筆(업수주화 광조림천지필):
등왕각 주변에 핀 연꽃이 왕희지의 글씨와 서로 비추어 빛남. 업(鄴)은
위(魏)의 조조(曹操)가 일으킨 군현(郡縣)의 이름. 文才가 뛰어난 조조
의 次子 조식(曹植)이 업수(鄴水)의 연꽃을 詩로 읊은 것에서, 등왕각
의 연꽃을 업수의 연꽃에 견주어 말한 것. 朱華는 연꽃. 왕희지(王羲之)
의 글씨를 臨川之筆이라 한 것은, 왕희지가 臨川의 內史로 있었기 때문

이다. 四美:네 가지 좋은 것, 즉 좋은 날(良辰), 아름다운 풍경(美景), 풍경을 완상(玩賞)하는 마음(賞心), 그리고 주식(酒食)·시가(詩歌)·음악(音樂) 등 환락(歡樂)할 만한 일(樂事). 二難幷(이란병):얻기 어려운 것 두 가지가 어울림. 여기서는 현주(賢主)도 흔하지 않고 가빈(佳賓)도 흔하지 않은 법인데, 용케 賢主와 佳賓이 어울렸다는 뜻. 窮睞眄(궁제면):술에 취하여 반쯤 감긴 눈으로 바라봄. 中天:하늘의 중간. 娛遊(오유):즐거운 놀이. 暇日(가일):쉬는 날. 逈(형):아득히 멂. 盈虛之有數(영허지유수):차고 비는 것에는 정해진 命이 있음. 즉 人力으로는 어찌할 수 없다는 뜻. 望長安於日下(망장안어일하):태양 아래의 저쪽 장안을 바라봄. 작자 왕발은 한때, 高宗으로부터 자신의 뛰어난 재주를 인정받아 博士가 된 적이 있었다. 그런데 여러 王族의 우열을 닭싸움에 빗대어 투계격문(鬪鷄檄文)이란 글을 지었기 때문에 高宗의 노여움을 사, 자신은 물론 아버지까지 벼슬을 깎았다. 이 대문에는, 왕발의 장안에 대한 그리움이 잘 나타나 있다. 吳會(오회):吳나라의 도읍. 吳나라는 동남쪽의 한 도회(都會)이므로 吳會라 한 것이다. 吳都와 같은 뜻. 南溟(남명):남쪽 바다. 天柱(천주):끝없이 높은 하늘을 가리킨 말이다. 하늘을 받치고 있는 기둥을 상상하여 天柱라 한 것이다. 北辰(북신):북극성. 關山(관산):關門이 있는 山. 萍水相逢(평수상봉):개구리밥과 물이 서로 만남. 轉하여 우연히 만남. 해후(邂逅).

懷帝閽而不見 奉宣室以何年. 嗚呼 時運不齊 命途多舛. 馮唐易老 李廣難封. 屈賈誼於長沙 非無聖主. 竄梁鴻於海曲 豈乏明時.

한(漢)나라의 가의(賈誼)는, 한때 참소를 입어 장사(長沙)로 쫓긴 몸이 되었으나, 그의 재주를 아낀 문제(文帝)가 다시 불러 선실(宣室) 궁전에서 봉사하였다고 한다. 나 왕발(王勃)은, 천자가 계신 궁궐문의 문지기를 만나려 해도 이룰 수 없으니, 어느 세월에 가의처럼 죄가 풀리어 천자를 받들어 모실 것인가.

아, 시운(時運)이 고르지 못하고 천명(天命)조차 어긋남이 많구나. 전한(前漢)의 풍당(馮唐)은 늙기도 쉬이 늙어 아흔 살이 되도록 낭관(郎官)에 머물렀고, 이광(李廣)은 문제(文帝) 때 흉노(匈奴)를 70여 차례나 쳐 큰 공을 쌓았지만, 끝내 제후로 봉(封)해 받지 못했다. 가의는 현재(賢才)로 알려진 사람이나, 참소를 당해 장사로 귀양 가는 욕을 당했는데, 그것은 그 시대에 덕 있는 성군(聖君)이 없었기 때문은 아니다. 또 위(魏)나라의 양홍(梁鴻)은 무제(武帝)에게 중용(重用)되었다가 간신들의 참소를 만나 북해(北海)의 양곡(陽曲)으로 유배되었는데, 그것이 어찌 밝은 세상이 다하여 그랬다고 할 수 있겠는가.

【語義】 帝閽(제혼):대궐을 지키는 문지기. 奉宣室(봉선실):奉室을 받들다. 漢나라 가의(賈誼)의 일을 말하고 있다. 가의는 참소를 입어 장사(長沙)로 쫓기는 몸이 되었으나, 후에 文帝가 그의 재주를 아깝게 여겨 다시 불러, 漢의 미앙궁(未央宮) 앞의 正室인 宣室에서 鬼神에 관한 일을 下問하였다. 命途(명도):하늘이 정한 빈궁(貧窮)과 영달(榮達)의 길. 天命. 天運. 舛(천):어그러짐. 틀림. 馮唐(풍당):前漢 사람으로, 90歲가 되도록 낭관(郎官)이라는 낮은 벼슬아치로 있었다고 한다. 李廣(이광):漢의 무장(武將). 文帝 때, 흉노를 70여 차례나 토벌하여 큰 功을 세웠으나, 끝내 제후(諸侯)로 봉(封)해지지는 못했다. 賈誼(가의):앞에 나온 〈弔屈原賦〉를 지은 사람이다. 竄(찬):쫓겨남. 梁鴻(양홍):양곡(梁鵠)으로 쓰는 것이 바르다. 위(魏)의 사람. 八分書에 능하였으며 武帝에

게 重用되었으나, 후에 아첨배들의 참소를 만나 북해(北海)의 양곡(陽曲)으로 유배되었다. 明時:政事가 밝은 時代.

所賴君子安貧 達人知命. 老當益壯 寧知白首之心. 窮且益堅
不墜靑雲之志. 酌貪泉而覺爽. 處涸轍以猶懽. 北海雖賖 扶
搖可接. 東隅已逝 桑楡非晚. 孟嘗高潔 空懷報國之心 阮籍猖
狂 豈效窮途之哭.

나 왕발(王勃)이 굳게 믿는 것은, 군자는 빈천(貧賤)을 걱정하지 않고, 도리에 통달한 사람은 천명(天命)을 알아 괴로워하지 않는다는 것이다.

무릇 사람은, 늙으면 지력(志力)이 쇠해지는 까닭에 늙을수록 뜻을 굳게 가져야 하며, 백발이 되어서도 임금에게 충성을 다하고 백성들을 위해 은택을 베풀 마음을 잊어서는 안 된다. 또 곤궁해지면 마음이 바뀌기 쉬우니 곤궁해질수록 더욱 지조를 굳게 해야 하고, 언제나 천하에 이름을 빛내겠다는 청운(靑雲)의 뜻을 버려서는 안 된다.

누구든지 광주(廣州) 땅 탐천(貪泉)의 샘물을 마시면 탐욕이 생긴다고 하지만, 자신의 마음만 곧고 결백하다면 그 물을 마셔도 상쾌함을 느낄 것이다. 수레가 지난 뒤 그 바퀴 자국에 괸 물 속에서 할딱거리는 붕어처럼, 지금 우리 부자(父子)가 처한 상황은 절박하지만, 우리 부자는 오히려 시름을 잊고 즐거워한다.

붕(鵬)이 바람을 일으켜 멀고 먼 북쪽 바다까지 가듯, 나도 높은 뜻을 품고 높이 날아오르면, 천자 계신 장안이 비록 까마득히 멀다고 하나 능히 갈 수 있으리. 나는 인생의 해 돋는 때인 소년기를 죄를 입은 채 헛되이 흘려 보냈지만, 인생의 해 지는 때인 노년기는 아직도 저 앞에 멀었으니, 큰 뜻을 이루기에 조금도 늦지 않았다.

후한(後漢)의 맹상(孟嘗)은, 성품이 고결하고 치적(治績) 또한 높았으나, 끝내 뜻을 이루지 못한 채 오로지 보국(報國)의 뜻을 안고 죽어 갔고, 죽림칠현(竹林七賢)의 한 사람인 진(晉)의 완적(阮籍)은, 자신의 뜻을 펼 수 없음을 비관하여 홀로 숲 속에 들어가 한바탕 통곡을 하고 돌아오곤 했다 하는데, 내 어찌 맹상(孟嘗)이 가졌던 보국의 뜻을 버리고, 완적(阮籍)의 그 해괴한 짓을 본뜰 것인가.

【語義】 君子安貧 達人知命(군자안빈 달인지명):군자는 빈천하게 되어도 마음을 편히 가져 근심하지 아니하고, 道理에 통달한 사람은 天命을 알아 어려움에 처해도 괴로워하지 않음. 老當益壯(노당익장):늙을수록 더욱더 마음을 굳게 가짐.《後漢書》마원전(馬援傳)의, '丈夫는 모름지기 궁할수록 뜻을 굳게 가져야 하고, 늙을수록 壯强해야 한다(丈夫爲志 窮當益堅 老當益壯).'에서 취한 것. 寧知白首之心(영지백수지심):백발의 노인이 되어서도 더욱 임금에게 충성하고, 백성에게 은택을 베풀고자 하는 마음을 가져야 함. 青雲之志(청운지지):青雲에는 대체로 세 가지 뜻이 있다. ①立身出世하여 功名을 떨치는 것, ②높은 학덕(學德)을 쌓아 高名해지는 것, ③山林에 들어가 풍월(風月)을 벗하며 은일(隱逸)의 생활을 하는 것. 여기서는 ①의 뜻. 酌貪泉(작탐천):一名 石門水라고도 한다. 이 샘물을 마시면 누구든 본디의 성품을 잃고 탐욕하는 마음이 생긴다고 한다. 晉의 오은지(吳隱之)는 지조가 굳은 사람으로, 貪泉이 있는 광주(廣州)의 자사(刺史)가 되어 그곳에 갔다. 그때 酌貪泉이란 詩를 지었는데, 다음과 같다. '古人들은 말했다. 이 샘물을 한 번 마시면 탐욕 하는 마음이 생긴다고. 시험 삼아 伯夷·叔齊에게 마시도록 하면 어떻게 될까. 아무리 마셔도 그들은 마음을 바꾸지 않을 것이다.' 貪泉을 마셔도 변하기는커녕 더욱 맑아질 만큼, 자신의 지조가 결백하

다는 뜻. 處涸轍(처학철):《莊子》外物篇에 나오는 이야기. 수레바퀴 자
국에 괸 물에 사는 물고기라는 뜻으로, 몹시 곤궁에 처한 상황을 뜻함.
北海雖賖 扶搖可接(북해수사 부요가접):북해가 비록 멀다고는 하나, 바
람을 타면 가 닿을 수 있음.《莊子》소요유편(逍遙遊篇)에 나오는 이야
기를 인용한 것이다. '북쪽 바다에 물고기가 있는데, 그 이름을 곤(鯤)이
라 한다. ……곤이 변하여 새가 되니, 그 이름을 붕(鵬)이라 한다. ……
붕이 남쪽 바다로 옮겨갈 때에는, ……회오리바람을 일으켜 하늘 높이
날아오르기를 9만 리, ……'. 北海는 조정(朝廷)에 비유한 말이요, 賖(사)
는 遠의 뜻, 부요(扶搖)는 풍세(風勢). 작자 자신이 지금은 비록 쫓겨나
조정으로부터 멀리 떨어져 있지만, 靑雲의 높은 뜻을 펴면 다시 조정에
나아갈 수 있으리라는 뜻. 東隅已逝 桑楡非晚(동우이서 상유비만):동
쪽 모퉁이는 이미 지나갔지만, 상유(桑楡)는 늦지 않았음. 동우(東隅)
는 해 돋는 곳으로, 少年期를 뜻함. 桑楡는 해가 떨어지는 곳에 있다는
나무로, 老年期를 뜻함. 작자 자신이, 소년기에는 투계격문(鬪鷄檄文)
으로 죄를 입어 뜻을 얻지 못했지만, 앞으로 올 노년기에는 다시 세상
에 나가 뜻을 이루겠다는 뜻. 孟嘗高潔 空懷報國之心(맹상고결 공회보
국지심):고결한 맹상(孟嘗)은, 立身出世도 못 하고, 국가의 은혜를 갚
을 생각만 함. 맹상은 後漢 사람으로, 字는 백주(伯周). 성품이 고결하
고 합포군(合浦郡)이 太守로시 치적(治績)이 뛰어났으므로 어떤 사람이
나라에 글을 올려 孟嘗을 천거하였지만, 끝내 쓰이지 못하고 나이 70에
卒하였다. 阮籍猖狂 豈效窮途之哭(완적창광 기효궁도지곡):세상을 비
관하여 숲 속에 들어가 한바탕 울던 완적(阮籍)의 해괴한 짓을 어찌 본
받겠는가. 완적은 晉의 사람으로, 字를 사종(嗣宗)이라 하며 죽림칠현(竹
林七賢)의 한 사람. 老·莊의 허무(虛無) 사상을 숭상하여 청담(淸淡)을
일삼고, 세속의 예법에 전혀 구애받지 않았다. 몇 달씩 두문불출(杜門不

出)하며 독서를 하는가 하면, 어느 때에는 山川에서 노닐면서 집에 돌아오는 것을 잊었다. 술을 즐기고 미치광이 같은 짓을 예사로 하였다. 홀로 수레를 몰고 외진 곳에 가서, 세상을 비관하여 통곡하곤 했는데, 이를 窮途之哭이라 한 것이다.

> 勃三尺微命 一介書生. 無路請纓 等終軍之弱冠. 有懷投筆 慕
> 宗慤之長風. 舍簪笏於百齡 奉晨昏於萬里.

발(勃)은 3척(三尺)의 작고 보잘것없는 몸에, 한낱 글공부하는 서생(書生)에 지나지 않는다.

한(漢)의 종군(終軍)은 약관(弱冠)에, 방자한 남월왕(南越王)을 묶어 계하(階下)에 꿇리겠다고 무제(武帝)께 영(纓)을 내려 달라 청했다 하는데, 나왕발(王勃)은 나이도 품은 뜻도 종군과 다를 바 없건만, 죄를 입은 몸이라 영(纓)을 청할 길이 없다. 후한(後漢)의 반초(班超)는, 이국(異國)에 나아가 공을 세워 제후가 되겠다는 뜻을 품고 홀연히 붓을 던지고 일어서더니, 마침내 서역(西域)의 60여 국을 정벌하여 정원후(定遠侯)에 봉(封)해졌고, 또 어릴 때 장풍(長風)을 타고서 만 리 밖의 어지러운 물결을 잠재우겠다던 송(宋)의 종각(宗慤)은, 과연 그의 뜻대로 임읍국(林邑國)을 정벌하여 조양후(洮陽侯)에 봉(封)해졌으니, 오늘의 나로서는 참으로 느꺼운 바가 많다.

이제 나는 잠(簪)·홀(笏) 등 벼슬아치의 예복을 미련 없이 버리고, 만 리 밖 교지(交趾)에 계신 아버님 곁으로 가, 아버님의 잠자리를 보살피며 자식된 도리를 다할 생각뿐이다.

【語義】 三尺微命(삼척미명):三尺의 작고 보잘것없는 몸. 자신을 겸손하게 표현한 것. 一介書生(일개서생):한낱 글공부하는 학생에 지나지 않는

다는 뜻. 역시 자신에 대한 겸손한 표현이다. 纓(영):본디의 뜻은 갓끈이나, 여기서는 말의 목에 거는 긴 끈을 가리킨다. 말 머리에서 고삐까지 이르는 장식 끈. 等終軍之弱冠(등종군지약관):弱冠의 終軍과 같음. 弱冠은 20세. 漢의 종군이 武帝에게 청하기를, 영(纓)을 내려 주면 그것으로 무엄한 남월왕(南越王)을 묶어 계하(階下)에 꿇리겠다고 하였다. 이때 종군의 나이 20세. 작자 또한 종군과 같은 나이에다가 품은 뜻이 같은데, 죄를 입은 몸이기 때문에 纓을 청할 수 없음을 한탄한 것이다. 有懷投筆(유회투필):뜻을 품고 붓을 던짐. 後漢의 반초(班超)에 관한 고사(故事). 반초는 문필(文筆)을 업(業)으로 어머니를 봉양(奉養)하고 있었는데, 어느 때 붓을 던지며 탄식하여 말하기를, '이국(異國)에 나아가 功을 세워 제후(諸侯)가 되리라. 어찌 붓과 벼루 사이에서 오래 있을 수 있겠는가(立功異域以取封侯. 安能久事筆硯閒乎).' 하고는, 마침내 서역(西域) 정벌에 나서 60여 개국으로부터 항복을 받고, 그 공으로 정원후(定遠侯)에 봉(封)해졌다. 慕宗愨之長風(모종각지장풍):종각(宗愨)의 長風을 그리워함. 종각(宗愨)은 南北朝 때의 사람으로, 字를 원간(元幹)이라 하며 南陽人이다. 어릴 때 叔父가 그에게 품은 뜻이 무엇이냐고 묻자, '원하건대, 長風을 타고서 만 리(萬里)의 어지러운 물결을 부수고 싶다(願從乘長風 破萬里浪).'고 대답했다. 후에 그는, 宋에 出仕하여 진무 장군(振武將軍)이 되어 林邑國을 정벌하였다. 산같이 쌓인 값진 보물을 보고도 털끝 하나 건드리지 않을 만큼 고결한 인물로서, 나중에 조양후(洮陽侯)에 봉(封)해졌다. 簪笏(잠홀):둘 다 관리가 지니는 물건. 簪은 비녀처럼 생긴 것으로, 冠이 머리에서 떨어지지 않도록 하는 제구. 笏은 관리의 신분에 따라 玉·象·竹 등으로 만들어지는데, 길이가 한 자 여섯 치에 폭이 두 치 정도이다. 띠에 질렀다가 임금 앞에서 명령을 받을 때에 여기에 기록하여 비망(備忘)하였던 것인데, 後世에는

오로지 의식(儀式)에 따르는 제구가 되고 말았다. 百齡(백령):百歲. 奉
晨昏於萬里(봉신혼어만리):만 리 밖의 아버님을 따라가, 아침저녁으로
문안을 드리며 모시겠음.《禮記》曲禮篇에, '무릇 자식 된 자로서 禮는,
겨울에는 부모님을 따뜻하게 해 드리고, 여름에는 시원하게 해 드리며,
저녁에는 잠자리를 보살펴 드리고, 아침에는 안부를 묻는 것이다(凡爲
人子之禮 冬溫而夏淸 昏定而晨省).'고 하였다.

> 非謝家之寶樹 接孟氏之芳鄰. 他日趨庭 叨陪鯉對. 今晨捧袂
> 喜託龍門. 楊意不逢 撫凌雲而自惜. 鍾期旣遇 奏流水以何慙.

나 왕발(王勃)은, 비록 사씨(謝氏) 문중의 보수(寶樹)라고 할 만한 현재
(賢才)는 아니지만, 맹모(孟母)가 자식을 위하여 세 번이나 이웃을 가려 옮
기듯, 좋은 이웃만을 가려 사귀리. 또 앞으로 멀리 교지(交趾)에 계신 아버
님 곁으로 가면, 공자(孔子)의 아들 리(鯉)가 뜰에 계신 아버님 앞을 조심
스럽게 종종걸음으로 지나다 거기서 가르침을 받고 그에 따르듯, 나도 그
렇게 아버님의 가르치심을 받들어 모시리.

나는 오늘, 의관을 갖추고 이 큰 잔치에 참석하여 주인 염공(閻公)을 만
나 뵙게 되니, 염공(閻公)은 다름 아닌 용문(龍門)이요 나는 용문에 오른 잉
어라, 영광스럽고 기쁜 마음 한량없다.

한(漢)의 무제(武帝)가 사마상여(司馬相如)의 〈자허지부(子虛之賦)〉를
읽고 감탄하여 상여를 그리워하자, 무제(武帝)를 모시던 양득의(楊得意)가
상여를 추천하였다 하는데, 나는 이제까지 양득의 같은 사람을 만나지 못
해, 부질없이 상여의 〈능운지부(凌雲之賦)〉를 읊조리며 자신의 불우함을
애석히 여겨 왔을 뿐이다.

그런데 나는 오늘, 옛날 백아(伯牙)의 금(琴) 소리를 듣고 그 마음까지

알았던 종자기(鍾子期)와 같은 지음(知音)의 주인 염공(閻公)을 만나게 된
것이다. 백아가 금(琴)의 소리로 자기(子期)에게 자신의 마음을 전한 것처
럼, 나는 이〈등왕각서(滕王閣序)〉를 지어 나의 마음을 부끄러움 없이 염
공(閻公)께 보여 드리리. 어찌 흐르는 물을 노래하기를 부끄러워할 것인가.

【語義】 非謝家之寶樹(비사가지보수):사씨(謝氏) 집의 보수(寶樹)는 아니
지만. 작자가 자신을 지극히 겸손하게 표현한 것이다. 진나라 사현(謝
玄)의 일화(逸話). 叔父 사안(謝安)은 마치 보옥을 귀중히 여기듯 사현
(謝玄)의 기량(器量)을 높이 여겼다. 하루는 사안이 사현에게 염원(念
願)하는 바가 무엇이냐고 묻자, 이에 사현이 다음과 같이 대답했다. "비
유하자면, 영지(靈芝)나 난초(蘭草) 등 향기로운 옥수(玉樹)를 층계 아
래에 나게 하고 싶습니다(譬如芝蘭玉樹 欲使其生於庭階耳)." 여기서 寶
樹란 현능(賢能)한 子弟를 가리키는 말이다. 孟氏之芳鄰(맹씨지방린):
孟氏의 꽃다운 이웃이 됨. 이른바 孟母三遷之敎의 故事를 말한다. 작자
자신도, 交趾에 가면 좋은 이웃만을 사귀어 가까이 지내겠다는 뜻. 他
日(타일):前日·後日·別日의 세 가지 뜻이 있는데, 여기서는 後日의
뜻으로 쓰였음. 趨庭叨陪鯉對(추정도배리대):뜰에 종종걸음 치며 외람
되게도 鯉의 대답으로 모시겠노라. 趨는 어른 앞에서 종종걸음 치는 것.
叨는 '분수에 넘치다, 외람되다'의 뜻. 陪는 侍의 뜻. 鯉는 孔子의 아들
인 伯魚의 이름. 對는 대답. 이 문장은《論語》季氏篇에 나오는 이야기
에 근거한 것이다. 어느 날 孔子의 제자인 진항(陳亢)이 伯魚에게, '그대
는 선생님의 자제이니 특별히 배운 것이 있지 않겠습니까?' 하고 묻자,
伯魚가 이렇게 대답했다. "특별히 배운 것이라곤 없습니다. 다만 언젠
가, 혼자 뜰에 계시는 아버님 앞을 제가 종종걸음으로 지나려 하자, 아
버님께서《詩經》과《禮記》를 배웠느냐?'고 물으신 적이 있습니다. 그에

'아직 배우지 못했습니다.'고 여쭈었더니 아버님께서, '《詩經》을 배우지 않고는 누구와도 말을 할 수가 없고, 《禮記》를 배우지 않고는 사람 노릇을 할 수가 없다(不學詩無而言 不學禮無以立).'고 하셨습니다. 그래서 돌아와 《詩經》과 《禮記》를 배우기 시작했습니다." 捧袂(봉몌):옷소매를 받듦. 곧 위의(威儀)를 바로잡는다는 뜻. 喜託龍門(희탁룡문):용문에 오르게 됨을 기뻐함. 後漢의 이응(李膺)은 성품이 고결한 것으로 이름이 높았고, 또 웬만한 사람하고는 교제를 하지 않았다. 환제(桓帝) 때 조정의 기강이 무너졌는데도, 이응만은 홀로 도의(道義)를 지켜 고상(高尚)함을 잃지 않았다. 그래서 당시 선비들은 모두 이응의 접대를 받는 것을 큰 영광으로 여기고, 이를 일러 登龍門이라 했다. 龍門은 黃河의 상류에 있는 급류(急流)로, 어쩌다 큰 잉어가 여기까지 올라오게 되면 용이 되어 승천한다고 한다. 여기서 뜻을 얻어 영달함을 登龍門이라 하게 된 것이다. 작자 왕발은, 염백서(閻伯嶼)를 龍門에 비유하고 자신을 龍門에 오른 잉어에 비유하여, 자신이 등왕각의 연회(宴會)에 참석하게 된 것을 매우 기쁘게 생각한다고 한 것이다. 楊意不逢(양의불봉):양의(楊意)를 만나지 못함. 漢의 武帝가 司馬相如의 〈子虛之賦〉를 읽고 칭찬하며, 相如와 함께하지 못함을 탄식하였다. 이에 武帝를 모시고 있던 양득의(楊得意)는, 相如가 자신의 벗임을 아뢰고 추천했다. 뒤에 相如는 武帝에게 重用되어 이름을 떨쳤다. 작자 왕발이 자신에게 뛰어난 재주가 있음에도, 자신은 楊得意의 추천을 받은 相如처럼 되지 못함을 한탄한 것이다. 凌雲(능운):司馬相如가 지은 〈凌雲之賦〉를 말함. 凌雲은 구름을 뚫고 하늘로 올라간다는 뜻, 또는 속세를 떠난다는 뜻. 鍾期旣遇(종기기우):종자기(鍾子期)를 이미 만나다. 《列子》탕문편(湯問篇)에 있는 이야기이다. 백아(伯牙)는 금(琴)을 잘 뜯었고, 종자기(鍾子期)는 그것을 잘 들을 줄 알았다. 伯牙가 琴을 타며 뜻을 높은 산에 두면 子期는 그것을 곧 알고, '훌륭하도다. 높이 솟아오름이 태산과 같구나.' 했고 흐르는 물에 뜻을 두고 琴을 타면, '훌륭하도다. 큰 물결의 출렁임이 長江이나 黃河 같구나.' 했다. 伯牙가 생각하는 것은 鍾子期가 틀림없이 알아내었다. 伯牙는 琴을 내던지고 탄식하며 말했다. "참으로 훌륭하다, 그대의 들음은. 나의 뜻을 알아냄이 마치 나의 마음과 다를 바가 없다. 나의 琴 소리가 그대로부터 도망칠 곳이 과연 있겠는가?" 작자 왕발이 말하려는 것은 염백서를 子期에, 자신을 伯牙에 비유하여, 자신의 뜻을 알아줄 사람을 만나 기쁘다는 것이다. 奏流水以何慙(주류수이하참):흐르는 물을 노래함이 어찌 부끄럽겠는가. 伯牙가 琴으로 흐르는 물을 연주하면 子期가 그것을 잘 알아주었듯, 작자 왕발이 〈滕王閣序〉를 지으면 주인 염백서가 자신의 뜻을 잘 알아줄 것이라는 뜻.

嗚呼勝地不常 盛筵難再. 蘭亭已矣. 梓澤丘墟. 臨別贈言 幸承恩於偉餞. 登高作賦 是所望於羣公. 敢竭鄙誠 恭疏短引. 一言均賦 四韻俱成.

아, 이곳처럼 뛰어난 절승(絶勝)은 흔히 볼 수 있는 것이 아니요, 오늘같이 성대한 잔치는 두 번 다시 만나기 어려운 일이다.

진(晋)의 왕희지(王羲之)가 명사들과 더불어 주연(酒宴)을 베풀고 시를 짓던 난정(蘭亭)이 없어진 지 이미 오래고, 진(晋)의 석숭(石崇)이 벌주(罰酒) 삼배(三杯)를 돌리며 환락을 누리던 재택(梓澤)의 금곡원(金谷園) 또한 폐허가 된 지 오래이니, 오늘날 등왕각(滕王閣)만한 곳을 다시 또 어디서 찾아볼 수 있으랴.

이제 헤어짐에 이 한 편의 글을 지어 올리게 됨은, 영광스럽게도 이 성대한 잔치에 참석하는 은혜를 입은 때문이다. 9월 9일 등고(登高)의 가절(佳

節), 오늘같이 좋은 날 등왕의 높은 전각에 올라 글을 짓는 것은, 이 자리
에 모인 여러 사람의 다 같은 소망이리. 모두 시를 읊으며 즐거움을 나누
기 바라는 마음 간절하다.

　감히 보잘것없는 성의(誠意)를 다하여 짧은 글을 짓고, 다시 사운(四韻)
으로 된 칠언고시(七言古詩) 한 수를 보태어, 삼가 이 글을 끝맺는다.

【語義】 嗚呼(오호):감탄사.　勝地不常(승지불상):경치 좋은 곳이 흔한 것이
　　아님. 등왕각의 경치가 빼어남을 뜻한다.　蘭亭(난정):晋의 왕희지(王羲
　　之)가 名士들을 모아 주연(酒宴)을 베풀고 시를 짓던 곳. 다음의 〈蘭亭
　　記〉에 상세하게 나온다.　梓澤(재택):晋의 석숭(石崇)이 환락(歡樂)을
　　누리던 금곡원(金谷園). 앞에 李白의 〈春夜宴桃李園序〉에 언급되어 있
　　다.　贈言(증언):말을 줌. 작자 왕발이 글을 짓는 것을 말한다.　鄙誠(비
　　성):보잘것없는 성의(誠意). 자신의 마음을 낮추어 한 말이다.　恭疏短
　　引(공소단인):삼가 글을 한 편 지음. 疏는 그림을 그리거나 조리를 세워
　　글을 쓰는 것. 引은 문체(文體)의 하나로, 여기서는 〈勝王閣序〉를 가리
　　킨다.　一言均賦(일언균부):賦에 一言을 따르게 함. 一言은 다음의 詩.
　　〈勝王閣序〉의 끝에 한 편의 詩를 짓는다는 뜻.　四韻(사운):다음에 나
　　오는 詩는 七言古詩로, 무(舞)·우(雨)·추(秋)·류(流)의 넉 자가 운자
　　(韻字)이므로, 四韻이라 한 것임.

勝王高閣臨江渚　　등왕의 높은 누각 아직도 강가에 우뚝한데
등 왕 고 각 임 강 저

佩玉鳴鑾罷歌舞　　옥 소리 말방울 소리 사라진 지 오래고
패 옥 명 란 파 가 무　　기녀들의 노래 소리 그친 지 오래이다.

畫棟朝飛南浦雲　　아침이면 단청 기둥에 남포의 구름이 날고
화 동 조 비 남 포 운

朱簾暮捲西山雨
주 렴 모 권 서 산 우

저녁이면 걷어 올린 주렴 너머로
서산에 비가 흩뿌린다.

閑雲潭影日悠悠
한 운 담 영 일 유 유

한가로운 구름과 연못의 짙푸른 물빛은
예나 다름없는데

物換星移度幾秋
물 환 성 이 도 기 추

인물이 바뀌고 세월이 변하며
몇 춘추나 흘렀는가.

閣中帝子今何在
각 중 제 자 금 하 재

저 누각에 계시던 천자님의 아드님
지금 어디에 계시는가.

檻外長江空自流
함 외 장 강 공 자 류

난간 너머 길게 뻗은 강물만
무심히 흘러갈 뿐이네.

【語義】 江渚(강저):강기슭. 佩玉(패옥):官人이 官服에 드리우는 옥구슬.
걸을 때마다 부딪쳐 소리가 난다. 鳴鑾(명란):말방울 소리. 鑾은 천자
의 수레를 끄는 말의 고삐에 다는 방울. 방울 소리에 따라 수레의 행보
(行步)를 조절했다. 畫棟(화동):곱게 단청한 기둥. 南浦(남포):地名.
광윤문(廣潤門) 밖에 있으며, 南浦亭이 있다. 珠簾(주렴):구슬로 꾸민
아름다운 발. 閑雲(한운):고요히 떠도는 구름. 潭影(담영):깊은 연못
의 물빛. 悠悠(유유):매우 한가로운 모양. 物換星移(물환성이):人物의
바뀜과 세월의 흐름. 閣中帝子(각중제자):등왕각을 세운 滕王 이원영
(李元嬰)을 가리킨다. 檻外(함외):난간 밖.

【解說】 등왕각(滕王閣)은, 당(唐) 고조(高祖) 이연(李淵)의 아들 원영(元
嬰)이 홍주도독(洪州都督)으로 있을 때에 지은 것으로, 원영이 등왕(滕
王)으로 봉작(封爵)되었던 관계로 등왕각이라고 불리게 되었다. 그 뒤
唐 고종(高宗) 함형(咸亨) 2년(675)에, 염백서(閻伯嶼)가 홍주(洪州)의
태수(太守)로 부임하여, 이 전각을 수축(修築)하고 9월 9일 등고절(登

高節)에 널리 빈객을 모아 잔치를 베풀었다. 그런데 그 전에 염백서는, 사위 오자장(吳子章)에게 등왕각의 중수(重修)를 기념하는 서(序)를 한 편 지으라 일러 놓고, 연회 자리에서 빈객들에게 사위 자랑을 할 생각이 었다. 잔치가 벌어지고 좌중의 흥이 고조되자 염백서는 계획대로, 등왕각의 중수를 기념하는 글을 지어 달라 빈객들에게 부탁했다. 그러나 이미 염백서의 의도를 알고 있던 빈객들은 겸손하게 사양할 뿐, 누구 하나 선뜻 지필(紙筆)을 받으려 하는 사람이 없었다. 그런데 빈객 중 가장 나이 어린 왕발(王勃)에게 종이와 붓이 가자, 왕발은 사양하지 않고 얼른 그것을 받아들고, 단숨에 글을 써 내려가기 시작했다. 당시 왕발은, 벼슬이 깎여 멀리 교지(交趾:지금의 베트남 하노이 부근)에 가 있는 아버지 왕복치(王福畤)를 찾아가는 길에 종리(鍾離:徐州에 속해 있는 조그만 마을)를 지나다가, 9월 9일에 등왕각에서 잔치가 있다는 소리를 듣고 참석하여 한 자리 차지하고 있었던 것이다.

연회의 주인인 염백서는, 어린 왕발의 이 뜻하지 않은 불손한 행동에 노하여, 은밀히 아랫사람을 보내어 왕발의 문장이 하나하나 이루어질 때마다 보고하도록 했다. 왕발의 글은 문장을 이루기가 무섭게 염백서에게 보고되었다. 왕발의 글이 갈수록 빛나는 데다가, '落霞與孤鶩齊飛秋水共長天一色'의 句에 이르자, 염백서는 깜짝 놀라 '천재다!' 하며 경탄해 마지않았다. 그리하여 염백서는 왕발에게 글을 끝까지 완성하도록 부탁하고, 잔치가 끝날 때까지 마음껏 즐거움을 누리게 했다 한다.

왕발은 字를 子安이라 하며 初唐四傑로 꼽히는데, 여섯 살 때부터 글을 지었다고 하는 보기 드문 천재이다. 일찍이 고종(高宗)으로부터 뛰어난 재주를 인정받아 박사(博師)가 되었으나, 여러 왕족들의 우열(優劣)을 닭싸움에 비유하여 〈鬪鷄檄文〉을 썼다가 고종의 노여움을 사, 자신은 유배되는 신세가 되었고, 그의 아버지는 벼슬이 깎이어 교지(交

趾)의 현령으로 쫓겨나게 되었다. 나이 29세에 아버지의 임지(任地)로 가다 불우하게도 남해(南海)에 빠진 것이 원인이 되어 죽었다. 그가 문장을 지을 때에는 먹을 듬뿍 갈아 놓은 다음, 술을 마시고 한참 푹 자고 난 뒤에 단숨에 내려썼다 하는데, 아무리 취중에 쓴 글이라 해도 한 자도 고칠 데가 없어, 사람들은 그를 '복고(腹稿:뱃속에 원고를 품고 있음)'라 하였다.

〈滕王閣序〉는, 홍주(洪州)의 수려한 경관(景觀)을 후세에까지 만인의 입에 오르내리게 했으며, 이 글 한 편으로 고조(高祖)의 스물두 번째 아들인 등왕(滕王) 이원영(李元嬰)이 다른 자식들보다 더 알려지게 되었고, 후에 등왕각을 중수한 염백서는 물론 맥없이 잔치 자리에서 물러 나와야 했던 오자장(吳子章)의 이름까지도 후세에 전해지게 되었다.

이 글은 왕발의 작품 중에서도 걸작에 드는 것이다. 왕발을 내쳤던 고종(高宗)이 이 序를 읽고 다시 왕발을 부르려 했으나 그 때엔 이미 왕발이 죽고 없었으니, 참으로 안타까운 일이다. 전편에 걸쳐 함축·온고(溫故)·직유(直喩)·암유(暗喩) 등의 기법이 현란하게 사용되어, 왕발의 才氣가 유감없이 발휘된 작품이다. 故事를 교묘히 사용하여, 넉 자 여섯 자의 對句를 겹친 六朝風의 변려문(駢儷文)인데, 약관(弱冠)의 작자가 과연 이것을 지었을까 의심될 정도로 당당한 構文이다. 다만 전고(典故)를 많이 사용한 탓으로, 文意가 명료하지 않은 부분이 있어 해득하기 어렵다는 것이 흠이라면 흠일 것이다. 本篇을 해석하는 데에 그 美文의 묘미를 가능한 한 살리려고 애썼지만, 도저히 왕발의 재주에는 미칠 수 없음을 깨닫게 된다. 독자는 '眼光徹紙背'의 자세로 음미해 주기 바란다.

篇末의 詩는 율시(律詩)와 비슷하지만, 평측 구구(平仄構句)나 압운(押韻)의 상태로 알 수 있듯이 古詩이다. 단편의 詩로 그 해석에 약간 이설(異說)이 있지만, 여정(餘情)이 긴 걸작이다.

권지 4(卷之四)

기류(記類)

　기(記)는 기사문(記事文)으로 《說文解字》에, '記는 소(疏)이다.'라고
되어 있다. 疏에는 나눈다는 의미가 있으며, 따라서 疏는 분별(分別)
하여 기록하는 것을 말한다. 일반적으로 기류(記類)는, 일의 유래(由
來)를 기록하여 후세에 남기는 기념문(記念文)을 쓸 때에 사용되는 일
이 많다. 記에는 史記·日記 외에 누(樓)·각(閣)·정(亭)·원(院) 등
에 대한 유래기(由來記)가 있다.

난정기:왕일소(蘭亭記:王逸少)

> 永和九年 歲在癸丑. 暮春之初 會于會稽山陰之蘭亭. 修禊事
> 也. 羣賢畢至 少長咸集. 此地有崇山峻嶺 茂林脩竹. 又有淸
> 流激湍 映帶左右. 引以爲流觴曲水 列坐其次. 雖無絲竹管絃
> 之盛 一觴一詠 亦足以暢敍幽情. 是日也 天朗氣淸 惠風和暢.
> 仰觀宇宙之大 俯察品類之盛. 所以遊目騁懷 足以極視聽之
> 娛. 信可樂也.

영화(永和) 9년 계축(癸丑) 늦은 봄 초승에, 천하의 문사들이 회계산(會
稽山) 북쪽 난정(蘭亭)에 모였다. 삼월 삼짇날을 맞아, 흐르는 물에 몸을
씻고 신께 빌어 재앙을 없애며 복을 기원하는 계제사(禊祭祀)를 지내기 위
해서였다. 많은 현재(賢才)들이 모여, 젊은이와 어른이 모두 한자리에 앉
았다.

그곳은 천하의 절승(絶勝)으로, 고산준령(高山峻嶺)이 첩첩이 둘러싸여
있으며, 짙푸르게 우거진 숲에 가늘고 긴 대나무가 무성하게 자란 곳이다.
또 맑게 흐르는 시냇물과 소용돌이치는 여울이, 산 경치를 다투어 받으며
양쪽에서 빛난다. 그 물을 끌어다가 술잔을 띄워 보내며 시를 읊고 놀 곡
수(曲水)를 만들고, 모두들 그 양쪽으로 순서를 정해 벌여 앉았다. 비록 관
(管)과 현(絃)의 음악은 없었지만, 흐르는 물에 술잔을 띄우고 시를 지으니,
깊고 그윽한 심정을 맘껏 펼 수 있었다.

그날, 하늘은 깨끗하고 공기는 맑았으며, 만물을 기르는 은혜로운 봄바
람은 더없이 따스하고 부드러웠다. 우러러 우주의 한없이 크고 무한함을
보고, 고개 숙여 지상(地上) 만물의 무성함을 보았다. 자유로이 눈을 돌
려 천지를 바라보고, 마음 가는 대로 생각을 달려보니, 눈과 귀의 즐거움

을 맘껏 누리기에 충분하였다. 참으로 난정(蘭亭)의 경치야말로 즐길 만
한 것이었다.

【語義】永和九年:354년. 永和는 東晋의 다섯 번째 임금 목제(穆帝)의 연호
(年號). 歲在癸丑(세재계축):太歲, 곧 그 해의 간지(干支)로 보면 계축
년(癸丑年)이라는 뜻. 癸丑은 十干(甲·乙·丙·丁·戊·己·庚·辛·
壬·癸)과 十二支(子·丑·寅·卯·辰·巳·午·未·申·酉·戌·亥)
를 순서대로 조합한 六十甲子의 하나. 暮春(모춘):음력 3월. 初(초):3
일을 말한다. 會稽山陰(회계산음):회계산의 북쪽. 陰은 북을 뜻한다.
회계산은 절강성(浙江省) 소흥(紹興) 남동에 있는 명산으로, 춘추 전국
시대에, 월왕(越王) 구천(勾踐)이 오왕(吳王) 부차(夫差)와 회전(會戰)
하여 생포되어서 굴욕적인 강화를 맺은 곳으로 유명하다. 修禊事(수계
사):3월 삼짇날, 물가에 가서 흐르는 물에 몸을 깨끗이 씻고 신께 빌어
재앙을 없애고 복을 기원하는 계제사(禊祭祀)의 행사를 행하는 것을 말
한다. 修는 행하는 것. 계사(禊事)는 계제사(禊祭祀)의 일. 畢至(필지):
모두 모임. 崇山峻嶺(숭산준령):높은 산과 험준한 고개. 茂林脩竹(무
림수죽):무성한 숲과 긴 대나무. 淸流激湍(청류격단):맑은 시냇물과 소
용돌이치며 급격하게 흐르는 여울. 映帶(영대):서로 비치고 어울려 있
음. 流觴曲水(유상곡수):음력 3月 삼짇날, 九曲의 流水에 잔을 띄워 보
내고서, 술을 마시며 시를 짓는 놀이. 상(觴)은 술잔, 曲水는 이리저리
구부러진 시냇물. 其次(기차):각자가 앉아야 할 자리. 순서(順序). 絲
竹管絃(사죽관현):絲는 현악기, 竹은 관악기. 통칭 음악을 말한다. 一
觴一詠(일상일영):술 한 잔에 시 한 수. 자기 앞에 흘러온 잔을 받아 술
을 마신 다음, 그 잔을 물에 띄워 보내고, 다시 그 잔이 자기에게 돌아
오기 전까지 시를 완성하는 유상(流觴)의 놀이를 말한다. 暢敍幽情(창

서유정):그윽한 정(情)을 충분히 나타냄. 惠風(혜풍):봄바람. 봄바람은
만물을 길러 주는 은혜로운 바람이라 하여, 惠風이라 한다. 品類之盛
(품류지성):만물이 한없이 무성함. 品類는 금수와 초목을 비롯한 만물
을 가리킨다. 所以遊目騁懷(소이유목빙회):눈을 돌리고 생각을 달림.
所以는 '~하는 까닭의 것', '~으로써 ~하는 바의 것' 등의 뜻으로 쓰인
다. 遊目은 시선을 돌려 자유롭게 바라보는 것. 騁懷는 마음대로 생각
함. 어느 것에도 구애받지 않고 자유롭게 생각하는 것. 視聽之娛(시청
지오):눈으로 보고 귀로 듣는 즐거움. 여기서는 경색(景色)을 즐기는 것
을 말한다. 信:진실로.

夫人之相與俯仰一世 或取諸懷抱 悟言一室之內 或因寄所託
放浪形骸之外. 雖趣舍萬殊 靜躁不同 當其欣於所遇 暫得於
己 快然自足 曾不知老之將至. 及其所之旣倦 情隨事遷 感慨
係之矣. 向之所欣 俛仰之閒 以爲陳迹. 尤不能不以之興懷.
況脩短隨化 終期於盡 古人云 死生亦大矣. 豈不痛哉.

무릇 사람이 세상에 태어나서 하늘을 우러르고 땅을 굽어보며 한평생을
살아가는데, 어떤 이는 벗들과 한방에 마주 앉아 마음속의 생각을 정답게
이야기하기도 하며, 또 어떤 이는 몸은 자신이 처해 있는 환경에 맡겼지만,
마음만은 현실의 모든 속박을 초월하여 자유로이 유유자적하기도 한다.
 이처럼 사람들은 그 살아가는 방법에 나아감과 물러남이 만 가지로 다르
고 고요함과 바스댐이 같지 않으나, 저마다 자신이 처한 경우가 자신의 마
음에 들 때에는, 몸을 잊고 그에 빠져 늙음이 성큼 다가오는 것조차 모르
고 지낸다. 그러다가 흥이 다하게 되면, 즐겁던 마음도 그 일과 함께 덧없
이 사라지고, 남는 것은 한 가닥 꿈같은 추억이니, 이에 지나간 추억에 매

달려 끝없는 감회를 불러일으키게 된다.

몸과 마음을 쏟아 즐기던 지난날의 일이 한낱 옛 자취가 되어 버리니, 이에 만감(萬感)이 교차되며 감회를 일으키지 않으려야 않을 수 없게 되는 것이다. 더욱이 짧든 길든 간에 생명이 유한한 인간에게야 더 말해 무엇 하겠는가.

옛사람이, '인생에 죽고 사는 것보다 더 큰 일이 있겠는가.'라고 말했는데, 인생의 덧없음을 생각하면 참으로 슬퍼하지 않을 수 없다.

【語義】 俯仰一世(부앙일세):아래를 보기도 하고 위를 보기도 하면서 살아가는 인간 생활을 말한다. 一世는 사람이 생존해 있는 한세상. 取諸懷抱(취제회포):자기 마음속에 품고 있는 생각을 끌어냄. 悟言(오언):晤言과 같음. 晤(오)는 만나서 이야기하는 것. 因寄所託(인기소탁):자신이 처해진 상황에 자신을 맡김. 천지자연의 변화에 자신을 맡기고, 구태여 마음 쓰는 일 없는 것. 放浪形骸之外(방랑형해지외):몸 밖에서 방랑함. 현실의 여러 가지 속박에서 벗어나, 마음을 자유롭게 한다는 뜻으로, 즉 유유자적(悠悠自適)함. 趣舍萬殊(취사만수):나아가고 물러남이 만 가지로 다름. 人心의 진퇴(進退)가 하나같지 않음을 뜻함. 靜躁不同(정조부동):고요함과 시끄러움이 같지 않음. 사람들의 각기 다른 몸가짐을 말한다. 所遇(소우):만나는 바의 일. 경우. 暫得於己(잠득어기):잠시 자신의 기분에 듦. 快然(쾌연):매우 즐거워함. 曾(증):作者의 진필(眞筆)에는 없다. 不知老之將至(부지노지장지):늙음이 오는 것을 모름.《論語》述而篇에 나오는 말. 섭공(葉公)이 子路에게 孔子에 관해 물었는데, 子路가 대답하지 못했다. 뒤에 孔子께서 이렇게 말씀하셨다. "너는 어찌하여 이렇게 말하지 않았느냐. '그는 학문에 열중하면 먹는 것을 잊으며, 道를 즐기면 근심을 잊어 늙음이 닥쳐오는 것조차 모른

다.'고" 倦(권):권태로움. 흥이 가심. 感慨係之(감개계지):마음속 깊이
사무치게 느끼는 정을 불러일으킴. 向之所欣(향지소흔):지난날의 즐거
움. 向은 嚮(향)과 같은 뜻으로, 접때. 俛仰之間(면앙지간):머리를 숙
였다 다시 드는 사이. 즉 짧은 시간. 俛은 俯와 같은 뜻. 陳迹(진적):오
랜 옛 자취. 尤(우):더욱. 유난히. 興懷(흥회):감회를 일으킴. 脩短(수
단):수요(壽夭), 命의 길고 짧음. 死生亦大矣(사생역대의):삶과 죽음은
인생의 중대사임.《莊子》덕충부(德充符)에 나오는 말. 豈不痛哉(기불
통재):어찌 슬퍼하지 않을 수 있겠는가.

每覽昔人興感之由 若合一契. 未嘗不臨文嗟悼. 不能喩之於
懷. 固知一死生爲虛誕 齊彭殤爲妄作. 後之視今 亦猶今之視
昔. 悲夫. 故列敍時人 錄其所述. 雖世殊事異 所以興懷 其致
一也. 後之覽者 亦將有感於斯文.

나는 옛사람들이 가졌던 감회가 무엇인지를 알게 될 적마다, 마치 두 개
의 부절(符節)을 하나로 맞춘 듯, 그들이 느꼈던 바가 오늘날 내가 느끼는
감회와 한 치의 빈틈도 없이 같다는 것을 깨닫는다. 그러니 옛사람들의 감
회가 담긴 글을 대할 때마다, 어찌 슬픈 생각에 잠기지 않을 수 있겠는가.
나는 옛사람의 글을 읽을 적마다 부질없는 일임을 잘 알면서도, 언제나 인
생의 덧없음을 깊이 슬퍼하게 된다.

지금 우리는 무한한 본체(本體)의 세계에서 보아 죽고 삶이 하나이며, 영
겁(永劫)의 우주에 견주어 칠백 살을 누린 팽조(彭祖)를 요사했다 하고, 하
루살이의 목숨과 비교하여 어려서 죽은 것을 장수한 것이라 하여, 인간의
수요장단(壽夭長短)은 따질 것이 못 된다고 한 장주(莊周)의 말이 모두 허
황되고 망령된 것임을 절실하게 깨닫는다.

생각하면 후세 사람들이 우리의 이 글을 읽고 감회를 일으킬 것이, 지금
우리가 옛사람의 글을 읽고 감회를 일으키는 것과 조금도 다를 것이 없다.
아, 어찌 슬프지 아니하랴.

그래서 오늘 여기 난정의 잔치에 모인 마흔두 사람의 이름을 하나하나 올
리고, 그와 함께 그들의 감회를 읊은 시를 수록하였다. 우리가 가고 없어진
뒤, 비록 세상은 달라지고 세태는 바뀌게 되겠지만, 지금 우리가 옛사람을
생각하듯, 후세 사람 또한 옛사람이 되어 버린 우리를 생각할 것이니, 사
람이 감회를 일으키게 되는 이치는 같은 것이다. 뒤에 누구든 이 글을 읽게
되는 사람은, 나의 이 말에 또한 감회가 없을 수 없을 것이다.

【語義】 若合一契(약합일계):하나의 부절(符節)을 맞춘 것 같음. 契(계)는
符契, 또는 符節. 돌 또는 대나무로 만든 符信으로, 한쪽은 조정에 두고
한쪽은 사신(使臣)이 지니고 다녔던 것. 符節을 맞춘 것 같다 함은 똑같
다는 뜻. 臨文(임문):감회를 일으켜 지은, 고인의 문장을 읽음. 臨은 글
을 읽기 위해 글 앞에 서는 것. 嗟悼(차도):탄식하고 슬퍼함. 不能喩
之於懷(불능유지어회):마음을 타일러 달랠 수 없음. 즉 인생의 무상(無
常)함을 슬퍼해도 소용이 없으므로, 슬퍼하지 않으려 해도 그렇게 되지
않는다는 뜻. 固(고):참으로. 一死生(일사생):죽고 삶이 하나임. 현상
(現象)으로서 죽음과 삶은 크게 다르지만, 본래 無인 존재(본체)가 나타
나 현상이 된 것이 삶이며, 그것이 다시 無로 돌아가는 것이 죽음이라
고 보면, 죽음도 삶도 본질적으로는 같다고 할 수 있다는 것이 노장(老
莊) 사상이다. 虛誕(허탄):허황되고 근거 없음. 齊彭殤(제팽상):장수
한 팽조(彭祖)와 일찍 죽은 아이가 같음. 齊는 같다는 뜻. 彭은 요(堯)임
금 때부터 은 말(殷末)까지 700년을 살았다는 팽조(彭祖). 殤은 20세가
되기 전에 죽는 것. 16세부터 19세 사이에 죽는 것을 長殤, 12세부터 15

세 사이에 죽는 것을 中殤, 8세부터 11세 사이에 죽는 것을 下殤, 7세 이하에 죽는 것을 無服之殤이라 한다.《莊子》齊物論에 나오는 이야기. 7백 세를 누린 팽조도 무한(無限)한 본체(本體)의 세계에서 본다면 지극히 짧은 인생이며, 어려서 죽은 아이도 하루살이와 비교한다면 오래 산 것이니, 대립·차별의 인식은 무가치하다는 것. 妄作(망작):망령된 짓. 猶今之視昔(유금지시석):마치 지금 우리가 옛것을 보는 것과 같을 것임. 悲夫(비부):슬프다! 列敍時人(열서시인):蘭亭의 잔치에 모인 42人의 이름을 열기(列記)함을 말한다. 世殊事異(세수사이):세상이 달라지고 세태(世態)가 변함. 其致(기치):감흥을 일으키는 이치.

【解說】 난정(蘭亭)은 절강성(浙江省) 소흥(紹興)에 있는 정자. 동진(東晋) 목제(穆帝)의 영화(永和) 9년(癸丑. 354) 3월 삼짇날, 왕희지를 비롯하여 손작(孫綽)·사안(謝安) 등 당시의 명사 42人이 모여 이곳에서 곡수연(曲水宴)을 베풀었다. '곡수연'이란 이리 꺾이고 저리 구부러진 냇물에 여러 사람이 벌여 앉아, 물에 떠서 흘러 내려오는 술잔을 차례로 받으며 시를 짓는 놀이로서, 유상(流觴)이라고 한다.

이 글은 그 잔치에서 지은 시를 한데 모으면서 작자 왕희지가 序로서 쓴 것이다. 따라서 '난정집서(蘭亭集序)'라 하는 것이 옳은데, 후세에 잘못 난정기(蘭亭記)로 전해져 記類에 들어가게 된 것이다.

이 글은 낭만에 찬 문장도 문장이지만, 왕희지가 서수필(鼠鬚筆:쥐의 수염으로 만든 붓)로 잠견지(蠶絹紙)에 쓴 글씨여서 더욱 유명하다. 이 글을 쓴 왕희지의 글씨는 고금에 다시없는 名筆로서, 왕희지의 글씨 중에서도 가장 뛰어난 것이라 한다.

이 글은 자연을 사랑하는 마음, 나름대로 인생을 즐기면서 영원한 것을 동경하는 인간의 애절한 소망, 유한(有限)한 인생의 덧없음을 슬퍼하는 마음이 통절히 표현된 명문이다. 이처럼 서경(敍景)과 인생에 대한 감회가 깊이 있게 묘사된 글인데, 어인 까닭인지 양(梁)나라 소명 태자(昭明太子)의《文選》에는 수록되어 있지 않다. 일설(一說)에는, '天朗氣淸'이란 표현이 봄에 가을 풍경을 노래한 듯해 계절 감각에 어긋나며, '絲竹管絃'이란 문구가 중복된 표현이어서《文選》에 들지 못했다고하는데, 이에 대해서는 논란이 많다. 어쨌든 이 〈난정집서(蘭亭集序)〉는 진대(晉代)의 낭만적 인생관을 잘 보여 주는 작품으로, 이른바 풍류 사상의 문학이다. 개성미 넘치는 풍류를 존중하는 사상은 진대(晉代)의 예술 전반에 크게 영향을 미쳤는데, 특히 이러한 풍조는 왕희지의 글씨에 잘 나타나 있다. 이 〈난정집서(蘭亭集序)〉 한 편이야말로, 풍류와 문장과 글씨가 한데 어우러진 걸작이라 할 수 있다. 앞서 나온 〈등왕각서(滕王閣序)〉는 이 서문의 영향을 받은 것이며, 〈적벽부(赤壁賦)〉에서 볼 수 있는 풍류 정신은 이 글과 정신적인 맥락(脈絡)을 같이하고 있다.

상세창(桑世昌)의 〈蘭亭考〉上에는 이 序 다음에, 그날 지어진 시를 싣고 있다. 四言 및 五言의 詩를 한 수씩 지은 사람은 왕희지·사안(謝安) 등 11인, 합쳐서 22首. 四言이나 五言의 詩를 한 수만 지은 사람은 왕풍지(王豊之) 이하 15인, 합쳐서 37首이다. 그리고 왕헌지(王獻之) 등 16인은 詩를 짓지 못해, 당시의 관습대로, '벌주 삼거굉(罰酒三巨觥: 벌주로 큰 잔 석 잔을 마심)'에 처해졌다고 기록되어 있다.

작자 왕희지(王羲之)는 진(晉)의 회계(會稽) 사람으로, 字를 일소(逸少)라고 한다. 벼슬은 우군장군(右軍將軍), 회계의 내사(內史)을 지냈는데, 무엇보다도 서예의 대가로서 이름 높다. 아들 헌지(獻之)와 더불어 이왕(二王)이라 불리며, 서예 발달에 공이 크다.

독락원기:사마군실(獨樂園記:司馬君實)

迂叟平日讀書 上師聖人 下友群賢. 窺仁義之原 探禮樂之緒.
自未始有形之前 曁四達無窮之外 事物之理 擧集目前. 可者
學之 未至夫可. 何求於人 何待於外哉.

나 우수(迂叟) 사마광(司馬光)은 평소에 책을 읽으며 홀로 즐기는데, 위로
는 요(堯)·순(舜)·우(禹)·탕(湯)·문무(文武)·주공(周公)·공자(孔子)
와 같은 여러 성인을 스승으로 삼고, 아래로는 안자(顔子)·증자(曾子)와 같
은 공자의 수제자와 자사(子思)·맹자(孟子) 등의 많은 어진 이를 벗으로
삼는다. 또 인간이 하늘로부터 부여받은 인간애의 근본인 인(仁)과 사물을
바르게 규정하는 이치의 근본인 의(義)를 살펴보고, 신분에 따른 도덕 법
칙과 풍속·습관 등 사회 기강을 확립하는 근본인 예(禮)와 사람들의 감
정을 융화시키는 근본인 악(樂)의 실마리를 찾는다. 이렇게 옛 성현의 글
을 읽노라면, 아직 천지가 나뉘지 아니하고 만물 또한 형상을 이루지 아니
한 혼돈(混沌)의 아득한 옛날로부터 사방이 통하여 다함이 없는 무한 공간
의 저쪽에 이르기까지, 천지자연의 무한한 도리와 인간 세상의 온갖 이치
가 눈앞에 밝게 모여든다.

책을 읽어 좋은 것을 내 것으로 하고자 힘써 배워도 다 배울 수 없는 것
이 안타깝다. 책을 읽는 즐거움이 이토록 진진(津津)한데, 독서 이외의 것
에서 그 무엇을 남에게서 구하며 밖에서 얻기를 기대하겠는가.

【語義】 迂叟(우수):작자 司馬光의 호(號).   上師聖人(상사성인):위로는
    堯·舜·禹·湯·文武·周公·孔子와 같은 성인을 스승으로 삼음. 下
    友群賢(하우군현):아래로는 안자(顔子)·증자(曾子) 같은 孔子의 수제

자와 子思 · 孟子 등 여러 어진 이를, 책을 통하여 벗으로 함. 禮樂(예
악):禮는 인간 행위의 도덕적 법칙으로, 사회생활을 유지시키기 위한
제도 · 풍속 · 습관 등을 말한다. 樂은 음악. 사람과 사람의 감정 융화를
이루기 위한 예술. 緒(서):실마리. 自未始有形之前(자미시유형지전):
아직 형태가 이루어지기 전의 때로부터. 自는 '~로부터'의 뜻. 未始有
形은 아직 천지가 나뉘지 아니하고 만물이 한 덩어리인 채 物形이 이루
어지지 않은 상태를 말한다. 曁(기):及과 같은 뜻으로, 마치다. 四達
無窮之外(사달무궁지외):무한한 공간의 저편. 可者(가자):좋은 것. 원
문에는 '可者學之 未至夫可'의 여덟 자가 없고, 目前 다음에 '所病者學
之未至. 夫又何求於人 何待於外哉(염려할 것은, 자기의 학문이 성취되
지 않는 일이다. 그것을 어찌 남에게서 구하며, 또 밖에서 얻기를 기대
하는가).'라고 되어 있다.

志倦體疲 則投竿取魚 執袵采藥 決渠灌花 操斧剖竹 濯熱盥
水 臨高縱目. 逍遙徜徉 惟意所適. 明月時至 淸風自來. 行無
所牽 止無所柅. 耳目肺腸 卷爲己有. 踽踽焉. 洋洋焉. 不知
天壤之閒 復有何樂可以代此也. 因合而命之曰獨樂.

혹 마음이 권태로워지고 몸이 나른해지면, 물가에 나아가 낚싯대 드리워
물고기를 잡기도 하고, 동산에 올라 옷자락 거머쥐고 약초를 캐기도 하며,
도랑을 터 꽃나무에 물을 주기도 하고, 도끼를 휘둘러 대나무를 쪼개기도
하며, 냇가에 나아가 손발을 물에 담가 열기를 식히기도 하고, 높은 데에
올라가 눈 가는 대로 마음껏 경치를 바라보기도 한다. 일없이 이리저리 거
닐며, 오직 마음 가는 대로 따라 할 뿐이다.
밝은 달은 때맞추어 나타나 나를 비추고, 맑은 바람은 조용히 찾아와 나

와 노닌다. 가도 잡는 것이 없고, 멈추어도 막는 것이 없다. 이목구비(耳目
口鼻)·오장육부(五臟六腑) 온몸이 모두 내가 마음대로 할 수 있는 나의 소
유라, 보고 듣고 생각하는 데에 아무런 속박도 받지 않고 마음대로 보고 마
음대로 듣고 마음대로 생각한다. 한없는 자유를 마음껏 누리며 혼자 걸어
가니, 내 마음은 항상 양양(洋洋)한 저 바다!

하늘과 땅 사이, 그 어디에 이만한 즐거움이 또 있어, 나만이 아는 이 즐
거움을 대신할 수 있겠는가. 이러한 까닭으로 책을 읽는 즐거움과 동산에
서 노니는 즐거움을 합하여 '독락(獨樂)'이라 이름 짓고, 내가 노니는 이 동
산을 '독락원(獨樂園)'이라 이름 짓는다.

【語義】投竿(투간):낚싯대를 던짐. 竿의 본디 뜻은 대나무 장대. 執衽采
藥(집임채약):옷자락을 거머쥐고 약초를 캠. 決渠灌花(결거관화):도랑
을 터 꽃나무에 물을 줌. 操斧剖竹(조부부죽):도끼를 잡고 대를 쪼갬.
斧는 도끼. 濯熱盥水(탁열관수):더위를 식히기 위하여 물을 끼얹음. 즉
더우면 냇가에 나가 손발을 물에 담가 시원하게 하는 것을 뜻한다. 臨
高縱目(임고종목):높은 데에 올라가 눈 가는 대로 바라봄. 逍遙徜徉(소
요상양):逍遙는 목적 없이 거니는 것. 徜徉도 같은 뜻으로, 일없이 배
회하는 것. 惟意所適(유의소적):오직 마음 가는 대로 함. 扼(니):止와
같은 뜻으로, 멈추다. 卷爲己有(권위기유):거두어늘여 모두 자기 소유
로 함. 卷은 收의 뜻. 踽踽(우우):홀로 걷는 모양을 형용하는 말. 독립
독보(獨立獨步). 洋洋(양양):마음이 끝없이 넓어 거리낄 것이 없음. 원
래는 물이 세차게 흐르거나, 물이 한없이 넓은 것을 형용하는 말. 天壤
(천양):天地와 같음.

【解說】작자 사마온공(司馬溫公)은 송(宋)의 명재상으로, 이름을 광(光)이

라 하고, 字를 군실(君實), 號를 우수(迂叟), 또는 우부(迂夫)라 하며,
죽은 뒤에 태사온국공(太師溫國公)이 추증(追贈)되어 사마온공(司馬溫
公)이라 불리게 되었다. 그는 낙양(洛陽)에서 천자를 섬길 적에, 조정
에서 퇴출(退出)한 후에는 동산에서 홀로 소요하며 책을 읽었다. 그리
고 참된 즐거움이란 이와 같은 것이라 하여 그곳을 '독락원(獨樂園)'이
라 이름 지었다.

이 글은 〈독락원기(獨樂園記)〉 가운데 앞뒤 글을 끊어 내고, '독락(獨
樂)'이란 이름을 짓게 된 유래를 밝힌 대목만 실은 것이다. 짧고 간결한
글 속에 작자의 맑고 격조 있는 심경이 잘 나타나 있다.

후학(後學)을 위하여 〈獨樂園記〉 全文을 싣는다.

> 孟子曰 獨樂樂不如與人樂樂 與少人樂樂不如與衆樂樂 此王
> 公大人之樂 非貧賤者所及也. 孔子曰 飯蔬食飲水曲肱而枕之
> 樂已在其中矣. 顔子一簞食一瓢飲 不改其樂. 此聖賢之樂 非
> 愚者所及也.

맹자가 말하기를, '홀로 즐기는 즐거움보다 남과 함께 즐기는 즐거움이
낫고, 적은 사람들과 즐기는 즐거움보다 많은 사람들과 즐기는 즐거움이
낫다.'고 했는데, 이는 왕공·대인들이 즐기는 즐거움이지, 빈천한 사람들
로서는 도저히 미칠 수 있는 것이 아니다. 공자께서는, '거친 밥을 먹고 물
을 마시며 팔베개하고 잠을 자더라도, 그 안에 즐거움이 있다.'고 말씀하셨
고, 안회는 한 그릇의 밥과 한 표주박의 물로도 즐거움을 찾아 끝내 그 즐
거움을 바꾸지 않았는데, 이는 성현들이나 즐길 수 있는 즐거움이지, 우리
와 같이 어리석은 자들로서는 도저히 미칠 수 없는 것이다.

若夫鷦鷯巢林不過一枝　偃鼠飲河不過滿腹．各盡其分而安
之．此乃迂叟之所樂也．迂叟始家洛五年　爲園其中爲堂　聚
書五千卷　命之曰讀書堂．迂叟平日多處堂中讀書.(以下 앞의
〈獨樂園記〉와 같음)

무릇 뱁새가 숲에 보금자리를 만드는 데에 필요한 것은 나무 한 가지에
불과하고, 두더지가 강물을 아무리 마셔도 작은 배를 채우는 데에 불과한
것처럼, 사람은 각기 타고난 분수에 맞게 그에 안주해야 한다. 또한 이것
이 우수(迂叟)가 누릴 수 있는 즐거움에 합당한 것이다. 우수가 낙양에 살
기 시작한 지 5년, 동산을 만들고 그곳에 당(堂)을 지어 책을 모으기 5천
권, 그리고 그 당을 독서당(讀書堂)이라 이름 지었다.(以下 앞의 〈獨樂園
記〉와 같음)

或咎迂叟曰．吾聞　君子所樂必與人共之．今吾子獨取於己不
以及人其可乎．迂叟謝曰．叟愚．何德此君子．自樂恐不足.
安能及人．況叟之所樂者薄陋鄙野　皆世之所棄也．雖推以與
人　人且不取　豈得强之乎．必也有人　肯同此迂　則再拜而獻之
矣．安敢專之哉．

어떤 사람이 우수(迂叟)를 비난하여 말하기를, "나는 이렇게 들었다. '군
자는 반드시 다른 사람들과 함께 즐거움을 나누어 가진다.'고. 그런데 지
금 그대는 혼자서만 즐거움을 취하고 남에게 나누어 주지 않으니, 어찌 옳
은 일이라 할 수 있겠는가." 이에 우수(迂叟)는 사죄하여 말했다. "수(叟)
는 어리석습니다. 어찌 군자와 그 덕을 비교할 수 있겠습니까. 혼자서 즐기
기에도 부족한 작은 것입니다. 어찌 남에게까지 그 즐거움을 미치게 할 수

있겠습니까. 더욱이 수(叟)의 즐거움은 박루 비야(薄陋鄙野)하여, 세상 사람들이 하나같이 버리는 것입니다. 남과 더불어 즐기려 해도 남들이 취하지 않을 것이니, 어찌 나누어 갖자고 권할 수 있겠습니까. 누구든지 이 즐거움을 함께하고자 하는 사람이 있다면, 곧 재배(再拜)하고 이를 바칠 것입니다. 어찌 감히 이것을 혼자 갖고자 하겠습니까."

이에 의하면 獨樂은 혼자만 즐기고 남을 돌아보지 않는 것이 아니라, 지극히 겸손한, 자신에게만 허용된 즐거움을 의미하는 것이다. 그러나 본문중의 獨樂은 결코 그것에 머물지 않는다. 높고 큰 그의 志操에서 비롯된 洋洋한 독립자존의 즐거움이다.

취옹정기:구양영숙(醉翁亭記:歐陽永叔)

> 環滁皆山也. 其西南諸峰 林壑尤美望之蔚 然而深秀者. 瑯琊
> 也.

저주(滁州)를 빙 둘러 온통 산이다. 저주의 서남쪽에 있는 여러 산봉우리
는 하나같이 숲과 골짜기가 빼어나게 아름다운데, 그중에서도 오직 한 곳,
아득히 바라볼 때마다 초목이 무성하게 우거져 깊고 높게 솟은 산이 있다.
바로 낭야산(瑯琊山)이다.

【語義】 環(환):옥고리처럼 빙 둘러 있는 것. 滁(저):안휘성(安徽省)의 저
주(滁州)를 가리킴. 壑(학):골짜기. 蔚然(울연):초목이 무성하게 우거
져 있는 모양. 瑯琊(낭야):산 이름.

> 山行六七里 漸聞水聲. 潺潺而瀉出于兩峰之間者 釀泉也. 峰
> 廻路轉有亭. 翼然臨于泉上者 醉翁亭也. 作亭者誰. 山之僧智
> 僊也. 名之者誰. 太守自謂也. 太守與客來飮于此. 飮少輒醉
> 而年又最高 故自號曰醉翁也. 醉翁之意不在酒 在乎山水之間
> 也. 山水之樂. 得之心而寓之酒也.

낭야산을 6,7리쯤 걸어 들어가면 차츰 물소리가 들린다. 낭야산 양쪽 봉
우리 사이에서 졸졸 흘러나오는 이 물은, 술 빚는 데에 다시없이 좋다는
'양천(釀泉)'이라는 샘물이다.
산봉우리를 돌아 구불구불 구부러진 산길을 따라 올라가면, 정자가 하나
나타난다. 마치 새가 날개를 펼친 것처럼, 양천 샘 위에 지붕을 활짝 펼치

고 있는 이 정자가 바로 취옹정(醉翁亭)이다.

이 정자를 세운 이가 누구인가? 이 산에 사는 중 지천(智遷)이다. 이 정자를 취옹정이라 이름 지은 이는 누구인가? 이곳 태수로, 자기의 호(號)를 정자 이름으로 삼은 것이다.

태수는 여러 손님과 더불어 이곳에 술 마시러 자주 온다. 조금만 마셔도 금방 취하는데, 손님 중에는 가장 나이가 많아 자신의 호를 술 취한 늙은 이, 즉 취옹(醉翁)이라 한 것이다.

그런데 취옹의 참뜻은, 사실 술 마시는 데에 있지 않고 산수의 아름다운 경치를 찾아 노니는 데에 있다. 술을 마시기 위해 술자리를 찾아 나선다는 것은 산수의 아름다운 경치를 즐기기 위한 핑계일 뿐이다.

【語義】 里(리):옛날에 중국에서는 길이의 단위로 分을 썼는데, 수수 한 톨의 지름을 1分이라 했다. 10分이 1寸, 10寸이 1尺, 6尺이 1步이며, 300步가 1里이다.　潺潺(잔잔):물이 졸졸 흐르는 것을 형용하는 말.　釀泉(양천):샘 이름. 釀은 술을 빚는다는 뜻. 이 샘물로 술을 빚으면 술맛이 좋다 하여 釀泉이라 이름 지었다 한다.　轉(전):길이 구불구불 구부러짐.　翼然(익연):새가 날개를 활짝 펼친 듯한 모양.　智遷(지천):낭야산에 사는 중의 이름.　自謂(자위):자기 자신을 뜻함.　輒(첩):문득.　醉翁(취옹):술에 취한 늙은이. 작자 구양수(歐陽修)의 호(號).　寓之酒(우지주):술을 구실 삼음.

> 若夫日出而林霏開 雲歸而巖穴暝 晦明變化者 山間之朝暮也.
> 野芳發而幽香 佳木秀而繁陰 風霜高潔 水落而石出者 山間之
> 四時也. 朝而往 暮而歸. 四時之景不同 而樂亦無窮也.

해 돋으면 숲속의 자욱한 아침 안개 흩어지고, 저녁 구름이 바위굴로 돌아오면 산에 어둠이 내린다. 이렇게 아침저녁으로 밝음과 어둠이 번갈아드는 것은 산간에서만 볼 수 있는 풍경이다.

봄이면 이름 모를 들꽃의 그윽한 향기가 산과 들에 퍼지고, 여름이면 곧게 뻗은 나무들이 푸르고 싱싱하게 자라 녹음을 드리운다. 가을이면 높고 푸른 하늘에 바람이 춤추며 아침마다 흰 이슬이 맺히고, 겨울이면 시냇물이 말라 하얀 돌들이 모습을 드러내는데, 이것이 바로 산간에서 볼 수 있는 사계절의 풍경이다.

아침에 산에 오르며 산간의 아침 풍경을 구경하고, 저녁에 돌아오며 달라진 저녁 풍경을 구경한다.

봄 · 여름 · 가을 · 겨울의 계절에 따라 풍경 또한 바뀌어 새로우니, 취옹이 즐기는 산 경치는 무궁하다.

【語義】 林霏(임비):숲에 엉긴 안개와 같은 작은 물방울. 野芳(야방):들에 핀 이름 모를 꽃과 풀. 風霜高潔(풍상고결):바람이 높이 불고 서리는 맑고 깨끗함. 높고 푸른 하늘, 시원한 바람, 희고 맑은 이슬, 모두 가을 풍경을 묘사하는 전형적인 풍물이다. 水落而石出(수락이석출):물이 줄어드니 돌이 드러남. 물이 줄어 시내 바닥의 돌이 드러나게 되는 겨울 풍경을 나타냄. 앞서 나온 蘇東坡의 〈後赤壁賦〉에도 水落石出이란 표현이 나온다. 山間之四時(산간지사시):사계절에 따라 달라지는 산의 풍경. 朝而往 暮而歸(조이왕 모이귀):아침에 가서 아침 경치를 보고, 저녁에 돌아오면서 저녁 경치를 구경함. 四時之景(사시지경):일 년 사시(四時)의 계절에 따라 변화하는 경치.

至於負者歌于塗 行者休于樹 前者呼 後者應 傴僂提携往來而
不絕者 滁人遊也.

등에 짐을 지고 길을 가며 노래 부르는 사람들, 지나가다 나무 그늘에서
쉬는 사람들, 앞에 가는 사람이 부르면 뒤의 사람이 그에 답하며, 오르막에
이르면 몸을 굽혀 손에 손을 잡고 끌고 당기며, 저주(滁州) 사람들의 오고
가는 산놀이 행렬이 끊이지를 않는다.

【語義】 負者(부자):짐을 진 사람.　歌于塗(가우도):길에서 노래를 부름.
塗는 道와 같은 뜻.　行者(행자):걸어가는 사람.　傴僂(구루):몸을 굽힘.
提携(제휴):손을 잡음.　滁人(저인):저주(滁州) 사람들.

臨溪而漁 溪深而魚肥. 釀泉爲酒 泉香而酒洌. 山肴野蔌 雜然
而前陳者 太守宴也. 宴酣之樂 非絲非竹. 射者中弈者勝. 觥
籌交錯 起坐而諠譁者 衆賓歡也. 蒼顔白髮 頹乎其中閒者 太
守醉也.

시내에서 물고기를 낚으니 물이 깊고 맑아 고기마다 통통히 살이 쪘고,
양천(釀泉) 샘물로 술을 빚으니 샘물이 향기로워 술이 차고 맑다. 산나물
안주에 푸성귀 곁들여 손님들 앞에 벌여 놓으니, 이것이 바로 태수의 잔치
하는 광경이다.
죽(竹) 한 소리 현(絃) 한 가락 없이도, 잔치는 마냥 즐겁기만 하다. 한쪽
에선 활쏘기가 벌어져 다투어 과녁을 맞히고, 다른 한쪽에선 바둑판이 벌
어져 승부를 다툰다. 지는 사람에겐 당연히 벌주(罰酒)가 내려진다. 쇠뿔
로 만든 큰 벌주잔과 벌배(罰杯)를 세는 산가지가 어지럽게 뒤섞이고, 일어

났다 앉았다 온통 왁자지껄 떠들며, 모인 손님들이 다같이 즐거워한다. 그 가운데 푸른 얼굴에 흰 머리를 한 늙은이 하나가 술에 취해 쓰러져 있으니, 바로 오늘 잔치의 주인인 이곳 태수이다.

【語義】 漁(어):물고기를 잡음. 酒洌(주렬):술이 차고 맑음. 山肴(산효):산나물로 만든 안주. 野蔌(야속):야채. 푸성귀. 宴酣之樂(연감지락):잔치의 무르녹는 즐거움. 非絲非竹(비사비죽):絲는 현악(絃樂). 竹은 관악(管樂). 즉 술자리의 흥을 돋우는 음악이 없이도 충분히 흥겹다는 뜻. 射者(사자):활을 쏘는 사람. 弈者:(혁자):바둑 두는 사람. 奕은 弈의 俗字. 觥籌交錯(굉주교착):벌주잔과 산가지가 뒤섞여 있음. 觥은 쇠뿔로 만든 5홉들이 큰 술잔으로, 벌배(罰杯)를 내릴 때에 쓰는 벌주잔. 籌는 벌주의 수효를 세기 위해 준비한 산가지〔算枝〕. 잔치가 한창 무르익은 장면을 묘사한 것이다. 誼譁(헌화):왁자지껄 떠듦. 蒼顏白髮(창안백발):푸른색을 띤 얼굴과 흰 머리. 노인의 용모를 형용한 것. 이때 구양수의 나이 40세쯤이니, 이 형용은 취옹(醉翁)이란 자신의 호에 걸맞게 재미있게 표현한 것이다. 頹(퇴):무너짐. 술에 취하여 아무렇게나 쓰러져 있다는 뜻. 《世說新語》에 '숙야〔叔夜, 죽림칠현의 한 사람인 晋의 혜강(嵇康)의 字〕, 취하면 옥산이 무너져 내리듯 쓰러졌다(叔夜醉也. 傀俄若玉山之將頹).'고 했다.

> 已而夕陽在山 人影散亂. 太守歸而賓客從也. 樹林陰翳 鳴聲上下. 遊人去而禽鳥樂也. 然而禽鳥知山林之樂 而不知人之樂. 人知從太守遊而樂 而不知太守之樂其樂也. 醉能同其樂醒能述以文者 太守也. 太守謂誰. 廬陵歐陽脩也.

벌써 하루해가 다 갔는가, 저녁 해가 산 끝에 걸리고 사람들의 그림자 하나 둘 흩어진다. 태수를 따라 손님들도 집으로 돌아간다. 우거진 숲에 저녁 그림자 드리워지고 어둠이 찾아드니, 여기저기서 산새들 오르내리며 즐겁게 지저귄다. 놀이 왔던 사람들 다 돌아가고 산새들 제집으로 돌아와 즐거워하는 시간이다.

그러나 새들은 산림에서 즐거이 노래 부르며 노는 즐거움은 알아도 사람들의 즐거움은 모른다. 놀이 온 사람들, 모두 태수 따라 놀며 즐거워할 줄은 알지만, 태수가 모든 사람의 즐거움을 자신의 즐거움으로 삼고 있다는 것은 모른다.

술이 거나하게 취하면 사람들과 함께 즐거워하고, 술이 깨면 붓을 들어 즐거움을 글로 써서 펴는 이가 태수이다. 태수란 대체 누구를 말하는가? 바로 여릉(盧陵) 사람 구양수(歐陽修)이다.

【語義】 已而(이이):얼마 아니하여.　陰翳(음예):그늘져 어두워짐.　太守之樂其樂也(태수지락기락야):태수는 사람들이 즐거워하는 것을 즐거워함. 其樂은 사람들이 즐거워하는 것. 樂其樂은 다음에 나오는 同其樂과 맥락을 같이하는 정신으로, 儒家에서 주장하는 위정자가 지녀야 할 정신이다. 《孟子》梁惠王篇 上에, '옛 현인들은 이렇게 백성들과 즐거움을 함께 했기 때문에 즐거워할 수 있었다(古之人 民與偕樂 故能樂也).'고 하였다.　同其樂(동기락):같이 즐거워함. 《孟子》梁惠王篇 下의, '백성들과 함께 즐긴다(與民同樂也)'와 같은 뜻.　盧陵(여릉):작자 구양수의 고향으로, 강서성(江西省) 길주(吉州)에 있다.

【解說】 작자 구양수는 인종(仁宗)의 경력(慶曆) 5년(1045) 39세 때에, 소인배들의 참소에 의해 조정에서 물러나와 저주(滁州)의 지사로 좌천되

었다. 《西淸詩話》에 의하면, 구양수는 저주의 태수로 있으면서 낭야(瑯琊)의 계곡에 성심(醒心)·취옹(醉翁) 두 정자를 세웠다고 한다. 이 글은 그가 낭야산의 아름다움과 산수를 즐기는 즐거움을, 자신의 호를 정자 이름으로 삼은 취옹정에 부쳐 지은 글이다. 앞의 〈추성부(秋聲賦)〉·〈증창승부(憎蒼蠅賦)〉에서 보았듯이, 그의 문장은 간결하며 객관적인 묘사를 주로 한다. 이 글 역시 미사여구나 화려한 기교를 부리지 않고 평이한 표현을 썼기 때문에, 신선미에 넘쳐 있다. 이 점이 구양수 글의 특징이며 멋이다.

清나라 황진(黃震)의 《黃氏日抄》에, '〈醉翁亭記〉는 글로써 해학을 다한 글이다.' 하였다. 醉翁이 자신을 창안백발(蒼顏白髮)로 형용하고, 술에 취해 쓰러지는 취태(醉態)를 그린 희화(戲畵) 같은 필치는 매우 해학적이나, 아름다운 자연의 경관을 유감없이 그려 냄으로써, 사람도 새도 산도 구름도 모두 생동하는 느낌을 준다. 자연을 따라 구김살 없이 살다 간 구양수의 풍류심이라 하겠다. 더욱이 즐거움을 말하는 가운데에서도 유가(儒家)의 道와 정치 도덕에 대한 군자의 정신을 잃지 않고 있다. 백성과 즐거움을 같이한다는 정치의 근본정신은 孟子에게서 영향받은 것이라 생각되는데, 이는 宋代 고문가(古文家)들이 공통적으로 가지고 있는 유교 사상이다. 바로 이와 같은 사상이 이 글의 골자(骨子)를 이루고 있다는 점을 간과해서는 안 된다.

작자 구양수는 이 글의 끝에서 그 이름을 명확히 할 때까지, 언제나 태수라 칭하고 있다. 이는 일종의 보이지 않는 기교로, 주인공을 객관화하고 문장을 희화(戲化)하여, 주인공에 대한 독자들의 궁금증을 배가시키려는 기법이다.

주금당기 : 구양영숙(晝錦堂記 : 歐陽永叔)

> 仕宦而至將相 富貴而歸故鄉 此人情之所榮 而今昔之所同也.

　벼슬길에 나아가 장군이 되고 재상이 되어 부귀를 한 몸에 안고 고향으로 돌아오는 것을, 세상 사람들 모두가 영예로 생각하는 것은, 예나 지금이나 다를 바가 없다.

【語義】 仕宦(사환):벼슬함. 仕도 宦도 모두 벼슬살이하는 것. 人情:세상의 일반적인 인심. 榮(영):명예. 영광.

> 蓋士方窮時困阨閭里 庸人孺子皆得易而侮之. 若季子不禮於其嫂 買臣見棄於其妻. 一旦高車駟馬 旗旄導前 而騎卒擁後 夾道之人 相與騈肩累跡 瞻望咨嗟. 而所謂庸夫愚婦者 奔走駭汗 羞愧俯伏 以自悔罪於車塵馬足之間. 此一介之士 得志當時 而意氣之盛 昔人比之衣錦之榮也.

　대체로 뜻 높은 선비라 할지라도, 시골 마을에서 곤궁하게 지내게 되면, 범용(凡庸)한 사람들에게는 물론 철부지에게도 비웃음과 멸시를 당하기 일쑤이다. 마치 초라한 모습으로 집에 돌아왔던 소진(蘇秦)이 형수에게서 밥조차 얻어먹지 못하고, 나무를 지고 가면서도 책을 읽던 주매신(朱買臣)이 그의 아내로부터 버림을 받았던 것과 같다.

　그러나 뒤에 두 사람이 크게 출세하여 네 필이 끄는 높은 마차에 올라 의장용 기를 든 부하들의 인도와 기마병들의 호위를 받으며 고향으로 돌아오자, 고향 사람들이 길 양편에 빽빽이 나와 어깨를 나란히 하고 발꿈치를 맞

댄 채 우러러보며 부러워하였다. 더욱이 지난날 그들을 그렇게도 업신여기
던 범용한 사람들과 어리석은 부녀자들은, 그들의 행차 앞으로 분주히 달
려 나와 부끄러워 땅에 엎드린 채, 수레 지나간 뒤의 뿌연 먼지와 말발굽
사이에서 자신들이 지은 지난날의 잘못을 뉘우쳤다.

　소진(蘇秦)이나 주매신(朱買臣)의 경우는, 한 선비가 평소에 지녔던 뜻을
이루어 의기(意氣)가 양양했던 예인데, 옛사람은 이를 일러 '의금지영(衣錦
之榮)', 즉 비단옷을 입고 고향으로 돌아오는 영광이라 했다.

【語義】閭里(여리):마을. 향리의 작은 촌락. 25가구가 모여 사는 곳을 閭,
　50가구가 모여 사는 곳을 里라 한다.　庸人孺子(용인유자):상인(常人)
　과 어린아이. 孺子는 젊은 사람. 또는 미숙한 사람을 천하게 부르는 말.
　흔히 쓰이는 말로 풋내기.　易而侮之(이이모지):가벼이 여겨 업신여김.
　易는 輕의 뜻.　季子不禮於其嫂(계자불례어기수):소진(蘇秦)은 형수에
　게 푸대접을 받음. 季子는 전국시대 6국 합종책(六國合從策)을 주장하
　였던 蘇秦의 字. 낙양(洛陽) 사람으로, 귀곡선생(鬼谷先生)을 쫓아 배웠
　으나 성공하지 못하고 초라한 모습으로 고향에 돌아왔다. 모두들 소진
　을 업신여겨, 아내는 베틀에서 내려오지도 않았고, 형수는 밥조차 주지
　않았다. 소진은 이에 크게 자극받아 각고의 노력 끝에 뒤에 진(秦)의 재
　상이 되어 다시 집으로 돌아왔다. 이번엔 아내도 형수노 모두 눈을 아
　래로 뜬 채, 소진을 바로 쳐다보지 못했다. 소진이 웃으며, '먼저는 그
　리도 거만하더니, 이번에는 어찌 이리도 공손하신가?(何前倨而後恭也)'
　하고 묻자 형수는, '지금의 계자(季子)께서는 지위가 높고 돈이 많기 때
　문입니다(見季子位高金多也).'라고 대답했다.　買臣見棄於其妻(매신견
　기어기처):매신이 그의 아내로부터 버림을 받음. 漢의 주매신(朱買臣)
　은 吳의 회계(會稽)사람으로, 字는 옹자(翁子). 가난하였지만 책읽기를

무척 좋아하였다. 주로 땔나무를 해다 팔아서 연명하였는데, 나무를 지고 가는 동안에도 손에는 항상 책이 들려 있었다. 하루는 가난을 부끄럽게 여긴 그의 아내가 인연을 끊자고 했다. 매신이 달래며, '나는 50세쯤 되면 부귀할 것이오. 이제 내 나이 40여 세, 그동안 고생 많았소. 부귀하게 되면, 그 때에는 꼭 당신의 은공을 갚으리다.'라고 하였다. 이 말에 그의 아내는, '그 꼴에 무슨 부귀요. 필경, 도랑 옆에서 물만 마시다 굶어 죽게 될 것이오.'라고 하며 크게 화를 냈다. 이에 매신은 아내를 더 이상 붙잡을 수 없음을 알고 가게 하였다. 뒤에 매신은 漢 武帝에게 크게 쓰이게 되었는데 무제는, '부귀하여 고향에 돌아가지 않는 것은, 비단옷을 입고 밤길을 가는 것과 같다(富貴不歸故鄕 如衣繡夜行).'며 매신을 그의 고향 회계의 태수(太守)로 보내 주었다. 고향에 돌아오니, 그를 버리고 갔던 옛 아내와 그녀의 새 남편이 몹시 부끄러워하였다. 매신은 전에 자신에게 은혜를 베풀었던 사람들에게 보답하고, 옛 아내와 그녀의 남편에게도 녹(祿)을 주어 편히 먹고 살도록 했다. 그러나 그의 옛 아내는 부끄러워 목매어 죽고 말았다. 高車駟馬(고거사마):네 마리 말을 단, 덮개가 높은 마차. 旗旄(기모):의장용의 깃발. 擁後(옹후):뒤에서 호위함. 骈肩累跡(변견누적):어깨를 나란히 하고, 발꿈치를 맞댐. 구경하는 사람들이 많이 모여든 것을 형용함. 瞻望咨嗟(첨망자차):우러러보며 탄식함. 駭汗(해한):놀라 식은땀을 흘림. 羞愧俯伏(수괴부복):부끄럽게 여겨 고개 숙이고 땅에 엎드림. 전에 멸시했던 사람들이, 전날에 지은 자신들의 죄를 뉘우치는 것을 말함. 車塵(거진):수레가 지나간 뒤에 일어나는 먼지. 衣錦之榮(의금지영):출세하여 고향으로 돌아오는 영광.

惟大丞相衛國公則不然. 公相人也. 世有令德 爲時名卿. 自公
少時 已擢高科 登顯仕. 海內之士 聞下風而望餘光者 蓋亦有
年矣. 所謂將相而富貴 皆公所宜素有 非如窮阨之人 僥倖得
志於一時 出於庸夫愚婦之不意 以驚駭而夸耀之也.

　그러나 오직 대재상(大宰相) 위국공(衛國公)만은, 위에 말한 소진이나 주
매신처럼 갑자기 출세하여 이름을 드날린 그런 사람들과는 다르다.
　공(公)은 상주(相州) 안양(安陽) 사람이다. 공의 집안은 아버지는 물론 형
제분들까지도 대를 이어 진사(進士)에 급제한 명망 있는 가문이며, 공은 당
시 명예로운 공경(公卿)이었다.
　공은 이미 20세의 약관에, 뛰어난 성적으로 과거에 급제하여 높은 벼슬
에 오르셨다. 세상 사람들은 모두 공의 덕이 멀리 미쳐 세상을 감화시키는
것을 보고, 공의 덕광(德光)을 입고자 공을 흠모해 온 지 오래였다. 공께서
장군(將軍)과 재상(宰相)을 겸하여 부와 귀를 한 몸에 안은 것은, 모두 본
디부터 타고난 공의 재덕(才德)에 기인한 것이지, 결코 곤궁했던 사람들이
요행으로 한때 뜻을 얻어 크게 되어 고향에 돌아와 하찮은 범부(凡夫)와 우
매한 부녀자들을 깜짝 놀라게 하고 자신의 출세를 자랑하여 뽐내려는 것과
는 비교할 수 없는 것이다.

【語義】惟(유):오직. 大丞相(대승상):재상(宰相). 大는 높임의 뜻. 衛國公
　(위국공):한기(韓琦)를 가리킴. 한기는 衛國公 및 魏國公에 봉(封)해졌
　다. 相人:상주(相州) 안양(安陽) 사람. 世有令德(세유령덕):대대로 덕
　망이 있음. 令德은 美德의 뜻. 한기의 부친 한국화(韓國華)는 태평흥국
　(太平興國:宋의 2대 천자 太宗 때의 年號) 초에 진사가 되어 좌사간(左
　司諫)이 되었으며, 한기의 형제들도 진사에 급제하였으므로, 대대로 덕

망이 있다 한 것이다. 名卿(명경):이름 있는 고관(高官). 擢高科(탁고
과):높은 성적으로 과거에 급제함. 擢은 選과 같은 뜻. 顯仕(현사):높은
지위의 관직. 高官. 下風:본디는 바람이 불어 간다는 뜻인데, 여기서는
덕 있는 사람의 인격이 멀리까지 미쳐 남을 감화시킨다는 뜻. 有年:여
러 해. 오래라는 뜻. 所謂(소위):소위. 이른바. 素有(소유):본디부터 가
지고 있음. 素는 本과 같은 뜻. 窮阨之人(궁애지인):곤궁한 사람. 앞에
예로 든 소진(蘇秦)이나 주매신(朱買臣)과 같은 사람. 夸耀(과요):크게
자랑하고 떠듦. 夸는 誇와 같은 뜻. 耀는 빛을 발하는 것.

然則高牙大纛 不足爲公榮. 桓圭袞裳 不足爲公貴. 惟德被生
民而功施社稷 勒之金石 播之聲詩 以耀後世而垂無窮. 此公
之志 而士以此望於公也. 豈止夸一時 榮一鄕哉.

　그러한즉 상아(象牙)로 장식한 깃발을 앞세우고 쇠꼬리를 건 기를 수레
위에 높이 세워 위엄 있게 행차하는 것도 공에게는 영광될 것이 없으며, 또
삼공(三公)의 표지인 환규(桓圭)를 손에 쥐고 곤룡(袞龍)의 관복을 걸치는
것도 공에게는 귀한 것이 못 된다.
　공은 오직 백성들에게 은덕을 베풀고 국가와 사직을 위해 큰 공훈을 세
워, 그 공적이 쇠와 돌에 새겨지고 시(詩)와 음악으로 지어져 후세에까지
무궁토록 전해지는 것을 최대의 영광이며 가장 귀한 것으로 알고 있다. 공
의 높은 뜻이 이러하니, 세상 사람들 또한 공의 그 훌륭한 뜻이 이룩되기
를 바라는 것이다. 이것을 어찌 한때의 자랑이요, 한 마을만의 영광이라고
할 수 있겠는가.

【語義】 然則(연즉):그러한즉. 高牙(고아):깃대 위를 상아로 장식한 기(旗)

로, 임금이나 장군이 행차할 때에 세운다. 大牙라고도 한다. 大纛(대
독):털이 긴 쇠꼬리를 단 기로, 수레 앞에 세운다. 高牙 · 大纛 모두 고
관의 위엄을 뜻한다. 桓圭(환규):圭는 고대에 제후가 조회(朝會) · 회동
(會同)할 때에 손에 드는 길쭉한 옥(玉)으로, 위가 둥글고 아래가 모나
게 생겼다. 임금은 진규(鎭圭), 公은 환규(桓圭), 侯는 신규(信圭), 伯은
궁규(躬圭)를 드는데, 桓圭는 길이가 아홉 치, 信圭와 躬圭는 길이가 일
곱 치이다. 袞裳(곤상):곤룡(袞龍)의 관복(官服). 천자의 것에는 용의
머리가 위를 향하도록 하고, 삼공(三公)이 입는 것에는 용의 머리가 아
래를 향하도록 한다. 桓圭나 袞裳 모두 지위가 매우 높은 것을 뜻한다.
社稷(사직):社는 土地神이며, 稷은 곡물(穀物)의 神. 군주가 나라를 세
우면, 반드시 단(壇)을 세우고 이 두 신께 제사를 지낸다. 나라가 망하
면 사직이 헐린다. 때문에 나라와 조정을 상징하는 말로 자주 쓰인다.
勒之金石(늑지금석):공적을 금석에 새김. 勒은 刻과 같은 뜻. 播之聲
詩(파지성시):시를 지어 그것을 음악으로 옮겨 널리 폄. 播는 布와 같은
뜻. 耀後世(요후세):후세에까지 빛냄.

公在至和中 嘗以武康之節 來治於相. 乃作畫錦之堂于後圃.
旣又刻詩於石 以遺相人. 其言以快恩讐 矜名譽爲可薄. 蓋不
以昔人所夸者爲榮 而以爲戒. 於此見公之視富貴爲如何. 而
其志豈易量哉.

공은 인종(仁宗) 의 지화(至和) 원년에, 무강군(武康郡)의 절도사(節度
使)가 되어 고향인 상주(相州)를 다스리게 되었다. 그때 관저(官邸)의 후원
에 주금당(畫錦堂)을 짓고, 시를 지어 돌에 새겨 여러 사람들에게 남겨 주
니, 그 내용은 이러하다.

"전날 자신에게 은혜를 베풀어 주었던 사람들에게는 극진히 보답하고 원한을 맺었던 사람들에게는 마음껏 보복하여 은혜와 원수를 마음대로 행하는 것과, 출세하였다고 고향에 돌아와 명예를 자랑하는 것은, 도리어 자신의 덕을 엷게 하는 것이다."

공은 이처럼 옛사람들이 자랑으로 여기던 일을 조금도 영광스럽게 생각하지 않고, 오히려 그런 것을 경계하였다. 이것만으로도 공이 부귀 보기를 어떻게 하였는가를 잘 알 수 있다. 어찌 공의 그 깊고 높은 뜻을 쉽게 헤아려 알 수 있겠는가.

【語義】 至和:仁宗 때의 年號. 武康之節(무강지절):무강군(武康郡)의 절도사(節度使). 節은 천자의 사자(使者)가 지니는 부절(符節). 뒤에는 절모(節旄)로 대신하게 되었다. 천자는 이를 하사하여 명(命)을 내리고 정벌에 나가게 하였다. 來治於相(내치어상):와서 상주(相州)를 다스림. 圃(포):원래는 밭의 뜻이나, 여기서는 園의 뜻. 快恩讎(쾌은수):과거에 은덕을 입었던 사람에게는 보사(報謝)하고, 원한이 있던 사람에게는 마음대로 원수를 갚음. 矜名譽爲可薄(긍명예위가박):명예를 자랑하는 것은 자신의 덕을 깎는 것이 됨.

故能出入將相 勤勞王家 而夷險一節. 至於臨大事決大議 垂紳正笏 不動聲色 而措天下於泰山之安. 可謂社稷之臣矣. 其豊功盛烈 所以銘彝鼎 而被絃歌者 乃邦家之光 非閭里之榮也.

그러한 까닭에 공은 조정 밖에서는 나라를 지키는 대장군(大將軍)으로, 조정 안에서는 훌륭한 재상(宰相)으로 국가를 위해 애썼으며, 나라가 태평

할 때나 어지러울 때도 한결같이 절조(節操)를 굳게 지켰다. 또 국가의 큰
일을 당하여 논의할 때에는, 큰 띠를 길게 드리우고 홀(笏)을 바로잡아 위
의(威儀)를 단정히 하고 조금도 말소리나 얼굴빛이 달라지는 일 없이 국
사를 논하여, 천하를 태산(泰山)같이 평안하게 하였다. 진정 공이야말로,
국가와 안위(安危)를 함께하는 사직(社稷)의 대신(大臣)이라 할 수 있다.

공이 남긴 많은 공훈과 성대한 업적이 종묘(宗廟)에 영구히 보존되는 종
(鍾)과 솥〔鼎〕에 새겨지고 시가(詩歌)로 지어져 거문고와 비파에 울려지는
것은, 공이 남긴 위대한 업적이 작은 마을의 영광으로 그치지 않고 천하의
국가에 널리 빛나기 때문이다.

【語義】 出入將相(출입장상):조정 밖으로 나아가서는 나라를 지키는 장군
이며, 조정에서는 재상(宰相)임. 勤勞王家(근로왕가):국가를 위하여 힘
씀. 王家는 국가. 夷險(이험):夷는 平夷, 즉 태평한 때. 險은 나라가 어
지러운 때. 一節(일절):지조(志操)가 변함이 없음. 垂紳(수신):紳을 늘어
뜨림. 紳은 고귀한 사람이 의관 속대(衣冠束帶)할 때에 매는 큰 띠〔大帶〕.
正笏(정홀):홀을 바르게 함. 笏은 조회(朝會)할 때에 조복(朝服)을 입고
손에 잡는 물건으로, 신분에 따라 옥(玉)·상아(象牙)·대〔竹〕 등 재료
가 차이가 나고 크기가 다르다. 보통 길이가 한자가량이며 너비가 두
치 정도로, 얇고 가름하게 생겼다. 不動聲色(부동성색):목소리와 얼굴
빛이 변하지 않음. 泰山之安(태산지안):태산과 같은 안정. 泰山은 오악
(五嶽)의 하나로, 중국 제일의 산이다. 오악이란 산동성(山東省)에 있는
태산(泰山:東嶽), 섬서성(陝西省)에 있는 화산(華山:西嶽), 호남성(湖南
省)에 있는 형산(衡山:南嶽), 산서성(山西省)에 있는 항산(恆山:北嶽),
직례성(直隸省)에 있는 숭산(嵩山:中嶽)의 다섯 산을 말한다. 社稷之臣
(사직지신):社稷, 즉 국가와 안위(安危)를 함께하는 대신(大臣). 豊功盛

烈(풍공성렬):많은 공훈(功勳)과 성대한 공업(功業). 銘彝鼎(명이정):
종(鍾)과 솥에 이름이 새겨짐. 銘은 쇠나 돌에 공적을 새기는 것. 彝鼎은
항상 종묘(宗廟)에 갖추어 두는 제기(祭器). 국가 공신의 공적은, 종묘
의 종이나 솥 등에 새겨 그 공훈이 후세에까지 전해지도록 했다. 被絃
歌(피현가):국가 공신의 공적을 시가(詩歌)로 지어서 이를 음악으로 연
주함. 絃은 거문고 따위의 絃樂. 邦家(방가):국가. 閭里(여리):마을.

> 余雖不獲登公之堂 幸嘗竊誦公之詩 樂公之志有成 而喜爲天
> 下道也. 於是乎書.

　나는 아직 공이 지은 주금당(晝錦堂)에 올라가 보지는 못했지만, 다행히
거기에 새겨진 공의 시만은 남몰래 외고 있다. 평소 존경하던 공의 원대한
뜻이 성취됨을 기뻐하며, 천하 사람들에게 공의 높은 덕을 알리려고 이 글
을 쓰는 것이다.

【語義】竊誦(절송):남몰래 외움. 道也:널리 알림. 여기서 道는 言과 같은
　　뜻이다.

【解說】 한기(韓琦)는 상주(相州) 사람으로, 字를 치규(稚圭)라 한다. 20세
　　의 약관에 진사에 급제하고, 뒤에 송(宋)의 인종(仁宗) 때 재상(宰相)을
　　지냈다. 범중엄(范仲淹)과 함께 명재상으로 손꼽힌다. 고향 상주(相州)
　　의 태수(太守)가 되어 돌아와, 후원에 당(堂)을 짓고 '주금당(晝錦堂)'이
　　라 이름 지었다. 이는 출세하여 금의환향(錦衣還鄕)한 것을 대낮에 비
　　단옷을 입고 걷는 것에 비유한 옛말과 자신의 상황이 비슷하게 여겨졌
　　기 때문인데, 한기는 오히려 명예욕을 경계하는 것을 요지(要旨)로 하

여 한 편의 글을 지었다.

이 글은 일찍이 한기의 높은 덕에 심복하여, '백의 구양수를 합한들 어찌 한공(韓公) 한 분을 바라볼 수 있으랴.' 하며 한기를 존경한 구양수가 한기의 높은 덕을 기리고자 '주금당(晝錦堂)'에 부쳐 지은 글이다. 앞의 〈취옹정기(醉翁亭記)〉에서 볼 수 있던 구양수 특유의 풍류와 운치가 없이 한공(韓公) 한 사람에 대한 칭찬과 찬양으로 일관된 감이 없지 않다. 소진(蘇秦)과 주매신(朱買臣)의 금의환향(錦衣還鄉)에 얽힌 일화를 상기시키면서 한기의 금의환향이 갖는 의미를 설명한 것은 매우 인상적으로, 호소력이 있다.

구양수가 한기의 뜻 이룸을 기쁘게 생각하여 즐겨 노래한 '주금당의 시'는 대략 다음과 같다.

古人之富貴	옛사람이 부귀라 생각한 것은
歸於本郡縣	출세하면 고향으로 돌아오는 것.
譬如衣錦遊	비단옷 입고 노니는 것에 비유하여
白晝自光絢	대낮에 환히 빛나는 것과 같다고 했네.
不則如夜行	그렇게 하지 않으면 밤길을 가는 것 같아
雖麗胡由見	아름다움을 어찌 볼 수 있겠느냐고.
(中 略)	
所得快恩仇	지난날의 은혜와 원수를 갚고
愛惡任驕狷	사랑과 미움을 마음대로 하여
其志止于此	그 뜻이 고작 그러하다면
士固不足羨	선비로서 존경받을 수 없으리.
茲予來舊邦	내가 고향에 돌아온 것은
意弗在矜衒	자신을 자랑하려는 것이 아니다.

(中 略)

公余新此堂	내가 주금당을 짓는 것은,
夫豈事飮燕	주연을 베풀어 놀려는 것도 아니며
亦非張美名	아름다운 이름을 널리 펴려는 것도 아니다.
輕薄詑紳弁	의관 속대를 자랑함을 가볍게 보기 때문이다.
重祿許安閑	중록을 받고 편안하게 있지만
顧己常兢戰	자신을 돌아보며 항상 두려워한다.
庶一視題牓	다시 한 번 주금당을 우러러보며
則念報主眷	군의 은혜에 보답할 것을 다짐한다.
汝報能何爲	그대는 어떻게 그 은혜에 보답하려는가?
進道確無倦	게으름 피우지 않고 道를 실천하는 길밖에.
忠義聳大節	굳은 절개 위에 솟은 충의가
匪石烏可轉	어찌 구르는 돌처럼 옮겨질 수 있으리.
雖前有鼎鑊	사람 삶는 솥 앞에 서게 될지라도
死耳誓不變	죽으면 죽었지 굳은 맹세는 바꿀 수 없네.
丹誠難悉陳	삼가는 마음 풀어내기 어렵고
感泣對筆硯	느끼어 울며 주금당을 대할 뿐이다.

희우정기:소자첨(喜雨亭記:蘇子瞻)

亭以雨名 志喜也. 古者有喜卽以名物 示不忘也. 周公得禾 以
名其書 漢武得鼎 以名其年 叔孫勝敵 以名其子. 其喜之大小
不齊 其示不忘一也.

정자 이름에 비 우(雨) 자를 넣은 것은, 가뭄 끝에 많은 비를 얻은 기쁨
을 길이 기억하여 잊지 않고자 함이다.

옛사람들은 무슨 일이든 기쁜 일이 있으면 그 기쁜 일을 들어 이름을 지
었는데, 그것은 모두 그때의 기쁨을 잊지 않고 길이 기억하고자 함이었다.
옛날 성인 주공(周公)께서는, 벼〔禾〕를 얻자 벼의 많은 낟알이 한데 모여
있는 것을 천하 화동(天下和同)의 징후라며 기뻐하시고,〈가화편(嘉禾篇)〉
을 지으셨다. 또 한(漢) 무제(武帝)께서는 분수(汾水) 위 토지신의 사당 곁
에서 보정(寶鼎)을 얻자, 그 일을 기념하기 위해 연호(年號)를 원정(元鼎)
이라 고쳤다. 그리고 노(魯)나라 숙손(叔孫)은, 북쪽 오랑캐 장적(長狄)과
싸워 그들의 대장 교여(僑如)를 사로잡자, 그것을 길이 기념하고자 아들의
이름을 그대로 교여라 했다.

이상의 사실로도 알 수 있듯이, 그 기쁨에는 크고 작은 차이가 있겠지만,
기쁨을 길이 기념하고자 하는 그 마음에는 차이가 없는 것이다.

【語義】志喜(지희):기쁨을 기념함. 志는 기념한다는 뜻. 周公得禾 以名其
書(주공득화 이명기서):주공(周公)이 벼를 얻고 그로써 글을 지음. 周
公은 武王의 아우로, 武王을 도와 은(殷)나라의 폭군 주(紂)를 멸하였
다. 무왕이 죽은 뒤에는, 어린 조카 成王의 섭정(攝政)으로 뛰어난 정
치적 수완을 발휘하였다. 성왕의 아우 당숙우(唐叔虞)의 영지에서 진기

한 곡물(穀物)이 나와 이를 성왕에게 바쳤다. 성왕은 그 곡물의 이삭 끝에 열매가 더부룩하게 나 한곳에 모여 있는 것을 보고, 天下가 화동(和同)할 조짐이라며 크게 기뻐하여 주공에게 글을 지으라 했다. 이에 주공이 글을 지으니 바로 〈가화편(嘉禾篇)〉이다. 이 글은 본래 《書經》에 들어 있었는데, 오늘날엔 일탈(逸脫)되어 볼 수 없다. 漢武得鼎 以名其年(한무득정 이명기년):漢 武帝는 솥을 얻어 그로써 연호(年號)를 삼음. 한 무제는 원수(元狩) 6년 여름에, 분수(汾水) 위 후토(后土)의 사당(祠堂) 곁에서 보정(寶鼎)을 얻었는데, 그것을 기념하고자 연호를 원정(元鼎)으로 바꿨다. 叔孫勝敵 以名其子(숙손승적 이명기자):숙손은 승리를 기념하기 위해, 적장의 이름을 아들 이름으로 함. 노(魯)나라 숙손(叔孫)이 북쪽 오랑캐의 일족인 장적(長狄)과 싸워 대장 교여(僑如)를 잡자, 그 공을 길이 기념하기 위하여 자기 아들의 이름을 僑如라 하였다.

予至扶風之明年 始治官舍 爲亭於堂之北 而鑿池其南 引流種樹 以爲休息之所. 是歲之春 雨麥於岐山之陽. 其占爲有年. 旣而彌月不雨 民方以爲憂. 越三月乙卯乃雨 甲子又雨 民以爲未足. 丁卯大雨 三日乃止. 官吏相與慶於庭 商賈相與歌於市 農夫相與抃於野. 憂者以樂 病者以愈. 而吾亭適成.

내가 부풍현(扶風縣)에 온 이듬해, 관사(官舍)를 수리하고 공당(公堂)의 북쪽에 정자를 지었다. 그리고 그 남쪽에 못을 파 흐르는 물을 끌어들이고, 나무를 둘러 심어 쉴 곳을 마련하였다.

바로 그 해 봄, 기산(岐山)의 남쪽에 보리를 뿌리고 점을 쳤더니 풍년이 들겠다고 했다. 그런데 그 후 한 달이 지나도록 비가 내리지 않아, 백성들의 근심이 태산 같았다. 다음 달 3월 을묘(乙卯)일에 비가 조금 오고, 그로

부터 아흐레 만인 갑자(甲子)일에 또 약간의 비가 내렸지만, 모두들 물이
부족하다고 야단이었다. 그러던 중 다시 사흘 뒤인 정묘(丁卯)일에 큰비가
사흘을 두고 내렸다. 어찌나 기뻤던지, 관리들은 관청의 뜰에 모여 서로 기
뻐하고, 장사꾼들은 장판에서 노래를 부르며 기뻐하고, 농부들은 들에서
손뼉을 치며 기뻐하였다. 근심에 쌓였던 사람들은 근심을 씻고 즐거워했으
며, 병이 났던 사람들은 하도 기뻐 병이 다 나아 버렸다. 내가 짓던 정자는
바로 그 무렵에 완성을 보게 되었다.

【語義】扶風(부풍):長安의 서쪽에 있는 현(縣)의 이름. 明年:이듬해. 治:손
질함. 수리(修理). 鑿(착):우물이나 못 따위를 팜. 雨麥(우맥):하늘에서
보리비가 내렸음. '한(漢)의 여후(呂后) 3년, 진(秦)에 큰 좁쌀비가 내렸
다.', '무제(武帝) 때, 광양현(廣陽縣)에 보리비가 내렸다.', '선제(宣帝) 때,
기근(飢饉)으로 인하여 사람이 서로 잡아먹는 지경에 이르렀다. 하늘에서
천곡(天穀)이 비처럼 내렸다.'는 등의 기록이 있다. 기현상(奇現象)이다.
여기서는 '보리를 파종한다'는 의미로 본다. 岐山之陽(기산지양):기산의
남쪽. 陽은 남쪽을, 陰은 북쪽을 가리킨다. 其占爲有年(기점위유년):점에
풍년이라고 함. 有年은 豊年의 뜻. 彌月(미월):한 달, 일 개월을 뜻한다.
越(월):於와 같은 뜻. 商賈(상고):장사치. 商은 행상(行商)하는 것을 가리
키고, 賈는 같은 자리에 앉아 장사하는 것을 말한다. 抃(변):손뼉을 짐.

於是擧酒於亭上 以屬客而告之曰 五日不雨何乎. 曰 五日不
雨則無麥. 十日不雨可乎. 曰 十日不雨則無禾. 無麥無禾 歲
且荐飢 獄訟緊興 而盜賊玆熾 則吾與二三子 雖欲優遊以樂於
此亭 其可得耶. 今天不遺斯民 始旱而賜之以雨. 使吾與二三
子 得相與優遊 而樂於此亭者 皆雨之賜也. 其又可忘耶.

기다리던 비가 내리고 때마침 정자(亭子)가 다 만들어졌으므로, 나는 손님들을 초대하여 정자에서 술잔치를 벌였다. 나는 손님들에게 술을 권하며 물었다.

　"만약 계속해서 닷새 동안을 더 비가 내리지 않았더라면 어떻게 될까?"

　손님들이 대답했다.

　"앞으로 닷새 동안 더 비가 내리지 않았다면 보리를 수확하지 못하게 되었을 것이다."

　나는 또 물었다.

　"그렇다면 열흘 동안 더 비가 내리지 않았더라면?"

　손님들이 입을 모아 대답했다.

　"쌀을 수확할 수가 없게 되었을 것이다."

　비가 안 와 보리도 쌀도 거두지 못하게 된다면, 흉년이 거듭되어 기근이 닥칠 것이며, 인심이 흉악해져 송사가 빈번해지고 도둑떼가 사방에서 판을 치게 될 터이니, 내가 몇몇 술벗들과 더불어 이렇게 즐겁게 노는 일을 어찌 생각이나 할 수 있었으리.

　이제 하늘이 이 백성들을 버리지 않으셔 처음에는 가물었지만 이내 단비를 내려 주셨다. 더욱이 나로 하여금 한가로이 이 정자에서 몇몇 술벗들과 즐길 수 있게 하시니, 이는 모두 비의 덕택이다. 내 어찌 이것을 잊을 수 있겠는가.

【語義】　舉酒(거주):술잔을 들어 술을 마심. 거배(舉杯).　屬客(촉객):술을 따라 손님에게 권함.　歲且荐飢(세차천기):해마다 기근이 거듭됨. 荐은 매년(每年).　獄訟(옥송):소송(訴訟).　玆熾(자치):더욱 성해짐. 玆는 滋와 같은 뜻으로, '더욱, 한층 더'의 뜻. 熾는 불기운이 왕성한 것.　優遊(우유):한가롭게 노님.　遺(유):버림. 棄와 같은 뜻.　旱(한):가뭄.

既以名亭 又從而歌之曰. 使天而雨珠 寒者不得以爲襦. 使天
而雨玉 飢者不得以爲粟. 一雨三日 伊誰之力. 民曰 太守. 太
守不有 歸之天子. 天子曰 不然 歸之造物. 造物不自以爲功
歸之太空. 太空冥冥 不可得而名. 吾以名吾亭.

가뭄 끝에 만난 단비를 기념하기 위해 정자의 이름을 '희우(喜雨)'라 짓
고, 또 노래를 지어 부르니 이러하다.

"하늘로 하여금 구슬을 뿌리게 한들, 그것이 어찌 추위에 떠는 사람들에
게 옷이 될 수 있겠는가.

하늘로 하여금 옥을 뿌리게 한들, 그것이 어찌 배고픈 사람들에게 한 톨
좁쌀이라도 될 수 있겠는가.

이 세상에서 무엇보다 귀한 것은 가뭄에 내리는 단비!

이 비를 사흘을 두고 흠뻑 뿌려 주는 것은 대체 누구의 공인가.

백성들은 입을 모아, 선정(善政)을 펴는 태수(太守)의 공이라 한다. 태수
는 그렇지 않다며 공을 천자(天子)께로 돌린다. 천자께서는 사양하시며 조
물주에게로 모든 공을 돌리시고, 조물주는 다시 자신의 공이 아니라며 하
늘에 그 공을 돌린다.

하늘은 아득히 높고 그윽하여 드러낼 수 없는 이름이다. 그래서 이 정자
를 그대로 '희우정(喜雨亭)'이라 이름 짓는 것이다."

【語義】 使天而雨珠(사천이우주):하늘로 하여금 구슬을 비처럼 내리게 함.
《前漢書》 景帝紀에 이런 말이 나온다. '농사는 천하의 근본이다. 황금
주옥이 많다고, 주릴 때에 먹을 수가 있는가, 추울 때에 걸칠 수가 있
는가(農天下之本也. 黃金珠玉 飢不可食 寒不可衣).' 襦(유):짧은 속옷.
太守:진희량(陳希亮)을 가리킨다. 字는 공필(公弼)이며, 당시 부풍(扶

風)의 태수로, 蘇東坡의 상관이었다.　造物(조물):조물주. 천지만물을
생성시킨다는 神.　太空:大空, 즉 하늘.　冥冥:(명명):아득히 높고 그윽
한 채 드러나지 않음.

【解說】 송(宋)나라 인종(仁宗) 가우(嘉雨) 7년(1062), 東坡 27세 때, 오랫
동안의 가뭄으로 관민(官民)이 시름에 잠겨 한탄하고 있던 차에 비가 내
려 만민이 크게 기뻐했다. 바로 그때에 東坡가 짓고 있던 亭이 완성되었
으므로, 가뭄 끝에 내린 단비의 기쁨을 잊지 아니하고자, 東坡는 亭의
이름을 '喜雨亭'이라 지었다.

　《春秋穀梁傳》 희공(僖公) 3년에, '비〔雨〕를 이야기하는 것은 비를 기
뻐하기 때문이다. 비를 기뻐하는 것은 백성을 근심하기 때문이다.'라
고 했다. 비와 농업은 밀접한 관계를 가지며, 따라서 비는 백성의 생
활에 큰 영향을 미친다. 東坡가 亭의 이름을 喜雨라 한 것도 백성을 잊
지 않기 위해서였을 것이다. 백성을 근심하는 것이 또한 古文의 정신
이기도 하다.

　〈喜雨亭記〉는 자유 자재한 문장과 유머러스한 표현을 사용하고 있
지만, 그러한 가운데 정치의 요의(要義)를 서술하고 있는 글이다. 말미
(末尾)의 노래 속에, 이 은혜로운 비를 내리게 한 공(功)을 백성은 태수
에게, 태수는 천자에게, 천자는 조물주에게 사양하고, 조물주는 만물을
만들어 내는 신(神:道라 할 수도 있다)에게 사양하는데, 이 절대자 또
한 그 功을 자신의 것으로 하지 않는다는 노장적(老莊的)인 본체관(本
體觀)에 입각하여 '造物不自以爲功'이라 하고 있다. 그리하여 조물주는
비를 내리게 한 功을 太空에 돌린다. 太空은 대허공(大虛空)이다. '하
늘〔天〕을 大라 한다(《老子》).'고 한 이 空은, 무극(無極)의 것이어서 그
정체를 파악할 수가 없다. 너무나 큰 것은 알 수가 없으므로 말로 표현

하여 이름 지을 수가 없는 것이다. 그러고 보니 이름이 돌아갈 곳이 없다. 여기까지는 매우 철학적, 논리적이다. 그런데 여기에서 일전(一轉)하여, 이름을 붙일 곳이 없으므로 이 亭에 붙일 수밖에 없다는 구절은 매우 유머러스하다. 그러나 유머러스하게 보이는 이 한 구절은, 실은 이 記의 처음에 서술한, 기쁜 일이 있으면 그 기쁜 일을 들어 이름을 짓는 예로부터의 풍습에 일치하는 것이다. 東坡 27세 때의 작품으로서는 매우 노련한 수법이라 하겠다. 이 記를 살리고 있는 것은 무어라 해도 편 말(篇末)의 노래이다. 명(明)나라 왕세정(王世貞)은, '이 노래를 읽는 자, 소공(蘇公)이 마음을 다한 교묘하고 아름다운 문장을 읽어야 할 것.'이라고 평했다. 또 이 노래에 의해서 東坡의 소탕하고 담담한 성품도 알 수 있을 것이다.

악양루기:범희문(岳陽樓記:范希文)

慶曆四年春 滕子京謫 守巴陵郡. 越明年 政通人和 百廢俱興.
乃重修岳陽樓 增其舊制 刻唐賢今人詩賦于其上 屬予作文以
記之.

송(宋)나라 인종(仁宗) 황제의 경력(慶曆) 4년 봄, 등자경(滕子京)이 죄
를 입고 좌천되어 이곳 파릉군(巴陵郡)의 태수로 왔다. 그 이듬해부터 바른
정치가 두루 잘 행해져 인심이 화합하고, 그동안 피폐되어 없어졌던 많은
일들이 다시 일어서게 되었다. 그리하여 악양루(岳陽樓)가 수리되어 다시
옛 모습을 찾게 되고, 예로부터 내려오던 제도들이 정리되었다. 또 맹호연
(孟浩然)의 시 〈임동정(臨洞庭)〉, 두보(杜甫)의 시 〈등악양루(登岳陽樓)〉 등
당대(唐代) 현인 (賢人)의 글과 오늘날 송나라 사람들의 훌륭한 시부(詩賦)
가 악양루의 누상(樓上)에 새겨지게 되었고, 나는 그러한 일들을 글로 지어
달라는 부탁을 받아 이 글을 쓰기에 이른 것이다.

【語義】 慶曆(경력):宋나라 仁宗의 연호(年號). 滕子京(등자경):河南 사
람으로, 이름을 종량(宗諒), 字를 子京이라 한다. 범희문(范希文)과 同
年의 進士. 공전(公錢)을 낭비한 혐의로 탄핵을 받았는데, 범희문의 적
극적인 변호로 큰 화는 면하고 一官을 낮추어 멀리 괵주(虢州)의 지사
(知事)로 갔다가, 후에 악주(岳州) 파릉군(巴陵郡)의 태수가 되었다. 謫
(적):죄를 입어 귀양을 감. 巴陵郡(파릉군):湖南省의 악주(岳州)를 가
리킴. 越(월):해를 넘김. 越年·越日 등으로 쓰임. 또는 앞의 〈喜雨亭
記〉에서 볼 수 있듯이, 별 뜻 없이 문장 앞에 쓰이는 경우도 있음. 政
通人和(정통인화):정치가 올바르게 행해지고 인심이 화합됨. 百廢俱興

(백폐구흥):피폐해졌던 많은 일들이 다시 일어남.   唐賢(당현):唐代의
賢人. 두보(杜甫)의 〈登岳陽樓〉, 맹호연(孟浩然)의 〈臨洞庭〉 등의 시를
가리킨다.

予觀夫巴陵勝狀 在洞庭一湖. 銜遠山 吞長江 浩浩湯湯 橫無
際涯. 朝暉夕陰 氣象萬千. 此則岳陽樓之大觀也. 前人之述
備矣. 然則北通巫峽 南極瀟湘 遷客騷人 多會于此. 覽物之
情 得無異乎.

악양루에 올라 파릉군(巴陵郡)의 훌륭한 경치를 보건대, 이곳은 바로 그
유명한 동정호(洞庭湖) 안이다. 마치 바다를 옮겨 놓은 것 같은 동정호, 호
수의 큰 입에 물린 듯 수평선 끝에 산들이 점점이 이어져 있고, 장강(長江)
을 한입에 삼킨 큰 물줄기는, 넘실거리며 길게 뻗어 하늘과 맞닿아, 그 끝
이 보이지 않는다. 수평선 위로 붉은 태양이 떠오르는 아침부터 어스름이
내리는 저녁까지, 동정호 물길 7백 리에 펼쳐지는 구름과 바람의 천만 가
지 변화. 이것이 바로 악양루에서만 볼 수 있는 천하의 대장관(大壯觀)이
다. 예로부터 오늘에 이르기까지, 숱한 문인 재사들이 앞을 다투어 이 장관
을 남김없이 시문(詩文)으로 읊었던 것이다. 동정호의 성대한 풍경은, 북
쪽으로는 무협(巫峽)의 험준한 물길에 닿아 있으며, 남쪽으로는 소상팔경
(瀟湘八景)이 펼쳐진 소수(瀟水)·상수(湘水)에 이어져, 예로부터 이곳 악
양루에는 죄를 입어 유배된 사람, 천고의 시름을 안은 사람, 시인, 묵객(墨
客)들이 쉴새없이 모여들었다. 그러나 악양루에 올라 동정호의 성대한 풍
경을 바라본 사람들은 많았겠지만, 경물(景物)을 바라보는 정감(情感)이야
어찌 같았으리.

【語義】勝狀(승상):훌륭한 경치. 銜遠山(함원산):멀리 있는 산을 입에 묾.
멀리 산을 끼고 호수가 펼쳐져 있는 모양이, 마치 호수가 입을 벌리고
산을 물고 있는 것같이 보이기 때문에 이렇게 표현한 것이다. 吞長江
(탄장강):양자강(揚子江)을 삼킴. 長江은 揚子江의 本名. 양자강의 강
물이 동정호(洞庭湖)로 흘러드는 것을 묘사한 것. 浩浩湯湯(호호상상):
한없이 넓고도 큰 물이 성하게 넘실거림. 浩浩는 물이 넓고 큰 모양,
湯湯은 蕩蕩(탕탕)과 같은 뜻으로, 물이 한창 성하게 넘실거리며 흐르
는 모양. 橫(횡):악양루에서 보아 남북쪽. 東西를 縱이라 하고, 南北을
橫이라 한다. 際涯(제애):끝. 朝暉夕陰(조휘석음):아침 햇빛과 저녁
어스름. 氣象萬千(기상만천):천만 가지로 달라지는 구름과 바람의 변
화. 시시각각으로 달라지는 동정호의 풍경과 청담한서(晴曇寒暑)의 변
화는, 악양루에서만 볼 수 있는 성대한 경치라고 한다. 大觀(대관):성
대한 경치. 前人之述備矣(전인지술비의):악양루의 경치에 대하여 前
代의 사람들이 남김없이 시문에 담아 표현하였음. 備는 盡의 뜻. 巫峽
(무협):호북성(湖北省) 파동현(巴東縣) 서쪽에 있는 협곡. 兩岸이 절벽
으로 된 아주 험준한 곳이다. 구당협(瞿塘峽)·서릉협(西陵峽)과 더불
어 삼협(三峽)이라 일컬어진다. 瀟湘(소상):洞庭湖의 남쪽에 있는 소
수(瀟水)와 상수(湘水). 그 부근에는 소상 팔경(瀟湘八景)이 있어 절경
을 이룬다. 遷客(천객):죄를 입어 유배된 사람. 騷人(소인):우수(憂愁)
에 젖은 사람. 수인(愁人). 그러나 굴원(屈原)이 추방되어《離騷》를 지
은 다음부터는, 詩人이나 風流客을 가리키게 되었다.

若夫霪雨霏霏 連月不開 陰風怒號 濁浪排空 日星隱曜 山岳
潛形 商旅不行 檣傾楫摧 薄暮冥冥 虎嘯猿啼 登斯樓也 則有
去國懷鄉 憂讒畏譏 滿目蕭然 感極而悲者矣.

만약 몇 달을 두고 장맛비가 쏟아져 개이지 않으며, 어둡고 찬바람이 불어 닥쳐 탁한 물결을 허공으로 날리고, 해와 별이 빛을 숨기고 산이 모습을 감추며, 장사꾼과 나그네의 발길이 끊어지고 돛이 기울고 노가 부러지며, 저녁이 되어 날이 어두워져 호랑이 울부짖고 원숭이 애처롭게 울어댈 때에 이 누(樓)에 오르게 된다면, 나라를 떠나 고향을 생각하는 마음 이루 형용할 수 없을 것이며, 무고(誣告)를 당할까 모략(謀略)에 걸릴까 걱정하고 두려워하는 마음에, 눈에 보이는 사방의 모든 것이 쓸쓸하게만 보일 것이니, 감정이 격동하여 슬픔에 견디지 못하게 될 것이다.

【語義】 若夫:만약 ~하다면. 霪雨(음우):장맛비. 10일 이상 계속 내리는 비. 霏霏(비비):비나 눈이 부슬부슬 오는 모양. 그런데 여기서는 비가 몹시 쏟아지는 것을 뜻한다. 連月:몇 달. 不開(불개):개이지 않음. 陰風(음풍):음산한 바람. 보통 겨울바람을 뜻하는 경우가 많다. 排(배):밀어붙임. 隱曜(은요):빛을 감춤. 潛形(잠형):모습을 감춤. 商旅(상려):상인과 나그네. 檣傾楫摧(장경즙최):돛대는 기울고 노는 부러짐. 薄暮(박모):땅거미 질 무렵. 어두울 녘. 冥冥(명명):어둑어둑한 모양. 虎嘯猿啼(호소원제):호랑이 울부짖고 원숭이 울어댐. 去國懷鄕(거국회향):나라를 떠나 고향을 생각함. 憂讒畏譏(우참외기):참소당함을 걱정하고 비난받는 것을 두려워함. 讒은 있지도 않은 일을 꾸며 내어 헐뜯는 것. 譏는 나무라는 것. 滿目蕭然(만목소연):눈에 보이는 것마다 모두가 쓸쓸하게 여겨짐. 蕭然은 쓸쓸한 모양. 感極而悲者(감극이비자):감정이 극에 달하여 슬퍼지는 것.

至若春和景明 波瀾不驚 上下天光 一碧萬頃 沙鷗翔集 錦鱗
游泳 岸芷汀蘭 郁郁靑靑 而或長煙一空 皓月千里 浮光躍金
靜影沈璧 漁歌互答 此樂何極. 登斯樓也 則有心曠神怡 寵辱
皆忘 把酒臨風 其喜洋洋者矣.

 그러나 봄이 되어 화창한 날씨에 눈부신 풍경이 펼쳐지면 물결 잔잔하
고, 하늘과 물이 모두 하늘빛으로 빛나 동정(洞庭)의 너른 물이 온통 푸른
빛으로 뒤덮이며, 물가에 갈매기 떼 날아들고, 물고기 떼 비늘을 번쩍거리
며 유유히 헤엄치고, 강둑의 어수리 물가의 난초 푸르게 돋아 향기롭고, 하
늘 한편에는 운애(雲靄)가 길게 걸린다. 또 밤이면 밝은 달이 천리에 그 빛
을 뿌리고, 달빛 받은 물결 금빛으로 일렁거리며, 고요히 잠긴 달그림자 물
속에서 옥이 빛나듯 희게 빛나고, 동정호 7백 리에 흩어져 반짝이는 어화
(漁火) 사이로 어부들의 노래 소리 오가니, 동정호의 풍경을 즐기는 그 기
쁨 어찌 다할 수 있겠는가.
 바로 이런 때에 악양루에 올라 동정호를 바라본다면, 마음이 한없이 넓
어지고 정신 또한 쇄락(灑落)하여져, 때 묻은 근심은 물론이려니와 천자에
게서 받은 사랑과 욕됨까지도 잊게 될 것이며, 또 이 풍경 앞에서 술잔을
기울인다면 그 기쁨 참으로 양양(洋洋)하여 비길 데가 없을 것이다.

【語義】 至若 ~와 같은 때에 이르러서는. 春和景明(춘화경명):봄이 되어
  날씨가 화창하고 풍경이 아름다움. 上下天光:위도 아래도 하늘빛. 위
  의 하늘빛과 아래의 호수에 비친 하늘빛이 서로 빛나는 것을 뜻함. 一
  碧萬頃(일벽만경):만경(萬頃)이 오직 푸른빛 일색임. 萬頃은 백만 이랑.
  넓은 호수가 오직 푸른빛 하나로 펼쳐져 있다는 뜻. 沙鷗(사구):물가
  의 모래펄에 사는 갈매기. 芷(지):어수리. 미나리과에 속하는 香草로,

뿌리는 백지(白芷)라 하여 藥用함. 汀蘭(정란):물가에 나는 난초. 郁
郁(욱욱):향기로운 모양. 長煙一空(장연일공):하늘 한편에 운애(雲靉)
가 길게 걸쳐져 있음. 皓月千里(호월천리):밝은 달이 그 빛을 천리에
비춤. 浮光躍金(부광약금):흐르는 물에 달빛이 비쳐, 마치 금빛 물결
이 출렁이는 것 같음. 浮光은 흐르는 물에 비친 달빛. 沈璧(침벽):물속
에 잠긴 옥. 물에 비친 달의 아름다움을 형용하는 말. 心曠神怡(심광신
이):마음이 넓어지고 정신이 쇄락(灑落)해짐. 寵辱(총욕):임금에게서
받는 총애(寵愛)와 치욕(恥辱). 洋洋(양양):한없이 크고 너름.

嗟夫予嘗求古仁人之心 或異二者之爲何哉. 不以物喜 不以己
悲. 居廟堂之高 則憂其民 處江湖之遠 則憂其君. 是進亦憂
退亦憂. 然則何時而樂耶. 其必曰先天下之憂而憂 後天下之
樂而樂歟. 噫微斯人 吾誰與歸.

아, 내가 일찍이 옛 어진 사람의 마음이 어떠했는가를 살펴본 바, 그분
들의 마음은 외물(外物)에 따라 슬퍼하기도 하고 즐거워하기도 하는 앞의
두 경우와는 전연 달랐으니, 그 무슨 까닭인가. 도덕이 높고 참다운 사랑을
베푸는 어진 사람은, 외물에 따라 기뻐하지도 않고 일신상의 슬픔 때문에
근심하지도 않는다. 조정(朝廷)에 높이 앉아 있을 때에는 오로지 백성들의
일을 걱정하고, 벼슬에서 물러나 초야에 묻혀 있을 때에는 한마음으로 임
금님의 은혜에 보답하고자 걱정한다. 이렇듯 어진 사람은 나아가도 걱정하
고 물러서도 걱정한다. 그런즉 어느 겨를에 즐거움을 맛볼 수 있겠는가. 아
마 옛 어진 사람이 이 이야기를 들었다면 틀림없이 이렇게 대답할 것이다.
  "천하의 근심되는 일은 누구보다도 먼저 근심하고, 즐겨야 할 것이 있다
면 천하의 모든 사람이 다 즐기고 난 다음 즐기리."

라고.

아, 참으로 이와 같은 옛 어진 사람이 없었다면, 나는 누구의 가르침을 쫓을 것인가.

【語義】嗟夫(차부):아아! 감탄사. 二者:앞에서 든 두 가지 마음. 슬픈 마음과 즐거운 마음. 不以己悲(불이기비):자기 한 몸의 문제로는 슬퍼하지 않음. 廟堂(묘당):조정(朝廷). 옛날에는 정치를 논의할 때에, 먼저 선조(先祖)의 영(靈) 앞에 고한 다음, 명당(明堂:임금이 朝見을 받는 正殿)에 여러 신하를 모아 상의하였다. 江湖(강호):은자(隱者)가 거처하는 곳. 轉하여 民間·世間이란 뜻으로 쓰인다. 先天下之憂而憂 後天下之樂而樂(선천하지우이우 후천하지락이락):천하의 근심할 일은 제일 먼저 걱정하고, 천하의 즐거운 일은 가장 나중에 즐거워함. 작자 文正公이 평소 가지고 있는 뜻을 옛 현인의 말이라 핑계대어 말한 것이다. 斯人(사인):옛 어진 사람을 가리킨다. 吾誰與歸(오수여귀):내 누구와 더불어 돌아가리.

【解說】악양루(岳陽樓)는 호남성(湖南省) 악양현(岳陽縣)에 있는 누(樓)로, 중국 최대의 동정호(洞庭湖)가 한눈에 내려다보이는 절승지에 위치하고 있다. 이 누를 세운 사람이 누구인지는 확실하지 않지만, 당(唐) 개원(開元) 4년(716)에 중서령(中書令) 장열(張說)이 이곳 태수(太守)로 부임해 오자, 날마다 재자(才子)들과 이 누에 올라 시를 읊었다고 한다. 등자경(滕子京)이 경력(慶曆) 5년(1045)에 이것을 수리하고, 범중엄(范仲淹)이 이 기(記)를 지었으며, 소자미(蘇子美)가 그 글씨를 쓰고, 소소(邵疎)가 전액(篆額)을 썼다. 당시 이들을 사절(四絶)이라 했다. 이 記는 樓上에서 바라다 보이는 풍경을 기술하고, 그것을 보는 사람의 마음이 쓸쓸하

고 즐거운 것은 그 사람이 처해진 상황에 의한 것이라 서술한 다음, '不以物喜 不以己悲. 先天下之憂而憂 後天下之樂而樂'이라 하여, 군자 된 자의 마음가짐을 밝히고 있다.

작자 범희문(范希文)은 소주(蘇州) 사람으로, 이름은 중엄(仲淹), 시호(諡號)는 文正이 내려졌고, 希文은 그의 字이다. 참지정사(參知政事)가 되어 정치 개혁을 시도하였으나 뜻을 이루지 못하고 죽었다. 〈畫錦堂記〉에서 언급했듯이, 한기(韓琦)와 더불어 명재상으로 추앙되는 인물로 뜻이 고결하였다. 사후(死後) 楚國公에 추봉(追封)되었다.

이 記는 글 처음과 글 끝의 배치, 그 중간의 풍물 묘사의 뛰어난 점에서 그에 미칠 만한 글이 없을 정도로 명문(名文)이라 알려져 있다. 그중에서도 끝의 '噫微斯人 吾誰與歸'라 일전(一轉)하여 결단한 부분은, 작자 범문정공(范文正公) 자신이 언제나 잊지 않는 뜻이며, 仁人君子의 정치의 道이다. 악양의 풍경에 대한 탄상(嘆賞)을 글로 쓴 것은 실로 많지만, 개인적인 근심과 즐거움을 잊고 우선 국가 정치의 道를 생각하며, 그 후에 비로소 이 명미 웅대(明媚雄大)한 풍광을 즐긴다는, 이처럼 유교정신이 철저한 글은 드물 것이다. 더욱이 그 풍경의 쓸쓸함과 즐거움의 표현 서술이 뛰어난 것은 유(類)를 찾아볼 수 없다. 이러한 名文을 초(草)한 문정공은 결코 단순한 도학자(道學者)가 아님을 알 수 있다. 아름다운 대구(對句)와 미묘한 감각미가 만들어 내는 정조(情調) 위에 작자의 웅대한 뜻이 담겨 있어, 글과 정신이 함께 살고, 읽는 이의 마음을 강하게 움직이는 것이다. 이것은 단순한 서사(敍事)·서경(敍景)의 記에 그치는 것이 아니라, 모든 사람에 대한 잠언(箴言)이다. 악양루의 전망을 읊은 시(詩)로 유명한 것은, 당(唐)의 맹호연(孟浩然)의 〈臨洞庭〉과 두보(杜甫)의 〈登岳陽樓〉가 있는데, 이에 대해서는 시편(詩篇)을 참고하기 바란다.

엄선생사당기:범희문(嚴先生祠堂記:范希文)

先生光武之故人也. 相尙以道. 及帝握赤符 乘六龍 得聖人之
時 臣妾億兆. 天下孰加焉. 惟先生以節高之. 旣而動星象 歸
江湖. 得聖人之淸 泥塗軒冕. 天下孰加焉. 惟光武以禮下之.

선생께서는 광무 황제(光武皇帝)와 동문수학(同門修學)한 사이로, 광무
황제의 옛 친구이셨다. 두 분께서는 도의(道義)로써 서로를 높이셨다.

왕손(王孫)에 지나지 않았던 유수(劉秀)가 적부(赤符)에 쓰인 대로, 전한
말(前漢末) 신(新)의 임금 왕망(王莽)을 주벌(誅伐)하고 천자가 되어 천하
를 다스리게 되니, 광무 황제를 모시는 신하와 시첩(侍妾)이 억조(億兆)를
헤아릴 정도였다. 천하에 누가 그보다 더 존귀할 수 있었으랴. 그런데 오직
엄선생만은 높은 절조를 지켜 부귀영화를 마다하셨다.

선생의 인품을 잘 아는 광무 황제가 강호(江湖)에 숨어 있는 엄선생을 찾
아내어 곁에 두고자 했으나, 선생께서는 객성(客星)이 제좌(帝座)를 침범
하는 사건을 일으키고 끝내 부춘산(富春山) 벽지로 돌아와 일생을 마치셨
다. 맹자가 백이(伯夷)를 찬양한 것처럼, 참으로 선생께서는 성인이나 지
닐 수 있는 청결(淸潔)을 지니서, 고관대작(高官大爵)의 높은 지위를 진흙
처럼 여기셨다. 천하에 어느 누가 그보다 더 깨끗할 수 있겠는가. 그런데
광무 황제는 존귀한 천자의 자리에 있으면서도, 끝내 예(禮)를 존중하여
선생의 뜻을 꺾지 않고 선생을 강호로 돌려보냈으니, 그 또한 광무 황제만
이 할 수 있었던 일이었다.

【語義】故人:옛 친구. 故는 舊와 같은 뜻. 相尙(상상):서로 존경함. 赤符
(적부):적복부(赤伏符)를 말한다. 赤伏은 符의 이름. 符는 미래의 일을

예언하는 書. 赤은 불〔火〕의 빛깔. 木·火·土·金·水의 오행설에 의해, 왕조(王朝)는 이 순서로 일어난다고 생각하였다. 따라서 한(漢)의 왕조에는 火의 덕(德)의 징조가 나타난다고 생각하였다. 그래서 赤을 존중한 것이다. 伏은 장(藏)과 같은 뜻. 강화(彊華)라는 유생(儒生)이, 관중(關中)으로부터 심부름꾼을 보내어 유수(劉秀)에게 적복부를 바쳤다. 유수(劉秀)가 한(漢)의 제위(帝位)에 오르리라는 예언이었다. '劉秀, 兵을 일으켜 不道를 친다. 四夷, 구름처럼 모여 용야(龍野)에서 싸운다. 四七의 때, 火主가 된다.'는 文이었다. 四七이란 28세를 의미하는 것이다. 乘六龍(승륙룡):여섯 용을 타다. 天子가 되어 천하를 다스리는 것을 뜻한다. 《易經》乾爲天卦 단전(彖傳)에, '때가 되어 여섯 마리의 용이 끄는 수레에 타고 하늘을 다스린다(時乘六龍以御天).'고 되어 있다. 得聖人之時(득성인지시):광무 황제(光武皇帝)가 된 유수(劉秀)가 미천한 데에서 일어나 天子가 된 것을 뜻한다. 《孟子》萬章篇 下에 있는, '孔子께서는 성인으로서 때를 알아 행한 분이다(孔子聖之時者也).'라는 말을 사용한 것이다. 臣妾(신첩):신하와 시첩(侍妾). 孰加焉(숙가언):누가 이보다 더할 수 있겠는가. 動星象 歸江湖(동성상 귀강호):별자리를 움직이고 강호로 돌아감. 엄광(嚴光)이 光武 皇帝와 자면서, 황제의 배위에 발을 올려, 객성(客星)이 제좌(帝座)를 침범하게 한 사건을 가리킨다. 여기서 江湖라 함은 벽지(僻地)인 부춘산(富春山)을 가리킨다. 得聖人之淸(득성인지청):성인의 맑음을 얻다. 《孟子》萬章篇 下에 나오는 맹자의 칭찬, '백이는 성인으로서 맑음을 지닌 사람이다(伯夷聖之淸者也).'라는 말을 빌려, 엄광의 청결(淸潔)을 찬미한 것이다. 泥塗(이도):진흙. 가볍게 여긴다는 뜻. 軒冕(헌면):軒은 大夫가 타는 수레. 冕은 大夫 이상의 존귀한 사람이 쓰는 관(冠). 以禮下之(이례하지):禮를 존중하여 겸손하게 자신을 낮춤. 엄광이 끝내 光武 皇帝의 신하가 되기를 사양한 것에 대해, 光武는 천자이면서도 엄광의 뜻을 높이 받아들여 그를 보내 준 것을 가리킨다.

> 在蠱之上九 衆方有爲. 而獨不事王侯 高尚其事. 先生以之.
> 在屯之初九 陽德方亨 而能以貴下賤 大得民也. 光武以之.

세상 사람이 모두 조정에 나아가 부귀영화를 얻고자 급급함에도, 선생께서는 고괘(蠱卦) 上九의 효사(爻辭)에, '王侯에 종사하지 않고 그 道를 고결하게 한다.' 한 것처럼, 홀로 왕사(王事)에 종사하지 않고 그 덕을 높이셨다. 선생께서는 성인의 가르침을 몸소 행하셨던 것이다. 또 광무 황제께서는 준괘(屯卦) 初九의 소상(小象)에, '貴로써 賤에 겸양하니, 민심을 크게 얻을 수 있다.' 한 것처럼, 미천한 자의 지조를 천자의 귀(貴)로 꺾지 않는 밝은 덕을 베푸셨다. '존귀한 몸으로서 미천한 사람에게 몸을 굽혀, 천하 인민의 마음을 얻는다.'고 한 성인의 가르침을, 광무 황제께서는 몸소 행하셨던 것이다.

【語義】蠱之上九(고지상구):《易經》산풍고괘(山風蠱卦) 上九의 효사(爻辭)를 가리킨다. '王侯에 종사하지 않고, 그 道를 高潔하게 한다(不事王侯 高尚其事).'고 되어 있다. 세상 사람이 모두 부귀영화를 찾아 급급한데, 엄광만이 홀로 蠱卦 上九의 효사처럼 행동했다는 뜻이다. 衆方有爲(중방유위):모든 사람이 조정에 나아가 일하려는 뜻을 가지고 있음. 以之(이지):이것을 쓰다. 엄광이 蠱卦 上九의 효사처럼 행동한 것을 가리킴. 屯之初九(준지초구):《易經》수뢰준괘(水雷屯卦) 初九의 효사(爻辭)를 설명한 소상(小象)을 가리킨다. '비록 나아감에 주저하더라도 뜻과 행동은 바르게 해야 한다. 貴로써 賤에 겸양하니, 민심을 크게 얻을 수

있다(雖磐桓志行正也. 以貴下賤大得民也).'고 되어 있다. 존귀한 광무 황제가 미천한 엄광에게 예를 지키고 겸손한 마음으로 덕을 베푼 것을 말한다. 陽德方亨(양덕방형):밝은 덕이 통함. 亨은 通과 같은 뜻. 得 民(득민):人心을 얻음.

蓋先生之心 出乎日月之上 光武之量 包乎天地之外. 微先生 不能成光武之大 微光武 豈能遂先生之高哉. 而使貪夫廉 懦 夫立. 是大有功於名教也.

대저 선생의 거룩한 마음은 하늘의 해와 달보다도 높고, 광무 황제의 넓은 도량은 천지의 바깥까지도 싸고 남을 만하다. 선생이 없었더라면 어찌 광무 황제의 무한한 도량이 드러날 수 있었겠으며, 또 광무 황제가 없었던들 어찌 선생의 높은 뜻이 빛날 수 있었겠는가.

이제 선생의 높은 지조는 탐욕스러운 자로 하여금 겸손하게 하고, 나약한 자로 하여금 바로 설 수 있게 한다. 이 어찌 인륜 도덕에 끼친 선생의 공이 크다 하지 않을 수 있겠는가.

【語義】 量:도량. 貪夫(탐부):욕심이 많은 사람. 懦夫(나부):나약하고 의지가 굳지 못한 사람. 名教:名分을 밝히는 가르침. 人倫道德의 가르침.

仲淹來守是邦 始構堂而奠焉. 乃復爲其後者四家 以奉祠事. 又從而歌曰.
雲山蒼蒼 江水泱泱
先生之風 山高水長

이제 나 중엄(仲淹)이 이곳 엄주(嚴州)의 태수로 와, 선생의 사당을 짓고 삼가 선생의 영전에 제물을 올린다. 또 선생의 후손 네 집을 찾아 모든 조세를 면제해 주고, 선생의 제사를 받들도록 하였다. 그리고 선생의 높은 덕을 추모하여 노래를 지으니 이러하다.

구름 걸린 저 산은 나무 우거져 짙푸르고
만 리를 흐르는 물줄기는 깊고도 넓어라.
선생께서 보이신 고결한 덕풍(德風)
산보다 높고 물보다 깊어라.

【語義】 仲淹(중엄):작자 希文의 이름. 奠(전):죽은 사람의 영전에 제물을 바치고 제사 지내는 일. 復(복):조세(租稅)를 면제해 줌. 後者:엄광의 후손. 奉祠事(봉사사):제사를 받들게 함. 蒼蒼(창창):짙게 푸름. 泱泱 (앙앙):물이 깊고 넓은 모양. 先生之風:선생의 德風. 원래 이 文句는 先生之德이었는데, 작자 범희문이 德 字 대신 風으로 하는 게 좋다는 李泰伯의 의견을 쾌히 받아들여 先生之風으로 했다 한다. 德보다는 風으로 하는 것이 뜻이 깊으며, 글맛도 한층 돋운다.

【解說】 범희문(范希文)이 절강(浙江)의 엄주(嚴州) 태수였을 때, 엄광(嚴光)의 사당을 짓고, 그 후손을 불러 제사를 지내도록 하였다. 그때에 이 記를 쓴 것이다.
　　엄광은 절강성(浙江省) 여항현(餘抗縣)의 사람으로, 字는 자릉(子陵)이다. 후한(後漢)의 光武 皇帝 유수(劉秀)와 동문수학한 사이이다. 유수가 제위(帝位)에 오르자, 엄광은 이름을 바꾸고 몸을 숨겼다. 광무 황제는 엄광이 賢人임을 생각하여, 그를 찾아내도록 명령했다. 엄광은 제

(齊)나라에서 발견되었는데, 양피(羊皮)로 만든 옷을 입고 연못에서 낚시질을 하고 있었다. 엄광은 황제 앞으로 불리어갔다. 황제는 엄광을 궁중에 머무르게 하고 함께 자면서 벼슬(諫議太夫)을 받도록 간곡히 부탁했으나, 엄광은 끝내 받아들이지 않았다. 그날 밤 바로, '客星이 천자의 별을 범했다'는 사건이 일어난 것이다. 즉 잠자다가 엄광이 황제의 배 위에 발을 올려놓았던 것이다. 다음 날 아침, 天文을 관장하는 태사(太史)가, '간밤에 천상(天象)을 보았사온데, 하나의 客星이 북극성(北極星)을 범했습니다. 별일 없으셨습니까?' 하고 황제에게 물었다. 북극성은 천자의 별이다. 황제는 웃으며, '나의 친구 엄자릉과 함께 잤을 뿐이다.'라고 말했다. 엄자릉은 끝내 황제의 간곡한 권유를 마다하고 절강의 부춘산(富春山)으로 돌아가, 밭 갈고 낚시질하며 살았다. 지금도 그 낚싯대와 사당이 남아 있다고 한다.

엄자릉의 본래 성(姓)은 장(莊)이었는데, 후한(後漢) 명제(明帝)의 이름인 莊을 피하여 엄(嚴)이라 한 것이다.

사첩산(謝疊山)은 이 記를 평하여, "〈嚴先生祠堂記〉는 글자 수는 적지만 그 뜻이 깊고, 글은 짧지만 도리(道理)가 상세하다. 세상에 교훈을 주는 바가 크다."고 했다.

쉽고 간결한 문장이나, 《易》, 《孟子》 등에 숨어 있는 깊은 사상이 자주 언급되어 있으므로, 독자들은 직접 《易》, 《孟子》 등의 해당 부분을 찾아보며 이 글을 감상해 주기 바란다.

황주죽루기:왕원지(黃州竹樓記:王元之)

> 黃岡之地多竹. 大者如椽. 竹工破之 刳去其節 用代陶瓦. 比
> 屋皆然 以其價廉而工省也.

황주(黃州)의 황강군(黃岡郡)은 대나무가 많이 나는 땅으로 유명하다. 큰
것은 자그마치 서까래만하다. 이곳에서는 죽공(竹工)들이 이를 쪼개 마디
를 발라내어 기와 대신으로 쓴다. 집집마다 모두 대나무로 기와를 잇는데,
이는 값이 싸고 공력(功力)이 적게 들기 때문이다.

【語義】黃岡(황강):대나무로 유명한 湖北 黃州의 郡名. 椽(연):서까래. 陶
瓦(도와):오지 기와. 刳去其節(고거기절):마디를 파냄. 比屋(비옥):집
집마다. 價廉(가렴):비용이 적게 듦. 工省(공생):功力이 적게 듦.

> 子城西北隅 雉堞圮毁 蓁莽荒穢. 因作小樓二閒 與月波樓通.
> 遠呑山光 平挹江瀬 幽闃遼夐 不可具狀. 夏宜急雨 有瀑布
> 聲. 冬宜密雪 有碎玉聲. 宜鼓琴 琴調和暢. 宜咏詩 詩韻清絕.
> 宜圍棋 子聲丁丁然. 宜投壺 矢聲錚錚然. 皆竹樓之所助也.

황주부(黃州府)의 자성(子城) 서북쪽 모퉁이는, 담장이 허물어지고 잡초
가 우거진 채 황량했다. 그래서 그곳에 두 칸짜리 작은 누각을 짓고, 황주
군청 뒤에 있는 월파루(月波樓)와 통하도록 했다.

비록 작은 누각이지만, 멀리 산 경치를 받으며 평화로이 굽이도는 강여
울을 끼고 있어, 그윽하고 고요하며 멀고 아득한 경치 이루 형용할 수가
없다.

여름이면 소나기 퍼붓는 소리가 들을 만한데, 쏟아지는 빗소리가 마치
폭포수 떨어지는 소리 같다. 또 겨울이면 가루눈 사락거리며 내리는 소리
가 들을 만한데, 그 소리 마치 옥을 부수는 소리 같다.

거문고 타기에 더없이 좋으니, 그 가락이 맑고 부드럽다. 시를 읊조리기
에도 좋으니, 시의 운치(韻致)가 비할 바 없이 맑아진다. 바둑을 두면, 바
둑돌 놓는 소리가 깊은 산속에서 나무를 치는 소리처럼 울린다. 투호(投壺)
놀이를 하면, 살이 항아리에 들어갈 때마다 맑은 쇳소리가 난다. 이 모두가
죽루(竹樓)의 대나무 지붕이 흥취를 돋우기 때문이다.

【語義】子城:黃州府의 本城에 딸려 있는 작은 성. 隅(우):모퉁이. 雉堞(치
첩):성 위에 나지막하게 쌓은 담. 여장(女墻). 雉는 담장의 크기를 계산
하는 단위로서. 높이 열 자, 길이 서른 자를 이름. 堞은 성 위에 나지막
하게 쌓은 담. 성가퀴. 圮毀(비훼):허물어져 훼손됨. 榛莽(진망):초목
이 무성한 곳. 荒穢(황예):거칠고 잡초만 무성한 곳. 月波樓(월파루):
黃州府의 군청(郡廳) 뒤에 있는 누각. 山光(산색(山色). 산의 경치. 挹
(읍):잡아당김. 江瀨(강뢰):강여울. 幽闃(유격):그윽하고 고요함. 遼
夐(요형):멀고 아득함. 急雨(급우):쾌청한 날씨에 갑자기 쏟아지는 소
나기. 密雪(밀설):가루눈. 詩韻(시운):시의 운치. 圍棋(위기):바둑을
둠. 子聲(자성):바둑돌을 바둑판에 놓는 소리. 丁丁然(정정연):원래는
벌목(伐木)할 때에 온 산에 울려 퍼지는 소리를 형용하는 말인데, 여기
서는 바둑 둘 때에 바둑돌 소리가 크게 울리는 것을 뜻한다. 投壺(투
호):어느 정도 떨어진 곳에 항아리를 놓고 거기에 화살을 던져 넣어 승
부를 가리는 놀이. 錚錚(쟁쟁):좋은 쇠의 소리가 맑게 울리는 것의 형
용. 항아리에 들어가는 화살 소리를 가리킴.

公退之暇 披鶴氅衣 戴華陽巾 手執周易一卷 焚香默坐 消遣世慮. 江山之外 第見風帆沙鳥 煙雲竹樹而已. 待其酒力醒 茶煙歇 送夕陽 迎素月. 赤謫居之勝槩也.

하루의 일을 마치고 퇴청(退廳)하여 한가한 시간이면, 신선이 입는 학창의(鶴氅衣)를 입고, 은사가 쓰는 화양건(華陽巾)을 쓰고,《周易》한 권 손에 들고, 향을 사른 후 고요히 앉아 세상의 온갖 근심, 걱정을 떨쳐 버린다. 그렇게 일체의 생각을 끊어 버리면, 멀리 강산 밖에 떠다니는 돛단배와 모래톱에 날아드는 물새 떼, 그리고 연기처럼 피어오르는 구름과 대나무 숲만이 눈에 들어올 뿐이다. 그대로 죽루(竹樓)에 앉아, 술기운이 가시고 차 끓이는 연기가 사라지는 것을 기다리며, 서산으로 지는 해를 보내고 동산에 떠오르는 밝은 달을 맞는다. 이 또한 귀양살이 온 내게는 더없이 좋은 흥취가 아닐 수 없다.

【語義】 公退之暇(공퇴지가):하루의 업무를 끝내고 퇴청(退廳)한 뒤의 여가. 披(피):被와 같은 뜻. 입다. 鶴氅衣(학창의):학의 깃털로 짠 옷으로 仙人이 입는 옷. 氅은 새의 깃털. 華陽巾(화양건):은자가 쓰는 두건. 양(梁)의 도홍경(陶弘景)은 華山의 陽(남쪽)에 은거하면서 항상 이상한 두건을 쓰고 다녔다. 뒤에 세상 사람들이 그와 비슷한 두건을 만들어 華陽巾이라 이름하였다. 消遣(소견):없애 버림. 근심, 걱정 따위를 떨쳐버림. 江山:山川. 酒力(주력):술기운. 주기(酒氣). 茶煙(다연):차 끓이는 연기. 歇(헐):그침. 素月:희게 빛나는 달. 謫居(적거):귀양살이. 勝槩(승개):훌륭한 흥취. 槩는 槪와 仝字.

彼齊雲落星 高則高矣. 井幹麗譙 華則華矣. 止于貯妓女 藏歌
舞. 非騷人之事. 吾所不取. 吾聞竹工云 竹之爲瓦 僅十稔. 若
重覆之 得二十稔.

저 오대(五代) 때에 한포(韓浦)가 지은 것으로 처마 끝이 구름에 닿았다
는 제운루(齊雲樓), 오(吳)의 태제(太帝) 손권(孫權)이 지은 것으로 유성
(流星)이 누각 안으로 떨어졌다는 낙성루(落星樓), 이 두 누각은 그 이름만
큼이나 높았다. 또 한(漢) 무제(武帝)가 정(井) 자 모양으로 나무를 쌓아올
려 지은 정간루(井幹樓)와 위(魏) 무제(武帝) 조조(曹操)가 성문 위에 높이
세운 여초루(麗譙樓)는 이름 그대로 화려함을 다한 누각들이다. 그러나 그
누각들은, 기녀(妓女)들을 모아 쉴새없이 춤과 노래를 즐기며 환락을 일삼
던 곳이다. 나와 같은 시인이나 귀양살이하는 사람이 즐길 만한 일이 아니
다. 나는 그러한 일은 결코 취하고 싶지 않다.
　죽공(竹工)에게서 들으니, 여기 죽루(竹樓)의 대나무 지붕은 십 년쯤 간
다고 한다. 만일 대나무를 이중으로 해서 지붕을 대면 이십 년쯤 간다고
한다.

【語義】 齊雲(제운):누각의 이름. 五代 때 한포(韓浦)가 지은 것이라 하는
　　데, 하도 높아 구름과 높이를 같이할 정도라 하여, 齊雲이라 이름한 것
　　이다. 落星(낙성):누각의 이름. 오(吳)의 太帝 손권(孫權)이 지은 것으
　　로, 流星이 가까이에 떨어질 만큼 높다 하여 落星이라 이름한 것이다.
　　井幹(정간):누각 이름. 한(漢) 무제(武帝)가 지은 것으로, 井 字 모양으
　　로 나무를 쌓아올려 지었다 하여 井幹이라 이름한 것이다. 麗譙(여초):
　　위(魏) 무제(武帝) 조조(曹操)가 지은 여초루(麗譙樓)를 가리킨다. 譙는
　　성문 위에 있는 망루(望樓). 騷人(소인):詩人, 또는 우수(憂愁)에 젖은

사람. 초(楚)의 굴원(屈原)이 〈이소(離騷)〉를 지은 다음부터는, 은둔 시인(隱遁詩人)을 뜻하게 되었다. 所不取(소불취):취할 바가 아님. 즉 찬성할 수 없다는 뜻. 稔(임):年의 뜻. 본디는 곡식이 잘 익는다는 뜻인데, 곡식이 제대로 익는 기간, 곧 일 년을 뜻하기도 한다. 重覆(중부):거듭 덮음. 대나무 기와를 두 벌로 덮는 것. 覆는 '엎어지다'의 뜻일 때에는 복으로, '덮개·덮다'의 뜻일 때에는 부로 읽힌다.

噫吾以至道乙未歲 自翰林出滁上 丙申移廣陵 丁酉又入西掖.
戊戌歲除日 有齊安之命 己亥閏三月到郡. 四年之間 奔走不暇. 未知明年又在何處. 豈懼竹樓之易朽乎. 後之人 與我同志 嗣而葺之 庶斯樓之不朽也. 咸平二年八月十五日記.

아, 나는 송(宋)나라 태종(太宗)의 지도(至道) 원년(元年) 을미(乙未)년에 한림원(翰林院)에서 나와 저수(滁水) 위의 저주(滁州) 지사(知事)가 되었다가, 다음해 병신(丙申)년에 양주(揚州)의 광릉(廣陵) 지사(知事)로 옮기고, 그 이듬해 정유(丁酉)년에는 다시 중서성(中書省)으로 들어가 조칙(詔勅)을 기초(起草)하는 일을 맡게 되었다. 그리고 또, 그 이듬해 무술(戊戌)년 섣달 그믐날에는 황주(黃州) 제안군(齊安郡)의 지사(知事)로 가라는 명령을 받게 되어, 다음해 기해(己亥)년 윤삼월에 임지(任地)인 제안군에 도착하였다. 실로 요 4년 동안에는, 이리저리 분주히 옮겨 다니느라 한가한 틈이라곤 조금도 없었다. 이제 또 명년이 되면 어느 곳으로 옮겨갈지 알 수 없는 몸이니, 어찌 죽루(竹樓)의 대나무 지붕이 쉬이 썩는 것을 근심하랴.
　하지만 내가 언제나 간절히 바라는 것은, 뒤에 오는 사람도 나와 같은 뜻을 가져, 제때에 지붕을 새로 이어 주어, 죽루(竹樓)의 모습이 언제까지나 변하지 않았으면 하는 것이다.

함평(咸平) 2년 8월 보름날, 왕원지(王元之) 이 기(記)를 쓰다.

【語義】 至道(지도):송(宋)나라 태종(太宗)의 연호(年號). 翰林(한림):한림
학사(翰林學士)의 관청인 翰林院. 翰은 새의 깃털로 만든 筆, 林은 많
다는 뜻. 筆林, 즉 文學者가 많이 모인 곳이라는 뜻. 滁上(저상):滁水
위 滁州. 廣陵(광릉):揚州의 廣陵. 작자 王元之가 廣陵의 知事로 옮겨
간 것을 가리킨다. 西掖(서액):掖은 곁에 있는 것. '겨드랑이, 곁'의 뜻.
궁정(宮廷) 곁의 사(舍)를 '액정(掖庭)'이라고 한다. 西掖은 중서성(中書
省)을 말한다. 중서성은 조칙(詔勅)을 기초(起草)하는 관청. 除日(제
일):섣달 그믐날. 齊安(제안):黃州의 齊安郡. 葺(즙):지붕을 이음. 庶
(서):바라건대.

【解說】 이 記는 왕원지(王元之, 이름은 禹偁)가 죄를 입고 호북성(湖北省)
의 황주(黃州)로 유배되어 그곳 태수로 있을 때에, 황주의 명산(名産)
인 큰 대나무를 베어다가, 기와 대신 그것으로 지붕을 덮은 樓를 만들
고 쓴 것이다.
　　송(宋)의 여동래(呂東萊, 이름은 祖謙)는 이렇게 말했다. "일찍이 이
런 말을 들었다. 산곡(山谷:黃庭堅)과 어떤 사람이 말하기를, '왕형공
(王荊公:王安石)은 〈竹樓記〉가 구양공(歐陽公)의 〈취옹정기(醉翁亭記)〉
보다 낫다고 말했다.' 한다. 또 어떤 사람이 말했다. '그 말은 荊公의 말
이 아니다.'라고. 山谷이 또 말했다. '荊公이 문장을 논할 때에는 언제
나 체제(體制)를 먼저 논하고 글의 교졸(巧拙)을 나중에 논했다. 일찍
이 소동파(蘇東坡)의 〈취백당기(醉白堂記)〉를 보고 그가 농하여 말하기
를, 문사(文辭)가 지극히 교묘하다 하나 이것은 醉白堂에 대한 글이 아
니지 않은가. 이것은 단지 한백 우열론(韓白優劣論)일 뿐. 이것을 생각

하면, 〈竹樓記〉가 〈醉翁亭記〉보다 낫다는 말은 荊公이 한 말임에 틀림없다.'고"

본래 〈醉白堂記〉는, 韓魏公(琦)이 堂을 세우고, 백낙천(白樂天)을 사모하여 '취한 백낙천'이라는 의미로 이 堂의 이름을 醉白堂이라 한 뒤, 그 記를 소동파에게 쓰도록 한 것이다. 王荊公의 〈醉白堂記〉에 대한 評은, 醉吟先生(백낙천 自傳)에 대해서 그대로 쓰면 記이지만, 이 東坡의 記는 '韓魏公과 白樂天의 우열론(優劣論)'이 되어 있다는 것을 評한 것이리라. 王荊公의 이러한 관점으로 보면, 〈醉翁亭記〉보다도 〈竹樓記〉 쪽이 記로서 뛰어나다고 볼 수 있을 법하다.

이 논평의 당부(當否)는 별도로 하고, 〈竹樓記〉의 장점은 竹樓에 대한 아름다운 묘사에 있다. 사계절의 즐거움을 각각 竹樓에서 들을 수 있는 소리를 중심으로 하여 이야기하고 있는 곳에서는, 작자의 소리에 대한 예민한 감각이 잘 나타나 있다. 竹樓에서 느끼는 景物의 아름다움을 간결하게 표현하고 있는데, 독자로 하여금 직접 죽루에 앉아 있는 듯한 착각을 일으키게 할 만큼 뛰어난 묘사이다. 〈醉翁亭記〉를 구성과 복선에 의해 만들어진 치밀하고 정교한 글이라 할 수 있는 반면, 이것은 단순한 아름다움을 충분히 발휘하고 있는 것이라 평할 수 있다. 혹은 궁중의 높은 관리로서, 혹은 지방 관리로서 뜬구름처럼 이곳저곳을 돌아다니는 생활 속에서 작자의 이 竹樓에 대한 애착심이, 이 글을 한층 아름답게 하고 있다. 있을지 없을지도 모르는, 자기처럼 이 竹樓를 사랑해 줄 수 있는 사람에게 竹樓의 보존을 부탁하는 말은, 지극히 겸손한 말투이지만 이 글을 쓴 한 요인이기도 하며, 또 그것이 이 글을 여정(餘情) 깊은 것으로 만드는 요소가 되기도 한다.

대루원기:왕원지(待漏院記:王元之)

天道不言 而品物亨 歲功成者 何謂也. 四時之吏 五行之佐 宣
其氣矣. 聖人不言 而百姓親 萬邦寧者 何謂也. 三公論道 六
卿分職 張其敎矣. 是知 君逸於上 臣勞於下 法乎天也.

하늘은 말이 없다. 그런데도 봄·여름·가을·겨울의 사계절이 어김없
이 갈마들어 만물이 생육 화성(生育化成)되며, 낳고 기르고 결실 맺고 거
두는 한 해의 공이 이루어지는 것은 무엇을 말함인가? 春·夏·秋·冬의
사시(四時)와 木·土·水·火·金의 오행(五行)이, 성천자(聖天子) 하늘의
관리가 되고 보좌관이 되어, 만물을 생육 화성시키려는 하늘의 뜻을 충실
히 수행하기 때문이다.

하늘이 말이 없듯, 천자(天子)께서는 아무런 말씀이 없으시다. 그런데도
백성들이 모두 천자를 우러러 가까이 따르고 모든 나라가 평안한 것은 무
엇을 말함인가? 삼공(三公)이 한마음으로 치평(治平)의 도리를 논의하고,
육경(六卿)의 높은 벼슬아치들이 제각기 직무를 분담하여 널리 백성들을
교화(敎化)하기 때문이다.

이로써 분명히 알 수 있듯이, 천자는 높은 자리에 앉아 편안히 있고 신
하들은 밑에서 땀 흘려 노력해야 하는 것이 천지의 법도(法道)인 것이다.

【語義】 天道不言 而品物亨(천도불언 이품물형):천도는 말〔言〕이 없으되,
　　만물이 형통(亨通)함. 天道는 天理와 같은 뜻. 品物은 萬物과 같은 뜻.
　　《論語》陽貨篇에 나오는, '하늘이 어찌 말을 하겠는가. 그런 가운데에
　　도, 春·夏·秋·冬 사계절은 어김없이 운행되고, 금수(禽獸)·초목 등
　　만물은 끊임없이 생육 발전한다(天何言哉. 四時行焉 百物生焉).'는 공자

의 말과 같은 뜻이다. 歲功成(세공성):春·夏·秋·冬 사계절이 때를 어기지 않고 찾아들어, 만물을 낳고 기르고 열매 맺고 거두는 것을 말한다. 四時之吏(사시지리):春·夏·秋·冬 의 관리(官吏). 天道를 聖天子에 비유하고, 天道를 수행하여 만물을 낳고 기르고 결실 맺고 거두는 사계절을 天道의 관리에 비유한 것. 五行之佐(오행지좌):五行은 木·土·水·火·金의 다섯 元氣. 佐는 보좌관, 聖天子를 보필하는 재상(宰相)을 뜻한다. 五行을 四時와 方位로 말하면, 木은 春·東, 火는 夏·南, 金은 秋·西, 水는 冬·北을 뜻하며, 土는 中央을 뜻한다. 이 陰陽五行이 막힘없이 운행되어 천지 만물이 끊임없이 生育化成되므로 五行을 天道의 보좌관이라 한 것이다. 宣其氣(선기기):氣는 하늘이 만물을 生育하는 활동. 宣은 그 활동을 수행하는 것. 四時와 五行이 만물을 生育化成시키려는 하늘의 뜻을 성실하게 수행하는 것을 뜻한다. 聖人(성인):덕을 갖춘 최고의 인격자. 여기서는 天子를 가리킨다. 三公:三人의 최고의 장관. 周代에는 太師·太傅(태부)·太保를 최고 벼슬로 三公이라 하였고, 前漢 때에는 大司馬·大司徒·大司空을, 그리고 後漢에서 唐宋에 이르는 동안에는 太尉·司徒·司空을 三公이라 하였다. 우리나라 李朝時代의 三政丞과 같다. 六卿(육경):天·地·春·夏·秋·冬의 六官의 長. 곧 내정(內政)을 맡은 天官인 총재(冢宰), 교육을 맡은 地官인 司徒, 제사와 예약(禮樂)을 맡은 春官인 宗伯, 군정(軍政)을 맡은 夏官인 司馬, 사법을 맡은 秋官인 사구(司寇), 토지를 맡은 冬官인 司空 등을 말한다. 張其敎(장기교):널리 교화(敎化)시킴. 逸(일):편안함. 逸에는 잃다·달아나다·즐기다·뛰어나다·숨다·음탕하다 등의 뜻도 있다.

古之善相天下者 自咎夔至房魏 可數也. 是不獨有其德 亦皆
務于勤耳. 況夙興夜寐 以事一人. 卿大夫猶然. 況宰相乎.

옛날 상신(相臣)이 되어 천하를 잘 다스렸던 사람은, 순(舜)임금 때의 재
상이었던 고요(咎繇), 음악과 교육을 맡아 백성들을 계도하였던 기(夔)로
부터 당(唐) 태종(太宗)의 현신(賢臣)이었던 방현령(房玄齡)·위징(魏徵)에
이르기까지, 셀 수 있을 정도로 소수(少數)이다. 이 사람들은, 相臣으로서
인격을 갖추었을 뿐만 아니라, 그 임무에 온갖 힘을 기울였다. 즉 아침 일
찍부터 저녁 늦게까지 정사(政事)에 노력하여 천자를 보필했던 것이다. 경
(卿)이나 대부(大夫)도 그러했거늘, 하물며 그 위에 있는 재상된 자야 말할
나위가 있겠는가.

【語義】 咎(고):舜임금의 신하 고요(咎繇)를 가리킨다.《書經》·《論語》·
《孟子》등에는 고요(皐陶)로 되어 있으며, 사구(司寇), 즉 옥관(獄官)의
長을 지냈다. 夔(기):舜임금의 신하로서, 음악을 관장하는 전악(典樂)
을 맡았다. 房(방):唐 태종(太宗) 때의 명신 방현령(房玄齡). 魏(위):위
징(魏徵). 唐 太宗 때의 명신이다. 夙興夜寐(숙흥야매):아침 일찍 일어
나고 밤늦게 잠자리에 듦. 부지런히 일을 하거나 학문을 닦는다는 뜻으
로 쓰임. 一人(일인):天子를 가리킴.

朝廷自國初 因舊制 設宰臣待漏院于丹鳳門之右 示勤政也.
至若北闕向曙 東方未明 相君啓行 煌煌火城. 相君至止 噦噦
鸞聲. 金門未闢 玉漏猶滴. 撤蓋下車 于焉以息. 待漏之際 相
君其有思乎.

송(宋)의 조정에서는 건국 초부터, 당(唐)나라 때 옛 제도를 따라 단봉문 (丹鳳門) 오른편에 대루원(待漏院)을 만들어, 정무(政務)에 임하는 재상의 바른 도리를 보여 주었다.

궁성(宮城) 북쪽 문은 새벽의 어둠이 가시지 않고 동녘은 아직 밝지도 않 았는데, 재상(宰相)의 등청(登廳) 행렬은 불의 성을 이룬 듯 대낮처럼 밝 다. 이윽고 재상을 태운 수레의 말방울 소리가 차가운 새벽 공기를 뚫고 절 도 있게 들려온다. 옥으로 만든 물시계는 물방울을 떨어뜨리며, 아직도 금 문(金門)이 열릴 시각이 멀었음을 알린다. 수레의 덮개가 벗겨지고, 재상은 마차에서 내려 대루원에서 잠시 쉬게 된다. 금문이 열리기를 기다리는 재 상은 무엇을 생각하고 있을까.

【語義】 國初(국초):宋이 건국된 처음. 舊制(구제):唐나라 때에 대루원(待 漏院)이 설치된 것을 가리킨다. 丹鳳門(단봉문):장안성(長安城)의 문 이름. 붉은 봉황의 장식이 있는 문. 北闕(북궐):궁성의 북쪽 문. 상주 (上奏), 또는 알현(謁見)하는 사람이 출입함. 向曙(향서):새벽으로 향 하는 때, 즉 날이 새기 전. 相君:재상(宰相). 啓行(계행):길을 엶. 行은 道의 뜻. 宰相이 이른 새벽에 조정으로 출근하는 것을 말함. 煌煌(황 황):불빛이 휘황함. 火城(화성):횃불. 宰相이 새벽에 출근할 때, 호위 병들이 횃불을 밝혀 든 것이 불의 성을 이룬 것 같아 火城이라 한 것임. 止:어조사(語助詞). 噦噦(홰홰):말방울 소리. 鸞聲(난성):字義대로 하 면 鸞의 울음소리이나, 여기서는 말방울 소리를 뜻한다. 金門:금으로 장식한 궁정의 문. 玉漏(옥루):옥으로 장식한 물시계. 猶滴(유적):물시 계의 물이 아직도 방울져 떨어짐. 즉 金門이 열릴 시각이 아직 안 되었 음을 뜻한다. 撤蓋(철개):수레 덮개를 벗김. 撤은 除와 같은 뜻.

其或兆民未安 思所泰之. 四夷未附 思所來之. 兵革未息 何以
弭之. 田疇多蕪 何以闢之. 賢人在野 我將進之. 佞臣立朝 我
將斥之. 六氣不和 災眚荐至 願避位以禳之. 五刑未措 欺詐日
生 請修德以釐之. 憂心忡忡 待旦而入. 九門旣啓 四聰甚邇.
相君言焉 時君納焉. 皇風于是乎清夷 蒼生以之而富庶. 若然
則總百官 食萬錢 非幸也. 宜也.

어진 재상이라면, 금문이 열리기를 기다리는 동안에 이런 생각을 할 것이다.

억조(億兆)의 백성들이 편안하지 못하다면, 그들을 편안하게 살 수 있도록 해 주리라. 동이(東夷)·서융(西戎)·남만(南蠻)·북적(北狄) 등 사방의 오랑캐가 아직도 따르지 않는다면, 그들을 잘 설득하여 귀복(歸服)케 하리라. 병란(兵亂)이 그치지 않고 일어나 나라가 어지럽다면, 어떻게 하면 전쟁을 그치게 할 수 있을까를 생각하리라. 많은 전답이 황폐해졌다면, 어떻게 하면 다시 일굴 수 있을까를 생각하리라. 현재(賢才)가 때를 만나지 못해 아직도 초야에 묻혀 있다면, 얼른 그 사람을 천자께 추천하여 벼슬길에 나오도록 하리라. 반대로 조정에 아첨이나 일삼는 간사한 신하가 있다면, 서둘러 그자를 내쫓아 기강을 바로잡으리. 혹 음(陰)·양(陽)·비〔雨〕·바람〔風〕·어둠〔晦〕·밝음〔明〕의 여섯 가지 기(氣)가 고르지 못하여 천재(天災)와 질병 등 온갖 재앙이 끊이지 않고 일어난다면, 이는 모두가 재상의 정치가 잘못된 탓이니, 마땅히 재상의 자리를 물러나 천지 신명(天地神明)께 빌어 모든 재앙을 물리치도록 하리라. 형벌(刑罰)이 제대로 쓰이지 못하여 백성들 사이에 사기(詐欺)와 범죄가 끊이지 않는다면, 덕을 닦고 인의(仁義)의 도덕 정치로써 인심을 교화(敎化)시켜 밝은 세상을 만들도록 하리라.

어진 재상은 이처럼, 이런 걱정 저런 근심에 시름이 그치지 않아 마음이
평온하지 못한 채, 아침을 기다려 입조(入朝)하게 된다.

궁성의 구문(九門)이 열리고 재상이 천자께 나아가 사뢰니, 천자께서는
천하의 일을 손안의 일처럼 환히 알게 되신다. 재상은 조금 전 대루원에서
생각했던 일들을 말씀드리고, 천자께서는 선뜻 재상의 말을 받아들여 그대
로 정치에 반영한다. 이로써 천자의 밝은 덕에 의해, 정치와 교육의 법도가
서고 천하의 인심이 바로잡혀 세상이 평화로워지니, 만백성의 살림살이는
갈수록 부유해지고 자손은 번창하게 되는 것이다.

한 나라의 재상 된 사람이 이렇게만 한다면, 백관(百官)의 우두머리 자
리에 앉아 만 냥(萬兩)의 봉록을 누린들, 누가 그것을 요행이라 하겠는가?
그것은 지극히 당연한 일이다.

【語義】 兆民(조민):억조(億兆)의 백성. 四夷(사이):동이(東夷)·서융(西
戎)·남만(南蠻)·북적(北狄)의 네 오랑캐. 중국에선 예로부터, 자신들
은 세계의 중앙에 위치한 중화(中華)라 하고, 그 나머지 동서남북에 있
는 이민족은 모두 오랑캐라 하였다. 未附(미부):잘 따르지 않음. 來
(래):오도록 함. 말을 잘 듣도록 함. 兵革(병혁):병란(兵亂). 兵은 무기
(武器). 革은 갑주(甲冑). 未息(미식):끊이지 않음. 弭(미):그치게 함.
止, 또는 息의 뜻. 田疇(전주):전답(田畓). 蕪(무):잡초가 무성하고 땅
이 거칢. 闢(벽):새로 전답을 만듦. 佞臣(영신):아첨 잘 하며 간사한 신
하. 斥(척):물리침. 배척함. 六氣:陰·陽·風·雨·晦·明의 여섯 가
지 氣. 이 六氣가 조화하지 않으면, 천지 재해가 일어나고 오곡이 여물
지 못한다. 災眚(재생):災는 하늘이 내리는 재앙. 眚은 인간이 스스로
불러들이는 화(禍). 여기서는 질병을 가리킨다. 荐至(천지):자주 일어
남. 避位以禳之(피위이양지):자리에서 물러나 재앙을 물리침. 禳은 신

에게 제사 지내어 재앙과 여역(癘疫)을 물리치는 것. 六氣가 고르지 못
하여 재앙이 거듭 닥치는 것은 재상의 政事가 옳지 못하기 때문이니, 재
상은 마땅히 지위에서 물러나 목욕재계하고 천신께 빌어 재앙을 물리쳐
야 한다는 뜻. 五刑(오형):피부에 먹실을 넣는 묵(墨), 코를 베는 의(劓),
발뒤꿈치를 베는 비(剕), 불알을 까는 궁(宮), 목을 베어 죽이는 대벽(大
辟)의 다섯 가지 형벌. 未措(미조):쓰지 아니함. 釐(리):治와 같은 뜻.
다스림. 忡忡(충충):근심 걱정으로 마음이 평온하지 못함. 旦(단):아
침. 九門:천자가 계신 궁궐 안에 겹겹으로 문이 있음을 뜻한다. 四聰
甚邇(사총심이):천자는 사방의 문을 열어 천하의 현인을 모으고, 눈과
귀를 활짝 열어 천하의 일을 잘 들어 먼 데 일을 매우 가까운 데의 일처
럼 안다는 뜻. 時君:천자를 가리킴. 皇風(황풍):天皇의 風化. 淸夷(청
이):세상이 깨끗하게 잘 다스려짐. 夷는 平과 같은 뜻. 蒼生(창생):백
성. 富庶(부서):부유하고 많아짐. 庶는 풍성하다는 뜻.

其或私讐未復 思所逐之. 舊恩未報 思所榮之. 子女玉帛 何以
致之. 車馬器玩 何以取之. 姦人附勢 我將陟之. 直士抗言 我
將黜之. 三時告災 上有憂色 構巧詞以悅之. 群吏弄法 君聞怨
言 進諂容以媚之. 私心惱惱 假寐而坐. 九門旣開 重瞳屢回
相君言焉 時君惑焉. 政柄于是乎隳哉 帝位以之而危矣. 若然
則死下獄 投遠方 非不幸也. 亦宜也.

마음이 바르지 못한 탐욕(貪欲) 무도(無道)한 재상이라면, 금문이 열리기
를 기다리는 동안 이런 생각을 할 것이다.

사사로운 원한이 맺힌 사람 가운데 아직 보복하지 못한 사람이 있으면,
어느 기회에든 죄를 씌워 반드시 쫓아내고야 말리라. 옛날 내게 은혜를 베

풀어 준 사람 가운데 아직 보답을 못한 사람이 있다면, 어떻게 해서든지 그가 부귀영화를 누릴 수 있도록 힘써 주리라. 어떻게 하면 예쁜 첩들을 많이 거느릴 수 있으며, 주옥과 비단 등 값진 재물을 긁어모을 수 있을까. 또 어떻게 하면 화려한 수레와 말, 그리고 보기 좋은 완상용(玩賞用) 기물을 주워 모을 수 있을까. 나를 받들어 모시며 추종하는 간사한 자에겐, 발 벗고 나서서 높은 관직을 주리라. 바른말을 잘 하며 내게 따르지 않는 눈엣가시 같은 강직한 자는, 어떻게든 누명을 씌워 제거하리라. 봄·여름·가을, 씨 뿌리고 김매고 가을걷이하는 세 철에 홍수나 가뭄이 들었다는 보고가 있어 천자께서 수심에 잠겨 계시면, 천자께 나아가 온갖 거짓 꾸민 말로써 천자를 기쁘게 해 드리리. 모든 관리들이 법을 악용하여 무고(無辜)한 사람을 죄인으로 만들고, 죄인을 죄 없는 사람이라 풀어 주어 백성들의 원망 소리가 천자의 귀에 들어가면, 천자께 나아가 아첨하는 얼굴로 온갖 아양을 떨어 천자의 노여움을 가시게 하리라.

간악한 재상은, 이처럼 사리사욕(私利私欲)에 온갖 못된 생각만 하며 졸고 앉아 있는 것이다. 이윽고 대궐문이 활짝 열려 천자께 나아가면, 천자께서는 옥좌에 앉으셔서 눈을 크게 뜨고 재상의 말을 기다리신다. 재상은 입을 열고 대루원에서 생각했던 대로 사리와 사욕을 위주로 하여 사뢰니, 천자께서는 요사스런 말에 현혹되어 총명이 흐려지신다. 이리하여 정권(政權)이 무너지게 되며, 제왕의 자리가 위태로운 지경에 이르게 되는 것이다.

한 나라의 재상 된 자가 이같이 한다면, 설령 옥에 갇혀 죽게 되고, 또 멀리 쫓겨나는 신세가 된다 하더라도, 그것은 결코 불행한 일이 아니다. 오히려 마땅히 그렇게 되어야 할 일인 것이다.

【語義】 私讐(사수):개인적인 원한 관계. 未復(미복):아직 보복(報復)하지 못함. 榮之(영지):부귀영화를 누리게 해 줌. 子女:아직 시집가지 않은

예쁜 여자. 玉帛(옥백):주옥과 비단. 器玩(기완):완상용(玩賞用) 기구
(器具). 姦人附勢(간인부세):권세에 따르는 간사한 무리. 陟(척):登과
같은 뜻. 관작(官爵)을 높이 올려 줌. 直士抗言(직사항언):바른 소리
를 잘 하는 강직한 사람. 黜(출):쫓아냄. 없애 버림. 三時:농사에 바
쁜 봄·여름·가을의 세 철. 上:천자를 가리킴. 憂色(우색):슬픈 빛을
띰. 巧詞(교사):교묘하게 거짓 꾸며 하는 말. 弄法(농법):법을 멋대로
주물러, 罪人을 풀어 주고 오히려 죄 없는 사람에게 죄를 씌움. 諂容
(첨용):아첨하는 얼굴. 媚(미):아양을 떪. 慆慆(도도):오랫동안. 假寐
(가매):어렴풋이 잠이 듦. 졸음. 重瞳(중동):한 눈에 눈동자가 둘 있음.
여기서는 천자의 눈을 가리킨다.《史記》五帝本紀에 의하면, 舜임금은
한 눈에 동자가 두 개씩이었다고 한다. 屢回(누회):자꾸 돌림. 천자가
눈알을 굴리는 것을 뜻함. 政柄(정병):政權. 隳哉(휴재):무너져 내림.
下獄(하옥):옥에 가둠.

是知 一國之政 萬人之命 懸于宰相. 可不愼歟. 復有無毀無譽
旅進旅退 竊位而苟祿 備員而全身者. 亦無所取焉. 棘寺小吏
王禹偁 爲文請誌院壁 用規于執政者.

이로써 한 나라의 정치와 만백성의 죽고 삶이 오로지 재상 한 사람에게
달려 있음을 알 수 있다. 재상 된 자, 어찌 삼가고 조심하지 않을 수 있겠
는가!

지금까지 덕 높은 어진 재상의 생각하는 바와 악명 높은 부정한 재상의
생각하는 바를 살펴보았다. 다시 여기에, 이것도 아니고 저것도 아닌 분명
치 않은 재상이 있으니, 이러하다.

뚜렷한 선행(善行)도 없고 뚜렷한 악행(惡行)도 없어 비방 받는 일도 없

지만 칭찬받는 일도 없고, 그저 남들과 더불어 조정에 나아가고 때가 되면
물러나며, 별로 하는 일도 없이 높은 자리에 눌러앉아 구차스럽게 녹(祿)
만 축내며 단지 관원(官員)으로서 머릿수만 채운 채 자기 한 몸을 보전하
고 있는 재상. 비록 악명은 없다지만 이런 재상도 전혀 취할 것이 없는 무
용(無用)의 재상이다.

형벌을 다스리는 대리시(大理寺)의 한 작은 벼슬아치인 왕우칭(王禹偁)
은 글을 지어 대루원(待漏院) 벽에 써 붙이기를 청원하니, 이는 재상된 이
의 규계(規戒)로 삼고자 함이다.

【語義】 懸(현):매이다. 계(繫)와 같은 뜻. 毁(훼):비방. 旅(려):衆과 같은
뜻. 여럿이. 竊位(절위):하는 일 없이 벼슬자리에 눌러앉아 있는 것.
苟祿(구록):구차하게 녹만 받아먹음. 備員(비원):사람 수만 채움. 棘
寺(극시):재판 사건을 취급하고 형벌을 정하는 관청인 대리시(大理寺)
를 가리킨다. 주위에 가시나무를 심어 놓았기 때문에 棘寺라 한 것이
다. 寺는 관청을 이르는 호칭인데, 불사(佛寺)의 뜻으로 쓰이기 시작한
것은 後漢 이후의 일이다. 관청을 나타낼 때에는 '시'라 발음하며, 절을
뜻할 때에는 '사'라 발음한다. 小吏(소리):작자가 자신을 겸손하게 표현
하여, 작은 관리라 한 것이다. 執政者(집정자):재상(宰相).

【解說】 이른 아침에 대궐로 출근하러 나온 재상과 조정 대신(大臣)들이,
대궐 문이 열릴 때까지 대기하는 관사(官舍)를 대루원(待漏院)이라 한
다. 왕원지(王元之)가 그 院의 벽에 고관들이 당연히 힘써야 할 일을 써
서 붙인 것이 이 〈대루원기(待漏院記)〉이다. 대루(待漏)란 시각을 기다
린다는 의미. 예로부터 중국에는 누각(漏刻)이라는 것이 있었다. 밑에
구멍이 뚫린 항아리로부터 조금씩 물이 새어 나오도록 장치를 하고, 그

속에 누전(漏箭)이라는 눈금을 새긴 화살을 세워 새어 나오는 물의 양(量)으로써 시각을 측정하는, 이른바 물시계이다. 待漏院은 대궐 단봉문(丹鳳門) 오른쪽에 있는데, 당(唐)의 원화(元和) 연간(年間)에 처음으로 세워졌다.

이 글은 다섯 단락으로 나눌 수 있다. 편(篇) 머리부터 '法乎天也'까지를 첫 번째 단락으로 한다. 여기에서는, 천자는 편히 앉아 쉬고, 재상이 책임지고 정치를 하는 것은 천도(天道)를 본뜬 것으로서, 재상의 책임을 당연한 것으로 이야기하고 있다.

두 번째 단락은 '古之善相天下者'부터 '相君其有思乎'까지로 한다. 두 번째 단락은 다시 두 단락으로 나눌 수 있는데, 앞 단락에서는, 고래(古來)의 좋은 재상의 덕과 직무에 힘쓴 일을 이야기하고, 당(唐) 이래 待漏院이 세워진 것은 그 유제(遺制)라고 이야기한다. 뒷 단락에서는 아침 일찍 등청(登廳)하는 재상의 모습을 그려, 아름다운 기사문(記事文)으로서 이 글의 역할을 완수하고 있다. 그리하여 대궐문이 열리는 시각을 기다리는 재상의 심경(心境)에 이르러, '其有思乎'라 말하여 주제로 들어간다.

세 번째 단락은 '其或兆民未安'부터 '非幸也 宜也'까지로 한다. 여기에서는 금문이 열리기를 기다리는 동안, 덕 있고 어진 재상이 생각하는 내용에 대해서 이야기한다.

네 번째 단락은 '其或私讐未復'부터 '非不幸也亦宜也'까지로, 이 단락은 앞 단락과 완전히 상대적이다.

다섯 번째 단락은 '是知 一國之政' 이하이다. 여기에서는 먼저 앞의 두 단락에 대한 결론을 내리고, 다음에 좋지도 나쁘지도 않은, 이른바 봉록만 축내는 무위(無爲)의 재상에 대해 언급함으로써 이 論을 완전하게 했다.

이 글은 전체적으로 잠언(箴言)의 성질을 띠고 있으므로, 관잠(官箴)의 예(例)를 본떠, 마지막에 이것을 쓴 자신의 직책과 이름을 밝혀 놓았다.

간원제명기:사마군실(諫院題名記:司馬君實)

古者諫無官. 自公卿大夫 至于工商 無不得諫者. 漢興以來 始
置官. 夫以天下之政 四海之衆 得失利病 萃于一官使言之. 其
爲任亦重矣. 居是官者 當志其大 捨其細 先其急 後其緩 專利
國家 而不爲身謀. 彼汲汲於名者 猶汲汲於利也. 其閒相去何
遠哉.

옛날에는 간관(諫官)이 따로 없었다. 위로는 공경대부(公卿大夫)의 높은
벼슬아치에서부터 아래로는 공인(工人)·상인(商人)의 미천한 사람에 이르
기까지, 정사(政事)에 잘못이 있으면 누구든지 천자에게 간(諫)할 수 있었
던 것이다. 한(漢)이 일어나고 처음으로 천자께 직언(直言)하는 것을 직무
로 삼는 간관(諫官)이란 벼슬이 생겼다.

대저 간관(諫官)은, 천하에 행해지는 정치의 바름과 그릇됨은 물론 사해
(四海) 만민의 이익과 손해에 관한 것까지 남김없이 살펴, 그것을 천자께
간(諫)하는 것을 임무로 한다. 실로 간관에게 주어진 임무야말로 중요하다
하지 않을 수 없다. 그러므로 간관은 마땅히 정치의 근본이 되는 큰 문제에
뜻을 두어야 하며, 사사롭고 지엽적인 작은 일은 문제 삼지 않아야 한다.
또 국사에는 시급(時急)을 요하는 일과 그렇지 않은 일이 있는데, 급한 일
은 먼저 하고 급하지 않은 일은 뒤로 하며, 오로지 국가의 이익을 위하여
힘쓰고, 자기 한 몸의 사사로운 이익을 생각해서는 안 된다.

간관의 벼슬자리에 앉아 공명을 세우는 데에만 급급(汲汲)하면, 그것은
사리사욕(私利私欲)을 좇아 급급해 하는 것과 다를 바가 없다. 공명심(功名
心)에 날뛰는 간관과 탐욕에 눈이 어두운 간관이 무엇이 다르겠는가.

【語義】古者諫無官(고자간무관):옛날에는 간(諫)하는 벼슬아치가 따로 없
었음. 堯임금 때에는 간고(諫鼓)를 두어 누구든지 諫할 말이 있을 때에
는 와서 이 북을 쳤다고 하며, 舜임금 때에는 방목(謗木)을 세워 정치의
그릇된 점을 이야기하고 싶은 사람은 언제든지 이 나무에 자신의 뜻을
적을 수 있도록 하였다. 始置官(시치관):간관(諫官)을 두기 시작함. 前
漢 文帝 때에 이르러, 賢人 가운데 정직한 사람을 골라 諫하는 일을 맡
도록 했으며, 武帝 원수(元狩) 5년에 비로소 간의대부(諫議大夫)를 두
었다 한다. 得失(득실):정치의 잘됨과 못됨. 利病(이병):이익과 손해.
汲汲(급급):무슨 일에 마음을 쏟아 쉴 사이가 없음.

天禧初 眞宗詔置諫官六員 責其職事. 慶曆中 錢君始書其名
於版. 光恐久而漫滅. 嘉祐八年 刻著于石. 後之人將歷指其
名 而議之曰 某也忠 某也詐 某也直 某也曲. 嗚呼可不懼哉.

송(宋)나라 진종(眞宗) 황제의 천희(天禧) 초, 황제께서는 조칙(詔勅)을
내려 간관(諫官) 여섯 사람을 두고 각각 직분에 따라 이견(異見)을 간하도
록 하셨다. 인종(仁宗) 황제의 경력(慶曆) 연중(年中)에 간의대부(諫議大
夫)가 된 전곤(錢昆)은, 전에 간관이었던 사람들의 이름을 목판에 죽 늘어
써, 그것을 간원(諫院)에다 비치해 두었다.

이에 나 광(光)은, 오랜 세월이 흐르면 그 글자들이 닳아 희미해 질 것을
두려워하여, 인종 황제의 가우(嘉祐) 8년에 이것을 다시 돌에다 뚜렷이 새
기기에 이른 것이다.

인제 후세 사람들은, 돌에 새겨진 간관의 이름을 낱낱이 손가락으로 가
리키며 이렇게 말할 것이다.

"아무 간관은 충성스러웠고, 아무 간관은 사람됨이 사술(詐術)에 능하

였으며, 또 아무 간관은 바른말을 잘 하였고, 아무 간관은 사곡(邪曲)하였다."

아, 저 많은 눈과 손가락들. 이 얼마나 두려운 일인가.

【語義】 天禧(천희):宋의 眞宗 皇帝 때의 연호. 眞宗은 宋의 제3대 천자. 998년부터 1022년까지 在位. 責(책):책임을 지움. 慶曆(경력):宋나라 仁宗 때의 연호. 錢君(전군):우간의대부(右諫議大夫)였던 전곤(錢昆)을 가리킴. 오월왕(吳越王) 량(涼)의 아들로, 字는 유지(裕之). 君이라 한 것은 상대방을 높이기 위한 것임. 光:작자 司馬溫公의 이름. 漫滅(만멸):文字가 닳고 깎이어 분명하지 않게 됨. 嘉祐(가우):仁宗 때의 연호. 歷指(역지):한쪽에 있는 것부터 차례대로 하나하나 손가락질해 가리킴.

【解說】 간원(諫院)이란 간관(諫官)이 일하는 곳이다. 천자의 행위에 잘못이 있으면 그것을 간하는 관리가 諫官이다. 諫官은 간정(諫正)·사간(司諫)·보궐(補闕)·습유(拾遺)라고도 한다. 補闕은 임금의 결루(缺漏)를 보충한다는 의미이고, 拾遺는 임금이 흘린 것을 줍는다는 의미로, 역시 임금의 잘못을 간하는 관리를 지칭하는 말이다. 옛 요(堯)임금 때에는 간할 일이 있으면 북을 치도록 했고, 순(舜)임금 때에는 비방(誹謗)의 나무를 세워 의견을 표명하게 했다 한다. 진(秦)의 때에 간의대부(諫議大夫) 제도가 있었고, 한대(漢代)에는 무제(武帝) 원수(元狩) 5년에 처음으로 간대부(諫大夫)가 두어졌다. 천희(天禧) 초년(初年)에 송(宋)의 진종(眞宗) 황제가 諫官을 두고, 경력(慶曆) 중에 전곤(錢昆)이 諫官을 지낸 사람들의 이름을 판(板)에 써두었는데, 이것을 가우(嘉祐) 8년에 돌에 새기게 된 내력을 기록한 것이 〈諫院題名記〉이다.

우제(迂齊)는 이 글을 평하여 이렇게 말했다.

"처음부터 끝까지 이백 자 이내의 글에 모든 것을 남김없이 포괄하여 정치의 근본을 보여 주는 동시에, 諫官으로서 지켜야 할 일을 명백히 했다. 그 필력(筆力)의 간결하고 고상함이 이와 같으니, 이로써 작자의 인품을 알 수 있다."

천하의 안위(安危)와 국민의 생사(生死)에 관한 중책을 짊어진 諫官은, 실로 명예로운 직책이다. 그러나 諫官은 언제 천자의 노여움을 사 생명이 위험해질지 알 수 없다. 또 언제나 정적(政敵)의 공격 목표가 될 것이다. 이 직책이 엄중한데다가 그 이름을 諫院에 써 붙여 후세의 비평까지 받도록 하니, 諫官은 출처 진퇴(出處進退)를 준열 엄격(峻烈嚴格)하고 바르게 하며, 감연히 정의(正義)로운 기개(氣槪)를 가져야 한다는 것이다. 이 記는 단문(短文)이면서도, 이와 같은 것을 명확히 지적했다.

원주주학기:이태백(袁州州學記:李泰伯)

皇帝二十有三年 制詔州縣立學. 惟時守令 有哲有愚 有屈力
殫慮 祗順德意. 有假宮僭師 苟具文書. 或連數城 凵誦弦聲
倡而不和 敎尼不行.

송(宋)의 인종(仁宗) 황제께서는 즉위한 지 23년째 되던 해인 경력(慶
曆) 5년 을유(乙酉)년에, 각 주(州)와 현(縣)에 학교를 세우도록 조명(詔命)
을 내리셨다. 그런데 그때의 태수나 현령들 가운데에는 현명한 자도 있었
고 우매한 자도 있었다. 현명한 태수나 현령들은 힘과 지혜를 다하여, 교
육을 크게 장려하고자 하는 천자의 거룩한 뜻을 경건한 마음으로 받들었
다. 그러나 어리석은 태수나 현령들은 도교(道敎)의 궁관(宮觀)을 빌려 학
교라 하고, 덕도 없는 속된 선비를 분에 넘치게 스승으로 앉히고는, 눈 가
리고 아웅 하는 식으로, 그저 형식에만 그치는 문서를 갖추어 놓았을 뿐이
었다. 그러니 더러의 고을에서는 예악(禮樂)의 교육이 행해지지 않아, 책
읽는 소리는 물론 사람의 심성(心性)을 맑게 하고 인심을 화하게 하는 음
악 소리마저 들리지 않았다. 위에 계신 천자께서는 고을마다 학교를 짓게
하고 교육의 필요성을 주창(主唱)하셨지만, 밑에 있는 어리석은 자들이 그
거룩한 뜻을 제대로 받들지 못하여, 성스러운 교화(敎化) 사업이 이행되지
않는 곳이 있었던 것이다.

【語義】皇帝:宋의 仁宗 皇帝를 가리킴. 制詔(제조):조서(詔書). 곧 천자의
　　명령. 守令(수령):태수(太守)와 현령(縣令). 태수는 중국 고대 군(郡)의
　　장관. 漢代에 창설, 뒤에 주제(州制)의 시행에 따라 자사(刺史)로 개칭
　　되었으며, 宋代 이후에는 지사(知事)의 아칭(雅稱)이 되었음. 屈力(굴

력):힘을 다함. 屈은 竭(갈)과 같은 뜻. 殫慮(탄려):생각을 다함. 殫은
盡(진)과 같은 뜻. 祇(지):敬(경), 또는 謹(근)의 뜻으로, 삼가. 德意
(덕의):교육 사업을 크게 실시하고자 하는 천자의 깊은 생각. 假宮僭師
(가궁참사):道敎의 궁관(宮觀)을 빌려 학교라 하고, 속된 선비를 분에
넘치게 스승이라 칭함. 宮은 仙道의 宮觀을 가리킴. 學宮을 校라 하고.
佛敎의 宮을 寺라 하며, 道敎의 宮을 觀이라 한다. 이름만 학교일 뿐 학
교라고 할 수도 없는 학교를 세우는 것을 뜻한다. 苟具文書(구구문서):
구차스럽게 문서를 갖춤. 학교로서 갖추어야 할 것은 갖추지 못하고,
궁여지책으로 문서상으로만 학교인 것처럼 꾸며 놓은 것을 뜻한다. 數
城(수성):여러 도읍. 도읍마다 성벽을 둘러놓았기 때문에 城이라 한 것
임. 亾誦弦聲(무송현성):금(琴) 소리에 맞추어 읊는 시 소리가 없음. 禮
樂은 예로부터 교육의 大本이었다. 禮는 사회 기강을 바로잡는 근본이
며, 樂은 사람의 心性을 맑게 하고 人心을 和하게 하기 때문이다. 시와
음악이 없다 함은, 교육이 행해지지 않는다는 것과 같다. 亾는 亡(무)의
本字로, 無의 뜻. 弦은 絃과 같은 뜻. 倡而不和(창이불화):주창(主唱)
하여도 응하지 않음. 倡은 唱의 뜻. 和는 應과 같은 뜻. 敎尼不行(교니
불행):敎化의 道가 막혀 행해지지 않음. 尼는 止의 뜻.

三十有二年 范陽祖君無擇知袁州. 始至進諸生 知學官闕狀
大懼人材放失 儒敎闊疎. 亾以稱上意旨.

인종(仁宗) 32년 지화(至和) 원년에, 범양(范陽) 사람 조무택(祖無擇)이
이곳 원주(袁州)의 태수가 되었다. 태수는 처음 이곳에 와 학생들을 만나
고 학교의 부실한 상태를 알게 되자, 인재가 흩어지고 유가(儒家)의 교육
이 희미해져 그로써 교육에 대한 천자의 원대한 뜻에 부합하지 못함을 크

게 걱정하게 되었다.

【語義】三十有二年:인종(仁宗) 32년, 至和 元年에 해당한다. 祖君無擇(조군
무택):祖無擇은 字를 擇之라 하며, 범양(范陽) 사람으로 당시의 名官이
었다.　諸生(제생):학교의 여러 학도(學徒).　闕狀(궐상):비어 있는 상
태. 闕은 缺(결), 또는 空과 같은 뜻.　大懼(대구):크게 두려워함.　放失
(방실):흩어져 없어짐. 放은 散의 뜻.　闊疎(활소):물정(物情)에 어둡고
실제와 거리가 멂. 오활(迂闊)·활소(闊疏)와 같은 뜻.　稱(칭):적합함.

通判潁川陳君偰 聞而是之. 議以克合. 相舊夫子廟 陋隘不足
改爲. 乃營治之東. 厥土燥剛 厥位面陽 厥材孔良. 殿堂門廡
黝堊丹漆 舉以法故. 生師有舍 庖廩有次. 百爾器備 竝手偕
作. 工善吏勤 晨夜展力 越明年成. 舍采且有日.

　원주(袁州)의 통판관(通判官)으로 있는 영천(潁川) 사람 진신(陳偰)이 학
교를 지어야겠다는 태수의 말을 들었다. 그는 태수의 의견에 크게 찬성하
여, 원주에 학교를 세우기로 합의하였다. 전부터 있던 공자의 사당을 둘러
보았더니, 좁고 막히어 고쳐 지을 수가 없었다. 그래서 원주 청사(廳舍) 동
쪽에 있는 빈터에 학교를 세우기로 하였다.
　학교는 건조하고 단단한 땅 위에 남쪽을 바라보며 세워졌으며, 가장 좋
은 건축 자재가 사용되었다. 공자의 상(像)을 모신 선성전(先聖殿)·강당
(講堂)·묘문(廟門)·복도 등에 검푸른 칠, 흰 칠, 붉은 칠, 옻칠 등을 하
여, 고스란히 옛 법식을 따라 학교를 세웠는데, 선생과 학생이 기거할 집
은 물론 부엌과 쌀광까지 마련되었다. 갖가지 공구가 갖추어지고, 많은 기
술자들이 손을 모아 공사를 하였다. 기술자들은 모두가 일류요 감독하는

관리들은 하나같이 부지런하여, 새벽부터 밤까지 쉬지 않고 공사를 진행, 드디어 이듬해 낙성(落成)을 보게 되었다. 이제 머지않아 사채(舍采)의 예(禮)를 지내야 하는데, 이미 그 날짜도 받아 놓았다.

【語義】 通判(통판):通判官을 말한다. 知府·知州와 함께 政事를 맡아 행하는 관리로, 조정에 있을 때에는 政事에 관여하고, 조정 밖에서는 현(縣)의 행정을 안찰(按察)하며, 軍에 있을 때에는 군량(軍糧)의 일을 맡는다. 陳君佖(진군신):영천(潁川) 사람으로, 字를 復之라 한 진신(陳佖)을 가리킴. 是(시):찬성함. 克合(극합):뜻이 하나로 모아짐. 克은 能의 뜻. 相:視의 뜻. 보다. 夫子:여기서는 孔子를 가리킨다. 陿隘(협애):좁음. 治:政事를 맡아 보는 곳. 청사(廳舍). 厥土(궐토):그 땅. 燥剛(조강):건조하고 단단함. 面陽(면양):남쪽을 향하고 있음. 孔:甚(심)의 뜻으로, 매우. 殿(전):孔子의 像을 모신 집으로, 大成殿, 또는 先聖殿이라고도 한다. 堂:강당(講堂). 廡(무):복도. 黝堊丹漆(유악단칠):黝는 검푸른 칠, 堊은 흰 칠, 丹은 붉은 칠, 漆은 검은 옻칠. 舉(거):모두. 皆와 같은 뜻. 法故(법고):法은 法式, 故는 예로부터의 관습. 즉 예로부터의 法式을 좇아 지었다는 뜻. 生師:학생과 선생. 庖廩(포름):부엌과 쌀광. 百爾(백이):갖가지. 爾는 별 뜻이 없이 형용의 助字로 쓰였음. 竝手偕作(병수해작):손을 모아 함께 만듦. 越(월):於와 같은 뜻. 舍采(사채):옛날 학교에서 채소를 놓고 지내는 孔子의 제사(祭祀). 석채(釋菜), 또는 전채(奠菜)라고도 한다. 且有日(차유일):날짜를 받아 놓음.

盱江李覯諗于衆曰 惟四代之學 考諸經可見已. 秦以山西麾
六國 欲帝萬世. 劉氏一呼 而關門不守. 武夫健將 賣降恐後
何耶. 詩書之道廢 人惟見利 而不聞義焉耳.

강서(江西)의 우강(盱江) 사람 이구(李覯)가 말했다.

"생각건대 우(虞)·하(夏)·은(殷)·주(周) 4대(四代)의 학문은, 경서(經書)를 생각해 보면 확실히 알 수 있다. 진왕(秦王)은 효산(崤山)의 서쪽 산서(山西) 땅을 근거지로 하여 일어나, 한(韓)·위(魏)·연(燕)·조(趙)·제(齊)·초(楚)의 여섯 나라를 모두 멸망시키고, 만세(萬世)의 황제가 되고자 스스로를 시황제(始皇帝)라 칭했다. 그러나 유방(劉邦)이 진(秦)의 타도를 외치고 병(兵)을 일으키자, 함곡관(函谷關)마저도 지키는 병사가 없어 쉽게 함락되고 말았다. 진(秦)의 그 많던 병사와 용맹한 장수들은, 일신의 안전과 이록(利祿)을 좇기에 급급하여, 행여 남에게 뒤질세라 앞을 다투어 항복을 하고 말았으니, 이 무슨 까닭인가? 그것은 시황제(始皇帝)가 유학자를 구덩이에 묻어 죽이고 경서(經書)를 불태워,《詩經》이나《書經》등 육경(六經)이 가르치는 성인의 도(道)가 무너진 까닭에, 당시 사람들은 단지 이익만을 생각할 줄 알았지 사람이 행해야 할 도리(道理)에 대해서는 들어 아는 바가 아무것도 없었기 때문이다."

【語義】 李覯(이구):작자 李泰伯의 이름. 諗(심):여러 사람에게 告함. 원래는 임금이나 웃어른에게 간(諫)한다는 뜻. 四代之學:우(虞)·하(夏)·상(商)·주(周)의 四代 때의 교육. 諸經(제경):詩·書·易·春秋·禮·樂의 여섯 가지 經典. 山西:秦이 일어났던 곳. 효산(崤山)의 서쪽을 山西, 동쪽을 山東이라 한다. 麾(오):모조리 무찔러 죽임. 六國:전국시대 秦에 멸망당한 韓·魏·燕·趙·齊·楚의 여섯 나라. 欲帝萬世(욕

제만세):만세(萬世)의 제왕이 되고자 함. 劉氏(유씨):漢의 高祖가 된 유
방(劉邦)을 가리킨다. 武夫健將(무부건장):병사와 용맹한 장수. 賣降
(매항):장사치가 이익을 위하여 물건을 팔듯, 身命을 아끼고 이익을 얻
기 위하여 항복하는 것을 말한다. 詩書之道廢(시서지도폐):始皇帝는
六國을 멸한 뒤, 법가(法家)인 이사(李斯)의 제안을 받아들여, 詩·書
등의 경전은 물론 百家의 書를 불사르고, 儒者들을 생매장하여 공자의
仁義의 道를 폐(廢)하였다.

孝武乘豊富 世祖出戎行. 皆孳孳學術. 俗化之厚 延于靈獻.
艸茅危言者 折首而不悔. 功烈震主者 聞命而釋兵. 群雄相視
不敢去臣位 尙數十年. 敎道之結人心如此.

효무(孝武) 황제께서는 문물(文物)이 풍요로운 전대(前代)의 뒤를 이어
받았고, 후한(後漢)의 광무(光武) 황제께서는 군사를 일으켜 왕위를 찬탈
한 왕망(王莽)을 멸하고 제위에 오르셨다. 두 분은 다 같이 학문을 숭상하
여, 학교를 세우고 인의(仁義)와 도덕을 가르치는 데에 온 힘을 쏟으셨다.
그런 까닭에 세상의 풍속 교화(風俗敎化)가 이루어지고 또 그것이 오래도
록 지속되어, 후한 말 영제(靈帝)·헌제(獻帝)에 이르기까지 4백여 년 동
안 천하는 줄곧 태평을 누렸던 것이다. 뿐만 아니라 한낱 초야에 묻혀 있는
선비로서 나라와 군주를 걱정한 나머지 직언(直言)을 아뢰다가 목이 떨어
져도 후회하지 않는 우국지사(憂國之士)가 끊이지 않고 나왔다. 또 빛나는
공업(功業)을 이루어 천자를 놀라게 하던 위세 높은 대신과 효웅(梟雄)도,
천자의 명령이 떨어지기만 하면, 두 마음 없이 군사를 풀어 나라와 백성을
지켰다. 그밖에도 하고 많은 영웅호걸들이 제왕의 자리를 노려 서로 기회
를 엿보았지만, 군신(君臣)간에 지켜야 할 의리와 명분 때문에, 수십 년을

신하의 자리를 지켰던 것이다.

그것은 오로지, 효무제와 광무제 두 분이 유학을 숭상하고 인의(仁義)와 도덕 (道德)을 가르친 여풍(餘風)이었으니, 교화(敎化)의 도(道)가 사람의 마음을 맺어 줌이 이와 같은 것이다.

【語義】 孝武(효무):漢의 孝武帝. 〈秋風辭〉의 작자이다. 고조(高祖)·효문제(孝文帝)·효경제(孝景帝)의 뒤를 이었다. 孝文帝는 경학(經學)을 존중하여 대학(大學)을 일으켰고, 孝景帝는 천하를 부유하게 했다. 이 文物 양면이 번성한 시기에 무제(武帝)는, 유학(儒學)과 文學의 번영에 더욱 힘썼으며, 공자(孔子)를 존중했다. 유교(儒敎)가 이때에 국교(國敎)가 되었다. 世祖:후한(後漢)의 광무(光武) 황제. 전한(前漢) 孝景帝의 자손으로, 이름은 유수(劉秀). 왕망(王莽)이 前漢의 천하를 빼앗아 新이라는 나라를 세운 것을 멸하고 後漢을 일으켰다. 그는 前漢의 훈고주의 (訓詁主義)에 대(對)하여, 절의(節義)를 존중하는 학문을 장려했다. 〈嚴先生祠堂記〉를 참조할 것. 出戎行(출융행):군진(軍陣)의 행렬에서 몸을 일으킴. 왕손(王孫)이던 유수(劉秀)가 군사를 일으켜 新의 왕망(王莽)을 멸하고 帝位에 오른 것을 말함. 孳孳(자자):부지런히 힘쓰는 것을 말함. 俗化(속화):俗은 風俗, 化는 敎化. 靈獻(영헌):靈帝와 獻帝. 靈帝는 後漢의 12대 천자로, 이름을 굉(宏)이라 한다. 獻帝는 14대 천자로, 靈帝의 둘째아들 協. 艸茅(초모):초망지신(草莽之臣). 벼슬하지 아니하고 초야에 묻혀 사는 선비. 轉하여 미천한 사람. 茅는 莽과 같다. 危言:직언(直言) 정언(正言). 折首(절수):목을 잘림. 功烈震主(공렬진주):功業威烈로 군주를 떨게 한 사람. 後漢 末의 효웅(梟雄) 동탁(董卓)·원소(袁紹)·조조(曹操) 등을 말함.

今代遭聖神. 爾袁得聖君. 俾爾由庠序 踐古人之迹. 天下治 則
譚禮樂以陶吾民. 一有不幸 尤當仗大節 爲臣死忠 爲子死孝.
使人有所賴 且有所法. 是惟朝家敎學之意. 若其弄筆以徼利
達而已 豈徒二三子之羞. 抑亦爲國者之憂.

세상은 바야흐로 성신(聖神) 인종(仁宗) 황제의 시대, 게다가 너 원주(袁
州)는 천자의 거룩한 뜻을 받들고자 하는 어진 태수를 만났다. 이곳 원주에
학교를 세워 그 백성들로 하여금 학교의 가르침에 따라 옛 성인의 도(道)를
배우게 하고, 또 그분들의 행적을 따르게 하려는 것이다.

세상이 잘 다스려져 태평한 때에 백성들에게 예(禮)와 악(樂)을 가르쳐
야 한다. 그리하여 그들을 도자기를 빚듯 아름답게 교화(敎化)하여, 불행
한 일이 있어 나라가 위급해지면 누구든지 배운 바 대의명분(大義名分)을
좇아, 신하 된 자는 죽음으로써 충절을 지키고 자식 된 자는 죽음으로 효
를 다할 수 있도록 해야 한다. 이와 같이 백성들로 하여금 가르침에 의지
하고 또 이러한 도(道)를 법 삼게 하려는 것이, 나라에서 교육 사업을 널리
펴는 큰 뜻인 것이다.

만일 성인의 거룩한 가르침을 배운 자로서 아세곡필(阿世曲筆)하여 자기
한 몸의 이익과 영달을 꾀하려 한다면, 그것이 어찌 몇몇 학생들의 수치에
그치겠는가. 가르쳐도 가르침에 좇지 않고 오히려 배운 것을 나쁘게 쓰는
것만큼, 나라를 다스리는 사람으로서 걱정스러운 것은 없다.

【語義】 聖神(성신):인종(仁宗) 황제를 극찬하여 표현한 것이다. 《孟子》盡
心篇 下에, '위대하여 사람을 감화시키는 것을 聖이라 하고, 聖스러워
헤아려 알 수 없는 것을 神이라 한다(大而化之謂之聖 聖而不可知之謂
之神).'고 하였다. 爾袁(이원):너, 원주(袁州). 원주를 인격화하여 표현

한 것임. 爾는 汝와 같은 뜻. 聖君:원주의 太守 조무택(祖無擇)을 말한
다. 俾(비):使와 같은 뜻으로, '하여금.' 庠序(상서):향리(鄕里)의 학교
이름. 殷代에는 序라 하였고, 周代에는 庠이라 하였다. 譚(담):談과 같
은 뜻. 강의(講義)하는 것. 陶(도):질그릇을 만들듯이 사람을 교화(敎
化)함. 仗(장):倚(의)의 뜻으로, 기대다. 의지하다. 大節(대절):대의명
분(大義名分). 朝家(조가):조정(朝廷)을 가리킨다. 徼利達(요리달):이
욕과 영달을 구함. 徼는 求의 뜻. 羞(수):부끄러움.

【解說】 원주(袁州)는 강서성(江西省)에 속해 있는 고을로, 지금의 의춘현(宜
春縣)이다. 당(唐)의 천보(天寶) 5년(748), 태수 방관(房琯)이 공자묘(孔
子廟)를 성(城) 북문 밖에 세워 교육에 힘쓴 것이 袁州 학교의 시초였
다. 그 후 송(宋)나라 인종(仁宗) 때, 각 주현(州縣)에 학교를 세우라는
황제의 조칙에 의해 학교가 세워짐으로써, 다시 교육이 크게 일어나게
되었다. 仁宗의 황우(皇祐) 5년(1053) 태수 조무택(祖無擇)이, 이제까
지 학교가 너무 궁색했음을 살펴보고, 袁州 청사(廳舍) 동쪽에 새로이
학교를 세웠는데, 이것이 袁州의 州學이다. 州學이 낙성(落成)된 후 이
태백(李泰伯)이 이 記를 쓴 것이다. 泰伯의 이름은 구(覯), 우강(盰江)
사람으로, 뛰어난 문장으로 알려져, 범중엄(范仲淹)의 추천으로 대학(大
學)의 조교가 되었다.

사첩산(謝疊山)은 이 記를 평하여,

"많은 학자들이 송대(宋代)에 학교의 記를 썼지만, 이 〈袁州州學記〉
처럼 삼백여 년 동안 사람들이 즐겨 송독(誦讀)한 것은 드물다. 그것
은 논법(論法)이 고원 광대(高遠廣大)하며, 인심(人心)이나 천리(天理)
로부터 떨어져 있지 않기 때문으로, 독자가 싫증내지 않고 즐기는 것
도 당연하다."

고 했다. 그것은 작자가 순수한 유학자로서, 孔子를 존중하며 학문에 통하고 文章에 통달했기 때문일 것이다.

어쨌든 江西의 한 州學의 記로서는 지나치게 훌륭하다 할 정도의, 실로 당당한 大文章이다. 옛날에 孔子는, 무성(武城)의 읍재(邑宰)였던 자유(子游)가 예악(禮樂)으로써 民을 교육하는 것을 보고, 武城과 같은 작은 고을을 子游 같은 큰 인물이 다스리고 있는 것을 애석히 생각하여, '닭을 잡는 데에 어찌 소를 잡는 칼을 사용하는가!' 하고 농담처럼 말하며 빙긋 웃었다 한다(《論語》陽貨篇). 李泰伯이 이 州學의 記에서 天下의 敎學을 논한 것에서도, 이와 같은 느낌을 가지게 된다. 그러나 이것은 어디까지나 정론(正論)이다. 후한 말(後漢末)의 환제(桓帝)·영제(靈帝) 때, 진번(陳蕃)·이응(李膺) 등의 청절(淸絶)한 학자들을 중심으로 태학(太學)의 유학자들이 절의(節義)로써 단결하여, 가혹한 탄압에도 굴하지 않고 환관(宦官)의 혼탁한 정치에 항거했던 '당고(黨錮)' 사건은, 한대(漢代) 敎學의 결과였다. 이것이 작자의 敎學論의 근거였다고 보아도 좋을 것이다.

사정기:진사도(思亭記:陳師道)

> 甄故徐富家. 至甄君 始以明經敎授. 鄕稱善人 而家益貧. 更
> 數十歲 不克葬. 乞貸邑里 葬其父母昆弟 凡幾喪. 邑人憐之
> 多助之者. 旣葬益樹以木 作室其旁 而問名於余.

　진(甄)씨의 선조는 본디 서주(徐州)의 부호(富豪)였다. 진군의 대(代)에
이르러, 진군이 詩 · 書 · 易 등 유교의 경전(經典)에 두루 밝아, 사람들을
가르치게 되었다. 마을 사람들은 모두 진군을 착한 사람이라 칭찬하였다.
그런데 집안이 갈수록 가난해져, 부모 형제가 죽어도 십여 년이 지나도록
장례를 치르지 못할 지경에 이르렀다. 진군은 할 수 없이 마을 사람들에게
서 장례비용을 빌어 부모 형제들의 여러 영구를 함께 장사지냈다. 마을 사
람들은 이를 딱하게 여겨 많이 도와주었다. 장례를 끝내자, 진군은 무덤 앞
에 나무를 심어 묘표(墓標)로 삼고, 무덤 옆에 작은 정(亭)을 지은 다음, 지
금 그 집의 이름을 무엇으로 했으면 좋은가를 내게 물어 왔다.

【禮義】甄(진):이 글을 써 달라 의뢰한 사람의 姓. 이름도 모르고 직위도 모
　　르므로 단지 진씨라고 한 것이다.　故(고):본디.　徐(서):서주(徐州).　明
　　經(명경):詩 · 書 · 易 등 儒敎의 經典에 밝음.　甄君(진군):바로 이 記를
　　의뢰한 사람을 가리킨다.　更(경):經의 뜻으로, 지나다.　克(극):能의 뜻.
　　乞貸(걸대):구걸하여 빎.　昆弟(곤제):형제. 昆은 兄과 같은 뜻.　益樹以
　　木(익수이목):묘표(墓標)로 삼기 위해 무덤에 나무를 심는 것을 말한다.

余以爲 目之所視, 而思從之. 視干戈則思鬪 視刀鋸則思懼 視
廟社則思敬 視第家則思安. 夫人存好惡喜懼之心 物至而思
固其理也. 今夫升高以望松梓 下丘壠而行墟墓之閒 荊棘莽然
狐兎之迹交道. 其有不思其親者乎. 請名之曰思亭.

"생각하건대 사람은 눈에 보이는 것에 따라 생각하는 것이 달라진다. 방
패와 창을 보면 싸움을 생각하게 되고, 칼이나 톱 같은 형구(刑具)를 보면
두려운 마음이 생기고, 조상의 제사를 모시는 묘(廟)나 토지 신을 제사 지
내는 사(社)를 보면 공경하는 마음이 일며, 훌륭한 집을 보면 그런 집에서
편안하게 살아 보았으면 하는 마음이 생긴다. 무릇 사람들이 좋다·밉다·
기쁘다·두렵다 하는 마음을 가지게 되는 것은 외물(外物)에 느끼어 감정
을 일으키기 때문인데, 그것은 실로 당연한 이치이다.

이제 저 높은 데에 올라가 무덤 사이에 서 있는 소나무와 가래나무를 바
라보고, 언덕을 내려와 잡초만이 무성한 오래된 무덤 사이를 지나다가, 뒤
얽힌 가시덤불 사이로 난 여우와 토끼의 발자국을 보게 되면, 그 누가 어
버이 생각을 아니할 사람이 있겠는가. 이런 것을 생각하여 '사정(思亭)'이
라 이름 붙이고 싶다."

【語義】干戈(간과):방패와 창. 兵器를 뜻함. 刀鋸(도거):칼과 톱. 형벌 기
구를 가리킴. 廟社(묘사):종묘(宗廟)와 사직(社稷). 廟는 선조(先祖)를
제사 지내는 곳이고, 社는 土地神을 제사 지내는 곳. 第:고급 주택. 저
택(邸宅). 物至而思(물지이사):외물(外物)에 느끼어 생각을 일으킴. 松
梓(송재):소나무와 가래나무. 주로 묘지 주변에 많이 심는다. 丘壠(구
롱):언덕. 墟墓(허묘):오래되어 잡초만 무성한 채 거칠어진 무덤. 荊
棘(형극):가시나무. 莽然(망연):잡초 등이 무성한 모양을 형용하는 말.

狐兎(호토): 여우와 토끼.

> 親者人之所不忘也. 而君子愼之. 故爲墓於郊 而封溝之 爲廟
> 於家 而嘗禘之 爲衰爲忌 而悲哀之. 所以存其思也. 其可忘
> 乎. 雖然自親而下 至于服盡. 服盡則情盡. 情盡則忘之矣. 夫
> 自吾之親 而至于忘之者 遠故也. 此亭之所以作也.

"어버이는 자식 된 자로서는 잊을 수 없는 분이며, 또 잊어서도 안 된다.
군자는 효(孝)를 덕(德)의 근본으로 생각하여 어버이를 잊지 않으려고 애
쓴다. 그래서 어버이가 돌아가시면 멀리 떨어진 교외에 무덤을 만드는데,
흙을 모아 높이 올려 봉분(封墳)을 세우고, 물이 들지 않도록 무덤가에 도
랑을 판다. 그리고 집에다 사당(祠堂)을 지어 조상의 신위(神位)를 모시고
봄, 가을로 제향(祭享)을 받들며, 어버이의 기일(忌日)이 돌아오면 복(服)
을 입고 슬퍼한다. 이것은 모두 어버이를 잊지 않으려는 마음을 길이 간직
하기 위함이다. 어찌 잊을 수 있겠는가.

그러나 돌아가신 분의 현손(玄孫)까지만 상복(喪服)을 입으니, 그 밑의
자손들에 이르러서는 상복을 입지 않게 된다. 상복을 입지 않게 되면 자연
먼 조상에 대한 정이 잊혀지게 되고, 정이 잊혀지게 되면 조상을 잊게 된
다. 이처럼 돌아가신 분의 현손까지는 그분에 대한 사모의 정이 끊이지 않
으나, 거기서 더 아래로 내려가면 조상에 대한 정이 끊어지게 된다. 이는
대(代)가 내려갈수록 촌수(寸數)가 멀어지기 때문이다. 진군이 이곳에 정
(亭)을 지은 뜻은, 먼 후손까지 조상을 기리는 마음이 끊이지 않고 이어졌
으면 하는 마음에서일 것이다."

【語義】 親(친): 육친(肉親). 여기서는 어버이. 郊(교): 郊外. 封溝(봉구): 봉

분(封墳)을 세우고 도랑을 팜. 廟(묘):선조의 신위(神位)를 모신 사당(祠堂). 嘗禘(상체):四時의 제사. 원래 禘는 봄 제사를 뜻하고 嘗은 가을 제사를 뜻하는데, 여기서는 여름과 겨울의 제사를 약하고 봄·가을 제사만 이야기한 것이다. 衰(최):상복(喪服). 縗(최)와 수字. 忌(기):사람이 죽은 날. 여기서는 忌日에 제사 올리는 것을 가리킨다. 服盡(복진):돌아가신 분의 현손(玄孫)까지만 상복(喪服)을 하므로, 촌수가 그 이상 되면 복(服)을 입지 않는다는 뜻. 遠故也(원고야):너무 멀기 때문임.

凡君之子孫 登斯亭者 其有忘乎. 因其親以廣其思 其有不興乎. 君曰 博哉子之言也. 吾其庶乎. 曰 未也. 賢不肖異思. 後豈不有望其木 思以爲材 視其榛棘 思以爲薪 登其丘墓 思發其所藏者乎. 於是遽然流涕以泣.

"무릇 이 정(亭)에 오르게 될 진군의 자손 중에 어찌 조상을 잊을 자가 있 겠는가. 어버이를 생각하는 마음은, 까마득히 먼 조상들에 대한 생각까지 도 일으키게 할 것이다."

조용히 듣고만 있던 진군이 입을 열었다.

"참으로 깊고도 넓으신 말씀입니다. 기꺼이 말씀하신 대로 따르겠습니 다."

"아니, 아직 이야기가 끝나지 않았다. 같은 사물을 보고도, 어진 사람과 불초(不肖)한 사람은 그 생각하는 것이 전연 다르다. 만일 진군의 자손 중 에 불초한 자가 나오게 되면, 그가 이 정자에 오를 때마다 효심(孝心)을 일 으키기는커녕, 무덤의 주변에 자란 나무를 베어 목재로 쓸 생각을 하고, 무덤 앞에 우거진 잡목을 베어 땔나무로 쓸 생각을 하고, 심지어는 무덤을 파헤쳐 부장품을 캐낼 것을 생각하지 않는다고 어떻게 말할 수 있겠는가."

이야기를 듣던 진군이 갑자기 눈물을 쏟으며 흐느끼기 시작했다.

【語義】 廣其思(광기사):어버이를 생각하는 마음을 넓힘. 즉 어버이를 생
각하는 마음이 먼 조상에까지 미치게 된다는 뜻. 興(흥):효심(孝心)을
일으킴. 庶(서):가까이하다. 따르다. 未也(미야):아직 말하고자 하는
것을 다 말하지 못했음. 望其木 思以爲材(망기목 사이위재):무덤 주변
에 자란 나무를 보고, 베어서 목재로 쓸 생각을 함. 榛棘(진극):가시
덤불. 잡목(雜木) 따위. 薪(신):땔나무. 發(발):감추어져 있는 것을 헤
쳐 찾아냄. 所藏者(소장자):무덤 속에 들어 있는 부장품(副葬品). 遽
然(거연):갑자기.

> 日 未也. 吾爲子記之 使君之子孫誦斯文者 視其美以爲勸 視
> 其惡以爲戒. 其可免乎. 君攬涕而謝日 免矣. 遂爲之記.

나는 다시 진군에게 이렇게 말했다.
"아니, 아직 내 말이 끝나지 않았다. 나는 지금 그대를 위하여 기(記)를
쓰려고 한다. 이는 그대의 자손들로 하여금 이 글을 읽게 하여, '이 정(亭)
에 오르게 될 진군의 자손 중에 어찌 조상을 잊을 자가 있겠는가. 어버이
를 생각하는 마음은, 까마득히 먼 조상들에 대한 생각까지도 일으키게 할
것이다.'라고 한 것을 모범 삼도록 하고, 또 '만일 진군의 자손 중에 불초한
자가 나오게 되면, 그가 이 정자에 오를 때마다 효심(孝心)을 일으키기는커
녕, 무덤 주변에 자란 나무를 베어 목재로 쓸 생각을 하고, 무덤 앞에 우거
진 잡목을 베어 땔나무로 쓸 생각을 하고, 심지어는 무덤을 파헤쳐 부장품
을 캐낼 것을 생각하지 않는다고 어떻게 말할 수 있겠는가.'라고 한 것을 경
계 삼도록 하려는 것이다. 그렇게만 한다면 불효를 면할 수 있을 것이다."

진군은 눈물을 닦고 사례하며 말했다.

"틀림없이 불효를 면할 수 있을 것입니다."

이로써 한 편의 기(記)를 완성하게 되었다.

【語義】 子:그대. 其美:其는 앞 문장의, '登斯亭者 其有忘乎. 因其親以廣
其思 其有不興乎.'를 가리킨다. 爲勸(위권):그렇게 하도록 권함. 其惡:
其는 앞 문장의, '後豈不有望其木 思以爲材. 視其榛棘 思以爲薪. 登其丘
墓 思發其所藏者乎.'를 가리킨다. 爲戒(위계):경계(警戒)가 되도록 함.
攬涕(남체):눈물을 쥠. 즉 눈물을 닦고 흐느끼는 것을 멈추는 것을 뜻한
다. 遂(수):마침내. 드디어.

【解說】 진(甄)씨 성(姓)을 가진 사람이, 어버이를 장사 지낸 다음에 그 무덤
곁에 정(亭)을 세우고는, 진사도(陳師道)에게 부탁하여 그 亭의 記를 써
받았다. 師道는 그 亭에, 자식이 어버이를 생각한다는 의미로 '사정(思
亭)'이라는 이름을 붙이고 이 記를 썼다. 이 記에서는 글 중간에 문답 형
식을 빌려 의논(議論)식으로 이치를 설명하고 있는데, 그 점이 이 記의
특색이다. 師道의 字는 무기(無己), 號는 후산거사(後山居士)로 증공(曾
鞏)에게서 글을 배웠고, 황산곡(黃山谷)에게서 시(詩)를 배웠으며, 소동
파(蘇東坡)의 문하에서 공부했다. 蘇門六君子의 한 사람.

　이 記의 편(篇) 머리부터 而問名於余까지는 일의 상황을 이야기하고
있다. 甄君이 와서 亭의 이름을 지어 달라고 의뢰한 것에 대한 설명이
다. 그리하여 처음에는 단지 그 이름을 붙이는 일에 대한 근본 취지만
을 이야기한다. 余以爲 目之所視 而思從之부터 請名之日思亭까지가 그
부분으로, 먼저 눈에 보이는 것에 따라 달라지는 여러 생각들을 구체
적으로 예시(例示)한 다음, 무덤을 바라보면 돌아가신 육친을 생각하

게 되리라는 것에 대해 언급하면서 亭의 이름을 思亭이라 하고 싶다는
것이다. 亭의 이름을 지어 달라는 의뢰를 받았을 뿐이라면 여기서 끝나
도 좋을 것인데, 陳師道는 계속해서 말한다. 親者人之所忘也부터 其可
忘乎까지는, 무덤이나 종묘(宗廟)는 조상을 잊지 않기 위한 것으로, 상
례(喪禮)의 제도가 있는 것도 그 때문이라고 말한다. 그 위에 상복(喪
服)을 입지 않게 되는 자손에 이르러서는 정(情)이 다하여 조상을 잊게
되리라는 것을 말한 다음에, 그렇기 때문에 思亭을 지은 것이라고 말하
여, 亭子의 이름을 思亭이라 한 뜻을 거듭 이야기한다. 조상을 늘 생각
하여 잊지 않으리라는 마음을 나타내는 의미와, 잊게 되기 쉬운 먼 자
손으로 하여금 잊지 않고 조상을 생각하게 한다는 의미가 思亭이라는
이름에는 포함되어 있다는 것이다. 그 이야기에 甄君은 博哉子之言也
吾其庶乎라 말하면서, 그것으로 충분하다고 생각한다. 陳師道의 자찬
(自讚)의 경향이 약간 있긴 하나 일단 亭의 이름을 思亭이라 한 근본 취
지는 모두 이야기한 것 같다. 그런데도 아직 충분하지 않다고 한다. 曰
未也부터 思發其所藏者乎까지는, 같은 思 字라도 조상을 생각하는 것
이 아니라 불초한 자손이 무덤을 파헤쳐 부장품을 꺼낼 생각을 하는 것
이다. 그럴 수도 있다는 것을 작자 陳師道는 실감나게 말한다. 그리하
여 甄君으로 하여금 눈물을 흘리며 말하게 하는 것이다. 이것은 자신의
언설(言說)에 대한 상대의 감동이나 질망을 묘사함으로써, 독자의 감흥
을 자유자재로 유도하는 교묘한 作文 수법이다. 그 위에 또, 이것을 누
르듯이 曰 未也라 말하고 그 이후 其可免乎까지는, 그러므로 지금 말한
것을 글로 써서 亭의 記로 해 놓으면 염려할 일이 없으리라고 말한다.
마지막으로 그에 찬성을 얻어 遂爲之記라 맺고 있다. 이 記文이 씌어
지지 않으면 안 되었던 이유를 실로 교묘하게 이야기하여, 대화한 내용
을 그대로 記文으로 하고 있다. 亭의 이름을 지어 달라는 부탁을 받고

思亭이라는 이름을 지어 놓고는, 그 뜻을 설명하는 동안에 부탁받지도 않은 亭의 記가 완성되었다는 식이다. 유례(類例)가 드문 능숙한 글 솜씨이다. 이 점에 유의하면서 다시 한 번 읽어 보는 독자는, 그 교묘함에 놀랄 것이다. 감상할 만한 가치가 있다.

권지 5(卷之五)

잠류(箴類)

《문심조룡(文心雕龍)》의 주(註)에, 箴(잠)은 '병을 고치는 침(針)'의 뜻이라 했고, 《說文解字》에 箴은 鍼(침)과 같다고 했다. 箴은 경계하고 풍자하는 글이다. 문장은 맑고 뜻은 장대해야 한다. 箴의 문장 형식은 사언구(四言句)·격구운(隔句韻)이 대부분이지만, 三言句·五言句·七言句 등도 있다. 箴은 크게 관잠(官箴)과 사잠(私箴)으로 나눌 수 있다. 장온고(張蘊古)의 〈大寶箴〉은 官箴이며, 정정숙(程正叔)의 四箴(視箴·聽箴·言箴·動箴)은 私箴에 속한다.

대보잠: 장온고(大寶箴: 張蘊古)

今來古往 俯察仰觀. 惟辟作福. 爲君實難. 主普天之下 處王
公之上 任土貢其所求 具寮陳其所倡. 是故恐懼之心日弛 邪
僻之情轉放. 豈知事起乎所忽 禍生乎無妄.

아득한 옛날부터 지금에 이르기까지 일들을 생각해 보고 천하 삼라만상
(森羅萬象)의 이치를 살펴보면, 땅은 만물을 생육하고 거두며, 하늘은 일
월성신(日月星辰) 음양의 도(道)를 행합니다. 이렇게 천지가 만물의 어버
이로서 만물을 생육시키듯, 군주는 만백성의 어버이로서 그들을 양육(養
育)·교화(敎化)하여 복을 내립니다. 그러나 군주가 잘못하여 백성들이 고
통에 빠지고 천하가 어지러워지면, 군주는 제위를 잃고 길이 역사에 그 오
명을 남기게 되니, 군(君)의 자리란 실로 어려운 자리라 할 수 있습니다.

군주는 하늘 아래 모든 땅의 주인으로서, 여러 제후(諸侯)와 삼공(三公)
의 위에 높이 앉아, 모든 땅에서 나는 물(物)을 바치게 하며, 또 많은 벼슬
아치들로 하여금 자신의 뜻을 널리 펴게 합니다. 그러한 까닭에 두려워하
는 마음이 날로 해이해지고 비뚤어지고 편벽된 마음이 생겨, 군주의 바른
도리를 잊고 방자해지기 쉬운 것입니다. 무릇 큰일은 소홀히 하는 데에서
생기고, 화(禍)는 뜻하지 않은 데에서 일어나는 법이니, 모든 일에 조심하
지 않으면 언제 무슨 일이 일어날지 어찌 알겠습니까.

【語義】今來古往:古往今來와 같은 뜻. 예로부터 지금에 이르기까지. 俯察
仰觀(부찰앙관):《周易》繫辭傳 上에 나오는 말. '하늘을 우러러 天文을
관찰하고, 아래를 굽어 地理를 살핌(仰以觀於天文 俯以察於地理).' 삼
라만상(森羅萬象)의 음양 변화의 이치를 생각한다는 뜻. 惟辟作福(유

벽작복):오직 천자만이 복을 지음. 하늘이 만물의 生死를 마음대로 하
듯, 천자는 만민을 다스려 그들을 행복하게 해 준다는 뜻.《書經》홍범
(洪範)에, '오직 辟만이 福을 짓고, 辟만이 威를 짓는다(惟辟作福 惟辟
作威).'고 하였다. 辟은 천자, 福은 은상(恩賞), 威는 刑罰이다. 爲君實
難(위군실란):임금 노릇 하기가 실로 어려움.《論語》子路篇에, '임금 노
릇 하기도 어렵고, 신하 노릇 하기도 쉽지 않다(爲君難 爲臣不易).'고 한
공자의 말씀이 있다. 정치를 잘못하면 位를 잃을 뿐만 아니라 영원히 씻
지 못할 오명을 남기게 되니, 특히 人君된 자는 이 점을 경계하라는 뜻
이다. 普天之下(보천지하):한없이 너른 하늘 밑.《詩經》北山詩에, '하
늘 밑 그 어느 한 곳, 임금의 땅이 아닌 곳이 없다(溥天之下 莫非王土).'
라는 구절이 있다. 王公:諸侯와 三公. 任土(임토):그 땅에서 産出되는
대로. 貢其所求(공기소구):임금이 구하는 산물을 공물(貢物)로 바치게
함. 寮(료):벼슬아치. 관리. 陳其所倡(진기소창):임금이 명령을 내려
관리로 하여금 그것을 천하에 시행하도록 함. 無妄(무망):원래는 작위
(作爲)가 없는 진실한 것을 無妄이라 하는데, 여기서는 뜻하지 않은 중
대한 일이 생기는 것을 말한다.

固以 聖人受命 拯溺亨屯. 歸罪於己 因心於民. 大明無私照
至公無私親. 故以一人治天下 不以天下奉一人. 禮以禁其奢
樂以防其佚. 左言而右事. 出警而入蹕. 四時調其慘舒 三光
同其得失. 故身爲之度 而聲爲之律.

성인이 천명을 받아 제위(帝位)에 오르는 것은, 고통에 빠져 허덕이는 백
성들을 건지고, 천하의 막히는 바를 풀어 통하게 하려는 것입니다. 그러니
군주는, 백성들이 죄를 지으면 그 허물을 자신에게 돌려 자신의 덕 없음을

반성해야 하며, 오로지 백성들의 뜻을 좇아 그들과 함께 고락을 나누고, 그들을 위한 바른 시정(施政)을 펴야 합니다.

저 하늘의 밝은 태양은 더하고 덜함이 없이 만물을 고루 비추어, 지극히 공평할 뿐 아니라 사사로움이 없습니다. 천하를 다스리는 이치도 이와 같습니다. 군주는 태양이 만물을 고루 비추듯 만백성을 위해 봉사해야 하지, 만인 위에 군림하여 그들로부터 떠받듦을 받으려는 생각을 해서는 안 됩니다. 예(禮)로써 사치에 빠지는 것을 막고, 악(樂)으로 심성(心性)을 닦아 방일(放佚)에 흐르는 것을 경계해야 합니다. 좌우에 사관(史官)을 두어 군주의 말과 행동을 빠짐없이 기록하는 것은, 군(君) 된 사람의 언동이 경솔해지는 것을 막기 위해서입니다. 또 군주의 거동에 경필(警蹕)의 법(法)이 쓰이는 까닭은, 백성들에게 피해를 주는 군주의 사사로운 나들이를 막고, 존귀한 분의 궁 밖 출입을 엄하게 하기 위해서입니다.

군주의 덕이 바르면 천지 음양(陰陽)의 조화가 잘 이루어져, 춘하추동의 사시(四時)에 따라 만물의 영고성쇠(榮枯盛衰)가 질서정연하게 이루어지고, 일(日)·월(月)·성신(星辰)의 삼광(三光)도 군주의 덕과 뜻을 같이합니다. 그런 까닭에 군주 된 사람의 행위는 자연 법도(法度)에 어그러짐이 없어 만백성의 행위에 모범이 되어야 하고, 군주 된 사람의 말은 율도(律度)에 어그러짐이 없어 만백성의 깨우침이 되어야 합니다.

【語義】 受命:하늘의 명을 받아 천자의 위(位)에 오름. 拯溺(증닉):물에 빠진 것을 건져냄. 즉 어려움에 처한 백성을 구한다는 뜻이다. 亨屯(형준):막히고 어려운 것을 통하게 함. 屯은 간난신고(艱難辛苦)를 뜻한다. 歸罪於己(귀죄어기):죄를 자신에게 돌림. 은(殷)의 탕왕(湯王)이 한 말로,《書經》탕고편(湯誥篇)에, '백성들 가운데에서 죄를 짓는 자가 있으면, 그 잘못은 바로 나에게 있다(萬方有罪 在予一人).'라는 구절이 있다.

因心於民(인심어민):마음은 백성들을 따름. 大明:태양. 여기서는 천자의 德을 상징한다. 至公:지극한 공평(公平). 私親(사친):사사로운 친분. 一人:천자를 가리킴. 奢(사):사치·낭비. 佚(일):도를 지나쳐 방종한 짓을 하며 놂. 음일(淫佚). 左言而右事(좌언이우사):왼쪽에서는 말을 기록하고, 오른쪽에서는 일을 기록함. 옛날 제왕의 좌우에는 한 사람씩 史官이 있어, 임금의 행동과 말을 일일이 기록하여 임금의 그릇된 言行을 바로잡았다. 出警而入蹕(출경이입필):出入은 거둥, 즉 임금의 나들이를 뜻한다. 警蹕은 임금이 거둥할 때에 길을 치우고 통행을 금하는 것. 백성들에게 많은 피해를 주므로, 되도록 나들이를 삼가야 한다는 뜻이다. 慘舒(참서):陰陽. 陰氣는 만물을 상하게 하므로 慘이라 하고, 陽氣는 만물을 자라게 하므로 舒라 한 것이다. 군주의 덕이 바르면 春夏秋冬 四時에 음양이 잘 조화하여, 만물의 영고(榮枯)가 질서 정연하게 이루어진다고 한다. 三光:해와 달과 별의 빛. 임금의 정치가 바르면 日·月·星이 바르게 운행하지만, 정치가 어지러워지면 일식·월식이 잦고 요성(妖星)이 나타난다고 한다. 身爲之度 而聲爲之律(신위지도 이성위지율):행위는 법도(法度)에 어그러짐이 없고, 말은 율도(律度)에 어그러짐이 없음.《史記》夏記에, '禹王의 입에서 나오는 소리는 그대로 律이며, 또 그 행동은 그대로 度이다(禹聲爲律 身爲度).'라고 하였다.

勿謂無知. 居高聽卑. 勿謂何害. 積小就大. 樂不可極. 樂極生哀. 欲不可縱. 縱欲成災. 壯九重於內 所居不過容膝. 彼昏不知 瑤其臺 而瓊其室. 羅八珍於前 所食不過適口. 唯狂罔念 丘其糟 而池其酒.

하늘이 인간 세상의 선악을 모를 것이라고 생각해서는 안 됩니다. 하늘

은 저 높은 곳에 있으면서도 인간 세상에서 일어나는 모든 일을 알고 있습니다. 아무리 작은 악행(惡行)일지라도, 해(害)가 되지 않는다 하여 지어서는 안 됩니다. 작은 악(惡)이 쌓이고 쌓여 큰 죄가 되는 것입니다. 즐거움을 다해서는 안 됩니다. 즐거움이 다하면 반드시 슬픈 일이 생기는 법입니다. 마음 가는 대로 욕심을 부려서는 안 됩니다. 욕심을 마음껏 부리면 반드시 재화(災禍)가 일어납니다.

아무리 크고 으리으리하게 꾸민 궁궐에 있어도, 기거할 자리는 무릎 하나 펼 수 있는 작은 공간이면 됩니다. 그런데 하(夏)의 걸(桀)과 은(殷)의 주(紂)는 이런 것을 모르고, 백성들의 재물을 있는 대로 긁어모아, 옥루경대(玉樓瓊臺)를 만들고 온갖 사치를 누렸습니다. 팔진(八珍)의 산해진미(山海珍味)가 식탁에 그득하여도, 먹을 수 있는 것은 고작 한 배를 채울 정도의 것입니다. 그런데 저 포악한 군주 걸(桀)과 주(紂)는, 백성과 하늘을 잊고 주색에 미쳤기 때문에, 주지육림(酒池肉林) 속에서 세월 가는 줄 모르다가 나라를 잃고 죽임을 당했던 것입니다.

【語義】 勿謂無知(물위무지):천도(天道)가 아무것도 모를 것이라고 말하지 말라(勿謂天道之無所知也). 하늘은 저 높은 곳에 있으면서 인간 세상의 모든 선악을 다 알고 있다는 밀이다. 居高聽卑(거고청비):높은 곳에 앉아 밑의 일을 다 들음. 勿謂何害(물위하해):해(害)가 없을 것이라고 말하지 말라. 아무리 작은 악(惡)이라도 쌓지 말라는 뜻. 《孔子家語》觀周篇에, '害가 없을 것이라고 말하지 말라. 그 禍가 클 것이다(勿謂何害 其禍將大).'라고 하였다 積小就大(적소취대):작은 惡이 쌓여 큰 罪를 이룸. 就는 成의 뜻.《易經》繫辭傳 下에, '소인은 아무리 작은 善行이라도 자신에게 이익이 되지 않으면 행하지 않는다. 또 별로 자기 몸에 害가 되지 않는다 하여 사소한 惡行을 그만두지 않는다. 그래서 나쁜 행동이

점점 쌓여 숨길 수가 없게 되고, 죄악이 점점 커져 해소할 수가 없게 되는 것이다(小人以小善爲无益而弗爲也. 以小惡爲无傷而弗去也. 故惡積而不可掩. 罪大而不可解).'라고 했다.　樂不可極(낙불가극):즐거움을 다하지 말라.《禮記》曲禮篇 上에, '교만한 마음을 키워서는 안 되며, 욕심을 억제해야 한다. 또 뜻을 다 채우지 말 것이며, 즐거움을 지나치게 누려서는 안 된다(敖不可長 欲不可從. 志不可滿 樂不可極).'고 했다.　樂極生哀(낙극생애):즐거움이 극에 이르면 슬픔이 생김.　九重:궁궐. 대궐문이 겹겹이 있으므로 구중궁궐(九重宮闕)이라 한다.　容膝(용슬):겨우 무릎 하나 들여놓을 만함. 매우 비좁은 공간을 가리킨다.　彼昏(피혼):저, 암우(暗愚)한 임금. 夏의 폭군 걸왕(桀王)과 殷의 폭군 주왕(紂王)을 가리킨다.　瑤其臺 而瓊其室(요기대 이경기실):옥으로 누대(樓臺)를 짓고, 붉은 옥으로 궁실을 지음. 桀王과 紂王은 백성들을 돌보지 않고 이런 망령된 호사를 누렸다 한다.　八珍:여기서는 존귀한 분의 식탁에 오르는 음식을 뜻한다. 八珍은 본디 요리법으로서,《禮記》內則篇에 다음과 같이 되어 있다. 순오(淳熬:얇게 포를 떠서 소금에 절인 고기를 지져 밭벼로 지은 밥에 얹은 다음, 그 위로부터 기름을 붓는다), 순모(淳母:얇게 포를 떠서 소금에 절인 고기를 지져 좁쌀 밥에 얹은 다음, 그 위로부터 기름을 붓는다), 포(炮:돼지 또는 암양의 배를 갈라 내장을 빼내고, 그 뱃속에 대추를 채운 다음, 그것을 물 억새로 짠 망으로 싸서 빙 둘러 점토를 발라 불에 굽는다. 흙이 완전히 말라 갈라지면 흙을 떼어낸다. 쌀가루를 쌀뜨물에 담가 죽처럼 만들어, 점토를 발라 구운 돼지나 양에 입혀 기름에 튀긴다. 그것을 작은 솥에 넣어 맛을 내서는, 펄펄 끓는 물에 솥째 집어넣는다. 이때 고기에 물이 들어가서는 안 된다. 그렇게 3일 낮 3일 밤을 뭉근히 찐 다음, 초와 소금으로 맛을 낸다), 도진(擣珍:소·양·고라니·사슴·노루의 등심살을 사용한다. 그 고기를 이리저리 두드려 힘살을 제거하여 잘 익힌 다음, 얇은 껍질을 제거하여 고기를 부드럽게 해서 먹는다), 지(漬:반드시 갓 잡은 쇠고기를 사용하되, 법도대로 잡은 것이어야 한다. 얇게 포를 떠 좋은 술에 담갔다가 하루 낮과 밤을 지낸 다음에, 소금이나 매실초로 조미해서 먹는다), 오(熬: 소·양·고라니·사슴·노루의 고기를 사용한다. 고기를 두드려 얇은 껍질을 제거한 다음, 물 억새로 짠 망 위에 펴놓는다. 계핏가루와 생강가루를 고기 위에 뿌리고 소금으로 간을 해서 말린다), 삼(糝:소·양·돼지의 고기를 사용한다. 고기를 잘게 썰어 쌀가루를 섞어 잘 끓여 먹는다. 이때 쌀가루와 고기의 비율은 2:1로 한다), 간료(肝膋:개의 肝臟 한 개를 사용한다. 이것을 창자 사이에 있는 기름으로 싸서 소금과 간장을 발라 불에 굽는다. 기름이 肝臟에 충분히 스며들도록 한다. 매운 맛이 나는 조미료는 사용하지 않는다). 이것이 후세에 와서는 사치스러워져, 용간(龍肝)·봉수(鳳髓)·토태(兎胎)·이미(鯉尾)·효적(鴞炙)·성순(猩脣)·웅장(熊掌)·수락선(酥酪蟬)을 八珍으로 하게 되었다. 唯狂罔念(유광망념):오직 미처 생각을 못함. 桀王과 紂王이 광포하여 仁義를 생각하지 않은 것을 가리킨다.《書經》周書 多方篇에, '성인이라도 생각하지 않으면 바보가 되고, 바보라도 잘 생각하여 행동하면 성인이 된다(惟聖罔念作狂 惟狂克念作聖).'라고 하였다. 丘其槽 而池其酒(구기조 이지기주):술찌꺼기를 언덕과 같이 쌓고, 술로 못을 채움. 桀王과 紂王이 주지육림(酒池肉林)을 만들어 주색에 빠져 정신없이 놀다가 나라를 잃은 것을 가리킨다.《史記》殷本記에, '紂왕, 술로써 연못을 만들고 고기로써 숲을 만들어, 남녀를 발가벗겨 그 사이로 서로 좇게 하면서, 긴 밤이 새도록 술을 마셨다(紂以酒爲池 縣肉爲林 使男女躶相逐其閒爲長夜之飮).'라고 기록되어 있다.

勿內荒於色. 勿外荒於禽. 勿貴難得貨. 勿聽亡國音. 內荒伐
人性 外荒蕩人心. 難得之貨侈 亡國之音淫. 勿謂我尊而傲賢
慢士. 勿謂我智而拒諫矜己.

안으로는 여색(女色)에 빠져서는 안 됩니다. 여색에 빠져 총명을 잃은 나
머지, 몸을 망치고 나라를 잃은 군주가 얼마든지 있습니다. 밖으로는 사냥
을 너무 즐겨서는 안 됩니다. 정사를 잊고 들판에서 짐승만 쫓다가 나라를
잃은 군주도 있습니다. 또 얻기 어려운 진귀한 보물을 귀하게 여기면 안 됩
니다. 백성들에게 도적질을 가르치는 것과 다름이 없습니다. 나라를 망치
는 음탕한 음악을 들어서는 안 됩니다. 미풍양속이 사라지고 음란한 풍속
이 생겨, 결국 나라가 망하게 됩니다.

여색(女色)에 눈이 멀게 되면 바른 성(性)을 다치게 되고, 수렵에 마음을
빼앗기게 되면 마음이 들뜨고 허황된 생각만을 품게 됩니다. 또 군주가 진
귀한 보물을 모아 즐기면 천하는 허영과 사치에 젖게 되고, 음탕한 음악을
즐겨 들으면 세상의 풍속이 음란해집니다.

군주는 자신이 존귀하다 하여, 현자(賢者)들에게 오만을 떨거나 어진 선
비들을 업신여겨서는 안 됩니다. 또 아무리 뛰어난 지혜를 지니고 있더라
도, 남이 간(諫)하는 바른말을 듣지 않거나 자신만을 과신하여 뽐내서는
안 됩니다.

【語義】勿內荒於色(물내황어색):안으로는 色에 빠지지 말라. 荒은 耽과 같
은 뜻으로, 미혹(迷惑)되는 것.《書經》五子之歌에 나오는, '안으로는 女
色에 빠지고, 밖으로는 사냥에 빠진다(內作色荒 外作禽荒).'는 말에 근
거한 것이다. 勿外荒於禽(물외황어금):밖으로는 사냥에 빠지지 말라.
勿貴難得貨(물귀난득화):얻기 어려운 보화를 귀하게 여기지 말라.《老

子》제3장 不尙賢에, '얻기 어려운 보화를 귀하게 여기지 않는다면, 백성들로 하여금 도적질을 하지 않게 할 수 있다(不貴難得之貨 使民不爲盜).'라고 하였다. 亡國音(망국음):나라를 망치는 음탕한 음악. 內荒伐人性(내황벌인성):여색에 빠지게 되면, 인간의 바른 성정을 다치게 됨. 性은 인간이 살아가는 데에 반드시 필요한 理性과 本能의 적절한 작용. 蕩人心(탕인심):마음이 들떠 흩어짐. 傲賢慢士(오현만사):현인에게 오만하고 선비를 업신여김. 拒諫矜己(거간긍기):간언(諫言)을 받아들이지 않고 자신을 과신하여 뽐냄.

> 聞之夏后據饋頻起 亦有魏帝牽裾不止. 安彼反側 如春陽秋露 巍巍蕩蕩 恢漢高大度. 撫玆庶事 如履薄臨深 戰戰慄慄 用周文小心.

들건대 성왕(聖王) 우(禹)임금께서는 어진 이가 찾아오면 수라(水刺)를 들다가도 몇 번씩 일어나셨다고 합니다. 그런데 위(魏)의 문제(文帝)는, 시중(侍中) 신비(辛毗)가, 굶어죽게 될 백성을 걱정하여 어의(御衣)를 놓아주지 않으면서까지 간(諫)하는 것을 뿌리쳤다고 합니다.

혹 불만이 있어 두 마음을 품은 사람이 있으면, 만물을 기르고 거두는 봄볕과 가을 이슬처럼, 군주는 그들의 마음을 풀어 주어야 합니다. 군주는 산보다 높고 바다보다 깊은 덕화(德化)를 펴야 하며, 한(漢) 고조(高祖)와 같은 넓은 도량을 지녀야 합니다. 또 모든 정사를 다루는 데에는, 살얼음을 밟듯 조심하고 깊은 못가에 이른 듯 경계하며, 조금이라도 바른 도에서 벗어날까 두려워하여, 주(周)나라 문왕(文王)의 삼가고 두려워하는 마음을 고스란히 본받아야 합니다.

【語義】 夏后(하후):夏나라 때의 임금. 우(禹)왕을 가리킨다.　饋(궤):임
금에게 올리는 진지. 수라(水剌).　頻起(빈기):자주 일어섬.　魏帝牽裾
不止(위제견거부지):위제(魏帝)는 옷자락을 잡아당기는데도 멈추지 않
음. 魏의 文帝(이름은 丕)가 간언(諫言)을 쉽게 듣지 않았던 고사(故事).
《魏志》신비전(辛毗傳)에, "文帝가 기주(冀州) 십만 호를 하남(河南)으
로 옮기려고 했다. 비(毗), 그것을 그만두도록 간언했다. 文帝, 대답도
없이 일어나 안으로 들어가려 했다. 毗, 따라가 그 옷자락을 잡아끌었
다. 결국 옷을 빼앗아 돌려주지 않았다. 잠시 후 文帝가 나와 말했다.
'경(卿)은 어찌하여 그리 심히 반대하는가?' 신비(辛毗)가 말했다. '지금
옮기면, 민심을 잃거니와 모두 굶주리게 됩니다.' 文帝, 마침내 그 반을
옮겼다."라고 되어 있다.　反側(반측):불평불만으로 두 마음을 품어, 마
음이 들떠 있는 것.　春陽秋露(춘양추로):봄날의 따뜻한 햇볕과 가을의
맑고 차가운 이슬. 이 두 가지는 만물을 생육하는 큰 덕을 지니고 있다.
군주도 그와 같은 덕을 베풀어야 한다는 뜻이다.　巍巍(외외):산이 높고
큰 것을 형용한 것.　蕩蕩(탕탕):물이 넓고 아득한 것을 형용한 것.　漢
高大度(한고대도):한(漢) 고조(高祖)의 크고 너른 도량(度量). 한 고조
유방(劉邦)은 부하 장수들이 모반(謀反)을 꾀하려 하자, 장량(張良)의
계책에 따라 평소 미워하던 옹치(雍齒)라는 자에게 영지를 주고 후(侯)
로 봉(封)했다. 반심을 품고 있던 다른 장수들은, 미워하는 자까지 후
하게 대접하는 고조의 도량에 탄복, 모반할 생각을 버렸다고 한다.　撫
(무):어루만짐. 즉 잘 다룬다는 뜻이다.　玆(자):此와 같은 뜻.　庶事(서
사):모든 政事.　履薄臨深(이박임심):살얼음을 밟는 듯, 깊은 연못에 이
른 듯. 악(惡)에 빠지지 않도록 매우 조심하라는 뜻이다. 《詩經》小雅篇
〈소민(小旻)〉에, '두려이 여겨 경계하라. 깊은 못물에 임한 듯, 엷은 얼
음을 밟는 듯(戰戰兢兢. 如臨深淵 如履薄氷).'이란 句가 있다.　戰戰慄

慄(전전율률):두려워서 몸을 벌벌 떪.   周文小心(주문소심):周나라 文
王의 삼가고 두려워하는 마음.《詩經》大雅篇〈大明〉에, '아, 우리의 문
왕께옵선 매사를 공경하고 삼가신다(維此文王 小心翼翼).'라고 하였다.

詩之不識不知　書之無偏無黨　一彼此於胸臆　損好惡於心想.
衆棄而後加刑 衆悅而後行賞. 弱其强而治其亂 伸其屈而直其
枉. 故曰 如衡如石 不定物以限. 物之懸者 輕重自見. 如水如
鏡 不示物以情. 物之鑒者 姸蚩自生.

《詩經》에 주(周) 문왕(文王)의 덕을 칭송하여 不識不知라 하고,《書經》
에 왕자(王者)의 도(道)를 이야기하여 '無偏無黨 王道蕩蕩 無黨無偏 王道平
平'이라 했듯이, 군주는 아무런 사심(私心) 없이 하늘의 법을 좇고, 마음속
에 피차(彼此)의 구별을 짓지 아니하며, 좋아하고 미워하는 감정을 마음으
로부터 몰아내어, 공평하고 중정(中正)한 눈으로 천하를 밝게 보아야 합니
다. 모든 백성이 미워하여 버린 후에야 그 악인에게 형벌을 주고, 모든 백
성이 기꺼이 칭찬한 후에야 그 사람에게 상을 주어, 군주는 백성의 어버이
로서 바른 왕도(王道) 정치를 펴야 합니다. 지나친 권력을 가진 신하가 국
가의 질서를 어지럽히면 그 힘을 약화시켜 나라를 바로잡고, 참소를 받아
억울하게 억눌려 있는 자가 있으면 기를 펴도록 해 주며, 사곡부정(邪曲不
正)한 인간이 있으면 곧고 바르게 고쳐 주어야 합니다. 옛말에 '저울대처럼
하고 저울추처럼 하라.' 했듯이, 군주는 개인적인 감정을 뒤로 하고 항상
맑은 마음으로 신하의 역량을 평가해야 합니다. 그러면 저울에 물건의 경
중(輕重)이 저절로 드러나듯, 신하의 현우(賢愚)가 드러나게 됩니다. 또 군
주가 물처럼 맑고 거울처럼 밝은 마음으로 천하를 대하면, 거울과 물에 비
친 물(物)의 모습으로 물(物)의 모든 것을 밝게 알 수 있듯, 세상 모든 일의

미추 선악(美醜善惡)을 밝게 알 수 있는 것입니다.

【語義】 不識不知(불식부지):《詩經》大雅篇 〈황의(皇矣)〉에 나오는 句이다.
天帝가 文王에게 명하는 형식으로 된 노래이다. '나는 밝은 덕을 좋아
하니, 소리와 낯빛으로 이름을 얻으려 하지 말고, 중국의 우두머리로서
힘이 있어도 왕법(王法)을 마음대로 개혁하지 말며, 古今을 비교하여
의식하는 일 없이, 오직 하늘의 법칙을 따르도록 하라(予懷明德 不大聲
以色 不長夏以革 不識不知 順帝之則).' 無偏無黨(무편무당):《書經》周
書 洪範에 나오는 말. '無有作好 遵王之道. 無有作惡 遵王之路. 無偏無
黨 王道蕩蕩. 無黨無偏 王道平平'이라 하여, '군주 된 자는, 개인의 호오
(好惡)를 버리고, 바른 왕도(王道)를 좇아야 한다. 中正을 잃지 않고, 공
평하게 행해지는 王者의 道는 넓고 평평하다.'는 의미이다. 주로 '偏은
中正을 잃는 것, 黨은 공평하지 않은 것, 蕩蕩은 廣遠한 것, 平平은 平
易한 것'을 의미한다. 胸臆(흉억):가슴. 가슴속. 心想(심상):마음. 마음
속. 衆棄而後加刑(중기이후가형):모든 사람이 버린 다음에 형벌을 내림.
《孟子》梁惠王篇 下에 나오는, '……좌우에서 모두 죽여야 한다고 하더
라도 들으시면 안 됩니다. 여러 대부들까지 그렇게 주장하더라도, 마찬
가지입니다. 온 나라 사람들이 모두 죽여야 한다고 하면, 그때 비로소
다시 한 번 죄를 살펴보아 죽임을 당할 만한 죄가 있거든 죽여야 합니
다. 그래야만 사람들은, 온 국민이 그를 죽인 것이라고 말하게 됩니다.
이렇게 하셔야 비로소 백성의 부모로서 왕도 정치를 행하는 것이 됩니
다(……左右皆曰可殺 勿聽. 諸大夫皆曰可殺 勿聽. 國人皆曰可殺 然後
察之 見可殺焉 然後殺之 故曰國人殺之也. 如此 然後可以爲民父母).'고
한 것에 의거한 말이다. 衆悅而後行賞(중열이후행상):모든 사람이 다
기뻐한 다음에 상을 내림. 弱其强而治其亂(약기강이치기란):강한 것을

누르고 어지러운 것을 바로잡음. 强은 위를 능멸하고 아래를 학대하는
자를 가리킨다. 屈(굴):죄 없이 억울하게 눌려 있는 자. 直其枉(직기
왕):굽은 것을 바르게 함. 枉은 邪曲된 사람을 가리킨다. 如衡如石(여
형여석):저울대처럼 하고, 저울추처럼 함. 군주가 신하의 역량을 평가
할 때, 주관적인 감정을 완전히 배제하고 마음을 평정하게 하여, 저울
에 물건을 매달면 그 무게가 저절로 드러나는 것처럼, 상대방의 역량이
저절로 드러나게 해야 한다는 뜻. 自見(자현):저절로 나타남. 如水如
鏡(여수여경):마음을 물이나 거울처럼 맑게 가짐. 마음을 고요하게 비
운 상태를 말한다. 鑒(감):거울에 비추어 봄. 姸(연):아름다운 것. 고
운 것. 蚩(치):추한 것.

勿渾渾而濁. 勿皎皎而淸 勿汶汶而闇. 勿察察而明. 雖冕旒
蔽目 而視於未形. 雖黈纊塞耳 而聽於無聲. 縱心乎湛然之
域 遊神於至道之精. 扣之者應洪纖而效響 酌之者隨淺深而皆
盈. 故曰天之經 地之寧 王之貞. 四時不言而代序 萬物無言而
化成. 豈知帝力而天下和平.

군주의 마음은 혼혼(渾渾)하여 흐려서도 안 되며, 너무 깨끗하여 맑기만
해도 안 됩니다. 욕심에 마음을 빼앗겨 사리에 어두워도 안 되며, 지나치
게 밝아 남의 털끝만한 흠까지 보게 되어도 안 됩니다. 청탁 명암(淸濁明
暗)의 중용을 취해야 합니다.

하찮고 자질구레한 것을 보지 않기 위해 관 앞에 옥을 꿴 줄을 늘어뜨렸
지만, 아직 겉으로 드러나지 않은 일까지도 밝게 보아야 합니다. 또 사곡
(邪曲)된 말과 참소하는 말을 듣지 않기 위해 관 양쪽으로 누런 귀막이 솜
방울을 늘이었지만, 아직 사람의 입에서 흘러나오지 않은 소리까지도 들

을 줄 알아야 합니다.

'천도(天道)는 영원히 변치 않고 일정하며, 대지는 항상 고요하고 편안하다.'고 한 옛말처럼, 군주의 왕도(王道)는 천도를 법 삼아 바르고 변함없어야 하며, 또 군주의 덕화(德化)는 대지의 평온함을 이상으로 하여 천하를 태평하게 해야 합니다.

하늘은 아무 말이 없어도 춘하추동의 사시(四時)가 때를 어기지 않고 갈마들며, 만물이 때에 따라 영고성쇠(榮枯盛衰)의 생성 변화를 이루는 것처럼, 군주가 세상을 교화(敎化)시키고 풍속을 완성하는 데에도 그와 같아야 합니다. 군주는 또 천하를 바른 정치로 태평하게 하되, 백성들로 하여금 그 덕이 누구에게 있는지를 모르게 해야 합니다. 요(堯)임금 때처럼, 백성들 입에서 저절로 격양가(擊壤歌)가 흘러나오도록 해야 합니다.

【語義】 渾渾(혼혼):흐린 것. 皎皎(교교):희고 깨끗한 것. 汶汶(문문):더러운 것, 또는 부끄러운 것. 闇(암):어둠. 察察(찰찰):밝고 자상한 것이 지나쳐, 번거롭고 미세한 것까지 놓치지 않고 샅샅이 살피는 것. 冕旒蔽目(면류폐목):면류관의 옥이 눈을 가림. 冕은 冠. 旒는 관 앞뒤에 드리워진 끈에 오채(五采)의 주옥을 꿴 것으로, 천자의 관에는 끈이 열두 줄, 제후의 관에는 아홉 줄, 상대부의 관에는 일곱 줄, 하대부의 관에는 다섯 줄인데, 송(宋)대부터 신하는 면류관을 쓰지 않게 되었다. 천자의 관에 旒를 드리우는 까닭은, 사곡(邪曲)한 것과 자질구레한 것이 천자의 눈에 뜨이지 않도록 하려는 것이다. 黈纊塞耳(주광색이):귀막이 솜이 귀를 막음. 黈纊은 면류관의 양쪽으로 귀에 닿을 만큼 늘이어 달아맨 누런 솜 방울. 천자로 하여금 不急한 말이나 참언(讒言)을 듣지 않도록 하기 위함이다. 縱(종):放과 같은 뜻으로, 자유롭게 놓아두는 것. 湛然(잠연):물이 깊고 고요한 것. 여기서는 절대 眞理의 세계를 뜻

한다. 遊(유):구애받지 않고 자유로움. 神:정신. 至道之精(지도지정):
지극한 도(道)의 정묘한 경지. 扣之者應洪纖而效響(구지자응홍섬이효
향):종을 치는 데에는 크고 작은 방망이를 적절히 사용하여 소리가 잘
나도록 힘씀. 군주가 그때그때의 변화에 따라 적절히 대응함을 뜻한다.
扣는 종을 치는 것, 洪纖은 넓고 큰 것과 가늘고 작은 것, 效響은 소리
를 내기 위해 온 힘을 쏟는다는 뜻. 酌之者隨淺深而皆盈(작지자수천심
이개영):물을 길을 때에는 물을 긷는 그릇의 깊고 얕음에 따라 물을 채
워야 함. 군주가 신하의 역량에 맞춰 일을 맡기는 것을 뜻한다. 天之經
(천지경):天道가 만고불변(萬古不變)한 것을 뜻한다. 經은 常의 뜻. 地
之寧(지지녕):대지가 항상 고요하여 편안한 것을 뜻한다. 王之貞:제왕
(帝王)의 바르고 변함없는 덕에 의해 천하가 안정되는 것을 뜻한다. 四
時不言而代序(사시불언이대서):春夏秋冬 사계절이, 아무 말이 없이도
때를 어기지 않고 갈마듦.《論語》陽貨篇에, '하늘이 무슨 말을 하더냐.
四時가 때를 어기지 않고 갈마들고 만물이 저절로 생겨날 뿐, 하늘이
무슨 말을 하더냐(天何言哉. 四時行焉 百物生焉 天何言哉).'라고 한 공
자의 말씀이 있다. 萬物無言而化成:만물이 말없이 저절로 생성(生成)
변화함. 化成은 변화하면서 생성 발전(生成發展)하는 것.《易經》산화
비괘(山火賁卦)의 象傳에, '天文을 관찰하여 그로써 시변(時變)을 살피
고, 人文을 관찰하여 그로써 天下를 敎化하고 風俗을 완성한다(觀乎天
文 以察時變 觀乎人文 以化成天下).'라고 하였다. 豈知帝力而天下和平
(기지제력이천하화평):천자의 덕화로 천하를 화평하게 했음을 어찌 알
겠는가.《通志》에 다음과 같은 이야기가 있다. "때는 堯임금의 세상, 세
상은 밝고 백성들은 태평하였다. 한 노인이 길에서 땅을 두드리며 노래
를 불렀다. '해 돋으면 밭 갈고, 해 지면 들어가 쉰다. 우물 파서 물마시
고 밭 갈아 밥 먹으니, 임금의 덕이 나와 무슨 상관이랴(陶唐之世 俗熙

民泰. 有老人 擊壤而歌於路曰 吾日出作 日入而息. 鑿井飮 耕田而食. 帝
力何有於我哉).’ 하였다."

吾王撥亂 戡以智力. 民懼其威 未懷其德. 我皇撫運 扇以淳
風. 民懷其始 未保其終. 爰述金鏡 窮神盡聖. 使人以心 應言
以行. 包括治體 抑揚詞令. 天下爲公 一人有慶. 開羅起祝 援
琴命詩. 一日二日 念玆在玆. 惟人所召 自天祐之. 諍臣司直
敢告前疑.

진왕(秦王)께서는 수 말(隋末)의 난세(亂世)를 다스리는 데에 지혜와 힘
으로 승리를 거두셨습니다. 백성은 그 위세를 두려워할 뿐, 아직 천자의 은
혜를 알지 못합니다. 이제 진왕(秦王)께서 천운(天運)을 얻어 제위(帝位)에
오르시어, 순수하고 좋은 기풍(氣風)을 진작(振作)시켜 천하에 선정(善政)
을 베푸시니, 모든 백성이 따르고 복종합니다. 그러나 언제까지나 이처럼
백성들이 따르고 천하가 태평하리라고는 아무도 잘라 말할 수 없습니다.
이에 저 장온고(張蘊古)는, 천자께서 규계(規戒)로 삼으실 만한 〈대보잠(大
寶箴)〉을 지어, 태종(太宗) 황제로 하여금 신과 같은 힘과 성인과 같은 지
덕(智德)을 남김없이 베푸시도록 하려 합니다.

사람을 부리는 데에는 마음으로써 하고, 스스로 한 말은 반드시 실천해
야 합니다. 정치의 가장 중요한 본체를 잘 보존하고 유지하며, 조칙(詔勅)
으로써 신하의 악을 눌러 물리치고 선(善)을 선양(宣揚)하도록 합니다. 천
하를 만민(萬民)의 공유(公有)로 하여 대도(大道)를 행하면, 천자께 기쁨
과 복이 있을 것입니다. 은(殷)의 탕(湯)왕은 그물의 삼면을 열고 신에게
기원(祈願)했고, 순(舜)은 오현금(五絃琴)을 타며 시(詩)를 지어 소원을 노
래했습니다. 군주에게는 하루 이틀의 짧은 동안에도 천만 가지의 정치적

인 미묘한 일의 조짐이 생겨납니다. 그러므로 우(禹)왕이 현신(賢臣) 고요
(皐陶)를 늘 생각하여 잊지 않았던 것처럼, 군주는 언제나 인덕(仁德)으로
써 바른 정사(政事)를 펼 것을 잊어서는 안 됩니다. 사람의 좋고 나쁜 행
위에 따라서 복(福)과 화(禍)가 그대로 이루어집니다. 선인(善人)은 하늘
이 돕습니다. 그러니 군주는 오직 덕(德)을 닦는 일과 밝은 정사를 펴는 일
에 힘써야 합니다.

  정직(正直)의 道를 담당하는 자인 저 장온고(張蘊古)는, 군주의 잘못을
간(諫)하는 직책에 있는 신하로서, 감히 이것을 전의(前疑)에게 고(告)하
는 것입니다.

【語義】吾王撥亂:당(唐) 태종(太宗)이 황제가 되기 전 진왕(秦王)으로 있으
  면서 난을 평정한 것을 가리킨다. 撥亂은 난을 다스려 세상을 평안하게
  하는 것. 戡(감):勝과 같은 뜻. 撫運(무운):천운을 손에 쥠. 천자의 위
  (位)에 오르는 것을 뜻한다. 扇(선):널리 떨침. 선양(宣揚). 爰(원):이
  에. 이리하여. 金鏡(금경):황금 거울. 〈大寶箴〉을 가리킨다. 거울은 물
  (物)의 곡직(曲直)을 비추니, 사람의 계본(戒本)이 된다. 窮神盡聖(궁
  신진성):천자로 하여금 신과 같은 위대한 힘과 성인과 같은 지덕(智德)
  을 베풀 수 있도록 하겠다는 뜻.《孟子》盡心篇 下에, '덕이 위대하여 절
  로 사람을 감화시키는 것을 聖이라 하고, 聖스러워 헤아릴 수 없는 것을
  神이라 한다(大而化之之謂聖 聖而不可之之謂神).'라고 하였다. 包括治
  體(포괄치체):정치의 본체(本體)를 보유(保有)하는 것. 抑揚詞令(억양
  사령):抑揚은 누르기도 하고 올리기도 하는 것. 즉 착한 자에게는 상을
  내리고, 악한 자에게는 벌을 내리는 것을 뜻한다. 詞令은 조칙(詔勅)과
  명령. 天下爲公(천하위공):군주가 천하를 공유물(公有物)로 하는 것.
  《禮記》禮運篇에, '大道之行也 天下爲公……'이라 하여, '大道가 행해진

五帝 시대에는, 천자는 천하를 공유물(公有物)로 하여……'라고 했다.
즉 제위(帝位)를 세습(世襲)하지 않고, 신하 중에서 성덕(聖德) 있는 자
에게 물려주는 것을 말한다. 예를 들면 순(舜)임금이 아들인 주균(朱均)
을 젖혀 놓고 우왕(禹王)에게 제위를 물려준 일. 여기서는 제위 세습제
를 폐지하라는 뜻이 아니라, 성군(聖君) 요순(堯舜)처럼 밝은 덕을 지니
라는 뜻이다. 一人:천자(天子). 開羅起祝(개라기축):그물을 열고 기원
(祈願)함. 羅는 짐승이나 새를 잡기 위해 설치한 그물. 祝은 기원(祈願).
은(殷)의 탕(湯)왕이 야외에 나갔다가 한 사냥꾼을 보았다. 그 사냥꾼은
사면에 그물을 치고, '하늘에서 나는 놈, 땅에서 뛰는 놈, 사방의 모든
짐승이 모조리 내 그물에 걸리도록 해 주십시오.'라고 기원하였다. 짐
승들을 몰살시키게 될 그러한 사냥에 대해 탕왕은, 무도(無道)한 짓이
며 폭군 걸(桀)이나 할 수 있는 행동이라 생각하여, 사면의 그물 중 삼
면의 그물을 치우고, 사냥꾼의 기원을 다음과 같이 바꿨다. '……왼쪽
으로 가고 싶은 놈은 왼쪽으로, 오른쪽으로 가고 싶은 놈은 오른쪽으로
달아나 그물을 피하고, 높이 날고 싶은 놈은 높이, 낮게 날고 싶은 놈은
낮게 날아 그물을 피하라. 나는 명을 어겨 그물에 걸리는 놈만 취하겠다.'
탕왕의 인덕(仁德)이 이처럼 금수에까지 미치자, 이후 탕왕에게 귀복(歸
服)한 나라가 40여 개국에 이르렀다. 援琴命詩(원금명시):금(琴)을 당
겨 시를 지어 노래함. 순(舜)임금은 즉위하자, 오현금을 뜯으며〈南風
詩〉를 지어 노래했다. '훈훈한 남풍이 부니, 우리 백성들의 원한이 풀리
고도 남겠네. 남풍이 때맞추어 부니, 우리 백성들의 먹을 것이 풍족하
겠네(南風之薰兮 可以解吾民之慍兮. 南風之時 可以阜吾民之財兮).' 南
風은 여름에 부는 바람인데, 여기서는 덕 있는 군주를 가리킨다. 백성
들의 원한을 풀어주고, 그들을 따뜻하게 보살펴 주어야 한다는 뜻이다.
一日二日:《書經》우서(虞書) 고요모(皐陶謨)에 나오는 것으로, 고요(皐

陶)가 순(舜)임금에게 아뢴 말이다. '안일과 탐욕으로 나라를 다스리지
마시고, 항상 조심하고 두려워하십시오. 하루 이틀의 짧은 동안에도 여
러 가지 일이 일어날 수 있는 만 가지의 조짐이 생깁니다. 관리들로 하
여금 자리를 비우지 말고 자기의 소임을 다하게 하십시오. 하늘이 해야
할 일을 임금이나 관리가 대신하고 있을 뿐입니다(無敎逸欲有邦 兢兢
業業. 一日二日萬幾. 無曠庶官. 天工人其代之).' 바른 정사를 펴기 위한
군주의 마음가짐을 이야기하고 있다. 念玆在玆(염자재자):《書經》虞書
大禹謨에 나오는 말. 순(舜)임금이 우(禹)에게 양위(讓位)하려 하자, 우
는 고요(皐陶)를 천거하며 이렇게 말했다. '고요는, 힘써 덕을 뿌려 그
덕이 아래에까지 미쳤으니, 많은 백성들이 그를 따르고 있습니다. 임금
께서는 깊이 생각하십시오. 그 사람을 생각하는 것은 그의 공적 때문입
니다. 그 사람을 버려도 그의 공적은 남습니다. 그 사람의 이름을 말하
는 것도 그의 공적 때문이며, 그 사람에 대한 믿음이 우러나오는 것도
그의 공적 때문입니다. 임금께서도 그의 공적을 굽어 살피시기 바랍니
다(皐陶邁種德 德乃降 黎民懷之. 帝念哉. 念玆在玆 釋玆在
玆 名言玆在玆 允出玆在玆. 惟帝念功).' 여기서 念玆在玆는, 군주는 밝은 덕을 지니
고 바른 정사를 펼 것을 잊어서는 안 된다는 의미로 사용되었다. 惟人
所召(유인소소):오로지 사람이 스스로 불러들이는 것임. 召는 招와 같
은 뜻.《左傳》襄公 23년에 기록되어 있는 이야기. 민자마(閔子馬)가 공
서(公鉏)에게 말했다. '화(禍)와 복은 들어오는 문이 따로 없다. 사람들이
스스로 불러들일 뿐이다(禍福無門 唯人所召).' 禍福은 자신의 행동의 善
惡에 따라 결정된다는 뜻. 自天祐之(자천우지):하늘이 도움.《易經》大
有卦 上九의 爻辭에, '하늘이 이를 돕는다. 吉하여 불리함이 없다(自天
祐之 吉无不利).' 한 것을 가리킴. 군주가 하늘의 뜻을 따르고, 비록 존
귀한 몸이나 항상 겸허한 마음으로 현인을 존중하면, 길하여 복을 받을

것이라는 뜻이다. 諍臣(쟁신):군주의 잘못에 대하여 직언(直言)하는 충
신. 간신(諫臣). 장온고 자신을 가리킨다. 司直(사직):공명 정직(公明
正直)을 맡음. 前疑(전의):옛날에는 군주의 전후좌우에 사람이 있어 군
주를 모셨는데, 앞의 사람을 疑, 뒤의 사람을 丞, 왼쪽의 사람을 輔, 오
른쪽의 사람을 弼이라 불렀다. 前疑에게 告한다 함은, 천자에게 직접 올
리는 것은 예(禮)가 아니므로, 천자를 모시는 前疑에게 告하여 그로 하
여금 천자께 자신의 뜻을 告하게 한다는 뜻이다.

【解說】《易經》계사전(繫辭傳) 下에, '天地의 위대한 덕을 生이라 하고, 聖
人의 가장 소중한 보물을 位라 한다(天地之大德曰生 聖人之大寶曰位).'
고 했다. 〈大寶箴〉은 천자가 位를 유지하기 위해 지키지 않으면 안 되
는 교훈을 쓴 것이다.
　　장온고(張蘊古)는 중서성(中書省)의 관리로, 그때 즉위한 지 얼마 안
되는 당(唐) 태종(太宗)에게 이 〈大寶箴〉을 바쳤다. 태종은 이것을 읽고
감계(鑑戒)로 삼을 만하다고 기뻐하며, 상으로 비단 3백 필을 하사하
고, 직책을 지금의 사법부에 해당하는 대리시(大里寺)의 승(丞)으로 올
려 주었다고 한다. 그런데 온고는 대리시의 승이 된 지 4년째에 참소를
입어 죽임을 당했다. 태종이 이 〈大寶箴〉대로 실천하지 못한 것은 실로
유감이다. '모든 백성이 미워하여 버린 후에야 그 악인에게 형벌을 주
어야 한다.', '참소를 받아 억눌려 있는 자가 있으면 그 억울함을 펴도록
해 주어야 한다.'는 장온고의 감계(鑑戒)를 어겼던 것이다. 태종은 모든
백성이 노여워할 때까지를 기다리지 않고, 오직 권만기(權萬紀)의 한마
디에 노하여 온고를 죽였다. 온고의 잠(箴)은 만민을 비호할 수는 있었
지만, 안타깝게도 자기 자신을 비호할 수는 없었던 것이다.
　　이 글은 첫째로, 고금(古今)의 성주(聖主)가 位를 보존하는 일이 쉽지

않았음을 이야기하고 둘째로, 位를 보존하기 위해 지켜야 할 일을 자세히 밝히고 셋째로, 고금의 명군(名君)이 충간을 받아들여 선정(善政)을 베푼 일을 이야기하고 넷째로, 천자가 지나친 총명을 사용하는 것을 경고하고 다섯째로, 태종(太宗)을 대상으로 하여 간신(諫臣)의 솔직한 의견을 충분히 이야기하고 있다.

이 글은 대부분 대구(對句)로 이루어져 있고, 고사(故事)를 인용하여 내용이 함축적(含蓄的)이며, 잠언으로서 엄격함을 지니고 있다. 구(句)의 자수(字數)가 일정하지 않은 데에 변화가 있으며, 그 속에 리듬이 있다. 어구(語句)의 가락뿐만 아니라 내용의 난이(難易)도, 배치의 묘(妙)를 얻고 있다. 특히 모든 면에까지 미친 자상한 배려는, 군주를 생각하고 백성을 생각하는 작자의 지극한 정(情)의 나타남이라고 보아야 할 것이다.

시잠:정정숙(視箴:程正叔)

心兮本虛 應物無迹. 操之有要 視爲之則. 蔽交於前 其中則
遷. 制之於外 以安其內. 克己復禮 久而誠矣.

사람의 마음은 본디 형체가 없는 것으로, 외물(外物)에 느끼어 그에 응하되, 그 흔적이 없다. 마음을 바르게 지키고 바른 인식을 가진다는 것은 매우 중요한데, 그러기 위해서는 예(禮)에 어긋나지 않는 것만을 보아, 바른 도덕규범이 마음의 기둥이 되어야 한다.

예에 벗어난 여러 가지 일들에 의해 눈이 가려지면, 마음은 자연 바르지 못한 것만을 생각하게 된다. 그러므로 예가 아닌 것은 단호히 보지 않도록 하여, 마음이 혼란해지는 것을 막아야 한다. 예(禮)가 아닌 것에서 눈을 돌리고 수양에 힘씀으로써, 자신의 사욕(私欲)을 이기고 예로 돌아갈 수 있으며, 조금도 그릇된 생각이 없는 참된 마음을 가질 수 있는 것이다.

【語義】 心兮本虛(심혜본허):마음은 본디 형체가 없음. 兮는 강조의 뜻을 나타내는 助詞. 虛는 공허하여 형태가 없는 것. 無形·無色·無聲·無臭의 상태를 뜻하는데, 한편으로는 불가사의한 작용을 하는 것을 뜻한다. 應物無迹(응물무적):물(物)에 응하되 자취가 없음. 操之有要:마음을 바르게 지키는 요령. 操는 持, 또는 守의 뜻. 之는 마음.《孟子》告子篇 上에, "공자께서도 말씀하셨다. '잡으면 있고, 버리면 없어진다. 그나가고 들어옴에 때가 없어, 머물 고향이 어딘지 알지 못한다 함은, 바로 마음을 두고 이른 말이다'(孔子曰 操則存 舍則亡. 出入無時 莫知其鄕 惟心之謂與)."라고 하였다. 視爲之則(시위지즉):보는 것이 마음의 법칙이 됨. 視는 禮에 어긋나지 않는 것을 보는 것. 則은 법칙으로 삼

는 것. 즉 예의 바른 것을 보는 것이 마음을 바르게 지키는 길이 된다
는 뜻이다. 蔽交於前(폐교어전):눈앞에 교차되는 여러 가지 바르지 못
한 일에 눈이 가려짐.《孟子》告子篇 上에, '귀나 눈 같은 기관은 생각하
는 능력이 없기 때문에, 외물(外物)에 의해 지배를 받는다. 외물이 뒤섞
이는 대로, 귀와 눈은 그대로 받아들인다. 그러나 마음의 기관만은 사
고하는 능력이 있다. 사고할 수 있기 때문에 외물을 주체적으로 파악할
수 있다. 귀나 눈은 사고 능력이 없어, 외물을 파악하지 못하고 거꾸로
그것에 지배된다(耳目之官 不思而蔽於物. 物交物則引之而已矣. 心之官
則思. 思則得之 不思則不得也).'라고 하였다. 中:마음. 制之於外(제지
어외):눈에 비치는 외계의 것을 막음. 즉 예(禮)가 아닌 것은 보지 않는
다는 뜻이다. 內:마음. 克己復禮(극기복례):자신의 사욕(私欲)을 극복
하고 예(禮)로 돌아감. 예로 돌아간다는 것은 인간이 지켜야 할 道德을
이행한다는 뜻.《論語》顔淵篇에 실린 공자의 말씀에, '자기를 극복하
고 禮로 돌아감이 곧 仁이다. 하루만이라도 자기를 극복하고 禮로 돌아
가면, 天下가 모두 仁으로 돌아간다(克己復禮爲仁. 一日克己復禮 天下
歸仁焉).'라는 것이 있다. 誠(성):진실하여 조금도 그릇된 생각이 없음.

청잠:정정숙(聽箴:程正叔)

> 人有秉彝 本乎天性. 知誘物化 遂亡其正. 卓彼先覺 知止有
> 定. 閑邪存誠 非禮勿聽.

　인간은 모두 영원히 변하지 않는 도덕을 몸소 행하려는 마음을 가지고 있
는데, 이는 하늘로부터 받은 성품이다. 그런데 사사로운 욕망에 끌리고 끊
임없이 외부로부터 영향을 받아, 그 아름다운 성품이 거칠어지고 바른 마
음을 잃는 일이 많다. 저 뛰어난 성인군자들은 지극한 선(善)에 머물 수 있
으므로, 마음이 항상 평온하며 흔들리지 않는다. 그러한 성인들을 본받아,
사념(邪念)을 물리치고 진실한 마음을 지키며, 예(禮)에 어긋나 바른 법도
(法度)에 맞지 않는 일은 듣지 말아야 한다.

【語義】人有秉彝(인유병이):사람들이 영원히 변하지 않는 道를 갖고자 함.
　　彝는 常의 뜻으로, 영원불변의 道德을 뜻한다. 君臣有義 · 父子有親 ·
　　夫婦有別 · 朋友有信 · 長幼有序 등과 같은 윤리 도덕. 天性:인간이 태
　　어날 때 하늘로부터 부여받은 성품. 知誘(지유):욕망에 끌림. 知는
　　欲의 뜻. 物化(물화):외물(外物)로부터 영향을 받아 변함. 卓(탁):높이
　　뛰어남. 先覺(선각):衆人보다 먼저 道를 깨달은 사람. 聖賢.《孟子》萬
　　章篇 上에, 이윤(伊尹)이 先覺에 관해 이야기한 것이 있다. '하늘이 이
　　백성들을 만드신 것은, 먼저 아는 사람으로 하여금 뒤늦게 아는 사람을
　　깨우쳐 주게 하고, 먼저 깨닫는 사람으로 하여금 뒤늦게 깨닫는 사람을
　　깨우쳐 주게 하기 위함이다. 나는 하늘이 낸 백성 가운데에서 먼저 깨
　　달은 사람일 뿐이다(天之生此民也 使先知覺後知 使先覺覺後覺也. 予天
　　民之先覺者也).' 知止有定(지지유정):지극한 善에 머무를 수 있어 마음

이 평정되고 안존(安存)됨. 《大學》에서 취한 내용이다. '大學의 道는 밝은 덕을 밝히는 데에 있으며, 백성들을 새롭게 하는 데 있으며, 지극한 善에 머무름에 있다. 머무를 데를 안 뒤에라야 정함이 있고, 정해진 뒤에라야 고요함이 있으며. 고요해진 뒤에라야 편함이 있고, 편안해진 뒤에라야 생각할 수 있으며, 생각한 뒤에라야 얻을 수 있다(大學之道 在明明德 在親民 在止於至善. 知止而后有定 定而后能靜 靜而后能安 安而后能慮 慮而后能得).' 閑邪存誠(한사존성):사곡(邪曲)을 막고, 마음속에다 거짓 없는 성심을 보존함. 閑은 防의 뜻. 《易經》文言傳의 乾卦 九二의 爻辭를 부연한 글에서 발췌한 내용이다. '사념(邪念)을 물리치고 진실한 마음을 간직한다(閑邪存其誠).' 非禮勿聽(비례물청):예(禮)가 아니면 듣지 않음. 《論語》顔淵篇에 나오는 말임. "공자께서 말씀하시기를, '禮가 아니면 보지 말며, 禮가 아니면 듣지 말며, 예가 아니면 말하지 말며, 禮가 아니면 행동하지 말아야 한다.'(孔子曰 非禮勿視 非禮勿聽 非禮勿言 非禮勿動)"

언잠:정정숙(言箴:程正叔)

> 人心之動 因言以宣. 發禁躁妄 內斯靜專. 矧是樞機. 興戎出
> 好. 吉凶榮辱 惟其所召. 傷易則誕 傷煩則支. 己肆物忤 出悖
> 來違. 非法不道 欽哉訓辭.

사람들은 말로써 외물(外物)에 느낀 자신의 마음을 나타낸다. 말을 할 때
에는 성급하고 경망스러운 태도로 말하지 않도록 조심해야 하며, 마음을
항상 고요하고 안정되게 해야 한다. 하물며 성인께서《역경(易經)》을 통해,
'언행(言行)은 군자의 추기(樞機)이다.'고 말씀하셨다.

싸움이 일어나는 것도, 우호를 도모하여 사이좋게 지내는 것도 말로
인해 일어나는 일이다. 사람들이 저마다 불러들이는 길(吉)·흉(凶)·영
(榮)·욕(辱)도 사실은 말에서 비롯되는 것이다.

말을 안일한 생각으로 가볍고 쉽게 하면 거짓말이 되기 쉽고, 번거롭게
많이 하면 조리가 없고 지리멸렬해진다. 또 하고 싶은 말을 자기 마음대로
함부로 하면 남과 충돌을 일으키기 쉽고, 남에게 도리에 어긋난 말을 하면
자신에게도 그런 말이 돌아온다.

법도에 어긋나는 말은 하지 말도록 하고, 항상 이 교훈을 지키도록 하라.

【語義】因言以宣(인언이선):말로써 나타냄. 發禁躁妄(발금조망):말을 하
는 데에 조망(躁妄)하지 않도록 함. 躁는 침착하지 못한 것. 妄은 경망
스럽고 절도가 없는 것. 矧(신):하물며. 樞機(추기):가장 중요한 것.
원래 樞는 여닫이문의 돌쩌귀이고, 機는 문지방이다. 문짝의 개폐가 樞
機에 의해 이루어지는 데에서, 樞機가 '매우 중요한 역할을 하는 것'이라
는 뜻으로 쓰이게 되었다.《易經》繫辭傳 上에, '언행은 군자의 樞機이

다. 언행이 밖으로 나타나는 것에 의해서 영예와 치욕이 초래되니, 언행은 영욕을 부르는 근본이다(言行君子之樞機. 樞機之發 榮辱之主也).'라고 한 것을 가리키는 말이다. 興戎出好(흥융출호):싸움을 일으키게 하기도 하고, 우호를 맺게 하기도 함.《書經》虞書 大禹謨篇에, '입에서는 좋은 말도 나오지만 싸움을 일으키게 할 말도 나온다(惟口出好興戎).'라고 하였다. 검(소):불러들임. 招의 뜻. 傷易則誕(상이즉탄):말을 가볍고 쉽게 하면 거짓말이 되기 쉬움. 易는 경박하고 안이한 것. 誕은 거짓말. 誕에는 태어난다는 뜻도 있다. 傷煩則支(상번즉지):말이 너무 많으면 조리(條理)를 잃음. 煩은 번거로움. 支는 여러 가지로 갈라져 요령이 없는 것. 己肆物忤(기사물오):자기 멋대로 하면 남과 뜻이 맞지 않게 됨. 肆는 하고 싶은 대로 멋대로 하는 것. 忤는 충돌을 일으켜 말썽이 일어나는 것. 出悖來違(출패래위):입에서 나가는 말이 도리에 어긋난 말이면, 내게 돌아오는 말도 그와 같음. 悖는 도리에 어긋나는 것. 《大學》傳文 제10장에, '말이 거슬리어 나간 것은 거슬리어 들어오고, 재물이 거슬리어 들어온 것은 거슬리어 나간다(言悖而出者 亦悖而入. 貨悖而入者 亦悖而出).'고 하였다. 즉 가는 말이 도리에 어긋난 말이면 오는 말도 그러하며, 옳지 못한 방법으로 모은 재물은 옳게 쓰이지 않는다는 뜻이다. 非法不道:법도에 맞는 말이 아니면 하지 않음.《孝經》에 나오는 말. '법도에 맞지 않는 것은 이야기하지 말고, 노가 아닌 것은 행하지 말라(非法不言 非道不行).' 欽哉(흠재):삼가 공경하여 지킴.

동잠:정정숙(動箴:程正叔)

哲人知幾 誠之於思. 志士勵行 守之於爲. 順理則裕 從欲惟
危. 造次克念 戰兢自持. 習與性成 聖賢同歸.

　도리(道理)를 깨달은 성인군자(聖人君子)는 아직 표면에 드러나지 않은
희미한 징조만으로도 좋고 나쁨의 모든 결과를 밝게 아는데, 그것은 항상
성실하고 진실한 마음으로 지극한 선(善)을 생각하기 때문이다.
　도덕을 행하고자 뜻을 세운 선비는, 그 실천에 노력하여 무슨 일에든 바
른 도리를 굳게 지킨다.
　바른 도리를 좇으면 마음이 편안하여 여유가 있으나, 사사로운 욕심을
좇아 행동하면 반드시 위험에 부닥치게 된다. 아무리 위급한 때에라도 이
이치만은 잊어서는 안 되며, 언제나 두려워하고 조심하는 마음으로 자신을
굳게 지켜야 한다. 지극한 선(善)만을 생각하며 밝은 도(道)를 좇아 행동하
려는 아름다운 습관이 천성(天性)처럼 되면, 성인만의 세계인 절대 지선(絶
對至善)의 경지에 도달하게 되는 것이다.

【語義】 哲人:도리(道理)를 깨달은 사람.　幾(기):일의 조짐. 아직 표면에
　　나타나지 않은 희미한 징조.　誠之於思(성지어사):성실하고 진실한 마
　　음으로 생각함.《中庸》제20장에, '진실됨이란 하늘의 도요, 진실해지
　　려고 함은 사람의 도이다(誠者天之道也 誠之者人之道也).'라 했고 제21
　　장에, '진실됨으로 말미암아 밝아지는 것을 性이라 하고, 밝음으로 말
　　미암아 진실해지는 것을 敎라 하는데, 진실하면 밝아지고 밝으면 진실
　　해진다(自誠明謂之性 自明誠謂之敎 誠則明矣 明則誠矣).'라 했다.　志
　　士勵行(지사려행):道를 행하려고 뜻을 세운 사람은 그 실행에 힘씀. 志

士는 仁道를 세상에 펴기 위해 뜻을 세운 사람. 勵行은 노력하여 행동함. 守之於爲(수지어위):바른 도리를 굳게 지킴. 順理則裕(순리즉유): 도리를 좇으면 여유가 있게 됨. 바른 도리를 좇아 행동하면, 마음이 편안하고 여유 있게 된다는 뜻. 從欲惟危(종욕유위):욕심을 좇으면 위험하게 될 뿐임. 《書經》虞書 大禹謨篇에, '사람의 마음은 위태롭기만 하여, 도를 지키려는 마음이 희박하다(人心惟危 道心惟微).'고 하였다. 造次克念(조차극념):아무리 급한 때라도 잊지 않음. 造次는 창졸(倉卒)의 뜻. 《論語》里仁篇에, '군자는 비록 밥 먹는 사이에도 仁을 어겨서는 안 되며, 아무리 황급한 때에라도 仁을 떠나서는 안 되며, 아무리 위급한 때에라도 이를 지켜야 한다(君子 無終食之間違仁 造次必於是 顚沛必於是).'라 하였다. 戰兢自持(전긍자지):두려워하고 조심하는 마음으로 지켜 나감. 戰兢은 戰戰兢兢을 略한 것. 自持는 경솔히 행동하지 않고 자신을 잘 보존(保存)한다는 뜻. 習與性成(습여성성):좋은 습관이 자연히 천리(天理)와 합하게 됨. 習은 후천적인 습관으로, 밝은 도리를 실천하기 위해 매사에 조심하는 것. 性은 도덕을 실천하고자 하는 인간의 天性. 《書經》商書 大甲篇 上에, '그의 불의는 습성이 되어 고칠 수 없게 되었으니, 나는 의를 좇지 않는 그와 가까이하지 않겠다(玆乃不義 習與性成 予弗狎于弗順).'라 하여, 《書經》에서는 習與性成이 악습이 고질화된다는 뜻으로 쓰였다. 그러나 여기에서는, 좋은 습관이 천성이 된다는 좋은 뜻으로 쓰였다.

【解說】 잠(箴)은 교훈의 뜻을 담은 글이므로, 그 형식이 엄정(嚴正)하며 그 내용은 도덕적이다. 문체(文體)는 장중한 四言句로, 每句 또는 격구(隔句) 압운(押韻)이다. 그리고 《易經》·《書經》·《論語》·《孟子》 등의 경전(經典)에 있는 성현의 말씀을 인용하여 그 사상을 깊게 하고 있다. 그

근저(根柢)에서는 송대(宋代) 정주학(程朱學)의 철학적 고찰을 확실히 엿볼 수 있다. 〈視箴〉에서 눈에 보이지 않는 마음을 파악하는 방법은 정주학(程朱學)의 허정(虛靜:아무것도 생각지 아니하고 조용히 있는 것)을 주로 한 수양법(修養法) 그대로로, 〈視箴〉에서는 지각(知覺) 욕망이 외물(外物)에 끌리어 본심(本心)을 잃게 되는 것을 경계하고 있다. 〈聽箴〉에서는 사념(邪念)을 물리치고 진실한 마음을 지킬 것을 이야기하고 있으며, 〈言箴〉에서는 말은 사상을 표현하는 도구이지만, 말로 인해 마음의 평정을 잃지 않기 위해서도, 또 남과 충돌을 피하기 위해서도 말을 조심하지 않으면 안 된다는 것을 이야기하고 있다. 마지막 〈動箴〉에서는 모든 언행(言行)에 대한 교훈을 이야기하고 있다. 즉 생각이나 행동을 성실하고 절조(節操) 있게 하며, 언제나 바른 도리를 좇도록 자신을 수양하면 아름다운 습관이 천성(天性)처럼 된다는, 궁극의 이상적(理想的) 인격의 길을 제시하고 있는 것이다.

짧은 글이지만 매우 논리 정연한 구성이다. 참으로 간결하면서도 함축(含蓄)이 풍부한 설리문(說理文:道理를 이야기하는 문장)이다.

권지 5 (卷之五)

명류(銘類)

본디 경계하고 반성하게 하기 위해 금석기물(金石器物) 등에 새긴 글을 銘(명)이라 하는데, 오늘날에는 사람의 공덕(功德)을 기리어 후세에 남기기 위해 금석기물(金石器物) 등에 새긴 글을 銘이라 이른다. 《釋名》에, '銘은 名이다. 그 功의 아름다움을 기리는 것이다.'라 했고 《事物原始》에는, '銘은 志이다. 그 功을 기록하는 것이다.'라 했다. 또 《文章辨體》에는, '銘은 名이다. 器物에 이름을 새겨 그로써 스스로 경계하는 것이다.'라 했다. 이것이 銘의 본래 목적이다. 경계하는 것에도 두 종류가 있다. 즉 스스로를 경계하는 것과 타인을 경계하는 것이다. 《大學》에 나오는 은(殷)나라 탕왕(湯王)의 반명(盤銘:목욕하는 금 그릇에 새겨 놓은 戒銘)은 자계(自戒)이다. 칭송하고 기리는 뜻의 銘에는 〈泰山銘〉 등이 있으며, 비명(碑銘)·묘명(墓銘) 등과 같은 사자(死者)를 기리어 기록하는 銘도 있다. 형식(形式)은 대부분 四言의 격구운(隔句韻)인데, 옛것에는 三言 혹은 三·五·七言을 혼용한 것도 있다.

누실명:유우석(陋室銘:劉禹錫)

> 山不在高 有僊則名. 水不在深 有龍則靈. 斯是陋室 惟吾德
> 馨. 苔痕上階綠 艸色入簾靑. 談笑有鴻儒 往來無白丁. 可以
> 調素琴閱金經. 無絲竹之亂耳 無案牘之勞形. 南陽諸葛廬 西
> 蜀子雲亭. 孔子云 何陋直之有.

높다 하여 명산(名山)이 아니라, 신선(神仙)이 살고 있어야 명산이다. 물이 깊다 하여 신령스러운 물이 아니라, 용(龍)이 살고 있어야 신령한 물이다.

여기 이 방이 비록 누추하기는 하나, 이곳에 기거하는 나의 덕이 향기로움에랴!

이끼는 섬돌 위까지 덮여 푸르고, 풀빛은 발(簾) 안으로까지 들어와 방안을 온통 푸른빛으로 물들인다. 이곳에 모여 담소하는 사람들은 모두 덕 높은 큰 선비들뿐, 무위무관(無位無官)의 천한 사람들은 왕래하지 않는다. 이곳은 백목(白木)의 거문고를 당겨 줄을 고르고, 옛 성인의 금옥(金玉) 같은 경서(經書)를 펴 덕을 높이는 곳. 기녀들을 불러 노래하고 춤추는 일 없어 시끄럽지 않아 좋고, 벼슬에 매인 몸이 아니라 관청 일과 세상의 잡다한 일에 시달리지 않아 좋다.

이곳을 제갈량(諸葛亮)이 은거하던 남양(南陽)의 오두막집에 대어 볼까, 아니면 서촉(西蜀) 땅 성도(成都)에 있던 양웅(揚雄)의 재주정(載酒亭)에 대어 볼까.

'군자가 살고 있는데, 어찌 누추할 수 있겠는가(君子居之 何陋之有).'라는 공자님의 말씀처럼, 이곳이 어찌 누추한 방(陋室)일 수 있겠는가.

【語義】 僊(선):仙과 같다. 神仙, 또는 仙人.　陋室(누실):누추한 방. 《論語》 자한편(子罕篇)에, "공자께서 동쪽 미개인들 사이에 가 살기를 바라시자, 어떤 사람이 여쭈었다. '누추할 터인데, 어찌 그런 곳에서 사시려 하십니까?' 공자께서 말씀하셨다. '군자가 사는데 어찌 누추할 까닭이 있겠느냐!'(子欲居九夷 或曰 陋如之何. 子曰 君子居之 何陋之有)"라는 말이 있다. 비록 陋室이라 하더라도 덕 있는 선비가 살면 陋室이 아니라는 뜻이다.　鴻儒(홍유):학문과 도덕이 높은 선비. 鴻은 大의 뜻. 白丁:천한 사람. 무위 무관(無位無官)의 천민. 丁은 장년의 남자. 인간의 수명을 백 살로 보고, 일간(一干)을 십 년씩으로 생각한 것임.　素琴(소금):장식이 없는 거문고.　金經(금경):경서(經書)를 말한다. 金은 미칭(美稱).　絲竹(사죽):絲는 현악(絃樂)이며, 竹은 관악(管樂). 기녀들을 불러 놓고 풍악을 울리며 흥겹게 노는 것을 뜻한다.　案牘(안독):案은 관청의 공문서. 牘은 문서·편지.　南陽:호북성(湖北省)의 양양현(襄陽縣).　諸葛廬(제갈려):제갈량(諸葛亮, 孔明은 그의 字)이 유비에게 출사(出仕)하기 전에 은거하던 오두막집.　西蜀子雲亭(서촉자운정):서촉 사람인 양웅(揚雄)의 재주정(載酒亭). 子雲은 전한(前漢)의 문인이자 대학자인 양웅(揚雄)의 字. 蜀의 성도(成都) 사람이어서 西蜀이라 한 것이다. 유교(儒敎)의 맥을 이은 대유(大儒)로, 한유(韓愈)의 문장에 자주 등장한다.　何陋之有(하루지유):무엇이 더럽겠는가. 앞에서 인용했던 공자의 말씀으로, 《論語》 子罕篇에 실려 있다. 원래는 공자께서 난세를 개탄하여 하신 말씀이다.

【解說】 유우석(劉禹錫)은 초라하고 좁은 자신의 거처를 누실(陋室)이라 겸손하게 이름 지었지만, 한편으로는 덕 있는 군자가 그 나라에 있으면 오랑캐의 나라라 하더라도 누(陋)라 말할 수 없다고 한 공자의 말이나, 안

연(顏淵)이 누추한 집에 살면서도 그 뜻을 버리지 않았다는 이야기(《論語》雍也篇)에서 자신의 거처를 '陋室'이라 이름한 것이다. 그리하여 〈陋室銘〉에서는, 비록 누추한 곳이라 하더라도 그곳에 사는 사람이 덕 있는 군자라면 그곳은 결코 누추한 곳이 아니라는 신념을 펴고 있다. 〈陋室銘〉은 스스로를 경계하기 위한 銘으로, 작자가 화주(和州:安徽省)의 자사(刺史)였을 때에 지은 것이다.

단지 81字로 누실(陋室)의 상황을 남김없이 기술하고 있다고 칭송받는 名文이다. 用語·句法에 변화의 묘(妙)가 있다. 四言의 장중한 체(體)로 시작하여 나가다가, 室의 모습을 기술하는 사(詞)에서는 돌연 五言詩와 같은 아취를 보이고, 일전(一轉)하여 八言·六言·五言을 교묘하게 엮었다. 마지막으로 공자의 말을 인용하여, 자신에 대한 자부심(自負心)을 강하게 표명하고 있다. 과연 백낙천(白樂天)과 항상 창화(唱和)한 시인의 室銘답게, 이 글에는 딱딱하고 엄격한 느낌이 전연 없다. 묘사(描寫)는 아름답고, 사상은 전아(典雅)하며, 풍류한정(風流閑靜)의 멋이 있다.

극기명:여여숙(克己銘:呂與叔)

> 凡厥有生 均氣同體 胡爲不仁. 我則有己. 物我旣立 私爲町畦
> 勝心橫發 擾擾不齊.

  무릇 생명이 있는 것들은 모두 천지를 어버이로 하여 같은 근원에서 나
왔는데, 어찌하여 서로를 해치며 불인(不仁)한 짓을 하는가.
  그것은 저마다 자신을 내세우기 때문이다. 외물(外物)과 자신을 구별하
여 대립시키게 되면, 사사로운 욕심이 자신과 외물을 뚜렷이 갈라놓고, 일
마다 남에게 이기고 싶은 충동이 걷잡을 수 없이 일어나게 되어, 마음이 항
상 시끄럽고 어지러우며 바르고 평정된 상태를 유지할 수 없게 된다.

【語義】有生:생명을 지닌 모든 것. 均氣同體(균기동체):만물은 天地를 부
  모로 하여 오직 하나의 근원에서 나왔으므로 一氣同體, 즉 같은 기운으
  로 이루어졌음. 사람들의 근본은 모두 같다는 뜻. 胡(호):何와 같은 뜻
  으로, 어찌. 町畦(정휴):밭이랑. 경계를 짓는다는 뜻이니, 격리(隔離)
  됨을 뜻한다. 勝心(승심):남을 이기고자 하는 마음. 승벽(勝癖). 橫發
  (횡발):어지럽게 마구 일어남. 擾擾(요요):시끄럽고 어지러운 모양. 不
  齊(부제):가지런히 정돈되지 못함.

> 大人存誠 心見帝則. 初無吝驕 作我蟊賊, 志以爲帥 氣爲卒
> 徒. 奉辭于天 誰敢侮予.

  큰 덕(德)을 지닌 성현 군자는 항상 정성스럽고 거짓 없는 마음으로 사물
을 생각하기 때문에, 하늘이 인간에게 명(命)한 것이 무엇인지를 밝게 안

다. 따라서 처음부터 사욕에 얽매인 인색함이나 남을 업신여기는 교만한
생각을 가지지 않기 때문에, 자신의 마음을 좀먹는 해충을 만들지 않는다.
또 아름다운 도덕을 지키려는 굳센 의지를 마음의 기둥으로 삼아, 모든 행
동이 그에 쫓도록 한다. 이처럼 하늘의 명을 받들어 도덕의 실천에 힘쓴다
면, 누가 감히 업신여길 수 있겠는가.

【語義】 大人:큰 덕을 지닌 인물. 성현(聖賢)과 군자. 誠:진실하여 거짓이
없는 마음. 정성스러운 마음. 帝則(제칙):하늘이 정한 법칙. 천리(天
理), 또는 도리(道理). 吝驕(인교):인색함과 교만함.《論語》태백편(泰
伯篇)에 다음과 같은 공자의 말씀이 있다. '설사 周公과 같은 훌륭한 재
능을 지녔을지라도, 그가 교만하고 인색하다면 더 이상 볼 것이 없다
(如有周公之才之美 使驕且吝 其餘不足觀也已).' 蟊賊(모적):나무의 뿌
리나 마디를 갉아먹는 해충. 轉하여 사람의 마음을 좀먹는 짓. 蟊는 蝥
(모)와 仝字. 志以爲帥(지이위수):의지(意志)를 장수로 삼음.《孟子》공
손추편(公孫丑篇) 上의, '마음은 기운을 거느리고, 기운은 몸을 거느린
다(夫志氣之帥也 氣體之充也).'라는 말에 근거한 것. 志는 사람의 기운
을 주재하는 意志, 또는 마음. 氣爲卒徒(기위졸도):기운(氣運)을 병졸
로 삼음. 氣는 신체의 활동.《孟子》公孫丑篇 上에, '무릇, 의지가 지극
히 강하면 기운은 저절로 그것을 따르게 마련이다(夫志至焉 氣次焉).'라
하였다. 辭(사):하늘의 명령. 하늘이 인간에게 도덕을 지키라고 내린
명령. 誰敢侮子(수감모여):누가 감히 나를 업신여기겠는가.

且戰且徠. 勝私窒慾. 昔爲寇讎 今則臣僕. 方其未克 窘吾室
廬. 婦姑勃磎 安取厥餘.

마음 한편에서는 도덕을 행하려는 마음과 사욕(私欲)을 좇으려는 마음이 다투고 있는데, 마음 한편에서 도덕을 따르려는 인간 본래의 아름다운 천성이 고개를 들어 사욕을 누르고 부질없는 욕심을 사라지게 하면, 어제까지 그렇게도 마음을 괴롭히던 사사로운 감정마저도, 지금부터는 마음에서 명령하는 대로 따라 움직이는 도덕의 노예가 되는 것이다.

그러나 도덕과 양심을 지키려는 의지가 사욕에 눌리게 되면, 마음은 더없이 궁색해진다. 마치 시어머니와 며느리가 좁은 방 안에서 싸우듯 마음속에서 사욕이 기승을 부려 선(善)을 행하고자 하는 마음과 다툰다면, 조그만 선행을 아무리 본받고 행한들 무슨 소용이 있겠는가.

【語義】 且戰且徠(차전차래):한편으로는 싸우고 한편으로는 옴. 且~且~는, '한편으로는~하고, 또 한편으로는~한다.'는 뜻. 戰은 바른 도덕을 따르려는 마음과 사욕을 따르려는 마음이 싸우는 것. 徠는 來와 같은 뜻으로, 바른 도리를 따르려는 인간의 天性이 고개를 드는 것. 勝私窒慾(승사질욕):사욕(私欲)을 누르고 욕심을 숨 막히게 함. 寇讐(구수):도둑과 원수. 지금까지 바른 양심과 갈등을 일으켰던 사사로운 감정을 뜻한다. 臣僕(신복):신하와 노예. 양심의 명령에 잘 따르는 것을 뜻한다. 方其未克(방기미극):바야흐로 이기지 못하면. 窘吾室廬(군오실려):나의 마음을 곤궁하게 함. 窘은 궁색하고 곤궁한 것. 室廬는 원래 집을 뜻하는데, 여기서는 마음이란 뜻으로 쓰였다. 婦姑勃磎(부고발혜):며느리와 시어머니가 다툼. 바른 도리를 좇으려는 양심과 사욕(私欲)의 싸움을 고부 사이에 벌어지는 싸움에 비유한 것. 勃磎는 다투는 것. 磎는 谿(혜)와 仝字.《莊子》雜篇 外物에 나오는 말. '방 안에 빈 곳이 없으면, 며느리와 시어머니가 얼굴을 마주 대하게 되어 싸움이 벌어진다. 마음이 유유자적한 자연의 경지에서 노닐게 되지 못하면, 마음속에 온

갖 욕정이 일어나 다투게 된다(室無虛空 則婦姑勃磎. 心無天遊 則六鑿
相攘).' 安取厥餘(안취궐여):어찌 그 나머지를 취할 수 있겠는가. 安은
어찌. 厥餘는 조그만 선행(善行). 한방에서 고부(姑婦)가 다투듯 마음속
에서 사욕(私欲)이 기승을 부려 양심과 다툰다면, 조그만 선행을 아무
리 쌓아도 소용이 없다는 뜻이다.

> 亦旣克之 皇皇四達. 洞然八荒 皆在我闥. 孰日 天下不歸吾
> 仁. 癢痾疾痛 擧切吾身. 一日至焉 莫非吾事. 顏何人哉 晞
> 之則是.

사욕(私欲)을 이겨 이를 물리치면, 마음은 한없이 넓고 밝아지며 팔방(八
方)의 먼 지역의 일까지 다 문안의 일처럼 밝게 알 수 있게 된다. 이렇게 되
면 천하의 모든 것이 다 나에게 귀복(歸服)하지 않는다고 누가 말할 수 있
겠는가. 인덕(仁德)으로 모든 것을 보면, 남의 가려움과 고통까지도 모두
내 몸에서 일어나는 일처럼 절실히 느낄 수 있다.

　단 하루라도 사욕을 이겨 인(仁)의 경지에 들면, 세상 모든 일이 나의 뜻
대로 이루어지지 않는 일이 없다. 아성(亞聖)이라 불리는 안회(顏回)는 어
떤 분인가? 누구든지 그분의 인덕(仁德)을 흠모하고 그분처럼 되려고 하면
다 될 수 있는 것이다.

【語義】 皇皇四達(황황사달):사방으로 통하여 밝고 큰 모양을 형용하는 말.
　洞然(통연):명확하고 환한 모양. 八荒(팔황):八方의 먼 지역. 闥(달):
　작은 문. 癢痾疾痛(양아질통):가려움과 아픔. 一日至焉(일일지언):하
　루만이라도 仁의 경지에 이르면. 《論語》안연편(顏淵篇)에, '자기를 극
　복하고 禮로 돌아감이 곧 仁이다. 하루만이라도 자기를 극복하고 禮로

돌아가면 天下가 모두 仁으로 돌아간다(克己復禮爲仁. 一日克己復體 天下歸仁焉).'라고 한 공자의 말씀이 있다. 《論語》 雍也篇에는 또, '안회(顔回)는 그 마음이 석 달을 두고도 仁을 어기지 않는데, 그 나머지 제자들은 고작 하루나 한 달을 仁에 이를 뿐이다(回也 其心三月不違仁 其餘則日月至焉而已矣).'라고 하였다. 莫非吾事(막비오사):나의 일이 아닌 것이 없음. 즉 무슨 일이든지 마음만 굳게 먹으면 할 수 있다는 뜻. 顔何人哉(안하인재):안회(顔回)란 어떤 사람인가? 노력만 하면 누구든지 안회와 같은 사람이 될 수 있다는 뜻이다. 顔回는 공자의 수제자로, 字를 淵이라 한다. 공자에게는 제자가 삼천 명이나 되었는데, 그중 현자 72人, 그리고 10哲이 있었다. 顔回는 그중에서도 학문과 덕행이 가장 뛰어난 제자로, 아성(亞聖)이라 불린다. 《孟子》 등문공편(滕文公篇) 上에 안연의 다음과 같은 말이 있다. '舜임금은 어떤 사람이며, 또 나는 어떤 사람인가? 善을 행하는 사람은 다 그와 같다(舜何人也. 予何人也. 有爲者亦若是).' 睎之則是(희지즉시):누구든지 안회(顔回)와 같이 되고자 노력하면 될 수 있음. 睎는 갈망하는 것. 是는 안회를 가리킨다. 양웅(揚雄)의 《揚子法言》 學行篇에, '안회와 같이 되고자 갈망하는 사람은 안회처럼 될 수 있다(睎顔之人亦顔之徒也).'라고 하였다.

【解說】 자기에게 이긴다(克)는 것은, 자신의 사욕(私欲)을 억눌러 없애고 하늘이 명(命)한 도덕을 수행한다는 의미이다. 작자 여대림(呂大臨, 字는 與叔)은 정명도(程明道)·정이천(程伊川)의 문하로, 사양좌(謝良佐)·유작(游酢)·양시(楊時)와 함께 사선생(四先生)이라 불렸던 대유(大儒)이다.

  이 銘은 송대(宋代) 理氣의 철학 사상을 기본으로 한, 사람이든 物이든 생명 있는 것들은 모두 같은 근원에서 나왔다는 것을 전제로 하고,

사욕(私欲)이 천리(天理)를 덮을 때에는 마음이 어지러워지게 된다고 이야기한다. 그래서 성현 군자는 정성스럽고 거짓 없는 마음으로 天理를 발견하고, 굳센 의지로 사욕(私欲)을 버림으로써 天理에 좇는다고 한다. 그리하여 私欲을 완전히 물리치게 되면, 마음이 한없이 넓어져 만물을 일시동인(一視同仁)하는 仁의 경지에 도달하며, 일단 그렇게 되면 성현의 경지에 도달할 수 있다고 이야기한다. 모두《論語》안연편(顏淵篇)의 '克己復禮'를 근거로 하고, 顏淵을 모범 삼아 송(宋)의 도학(道學) 사상을 전개한 것이다.

서명:장자후(西銘:張子厚)

> 乾稱父 坤稱母. 子茲藐焉. 乃混然中處. 故天地之塞 吾其體.
> 天地之帥 吾其性. 民吾同胞 物吾與也. 大君者吾父母宗子 其
> 大臣宗子之家相也. 尊高年 所以長其長. 慈孤弱 所以幼吾幼.
> 聖其合德. 賢其秀也. 凡天下疲癃殘疾 惸獨鰥寡 皆吾兄弟顚
> 連 而無告也.

순수한 양(陽)의 기운으로만 이루어진 건(乾), 즉 하늘을 아버지라 부르고, 순수한 음(陰)의 기운으로만 이루어진 곤(坤), 즉 땅을 어머니라 부른다. 우리 인간은 광활한 천지에 비하면 미미하여 티끌과도 같지만, 하늘로부터 기(氣)를 받고 땅으로부터 형체를 받아 태어나는 것으로, 음양(陰陽)의 두 기운이 섞여 있는 천지 사이에 존재한다. 따라서 우리의 몸은 천지 사이에 충만해 있는 음양의 두 기운으로 이루어진 것이다. 인간은 건(乾)과 곤(坤)의 결합체이므로, 하늘의 성(性)인 강건(剛健)과 땅의 덕(德)인 유순(柔順)을 본성(本性)으로 지니게 되는데, 이 본성은 다름 아닌 아름다운 도덕을 따르려는 도덕성(道德性)으로, 마음의 주재자가 되어 인간을 이루고 있는 천지 음양의 모든 기운을 다스리게 된다. 천지에는 정기(正氣)와 편기(偏氣), 청기(淸氣)와 탁기(濁氣)가 있는데, 인간은 천지를 어버이로 하여 정기와 청기를 받아 태어나므로 모두가 한 형제이며, 인간 이외의 물(物)들은 편기와 탁기를 받아 태어나는 것으로, 인간과는 그 근원을 같이하므로 인간의 벗이라 할 수 있다.

천자(天子)는 인간들의 어버이인 천지의 적자(嫡子)로서, 만물의 생성 발육에 힘쓰는 천지의 큰 덕을 이어받아, 하늘의 뜻을 인간 세상에 행하는 사람이고, 대신(大臣)들은 천자의 뜻을 세상에 펴는 천자의 재상이다.

세상의 노인들을 존경하여 받드는 것은 자기 집의 어른을 존경하여 섬기기 때문이고, 세상의 고아와 어린아이를 동정하는 것은 자기 집의 아이들을 사랑하기 때문이다.

천지가 만물을 두루 사랑하듯, 사람도 만물을 두루 사랑해야 한다. 특히 천지를 같은 어버이로 하는 사람들에게야 말해 무엇하겠는가. 사람으로서 천하 만물을 천지처럼 사랑하여 그 덕이 천지와 합치하는 사람을 성인(聖人)이라 하고, 그 덕이 남보다 뛰어난 사람을 현인(賢人)이라 한다.

무릇 천하의 많은 사람들 가운데 노쇠하여 지친 사람, 병들어 허약한 사람, 부모를 잃은 어린아이, 형제가 없는 외로운 사람, 자식이 없는 늙은 사람, 시중들 아내가 없는 늙은 사람, 남편이 없는 늙은 여자 등은, 천지를 어버이로 하는 다 같은 형제이면서도 어렵고 궁한 처지에 놓인 채 어디다 하소연조차 못하는, 참으로 동정해야 할 사람들인 것이다.

【語義】 乾稱父 坤稱母:건(乾)을 아버지라 부르고, 곤(坤)을 어머니라 부름. 乾은 剛健의 뜻으로, 굳세어 쉴 줄 모른다. 陽을 대표하는 것으로, 자연으로 말하면 天이며, 사람으로 말하면 父이다. 坤은 柔順의 뜻으로, 고요하여 움직이지 않으며, 하늘의 뜻을 받들어 만물을 낳는다. 陰을 대표하는 것으로, 자연으로 말하면 地이며, 사람으로 말하면 母이다. 《易經》彖傳에, '위대하구나, 건원(乾元). 만물이 그것을 근본으로 하여 시작된다(大哉乾元 萬物資始). 지극하구나, 곤원(坤元). 만물이 그것을 근본으로 하여 생겨난다(至哉坤元. 萬物資生).'라고 했고 大象에는, '하늘의 운행은 건실하다. 군자, 그것을 본받아 쉬지 않고 노력한다(天行健. 君子以自彊不息). 땅은 순수하고 두텁다. 군자, 두터운 덕으로써 모든 것을 받아들인다(地勢坤. 君子以厚德載物).'라 했다. 또 說卦傳에, '건(乾)은 純陽으로 하늘을 나타낸다. 따라서 아버지라 칭한다(乾天也. 故

稱乎父). 곤(坤)은 純陰으로 땅을 나타낸다. 따라서 어머니라 칭한다(坤
地也. 故稱乎母).'라 했고,《書經》周書 泰誓 上에, '천지는 만물의 부모
이다(惟天地 萬物父母).'라고 했다. 子茲藐焉 乃混然中處(여자묘언 내
혼연중처):내가 여기 조그만 모양으로 하늘과 땅의 중간에 있음. 子는
인간을 대표한 존재. 藐는 형체가 매우 작은 것. 混然은 천지 음양(天
地陰陽)의 氣가 섞인 것. 中處는 천지간(天地間). 사람은 하늘로부터 기
(氣)를 받고 땅으로부터 형체를 받아 생겨나는 것으로, 天地의 광대함
에 비하면 미미한 존재이나, 천지의 기운을 받아 태어나는 것임을 뜻
한다. 天地之塞 吾其體(천지지색 오기체):우리의 몸은 천지간에 꽉 찬
음양의 두 기운을 받아 이루어진 것임. 塞은 盈塞의 뜻으로, 가득 차서
충만한 것. 天地之帥 吾其性(천지지수 오기성):인간이 태어나면서부터
받은 性은, 인간을 이루고 있는 모든 기운의 주재자임. 乾이 剛健하고
坤이 柔順한 것은 天地의 性이다. 인간은 乾 · 坤이 섞여 생겨나는 것이
므로, 태어날 때부터 剛健柔順의 性을 지니고 있다. 性은 도덕을 지키
려는 인간의 道德性으로 혈기, 즉 행동을 다스리게 된다. 民吾同胞(민
오동포):모든 인간은 다 형제임. 사람은 모두 천지의 두 기운이 합하여
생겨난 것이므로, 형제라 한 것이다. 物吾與也(물오여야):만물은 모두
벗임. 物은 인간 이외의 모든 물(物). 금수(禽獸) · 초목(草木) 등. 與는
벗. 천지에는 정기(正氣)와 편기(偏氣), 청기(淸氣)와 탁기(濁氣)가 있
는데, 인간은 정기와 청기로써 이루어진 것이고, 인간 이외의 物은 편
기와 탁기로써 이루어진 것이다. 따라서 인간은 마음이 영명(靈明)하여
성명(性命)이 기(氣)를 다스릴 수 있어, 만물 중에서 가장 존귀한 존재
이다. 반면 인간 이외의 물들은 인간에게서 볼 수 있는 성(性), 즉 바른
도리를 따르려는 도덕성을 갖추고 있지 않다. 단지 천지의 두 기운을 받
아 태어난 것이 인간과 같을 뿐이다. 그러나 인간이나 물(物) 모두 하나

의 근원에서 나온 것이므로, 만물을 인간의 벗이라 한 것이다. 大君:천자(天子)를 가리킴. 宗子:장남(長男). 家相:재상(宰相)과 같다. 高年:노인. 長其長:어른을 어른으로서 섬김. 《孟子》이루편(離婁篇) 上에 나오는 말. '사람들마다 자기 부모를 부모로 섬기고, 자기 어른을 어른으로 받든다면, 천하는 저절로 화평해질 것이다(人人 親其親 長其長 而天下平).' 孤弱:어려서 아버지를 잃은 아이를 孤라 하고, 나이 어린 아이를 弱이라 한다. 幼吾幼:내 집 아이들을 보살피는 것처럼 보살핌. 《孟子》梁惠王篇 上에 나오는 말. '내 집 노인을 공경하는 마음을 다른 집 노인들에게까지 미치게 하고, 내 집 어린이를 사랑하는 마음을 남의 집 어린이들에게까지 미치게 한다면, 天下를 손바닥 위에서 움직일 수 있다(老吾老 以及人之老 幼吾幼 以及人之幼 天下可運於掌).' 聖其合德:성인은 그 덕이 천지의 큰 덕과 하나로 합함. 秀:남보다 뛰어남. 疲癃(피륭):노쇠하여 지친 사람. 殘疾(잔질):병들어 허약한 사람. 惸獨鰥寡(경독환과):惸은 형제가 없이 외로운 사람. 獨은 늙고 자식이 없는 사람. 鰥은 늙고 아내가 없는 사람. 홀아비. 寡는 과부. 《孟子》梁惠王篇 下에, '늙고 아내가 없는 것을 홀아비라 하고, 늙고 남편이 없는 것을 과부라 하며, 늙고 자녀가 없는 것을 외로운 이라 하고, 어리고 부모가 없는 아이를 고아라 하는데, 이 네 부류의 사람들은 세상에서 가장 곤궁한 사람들이다(老而無妻日鰥. 老而無夫日寡. 老而無子日獨. 幼而無父日孤. 此四者 天下之窮民而無告者).'라고 하였다. 顚連(전련):顚은 넘어지는 것. 連은 길이 험하여 나아가지 못하는 것. 어려운 처지에 있음을 뜻한다. 無告:하소연할 데가 없음.

于時保之 子之翼也. 樂且不憂 純乎孝者也. 違曰悖德 害仁曰
賊. 濟惡者不才. 其踐形者惟肖也. 知化則善述其事. 窮神則
善繼其志. 不愧屋漏爲無忝. 存心養性爲匪懈.

사람들이 저마다 타고난 본성(本性), 즉 아름다운 도덕을 행하려는 마음
을 잘 지키는 것이, 어버이인 하늘을 공경하는 길이다. 또 하늘의 섭리에
따르고 자신에게 주어진 명(命)에 만족하여 조금도 근심하는 바가 없게 되
는 것이 하늘, 곧 어버이에 대한 지극한 효심이다. 천리(天理)를 좇지 않고
사사로운 욕심을 좇는 것은 패덕(悖德)이며, 하늘이 내려 준 성(性)을 물리
쳐 인덕(仁德)을 해치는 것은 부모를 죽이는 것과 다름이 없는 대역무도(大
逆無道)이다. 또 악(惡)을 조장하여 후세에까지 악명을 남기는 것은, 어버
이를 섬길 줄 모르는 무지(無知)한 짓이다.

눈으로는 사물을 바르게 보아야 하고, 귀로는 소리를 총명하게 들어야
하며, 입으로는 참말을 이야기해야 하는데, 이는 하늘이 인간의 여러 기관
에 그 지켜야 할 바른 도리를 정해 놓았기 때문이다. 사람이 자신의 여러
기관으로 하여금 그 지켜야 할 도리를 지키게 하여, 바르게 보고 현명하게
들으며 옳게 이야기한다면, 마치 자식이 어버이를 섬기듯 하늘을 섬기며
그 덕을 따른다고 할 수 있다.

천지의 도를 알면, 자식이 가업을 이어받아 발전시키듯, 깊고 오묘한 하
늘의 도를 즐겨 따르게 된다. 천지의 덕과 변화의 이치를 밝게 알면, 자식
이 어버이의 뜻을 이어받듯 하늘의 뜻을 즐겨 이어받게 된다.

조금도 거짓됨이 없어, 아무도 보지 않는 암흑 속에서도 부끄러운 짓을
하지 않는다면, 실로 어버이인 천지를 욕되게 하지 않는다고 할 수 있다.
또 아름다운 마음을 잃지 않도록 하고 타고난 도덕성을 훌륭히 키워 나간다
면, 하늘을 섬기는 데에 조금도 게을리 하지 않았다고 할 수 있을 것이다.

【語義】 于時保之(우시보지):時는 是의 뜻. 保之는 길이 잘 保全하는 것. 《詩經》周頌〈我將〉에 나오는 글. '나는 아침 일찍부터 밤늦게까지 하늘의 위엄을 두려워하며, 문왕(文王)의 유업을 보전하리라(我其夙夜 畏天之威 于時保之).' 여기서는 도덕성, 즉 바른 도리를 따르려는 인간의 본성을 사욕에 물들이지 않고 길이길이 잘 지키겠다는 뜻이다. 子之翼也(자지익야):자식으로서 도우는 것임. 하늘을 두려워하여 본성을 잘 지키는 것이 부모님을 공경하는 길이라는 뜻이다. 樂且不憂:즐거워하여 근심하지 아니함.《易經》繫辭傳 上에 나와 있는, '하늘의 섭리에 따르고 命에 만족하므로, 마음에 우려하는 바가 조금도 없다(樂天知命 故不憂).'와 같은 뜻이다. 違日悖德(위왈패덕):천리(天理)를 따르지 않고 인욕(人欲)을 좇는 것을 패덕이라 함.《孝經》에는, '어버이를 사랑하지 않고 다른 사람을 사랑하는 것을 패덕이라 한다(不愛其親而愛他人者 謂之悖德).'고 되어 있다. 害仁日賊(해인왈적):仁愛의 덕을 해치는 것을 賊, 즉 어버이를 죽이는 것으로, 대역무도(大逆無道)라 함.《孟子》梁惠王篇 下에, '仁을 해치는 것을 포악하다 하고, 義를 해치는 것을 잔악하다 한다. 또 잔악하고 포악한 사람을 一夫라 한다. 나는 周나라 武王이 一夫인 紂를 죽였다는 말은 들었어도, 아직 임금을 죽였다는 말은 듣지 못했다(賊仁者謂之賊 賊義者謂之殘. 殘賊之人謂之一夫. 聞誅一夫紂矣 未聞弒君也).'라 하였다. 濟惡者不才(제악자부재):악을 조장하여 악명을 높이는 자는 부모를 섬길 줄 모르는 무지한 자식임. 踐形(천형):《孟子》盡心篇 上에, '형체와 얼굴 모습은 天性이다. 오직 성인이라야 형체의 바른 도를 실천할 수 있다(形色天性也. 惟聖人然後 可以踐形).'라고 하였다. 踐은 실천을 뜻하며, 形은 신체의 여러 기관을 가리킨다. 눈은 사물을 바르게 보아야 하고, 귀는 모든 소리를 총명하게 들어야 하는 등, 인간의 모든 기관에는 각각 주어진 바른 도리가 있다. 踐形이란, 인

간이 자신의 각 기관으로 하여금 그것들이 지켜야 할 바른 도리를 잘 따르도록 하게 하여, 자신의 타고난 본성의 선(善)을 잘 간직하는 것을 말한다. 肖(초):似와 같은 뜻으로, 닮다. 천지(天地)의 덕을 따르는 것을 말한다. 知化:천리(天理)의 변화의 도를 아는 것.《易經》繫辭傳 下에, '천지자연의 묘한 변화의 이치에 통하는 것은, 천지와 덕을 똑같이 하는 聖人만이 할 수 있는 것이다(窮神知化 德之盛也).'라고 하였다. 述其事(술기사):깊고 오묘한 하늘의 도에 좇음. 述은 循(순)의 뜻. 其는 깊고 오묘한 천도(天道).《中庸》의, '대저 孝라는 것은 부모의 뜻을 잘 받들고, 부모의 일을 잘 발전시키는 것을 말한다(夫孝者 善繼人之志 善述人之事者也).'라는 글에서 취했다. 窮神(궁신):천지(天地)의 덕과 변화의 이치를 밝게 앎. 善繼其志(선계기지):하늘의 뜻을 잘 계승함. 앞에서 인용한《中庸》의 글 가운데 나오는 문장. 不愧屋漏(불괴옥루):아무도 보지 않는 캄캄한 곳에서도 부끄러운 생각을 짓지 아니함. 屋漏는 방의 북서쪽 모퉁이로, 방 안에서 가장 어둡고 구석진 곳이다.《詩經》大雅篇〈抑〉에, '방 안에 있는 그대를 본다. 옥루에 있더라도 부디 하늘에 대하여 부끄러운 생각을 가지지 말기를 바란다. 눈에 뜨이지 않을 곳이라 말하지 말고, 자신의 허물이 보이지 않을 것이라 생각하지 말라. 하늘이 아래를 굽어보심은, 아무도 헤아릴 수 없는 것이다(相在爾室. 尚不愧于屋漏. 無日不顯 莫子云覯. 神之格思 不可度思).'라고 하였다. 無忝(무첨):욕됨이 없음.《詩經》小雅篇〈小宛〉에 나옴. '일찍 일어나고 늦게 잠자리에 들며, 너의 부모님께 욕됨을 드려서는 안 된다(夙興夜寐 無忝爾所生).' 爾所生(이소생)은 너를 낳은 바. 즉 부모를 가리킨다. 存心養性:마음을 지키고 성(性)을 기름. 즉 자신의 본심을 잃지 않도록 지키며, 하늘로부터 받은 도덕성을 잘 키워 나가는 것을 뜻한다.《孟子》盡心篇 上에, '자신의 마음을 다하면 자신의 천성을 알 수 있고, 자신의 천성을 알면 하늘을 알 수 있다. 자신의 마음을 살피고 자신의 천성을 기르는 것이 하늘을 섬기는 방법이다(盡其心者 知其性也. 知其性則知天矣. 存其心養其性 所以事天也).'라고 하였다.

惡旨酒 崇伯子之顧養. 育英才 潁封人之錫類. 不弛勞而底豫 舜其功也. 無所逃而待烹者 申生其恭也. 體其受而歸全者 參乎. 勇於從而順令者 伯奇也.

숭백(崇伯)의 아들 우(禹)가, 의적(儀狄)이 만든 맛 좋은 술을 멀리한 것은, 술에 빠져 부모 봉양을 소홀히 하게 되는 것을 막고 하늘의 뜻을 섬기려는 지극한 마음에서였다.

천하의 영재(英才)를 교육하는 데에 영고숙(潁考叔)이 지극한 효심으로 장공(莊公)을 감동시킨 것처럼 한다면, 세상에는 하늘의 바른 도리를 따르는 효자가 얼마든지 나오게 될 것이다.

순(舜)이 자신을 해치려던 완악한 부모와 못된 동생의 마음을 바른 천성(天性)으로 돌리고 그들을 기쁘게 할 수 있었던 것은, 그가 하늘의 바른 도를 좇아 극진한 효성으로 부모를 섬겼기 때문이다.

진(晋)의 태자 신생(申生)은 여희(驪姬)의 참소를 만나자, 아버지 헌공(獻公)의 마음이 불편해질 것을 두려워하여, 도피는커녕 자신의 결백함조차도 밝히지 않고 스스로 목을 매어 죽었다. 그의 죽음을 애도하는 많은 사람들은 그를 공세자(恭世子)라 불렀는데, 어버이에 대한 그의 효심이 지극했기 때문이다.

증자(曾子)는, '두려워하고 조심하여, 깊은 못가에 이른 듯 행동하고, 살얼음을 밟은 듯이 행동하라.'는《詩經》의 가르침에 따라, 부모님에게서 받은 몸을 평생 흠 한 점 없이 지키고 온전한 몸으로 돌아갔으니, 참으로 증자야말로 하늘의 뜻을 받들어 효를 다한 것이라 할 수 있다.

　주(周)나라 선왕(宣王)의 신하 윤길보(尹吉甫)의 아들 백기(伯奇)는 아버
지의 어떠한 명령에도 순종했다. 자식 된 도리를 다하여 하늘을 섬기고자,
용감하게 효심(孝心)을 발휘한 때문이다.

【語義】惡旨酒(오지주):맛있는 술을 싫어함. 旨酒는 맛 좋은 술. 崇伯子之
顧養(숭백자지고양):숭백의 아들이 부모를 봉양할 것을 생각함. 崇伯은
우(禹)의 아버지인 곤(鯀)으로, 崇國의 伯爵에 피봉(被封)되었으므로 崇
伯이라 한 것이다. 의적(儀狄)이 술을 만들자 우는, '후세에 반드시 술
때문에 나라를 망칠 사람이 나올 것이다.'고 하였다. 그러고 의적을 멀
리했을 뿐만 아니라 단술을 마시지 않았다. 《戰國策》,《孟子》離婁篇
下에, '우임금은 맛있는 술을 싫어하고 선한 말을 좋아하였다(禹惡旨酒
好善言).'고 하였다. 育英才 潁封人之錫類(육영재 영봉인지석류):영재
를 기르는 데 영고숙(潁考叔)의 지극한 효심과 같은 마음으로 함. 育英
才는 영재를 교육하는 것.《孟子》盡心篇 上에 나오는 '君子의 三樂' 중
의 하나이다. '천하의 영재를 얻어 교육함이 세 번째 즐거움이다(得天下
英才而敎育之 三樂也).' 潁封人은 효로써 이름 높은 潁考叔을 가리킨다.
封人이란 국경을 지키는 관리를 말한다.《春秋左氏傳》隱公元年에 실
려 있는 이야기이다. 춘추(春秋) 시대, 정(鄭)나라 武公이 申나라의 공
녀(公女)를 맞아들여 武姜이라 하였다. 武姜은 장공(莊公)과 공숙단(共
叔段)을 낳았는데, 장공은 태어날 때 거꾸로 태어나(寤生:일설에 잠든
사이에 태어났다고도 하나, 취하지 않음. 여기에서는 寤生을 逆子로 보
는 것이 타당함) 姜氏를 괴롭혔다. 그 때문에 姜氏는 莊公을 미워하고,
동생인 段을 사랑했다. 姜氏는 段으로 하여금 武公의 뒤를 잇게 하고자
公에게 여러 번 청했으나, 武公은 허락하지 않았다. 莊公이 즉위하자,

姜氏는 莊公에게 청해 段을 경(京)이라는 땅에 살게 하였다. 이때부터 段은 경성(京城)의 대숙(大叔)이라 불리게 되었다. 京은 매우 넓은 땅인 듯, 莊公의 중신(重臣) 제중(祭仲)은 필시 나라에 害가 될 것이라 하면서 반대했다. 그러나 莊公은 어머니가 원하시는 일이라 하여 祭仲의 말을 물리쳤다. 한편 大叔은 모반할 뜻을 품고 어머니 姜氏와 공모하여, 자기에게 주어진 영지 밖의 조세를 거두며 자신의 영지를 넓혀 갔다. 마침내 大叔은 병사를 일으켰다. 莊公이 그것을 알고는 즉시 아들 자봉(子封)에게 명하여 京을 치도록 했다. 大叔은 패하여, 언(鄢)이라는 땅으로 도망쳤다. 莊公은 동생과 공모하여 모반을 기도한 어머니 姜氏를 성영(城潁)에서 살게 하고, '황천(黃泉)에 갈 때까지는 만나지 않겠다.'고 맹세했다. 그러나 곧 莊公은 그것을 후회했다. 그 무렵, 영곡(潁谷)이라는 땅에 영고숙(潁考叔)이라는 사람이 있었는데, 그가 주군(主君) 莊公의 소문을 들었다. 영고숙은 헌상품(獻上品)을 가지고 莊公에게로 갔다. 莊公은 영고숙에게 식사를 내렸다. 그런데 웬일인지 영고숙은 고기를 먹지 않고 한옆으로 비켜 놓았다. 莊公이 그 까닭을 물으니 영고숙은, '제게 어머니가 한 분 계시는데, 제가 먹는 것은 어떤 것이든 알고 계십니다. 그런데 公께서 내려 주신 음식은 아직 모르시니, 이것을 어머니께 가져다 드리려 합니다.'라고 대답했다. 그 말을 듣자 莊公이 탄식하며, '그대에게는 음식을 가져다 드릴 수 있는 어머니가 계시는구나. 아아, 내게는 그럴 어머니가 없다!'고 말했다. 莊公의 탄식하는 말을 듣고 영고숙이 그 연유를 묻자, 莊公은 모든 이야기를 하고는, '몹시 후회스럽지만 지금은 어쩔 도리가 없다.'고 말했다. 영고숙이 그 일이라면 조금도 염려하실 것이 없다며, '물이 나오도록 땅을 깊이 판 다음, 어머니가 계신 곳까지 땅 밑으로 길을 만드십시오. 그 길을 따라가 어머니와 만나신다면, 아무도 주군께서 맹세를 어기셨다고 말하지 않을 것입니다.'라고 말했다. 莊公은 영고숙의 말대로 하여 어머니를 만나, 다시 모자(母子)의 정을 되찾았다. 이 일을 두고 군자는 다음과 같이 말했다. "潁考叔은 참으로 효(孝)를 행하는 자이다. 자신의 어머니를 사랑하는 마음이 깊어, 그 힘이 莊公에게까지 미친 것이다. 《詩經》大雅篇〈旣醉〉에, '효자는 효를 행함에 그 끝이 없으니, 언제나 그 벗에게 은혜를 베푼다(孝者不匱 永錫爾類).'고 하였는데, 이것은 바로 考叔 같은 사람을 두고 말한 것이다." 不弛勞而底豫(불이노이저예):순(舜)이 노력을 게을리 하지 않아, 부모의 마음이 감동되어 기쁘게 됨. 底는 致의 뜻. 豫는 열락(悅樂)의 뜻. 순의 아버지 고수(瞽瞍)는 완고하였고, 계모는 교활하였으며, 아우 상(象)은 오만하였다. 이들은 순을 매우 미워하여, 여러 차례 순을 죽이려고 했다. 《孟子》萬章篇 上에, "순의 부모가 순으로 하여금 지붕에 올라가 창고를 고치게 하고서 사다리를 치운 다음, 아버지 고수가 창고에 불을 질렀으며, 우물에 들어가 바닥을 치게 하고서 순이 나오려 할 때 그대로 묻어 버렸습니다. 동생 상이 말하기를. '형을 묻어 버린 것은 다 나의 공적이다. 소와 양은 부모님께 드리고 창고도 부모님께 드리자. 방패와 창은 내가 차지하고, 거문고도 내가 갖고, 활도 내가 갖고, 두 형수는 내 잠자리를 맡게 하리라.'……"라고 만장(萬章)이 맹자에게 물은 이야기가 있다. 그러나 순은, 그런 일이 있을수록 더욱 효를 다해 부모의 마음을 감동시켜 天心으로 돌아가게 하였다. 《孟子》離婁篇 上에, '부모의 마음을 얻지 못한 사람은 사람 노릇을 할 수 없고, 부모를 기쁘게 하지 못한 자식은 자식 노릇을 할 수 없다. 순임금이 부모 섬기는 도리를 다 하자, 그의 아버지 고수가 기뻐하기에 이르렀다. 고수가 기뻐하게 되자 온 천하가 감화되고, 고수가 기뻐하게 되자 온 천하의 아비와 아들 된 사람 모두가 안정되었다. 바로 이런 것을 큰 효도라 일컫는다(不得乎親 不可以爲人. 不順乎親 不可以爲子. 舜盡事親之

道 而瞽瞍底豫. 瞽瞍底豫 而天下化 瞽瞍底豫 而天下之爲父子定. 此之
謂大孝).'라 하였다.   無所逃而待烹(무소도이대팽):달아나지 않고 팽살
(烹殺)의 형(刑)을 기다림.《春秋左氏傳》僖公 4년에 실려 있는 이야기.
진(晋)나라 헌공(獻公)이 여융(驪戎)의 계집 여희(驪姬)를 두 번째 비(妃)
로 맞아들였다. 여희는 해제(奚齊)를 낳고, 여희가 시집올 때 데려온(고
대 중국에서는 동생이나, 동생이 없으면 종이라도 함께 데리고 시집가
는 풍습이 있었다. 물론 함께 시집간 여자는 정식 처가 되지 못하고, 그
신분에 따라서 이름이 주어졌다) 동생은 탁자(卓子)를 낳았다. 여희는
해제로 하여금 헌공의 뒤를 잇게 하고자 계책을 꾸몄다. 태자 신생(申
生)을 죽이기로 한 것이다. 어느 날 여희가 태자에게, '公께서 제강(齊
姜:태자의 생모)님의 꿈을 꾸신 모양입니다. 태자께서는 곧 그분의 제
사를 지내십시오.' 하고 말했다. 태자는 곧 곡옥(曲沃)에서 어머니의 제
사를 지내고, 그 음식을 아버지 헌공에게 보냈다. 여희는 그 음식에 독
(毒)을 넣어 헌공에게 가져갔다. 헌공은 그 음식을 먹기 전에 땅에 제사
지냈다(음식을 먹기 전에, 한 숟가락을 떠서 땅에 뿌리는 의식). 곧 땅
이 부풀어 올랐다. 개에게 먹여 보니 맥없이 죽고, 종에게 먹여 보니 역
시 맥없이 죽었다. 여희는 울면서 소리쳤다. "나쁜 사람들이 태자님 곁
에 붙어 있습니다!" 헌공은 노하여, 먼저 태자의 스승인 두원관(杜原款)
을 죽였다. 어떤 사람이 태자에게 사실을 밝히라고 하였지만 태자는,
'아버님은 여희가 없으면 앉아서도 불편하시고 맛있는 음식을 잡수셔도
그 맛을 모르시는 듯하다. 내가 사실을 밝히면 필시 여희의 죄가 드러날
것이다. 아버님은 이미 늙으셨다. 그 아버님으로부터 여희를 빼앗고 싶
지 않다.'고 말하며, 사실을 밝히기를 거절했다. 그 사람은 또 태자에게
도망칠 것을 권유하였다. 태자는, '아니다. 아버님을 죽이려 했다는 더
러운 누명을 쓰고서야, 내가 다른 나라로 도망친들 누가 나를 받아 주겠

느냐.' 하고, 도망치라는 권고마저도 물리쳤다. 그리고는 목을 매어 자살하였다. 사람들은 이 소식을 듣고 신생(申生)을 恭世子라 하였다. 아버지를 생각하는 신생의 효심이 지극했기 때문이었다.　體其受而歸全(체기수이귀전):부모님에게서 받은 몸을 온전히 지키다가 돌아감. 증자(曾子)에 관한 이야기이다. 증자가 병이 무거워지자, 제자들을 불러 놓고 말하였다. "내 발과 손을 펴 보아라. 《詩經》에 이르기를, '두려워하고 조심하여, 깊은 못가에 이른 듯이 하며, 살얼음을 밟은 듯이 하라!'고 하였는데, 이제부터는 그런 근심에서 풀려나겠구나, 얘들아(啓子足啓子手. 詩云 戰戰兢兢 如臨深淵 如履薄氷. 而今而後 吾知免夫. 小子). 《論語》泰伯篇)" 증자(曾子)는 공자보다 46세나 아래로 공자의 늦제자였다. 參(삼)은 그의 이름이다. 학문과 덕행이 뛰어나 공자의 학문을 계승하여 후세에 전했으며, 특히 효행이 극진하여, 出天之孝(천성으로 타고난 효성)라 불린다. 증자가 편찬한 《孝經》 첫머리에, '몸과 털과 살갗은 부모에게서 받은 것이다. 손상시키지 않는 것이 효의 시작이다. 몸을 세워 도를 행하여 이름을 후세에까지 떨쳐, 그로써 부모의 이름을 드러내는 것이 효의 마지막이다(身體髮膚 受之父母. 不敢毀傷 孝之始也. 立身行道 揚名於後世 以顯父母 孝之終也).'라는 말이 있다.　勇於從而順令(용어종이순령):부모의 뜻을 따르는 데에 용감하고 부모의 명령에 순종함.　伯奇(백기):주(周) 선왕(宣王)의 신하 윤길보(尹吉甫)는 후처(後妻)한테 빠져, 전처(前妻)의 몸에서 난 아들 백기(伯奇)를 미워했다. 겨울날 吉甫는 아들에게, 옷도 주지 않고 신발도 없이 서리를 밟으며 수레를 끌도록 명령했다. 그럼에도 伯奇는 순순히 아버지의 명령에 따랐다.

富貴福澤 將厚吾之生. 貧賤憂戚 庸玉女於成也. 存吾順事 沒吾寧也.

하늘이 인간들에게 부귀(富貴)와 복택(福澤)을 내려 주는 것은, 자식인 인간들로 하여금 삶을 더욱 기쁘고 즐거우며 후하게 하고자 함인데, 그럴수록 우리는 더욱 부지런히 힘써 어버이인 하늘의 참뜻을 잊지 말아야 한다. 반대로, 하늘이 인간들에게 빈천(貧賤)과 근심·걱정을 내려 주는 것은, 우리로 하여금 시련을 통하여 더욱 훌륭한 인간으로 완성되게 하려 함이니, 우리는 역경에 있을 때일수록 분발하여 한결같은 마음으로 하늘을 섬겨야 할 것이다.

살아서 힘써 하늘의 뜻에 순종하여, 죽은 다음에도 한 점의 부끄러움이 없어야 할 것이다. 이것이 바로 부모인 천지에 효를 다하는 효자이다.

【語義】憂戚(우척):근심과 슬픔, 庸玉女於成(용옥여어성):하늘이 인간에게 빈천우척(貧賤憂戚)을 내려 주는 것은, 인간을 옥처럼 갈고 다듬어 완성시키려는 것이라는 뜻.《詩經》大雅篇〈民勞〉의, '왕이 그대들을 보배처럼 중히 여겨, 이로써 크게 간하는 것이네(王欲玉女 是用大諫).'와 같은 뜻이다.

【解說】송(宋)나라의 횡거(橫渠) 선생은, 그 서원(書院)의 두 창(窓)에 銘을 지어 써 놓고는, 어리석은 마음에 돌 침을 놓아 그 어리석음을 치료한다는 의미로 동쪽 창의 銘을 폄우(砭愚)라 하고, 자신의 완고(頑固)한 마음을 고치겠다는 의미로 서쪽 창의 銘을 정완(訂頑)이라 하였다. 그런데 정이천(程伊川, 이름은 頤)이 이것을 보고, 이런 이름은 사람들에게 논쟁의 실마리가 될 것이라 생각해, 차라리 이것을 단지 東銘·西銘이라 하는 편이 좋겠다고 이야기했으므로, 횡거(橫渠)는 그에 따른 것이다.

주희(朱熹)는, "천지간에 존재하는 모든 物의 본체(本體)의 이치는 하나이다. 그러나《易》에서 이야기하는 乾道, 즉 하늘의 道는 남자가 되고 坤道, 즉 땅의 道는 여자가 된다. 陽과 陰의 두 氣가 화합하여 만물을 화성(化成)할 때에는, 그 大小의 구분이나 친소(親疎)의 차이가 천만 가지로 나뉘어, 같은 것이 없다. 여기에 성현(聖賢)이 나오지 않으면 누가, 이 서로 다른 만물이 하나의 이치에서 나온 것임을 알고, 그러한 견지에서 만물을 일체(一體)로 보아 일시동인(一視同仁), 사욕(私欲)을 버리고 천리(天理)에 좇을 수 있겠는가."라고 말했다. 이에 근거한 것이 바로 〈西銘〉이다. 이와 같이 〈西銘〉은 송대(宋代)의 철학 사상을 간결하게 서술한 것이므로, 주돈이(周敦頤)의 태극 도설(太極圖說)과 함께 宋學의 쌍벽(雙璧)이라 일컬어진다.

《朱子語錄》에 다음과 같은 글이 있다. "유자징(劉子澄:朱子의 門人)이 말하기를, '우리 시대에 단지 네 편의 좋은 글이 있을 뿐이다. 〈太極圖說〉·〈西銘〉·〈易傳序〉·〈春秋傳序〉가 그것이다.'라 했다."

동명:장자후(東銘:張子厚)

> 戲言出於思也. 戲動作於謀也. 發於聲見乎四支. 謂非己心不
> 明也. 欲人無己疑不能也.

　실없이 익살로 하는 말이라도 평소 생각했던 것이 나타나는 것이다. 실
없는 행동도 평소 그러한 짓을 마음먹고 있었기 때문에 저질러지는 것이
다. 평소의 생각과 뜻이 소리로 나타나고 행동으로 나타나는 것일 뿐이다.
　실없는 말이나 행동을 하고서도, 그것은 무심코 나온 실수이지 자신의
본뜻이 아니라고 하는 것은 사리에 맞지 않는 이야기이다. 따라서 실없는
말이나 행동을 하고서도 다른 사람들로부터 오해를 받지 않기 바라는 것
은 있을 수 없는 일이다.

【語義】戲言(희언):익살로 하는 말, 실없이 하는 말. 농담(弄談). 思:사려
　　(思慮). 戲動(희동):익살로 하는 행동. 謀(모):마음속에서 계획함. 四
　　支(사지):사지(四肢). 수족(手足).

> 過言非心也. 過動非誠也. 失於聲 繆迷四體. 謂己當然自誣
> 也. 欲他人己從誣人也.

　도리에 어긋난 말은, 사람이 태어날 때 하늘로부터 받은, 바른 도리를
좇고자 하는 본심(本心)에서 나온 것이 아니다. 또 도리에 어긋난 행동은,
하늘이 사람에게 부여한 성심(誠心)에서 나온 것이 아니다. 본심을 따르지
않는 소리가 그릇된 말이며, 성심을 따르지 않는 것이 그릇된 행동인 것이
다. 그런데 자신의 그릇된 말과 행동을 고치고 본심과 성심에 좇아 바르게

행동할 것은 생각하지 않고, 오히려 그릇된 말과 행동을 당연한 것인 양, 자신의 본심에서 나온 것인 양 한다면, 그것은 자신의 본심을 속이는 것이요 하늘을 욕되게 하는 것이다. 그리고 자신의 그릇된 말과 행동을 다른 사람들로 하여금 따르게 하는 것은, 자신뿐 아니라 다른 사람들마저도 속이는 것이 된다.

【語義】 過言:그릇된 말. 실언(失言). 非心:본심이 아님. 心은 인간 본연의 마음. 곧 바른 도리를 좇고자 하는 마음으로, 진실하고 거짓됨이 없는 성심(誠心)을 뜻한다. 過動:그릇된 행동. 繆迷(무미):잘못되어 미혹됨. 四體:사지(四肢). 수족(手足). 誣(무):속임.

> 或者謂出於心者 歸咎爲己戲 失於思者 自誣爲己誠. 不知戒其出汝者 反歸咎其不出汝者. 長傲且遂非. 不知孰甚焉.

어떤 사람들은, 하늘이 내려 준 본심에서 나온 말과 행동을 실없는 언동(言動)이라 말하여 본심을 욕되게 하고, 그릇된 생각에서 나온 말과 행동을 하늘이 내려 준 성심(誠心)에서 나온 것인 양 말한다. 그리하여 자신이 짓는 잘못을 경계할 생각은 하지 않고, 오히려 하늘의 뜻에 따르는 양, 오만 방자한 마음으로 도리에 벗어난 말과 행동을 일삼는데, 이것만큼 그 잘못이 큰 것은 없는 것이다.

【語義】 出於心者:자신의 본심에서 나온 언동(言動). 歸咎(귀구):허물을 다른 것에 돌림. 失於思者:그릇된 생각에서 나온 언동(言動). 過言 · 過動을 가리킨다. 長傲(장오):오만하고 방자한 마음을 키워서 크게 함. 遂非(수비):이치에 맞지 않는 것을 좇고, 잘못을 고치지 아니함. 孰甚

焉(숙심언):무엇이 이것보다 심하겠는가? 焉은 '이것보다'의 뜻.

【解說】 앞에서 〈西銘〉과 함께 설명했지만, 이것은 자기 자신을 수양하기
위해 간요(肝要)한 것을 명백히 한 것으로, 언동(言動)을 조심해야 한다
는 것을 말하고 있다.

　　前篇〈西銘〉이 천지를 부모로 한 만물을 일체시(一體視)하는 인도(仁
道)에 관한 광대 심원(廣大深遠)한 철학적인 신조를 서술한 것인 데에
대하여, 〈東銘〉은 자기 자신의 수양(修養) 방법을 서술한 것이다. 〈東
銘〉이 〈西銘〉만큼 중요시되지 않는 것은 이 때문일 테지만, 그렇다 하
더라도 〈東銘〉의 주지(主旨)가 수기(修己)의 가장 중요한 조건임은 인
정해야 할 것이다.

　　〈東銘〉의 문의(文意)도《論語》나《孟子》의 잠언(箴言)에 의거한 것이
많다.《論語》學而篇의, '허물이 있거든 고치는 것을 두려워하지 말라(過
則勿憚改)', 또 子張篇의, '소인은 잘못을 저지르면 반드시 꾸며댄다(小
人之過也 必文)', 또《孟子》公孫丑篇 下의, '지금의 君子는 잘못을 밀고
나갈 뿐만 아니라, 나아가 잘못을 변명까지 한다(今之君子 豈徒順之 又
從而爲之辭)'는 말 등이 이 문장의 골자(骨子)가 되어 있다.

고연명:당자서(古硯銘:唐子西)

硯與筆墨 蓋氣類也. 出處相近 任用寵遇相近也. 獨壽夭不相
近也. 筆之壽以日計 墨之壽以月計 硯之壽以世計. 其故何也.
其爲體也. 筆最銳 墨次之 硯鈍者也. 豈非鈍者壽而銳者夭乎.
其爲用也 筆最動 墨次之 硯靜者也. 豈非靜者壽而動者夭乎.

벼루와 붓과 먹, 이 세 가지는 뜻을 같이하는 문방(文房)의 기물들이다.
벼루가 나아가면 붓과 먹도 따라서 나아가고, 벼루가 들어오면 붓과 먹 또
한 같이 들어오니, 이들의 진퇴는 서로 비슷하다. 또 이들은 그 쓰임과 사
람들로부터 받는 총애와 대접에서도 비슷하다. 그런데 한 가지, 수명의 길
고 짧음에만은 같지 않다. 붓은 몇 날을 쓰는지 날로써 그 수명을 헤아리
고, 먹은 몇 달을 쓰는지 달로써 그 수명을 헤아리며, 벼루는 몇 대(代)까지
물려주는지 세(世)로써 그 수명을 헤아린다. 어째서 이들의 수명이 이토록
차이가 나는 것일까? 그 생김새 때문이니, 붓은 가장 날카롭게 생겼고, 먹
은 그 다음이며, 벼루는 날카로운 것과는 거리가 멀고 둔하게 생겼다. 어
찌 둔하게 생기고서 수명이 길지 않을 수 있으며, 날카롭게 생기고서 수명
이 짧지 않을 수 있겠는가. 또 그 쓰임새에서, 붓은 가장 많이 움직이고 먹
은 그 다음으로 많이 움직이는데, 벼루만은 미동도 하지 않고 고요하게 자
신을 지킨다. 어찌 고요하게 있는데 수명이 길지 않을 수 있으며, 부지런히
움직이는데 수명이 짧지 않을 수 있겠는가.

【語義】硯筆墨(연필묵):벼루와 붓과 먹. 硯·筆·紙·墨을 문방사우(文房
四友)라 한다. 氣類:氣는 뜻을 같이하는 것이며, 類는 同類의 뜻. 즉 친
구임을 뜻한다. 相近:서로 비슷함. 寵遇(총우):사랑받고 대우받는 것.

壽夭(수요):명(命)의 길고 짧음. 壽는 오래 사는 것, 夭는 일찍 죽는 것.
世:30년을 말한다. 《說文解字》에 의하면, 世는 본디 삽(卅:서른이라는
의미)과 같다. 인간의 一代를 世라 하기도 한다. 벼루는 몇 代에 걸쳐
전해지므로, 그 생명이 긴 것을 말한다. 體:생김새. 銳(예):날카로움.
鈍(둔):무딤. 豈非~乎:'어찌 ~하지 않겠는가.' 豈는 강조의 뜻을 나타
내는 말. 用:體에 대(對)하는 것으로, 쓰임새를 뜻한다.

吾於是而得養生焉. 以鈍爲體 以靜爲用. 或曰 壽夭數也. 非
鈍銳動靜所制. 借令筆不銳不動 吾知其不能與硯久遠也. 雖
然寧爲此勿爲彼.

나는 여기서, 몸과 마음을 바르게 하여 건강한 몸으로 오래오래 사는 양
생(養生)의 법을 터득하였다. 그것은 벼루처럼 둔한 것[鈍]으로써 체(體)를
삼고, 벼루처럼 고요한 것[靜]으로써 용(用)을 삼는 것이다.
　어떤 사람은 이렇게 말할는지도 모른다.
　"수명의 길고 짧음은 천명이지, 생김새의 둔함과 날카로움에, 또는 쓰임
새의 빈번함과 드묾에 매인 것이 아니다. 설령 붓이 날카롭게 생기지 않고
또 전연 사용되지 않더라도, 벼루만큼 오래 그 수명을 유지할 수 없다는 것
은 자명한 사실이다."
라고.
　비록 그 말이 옳다 하나, 벼루의 둔함[鈍]과 고요함[靜]을 본받을 일이
지, 붓의 날카로움[銳]과 빈번하게 움직이는 것[動]을 본받을 일은 아니다.

【語義】養生(양생):몸과 마음을 건강하게 하여 오래 사는 것을 꾀함. 數:
　　명수(命數). 천명(天命). 制:지배(支配). 借令(차령):가령(假令). 가사

(假使). 寧爲此勿爲彼(영위차물위피):차라리 이렇게 할지언정 저렇게 하지는 않음. 벼루의 둔하고 고요한 것을 본받고, 붓의 날카롭고 부지런히 움직이는 것을 따르지 않겠다는 뜻이다.

> 銘曰 不能銳 因以鈍爲體. 不能動 因以靜爲用. 惟其然 是以能永年.

이제 벼루를 두고 명(銘)을 쓴다.

"벼루는 본디 날카로운 것일 수 없으니 그 둔한 생김새로 체(體)를 삼고, 또 움직일 수 없는 것이니 그 고요함으로 용(用)을 삼는다. 벼루는 이처럼 본디부터 둔하고 고요하기 때문에 그 수명이 유구할 수 있는 것이다."

【語義】 不能銳:벼루는 본디 날카로운 것일 수 없음. 不能動:벼루는 움직일 수 없음. 벼루가 움직이면 먹이 갈리지 않는다. 惟其然:본디 그렇기 때문에. 惟도, 其도 강조의 조사. 永年:수명이 오래감. 長命.

【解說】 우리는 몇 세대를 전해져 내려온 매우 오래된 벼루를 본다. 붓은 상하기 쉽고 먹은 닳아져 없어지지만, 벼루만은 몇 세대를 전해 내려오는 것이다. 작자는 이에 느껴, 세상의 처세법이나 양생법(養生法) 등에 생각이 미친다. 그리하여 늘 명심하여 행해야 할 일을 써서 〈古硯銘〉이라 했다. 인생에 대한 깊은 통찰이, 짧지만 치밀하게 짜인 문장 속에 교묘히 서술되어 있다.

먼저, 벼루와 붓 · 먹이 뜻을 같이하는 동류(同類)의 것들임을 이야기하고 일전(一轉)하여, 그러나 그 수명의 길고 짧음만이 다르다는 것을 지적한다. 그런 다음에 벼루의 본체는 둔하고 작용은 고요한 것에 대해 언급하고, 그것이 장수(長壽)의 원인이라고 결론짓는다. 둔(鈍)과 정(靜)을 존중하는 것은 道家의 사상이다.《莊子》養生主篇에도 있는 것처럼, 道家에서는 養生의 道를 說하고 있다. 不老長壽, 유선(游仙)의 說도 道家로부터 발전한 것이다. 중국 역대의 문인(文人)·사상가는, 처세관(處世觀)으로 대부분 이 道家의 養生訓을 신봉하고 있다. 이 〈古硯銘〉도 그 한 예이다. 이 글에서 재미있는 것은, 수요(壽夭)는 운명이므로 養生은 무의미하다는 반대론을 들고 있다는 사실이다. 정명(定命:정해진 운명, 宿命)이라는 것에는 당자서(唐子西)도 특별히 반대하지는 않는다. 그것은 그렇다 하더라도 주어진 天命과 天壽를 다하려면 역시 鈍과 靜을 지켜야 한다고 이야기한다. 이것은 확고한 신념이 되어 있음을 알 수 있다. 唐子西뿐만 아니라 모든 사람에게 이것은 보편적인 처세·양생의 원리로서 긍정되고 있다.《老子》제16장(章)에, '虛의 극(極)에 이르면 순수하게 靜을 지킬 수 있다. 만물이 줄지어 일어나도, 나는 거기에서 그것들이 (靜으로) 돌아감을 본다. 대저, 物이 번성해도 각각 그 근원으로 돌아간다. 근원으로 돌아가는 것을 靜이라 한다. 靜을 復命이라 하고, 復命을 常이라 한다.'고 했다. 靜을 영원한 모습으로 보고 있는 것이다. 養生의 道는 이 道家의 진리에 따른 것이다. 또《老子》제4장에, '그 예리함을 꺾고, 그 노여움을 풀고, 그 빛을 부드럽게 하여 감추고 세상과 사귄다.'고 하여, 그 예리한 재기(才氣)를 꺾어 둔(鈍)하게 하는 것이 처세의 道에 가장 필요함을 이야기하고 있다. 노여움을 풀고, 자신의 밝은 지혜를 부드럽게 하여 감추고, 세상에 섞여 남과 충돌하지 않도록 유의하는 것이, 老子의 처세훈(處世訓)이며, 또 養生의 가르침이기도 하다. 이것이 이 篇의 근본 사상이다.

권지 5(卷之五)

문류(文類)

《文體明辨》에, "책에 실린 글을 모두 文이라 한다. 따라서 이런 종류의 글만을 文이라 이름한 것은, 무릇 많은 文 가운데 한 체(體)이기 때문이다. 文에는 산문(散文)이 있고 운문(韻文)이 있다. 혹은 초사(楚辭)를 본뜨고, 혹은 四六 형식을 취하며, 혹은 文으로써 신(神)에게 맹세하고, 혹은 文으로써 세상을 풍자한다. 그 체(體)가 같지 않고. 그 쓰임새도 다르다."라고 한 것처럼, 文의 體에는 여러 가지 형식이 있다. 〈弔古戰場文〉 같은 것은 일종의 운문(韻文)이다. 四言有韻의 文 중간에 《楚辭》의 〈九歌〉式 구법(句法:句를 만드는 법)이 섞여 있다. 옛날의 弔文으로는 가의(賈誼)의 〈弔屈原〉이 있다. 본래 이것은 《楚辭》의 賦 형식으로 쓰인 弔辭이나, 《文選》에서는 이것을 弔文의 대표적인 것으로 다루고 있다. 또 〈北山移文〉은 回章文(漢詩의 한 體. 위에서부터 읽어도 아래에서부터 읽어도 平仄韻字의 법칙에 맞는 것)의 형식이면서도 사륙변려체(四六騈儷體)를 사용하고 있다. 이와 같이 운율(韻律)이 풍부한 문장 속에서도 또한 《楚辭》의 〈離騷〉의 구법(句法)이 발견된다. 〈北山移文〉이 〈離騷〉와 다른 것은 단지 兮 字를 사용하지 않았다는 점뿐이다. 이와 같이 古代에는 文이라 말하면서 운문(韻文)을 사용하는 것이 많았다.

북산이문:공덕장(北山移文:孔德璋)

> 鍾山之英 草堂之靈 馳煙驛路 勒移山庭. 夫以 耿介拔俗之標
> 蕭洒出塵之想. 度白雪以方潔 于靑雲而直上. 吾方知之矣.

　사이비(似而非) 은자(隱者) 주옹(周顒)이 이곳을 지난다는 말이 나돌자,
종산(鍾山)의 정령(精靈)과 초당(草堂)의 신령(神靈)이 격노하여, 연기와
안개로 하여금 산 아래 역참으로 달려 주옹의 접근을 막자는 이문(移文)
을 돌리게 하고, 또 그것을 산마루의 큼지막한 바위에 새기도록 하였다.

　생각해 보건대 무릇 은사(隱士)라고 하면, 지조가 돌처럼 굳어 범속(凡
俗)을 뛰어넘는 풍채(風采)가 있어야 하고, 무욕 염담(無欲恬澹)하여 속진
(俗塵)을 벗어난 고결한 사상을 지녀야 한다. 또 그 고상한 지조는 흰 눈과
더불어 결백함을 다투어야 하고, 그 기상(氣象)은 청운(靑雲)을 능가할 만
큼 높아야 한다. 나는 지금까지, 은자라고 하면 이만한 덕목(德目)을 지녀
야 하는 것으로 알아 왔다.

【語義】鍾山(종산):북산(北山)을 말한다. 남경(南京)의 동북쪽에 있는 산으
　로, 부성(府城)의 동북에 있으므로 北山이라 한다. 英:정령(精靈). 초목
　이나 무생물 등 갖가지 물체에 붙어 있다는 혼령(魂靈). 여기서는 산신
　령쯤으로 해석하는 것이 좋다. 草堂:촉(蜀)의 법사(法師)가 종산(鍾山)
　에 와서 지었다고 하는 초당사(草堂寺)를 가리킨다. 일설(一說)에는 주
　옹(周顒)이 은거할 당시에 지었다고도 한다. 靈(령):신령(神靈). 馳煙
　驛路(치연역로):연무(煙霧)로 하여금 역로(驛路)로 달리게 함. 馳는 달
　리는 것. 煙은 연기와 안개. 驛路는 역말을 갈아타는 곳. 곧 역참(驛站).
　사이비 은자 주옹의 접근을 막고자, 산신령이 안개로 하여금 그 이문(移

文)을 돌리게 한다는 뜻이다. 勒(륵):돌이나 쇠에 새김. 刻과 같은 뜻.
移(이):이문(移文). 여러 사람이 돌려 보기 위하여 쓴 글. 회람(回覽).
山庭(산정):산의 광장(廣場). 夫:대저. 무릇. 以:생각해 보건대. 耿介
拔俗之標(경개발속지표):지조(志操)가 굳어 범속(凡俗)을 뛰어넘은 풍
채(風采)가 있음. 耿介는 지조가 굳어 변하지 않는 모양. 標는 빛이 나
고 남보다 드러나 보이는 사람의 겉모양. 즉 풍채(風采). 蕭洒出塵之
想(소쇄출진지상):무욕염담(無欲恬澹)하여 속진(俗塵)을 벗어난 고결한
사상을 지님. 蕭洒는 명리(名利)를 탐하는 마음이 없이 맑고 깨끗한 것.
塵은 속세(俗世). 度白雪以方潔(도백설이방결):흰 눈으로써 그 결백함
을 비교함. 方은 比의 뜻. 于青雲(우청운):그 기상은 청운을 능가함.
于는 '범하다 · 능가하다'의 뜻. 吾方知之矣(오방지지의):나는 모름지기
그러해야 한다고 알고 있음. 之는 은사(隱士)가 지녀야 할 덕목(德目).

若其亭亭物表 皎皎霞外 芥千金而不盼 屣萬乘其如脫. 聞鳳
吹於洛浦 值薪歌於延瀨 固亦有焉.

은자(隱者)는 세속에 물들지 않고 만물(萬物) 밖에 우뚝 솟아 그 지조가
맑고 덕이 빛나니, 천금(千金)의 부귀도 지푸라기처럼 여겨 거들떠보지 않
고, 만승(萬乘)의 제왕 자리도 헌 짚신을 버리듯 가벼이 버린다. 주(周)나
라 영왕(靈王)의 태자로 참 은사(隱士)였던 진(晋)은, 이수(伊水)와 낙수(洛
水) 가에서 생황(笙簧)으로 봉황의 울음소리를 지어 불며 노닐다 신선이 되
었고, 소문 선생(蘇門先生)이 연뢰(延瀨)에서 만났던 나무꾼은, "나는 이
렇게 들었노라. '성인은 모든 상념을 끊고 다만 도덕만을 마음의 기둥으
로 삼는다.'라고. 무엇을 이상히 여기고 슬퍼할 것인가."라고 답하며 사라
졌다 한다.

세상에는 이와 같이 은사(隱士)로서 아름다운 지조를 끝까지 지키는 참
은사도 있었던 것이다.

【語義】 亭亭(정정):우뚝 높이 솟아 있는 모양. 인격(人格)이 높은 것을 뜻
한다. 物表:만물(萬物)의 밖. 즉 속세를 초월한 것을 뜻한다. 表는 外의
뜻. 皎皎(교교):희고 깨끗함. 霞外(하외):놀 밖. 세속을 벗어난 것을
뜻한다. 芥(개):티끌. 전(轉)하여 미세(微細)·사소(些少)의 뜻으로 쓰
임. 不盼(불반):곁눈질하지 않음. 거들떠보지 않음. 屣萬乘其如脫(사
만승기여탈):만승(萬乘)을 짚신처럼 여겨 가볍게 버림. 屣는 짚신. 萬
乘은 병거(兵車) 만 대를 거느린다는 뜻으로 천자(天子), 또는 천자의
位를 가리킴. 聞鳳吹於洛浦(문봉취어락포):낙포(洛浦)에서 생(笙)을 불
며 봉황의 울음소리를 들음. 주(周)나라 영왕(靈王)의 태자 진(晋)은 생
황(笙簧)을 즐겨 불어, 봉황의 울음소리를 지어 불며 이수(伊水)와 낙수
(洛水)의 가에서 놀다 신선이 되었다고 한다. 値薪歌於延瀨(치신가어
연뢰):연뢰(延瀨)에서 나무꾼을 만나 노래를 들음. 値는 만나다. 薪은
나무꾼. 진(晋)나라 손등(孫登)이 소문산(蘇門山)에 은거하여 소문 선생
(蘇門先生)이라 칭하였다. 하루는 연뢰(延瀨)에서 노닐다 한 나무꾼을
만나자, "그대는 이곳에서 평생을 마칠 것인가?"라고 물었다. 이에 그
나무꾼은, "나는 이렇게 들었노라. '성인은 모든 상념을 끊고 다만 도덕
만을 마음의 기둥으로 삼는다.'라고. 무엇을 이상히 여기고 슬퍼할 것
인가."라고 답하고는 사라졌다. 나무꾼의 말을 빌려 은사(隱士)의 굳은
지조를 말하려는 것이다.

豈期始終參差 蒼黃反覆 淚翟子之悲 慟朱公之哭. 乍廻迹以心染 或先貞而後黷 何其謬哉. 嗚呼尙生不存 仲氏旣往. 山阿寂寥 千載誰賞.

주옹(周顒)의 마음이 그처럼 달라질 줄 누가 알았으랴.

그의 지조는 처음과 끝이 한결같지 않고, 그의 마음은 푸르렀다 누렇다 변덕이 죽 끓듯 한다. 그 옛날, 묵적(墨翟)이 갖가지 색깔로 물들여지는 흰 실을 보고는 사람의 마음도 그처럼 악(惡)에 물들 수 있다며 슬퍼하고, 양주(楊朱)가 갈림길에 이르러, '사람들은 지켜야 할 바른 도리가 오직 한 길뿐인데도 어디로 갈까 망설인다.'며 통곡했다 하는데, 오늘날에는 내가 주옹(周顒)이란 실이 세속에 여지없이 물드는 것을 보고, 그들을 대신하여 슬퍼하며, 그의 변절에 대해 비분강개(悲憤慷慨)하게 되었다.

어쩌다 잠깐 발길을 돌려 입산(入山)하여 은자인 척했지만, 그의 마음은 세속의 명리욕에 그대로 물들어 있었고, 또 처음에는 제법 지조를 지켜 곧은 척했지만, 나중에는 더러운 본심을 드러내고 부귀영화를 향해 달려 나아갔으니, 어찌하여 그렇게도 거짓 행동을 잘 한단 말인가.

아, 전설로밖에 남아 있지 않은 참 은사들이여!

자식들을 시집 장가 다 보내자 산속에 숨어 벼슬에 나아가지 않았던 진(晉)의 상장(尙長)은 이미 없고, '산을 등지고 물가에서 노닐며 넓은 들을 바라보면 족했지, 제왕의 문에 무엇을 마음 쓸 것이 있겠는가.' 하며 끝내 벼슬을 거절했던 후한(後漢)의 중장통(仲長統) 또한 가고 없다.

그들과 같은 참 은자를 잃은 산아(山阿)는 텅 빈 듯 고요하기만 하니, 앞으로 천 년이 지난들 어떤 참 은자가 나타나 이 산림의 아름다움을 즐기겠는가.

【語義】 參差(참치):들쭉날쭉하여 가지런하지 못함. 한결같지 않다는 뜻이
다. 蒼黃(창황):창졸(蒼卒)의 뜻으로 쓰일 경우도 있으나, 여기서는 푸
른색과 누런색을 뜻한다. 反覆(반복):이랬다 저랬다 마음이 자꾸만 변
함. 翟子之悲(적자지비):묵적(墨翟)의 슬픔. 묵적은 전국시대 송(宋)나
라의 사상가로, 묵가(墨家)의 비조(鼻祖). 사람이 물들이는 대로 흰 실
이 갖가지 색으로 물들여지는 것을 보고, 묵적은 사람 역시 악(惡)에 물
듦이 그와 같다 하여 울었다고 한다. 묵비사염(墨悲絲染). 慟(통):서러
워함. 朱公之哭(주공지곡):양주(楊朱)의 통곡. 양주는 전국시대의 사상
가로, 극단의 이기주의와 개인주의를 제창하였다. 그는 길을 가다 갈림
길에 이르자, 사람이 그 마음 쓰기에 따라 갈림길에서 길이 갈리듯 선악
으로 갈리는 것을 생각하고, 통곡하였다고 한다. 양주읍기(楊朱泣岐).
乍廻迹(사회적):잠깐 발걸음을 돌림. 乍는 잠깐의 뜻. 주옹이 입산 은
거(入山隱居)하여 잠시 은자인 척한 것을 가리킨다. 心染(심염):마음이
물듦. 속세의 명리욕에 마음이 어지러워지는 것을 뜻한다. 黷(독):더럽
고 추악함. 何其謬哉(하기류재):어찌 그렇게 속일 수가 있을까? 謬는
'그릇되다 · 속이다'의 뜻. 尙生(상생):후한(後漢)의 상장(尙長)을 가리
킨다. 字는 子平. 자식들을 모두 시집 장가보낸 다음에는 산에 들어가
은거한 채 세상에 나오지 않았다고 한다. 仲氏:후한(後漢)의 중장통(仲
長統)을 가리킨다. 《後漢書》에, '중장통, 字를 公理라 하며 山陽 사람이
다. 독립 불굴(獨立不屈)의 의지가 있고, 언행(言行)이 일치했다. 郡에
서 부를 때마다 병을 빙자하여 응하지 않았다.'라고 하였다. 또 이주한
(李周翰)의 註에는, "중장통 탄식하여 말하기를, '산을 등지고 물가에서
노닐며 넓은 들을 바라보면 족했지, 제왕의 문에 무엇을 마음 쓸 것이
있겠는가(若得背山臨水游覽平原 此卽足矣. 何爲區區於帝王之門哉).'라
하였다."고 되어 있다. 더 자세한 것은 〈樂志論〉을 참조할 것. 山阿(산

아):산의 우묵하게 들어간 곳. 寂寥(적료):적적하고 고요함. 千載誰賞
(천재수상):천 년이 지난들 누가 이 산림의 아름다움을 즐길 것인가. 千
載는 천세(千歲)의 뜻. 賞은 산림의 아름다움을 즐기는 것.

世有周子 儁俗之士. 旣文旣博 亦玄亦史. 然而學遁東魯 習隱
南郭. 竊吹草堂 濫巾北岳. 誘我松桂 欺我雲壑. 雖假容於江
臯 乃纓情於好爵.

세상에 주옹(周顒)이라고 하는 자가 있는데, 자(字)를 언륜(彦倫)이라
고 하며, 세속(世俗)에서는 뛰어난 선비이다. 문장이 제법인 데에다 학식
이 뛰어나며, 노장(老莊)의 현묘한 도에 통하여, 겉보기에는 문채(文采)마
저 어려 있는 듯하다.

그런데 왕의 예물을 전하는 사자를 속이고 달아났던 동로(東魯)의 도사
(道士) 안합(顏闔)의 은둔(隱遁)의 도를 배우고, 세상 온갖 것을 잊은 채 의
자에 기대어 넋을 잃었던 남곽자기(南郭子綦)의 무아경을 익혔다는 자가,
남곽(南郭) 선생이 남의 생황(笙簧) 소리를 훔쳐 악인(樂人) 노릇을 하듯,
이곳 초당사에서 은자인 양 거드름을 피웠고, 또 은자만이 쓰는 두건을 멋
대로 쓰고 이 북악(北岳)에서 싸돌아다녔던 것이다.

그가 은자라는 것은 다만 말뿐이고, 그의 마음은 온통 세속의 이욕에 더
럽혀져 있었다. 그는 이 산에 있는 소나무와 계수나무를 꾀어 희롱하고 구
름과 골짜기를 속였다. 그는 강가와 늪가를 거닐며 은자의 겉모습을 흉내
냈을 뿐, 그의 마음은 항상 세속의 작록(爵祿)을 얻고자 명리(名利)에 얽
매여 있었다.

【語義】 周子:사이비(似而非) 은자 주옹(周顒)을 가리킨다. 字는 언륜(彦

倫).　雋俗之士(준속지사):속세에서는 뛰어난 선비. 雋은 儁과 통용되
며, 俊의 뜻.　文:학문과 지혜가 뛰어남.　博(박):넓게 통함.　玄:현묘(玄
妙)한 진리(眞理)로, 노장(老莊)의 道를 뜻한다.　史(사):화사함. 장식이
있어 아름다운 것. 문식(文飾). 교양미(敎養美).《論語》雍也篇에, '바탕
이 지식을 누르면 야비(野卑)해지고, 지식이 바탕을 누르면 문약(文弱)
해진다(質勝文則野 文勝質則史).'라고 하였다. 타고난 바탕을 다듬지 않
으면 교양이 없고 비루해지며, 바탕을 무시하고 겉치레만 일삼으면 실
속은 없이 겉만 화려해진다는 뜻이다.　學遁東魯(학둔동로):안합(顏闔)
의 은둔(隱遁)의 도를 배움. 東魯는 동로(東魯)의 도인(道人) 안합(顏闔)
을 가리킨다.《莊子》雜篇 讓王에 이런 이야기가 있다. 안합이 도인(道
人)이란 말을 들은 노(魯)의 임금은, 사자(使者)를 시켜 그에게 예물을
보내며 그를 불렀다. 사자가 안합의 집에 당도하여 임금이 보내는 예물
을 내놓자 안합은, '잘못 듣고 찾아온 것이 아닌지 확인해 보시기 바랍
니다.' 하며 사자를 돌려보냈다. 사자가 예물을 받아야 할 사람을 확인
한 뒤 다시 안합의 집을 찾았을 때에는, 안합은 이미 자리를 피하여 어
디로 갔는지 없었다고 한다.　南郭(남곽):《莊子》內篇 齊物論에 나오는
은자 남곽자기(南郭子綦)를 가리킨다. 그는 心身과 세상의 모든 일을
잊고 절대 무아경에 들었던 은자이다.　竊吹草堂(절취초당):주옹이 자
격도 없으면서 초당에서 은사 노릇 한 것을 가리킨다. 竊吹는 악기 부는
소리를 훔친다는 뜻으로, 생황(笙簧)을 불지도 못하면서 악인(樂人)으
로 행세하면서 녹(祿)을 받아먹은 남곽 선생(南郭先生)의 고사(故事)에
서 나온 말이다. 제(齊)의 선왕(宣王)은 우(竽:큰 笙簧) 부는 소리를 즐
겨, 생황 부는 사람을 300人이나 두었다. 남곽 선생은 생황을 전연 불
줄 모르면서 300人 사이에 끼어 녹(祿)을 먹었다. 선왕이 죽고 민왕(湣
王)이 서자, 그는 악인(樂人)을 한 사람씩 불러 생황을 불게 하였다. 이

에 남곽 선생은 도망치고 말았다. 이로부터 거짓으로 명의(名儀)를 훔치는 것을 竊吹라 하게 되었다.   濫巾北岳(남건북악):북악에서 두건을 함부로 씀. 北岳은 北山, 곧 鍾山. 巾은 은자들이 쓰는 두건. 주옹이 은자가 아니면서도 은자인 양 두건을 쓰고 돌아다녔다는 뜻이다. 濫巾은 앞의 竊吹와 같은 의미.   誘(유):유혹함. 我:북산의 정령이 자신을 지칭한 말.   松桂(송계):소나무와 계수나무. 지조 있는 나무를 대표하는 것들이다.   欺(기):속임. 기만함.   雲壑(운학):구름과 골짜기.   江皐(강고):강과 늪.   纓(영):얽매여 있음.   好爵(호작):좋은 작록(爵祿).

其始至也 將欲排巢父拉許由 傲百世蔑王侯. 風情張日 霜氣
橫秋. 或歎幽人長往 或怨王孫不游. 談空空於釋部 覈玄玄於
道流. 務光何足比 涓子不能儔.

주옹이 처음 북산에 발을 들여놓았을 때에는, 나무 위에 둥우리를 짓고 살던 소보(巢父)를 밀어젖히고 영천(潁川)의 물에 귀를 씻은 허유(許由)를 저만큼 제쳐 놓을 듯 자못 기세가 높아, 백대(百代)가 지나도 자기에게 미칠 만한 은자가 없을 것이라며 온갖 거드름을 피우면서 세상의 제왕과 제후들을 발아래로 낮추어 보았다.

그의 풍류로운 정회(情懷)는 햇빛처럼 널리 퍼지고, 서릿발 같은 기상은 가을 하늘에 가득 비껴 있는 것 같았다. 때로는 옛 은자들이 가고 없는 것을 탄식하기도 하고, 또 때로는 시인 굴원(屈原)과 같은 왕손(王孫)이 이곳에서 노닐지 않은 것을 원망하기도 했다. 불교 경전을 놓고 우주 사이의 모든 事物은 임시적인 것으로 실재(實在)가 아니라는 일체개공(一切皆空)의 도리를 담론하기도 하고, 노장(老莊)의 무위자연(無爲自然)의 현묘한 학문을 탐구하기도 했다.

그러니 천하를 마다하고 몸을 숨겼던 하(夏)의 무광(務光)인들 어찌 주옹에 견줄 수 있었겠으며, 탕산(宕山)에 숨어 살던 제(齊)나라 연자(涓子)인들 어찌 주옹의 짝이 될 수 있었겠는가!

【語義】巢父(소보)·許由(허유):두 사람 모두 요(堯)임금 때의 은자. 소보(巢父:나무 위에 둥우리를 짓고 그곳에서 산다 하여 세상 사람들이 이렇게 불렀다. 父는 남자에 대한 미칭)는 요임금이 천하를 물려주려 했으나 받지 않았고, 허유는 요임금으로부터 같은 말을 듣자 몹쓸 소리를 들었다 하며 영천(潁川)의 물에 귀를 씻었다 한다. 風情:풍류스러운 마음. 霜氣(상기):서릿발 같은 기상. 幽人(유인):속세를 떠나 숨어 사는 은자. 長往(장왕):멀리 가고 없음. 空空:모든 것이 공(空)하다고 하는 불교의 종지(宗旨). 釋部:석가의 가르침. 불서(佛書). 覈(핵):탐구함. 玄玄:현묘(玄妙)한 진리. 허무 무위를 주지(主旨)로 하는 노장의 사상. 道流:노자의 설(說). 도교(道敎). 務光:하(夏)시대의 은자. 탕왕(湯王)이 하(夏)의 폭군 걸(桀)을 치고자 무광에게 상의하려 하자, 무광은 세상일은 자신이 관여할 바가 아니라며 상대하지 않았다. 후에 탕왕이 천하를 그에게 물려주려 했는데, 그는 이를 피해 멀리 숨었다. 涓子(연자):제(齊)나라 사람으로, 초목을 먹으며 탕산(宕山)에 숨어 살았다. 선술(仙術)을 익혀 능히 바람을 부렸다고 한다. 儔(주):짝하다.

及其鳴騶入谷 鶴書赴隴 形馳魄散 志變神動. 爾乃眉軒席次 袂聳筵上 焚芰製而裂荷衣 抗塵容而走俗狀. 風雲悽其帶憤 石泉咽而下愴. 望林巒而有失 顧草木而如喪.

그러던 것이 사자(使者)를 태운 말이 울음소리를 높이며 골짜기에 들어

서고 은자를 부르는 학두서(鶴頭書)가 초당(草堂)에 다다르자, 그토록 은
자연(隱者然)하던 주옹, 너무나 놀라 혼백이 흩어진 듯 기뻐 날뛰었다. 지
조는 하루아침에 무너지고, 정신은 마냥 벼슬길로 내달렸다. 그러니 흥분
을 감출 수 없는 주옹, 자리에 앉으면 기쁨에 눈썹이 치켜 올라갔고, 대자
리 위에서는 구름이라도 밟은 듯 어깨춤을 추며 옷소매를 펄럭거렸다. 마
름의 잎을 엮어 만든 기제(芰製)를 미련 없이 불사르고, 연잎을 엮어 만든
하의(荷衣)를 일없다 찢었다. 그리하여 감추었던 속세의 얼굴을 드러내고
세속의 명리를 찾아 줄달음질쳤던 것이다.

  아, 속세를 향해 내달리던 그의 모습. 그의 뒷모습을 지켜보던 바람과 구
름은 울분을 띤 채 슬퍼하였고, 바위틈에서 솟아나는 샘물은 목이 메어 흐
느끼며 흘러내렸다. 숲이 우거진 산봉우리를 바라보니 실망의 빛이 뚜렷
했고, 초목을 둘러보니 그들 또한 무엇을 잃은 듯 서운한 빛이 역력했다.

【語義】 鳴騶(명추):사자(使者)가 타고 온 잘 우는 말. 鶴書(학서):은사(隱
    士)를 부를 때에 쓰는 서장(書狀)으로, 학두서(鶴頭書)라고도 한다. 글
    자의 모양이 고니〔鵠〕의 머리 모양과 비슷하다 하여 그렇게 부른다고 한
    다. 隴(롱):언덕. 주옹이 기거하고 있는 초당(草堂)이 있는 곳을 가리킨
    다. 形:몸뚱이. 魄(백):혼백(魂魄). 神:정신. 爾乃(이내):그러니. 眉
    軒(미헌):눈썹이 높이 올라감. 기뻐하는 모양을 형용하는 말이다. 袂聳
    筵上(메용연상):소매 자락이 대자리 위에서 펄럭임. 芰製(기제)·荷衣
    (하의):둘 다 은자가 입는 옷. 芰製는 마름의 잎을 엮어 만든 옷이고, 荷
    衣는 연잎을 엮어 만든 옷이다. 抗塵容(항진용):속세의 얼굴을 드러냄.
    走俗狀(주속상):속된 꼴로 마구 줄달음질침. 悽(처):슬퍼함. 帶憤(대
    분):분노를 띰. 石泉(석천):골짜기의 바위틈으로 흐르는 샘. 咽(열):목
    이 메어 소리가 막힘. 下愴(하창):흘러 내려가며 슬퍼함. 林巒(임만):

숲이 우거진 산봉우리.　有失:실망한 빛이 역력함.

至其紐金章　縮黑綬　跨屬城之雄　冠百里之首　張英風於海甸
馳妙譽於浙右　道帙長擯　法筵久埋. 敲扑諠囂犯其慮　牒訴倥
傯裝其懷　琴歌旣斷　酒賦無續. 常綢繆於結課　每紛綸於折獄.
籠張趙於往圖　架卓魯於前錄. 希蹤三輔豪　馳聲九州牧.

드디어 주옹은 천자가 내리신 금인(金印)을 걸고 검은 인끈을 꿰차고서,
본주에 딸린 웅장한 성에 걸터앉아 사방 백 리(百里) 한 현(縣)의 우두머리
로서 해염현(海鹽縣)을 호령하게 되었다. 바다 가까운 해염현에 훌륭한 덕
풍(德風)을 펴고 절강(浙江) 동쪽에 자신의 아름다운 이름을 날리게 되자,
그 때부터는 도교(道敎)에 관한 모든 책들을 멀리하고 불법(佛法)을 강론
하던 자리를 먼지 속에 묻어 두었다.

날마다 죄인을 다스리어 매질하는 소리에 생각이 어지러워지고 공문서
(公文書)와 소송 사건 등 번잡한 일에 마음이 얽매이게 되니, 자연 은자의
소일거리였던 가야금 타는 소리와 노래 소리가 그치게 되었고, 술 마시고
시를 읊조리는 것도 계속할 수 없게 되었다. 항상 관리들의 근무 성적을 살
피는 데에 마음이 묶여야 되고, 날마다 소송 사건을 처리하느라 바쁘고 어
지럽기만 했다. 그러는 중에서도 주옹은, 경조(京兆)의 지사(知事)로 명망
이 높았던 한(漢)의 장창(張敞)과 조광한(趙廣漢)을 지나간 시대의 가장 존
경할 만한 관리라 생각하였다. 또 세상을 교화(敎化)하고 무수한 치적(治
績)을 남겼던 후한(後漢)의 탁무(卓茂)와 노공(魯恭)을 능가하는 유능한 관
리라는 이름을 얻고자 기를 썼다. 은자임을 자처하던 그가, 제도(帝都) 장
안(長安)을 둘러싼 삼보(三輔)의 장관으로 이름이 높아지기를 바랐고, 자
신의 명성이 구주(九州)의 지방관 사이에 널리 떨쳐지기를 바랐던 것이다.

【語義】 紐(뉴):끈. 끈으로 묶어 짊. 金章(금장):동(銅)으로 만든 인장(印章)으로, 현령(縣令)이 지니는 것. 綰(관):꿰어 차는 것을 말한다. 黑綬(흑수):검은 인끈. 屬城之雄(속성지웅):본주(本州)에 딸려 있는 성의 웅장함. 百里:사방 백 리(百里)의 땅으로, 한 현(縣)을 가리킨다. 英風:훌륭한 덕풍(德風). 海甸(해전):바다에 가까운 지역. 해염현(海鹽縣)을 가리킨다. 妙譽(묘예):좋은 명예. 浙右(절우):절강(浙江)의 오른쪽 지역. 장강(長江) 하류의 오른쪽에서 회계(會稽)까지의 땅. 道帙(도질):도교(道敎)의 책. 長擯(장빈):오래도록 배척함. 法筵(법연):불법을 강론하는 자리. 久埋(구매):오래도록 묻어 둠. 敲扑(고복):매를 침. 죄인을 매질하는 것을 가리킨다. 諠囂(훤효):매우 시끄럽고 떠들썩함. 牒訴(첩소):공문서(公文書)와 송사(訟事). 倥傯(공총):몹시 바쁨. 裝其懷(장기회):마음이 묶이게 됨. 琴歌(금가)·酒賦(주부):거문고 소리와 노래 소리, 술 마시는 것과 시를 읊조리는 것. 모두 은자가 즐기는 일들이다. 綢繆(주무):얽매임. 結課(결과):관리들의 근무 성적을 조사하는 것. 紛綸(분륜):매우 바쁘고 어지러움. 折獄(절옥):소송을 재판함. 折은 옳고 그름을 판단하는 것. 籠(롱):가슴속에 뜻을 품음. 이상적으로 생각함. 張趙(장조):한대(漢代)에 경조(京兆)의 지사(知事)로 명망이 높았던 장창(張敞)과 조광한(趙廣漢). 往圖(왕도):옛날의 그림과 책. 架(가):능가함. 卓(탁):후한(後漢)의 탁무(卓茂). 字는 자강(子康). 밀현(密縣)의 현령이 되어 인(仁)의 정치를 폈기 때문에, 아래 관리들이 속이지 못했다고 한다. 魯:후한(後漢)의 노공(魯恭). 字는 中康. 중모현(中牟縣)의 현령이 되어 치적(治績)이 높았다고 한다. 前錄(전록):전대의 기록. 希蹤三輔豪(희종삼보호):훌륭한 三輔의 장관의 뒤를 좇고 싶다는 뜻. 三輔는 경조부(京兆府)·좌빙익(左馮翊)·우부풍(右扶風)의 세 郡을 말한다. 그 장관을 경조윤(京兆尹)이라 한다. 京兆는 경도(京都). 즉 三輔의

장관이라 함은 제도(帝都)의 장관이다. 蹤은 업적. 馳聲九州牧(치성구
주목):九州, 즉 천하의 현령 사이에 평판을 떨친다는 뜻. 다시 말해 현
령 중에서 가장 유명한 현령이 되고 싶다는 뜻이다. 牧은 지방 장관.

使其高霞孤映 明月獨擧. 靑松落陰 白雲誰侶. 礀戶摧絕無與
歸 石逕荒涼徒延竚. 至於還飆入幕 寫霧出楹 蕙帳空兮夜鶴
怨 山人去兮曉猿驚. 昔聞投簪逸海岸 今見解蘭縛塵纓.

주옹이 북산을 버리고 속세로 돌아간 뒤, 아침저녁으로 노을이 높이 떠
외로이 산마루를 물들였고, 밤이면 밝은 달이 소리도 없이 나타나 처량한
빛을 뿌리다 지곤 하였다. 푸른 솔이 시원한 그늘을 드리워도 아무도 그 밑
에서 쉬는 이가 없으니, 이제 저 흰 구름은 누구와 벗할까.

은자가 살던 산골짜기의 집은 부서지고 인적이 끊겨 찾는 사람이 없는
데, 돌밭 사이의 가느다란 산길만이 잡초 무성한 채 돌아올 사람을 기다린
다. 쓸쓸한 풍경 속에 회오리바람은 막(幕) 속으로 기어들고, 솟아오르는
안개가 기둥을 돌아 나온다. 향초(香草)로 엮은 장막이 텅 비었다고 밤마다
학이 외로움을 원망하고, 원숭이는 새벽마다 주옹이 떠났다고 울부짖는다.

옛날, 한(漢)나라 소광(疏廣)은 내려 주는 벼슬을 마다하고 동해군(東海
郡)의 향리에 숨어 은일(隱逸) 생활을 했다고 하는데, 오늘날 주옹은, 은자
만이 차는 향초(香草) 난(蘭)을 풀어 던지고 스스로 감투의 관끈에 꽁꽁 묶
이려 안달을 하는 것이다.

【語義】侶(려):짝. 벗. 礀戶(간호):은자가 살던 산골짜기의 집. 礀은 澗과
같다. 摧(최):부서짐. 石逕(석경):돌밭 사이로 난 좁은 길. 산길. 荒
涼(황량):잡초만이 무성한 채 쓸쓸함. 延竚(연저):목을 빼고 우두커니

서서 기다림. 還飈(선표):회오리바람. 還은 旋과 仝字. 寫霧(사무):토
해내는 것처럼 솟아오르는 안개. 寫는 瀉와 같은 뜻으로, 물을 쏟아 붓
는 것. 楹(영):기둥. 蕙帳(혜장):향초(香草)로 엮은 장막. 山人:거짓
은자 주옹을 가리킨다. 猿(원):원숭이. 投簪逸海岸(투잠일해안):벼슬
을 버리고 동해로 숨음. 簪은 관(冠)이 벗겨지지 않게 상투를 얼러 꿰는
비녀로, 여기서는 벼슬을 뜻한다. 한(漢)나라 선제(宣帝) 때에, 소광(疏
廣)이 벼슬을 팽개치고 동해군(東海郡)의 향리로 돌아와 은일(隱逸)의
생활을 한 것을 가리킨다. 解蘭(해란):난초를 풀어 버림. 주옹이 은자
의 생활을 청산한 것을 가리킨다. 유인(幽人)이나 은자가 난초를 허리
에 차는 것은, 자신의 고결한 기상을 나타내고자 함이다. 縛塵纓(박진
영):속세의 벼슬에 속박됨. 縛은 속박되는 것. 纓은 갓끈, 轉하여 감투.
주옹이 속진(俗塵)에 나아가 관리가 된 것을 가리킨다.

於是南嶽獻嘲 北隴騰笑 列壑爭譏 攢峰竦誚. 慨遊子之我欺
悲無人以赴弔. 故其林慙無盡 澗愧不歇. 秋桂遣風 春蘿擺月.
騁西山之逸議 馳東皐之素謁.

이에 남산(南山)이 북산을 비웃으며 놀려대고, 북산에 딸린 작은 산들마
저 큰 산을 소리 높여 놀려대며, 줄지어 늘어선 골짜기들도 앞을 다투어 욕
을 하며 야단들이고, 옹기종기 모여 있는 산봉우리들도 목청을 높여 북산
을 꾸짖고 나선다. 북산의 정령(精靈)은 핏기를 잃고, 주옹이 자신을 속였
다며 치를 떨며, 아무도 자신을 위로해 주러 오지 않는다며 슬퍼한다. 그
러니 북산의 우거진 숲의 치욕은 끝이 없고, 또 산골짜기의 부끄러움 또한
그칠 줄을 모른다.

그래서인가, 가을이 되어도 계수나무는 자신의 맑은 향기를 멀리 실어다

줄 바람 앞에 나서지 않고, 담쟁이덩굴은 밝은 달빛이 쏟아지는 봄밤이 되어도 그 모습을 드러내지 않는다.

북산의 정령은, 그 옛날 수양산(首陽山)에서 주려 죽은 백이(伯夷)·숙제(叔齊)처럼 깨끗한 절의를 지킬 것을 선언하고, 동고(東皐)의 남쪽에 은거하던 참 은자 완적(阮籍)과 같이 맑고 소박한 사람하고만 사귈 것을 다짐하며, 더 이상 주옹과 같은 인간은 북산에 발을 들여놓지 못하도록 할 것을 선포한다.

【語義】南嶽(남악):남산(南山). 獻嘲(헌조):비웃음을 바침. 北隴(북롱): 북산에 딸린 작은 산들. 騰笑(등소):하늘을 찌를 듯이 높은 비웃음 소리. 列壑(열학):줄지어 있는 골짜기. 爭譏(쟁기):맹렬하게 비난함. 攢峰(찬봉):옹기종기 모여 있는 여러 산봉우리. 竦誚(송초):꾸짖음의 소리를 높임. 遊子(유자):북산에서 은자연(隱者然)하며 노닐던 주옹을 가리킨다. 我:북산의 정령(精靈)을 의인화하여 표현한 것. 赴弔(부조):와서 위로함. 歇(헐):止와 같은 뜻으로, 멈추다. 秋桂遣風 春蘿擺月(추계견풍 춘라파월):가을 계수나무는 바람을 버리고, 봄 담쟁이덩굴은 달을 밀쳐 냄. 遣은 버린다는 뜻. 蘿는 담쟁이덩굴. 擺는 거부하는 것. 북산의 계수나무와 담쟁이덩굴이 한때 주옹의 노리갯감이었던 것을 부끄럽게 생각하여, 이제는 자신들의 아름다움을 드러내지 않으려 한다는 뜻이다. 가을바람에 실려 오는 계수나무의 향기와 봄밤에 달빛을 받아 빛나는 담쟁이덩굴의 모습은, 계절의 풍물(風物) 중에서도 으뜸으로 친다. 騁(빙):다음의 馳와 함께, '결의하다·선포하다'의 뜻. 西山之逸議(서산지일의):西山은 백이(伯夷)와 숙제(叔齊)가 고사리만 캐어 먹다 굶어 죽었던 수양산(首陽山). 逸議는 은일(隱逸)의 생활을 할 것을 의논하는 것. 즉 북산 자신이 백이·숙제처럼 은일의 생활을 하여, 더 이상 주

옹과 같은 인간을 가까이하지 않겠다는 뜻이다.   東皐之素謁(동고지소
알):皐는 늪. 素는 소박하면서도 맑은 사귐. 謁은 告의 뜻. 즉 옛날 동고
(東皐)의 남쪽에 은거하던 참된 은자 완적(阮籍)처럼 맑고 소박한 사람
만 북산에 받아들이겠다는 뜻이다.

今乃促裝下邑 浪栧上京. 雖情投於魏闕 或假步於山扃. 豈可
使芳杜厚顔 薜荔無恥 碧嶺再辱 丹崖重滓 塵遊躅於蕙路 汚
淥池以洗耳. 宜扃岫幌 掩雲關 斂輕霧 藏鳴湍. 截來轅於谷
口 杜妄轡於郊端.

이제 주옹은 해염현(海鹽縣) 현령의 임기를 마치고, 여장(旅裝)을 재촉
하여 새로운 벼슬을 얻고자 도성(都城)으로 노 저어 간다. 그의 마음은 물
론 조정에 던져져 있는데, 가는 길에 다시 이곳 북산에 발을 들여놓을 모
양이다. 어찌 주옹으로 하여금 다시 북산의 땅을 밟게 하여, 고결한 은사
들이 사랑하는 두약(杜若)의 낯가죽을 두껍게 하고, 지조 높은 줄사철나무
로 하여금 수치를 모르게 하며, 나무 우거진 푸른 산마루를 다시 욕되게 하
고, 붉은 벼랑을 거듭 더럽힐 수 있겠는가. 더욱이 향기 높은 혜초(蕙草)
가 가득한 산길을 주옹의 발길에 의해 더럽히고, 주옹의 변절과 같은 더러
운 소리를 들으면 달려가 귀를 씻어 내야 할 맑은 물을 주옹에 의해 더럽
힐 수 있겠는가.
  그러니 주옹이 이 산에 발을 들여놓지 못하도록 서둘러 산의 출입구를 막
고, 구름에 가려진 산의 관문(關門)을 굳게 닫으며, 가벼이 퍼지는 안개를
거두어들이고, 소리 내어 흐르는 여울물을 깊이 숨겨야 한다. 그리고 주옹
을 태운 수레가 나타나거든 수레의 긴 채를 골짜기 입구에서 끊어 버리고,
주옹을 태운 망령된 말이 나타나거든 아예 성밖 교외에서 그 고삐를 붙잡

아 주옹의 접근을 막아야 한다.

【語義】 促裝(촉장):여장(旅裝)을 꾸려 길을 재촉함. 下邑(하읍):도성(都城)을 上이라 하고 지방을 下라 한다. 여기서는 주옹의 임지(任地)인 해염현(海鹽縣)을 가리킨다. 浪枻(낭예):노를 저어 배를 나아가게 함. 枻는 栧(예)와 仝字. 上京:도성(都城). 魏闕(위궐):큰 문. 곧 조정(朝廷)을 가리킨다. 扃(경):문(門). 출입구. 芳杜(방두):방초(芳草)인 두약(杜若). 薜荔(벽려):줄사철나무. 碧嶺(벽령):초목이 우거진 푸른 산마루. 丹崖(단애):붉은 벼랑. 滓(재):때가 끼어 더러워짐. 塵遊躅於蕙路(진유촉어혜로):노니는 발걸음이 향초(香草)가 나 있는 산길을 더럽힘. 塵은 티끌을 묻게 한다는 뜻으로, 더럽히는 것. 躅은 발자취. 蕙는 향초(香草)의 한 가지. 汚淥池以洗耳(오록지이세이):귀를 씻는 맑은 연못 물을 더럽힘. 淥池는 매우 맑은 연못. 洗耳는 고사(故事)에서 연유한 말. 요(堯)임금이 허유(許由)에게 천하를 주려 하자, 허유는 몹쓸 소리를 들었다 하며 영천(潁川)에 나아가 귀를 씻었다. 마침 소에게 물을 먹이려고 영천에 왔던 소보(巢父)는, 허유에게 귀를 씻는 연유를 물어 알고는 귀 씻은 물조차 더럽다 하여 소를 그대로 끌고 갔다고 한다. 扃(경):여기서는 閉의 뜻. 岫幌(수황):산의 동굴에 장막을 침. 掩(엄):문을 닫음. 雲關(운관):구름에 가려진 산의 관문(關門). 斂輕霧(염경무):주옹에게 보여 주지 않기 위해 가벼운 안개를 거두어들임. 鳴湍(명단):소리를 내어 흐르는 여울. 截來轅(절래원):주옹을 태운 수레의 끌채를 끊어 버림. 轅은 수레의 앞 양쪽에 대는 긴 채. 杜妄轡(두망비):함부로 달려오는 말의 고삐를 잡고 주옹이 못 오도록 막음. 杜는 塞의 뜻. 轡는 고삐. 郊端(교단):성밖의 한 끝. 교외(郊外).

於是叢條瞋膽 疊穎怒魄. 或飛柯以折輪 乍低枝而掃迹. 請廻
俗士駕 爲君謝逋客.

주옹을 들이지 말라는 북산 정령(精靈)의 엄한 명령이 내려지자, 떨기
를 이룬 많은 나뭇가지들은 속이 뒤집힌 듯 눈을 부릅떠 성을 내고, 수많
은 풀 이삭들은 혼백이 날아갈 듯 크게 노한다. 주옹이 북산에 발을 들
여놓기만 하면, 나무들은 일제히 굵은 나뭇가지를 날려 수레바퀴를 부러
뜨리려 하고, 풀 이삭들은 노상에 얼룩진 주옹의 더러운 발자국을 쓸어버
리려 한다.

우리 모두 속사(俗士)의 수레를 돌아가게 하고, 북산의 정령을 위해 주
옹의 접근을 저지하자.

【語義】 叢條(총조):떨기를 이룬 많은 나뭇가지. 條는 枝. 瞋(진):성내어 눈
을 크게 뜸. 膽(담):쓸개. 疊穎(첩영):첩첩이 포개진 풀 이삭. 穎은 보
리나 벼의 이삭. 柯(가):나뭇가지. 折輪(절륜):수레바퀴를 부러뜨림.
乍(사):졸지에. 느닷없이. 低:낮게 드리움. 掃迹(소적):발자국을 쓸어
버림. 請廻俗士駕(청회속사가):속사(俗士)가 탄 수레를 돌아가게 함.
俗士는 주옹을 가리킨다. 君:북산의 정령(精靈). 謝(사):사절(謝絶)하
다. 거절하다. 逋客(포객):은둔(隱遁)한 사람. 주옹을 가리킨다.

【解說】 주옹(周顒)은 六朝의 송(宋)나라 사람으로, 字는 언륜(彦倫)이다.
강소성(江蘇省) 강녕부(江寧府)에 있는 종산(鍾山)에서 은거하다가, 제
(齊)나라의 조정에 출사하여 회계군(會稽郡)의 해염 현령(海鹽縣令)을
지냈다. 해염 현령의 임기를 마치고 도성(都城)으로 가는 길에 주옹은
다시 鍾山에 들르려 하였다. 공덕장(孔德璋)은, 주옹이 뜻을 바꾸어 은

자의 생활을 버리고 조정(朝廷)에 출사한 것을 미워했다. 그래서 鍾山의
신령의 뜻이라 칭탁(稱託)하여, 관청의 통문(通文)을 본떠 이 글을 써
서, 주옹이 두 번 다시 鍾山에 발을 들여놓지 못하게 했다. 鍾山은 일명
(一名) 北山이라고도 하며, 정부의 회장(廻狀)을 이문(移文) 또는 이서
(移書)라고 하므로, 이 글을 〈北山移文〉이라 이름 했다. 공덕장(孔德璋)
의 이름은 치규(稚圭), 회계(會稽) 사람이다. 학문이 깊으며, 태자 첨사
(太子詹事)를 지냈다.

北山의 신령과 초당(草堂)의 정령의 뜻을 빌려 移文 형식으로 쓴, 착
상이 매우 기발한 글이다. 신선한 어구(語句)와 기교에 넘친 표현은,
작자의 뛰어난 글 솜씨를 인정하기에 부족함이 없다. 고사(故事)가 많
이 인용되고, 對句를 겹친 句法과 격구 압운(隔句押韻)이 사용되어, 완
벽한 운문적(韻文的)인 아름다움을 보이고 있다. 주로 四六騈儷體이지
만, 그중에 《楚辭》의 句法도 볼 수 있고 賦의 성질도 있는 변화가 많은
문장이다.

조고전장문:이화(弔古戰場文:李華)

> 浩浩乎平沙無垠 夐不見人. 河水縈帶 群山糾紛. 黯兮慘悴
> 風悲日曛. 蓬斷草枯 凜若霜晨. 鳥飛不下 獸挺亡群. 亭長告
> 余日 此古戰場也. 常覆三軍. 往往鬼哭 天陰則聞. 傷心哉. 秦
> 歟漢歟 將近代歟.

 아득히 너르고 넓은 평평한 모래벌판이 끝없이 펼쳐져 있는데, 멀리 아득한 사방 끝까지 둘러보아도 사람의 그림자라곤 보이지 않는다. 황하(黃河)는 대지를 굽이돌아 흘러가고, 숱한 산들이 저 멀리에 겹겹이 포개져 있다. 천지가 어두워 참담한 기분 금할 수 없는데, 바람은 슬프게 울어대고, 날은 저물어 어둠이 깔려온다. 다북쑥은 바람에 꺾이고 풀들은 바싹 말라, 마치 서리 내린 새벽인 듯 추위를 오싹 느끼게 한다. 새들은 하늘 높이 날며 내려오지 않고, 짐승들은 무리에서 흩어져 제각기 내닫는다. 참으로 황량하고 쓸쓸한 풍경이다.

 숙소(宿所)의 역장(驛長)이 내게 말했다.

 "이곳은 옛 싸움터인데, 일찍이 삼군(三軍)의 대군이 전멸당한 곳이라오. 이곳에서 죽은 사람들의 망령(亡靈)이, 하늘이 흐려지기만 하면 곳곳에서 슬피 우는 것을 요즘도 들을 수 있다오."

 이 얼마나 처참한 일이냐.

 진(秦)나라 때의 일인가, 한(漢)나라 때의 일인가? 아니면, 남북조(南北朝)나 수(隋)·당(唐) 때의 일인가?

【語義】浩浩(호호):광대(廣大)한 모양. 垠(은):경계(境界). 限과 같음. 夐(형):遠의 뜻. 아득히. 멀리. 縈帶(영대):빙빙 돎. 위요(圍繞)함. 糾紛

(규분):어지럽게 뒤섞여 있음. 黭(암):깊고 어두운 모양. 慘悴(참췌):
시름에 잠겨 슬퍼하는 모양. 曛(훈):날이 저물어 어두움. 凜(름):몹시
추움. 霜晨(상신):서리가 내린 새벽. 挺(정):질주함. 亡群(망군):무리
를 잃음. 亭長:행객(行客)이 유숙하는 숙소의 책임자. 역장(驛長). 亭은
정류(停留)한다는 뜻으로, 여객(旅客)이 유숙하는 장소를 뜻한다. 常:
嘗의 뜻으로, 일찍이. 覆(복):전멸(全滅)함. 三軍:대군(大軍). 큰 제후
(諸侯)의 군(軍)에는 上·中·下의 삼군(三軍)이 있다. 오사(五師)를 군
(軍)이라 하는데, 일군(一軍)은 12,500명으로 이루어진다. 往往:가는
곳마다 모두. 즉 흔히 있는 일이라는 뜻이다. 天陰:하늘이 흐려짐. 近
代:남북조(南北朝), 수(隋)·당(唐)·초(初)를 가리킨다.

> 吾聞夫齊魏徭戍 荊韓召募 萬里奔走 連年暴露. 沙草晨牧 河
> 氷夜渡. 地闊天長 不知歸路. 寄身鋒刃 腷臆誰訴. 秦漢而還
> 多事四夷 中州耗斁 無世無之. 古稱 戎夏不抗王師. 文教失宣
> 武臣用奇. 奇兵有異於仁義. 王道迂闊而莫爲.

내가 들은 바로는 주 말(周末) 육국(六國)이 힘을 겨루던 시절, 제(齊)나
라와 위(魏)나라에서는 수자리를 위해 군역(軍役)이란 이름으로 백성들을
끌어내고, 또 초(楚)나라와 한(韓)나라에서는 널리 의병들을 불러 모았다
하니, 그들은 만 리 밖 험한 전쟁터로 달려 나아가, 여러 해 동안 햇볕에 그
을리고 이슬을 맞으면서 자야 하는 신고(辛苦)를 겪었다. 이른 아침, 사막
의 풀로써 말먹이를 삼고, 밤늦게 황하의 얼음판을 건너기도 했다. 황량한
땅은 끝없이 넓고 하늘은 아득하여, 어느 쪽이 고향인지 돌아갈 길조차 분
간할 수 없었다. 의지할 것이라곤 오직 칼 한 자루뿐, 살아서 돌아갈 기약
조차 아득하건만, 그 슬프고 처량한 심정을 호소할 데도 없었다.

중국은 진(秦)·한(漢) 이래로 사방의 오랑캐들과 싸운 일이 하도 많아서, 어느 대(代)를 막론하고 이민족과의 싸움에 국력을 소모하지 않은 적이 없었다.

옛말에 이르기를, "사방의 오랑캐와 중국의 여러 제후도 왕자(王者)의 군사에게만은 대항하지 않는다."고 하였다. 그런데 지금은 도덕으로써 천하를 교화(教化)하는 일에 실패하여, 무신(武臣)들이 사람의 불의(不意)를 치는 계략을 사용하게 되었다. 기계(奇計)로써 상대방을 치는 병법(兵法)은, 인간애에 바탕을 둔 인(仁)이나 사람이 마땅히 행해야 할 도리인 의(義)와는 다른 패도(覇道)인 것이다. 사람들이 인의(仁義)의 덕으로써 백성을 다스리고 인심을 얻어 천하의 주인이 되는 도, 즉 왕도(王道)를 효용(效用)이 없다 하여 행하려 하지 않기 때문에, 그와 같이 피비린내 나는 전쟁이 그치지 않았던 것이다.

【語義】 徭戍(요수):국경을 지키는 일. 또는 그 병사. 徭는 役의 뜻. 戍는 변방을 지키는 것. 召募(소모):널리 의병(義兵) 등을 불러 모음. 暴露(폭로):햇빛과 이슬에 노출됨. 행군(行軍)과 노영(露營)에 시달리는 것을 뜻한다. 牧(목):말을 먹임. 膈臆(픽억):가슴이 막혀 답답한 것. 中州:중국(中國). 耗斁(모두):국력이 소모됨. 戎夏(융하):오랑캐와 중국. 戎은 본디 서쪽 오랑캐를 뜻한다. 예로부터 중국에선, 중국을 세계의 중앙이라 생각하여 중화(中華), 또는 문물이 풍성하다 하여 하화(夏華)라 하고, 이민족들은 모두 오랑캐라 하였다. 동이(東夷)·서융(西戎)·남만(南蠻)·북적(北狄)이 그것이다. 奇(기):正의 반대되는 것으로, 모략 따위로 남을 감쪽같이 속이는 것을 奇라 한다. 仁義:인(仁)과 의(義). 유교 도덕의 근본이념. 王道:하늘의 명(命)과 백성의 뜻을 살펴 나라를 바르게 다스리는 길. 迂闊(우활):지름길로 가지 않고 멀리 돌아서 감.

즉 실용에 적합하지 않음.

> 嗚呼噫嘻. 吾想夫北風振漠 胡兵伺便. 主將驕敵 期門受戰.
> 野豎旌旗 川回組練. 法重心駭 威尊命賤. 利鏃穿骨 驚沙入
> 面. 主客相搏 山川震眩. 聲拆江河 勢崩雷電.

아아, 슬프다. 그때의 싸우던 광경을 짐작하고도 남음이 있다.

차가운 북풍이 몰아쳐 모래벌판을 뒤흔들고, 사나운 오랑캐 병사들은 호
시탐탐 중국을 엿본다. 중국의 장수들이 적을 우습게 보았기 때문에, 성문
을 지키는 병사들이 오랑캐로부터 불의의 공격을 받아 고전하게 된다. 서
둘러 들판에 군기를 세워 진을 치고, 강 언덕에 무장한 병사들을 배치한다.
더없이 엄한 군율에 병사들은 겁에 질리는데, 장수의 위엄 어린 명령은 하
늘같이 높고, 병사들의 목숨은 초개(草芥)처럼 비천하다. 오랑캐의 날카로
운 살촉은 뼈를 뚫고, 불어 닥치는 사진(砂塵)은 얼굴을 친다. 적군과 아
군이 서로 엉켜 살육전(殺戮戰)을 벌이니, 산천이 진동하고 정신이 아찔하
다. 창검이 맞부딪치는 날카로운 소리는 장강(長江)과 황하(黃河)를 찢고,
병사들의 성난 기세는 뇌전(雷電)도 무너뜨린다.

【語義】 嗚呼噫嘻(오호희희):모두 탄식을 나타내는 감탄사이다. 伺便(사
편):기회를 엿봄. 期門:관명(官名)으로, 중국 후한(後漢) 때 천자의 호
위병. 성문에서 근무하면서 비상사태에 대비했다. 豎(수):立과 같은
뜻. 旌旗(정기):군기(軍旗). 組練(조련):갑옷과 투구로 무장한 병사
들. 利鏃(이촉):예리한 살촉. 驚沙(경사):갑자기 몰아치는 모래 섞인
먼지. 主客:아군과 적군. 相搏(상박):서로 다툼. 眩(현):정신이 아찔
함. 崩(붕):무너뜨림.

至若窮陰凝閉 凜冽海隅 積雪沒脛 堅氷在鬚. 鷙鳥休巢 征馬
踟躕. 繒纊無溫 墮指裂膚. 當此苦寒 天假強胡. 憑陵殺氣 以
相翦屠. 逕截輜重 橫攻士卒. 都尉新降 將軍復沒. 屍填巨港
之岸 血滿長城之窟. 無貴無賤 同爲枯骨. 可勝言哉.

음기(陰氣)가 극에 이르러 만물이 꽁꽁 얼어붙는 섣달의 늦은 겨울, 북
쪽 오랑캐 땅에는 살을 에는 듯한 추위가 몰아닥친다. 눈은 쌓여 정강이까
지 차고, 숨만 쉬어도 수염에 얼음이 엉겨 붙으니, 그 사나운 새도 떨며 둥
지를 떠나지 못하고, 군마도 발이 얼어붙은 듯 머뭇거리며 나아가지 못한
다. 명주와 솜으로 두텁게 짠 군복도 입은 듯 만 듯 따습지가 않으니, 손가
락은 떨어져 눈 위에 떨어지고 살갗은 갈갈이 찢겨진다. 혹독한 추위에 남
쪽 사람들은 마음까지 얼어붙어 꼼짝을 못 하는데, 북쪽의 오랑캐들은 제
철을 만난 듯이 날뛴다. 하늘이 강한 오랑캐에게 힘을 빌려 주었는가, 북
쪽 오랑캐들은 추우면 추울수록 그 살벌한 기운을 타고서 더욱 맹렬하게
공격해 들어와, 추위에 떠는 남쪽 사람들을 마구 베어 죽인다. 그리고 어느
틈엔가 의복·병기 등 군수품을 실어 나르는 보급 부대를 고립시키고, 절
망에 빠진 남쪽 병사들을 단숨에 쓸어버리니, 오랑캐 정벌의 중책을 맡은
도위(都尉)는 항복하고, 병사를 지휘하던 장군은 전사한다. 남쪽 병사들의
시체는 큰 항구의 언덕을 메우고, 그들이 흘린 피는 만리장성의 굴에 가득
찬다. 살아서는 귀천의 구별이 있었어도, 이제는 다 같이 시체가 되어, 마
른 뼈가 드러나길 기다리니, 그 참상을 어찌 이루 다 형용할 수 있겠는가.

【語義】 至若:~같음에 이르러서는. 窮陰凝閉(궁음응폐):음기가 극에 이
　　르러 모든 것이 얼어붙고 막힘. 窮陰은 음기가 극에 이르는 늦겨울, 곧
　　12월을 가리킨다. 凝閉는 늦겨울의 혹독한 추위에 모든 것이 얼어붙는

것. 凜冽(늠렬):살을 에는 듯한 추위. 海隅(해우):해안의 한 모퉁이. 북
방의 오랑캐 땅을 가리킨다. 鷙鳥(지조):사나운 새. 征馬:군마(軍馬).
踟躕(지주):머뭇거리며 나아가지 못하는 모양. 繒纊(증광):명주와 솜.
비단과 솜으로 짠 두꺼운 군복을 가리킨다. 苦寒:혹독한 추위. 天假
强胡(천가강호):하늘이 강한 오랑캐에게 힘을 빌려 줌. 憑陵殺氣(빙릉
살기):살벌한 기운을 타고 맹렬하게 침공해 옴. 憑陵은 세력을 믿고 침
범하는 것. 翦屠(전도):베어 죽임. 徑截(경절):재빨리 끊음. 徑은 재
빨리. 輜重(치중):짐수레. 輜는 의복 따위를 싣는 수레이며, 重은 병기
등의 무거운 것을 싣는 수레이다. 都尉(도위):한대(漢代)에 정벌(征伐)
의 일을 맡은 무장(武將)에게 내려지던 벼슬 이름이다. 여기서는 무제(武
帝) 때의 기도위(騎都尉)로서, 적에게 투항한 이릉(李陵)을 암시한다.
또 다음에 나오는 將軍은 비장군(飛將軍) 이광(李廣)을 암시한다. 塡
(전):메움. 長城:만리장성. 하북성(河北省) 산해관(山海關)에서 감숙성
(甘肅省) 가욕관(嘉峪關)까지 2,400km에 이르는 긴 성이다. 窟(굴):
굴. 可勝言哉(가승언재):말로 다할 수 있겠는가. 말로 다할 수 없을 만
큼 참혹했다는 뜻이다.

鼓衰兮力盡 矢竭兮弦絕. 白刃交兮寶刀折 兩軍蹙兮生死決.
降矣哉 終身夷狄. 戰矣哉 骨暴沙礫. 鳥無聲兮山寂寂 夜正長
兮風淅淅. 魂魄結兮天沈沈 鬼神聚兮雲冪冪. 日光寒兮草短
月色苦兮霜白. 傷心慘目 有如是耶.

북소리는 약해지고 병사들은 힘을 잃어 가는데, 화살은 바닥나고 시위는
끊어졌다. 흰 칼날과 칼날을 맞대며 어지러이 싸우다가 검마저 부러지니,
양쪽 병사들은 바싹 들러붙어 생사의 결전을 벌인다. 항복을 하여 죽을 때

까지 오랑캐 땅에서 욕을 당할 것인가, 아니면 끝까지 싸우다가 모래와 자갈 위에 뼈를 굴릴 것인가.

지금도 옛일을 기억하는지, 새들은 우짖지 않고 산은 적적한데, 바람만이 긴긴 겨울밤을 위로하는 듯 쓸쓸히 운다. 비명에 간 병사들의 혼백들이 텅 빈 하늘에 가득하고, 이름 모를 귀신들이 모여들어 구름을 뒤덮는다. 이 땅, 햇볕마저 차가워 풀조차 자라지 않고, 달빛만 맑은 채 서리가 하얗게 내리는 땅. 이토록 사람의 마음을 아프게 하고 눈을 슬프게 하는 곳이 세상에 또 어디 있으랴.

【語義】 蹙(축):가까이 접근함. 夷狄(이적):오랑캐. 暴(폭):드러냄. 沙礫(사력):모래와 자갈. 淅淅(석석):쓸쓸한 바람 소리. 원래는 빗소리를 형용하는 말인데, 여기서는 바람 소리를 형용하는 말로 쓰였다. 魂魄結(혼백결):혼(魂)과 백(魄)이 흩어지지 않고 하나로 응어리짐. 사람이 죽으면, 魂은 하늘로 올라가고 魄은 땅으로 돌아간다고 한다. 그러나 비상(非常)한 죽음을 맞이한 사람의 혼백은, 분리되지 않고 맺혀서 사람들에게 재화(災禍)를 준다고 한다. 沉沉(혈혈):공허함. 羃羃(멱멱):뒤덮여 있음. 月色苦:달빛이 맑음. 傷心慘目(상심참목):마음을 아프게 하고 눈을 슬프게 함. 有如是耶(유여시야):이와 같은 것이 또 있겠는가.

> 吾聞之 牧用趙卒 大破林胡 開地千里 遁逃匈奴. 漢傾天下 財殫力痛. 任人而已 其在多乎. 周逐獫狁 北至太原. 旣城朔方 全師而還. 飮至策勳 和樂且閑. 穆穆棣棣 君臣之間. 秦起長城 竟海爲關 荼毒生靈 萬里朱殷. 漢擊匈奴 雖得陰山 枕骸遍野 功不補患.

나는 이렇게 들었다. 옛날 조(趙)나라의 명장 이목(李牧)은 흉노(匈奴)를 유인하기 수십 년, 드디어 영토 깊숙이 침입한 흉노를 기습(奇襲)의 진(陣)으로 공격하여 기병(騎兵) 십만 여를 때려잡아, 임호(林胡)로부터 항복을 받고 국토를 천여 리(里)나 넓혔으며, 그 후 십여 년 동안 흉노는 조나라 변방에 얼씬도 못했다 한다. 그런데 한대(漢代)부터는, 오랑캐를 힘으로 누르고자 천하의 모든 힘을 기울여 흉노와 싸웠지만, 결국 재화(財貨)와 인력만 탕진한 채 국력의 쇠퇴만 초래했다. 이로써 알 수 있듯이, 천하의 태평은 임용(任用)된 자의 정치의 선악(善惡)에 달린 것이지, 병졸의 많고 적음에 달린 것이 아니다.

옛날 주(周)나라 선왕(宣王)은, 현신(賢臣) 윤길보(尹吉甫)로 하여금 중국에 쳐들어온 북쪽 오랑캐 험윤(玁狁)을 치게 하여, 그들을 북쪽 태원(太原)까지 쫓아 버리게 하였다. 윤길보는 삭방(朔方)에 성을 쌓고, 한 사람의 병졸도 잃지 않고 모두 거느리고 돌아왔다. 선왕은 종묘(宗廟)에서 개선(凱旋)의 예(禮)를 행하는 동시에 연회를 베풀어 사병들의 노고를 치하하고, 그들의 공훈을 일일이 책(策)에 기록하도록 하였으니, 모두들 화락(和樂)하고 여유 있었다. 임금은 위엄이 있고 조용했으며, 신하들은 위의(威儀)가 단정하고 침착하여, 상하의 모습이 더없이 아름다웠다.

그 후, 진(秦)의 시황제(始皇帝)는 북방의 흉노를 막고자, 민병(民兵)과 죄인 수백만을 동원하여 만리장성(萬里長城)을 세우고 북해(北海) 끝까지 관문(關門)을 세우니, 그때 백성들이 겪은 고통은 마치 씀바귀를 씹는 듯 독충에 물린 듯했고, 만 리에 이르는 긴 성벽의 돌들은 하나같이 백성들의 검붉은 피로 물들었다.

또 그 뒤, 한(漢)나라는 흉노를 쳐서 음산(陰山) 하나를 얻기는 하였지만, 전사자들의 시체가 마치 베개를 나란히 하고 누운 듯 벌판에 즐비하게 깔려 있었으니, 음산 하나를 얻은 것으로는 그 피해를 보상받기에 너무나 부족했다.

【語義】牧用趙卒 大破林胡(목용조졸 대파림호):이목(李牧)이 조나라의 병
졸을 부려 오랑캐를 크게 쳐부숨. 牧은 조(趙)의 명장 이목(李牧). 林
胡는 북방의 이민족으로, 흉노(匈奴)의 일족.《史記》廉頗・藺相如列傳
第二十一에, '이목(李牧)은 많은 기습(奇襲)의 진(陣)을 만들어 좌우익
(左右翼)으로 벌여 놓았다가, 침입한 흉노(匈奴)의 군대를 쳐 크게 깨뜨
렸다. 흉노의 십여만 기(騎)를 죽이고, 동호(東胡)를 깨뜨리며, 임호(林
胡)에게서 항복을 받았다. 선우(單于:흉노들이 자기들의 주장을 높이어
부르는 칭호)는 멀리 달아났다. 그 뒤 십여 년 동안, 흉노는 감히 조나
라의 변성(邊城)에 접근하지 못했다.'라고 기록되어 있다. 傾天下:천하
의 재력(財力)과 인력(人力)을 다 기울임. 財殫力痡(재탄력부):재화(財
貨)가 탕진되고 국력이 쇠약해짐. 任人:사람을 임용(任用)하는 것. 多:
병사가 많고 무력이 강한 것을 가리킨다. 獫狁:(험윤):중국 북방의 만
족(蠻族). 玁狁(험윤)이라고도 쓰며, 하(夏)나라 때에는 훈육(獯鬻), 한
(漢)나라 때에는 흉노(匈奴)라 했다. 太原:감숙성(甘肅省) 고원(固原)
일대. 朔方(삭방):몽고(蒙古)의 지명. 뒤의 영주(靈州)・하주(夏州)의
땅. 飮至策勳(음지책훈):종묘(宗廟)에 돌아와 술을 마시고, 공훈을 책
(策:대쪽으로 만든 패)에 기록함. 飮至는 싸움에 이기고 돌아와 종묘에
서 술을 마시는 개선식(凱旋式). 策勳은 공훈을 策에 기록하여 부고(府
庫)에 넣어 두는 것. 和樂且閑(화락차한):상하가 화목하여 즐겁고, 또
한가로이 여유가 있음. 穆穆棣棣(목목태태):임금은 위엄이 있고 조용
하며, 신하는 위의(威儀)가 단정하고 침착함. 長城:진시황(秦始皇)의
만리장성(萬里長城). 竟海(경해):북해의 끝까지. 關:관문(關門). 荼毒
(도독):씀바귀와 독충(毒虫). 모진 고통을 뜻한다. 生靈(생령):많은 백

성. 朱殷(주안):朱는 붉은색. 殷은 검붉은색. 陰山:몽고에 있는 산명
(山名). 枕骸(침해):베개를 같이한 듯이 줄지어 있는 시체.

> 蒼蒼烝民 誰無父母. 提攜捧負 畏其不壽. 誰無兄弟 如足如
> 手. 誰無夫婦 如賓如友. 生也何恩 殺之何咎. 其存其沒 家
> 莫聞知. 人或有言 將信將疑 悁悁心目 寢寐見之. 布奠傾觴
> 哭望天涯 天地爲愁 草木淒悲. 弔祭不至 精魂無依. 必有凶
> 年 人其流離. 嗚呼噫嘻 時耶命耶. 從古如斯 爲之奈何. 守
> 在四夷.

　머리가 검푸른 저 어린 백성들, 그중에 한 사람이라도 부모 없는 자식
이 있겠는가. 무릇 부모가 자식을 기를 적에는, 자식의 손을 잡아 이끌고,
애지중지 안고 업고 하며 행여나 자식의 명이 짧을까 그것만을 두려워한
다. 세상에 형제 없는 사람이 있겠는가, 형제는 서로 도우며 살아가는 수
족(手足)과 같은 것. 또 세상에 남편 없는 여자와 아내 없는 남자가 있겠는
가, 부부는 공경하는 손님과 같고 다정한 벗과 같은 것. 언제, 또 어느 곳
에 살았건 백성들은 하나같이 귀중한 사람들이다. 그런데 임금은 그들에
게 무슨 은혜를 베풀었기에 그 귀한 사람들을 전쟁터로 내몰았으며, 또 그
들에게 무슨 허물이 있었기에 그들을 전쟁터에서 죽어 가게 했단 말인가.
　싸움터에 나간 사람들이 죽었는지 살았는지, 고향의 부모 형제들은 알
길이 없었다. 혹 인편에 소식이 와도, 그 소식이 참말인지 믿을 수가 없었
다. 깊은 걱정에 마음과 눈이 항상 시름에 잠겼으니, 밤마다 그들의 슬픈
넋을 꿈속에서 보았다. 마침내 비통한 마음으로 제사상을 차려 술잔을 기
울이고, 아득히 먼 하늘 끝을 바라보며 통곡을 하니, 천지는 슬픔을 누르
지 못하여 빛을 잃었고, 초목은 비통에 잠겨 얼굴을 들지 못했다. 진혼(鎭

魂)의 제사가 극진하지 않으면 아아, 눈조차 감지 못한 채 억울하게 죽어
간 병사들의 망령(亡靈)이 잠들지 못했다. 게다가 전쟁의 소용돌이가 멈추
면 반드시 흉년이 들었으니, 백성들은 고향을 등지고 먹을 것을 찾아 천하
를 유랑(流浪)하였다.

아아, 슬퍼라. 이것이 시운(時運)이냐, 아니면 천명(天命)이냐. 천하에는
전쟁이 그칠 날이 없고, 큰 전쟁 뒤에는 굶주린 백성들이 무리를 지어 천하
를 떠돌아다니니, 이를 어찌해야 좋단 말인가. 무력(武力)과 권모(權謀)로
써 천하를 바로잡으려는 패도(覇道)를 버리고, 오로지 인의(仁義)를 근본
으로 하는 왕도(王道)로 돌아가야 한다. 사방 저 끝 오랑캐들까지도 덕으로
써 감화시켜, 모든 백성들을 인의를 흠모하는 천자의 백성으로 만드는 것
만이, 천하를 평안하게 하는 길이다.

【語義】蒼蒼(창창):새파람. 백성들의 머리가 검푸른 것을 형용한 것이다.
또는 백성을 초목이 울창한 데에 비유하여 창생(蒼生)이라고 하기도 한
다. 烝民(증민):많은 백성. 烝은 衆의 뜻. 提攜捧負(제휴봉부):손을 잡
아 이끌고, 안아 주고 업어 줌. 畏其不壽(외기불수):오래 살지 못할까
를 걱정함. 生也何恩 殺之何咎(생야하은 살지하구):살아 있을 적에 어
떤 은혜를 베풀었으며, 무슨 허물이 있기에 죽게 하는가. 즉 임금이 백
성들에게 무슨 은혜를 베풀었기에 그들을 전쟁터로 보내며, 또 그들이
무슨 죄를 졌기에 전쟁터에서 죽게 하느냐는 뜻이다. 將信將疑(장신
장의):반신반의(半信半疑)함. 매우 불안해하는 마음을 가리킨다. 悁悁
(연연):매우 근심하는 모양. 寢寐見之(침매견지):잠을 자면서 보게 됨.
즉 꿈마다 본다는 뜻이다. 布奠傾觴(포전경상):제사상을 펴고 술잔을
기울임. 정벌(征伐)나간 사람이 꿈마다 나타나니, 죽은 것으로 생각하
고 제사를 지낸다는 뜻이다. 天涯(천애):아득히 먼 하늘 끝. 凄悲(처

비):몹시 슬퍼함. 弔祭不至 精魂無依(조제부지 정혼무의):제사 지내
는 것이 지극하지 않으면, 죽은 사람들의 영혼이 의지할 곳이 없을 것
임. 必有凶年:반드시 흉년이 듦.《老子》제30장에, '군대가 머물던 곳
에는 가시나무가 생겨나고, 큰 전쟁 뒤에는 반드시 흉년이 들게 마련이
다(師之所處 荊棘生焉 大軍之後 必有凶年).'라고 하였다. 流離(유리):
먹을 것이 없어 고향을 떠나 유랑함. 從古如斯(종고여사):예로부터 이
와 같았음. 如斯는 전쟁이 그칠 날이 없고, 전쟁 뒤엔 흉년이 들어 백성
들이 유랑하는 것. 守在四夷(수재사이):《左傳》昭公 23년에 실려 있는
글이다. 守는 왕도(王道) 정치를 지키는 것. 무력(武力)과 권모(權謀)로
써 천하를 다스리려는 패도(覇道) 정치를 버리고, 인의(仁義)의 왕도 정
치로써 사방의 오랑캐를 귀복(歸服)시키는 것만이 천하를 태평하게 하
는 길이라는 뜻이다.

【解說】〈弔古戰場文〉은 옛 전장(戰場)에서 지난날의 비참한 전쟁을 회상
하며 쓴 글로, 전쟁이 백성의 생활을 파괴하는 것임을 강조하여 위정자
(爲政者)를 반성하게 하는 동시에, 전사자(戰死者)의 영혼을 위로하는
弔文이다. 이것은《楚辭》九歌의 전사자를 제사 지내는 노래인 〈국상(國
殤)〉의 계통에 속한다.
　　이 篇의 본뜻은 결구(結句) 에 있는 '守在四夷'에 있다. 비통한 어소로
전쟁의 참화(慘禍)를 남김없이 서술하고, 백성의 고뇌를 절실히 호소함
으로써 전사자(戰死者)를 위로하고, 마지막으로 유가(儒家)의 인의(仁
義)에 의한 덕치주의(德治主義) 정치야말로 백성들을 전쟁의 참혹함으
로부터 건질 수 있는 유일한 방법이라고 강력하게 선언한다. 仁義의 王
道를 펴지 않고 오직 국토를 넓히기 위해 백성을 전쟁으로 모는 군주에
대한 비판과 풍간(諷諫)을 담고 있는 글이다. 옛 전쟁터에 서서 지난날

을 회상한 글이지만, 景(景色)과 情이 혼연일치하고, 서경(敍景)과 서정(抒情)이 완전히 융합(融合)한, 표현이 매우 뛰어난 작품이다.

권지 6(卷之六)

송류(頌類)

　시(詩)의 육의(六義:《詩經》의 詩의 세 종류의 體裁와 세 종류의 作法. 즉 風·雅·頌·賦·比·興)에, '頌은 容이다.'라고 하여, 성덕(聖德)을 칭송하여 신명(神明)에게 告하는 것으로 간주하고 있다.《詩經》에, 商·周·魯의 세 頌이 있는데, 그것은 선조(先祖)를 제사 지내는 노래이다. 그러나 頌은 誦과 같은 뜻으로 사용되어, 주로 낭송하기 위한 문장을 의미한다. 따라서《管子(齊나라 管仲이 지은 책)》의〈國頌〉처럼, 정치상의 중요한 것을 가송(歌頌)의 형식으로 서술한 것도 있다. 頌의 사구(辭句)는 읽기 쉽고 기억하기 쉬우며, 그 내용은 풍부하고 그 수사(修辭)는 아름다워야 한다. 운문(韻文)에 산문(散文)의 서(序)가 있는 것도 있고, 전체가 산문(散文)인 것도 있지만, 운문인 경우 四言의 격구 압운(隔句押韻)이 보통이다.

성주득현신송:왕자연(聖主得賢臣頌:王子淵)

夫荷旃被毳者 難與道純綿之麗密. 羹藜含糗者 不足與論太
牢之滋味. 今臣僻在西蜀 生於窮巷之中 長於蓬茨之下. 無有
游觀廣覽之知 顧有至愚極陋之累. 不足以塞厚望應明旨. 雖
然敢不略陳其愚心 而抒情素.

무릇 굵은 모포 조각이나 거친 털옷을 걸친 사람과는 비단이나 솜의 곱
고 세밀함을 논하기 어려운 법입니다. 또 명아줏국이나 말린 밥을 먹는 사
람과는 기름지고 맛좋은 요리에 관해 이야기할 수 없는 법입니다.

오늘날 신(臣) 왕포(王褒)는, 서쪽의 벽지(僻地)인 촉(蜀)에 살고 있으며,
가난한 사람들이 모여 사는 궁벽한 곳에서 태어나, 쑥으로 지붕을 인 누추
한 집에서 자랐습니다. 명산대천(名山大川)을 두루 돌아다니며 견문(見聞)
을 넓힌 바도 없고, 책을 널리 읽지 못하여 얻은 지식도 별로 없습니다. 단
지 지극히 어리석고 비천한 허물만을 지니고 있을 뿐입니다. 따라서 신(臣)
왕포는, 천자께서 내려 주시는 두터운 신망(信望)에 부응하고 폐하의 밝으
신 뜻을 받들기에 너무나 부족합니다. 신(臣)이 비록 이처럼 미천하나, 지
금부터 어리석은 마음을 진술하여, 그 진정(眞情)을 펴고자 합니다.

【語義】荷旃(하전):굵은 모포(毛布) 조각을 걸침. 荷는 負의 뜻. 旃은 모직
물. 氈(전)과 仝字. 被毳(피취):털로 짠 옷을 입음. 毳는 모직물, 또는
그 의복. 純綿(순면):비단과 솜. 麗密(여밀):곱고 세밀함. 羹藜(갱려):
명아줏국. 轉하여 악식(惡食). 含糗(함구):말린 밥을 먹음. 含은 食의
뜻. 糗는 볶은 쌀, 또는 말린 밥. 太牢(태뢰):소·양·돼지의 세 가지
희생(犧牲)을 갖춘 제수(祭需). 轉하여 대성찬(大盛饌). 窮巷(궁항):가

난한 사람들이 모여 사는 좁은 뒷골목. 蓬茨(봉자):쑥과 띠. 轉하여 누추한 집. 游觀(유관):널리 명산대천(名山大川)을 구경하여 견문을 넓히는 것. 廣覽(광람):책을 널리 읽어서 지식을 얻는 것. 顧(고):단지. 오히려. 至愚極陋(지우극루):지극히 어리석고 지극히 비천함. 累(루):허물. 塞厚望(색후망):천자의 두터운 신망(信望)을 채움. 塞은 充의 뜻. 明旨(명지):천자의 밝은 뜻.

記曰 恭惟春秋法 五始之要 在乎審己正統而已.
夫賢者國家之器用也. 所任賢則趨舍省而功施普. 器用利則用力少而就效衆. 故工人之用鈍器也 勞筋苦骨 終日矻矻. 及至巧冶鑄干將之樸 淸水淬其鋒 越砥斂其鍔 水斷蛟龍 陸剗犀革. 忽若篲泛塵塗. 如此則使離婁督繩 公輸削墨. 雖崇臺五層 延袤百丈而不溷者 工用相得也.

〈성주득현신송(聖主得賢臣頌)〉의 글을 짓습니다.

삼가《춘추(春秋)》의 서법(書法:문장을 짓는 법)을 생각해 보면, 경문(經文) 첫머리에는 반드시 '元年, 春, 王의 正月, 公卽位하다.'라는 말이 나옵니다. 元·春·王·正月·公卽位의 오시(五始)가 가르치는 바는, 인군(人君)으로 하여금 자신을 깊이 생각하게 함으로써 그 행위를 바르게 하고, 그 위(位)를 바르게 지켜 천하를 통치하도록 하는 데에 있는 것입니다.

무릇 어진 사람은 국가를 운용하는 데에 가장 중요한 도구입니다. 천자께서 어진 사람을 임용(任用)하시기만 하면, 굳이 관리들의 시비선악을 가려 그들의 진퇴에 마음 쓰지 않으셔도, 천자의 공덕(功德)은 널리 미치게 됩니다. 마치 도구가 좋으면 힘을 덜 들이고도 많은 성과를 거둘 수 있는 것과 같습니다.

생각해 보십시오, 무딘 도구를 사용하는 공장(工匠)은 하루 종일 자신의
뼈와 근육을 혹사시키며 애만 씁니다. 그러나 간장(干將)이라는 명검을 만
들어 낸 훌륭한 대장장이쯤 되면, 벌겋게 달군 칼을 맑은 물에 넣어 그 끝
을 단단하게 하고, 월(越)나라에서 나는 좋은 숫돌에 칼날을 갈아, 물속에
잠긴 이무기를 단칼에 베고, 무소의 가죽을 단번에 끊습니다. 그것도 대비
로 길 위의 먼지를 쓸어버리듯 아주 쉽게 말입니다.

이로써 알 수 있듯이 옛날 황제(黃帝) 때의 사람으로, 눈이 썩 밝아 백 보
밖의 털끝을 분별하였던 이루(離婁)로 하여금 먹줄을 바로 긋게 하고, 노
(魯)나라의 이름난 장인(匠人) 공수자(公輸子)로 하여금 그 먹줄을 따라 나
무를 파게 한다면, 길이와 너비가 백 장(百丈)이나 되는 높은 누대를 짓는
일도 아무런 어려움 없이 해낼 수 있습니다. 그것은 바로, 훌륭한 공장(工
匠)과 훌륭한 도구가 서로 임자를 잘 만났기 때문입니다.

【語義】記:이 〈聖主得賢臣頌〉의 글. 恭惟(공유):삼가 생각하다. 春秋(춘
추):오경(五經)의 하나. 노(魯)나라 은공(隱公) 1년(B.C. 722)부터 애
공(哀公) 14년(B.C. 481)까지, 12대 242년간의 사적(事跡)을 노나라의
사관(史官)이 편년체(編年體)로 기록한 것을, 공자(孔子)가 윤리적 입
장에서 비판 수정을 가하고 정사 선악(正邪善惡)의 가치 판단을 내린
역사책. 주(周)나라 경왕(敬王) 39년(B.C. 481)에 시작하여 동왕 41년
(B.C. 479)에 완성되었다. 《春秋》의 문장에 담겨진 공자의 본뜻을 밝
히는 해석서로서, 《좌씨전(左氏傳)》·《곡량전(穀梁傳)》·《공양전(公羊
傳)》의 삼전(三傳)이 있는데, 특히 《左氏傳》이 유명하다. 五始(오시):
원(元)·춘(春)·왕자(王者)·정월(正月)·공즉위(公卽位)의 다섯 가지
사물의 시초로, 元은 기(氣)의 시초, 春은 사시(四時)의 시초, 王者는
수명(受命)의 시초, 正月은 정교(政敎)의 시초, 公卽位는 한나라의 시

초이다. 《春秋》의 경문(經文) 첫머리에는 반드시 이 오시가 나온다. 審
己(심기):자신을 살핌. 임금이 자신의 몸가짐부터 바르게 하는 것을 뜻
한다. 正統:군주가 위(位)를 바르게 하여 천하를 통치하는 것. 器用:도
구. 용구(用具). 趨舍(추사):나아감과 머무름. 진퇴(進退). 현능(賢能)
한 사람을 높이 쓰고, 불초(不肖)한 사람을 물러가게 하는 것을 뜻한다.
省(생):생략하다. 또는 간략히 하다. 功施普(공시보):공(功)이 널리 베
풀어짐. 利:예리(銳利)함. 用力少而就效衆(용력소이취효중):힘을 적
게 쓰고도 많은 공효(功效)를 얻음. 矻矻(굴굴):부지런히 일하는 모양.
또 고달픈 모양. 巧冶(교야):훌륭한 대장장이. 冶는 쇠붙이를 녹여 주
조(鑄造)하는 것, 또는 그러한 일을 하는 곳. 干將(간장):오(吳)나라의
도공(刀工) 간장(干將)이, 그의 아내와 힘을 합하여 만든 두 자루의 명
검 중 하나. 오왕(吳王) 합려(闔閭)의 청으로 만들었다 하는데, 간장은
그 칼에 아내 막야(莫耶)의 머리카락과 손톱을 넣어 만들어서는 두 칼에
각각 干將, 莫耶라는 이름을 붙였다. 樸(박):본디는 자르기만 하고 아
직 다듬지 않은 통나무를 뜻하는데, 여기서는 아직 세공하지 않은 쇳덩
이를 뜻한다. 淬(쉬):달군 칼을 물에 담가 식혀 단단하게 하는 것. 鋒
(봉):칼의 끝. 越砥(월지):월(越)나라에서 나는 좋은 숫돌. 鍔(악):칼날.
蛟龍(교룡):승천하지 못한 채 물속에 잠겨 있는 이무기. 剸(단):끊음.
절단함. 犀革(서혁):무소의 가죽. 篲(수):箒(추)와 같은 뜻으로, 비. 특
히 대나무로 만든 큰 비. 泛(범):拂의 뜻으로, 쓸다, 털다. 塵塗(진도):
먼지가 잔뜩 쌓인 길. 離婁(이루):황제(黃帝) 때의 사람으로, 백 보 밖
에서도 털끝을 가려낼 만큼 눈이 밝았다고 한다. 督繩(독승):먹줄을 바
로잡음. 督은 正의 뜻. 繩은 목수들이 직선을 그을 때에 쓰는 먹통에 담
긴 먹줄. 公輸(공수):노(魯)나라의 이름난 장인(匠人) 공수자(公輸子).
이름은 반(班). 나무로 매[鳶]를 깎아 만드니, 살아 있는 매처럼 날았다

한다. 削墨(삭묵):먹줄을 따라 그대로 깎고 파는 것. 崇臺(숭대):높은
누대. 고대(高臺). 延袤(연무):길이와 너비. 不溷(불혼):혼란하지 아니
함. 工用:공장(工匠)과 도구.

庸人之御駑馬 亦傷吻敝策 而不進於行. 胸喘膚汗 人極馬倦.
及至駕齧膝 參乘旦 王良執靶 韓哀附輿 縱騁馳騖 忽如景靡.
過都越國 蹶如歷塊. 追奔電 逐遺風. 周流八極 萬里一息. 何
其遼哉. 人馬相得也.

범용(凡庸)한 사람이 둔한 말을 부리는 것을 보면, 고삐를 너무 당겨 말
의 입만 찢어 놓고 채찍질을 너무 하여 채찍만 해지게 할 뿐, 한 발짝도 앞
으로 나아가게 하지는 못합니다. 거친 숨을 몰아쉬고 땀을 비오듯 흘리다
가, 결국에는 사람과 말이 모두 지쳐 그 자리에 주저앉고 맙니다. 그러나
명마(名馬) 설슬(齧膝)을 수레에 매고 준마(駿馬) 승단(乘旦)을 곁말로 하
여, 말을 부리는 데에 명인(名人)이었던 주(周)나라 왕량(王良)으로 하여금
고삐를 잡게 하고 한(韓)나라의 애후(哀侯)로 하여금 동승(同乘)토록 한다
면, 말들이 마음껏 자유롭게 뛰고 달려, 그 빠르기가 마치 석양에 해가 지
는 것과 같을 것입니다. 그리하여 도읍을 통과하고 한 나라를 뛰어넘는 것
이 무덤 정도의 큰 흙덩이를 지나치는 것과 같고, 번갯불을 뒤쫓고 질풍을
따르듯, 팔방(八方)의 저 끝 만 리 밖까지도 단숨에 돌아들 것입니다. 어찌
하여 그토록 먼 거리를 단숨에 돌아들 수 있는 것일까요? 다름이 아니라
사람과 말이 서로 임자를 잘 만났기 때문입니다.

【語義】庸人(용인):평범한 사람. 상인(常人). 御(어):말을 다루는 것. 駑
馬(노마):둔한 말. 吻(문):입술. 敝策(폐책):채찍을 해지게 함. 채찍질

만 많이 할 뿐 말을 제대로 부리지 못하는 것을 뜻한다. 行:道. 길. 胸
喘膚汗(흉천부한):가슴은 헐떡거리고, 피부엔 땀이 흐름. 人極(인극):
힘이 다하여 사람이 몹시 지침. 馬倦(마권):말이 지침. 駕(가):수레에
말을 맴. 騽膝(설슬):명마(名馬)의 이름. 參(참):驂(참)의 뜻으로, 곁말
로 세우는 것. 사두마차에 가운데 두 말을 복(服)이라 하고, 양옆의 말
을 참(驂:곁말)이라 한다. 乘旦(승단):명마(名馬)의 이름. 王良(왕량):
조부(造父)와 함께 주(周)나라 때의 말 잘 부리는 사람으로 크게 이름
난 사람이다. 靶(파):고삐. 轡(비)와 같은 뜻. 韓哀(한애):한(韓)나라
의 애후(哀侯)로, 말을 부리는 솜씨가 뛰어났다 한다. 附輿(부여):마차
에 동승(同乘)함. 縱騁(종빙):마음껏 달림. 馳騖(치무):말을 빨리 몲.
如景靡(여경미):해가 지는 것처럼 빠름. 景은 햇빛. 靡는 沒의 뜻. 蹶如
歷塊(궐여력괴):큰 무덤 정도의 흙덩이를 지나치는 것처럼 빠름. 遺風
(유풍):질풍(疾風). 周流(주류):두루 돌아다님. 八極(팔극):팔방(八方)
의 끝. 萬里一息:만 리를 단숨에 돌아옴. 何其遼哉(하기료재):어찌하
여 그토록 먼 길을 그토록 빨리 달릴 수 있는가?

故服絺綌之涼者 不苦盛暑之鬱燠. 襲狐貉之暖者 不憂至寒
之凄愴. 何則有其具者 易其備. 賢人君子 亦聖王之所以易海
內. 是以嘔喻受之 開寬裕之路 以延天下之英俊也.

그러므로 시원하게 갈포 옷을 갖추어 입은 사람은 더위가 성한 한여름
에도 모진 더위로부터 고통을 받지 않고, 여우와 담비 가죽으로 만든 갖옷
을 껴입은 사람은 한겨울의 혹독한 추위를 두려워하지 않습니다. 그 이유
는 다름이 아니라, 갈포 옷과 갖옷을 갖추어 놓고 더위와 추위에 적절히 대
처하기 때문입니다.

현인(賢人)과 군자(君子)는 성왕(聖王)에게, 바로 갈포 옷이나 갖옷과 같은 존재입니다. 그네들은 국가를 다스리는 데에 필요한 도구로서, 성왕이 사해(四海)를 잘 다스리려면 꼭 필요한 사람들입니다. 따라서 성왕께서는 항상 기쁜 마음으로 그들을 받아들이시고, 또 그들이 자신의 역량을 충분히 펼 수 있도록 길을 마련하시어, 천하의 영웅 준걸(英雄俊傑)들이 모두 성왕의 발아래에 모일 수 있도록 하셔야 합니다.

【語義】綌綌(치격):갈포(葛布). 또는 갈포 옷. 鬱燠(울욱):찌는 듯한 무더위. 襲狐貉(습호학):襲은 옷을 두 가지 이상 껴입는 것. 狐貉은 여우와 담비. 여우와 담비 가죽으로 만든 갖옷을 껴입는 것을 뜻한다. 凄愴(처창):혹독한 추위. 易海內(이해내):東·西·南·北 사해(四海)의 안을 쉽게 다스림. 천하를 쉽게 다스림. 嘔喻(구유):화평하고 즐거운 모양. 寬裕(관유):너그럽고 여유 있음. 英俊:영웅 준걸(英雄俊傑).

夫竭智附賢者 必建仁策 索遠求士者 必樹伯迹. 昔周公躬吐握之勞 故有圄空之隆. 齊桓設庭燎之禮 故有匡合之功. 由此觀之君人者 勤於求賢 而逸於得人.

무릇 지혜를 다하여 어진 사람을 가까이하려는 군왕(君王)은 반드시 인의(仁義)의 왕도(王道) 정치를 펴실 분이며, 재능 있는 사람을 멀리까지 찾아 구하는 군왕은 반드시 패자(覇者)의 공적(功績)을 남기실 분입니다.

옛날 주(周)나라의 성인(聖人) 주공(周公)께서는, 음식을 들고 계실 때라면 입 안에 든 음식을 뱉고 달려 나아가 예로써 어진 사람을 맞이하였고, 목욕을 하고 계실 때라면 젖은 머리카락을 움켜쥔 채 달려 나아가 어진 사람을 예로써 맞이하셨습니다. 그러니 그때에는 죄를 짓는 사람이 없어 옥마다 텅텅 비어 있을 만큼 세상이 잘 다스려지고 천하가 태평했던 것입니다. 또 제(齊)나라 환공(桓公)께서는 새벽부터 대궐 뜰에 횃불을 밝히시고 아침 일찍 예궐(詣闕)하는 어진 사람들을 예로써 맞아들이셨습니다. 환공께서는 그처럼 어진 사람을 좋아하셨기 때문에, 기울어져 가는 주(周)나라의 왕실을 바로잡고, 여러 제후를 회합(會合)하여 춘추오패(春秋五覇)의 패자가 되실 수 있었던 것입니다.

이로써 알 수 있듯이, 군왕(君王)이 된 사람은 왕자(王者)가 되었건 패자(覇者)가 되었건 어진 사람을 얻는 데에만 수고로웠을 뿐, 일단 어진 사람을 얻게 되면 그 다음부터는 그지없이 편안했던 것입니다.

【語義】竭智附賢者(갈지부현자):지혜를 다하여 어진 사람을 가까이하려는 사람. 仁策(인책):인의(仁義)의 정책. 즉 왕도 정치(王道政治). 索遠求士者(색원구사자):재능 있는 사람을 멀리까지 찾아 구하는 사람. 索遠求는 멀리까지 샅샅이 뒤져 구하는 것. 伯迹(패적):패자(覇者)의 공적(功績). 伯는 覇와 仝字. 吐握(토악):토포악발(吐哺握髮)의 뜻. 주공(周公)이 식사할 때에나 목욕할 때에 손님이 찾아오면 먹던 것을 뱉고, 감고 있던 머리를 거머쥐고 영접하였다는 고사(故事)에서 유래된 말로, 위정자가 민심(民心)을 수람(收攬)하고 정무(政務)를 보살피기에 잠시도 편안함이 없음을 뜻한다. 여기서는 훌륭한 인물을 잃는 것을 두려워하는 것에 대한 비유로 쓰이고 있다. 圄空之隆(어공지륭):감옥이 텅 비는 융성함. 圄는 감옥. 隆은 盛. 인의(仁義)의 왕도(王道) 정치가 잘 행해져, 죄수가 없어 감옥이 텅 빌 만큼 세상이 태평함을 뜻한다. 齊桓(제환):춘추오패(春秋五覇)의 우두머리인 제(齊)나라의 환공(桓公). 환공은 어진 사람을 좋아하여, 아침 일찍부터 뜰에 횃불을 밝혀 놓고 그들을 접견했다고 한다. 庭燎(정료):옛날 나라에 큰일이 있을 때에, 밤중에 대

궐의 뜰에 피우던 화톳불. 여기서는 환공이 아침 일찍 예궐(詣闕)하는 신하들을 위하여 대궐 뜰에 밝혀 둔 횃불을 가리킨다. 匡合(광합):환공이 주(周)나라의 왕실을 바로잡고, 여러 제후와 회합(會合)한 것을 가리킨다. 勤於求賢(근어구현):어진 사람을 구하는 일에 애를 씀. 逸於得人(일어득인):어진 사람을 얻은 뒤에는 편안함. 逸은 안일(安逸), 또는 힘이 들지 않음.

人臣亦然. 昔賢者之未遭遇也 圖事揆策 則君不用其謀. 陳見悃誠 則上不然其信. 進仕不得施效. 斥逐又非其愆. 是故伊尹勤於鼎俎 太公困於鼓刀 百里自鬻 甯子飯牛 離此患也.

이러한 사정은 남의 신하(臣下)가 되는 경우에도 다를 것이 없습니다. 예로부터 아무리 어진 사람이라도 자신을 알아주는 성군(聖君), 명왕(明王)을 만나지 못해, 훌륭한 일을 도모하고 뛰어난 책략(策略)을 지어낸다 하더라도 임금이 그 계책을 받아들이지 않아, 쓰이지 못했던 예가 허다합니다. 신하가 지성으로 자신의 충절을 나타내 보여도, 어두운 군주는 그 참되고 거짓 없음을 믿으려 하지 않습니다. 그러니 어진 사람이 어쩌다 벼슬에 나아간다 해도 공적(功績)을 펴 나타낼 길이 없고, 오히려 참소를 만나 쫓겨나기 일쑤였습니다. 어진 사람들이 쫓겨났던 것은, 그들이 소인배의 농간에 미혹되는 어두운 군주를 만난 때문이지, 그들에게 허물이 있었던 때문이 아닙니다.

그러한 까닭에 탕왕(湯王)을 만고(萬古) 의 성왕으로 빛낸 은(殷)의 명신(名臣) 이윤(伊尹)이 탕왕을 만나기 전까지는 폭군 걸(桀)의 입맛이나 맞추는 요리사로서 솥 사이를 오가며 도마질하기에 바빴고, 주(周)나라 문왕(文王)의 어진 재상이었던 태공망(太公望)이 문왕을 만나기 전까지는 한낱 백정(白丁)으로 소 잡는 일에 곤고(困苦)했으며, 진(秦)나라 목공(穆公)을 춘추오패(春秋五霸)의 한 사람으로 만든 백리해(百里奚)가 목공에게 기용되기 전에는 자신을 양가죽 다섯 장과 바꿀 만큼 비참한 경우를 당했고, 제(齊)나라 환공(桓公)에게 대부(大夫)로 기용되었던 영척(甯戚)이 환공을 만나기 전에는 밤늦게까지 소를 먹이던 촌부(村夫)에 지나지 않았던 것입니다. 위에 든 네 어진 분들의 경우는, 어진 사람이 밝은 군주를 만나지 못하여 한때 고난을 받았던 전형적인 예라 할 수 있습니다.

【語義】 遭遇(조우):자기를 알아주는 명군(明君), 성주(聖主)를 만나는 것. 圖事(도사):일을 도모함. 揆策(규책):계책(計策)과 같은 뜻. 책략(策略)을 지어내는 것. 陳見悃誠(진현곤성):지성을 말해 보임. 悃誠은 지성(至誠). 上:군주, 또는 천자(天子). 不然其信:참되고 거짓 없는 것을 믿으려 하지 않음. 斥逐(척축):참소를 당하여 쫓겨남. 愆(건):허물. 過와 같은 뜻. 伊尹(이윤):은(殷)나라 탕왕(湯王)의 현재상(賢宰相). 탕왕을 도와 하(夏)의 폭군 걸(桀)을 치고, 탕왕으로 하여금 왕이 되게 하였다. 鼎俎(정조):솥과 도마. 이윤(伊尹)이 탕왕을 만나기 전에 폭군 걸(桀)의 요리사로서 일했던 것을 가리킨다. 太公(태공):주(周)나라 초기의 명재상(名宰相) 여상(呂尙)을 가리킨다. 속칭 강태공(姜太公)이라 불린다. 위수(渭水)에서 낚시질을 하다가 문왕(文王)에게 발탁되어 문왕의 스승이 되었으며, 뒤에 무왕(武王)을 도와 은(殷)나라를 멸하고 천하를 평정하여, 제(齊)나라의 시조(始祖)가 되었다. 鼓刀(고도):식칼을 마음대로 쓴다는 뜻으로, 백정(白丁)이 고기를 베는 것을 뜻한다. 여기서는 태공(太公)이 문왕(文王)을 만나기 전에 백정으로 소를 잡던 일을 가리킨다. 百里自鬻(백리자육):백리해(百里奚)가 자신을 팖. 百里는 진(秦)나라 목공(穆公)의 현재상(賢宰相) 백리해(百里奚). 鬻은 묽은 죽(粥(죽))

의 뜻으로 쓰일 때에는 '죽'으로, 판다는 뜻으로 쓰일 때에는 '육'으로 읽
힌다. 백리해와 오양지피(五羊之皮)에 관한 고사(故事)에 대해서는 이
견(異見)이 구구한데, 여기서는 《孟子》 萬章篇 上에 실려 있는 것을 요
약하여 소개하겠다. 만장(萬章)이 묻기를, "어떤 사람이 말하기를, '백
리해가 秦의 제사에 바칠 가축 기르는 사람에게 양 다섯 마리의 가죽을
받고 자신을 팔아서, 소 먹이는 일로 秦의 목공(穆公)에게 벼슬을 구했
다.' 하는데, 그것이 사실입니까?" 맹자께서 말씀하셨다. "아니다. 말
만들어 내기 좋아하는 사람이 꾸며낸 이야기일 뿐이다. 백리해는 우(虞)
나라 사람이었다. 晉나라 사람들이 구슬과 말을 선물로 보내고서 虞나
라의 길을 빌려 虢(괵)나라를 치려 하자, 궁지기(宮之奇)는 간했는데 백
리해는 간하지 않았다. 백리해는 우공(虞公)에게 간할 수 없음을 알고서
그곳을 떠나 秦나라로 갔는데, 그때 그의 나이 70이었다. 그런데도 그
가 소 먹이는 일로 秦의 목공에게 벼슬을 구하려는 것이 더러운 일임을
알지 못했다면 지혜롭다 할 수 있겠느냐? 간할 수 없어서 간하지 않았
으니 어찌 지혜롭다 하지 않을 수 있겠는가. 우공이 장차 망하리라는 것
을 알고 먼저 떠났으니 어찌 지혜롭다 하지 않을 수 있겠는가. 또 秦나
라에 등용되어 목공과 함께 일할 수 있음을 알고 그를 도왔으니 어찌 지
혜롭다 하지 않을 수 있겠는가. 秦나라를 도와 그 임금을 천하에 빛냈으
니, 어질지 않고서야 어찌 그런 일을 할 수 있겠는가. 자신의 몸을 팔아
자기 임금을 빛내는 일은, 시골의 이름 내기 좋아하는 사람들도 하지 않
는데, 하물며 어진 사람이 그런 일을 했다고 할 수 있겠는가." 甯子飯
牛(영자반우): 영척(甯戚)이 소를 먹임. 甯子는 제(齊)나라 환공(桓公)의
현신(賢臣) 영척(甯戚). 甯은 寧과 仝字. 영척이 제나라에 가던 중, 제
의 성밖에 이르러 날이 저물었다. 그때 마침, 제의 환공(桓公)이 교외에
서 손님을 맞아 오다 관문(關門)에서 밤을 맞게 되었다. 영척은 소를 먹

이고 있다가 먼발치에서 환공을 보자, 소의 뿔을 두드리며 슬프게 노래
를 불렀다. 환공은 노래를 부르는 사람이 범상(凡常)한 사람이 아니라
며 수레에 태워가 나랏일을 맡겼다. 離(리):걸리다. 轉하여 어떤 일을
당한다는 뜻. 此患(차환):이러한 환난. 이 환난이란, 어진 사람이 밝은
군주(君主)를 만나지 못하여 고통받는 것을 가리킨다.

及至遇明君遭聖主也 運籌合上意 諫諍則見聽 進退得閔其忠
任職得行其術. 去卑辱奧渫 而升本朝 離蔬釋蹻 而享膏粱. 剖
符錫壤 而光祖考 傳之子孫 以資說士.

그런데 어두운 그늘 속에서 그토록 허덕이던 어진 선비들이 명군(明君)
을 만나고 성주(聖主)를 섬기게 되자, 계책을 세우면 세우는 대로 상(上)의
뜻과 부합되었고, 간(諫)하는 말을 올리면 올리는 대로 상께서 받아들이셨
으며, 그들이 나아가거나 물러서거나 상께서는 항상 그들의 충정을 가엾
게 여기셨으니, 그들이 한번 직책을 맡으면 자신들의 아름다운 재주를 맘
껏 펼 수 있었던 것입니다. 어제까지 그 비천하고 욕되며 그늘 속에 묻혀
멸시받던 생활을 버리고 조정(朝廷)에 높이 등용되었으며, 거친 음식과 짚
신을 버리고 기름진 고기와 좋은 쌀밥을 먹는 귀한 신분이 되었습니다. 그
리고 제후(諸侯)에 피봉(被封)되고 많은 땅을 하사(下賜)받아, 조상의 이름
을 빛내고 자자손손 아름다운 이름을 전했으며, 아직 뜻을 얻지 못한 천하
의 어진 선비들을 도왔습니다.

【語義】 籌(주):계책(計策). 꾀. 閔(민):가엾게 여김. 卑辱(비욕):비천(卑賤)
하고 욕됨. 奧渫(오설):奧는 어둠에 묻혀 사람들에게 알려지지 않는 것.
渫은 남에게서 멸시를 받는 것. 本朝:자기가 섬기는 나라의 조정(朝廷).

蔬(소):푸성귀. 轉하여 변변치 못한 음식.   釋(석):버림.   蹻(갹):짚신.
초리(草履).   膏粱(고량):膏는 기름진 고기. 粱은 조〔粟(속)〕의 일종으
로, 알이 굵고 까끄라기가 억세며 향기가 나는 곡식. 중국에서는 조를
귀히 여겼으므로, 轉하여 좋은 곡식, 또는 좋은 쌀의 뜻으로도 쓰인다.
剖符(부부):제후(諸侯)로 피봉(被封)되는 것을 뜻한다. 剖는 가른다는
뜻이고, 符는 부절(符節)을 뜻한다. 옛날 천자가 제후를 봉(封)할 때에
는, 부절(符節)을 양분하여 반쪽은 천자가 지니고 반쪽은 제후에게 주
었다가, 후일의 신표(信標)로 삼았다.   錫壤(석양):땅을 하사(下賜)함.
祖考(조고):조부(祖父)와 망부(亡父).   資(자):돕거나 구하는 것을 뜻한
다.   說士(세사):천하를 돌아다니며 자신의 의견을 설명하여 채택해 주
기를 바라는 어진 선비.

故世必有聖智之君 而後有賢明之臣. 故虎嘯而風冽 龍興而致
雲. 蟋蟀俟秋吟 蜉蝣出以陰. 易曰 飛龍在天 利見大人. 詩
曰 思皇多士 生此王國. 故世平主聖 俊乂將自至. 若堯舜禹
湯文武之君 獲稷契皐陶伊尹呂望之臣. 明明在朝 穆穆布列.
聚精會神 相得益章. 雖伯牙操遞鍾 逢門子彎烏號 猶未足知
喩其意也.

그러므로 세상에는 반드시 성지(聖智)의 군왕(君王)이 있은 다음에야 현
명한 신하가 나오는 법입니다. 마치 호랑이가 크게 포효(咆哮)하여야 골짜
기에 찬 바람이 일고, 용이 꿈틀거려야 구름이 이는 것과 같습니다. 귀뚜
라미가 가을을 기다려 울고, 하루살이가 날이 어두워져야 나타나는 것과
도 같습니다. 《周易》 건위천괘(乾爲天卦) 九五의 효사(爻辭)에, '비룡(飛龍)
하늘에 있다, 대인(大人)을 보니 좋다(飛龍在天 利見大人).'라 하였고, 《詩

經》대아편(大雅篇) 〈文王〉에, '문왕(文王)과 같은 성군(聖君)이 계시니, 아름다운 많은 선비들이 이 왕국에서 나도다(思皇多士 生此王國).'라고 하였습니다.

그러므로 세상이 태평하고 군왕이 성군이면, 뛰어난 현재(賢才)들이 저절로 모여드는 법입니다. 옛날 요(堯)·순(舜)·우(禹)·탕왕(湯王)·문왕(文王)·무왕(武王)과 같은 성왕(聖王)께서 직기(稷棄)·설(契)·고요(皋陶)·이윤(伊尹)·태공망(太公望)과 같은 어진 신하를 얻으신 것이 그 좋은 예라 하겠습니다.

성군(聖君)께서 조정의 높은 자리에 앉으셔 조정을 밝게 빛내셨고, 어진 신하들이 위의(威儀) 넘치는 모습으로 그 아래에 죽 늘어서 있었습니다. 그리고 임금과 신하가 지혜와 마음을 한데 모아 아름다운 인의(仁義)의 도로 천하를 밝게 빛냈습니다.

참으로 금(琴)의 명인(名人) 백아(伯牙)가 명금(名琴) 체종(遞鍾)의 줄을 골라 신묘(神妙)한 소리를 낸다 하더라도, 활의 명인(名人) 봉몽(逢蒙)이 명궁(名弓) 오호(烏號)에 화살을 메겨 백발백중(百發百中)의 묘(妙)를 얻는다 하더라도, 그것들은 여기 성군(聖君)과 어진 신하가 서로 만나 화합하는 아름다움에는 비할 바가 못 되는 것입니다.

【語義】 虎嘯而風冽(호소이풍렬):호랑이가 으르렁거려야 바람이 일어남. 嘯는 叱(질)과 仝字로 쓰여, 꾸짖는다는 뜻으로 쓰일 때도 있다. 여기서 虎는 명군(明君)을 뜻하고, 風은 현신(賢臣)을 뜻한다. 龍興而致雲(용흥이치운):용이 일어나야 구름이 모임. 龍은 성왕(聖王)을, 雲은 현신(賢臣)을 뜻한다. 蟋蟀俟秋吟(실솔사추음):귀뚜라미는 가을을 기다려 읊. 蟋蟀은 귀뚜라미로, 어진 신하를 가리킨다. 俟는 待의 뜻으로, 기다리는 것. 秋는 명군(明君)을 뜻한다. 蜉蝣出以陰(부유출이음):하

루살이는 날이 어두워져야 나타남. 蜉蝣는 하루살이 과에 속하는 잠자리 비슷한 작은 곤충으로, 여기서는 어진 신하를 가리킨다. 陰은 성지(聖智)의 군(君)을 가리키는 말. 飛龍在天 利見大人:비룡(飛龍) 하늘에 있다, 대인(大人)을 보니 좋다.《周易》乾爲天卦 九五의 효사(爻辭)이다. 飛龍은 강건 중정(剛健中正)한 성인의 덕을 지닌 천자(天子)를 가리키며, '하늘에 있다(在天)'는 것은 천자의 위(位)에 오르는 것을 뜻한다. 利見大人은 재야(在野)의 덕 있는 사람을 찾아낼 수 있다는 뜻. 思皇多士 生此王國:빛나는 많은 선비들이 이 왕국에서 나옴.《詩經》大雅篇〈文王〉에 나오는 시구. 思는 助詞. 皇은 황(煌:빛나다)의 뜻. 문왕(文王)과 같은 성군(聖君)이 계셨으므로, 뛰어난 인물들이 수없이 많았다는 것을 뜻한다. 俊乂(준예):아주 뛰어난 현재(賢才). 乂는 어진 사람이라는 뜻. 獲(획):얻음. 稷契皐陶伊尹呂望(직·설·고요·이윤·여망):모두 명재상(名宰相)들이다. 稷과 契과 皐陶는 요순(堯舜) 시대의 명신(名臣)들로, 稷은 본명이 기(棄)로 주(周)의 선조(先祖)이며, 契은 교육을 관장했던 사람으로 商(殷)의 선조(先祖)이며, 皐陶는 형벌을 관장했던 사람이다. 伊尹은 은(殷)나라 탕왕(湯王)의 현신(賢臣)이고, 呂望은 태공망(太公望) 여상(呂尙)으로 주(周)나라 문왕(文王)의 현신(賢臣)이다. 明明在朝:성군이 조정에 계셔 밝은 것을 뜻한다. 穆穆布列(목목포열):어진 신하들이 조정에 위의(威儀) 넘치는 모습으로 죽 늘어선 것을 뜻한다. 穆穆은 언어 용모가 아름답고 위의(威儀)가 갖추어진 모양. 聚精會神(취정회신):군신(君臣)의 뛰어난 지혜와 마음을 한데 모음. 伯牙(백아):춘추시대(春秋時代) 금(琴)의 명인(名人). 遞鍾(체종):명금(名琴)의 이름. 逢門子(봉문자):고대의 활의 명인(名人)인 봉몽(逢蒙)을 가리킨다. 彎(만):활에 화살을 메겨 당김. 烏號(오호):명궁(名弓)의 이름. 전설에 황제(黃帝)가 승천(昇天)할 때에 하늘에서 떨어졌다고 한다.

故聖主必待賢臣 而弘功業 俊士亦俟明主 以顯其德. 上下俱
欲 歡然交欣. 千載一會 論說無疑. 翼乎如鴻毛遇順風 沛乎若
巨魚縱大壑. 其得意如此 則胡禁不止 曷令不行. 化溢四表 橫
被無窮 遐夷貢獻 萬祥必臻.

그러므로 성지(聖智)의 군주라 하더라도 어진 신하를 얻어야만 공업(功
業)을 천하에 널리 펼 수 있으며, 뛰어난 선비라 하더라도 밝은 군주를 만
나야만 자신의 아름다운 재주와 덕을 펼 수 있는 것입니다.

성주(聖主)와 현신(賢臣)이 만나면, 군(君)과 신(臣)의 생각하고 바라는
것이 부절(符節)을 맞춘 듯 일치하고, 군신(君臣)이 마치 한 몸인 양 즐거
워합니다. 참으로 성주와 현신이 만나기란 천 년에 한 번 있을까 말까 한
드문 일로서, 임금과 신하가 의견을 나누면 조금도 막히는 것이 없이 뜻이
통합니다. 조정에서 뜻을 모으는 것이 마치 큰기러기가 순풍을 타고 날 듯
순조롭게 진행되고, 시행되는 일마다 큰 물고기가 바다에서 유유히 노닐
듯 성대합니다. 진실로 임금과 신하 사이에 그 뜻이 이처럼 합해진다면, 금
(禁)하는 일마다 그쳐지지 않는 일이 있겠으며, 명(命)하는 일마다 시행되
지 않는 일이 있겠습니까.

백성들을 감화(感化)시키는 인의(仁義)의 덕화(德化)가 사해(四海) 밖까
지 넘쳐, 그 아름다운 덕화가 천하에 미치지 않는 곳이 없을 것이니, 먼 곳
의 오랑캐들은 앞을 다투어 조공(朝貢)을 바치게 되고, 이루는 일마다 만
가지 상서로움이 따를 것입니다.

【語義】 俟(사):기다림. 待와 같은 뜻. 上下:군주(君主)와 신하. 俱欲(구
　　욕):생각하고 바라는 것을 함께함. 交欣(교흔):서로 즐거워함. 千載一
　　會(천재일회):천재일우(千載一遇), 또는 천재일시(千載一時)와 같은 뜻

으로, 좀처럼 만나기 어려운 기회를 뜻한다. 千載는 千歲의 뜻. 翼乎如
鴻毛遇順風(익호여홍모우순풍):나는 것이 마치 큰기러기의 깃이 순풍
을 탄 것 같음. 군신(君臣)의 뜻이 순조롭게 합치되는 것을 뜻한다. 沛
乎(패호):성대(盛大)한 모양. 縱(종):자유롭게 노닒. 大壑(대학):큰 바
다. 壑은 원래 두 산 사이의 우묵한 곳, 즉 골짜기를 뜻한다. 胡(호)·
曷(갈):모두 何의 뜻으로, '어찌 ~하겠는가.' 化溢四表(화일사표):덕화
(德化)가 사해(四海)의 밖까지 넘침. 化는 인의(仁義)의 덕으로 감화시
키는 것. 溢은 가득 차 넘치는 것. 表는 外의 뜻. 橫被無窮(횡피무궁):
덕화가 끝없이 넓게 미치는 것을 뜻한다. 被는 널리 미친다는 뜻. 遐
夷(하이):먼 곳에 있는 이민족. 오랑캐. 貢獻(공헌):조공(朝貢)을 바침.
萬祥必臻(만상필진):만 가지 상서로운 일이 반드시 일어남. 臻은 오다,
또는 한군데로 모이다의 뜻.

是以聖主不偏窺望 而視已明 不殫傾耳 而聽已聰. 恩從祥風
翺 德與和氣游. 太平之責塞 優游之望得. 遵遊自然之勢 恬淡
無爲之場. 休徵自至 壽考無疆. 雍容垂拱 永永萬年. 何必偓
仰屈信若彭祖. 煦噓呼吸如喬松 眇然絶俗離世哉. 詩日 濟濟
多士 文王以寧. 蓋信乎 其以寧也.

따라서 성주(聖主)는 천하의 일을 몸소 살펴보지 않아도 밝게 보실 수가
있으며, 천하의 일에 일일이 귀를 기울이지 않아도 총명하게 들으실 수가
있습니다. 그리고 성주(聖主)의 크신 은혜는 상서로운 바람을 타고 높이 올
라 멀리까지 미치며, 아름다운 덕은 화평한 기운과 함께 천하에 떠돌며 만
민을 감화(感化)시키니, 마침내 천하태평을 이룩하게 되고 희구하시던 안
락함을 얻게 되시는 것입니다. 만물을 지배하는 천도(天道)의 자연스런 추

이(推移)에 따르게 되며, 무위(無爲)의 경지에서 무욕염담(無欲恬淡)의 상태에 몸을 두시게 됩니다. 백 가지 경사스런 조짐이 저절로 나타나고, 수명은 한이 없게 됩니다. 온화한 모습으로 옷자락을 드리우고 팔짱을 낀 채 가만히 있어도, 성왕의 아름다운 덕에 모두가 감화되어, 만년토록 무궁하게 천하가 저절로 잘 다스려지게 됩니다. 그렇게 되면 칠백 년을 살았다는 팽조(彭祖)의 언앙굴신(偃仰屈伸)의 양생법(養生法)이 무슨 소용이 있겠으며, 왕자교(王子喬)와 적송자(赤松子)처럼 후허 호흡(煦噓呼吸)의 양생법을 익혀, 굳이 세속과 인연을 끊고 속세를 떠나 아득히 먼 곳으로 갈 필요가 어디에 있겠습니까.

《詩經》에 이런 말이 있습니다.

"어질고 훌륭한 선비들이 많도다.

문왕, 그들의 도움으로 편안하도다."

진정 그렇습니다. 성왕(聖王)이 어진 신하를 얻어 편안하게 되는 것은 너무도 당연한 이치입니다.

【語義】 偏窺望(편규망):두루 빠짐없이 살펴봄. 殫(탄):빠짐없이 널리. 傾耳(경이):귀를 기울임. 翶(고):낢. 새가 날개를 위아래로 흔들며 나는 것을 翶(고)라 하고, 날개를 움직이지 않고 하늘 높이 떠 있는 것을 翔(상)이라 한다. 德與和氣游(덕여화기유):군주의 높은 덕이 화평한 기운과 함께 천하에 떠돎. 游는 본디 가라앉지 않고 물 위에 떠 있는 상태를 뜻한다. 責(책):당연히 해야 할 임무. 여기서는 천하를 태평하게 해야 하는 천자의 책임을 뜻한다. 塞(색):이루어 채움. 充의 뜻. 즉 천자가 천자로서 이루어야 할 천하태평의 책임을 훌륭히 완수하는 것을 뜻한다. 優游(우유):한가로운 모양. 遵游自然之勢(준유자연지세):자연의 이법(理法)에 좇아 즐김. 만물을 지배하는 천도(天道)의 자연스러운

추이(推移)에 따르는 것을 뜻한다.　恬淡無爲之場(염담무위지장):무위(無爲)의 경지에서 명리(名利)를 탐내지 않고 고요히 있음.　休徵(휴징):휴조(休兆). 곧 경사스러운 징조. 休는 길경(吉慶)의 뜻.　壽考無疆(수고무강):수명이 길어 한이 없음. 考는 오래 산다는 뜻.　雍容垂拱(옹용수공):온화한 얼굴로 옷자락을 드리우고 팔짱을 낌. 雍은 온화하다는 뜻. 垂拱은 수공지화(垂拱之化)의 뜻으로, 임금의 덕에 의하여 백성이 착해져서 정사(政事)가 저절로 잘 되는 것.　偃仰屈信(언앙굴신):偃은 눕는 것. 仰은 일어나는 것. 屈은 구부리는 것. 信은 伸(신)의 뜻으로, 펴는 것. 몸을 건강하게 하여 오래 살고자 하는 양생법(養生法)을 뜻한다.　彭祖(팽조):선인(仙人)의 이름.《列仙傳》에 의하면, 전욱(顓頊)의 현손(玄孫)으로, 요(堯)임금 시대부터 은(殷)나라 말(末)까지 칠백 년을 살았다고 한다.　煦噓呼吸(후허호흡):도가(道家)의 양생법(養生法)으로서, 체내의 묵은 기운을 내쉬고 새로운 기운을 들이쉬는 호흡법.　喬松(교송):주(周)나라 영왕(靈王)의 태자 왕자교(王子喬)와 선인(仙人) 적송자(赤松子). 두 사람 다 불로장생(不老長生)의 선법(仙法)을 터득한 신선들이라고 한다.　眇然(묘연):아득히 먼 모양. 轉하여 초연(超然)한 것.　絶俗:속세와 인연을 끊음.　離世:세상을 멀리함.　濟濟多士 文王以寧(제제다사 문왕이녕):《詩經》大雅篇〈文王〉에 나오는 시구. 濟濟多士는 어질고 훌륭한 선비들이 많은 것. 文王以寧은 문왕이 어진 선비를 얻어 편안했다는 뜻.　蓋信乎(개신호):진실로 그러하다.

【解說】《漢書》列傳 34에 의하면, 선제(宣帝)는 왕자연(王子淵)이 문재(文才)가 뛰어나다는 말을 듣고 왕자연을 불렀다. 왕자연은 궁(宮)에 이르러〈聖主得賢臣頌〉을 지었다. 宣帝는 그를 장자교(張子喬) 등과 나란히 대조(待詔:문장을 취급하고 天子의 하문에 응대하는 벼슬 이름. 經學과

문장이 뛰어난 선비가 임명된다)로 임명했다고 한다.

이 頌은 성주(聖主)가 현신(賢臣)을 얻으면 나라가 잘 다스려진다는 것을 매우 객관적으로 찬양한 글이지만, 간접적으로 宣帝의 치세(治世)를 구가(謳歌)하고 찬미한 것이다. 편 말(篇末)에 《詩經》의 大雅篇〈文王〉에 나오는 시구를 인용하여, 文王이 많은 현신(賢臣)을 얻어 천하를 편히 다스린 것을 칭송하고 있는데, 이것은 宣帝를 文王에 비유하여 찬미하고 있는 것이다. 이와 같은 비유를 곳곳에서 볼 수 있다. 그러나 이것은 또 宣帝의 治世를 찬미하는 동시에 성주(聖主) 된 자의 가장 중요한 마음가짐을 이야기한 것으로, 宣帝로 하여금 교훈으로 삼게 하고자 한 것이라 말할 수도 있다.

文王을 찬미하는 것으로 글을 끝맺고 있는 것을 보아도 알 수 있듯이, 이 頌은 유가적(儒家的)인 경향이 짙다. 篇末에 무위(無爲)자연의 老莊 철학을 이상(理想)으로 하고 있는 것처럼 보이나, 이것은 賢臣을 얻는 일에 애쓴 결과, 군주(君主)는 無爲自然일 수 있다는 것이지, 장자(莊子)처럼 정치를 부정하는 사상(思想)은 아니다. 그 증거로 신선(神仙) 등은 문제도 되지 않는다고 말하고 있다. 《孟子》는 등문공(滕文公)편 上에서 이렇게 말한다.

"공자가 말하기를, '위대하도다, 요(堯)임금이여! 오직 하늘만이 크거늘, 오직 堯임금이 하늘을 본받으셨도다. 넓고 넓어 백성이 무어라 표현할 수 없었도다. 임금답도다, 순(舜)임금이여! 높고 또 높아, 현신(賢臣)을 등용하여 그들에게 천하를 맡기고 참견하지 않으셨도다.' 하였다."

이와 같이 堯ㆍ舜의 무위(無爲), 불관여(不關與)의 정치를 이야기하는 동시에 孟子는 또 같은 篇에서,

"堯는 舜 같은 성인을 얻어 나라를 다스리게 할 수 없음을 언제나 걱정하였고, 舜은 또 禹나 고요(皐陶) 같은 聖賢을 등용하여 백성을 평안

하게 할 수 없음을 걱정했다.”

고 말하여, 그 無爲의 정치는 현인(賢人)을 얻는 일에 노력한 결과임을
천명하고 있다. 孟子는 또, '천하를 위해 사람을 얻는 것이 仁이다.'(滕
文公篇 上)라고도 말했다. 이 頌의 사상은 이러한 입장을 근거로 한 것
이다.

유협(劉勰)의 《문심조룡(文心雕龍)》에, '頌의 문체(文體)는 전아(典
雅)하고 밝다. 德을 찬양하여 기술함이 賦와 같지만 지나치게 사치스럽
지 않고, 삼가고 조심함이 銘과 같지만 훈계하지는 않는다.'고 했는데,
頌의 본체를 말한 것이라 하겠다.

이 篇의 끝 부분에서, 지극히 간접적으로 宣帝가 신선(神仙)을 좋아
하는 것(당시 宣帝는 신선을 좋아했다고 한다)을 간(諫)하고 있는 것을
엿볼 수 있다.

본래는 제사(祭祀)를 위한 송가(頌歌)로서 운문이었던 것이 산문이
되어, 이처럼 군주의 덕(德)을 찬양하는 송덕문(頌德文)이 된 것은 頌의
변태(變態)라 할 수 있을 것이다.

대당중흥송:원차산(大唐中興頌:元次山)

天寶十四年 安祿山陷洛陽 明年陷長安. 天子幸蜀 太子即位
於靈武. 明年皇帝移軍鳳翔 其年復兩京 上皇還京師. 於戱 前
代帝王 有盛德大業者 必見於歌頌. 若今歌頌大業 刻之金石
非老於文學 其誰宜爲. 頌曰.

천보(天寶) 14년 안록산(安祿山)이 난(亂)을 일으켜 낙양(洛陽)을 함락시
키자, 다음해에는 수도 장안(長安)마저 함락되었다. 현종(玄宗) 황제께서
는 난을 피하여 촉(蜀)으로 옮기시고, 태자(太子)께서 난을 진압하고자 군
사를 일으켜 영무현(靈武縣)에서 즉위하셨다. 숙종(肅宗:당나라 제7대 황
제로 玄宗의 太子) 황제께서는 즉위하신 이듬해에 군사를 섬서성(陝西省)
의 봉상현(鳳翔縣)으로 옮기시고, 그해 안록산에게 함락되었던 낙양과 장
안을 수복(收復)하시니, 상황(上皇)께서는 다시 장안으로 돌아오시게 되
었다.

아, 전대(前代)의 제왕들 가운데 덕이 훌륭하고 큰 업적을 남기신 분들
은, 반드시 그 아름다운 이름이 송가(頌歌)에 실려 후세에 전해져 내려왔
다. 이제 기울어져 가던 당(唐)나라를 다시 일으켜 세운 숙종 황제의 큰 업
적을 송가(頌歌)에 싣고, 그것을 금석(金石)에 새겨 후세에 길이 전하려 하
는데, 문장과 학문이 깊지 않고서야 그 누가 할 수 있겠는가. 그럼에도 재
주 없는 내가 이 글을 짓게 되었으니, 다만 송구스러울 뿐이다. 삼가 다음
과 같이 송가를 짓노라.

【語義】 天寶十四年:서기 755년. 天寶는 당(唐)나라 현종(玄宗)의 연호(年
號). 安祿山(안록산):당(唐)나라 현종(玄宗) 때의 무장(武將). 현종의 총

애를 받았는데, 하동(河東)의 절도사(節度使)로 있을 때에 군대의 증강과 사유화(私有化)를 도모하여, 중앙의 실권자였던 양국충(楊國忠)과 반목하였다. 천보 14년에 범양(范陽), 곧 지금의 북경(北京)에서 거병(擧兵)하여, 낙양(洛陽)을 공략한 후 대연 황제(大燕皇帝)라 칭하였으나, 둘째 아들 경서(慶緖)에게 살해되었다. **天子**:현종(玄宗)을 가리킨다. **幸(행)**: 천자의 행차. 여기서는 현종이 안록산의 난을 피해 장안(長安)을 탈출하여 촉(蜀)으로 떠난 것을 가리킨다. **蜀(촉)**:사천성(四川省)의 성도(成都)를 가리킨다. **太子**:현종의 아들 형(亨). 당나라의 7대 황제 숙종(肅宗)이 됨. **靈武(영무)**:감숙성(甘肅省)에 있는 영무현(靈武縣). **明年**:지덕(至德) 2년. 757년. **鳳翔(봉상)**:섬서성(陝西省)에 있는 현(縣)의 이름. 陜(협:좁다는 뜻의 狹과 仝字)은 陝과는 다른 字이니 주의할 것. **兩京**: 낙양(洛陽)과 장안(長安). **上皇**:태상황(太上皇). 선위(禪位)한 황제에게 바치는 존호(尊號). 현종(玄宗)을 가리킨다. **京師**:황제가 기거하는 도성. 장안(長安)을 가리킨다. **於戲(오희)**:오호(於乎). 감탄하는 소리. **盛德大業**:훌륭한 덕과 큰 업적(業績). **見(현)**:나타냄. 드러내 보임. **老於文學**:문장과 학문에 깊음.

噫嘻前朝 孼臣姦驕 爲昏爲妖.
邊將騁兵 毒亂國經 羣生失寧.
大駕南巡 百僚竄身 奉賊稱臣.

아, 전대(前代)의 왕조(王朝)에는 재앙을 불러들이는 신하들이 많았는데, 그들은 하나같이 간사하고 거만하여, 자신들이 지켜야 할 바른 도리를 알지 못하고 요망한 짓을 일삼았다.

이에 변방을 지키던 한 장수가 그들의 횡포를 응징한다는 명목으로 난을 일으켜 국법을 어지럽히니, 만백성들은 안녕(安寧)을 잃고 혼란에 빠지게 되었다.

천자를 모신 수레가 난(亂)을 피하여 남쪽으로 떠나자, 많은 신하들이 앞을 다투어 몸을 숨겼고, 심지어는 역적을 받들어 모시며 그 밑에서 신하 노릇을 하는 자까지 있었다.

【語義】 噫嘻(희희):희호(噫乎). 감탄의 말로, 찬미하거나 탄식할 때에 내는 소리. 前朝:현종(玄宗)의 시대를 가리킨다. 孼臣(얼신):재앙을 불러들이는 신하. 현종 때에 실권을 장악했던 양국충(楊國忠)·이임보(李林甫) 등의 사악한 신하들을 가리킨다. 특히 양국충은 불량소년 출신임에도 양귀비(楊貴妃)의 사촌 오빠라는 것 때문에 재상까지 된 자로서, 폭정을 일삼았다. 姦驕(간교):간사하고 거만함. 爲昏爲妖(위혼위요):자신이 지켜야 할 도리를 알지 못하고 요망한 짓을 함. 邊將(변장):국경 수비를 맡은 장수. 북경을 중심으로 하여 하북(河北) 일대의 군정 장관이었던 안록산(安祿山)을 가리킨다. 騁兵(빙병):군사를 일으킴. 毒亂(독란):악독하게 어지럽힘. 國經(국경):국법(國法). 經은 성인의 말씀을 기록한 것으로, 인간이 마땅히 지켜야 할 바른 도리. 羣生(군생):많은 백성. 大駕(대가):천자의 수레. 南巡(남순):남쪽으로 순행(巡行)함. 巡은 천자가 제후의 나라를 순회하며 시찰하는 것. 사실은 현종이 난을 피하여 촉(蜀)으로 피난한 것을 가리키는 말인데, 중국에서는 이처럼 존귀한 분의 행위에 대해, 경우에 따라 완곡하게 심지어는 왜곡되게 표현하는 일이 많다. 존귀한 분의 비행에 대해서는 일부러 붓을 굽혀 사실을 은폐하는 것이 하나의 전통이다. 百僚(백료):많은 관리. 竄(찬):달아나 몸을 숨김. 奉賊稱臣(봉적칭신):역적을 받들고, 그 아래에서 자신을 신하라 일컬음.

天將昌唐 繄眄我皇 匹馬北方.
獨立一呼 千麾萬旗 戎卒前驅.
我師其東 儲皇撫戎 蕩攘羣兇.
復復指期 曾不踰時 有國無之.
事有至難 宗廟再安 二聖重歡.
地闢天開 蠲除妖災 瑞慶大來.
兇徒逆儔 涵濡天休 死生堪羞.

하늘이 당(唐)나라를 창성(昌盛)케 하고자 우리의 황제를 돌보아 주시니,
황제께서는 북방에서 군사를 일으키게 되셨다.

우뚝 서서 한번 크게 외치시니, 수많은 병사들이 앞을 다투어 황제께로
모여들어, 역도(逆徒)를 토벌하고자 앞으로 내달렸다.

우리의 군사들은 동으로 진군하고, 태자(太子) 광평왕(廣平王)께서는 천
자를 따라 종군(從軍)하니, 황제께서는 흉악한 무리들을 남김없이 소탕하
셨다.

그리고 국력을 언제까지 회복시키리라 기일 정하여 어김없이 그때까지
국가를 다시 반석 위에 올려놓으시니, 그토록 빠른 회복은 나라가 생긴 이
래 처음 있는 일이었다.

국가의 난을 평정하는 지극히 어려운 일이 이루어지고, 기울던 종묘사
직이 다시 편안케 되니, 헤어지셨던 두 분 성황(聖皇)께서는 재회의 기쁨
을 누리게 되셨다.

천지가 열리고 요악한 재앙이 말끔히 제거되니, 열리는 일마다 상서롭
고 경사롭다.

흉악한 무리들과 반역의 도당(徒黨)에게마저 천자의 은덕이 내려졌으
니, 죽임을 당한 자나 용서받아 살아남은 자나, 모두 자신들이 저지른 죄

를 크게 뉘우쳤다.

【語義】 繄(예):이것. 여기에. 睨(예):본디는 곁눈질한다는 뜻인데, 轉하여 권고(眷顧:돌보아 줌)의 뜻으로 쓰였다. 我皇:숙종(肅宗) 황제. 匹馬北方(필마북방):匹馬는 兵馬의 뜻으로, 군사를 일으키는 것. 北方은 영무현(靈武縣)을 가리킨다. 즉 숙종 황제가 안록산의 난을 진압하고자 영무현에서 군사를 일으킨 것을 뜻한다. 千麾萬旗(천휘만여):麾는 장수가 군대를 지휘하는 데에 쓰는 기. 旗는 행군할 때에 세우는 기. 군사가 많은 것을 뜻한다. 戎卒(융졸):戎은 병사ㆍ병기ㆍ병거(兵車) 등을 뜻하고, 卒은 병졸(兵卒)을 뜻한다. 前驅(전구):앞으로 내달림. 我師:관군(官軍). 師는 군대. 儲皇(저황):儲는 예비로서 대기하는 것. 轉하여 동궁(東宮)을 뜻하는데, 여기서 儲皇이라 함은 숙종의 태자(太子) 광평군왕(廣平郡王) 숙(俶)을 말한다. 후에 대종(代宗)이 되었다. 撫戎(무융):무군(撫軍). 고대(古代)에, 태자(太子)가 그의 아버지인 제후를 따라 출정(出征)할 때의 칭호. 여기서는 광평왕이 숙종 황제를 따라 종군(從軍)한 것을 가리킨다. 蕩攘(탕양):소탕하여 물리침. 復復(부복):다시 회복함. 不踰時(불유시):지정한 시기를 넘기지 않음. 二聖:두 사람의 성왕(聖王). 현종(玄宗)과 숙종(肅宗)을 가리킨다. 蠲除(견제):두 字 모두 제거하는 것을 뜻한다. 瑞慶(서경):상서롭고 경사스러운 것. 逆儔(역주):반역의 무리. 涵濡(함유):흠뻑 젖음. 은덕(恩德)을 입는 것을 뜻한다. 天休(천휴):休는 善의 뜻. 천자의 아름다운 덕을 뜻한다. 堪羞(감수):부끄러움을 견디다. 죄를 깊이 뉘우치는 것을 뜻한다.

功勞位尊 忠烈名存 澤流子孫.
盛德之興 山高日昇 萬福是膺.
能令大君 聲容沄沄 不在斯文.
湘江東西 中直浯溪 石崖天齊.
可磨可鐫 刊此頌焉 何千萬年.

공로가 많은 신하들은 관위(官位)가 높아지고, 충절을 지킨 열사(烈士)들은 이름을 길이 남겼으니, 그 영광이 후손에까지 미치게 되었다.

나라를 건지신 성대한 공덕(功德)이 산처럼 높고 해가 솟듯 높이 일어나니, 천자께서는 만 가지 복을 한 몸에 받게 되셨다.

숙종 황제의 아름다운 덕과 큰 업적이 영원히 전해지게 됨은, 바로 이 글 때문이 아니겠는가.

상강(湘江)으로 흘러드는 동서(東西)의 두 물줄기가 합쳐지는 곳이 오계(浯溪)인데, 그곳에는 깎아 세운 듯한 돌벼랑이 하늘을 찌를 듯이 우뚝 솟아 있다.

이 글을 넉넉히 새길 만한 돌벼랑이어서, 이제 이 송(頌)을 새기노니, 어찌 천만 년만 전하겠는가.

【語義】 功勞(공로):안록산의 난을 진압하는 데에 공로가 많았던 신하들. 곽자의(郭子儀)·이광필(李光弼)·안진경(顔眞卿) 등과 같은 명장(名將)과 충신(忠臣)을 가리킨다. 忠烈(충렬):안록산의 난 때에 장렬하게 죽은 안고경(顔杲卿)·장순(張巡)·허원(許遠) 등을 가리킨다. 澤流子孫(택류자손):은택, 또는 영광이 자손에게까지 미침. 膺(응):받다. 몸 가까이하다. 大君:여기서는 천자를 뜻한다. 聲容(성용):음성과 용모. 轉하여 아름다운 덕과 큰 업적. 沄沄(운운):물이 그치지 않고 흐르는

것을 뜻하니, 명성이 길이 전해지는 것을 뜻한다. 湘江(상강):호남성 (湖南省)의 동남에 있는 강으로, 동정호(洞庭湖)로 흘러든다. 浯溪(오계):호남성(湖南省)의 영주(永州) 기양현(祁陽縣)의 남쪽 五里에 있는 작은 강으로, 상강(湘江)으로 흘러든다. 石崖天齊(석애천제):깎아지른 듯한 돌 벼랑이 하늘과 어깨를 나란히 하고 우뚝 솟아 있음. 鐫(전):각(刻)과 같은 뜻으로, 새기는 것. 刊(간):새기다.

【解說】 당(唐)나라 현종(玄宗)의 천보(天寶) 14년 11월에 안록산(安祿山)이 난을 일으켜, 그 이듬해 장안(長安)이 함락되었다. 현종은 난을 피해 촉(蜀)으로 가다, 황태자가 제위에 올라 군사를 일으켜 난을 평정했다. 唐을 중흥시킨 숙종(肅宗)의 공적을 찬양한 글이 이 〈大唐中興頌〉이다.
　송(宋)의 범성대(范成大)가 이 글을 비평하여, '頌은 성덕(盛德)을 찬미하는 글인데, 이 글에는 비록 부드럽게 표현하고 있기는 하나 비방의 뜻이 포함되어 있다.'고 했는데, 타당하지 않다. 이 頌의 序에 '有盛德大業者 必見於歌頌'이라 하고, 다음에 '若今歌頌大業'이라 하여, 盛德이라 말하지 않고 大業이라 말한 것을 그 이유로 삼는 것은, 글이 가지고 있는 본뜻은 젖혀놓고 문자의 작은 뜻에만 사로잡힌 견해라고 할 수 있다. 그리고 頌文 속에 '盛德之興 山高日昇'이라 하여 성대한 공덕(功德)을 찬양하고 있으므로, 이 글에 비방의 의미가 포함되어 있다고는 말할 수 없다. 물론 역사적인 사실로서, 숙종이 스스로 제위(帝位)에 오른 일, 상황(上皇)의 측근자들을 상황의 곁에서 내친 일, 상황을 西宮에 가둔 후에는 돌아보지 않았던 일 등에 대한 비난은 달리 있어도 당연하지만, 이 頌과는 관계가 없다.
　이 글은 매우 짧지만 句意가 많으며, 당조(唐朝)의 흥망성쇠를 논하고 있다. 구양수(歐陽修)의 발(跋)에 의하면, 〈大唐中興頌〉은 원결(元

結, 字는 次山)이 글을 짓고, 안진경(顔眞卿)이 글씨를 썼다고 한다. 오
계(浯溪)의 마애(磨崖)에 새겼으므로 〈磨崖碑〉라고도 하는데, 지금은
모두 손상되어 본래의 것은 전해지지 않는다. 〈大唐中興頌〉을 소재로
한 시로는, 송(宋)나라 황산곡(黃山谷)의 시(詩)에 〈書磨崖碑後〉가 있
고, 장문잠(張文潛) 의 詩에도 〈磨崖碑後〉가 있는데, 모두《古文眞寶 前
集》에 수록되어 있다.

주덕송:유백륜(酒德頌:劉伯倫)

有大人先生. 以天地爲一朝 萬期爲須臾 日月爲扃牖 八荒爲
庭衢. 行無轍跡 居無室廬. 幕天席地 縱意所如. 止則操巵執
觚 動則挈榼提壺 唯酒是務 焉知其餘.

여기 우주 본체의 대도(大道)를 체득한 대인 선생(大人先生)이란 분이 계
시다. 천지개벽(天地開闢)하여 만물이 생겨난 태초(太初) 이래의 시간을 하
루로 보고, 만세(萬歲)의 유구한 세월을 잠시라 생각하며, 저 해와 달을 빛
을 던져 주는 창문쯤으로 생각하고, 광활한 천지를 한울타리 안인 양 집의
뜰과 네거리 정도로 생각한다.

수레나 말에 구애받지 않고 마음 가는 대로 어느 곳으로나 활보하며, 좁
은 곳에 갇히는 것을 싫어하니, 집이라는 것이 따로 있을 수 없다. 하늘을
지붕이라 여기며 땅을 자리라 여겨, 천지자연에 몸을 맡기고 마음 가는 대
로 어떤 것에도 얽매이지 않는다.

멈추어 앉으면 작은 잔, 큰 잔 할 것 없이 술잔을 기울이고, 어디를 가도
술통, 술 단지를 끌어당겨 술 마시기에 힘을 쓴다. 이처럼 일 년 365일 오
직 술 마시는 것을 일처럼 생각하니, 그 나머지 일은 알 턱이 없다.

【語義】大人先生:작자 유백륜이 자신을 가리켜 한 말이다. 大人은 老莊에
서 말하는 천지자연의 大道를 얻은 사람. 곧 작자가 자신의 志氣의 광대
함을 나타낸 말이다. 以天地:태초(太初)에 천지개벽(天地開闢)하여 만
물이 생겨난 이래의 시간. 萬期:만세(萬歲)의 긴 세월. 須臾(수유):잠
시. 扃牖(경유):扃은 문, 또는 빗장. 牖는 창(窓). 八荒:광활한 천지.
원래는 팔방(八方)과 같은 뜻으로 진(震:동쪽)·태(兌:서쪽)·이(離:남

쪽)·감(坎:북쪽)의 사방(四方)과, 손(巽:동남쪽)·곤(坤:남서쪽)·건
(乾:북서쪽)·간(艮:북동쪽)의 사우(四隅)를 뜻하는 말이다.　庭衢(정
구):집 뜰과 네거리. 즉 항상 생활하는 한울타리 안과 같이 좁은 공간을
뜻한다.　行無轍跡(행무철적):수레바퀴 자국이 없이 돌아다님. 즉 수레
나 말을 이용하지 않고 마음 가는 대로 자유로이 걸어 다님을 뜻한다.
幕天席地(막천석지):하늘을 지붕으로 삼고 땅을 자리로 삼음.　縱意所
如(종의소여):뜻이 가는 대로 따름. 如는 行의 뜻. 즉 꺼릴 것 없이 마
음 가는 대로 한다는 뜻이다.　操卮執觚(조치집고):크고 작은 술잔을 잡
음. 卮는 큰 술잔이고, 觚는 모가 난 작은 술잔이다.　挈榼提壺(설합제
호):술통을 끌어당기고 술 단지를 쳐듦. 榼은 술통, 提는 擧의 뜻.　焉
知其餘(언지기여):그 나머지는 어찌 알겠는가?

有貴介公子 搢紳處士. 聞吾風聲 議其所以. 乃奮袂攘衿 怒目
切齒 陳說禮法 是非鋒起.

　세상의 예법을 무시하고 술만 마시는 대인 선생의 풍문이 항간에 떠돌
자, 귀한 신분의 인사와 귀족의 자제분들, 그리고 넓은 띠에 홀(笏)을 꽂
은 높은 벼슬아치와 초야에 묻혀 사는 덕 높은 선비들까지 무리를 지어 몰
려와, 대인 선생을 성토(聲討)하느라 야단들이다. 몹시 흥분한 그들은, 소
매를 걷어붙이고 삿대질을 하면서, 눈을 부라리고 이를 갈면서, 예법에 관
한 설명을 장황하게 늘어놓으며, 칼날을 세우듯 대인 선생을 규탄하는 논
의를 다투어 일으킨다.

【語義】貴介:신분이 귀한 사람. 介는 大의 뜻.　公子:귀족(貴族)의 자제(子
　　弟).　搢紳(진신):본디는 홀(笏)을 조복(朝服)의 대대(大帶)에 꽂는다는

뜻인데, 전(轉)하여 귀현(貴顯)한 사람, 즉 높은 벼슬아치를 뜻한다. 處
士:초야에 묻혀 사는 도덕이 높은 선비. 風聲(풍성):풍문(風聞). 항간에
떠도는 말. 議其所以:그 까닭을 논의함. 奮袂(분메):소매를 세게 흔듦.
의논에 열중한 것을 뜻한다. 攘衿(양금):소매를 걷어붙임. 몹시 흥분
한 것을 뜻한다. 怒目切齒(노목절치):눈을 부라리고 이를 갊. 是非鋒
起(시비봉기):옳고 그름을 가리려는 논의가 칼날처럼 날카롭게 일어남.

先生於是 方捧罌承槽 銜杯漱醪 奮髥踑踞 枕麴藉糟. 無思無
慮 其樂陶陶. 兀然而醉 怳爾而醒. 靜聽不聞雷霆之聲 熟視不
見泰山之形. 不覺寒暑之切肌 嗜慾之感情. 俯觀萬物擾擾焉
如江漢之浮萍. 二豪侍側焉 如蜾蠃之與螟蛉.

대인 선생을 욕하는 사회 저명인사들의 비난 소리가 벌집을 쑤셔 놓은 듯
쟁쟁한 가운데, 대인 선생께서는 바야흐로 술 단지를 들어 술통의 술을 받
아 술잔에 그득 붓고, 유유히 탁주를 들이켠 다음, 술에 젖은 수염을 쓰다
듬으며 두 다리를 죽 뻗고 그 자리에 눕는다. 선생이 베개 삼아 벤 것은 누
룩이요, 자리 삼아 몸을 눕힌 곳은 지게미 속이다. 술에 흠뻑 취하여 쓰러
지니, 온갖 생각과 근심이 사라지고 즐거움만이 도도할 뿐이다. 속세를 초
월하여 홀로 우뚝 취하고, 황홀한 기분으로 술에서 깬다. 고요히 귀를 기울
여도 하늘을 찢는 우레 소리마저 들리지 않고, 아무리 눈을 떠도 그 큰 태
산의 형체마저 보이지 않는다. 살가죽을 파고드는 한서(寒暑)의 고통을 느
낄 수 없고, 무엇을 즐기고 싶다는 욕망마저 사라져 버린다.
　만물이 뒤섞여 어지러운 속세를 굽어보면서, 그 모든 것을 양자강(揚子
江)과 한수(漢水)의 물 위에 떠 있는 개구리밥쯤으로 여긴다. 그러니 지금
선생을 에워싸고 예법 운운하며 훈계를 일삼는 속세의 무리쯤이야, 마치

허리 가는 나나니벌이나 배춧잎 위에서 꼼지락거리는 벌레쯤으로 여길 뿐
이다.

【語義】 方:바야흐로. 捧甖承槽(봉앵승조):술 단지를 들어 술통의 술을 받
음. 甖은 작은 술 단지. 槽는 술을 저장해 놓는 통. 漱醪(수료):탁주
(濁酒)로 양치질함. 즉 탁주를 마신다는 뜻이다. 奮髥(분염):수염을 움
직거림. 일설(一說)에는, 술이 묻은 수염을 손으로 쓰다듬는다는 뜻이
라고 함. 踑踞(기거):두 다리를 쭉 뻗고 기대어 앉음. 枕麴藉糟(침국
자조):누룩을 베개 삼고 지게미를 자리 삼아 누움. 麴은 누룩, 糟는 술
을 거른 지게미. 陶陶(요요):화락(和樂)한 모양. 兀然(올연):우뚝 솟아
움직이지 않는 모양. 恍爾(황이):황홀한 모양. 爾는 然과 같은 어조사.
醒(성):술이 깸. 雷霆(뇌정):격렬한 천둥. 泰山:산동성(山東省)에 있는
중국 제일의 명산. 혹 太山이라고도 쓴다. 寒暑之切肌(한서지절기):살
가죽을 파고드는 추위와 더위. 嗜慾(기욕):좋아하고자 하는 욕심. 擾
擾(요요):많은 것이 뒤섞여 어지러운 모양. 江漢(강한):장강(長江:揚
子江)과 한수(漢水). 浮萍(부평):부평초(浮萍草). 개구리밥. 二豪(이
호):대인 선생을 성토하던 貴介公子와 搢紳 處士. 蜾蠃(과라):나나니
벌. 螟蛉(명령):나비나 나방류의 유충으로. 푸른빛을 띤 것. 배추벌레.

【解說】 술을 좋아한 유백륜(劉伯倫)이, 술의 공덕(功德)을 칭송하여 쓴 것
이 〈酒德頌〉이다. 죽림칠현(竹林七賢)의 한 사람인 유백륜은, 완적(阮
籍)·혜강(嵇康) 등과 함께 노장(老莊) 사상의 청담(淸談)에 몰두하고
술을 마시며, 속세의 모든 예법(禮法)을 무시하는 생활을 했다. 어떤 의
미에서 술은, 기만(欺瞞)으로 가득 찬 당시의 사회에 대한 반항 수단임
과 동시에, 현실 도피의 도구이기도 했다. 그들은 산림(山林)으로 도피

하며 벼슬에 종사하지 않는 것과 마찬가지로, 사회에서 술 속으로 도피한 것이다. 게다가 무위자연(無爲自然)을 존중하며 만물 무차별(萬物無差別)의 허무적인 인생관을 가르친 노장(老莊) 사상이 이런 경향을 한층 강화시켜, 중국의 다감(多感)한 철인(哲人)이나 시인들을 음주벽(飮酒癖)에 빠지게 한 것이다. 도연명(陶淵明)·이백(李白)·두보(杜甫) 등이 그러하다. 그 선구자 노릇을 한 진대(晋代)의 사람들 중에서도 이 유백륜이야말로 첫째가는 애주가(愛酒家)로, 그 이름을 이 篇에 남긴 것이다. 후세(後世)에 당(唐)나라의 왕적(王績)이 하루에 한 말의 술을 마시고 〈醉鄕記〉 및 〈五斗先生傳〉을 쓴 것도 이와 같은 流이다. 그러나 언제나 한 단지의 술을 가지고 다니며, 삽을 메고 따라다니는 종자(從者)에게, '내가 죽거든 그 죽은 장소에 묻으라.'고 말하던 유백륜의 방일 초탈(放逸超脫)에 미치는 사람은 없을 것이다.

이 頌에서 대인 선생이 높은 벼슬아치나 귀한 가문의 자제들, 덕 높은 처사(處士) 등을 허리 가는 나나니벌이나 배추벌레처럼 보는 것은, 완적(阮籍)이 〈大人先生傳〉에서 세상의 예법을 중시하는 선비들을 속옷 속의 사면발이[毛蝨:이의 하나. 사람의 陰部의 거웃 속에 붙어 알을 까며, 물리면 양진증(痒疹症)을 일으킴]에 비유한 것과 같은 사상이다.

권지 6(卷之六)

전류(傳類)

문체(文體)의 일종으로, 사람의 사적(事迹)을 기록하여 후세에 전하는 것이다. 《史記》의 〈列傳〉을 본떠, 사전(史傳)·가전(家傳)·탁전(託傳)·소전(小傳)·별전(別傳)·외전(外傳) 등이 생겨났다. 託傳이란 다른 사람을 빙자하여 자신의 傳을 쓴 것으로, 동방삭(東方朔)의 〈非有先生傳〉, 완적(阮籍)의 〈大人先生傳〉, 도연명(陶淵明)의 〈五柳先生傳〉 등이 그 대표적인 것이다. 당(唐)나라 백낙천(白樂天)의 〈醉吟先生傳〉도 같은 종류이다. 史傳은 《史記列傳》처럼 역사적인 사실에 의거하여 쓰인 小傳은 文集 등에 저자의 생애를 간략하게 소개한 것, 別傳은 正史의 列傳 이외에 쓰인 개인적인 전기, 外傳은 주요한 부분이 빠져 정통적인 전기는 될 수 없으나 그 보조가 될 만한 전기나 주석 등을 말한다.

오류선생전:도연명(五柳先生傳:陶淵明)

先生 不知何許人. 亦不詳其姓字. 宅邊有五柳樹 因以爲號焉.
閑靖少言 不慕榮利. 好讀書 不求甚解. 每有意會 便欣然忘
食. 性嗜酒 家貧不能常得. 親舊知其如此 或置酒而招之. 造
飮輒盡 期在必醉. 旣醉而退 曾不吝情去留.

선생에 대해서는 그 출신이 어디인지, 심지어는 이름이 무엇인지조차 알
수가 없다. 선생의 집 주위에 다섯 그루의 버드나무가 있어, 선생을 오류선
생(五柳先生)이라 부를 뿐이다.

선생은 타고난 성품이 한적하고 평화롭고 말이 적었으며, 명예나 이득
을 구하려 하지 않았다. 책 읽기를 좋아했으나 이론적으로 따지거나 집착
하지 않았으며, 마음에 드는 글을 대하게 되면 즐거워서 끼니도 잊은 채 탐
독하곤 하였다.

술을 무척 좋아했지만, 집이 가난하여 마시지 못하는 때도 많았다. 그
런 사정을 안 선생의 친구들이 가끔 술자리를 마련하여 선생을 불렀다. 그
럴 때면 가서 서슴지 않고 마셨으며, 반드시 취할 때까지 마셨다. 그러나
일단 취하면 선뜻 물러났다. 언제나 떠나거나 머무르는 데에 미련을 두지
않았다.

【語義】先生:도연명이 자기 스스로를 가공적인 인물로 그려 五柳先生이라
한 것이다. 不知何許人(부지하허인):어느 곳 사람인지를 알 수 없음.
何許는 어디. 不詳(불상):잘 알지 못함. 일부러 모른다고 한 것이다.
姓字:성(姓)과 이름. 閑靖(한정):한적하고 안락함. 榮利:명예와 이익.
不求甚解(불구심해):책을 읽을 때, 지나치게 따지거나 이론적으로 집착

하지 않는 것을 뜻한다. 당시의 지식인들은 일반적으로, 공리공론(空理空論)으로 논쟁을 일삼는 번쇄철학(煩瑣哲學)에 빠졌다. 每有意會:마음에 드는 좋은 글귀를 대하게 될 때마다. 意會는 마음에 드는 일. 欣然(흔연):매우 즐거워함. 忘食:밥 먹는 것을 잊음. 性嗜酒(성기주):술을 좋아하는 것이 천성임. 不能常得:늘상 얻을 수는 없었음. 즉 술을 마시지 못할 때도 있었다는 뜻이다. 置酒:술자리를 베풂. 造飮輒盡(조음첩진):造는 초청한 사람 집에 가는 것. 輒은 '대수롭지 않게, 번번이, 이내.' 盡은 남기지 않고 술을 다 마시는 것. 期在必醉(기재필취):반드시 취하고자 했음. 즉 취할 때까지 마셨다는 뜻이다. 期는 기다리다. 旣醉而退(기취이퇴):일단 취하면 망설이지 않고 물러섬. 曾(증):언제나. 不吝情去留(불린정거류):떠나거나 머무르는 데에 미련을 두지 않음.

環堵蕭然 不蔽風日. 短褐穿結 簞瓢屢空 晏如也. 常著文章自娛 頗示己志. 忘懷得失. 以此自終.

선생의 좁은 집은 텅 비어 쓸쓸했으며, 바람과 햇빛을 제대로 막고 가릴 수 없을 만큼 허술했다. 선생은 굵은 베로 짠 짧은 잠방이를 군데군데 기워 입고 있었으며, 먹을 것을 구하지 못하여 밥그릇과 표주박이 자주 비었다. 그래도 선생은 마음 편히 태연하게 지냈다.

늘 글을 지어 스스로 즐거워했는데, 오직 자신의 뜻을 나타내려 했을 뿐, 세상의 부귀빈천에 대해서는 별로 마음을 쓰지 않았다. 선생은 그렇게 살다가 조용히 생(生)을 마쳤던 것이다.

【語義】 環堵(환도):빙 둘린 담. 轉하여 작고 누추한 집. 蕭然(소연):쓸쓸하고 조용함. 不蔽風日(불폐풍일):집이 실하지 못해, 바람이나 햇빛조

차 막을 수 없다는 뜻. 短褐(단갈):굵은 베로 짠 짧은 잠방이. 穿結(천
결):옷의 해진 곳을 기움. 簞瓢屢空(단표누공):밥그릇과 물그릇이 자주
빔. 簞은 대나무로 만든 밥그릇. 瓢는 표주박.《論語》雍也篇에, '일단
사 일표음(一簞食 一瓢飮)'에 관한 공자님의 말씀이 있다. '현자로다, 안
회(顔回)는! 한 그릇의 밥과 한 표주박의 물로 누추한 곳에서 사는 것을
사람들은 견디지 못하는데, 안회는 그 즐거움을 고치지 아니하니, 현자
로다, 안회는!(賢哉回也. 一簞食 一瓢飮 在陋巷 人不堪其憂. 回也 不改
其樂 賢哉回也)' 晏如(안여):태연하고 침착함. 常著文章(상저문장):항
상 시나 문장을 지음. 頗示己志(파시기지):오직 자신의 뜻과 정신을 나
타내려고 함. 頗는 한쪽으로 치우친다는 뜻. 여기서는 오직이라는 뜻으
로 쓰였다. 忘懷得失(망회득실):득실에 대한 생각을 잊음. 세상의 부귀
와 빈천에 관해 별로 마음 쓰지 않는 것을 뜻한다. 終:명(命)을 마침.

贊曰 黔婁有言 不戚戚於貧賤 不汲汲於富貴. 極其言 兹若人
之儔乎. 酣觴賦詩 以樂其志 無懷氏之民歟 葛天氏之民歟.

찬문(讚文)을 짓노라.
검루(黔婁)의 처가 죽은 자기 남편을 가리켜, '빈천을 겁내지 않으셨고,
부귀를 부러워하지 않으셨다.'고 했는데, 이 말은 바로 선생과 같은 분을
두고 한 말이다.
선생은 술잔을 기울이며 시를 짓는 것을 마음의 즐거움으로 삼고 사셨으
니, 무위자연(無爲自然)의 도가 행해지던 태고(太古)의, 무회씨(無懷氏)나
갈천씨(葛天氏)의 순박한 백성이라 하겠다.

【語義】贊(찬):전기문(傳記文) 뒤에 붙여서 주인공을 칭찬하는 글. 보통 운

문(韻文)으로 되며, 그림이나 글씨 등에도 붙인다. 讚(찬)이라고도 쓴다. 黔婁(검루):춘추시대(春秋時代) 제(齊)나라의 은사(隱士). 청렴결백하여 벼슬살이를 하지 않았다. 그가 죽자, 그의 시체는 누더기가 걸쳐진 대로였고, 시체를 덮은 헝겊이 짧아 발이 다 드러났다. 문상(問喪)을 간 증자(曾子)가 헝겊을 비스듬히 돌려서 손발을 덮으려 하자 검루의 처가, '고인께서는 바른 것을 좋아하셨습니다. 헝겊을 비뚤어지는 것은 사(邪)라 좋지 않습니다. 또 고인께서는 빈천을 겁내지 않으셨고, 부귀를 부러워하지 않으셨습니다.'고 한다. 戚戚(척척):두려워하고 걱정하는 것. 汲汲(급급):얻으려고 안달함. 極其言(극기언):그 말의 뜻을 깊이 생각하면. 茲若人之儔乎(자약인지주호):이것이 이와 같은 사람의 무리인가. 茲는 此의 뜻으로, 검루 선생의 말. 若人은 이와 같은 사람. 儔는 무리. 즉 빈천을 두려워하지 않고 부귀에 마음 쓰지 않는 사람은 오류선생과 같은 부류의 사람이라는 뜻. 酣觴(감상):술을 마시고 즐거워함. 觴은 술잔. 無懷氏(무회씨)·葛天氏(갈천씨):둘 다 중국 태곳적 제왕(帝王). 무회씨는 도덕으로 세상을 다스려 당시의 백성들은 모두 사욕이 없고 편안했으며, 갈천씨 때에는 교화(敎化)를 펴지 않아도 저절로 교화가 이루어져 천하가 태평했다 한다. 무회씨의 백성, 또는 갈천씨의 백성이라는 것은 욕심 없이 순박한 사람임을 뜻한다.

【解說】 집 주위에 다섯 그루의 버드나무가 있다 하여, 도연명(陶淵明)은 오류선생(五柳先生)이라 불렸다. 자신을 객관적으로, 즉 타인처럼 서술한 이 傳에서는, 자기 자신인 오류선생을 칭찬까지 하고 있다. 약간 해학적인 글인데, 도연명 자신의 신념과 성격이 과장 없이 잘 드러나 있다. 또한 그렇기 때문에 더 큰 감동을 주는 것이다.

도연명의 자화상(自畵像)이라고도 할 수 있는 이 五柳의 풍모는, 그의 이상적(理想的) 인격이기도 하다. 그것은 무위자연(無爲自然), 허식이 없는 인간, 老莊的으로 말하면 태곳적의 순박한 백성, 즉 무회씨(無懷氏)나 갈천씨(葛天氏)의 백성일 것이다. 도연명이 검루(黔婁)를 사모한 것은 〈詠貧士〉 등의 시에도 잘 나타나 있는데, 그 역시 검루처럼 살다가 명을 마쳤다.

도연명에 대한 자세한 것은 〈歸去來辭〉의 해설을 참조하기 바란다.

종수곽탁타전 : 유자후(種樹郭橐駝傳 : 柳子厚)

> 郭橐駝 不知始何名. 病僂隆然伏行 有類橐駝者. 故鄉人號之
> 曰駝. 駝聞之曰 甚善 名我固當. 因捨其名 亦自謂橐駝云. 其
> 鄉曰豐樂鄉 在長安西.

곽탁타(郭橐駝)의 처음 이름이 무엇이었는지는 알 수가 없다. 곱사병이
들어 등에 자루 같은 혹이 솟고 허리를 구부리고 다니는 것이 낙타와 비슷
하므로, 마을 사람들은 그를 낙타라 불렀다. 그는 그 소리를 듣고, '참 좋
다. 나에게 꼭 알맞은 이름이구나.' 하며 그때까지의 자신의 이름을 버리
고, 스스로 자신을 탁타(橐駝)라 불렀다. 탁타가 사는 마을 이름은 풍악(豐
樂)으로, 그곳은 장안(長安)의 서쪽에 있다.

【語義】橐駝(탁타) : 橐은 주머니의 한 가지인 전대(纏帶). 駝는 낙타(駱駝).
　　낙타의 등에는 자루처럼 불룩 솟은 혹이 있어, 탁타라 말하기도 한다.
　　僂(루) : 등이 굽은 것, 또는 곱사등이.　隆然(융연) : 높이 솟은 모양을 뜻
　　하는데, 여기서는 곽탁타의 등에 큰 혹이 솟아 있는 것을 가리킨다.　伏
　　行(복행) : 등을 구부리고 다님.

> 駝業種樹. 凡長安豪家富人爲觀遊　及賣果者 皆爭迎取養視.
> 駝所種樹 或遷徒 無不活 且碩茂 蚤實以蕃. 他植者 雖窺伺
> 傚慕 莫能如也.

탁타는 나무 심는 것이 본업(本業)이다. 그의 나무 가꾸는 솜씨는 참으로
훌륭하여, 장안(長安)의 권세 높은 양반들과 돈 많은 사람들은 그의 나무를

즐겨 완상(玩賞)했고, 과일 장수들은 앞을 다투어 그를 맞아들여 돌보아 주며 그로 하여금 나무를 가꾸도록 했다. 탁타가 나무를 가꾸면, 옮겨 심는다 해도 죽는 일이 없으며, 언제나 잎이 무성하고, 다른 나무보다 일찍 열매를 맺으며 그 수량이 많았다. 혹 다른 사람이 탁타의 나무 가꾸는 것을 가만히 엿보아 배워서 그대로 해 보곤 했지만, 탁타가 가꾸는 것과는 같지 않았다.

【語義】 豪家(호가):호족(豪族). 그 지방의 돈 많고 권세 높은 집안. 觀遊(관유):나무를 완상(玩賞)하는 것을 가리킨다. 賣果者(매과자):과일 장수. 爭迎取養視(쟁영취양시):서로 다투어 탁타를 집에 맞아들여 돌보아 줌. 碩茂(석무):대단히 무성함. 碩은 大의 뜻. 자손의 번성을 뜻하는 말로 많이 쓰인다. 蚤實(조실):일찍 열매를 맺음. 蚤에는 벼룩이라는 뜻도 있지만, 일찍[早]의 뜻도 있다. 蕃(번):열매의 수가 많음. 窺伺(규사):가만히 엿봄. 窺도 伺도 모두 엿본다는 뜻. 傚慕(효모):배워 본받음. 여기서는 모방하고 본뜨는 것을 뜻한다.

有問之 對曰 橐駝非能使木壽且孶也. 以能順木之天 以致其性焉爾. 凡植木之性 其本欲舒 其培欲平 其土欲故 其築欲密. 旣然已 勿動勿慮 去不復顧. 其蒔也若子 其置也若棄. 則其天者全 而其性得矣. 故吾不害其長而已 非有能碩而茂之也. 不抑耗其實而已 非有能蚤而蕃之也.

이에 어떤 사람이 그 이유를 탁타에게 묻자, 탁타는 이렇게 대답했다.

"나 탁타가 특별한 재주를 지녀 나무를 오래 살게 하고 또 무성하게 하는 것이 아닙니다. 나무가 지닌 자연의 성(性)을 거스르지 않고, 나무로 하여금 그 본성을 다할 수 있도록 돌보아 줄 뿐입니다. 나무의 본성이란 이러합니다. 뿌리가 바르게 뻗는 것을 좋아하고, 뿌리를 북돋운 흙의 높이가 높지도 낮지도 않아 땅과 평평한 것을 좋아하며, 본디 자신이 뿌리를 내렸던 흙을 좋아하고, 뿌리 사이에 빈틈없이 흙이 들어가도록 꼭꼭 다져 주는 것을 좋아합니다. 나무의 본성에 따라 이대로 해 준 다음에는, 그 나무를 건드리지 않고 행여 죽을까 걱정하지도 않습니다. 그 자리를 떠나 더 이상 돌아보지 않습니다. 처음 나무를 심을 때에는 자식을 돌보듯 정성을 들이지만, 심은 다음에는 아주 내버린 것처럼 합니다. 그렇게 하면 나무의 본성이 온전히 보존되어, 그 나무는 본성에 따라 무럭무럭 자라 많은 열매를 맺게 됩니다. 그러므로 나는 나무의 성장을 해치지 않을 뿐이지, 나무를 크고 무성하게 하는 별다른 재주를 지닌 것은 아닙니다. 또 나무가 자신의 본성에 따라 열매를 맺는 것을 손상시키지 않을 뿐이지, 특별한 재주를 지녀 열매를 일찍 맺게 하고 또 많이 맺게 하는 것은 아닙니다."

【語義】 孶(자):자람. 번식함.   天:천성(天性). 본디의 성품(性品).   性:앞의 天과 그 뜻이 같다.   本:뿌리를 가리킨다.   舒(서):펌.   培(배):북돋움. 나무의 뿌리를 흙으로 덮어 주는 것.   故:나무가 맨 처음 뿌리내렸던 흙. 고토(故土).   築(축):나무의 뿌리가 묻힌 데를 잘 다지는 것.   旣然已(기연이):이미 그런 일을 끝낸 다음에는.   蒔(시):심음. 이식(移植)함.   性得:나무의 천성을 잃지 않고 그대로 성장하는 것을 뜻한다.   抑耗(억모):억눌러 손상시킴.

他植者則不然. 根拳而土易 其培之也 若不過焉 則不及焉. 苟
有能反是者 則又愛之太恩 憂之太勤. 旦視而暮撫 已去而復
顧. 而甚者爪其膚 以驗其生枯 搖其本 以觀其疏密. 而木之性
日以離矣. 雖曰愛之 其實害之. 雖曰憂之 其實讐之. 故不我
若也. 吾又何能爲哉.

"그런데 다른 사람들은 그렇게 하지를 않습니다. 주먹을 쥔 것처럼 뿌리
를 한데 모아 심고, 흙을 새것으로 바꿉니다. 또 나무뿌리에 흙을 덮는 것
도 지나치지 않으면 부족하게 합니다. 이렇게 나무의 본성을 생각하지 않
고 나무를 가꾸는 자는, 나무를 지나치게 사랑하고 너무 근심한 나머지, 아
침마다 나아가 돌보아 주고 저녁마다 가서 어루만져 주며, 집에 돌아와서
도 나무만을 생각합니다. 심한 경우에는 나무껍질에 손톱자국을 내어 나무
가 살았는가, 죽었는가를 시험해 보기도 하고, 나무를 흔들어서 뿌리 사이
에 흙이 제대로 채워져 있는가, 그렇지 않은가를 알아보기도 합니다. 그러
니 날이 갈수록 나무의 본성은 흩어지고 맙니다. 이런 사람들은, 나무를 사
랑하기 때문에 그런다고 하겠지만, 실은 나무를 해치는 것입니다. 또 나무
가 마를까 근심되어 그런다고 하겠지만, 나무의 입장에서 보면 원수나 다
름없는 것입니다. 따라서 나는 그들처럼 하지 않을 뿐입니다. 제게 별다른
재주가 있을 리 있겠습니까."

【語義】 根拳(근권):나무뿌리를 주먹을 쥔 것처럼 구부림. 拳은 주먹. 土
易(토역):흙을 바꿈. 苟(구):참으로. 진실로. 反是者:이것을 위반하는
자. 是는 나무의 본성대로 나무를 가꾸는 것. 즉 나무의 본성을 생각하
지 않고 나무를 가꾸는 사람을 가리킨다. 太:甚과 같은 뜻으로, 너무.
爪其膚(조기부):손톱으로 나무껍질을 긁거나 할퀴는 것을 뜻한다. 疏

密(소밀):疎는 나무뿌리와 흙 사이에 빈틈이 많은 것. 密은 나무뿌리 사이에 빈틈없이 흙이 다져져 있는 것.

> 問者曰 以子之道 移之官理可乎. 駝曰 我知種樹而已. 理非吾
> 業也. 然吾居鄕見長人者 好煩其令. 若甚憐焉 而卒以禍. 且
> 暮吏來而呼曰 官命促爾耕 勖爾植 督爾穫. 蚤繰而緖 蚤織而
> 縷 字而幼孩 遂而鷄豚. 鳴鼓而聚之 擊木而召之. 吾小人具飧
> 饔 以勞吏者 且不得暇. 又何以蕃吾生 安吾性耶. 故病且怠.
> 若是則與吾業者 其亦有類乎.

탁타에게 물었던 사람이 말했다.

"그대의 나무 가꾸는 법을 백성을 다스리는 데에 응용하면 좋지 않을까
요?"

탁타가 대답하였다.

"나는 나무 가꾸는 법만 알 뿐입니다. 백성을 다스리는 일은 제 일이 아
닙니다. 그런데 제가 고향에 있으면서 백성들에게 번거롭게 명(命)을 내리
기를 좋아하는 수령(守令)을 보았습니다. 그분은 백성들을 가엾게 여겨 백
성들을 잘 살게 해 주려고 그랬겠지만, 결과적으로는 화(禍)를 주었을 뿐
입니다. 아침저녁으로 관리들이 나와 마을 사람들을 모아 나라의 명령이라
며, '열심히 밭을 갈아라.', '뽕나무, 삼 등을 심어라.', '곡식을 거두어들여
라.' 하고 독려했습니다. 또 '빨리 실을 뽑아라.', '빨리 옷감을 짜라.', '어린
아이들을 잘 길러라.', '닭을 쳐라, 돼지를 쳐라.' 등등……, 북을 울려 바쁜
사람들을 모이게 하고, 딱따기를 쳐 일하던 사람들을 불러내었습니다. 우
리 백성들은 아침저녁으로 관리들을 대접하느라 한가한 틈이 없었습니다.
그러니 무슨 여가에 우리 백성들이 생활을 풍성하게 했겠으며, 하루인들

마음 편한 날이 있었겠습니까. 결국 우리 백성들은 지치고 병이 들었으며,
자연 일에 태만해지고 말았습니다. 이것으로 보면, 백성을 다스리는 법도
저의 나무 가꾸는 법과 비슷하다고 할 수 있지 않을까요?"

【語義】子之道:子는 그대. 탁타를 가리킨다. 道는 탁타의 나무 가꾸는 방
법. 官理:官治의 뜻으로, 官에서 백성을 다스리는 것을 가리킨다. 唐나
라 고종(高宗)의 이름이 李治였으므로, 휘자(諱字:돌아가신 높은 어른
의 이름자)인 治를 피하여 理라 한 것이다. 長人者:백성을 다스리는 사
람. 爾(이):汝와 같은 뜻으로, 너. 促(촉):재촉함. 勖(욱):힘써 일하도
록 권장함. 植(식):뽕나무, 삼 등을 심는 일. 督(독):독려함. 穫(확):
곡식을 거두어들이는 것. 蚤(조):일찍, 빨리. 繰而緒(소이서):繰는 繅
(소)와 仝字로, 누에고치에서 실을 뽑는 것. 而는 汝와 같은 뜻으로, 너.
이하 而鷄豚까지 네 개의 而가 모두 '너'의 뜻으로 쓰였다. 緒는 실. 織
(직):실로 옷감을 짜는 것. 縷(루):실. 실의 가닥. 字:양육(養育)의 뜻
으로 쓰였다. 孩(해):두세 살쯤 된 어린아이. 遂(수):가축을 기름. 小
人:일반 백성을 가리킨다. 飧饔(손옹):저녁밥과 아침밥. 조석(朝夕)의
식사. 勞:위로함. 蕃吾生(번오생):우리의 생활을 번성하게 함. 安吾
性:우리의 마음을 편안하게 함. 性은 성정(性情).

> 問者喜曰 不亦善夫. 吾問養樹 得養人術. 傳其事 以爲官戒
> 也.

탁타에게 물었던 사람이 기뻐하며 말했다.
"그대의 그 말 또한 참으로 좋은 말입니다. 나무 가꾸는 법을 물었다가
백성 다스리는 법을 알게 되었습니다. 이 일을 후세에 전하여, 관리들이 지

켜야 할 계칙(戒飭)으로 삼고자 합니다."

【語義】 不亦善夫:또한 좋지 아니한가. 養人術:백성을 다스리는 도(道).
官戒(관계):관리가 지켜야 할 계칙(戒飭).

【解說】 무슨 일을 하던 자연에 좇아서 하면 힘들이지 않고 성공하는데, 무
리를 하여 잘 하려고 하면 고생할 뿐만 아니라 결과가 매우 나빠진다.
이 글은 나무 심는 비법을 구체적으로 서술하여, 단지 나무를 심는 일
뿐만 아니라 백성을 다스리는 경우에도 그 비법은 같다고 이야기한다.
　고대(古代)에는, 정사(正史)의 전(傳)에 실릴 자격은 없지만, 그 사람
의 행위가 잊혀질 수 없는 것이기 때문에, 따로 사전(私傳)을 지어 표창
하는 일이 있었다. 유종원(柳宗元)의 〈곽탁타전(郭橐駝傳)〉이나 〈송청
전(宋清傳)〉이 바로 그 예(例)이다.
　그런데 사전(史傳)과는 달리 어떤 목적을 위해 씌어지는 傳이 있다.
앞의 〈五柳先生傳〉은 자전(自傳)으로서는 너무나도 배해문적(俳諧文
的)이다. 성명(姓名)·향리(鄕里)를 기술하지 않는 전기(傳記)가 있을
리 없다. 〈五柳先生傳〉은 자신을 한 사람의 가공(假空) 인물, 혹은 이름
없는 사람에 비유하여 기술하고 있다.
　이 〈種樹郭橐駝傳〉도 그 이름을 기록하지 않고 모두(冒頭)에서부터
유머러스한 별명의 유래를 기술하고, 정치의 중요한 道를 나무 심는 일
의 비근(卑近)한 사례(事例)에 비유하여 관(官)의 규계(規戒)로 삼았다.
실은 이 결론이야말로 이 전(傳)을 지은 목적이었을 것이다. 이 점이 보
통의 사전(私傳)과 다른 점이다. 자연을 숭상하는 도가(道家)의 사상은
유자후의 〈愚谿詩序〉(《唐宋八家文讀本》卷八)에서도 볼 수 있으며, 이
篇의 사상과 일치한다. 한유(韓愈)와 나란히 당(唐)의 古文의 대가(大

家)라 일컬어지면서도, 韓退之가 유가(儒家)의 사상을 표방(標榜)한 데에 대하여 유자(柳子)는 道家的인 색채를 띠었음은 역시 그 개성의 차이일 것이다. 붓〔毛筆〕을 장군에 비유한 배해문적(俳諧文的)인 韓退之의 〈毛穎傳〉과, 유자후(柳子厚)의 이 〈種樹郭橐駝傳〉은 당시 번성하던 당대(唐代) 전기소설(傳奇小說)의 선구적인 작품이라 하겠다.

독맹상군전:왕형공(讀孟嘗君傳:王荊公)

> 世皆稱 孟嘗君能得士. 士以故歸之. 而卒賴其力 以脫於虎豹
> 之秦.

세상에서는 모두들 맹상군(孟嘗君)을 칭찬하여 이렇게 말한다.

"맹상군은 좋은 선비를 잘 얻는다. 그가 선비를 좋아했기 때문에 많은 선비들이 그의 밑에 모였고, 그는 그들의 도움으로 마침내 사납고 무시무시한 진(秦)나라에서 도망칠 수 있었다."

【語義】 稱(칭):칭찬하다. 孟嘗君(맹상군):〔解說〕 참조. 以故:그 때문에. 卒:마침내. 賴(뢰):힘입다. 虎豹之秦(호표지진):범이나 표범처럼 사납고 무시무시한 진(秦)나라.

> 嗟乎 孟嘗君特雞鳴狗吠之雄耳. 豈足以言得士.

아, 슬픈 일이다. 좋은 선비라고 하면 인의도덕(仁義道德)을 행하는 현인군자(賢人君子)이어야 할 것을! 맹상군은 단지, 남을 속이고 좀도둑질하는 데에나 능한 보잘것없는 무리의 두목에 지나지 않았을 뿐이다. 계명구도(雞鳴狗盜)의 무리를 얻은 것을 어찌 좋은 선비를 얻은 것이라 말할 수 있단 말인가.

【語義】 嗟乎(차호):아, 슬프다. 탄식하는 말이다. 特:但과 같은 뜻으로, 단지. 雞鳴狗吠(계명구폐):〔解說〕에서 알 수 있는 것처럼, 雞鳴은 닭소리 잘 내는 사람이고, 狗吠는 개의 흉내를 내면서 도둑질을 잘 하는

사람을 가리킨다. 보잘것없는 무리를 가리키는 말이다. 雄:우두머리,
곧 두목(頭目).

> 不然擅齊之强 得一士焉 宜可以南面而制秦. 尙取雞鳴狗吠之
> 力哉. 雞鳴狗吠之出其門 此士之所以不至也.

맹상군이 계명구도와 같은 무리만 얻지 않았더라면, 제(齊)나라의 부강
(富强)을 한 손에 거머쥐고 마음대로 흔들었을 것이다. 또 다만 한 선비라
도 어진 선비를 얻었더라면, 쉽게 임금이나 재상(宰相)이 되어 진(秦)나라
를 제압하고도 남음이 있었을 것이다. 그랬더라면 맹상군은 진나라에 갇
힐 일도 없었을 것이니, 하물며 계명구도와 같은 무리의 힘을 빌릴 필요
가 있었겠는가.
계명구도와 같은 망나니들이 나오는 맹상군의 문하(門下)에, 어진 선비
가 무슨 일로 발을 들여놓았겠는가.

【語義】 不然:그렇지 않다면. 즉 '맹상군이 계명구도(雞鳴狗盜)와 같은 무
리를 얻지 아니하였더라면'의 뜻이다. 擅(천):마음대로 함. 强:부강(富
强). 南面:고대에 임금은 북쪽에 앉아 남쪽을 바라보았다. 여기서는 임
금이나 재상이 되는 것을 뜻한다.

【解說】 이 傳은 본디 《史記》의 〈孟嘗君傳〉을 읽은 감상을 서술한 것이므
로 讀이라 할 수 있을 만한 글인데, 이것을 傳 속에 넣은 것은 편집자의
착각이었을 것이다.
매우 짧은 글이지만 촌철살인(寸鐵殺人)의 느낌이 있다. 사전(史傳)
을 읽을 때에는 단지 일의 재미를 추구할 뿐만 아니라 높은 견식(見識)

으로써 비판하면서 읽어야 한다는 것을, 이 글은 가르치고 있다. 왕안석(王安石)이 비범한 지자(知者)였음을 이 글에서 잘 엿볼 수 있다.

〈孟嘗君傳〉은 《史記》의 列傳 15에 있는데, 그 대요(大要)는 다음과 같다.

맹상군의 이름은 文, 성(姓)은 田씨. 文의 아버지를 정곽군 전영(靖郭君 田嬰)이라 한다. 전영(田嬰)은 제(齊)나라 위왕(威王)의 아들로, 선왕(宣王)의 동생이었다. 맹상군은 설(薛)에 있으면서 제후(諸侯)의 빈객을 초치(招致)했다. 죄를 범하고 도망친 자들까지도 맹상군에게 귀속(歸屬)했다. 맹상군은 그들을 후대(厚待)했다. 그러한 까닭에 천하의 인사(人士)를 많이 모을 수 있어서, 식객(食客)이 수천(數千)이었다. 진(秦)나라 소왕(昭王)이, 맹상군이 현명하다는 말을 듣고 만나기를 요청해 왔다. 맹상군은 秦에 가려고 했다. 그때 소대(蘇代)가, '지금 秦나라는 호랑이나 이리 같은 나라입니다. 그런 곳에 君께서는 가시려 하는 것입니다. 돌아오실 수 없을 것입니다.' 하고 말했다. 그래서 맹상군은 秦에 가는 것을 그만두었다. 제(齊)의 민왕(湣王) 25년, 다시 이야기가 있어서 맹상군은 秦에 갔다. 소왕(昭王)은 즉시 맹상군을 秦의 재상으로 임명하려 했다. 그런데 어떤 사람이, '맹상군은 현명한 사람이며, 齊나라의 왕족(王族)입니다. 지금 그를 秦의 재상으로 삼으신다면, 그는 반드시 齊를 먼저 생각하고 秦을 뒤에 생각할 것입니다. 秦이 위험합니다.' 하고 말했다. 秦의 昭王은 맹상군을 재상으로 삼으려던 생각을 버리고, 맹상군을 가두어 놓고 죽이려 했다. 맹상군은 昭王의 총희(寵姬)에게 사람을 보내어, 자신이 석방되도록 힘써 주기를 부탁했다. 昭王의 총희가 말했다. '나는 맹상군이 가지고 계시다는 호백구(狐白裘:여우의 겨드랑이 밑의 가죽을 모아 만든 가죽옷)가 가지고 싶습니다.' 맹상군이 가지고 있다는 호백구(狐白裘)는 그 값이 천금(千金)으로, 천하에 두 장도 없는 것이었다. 그러나 秦에 들어오자 바로 昭王에게 그것을 헌상했으므로, 호백구가 또 있을 리 없었다. 맹상군은 매우 곤란해져서, 같이 온 여러 사람들에게 어찌했으면 좋을까를 물었지만 아무도 대답하는 자가 없었다. 그때 가장 말석(末席)에 '개처럼 흉내를 내며 도둑질을 하는 자〔狗盜〕'가 있어서, '제가 호백구(狐白裘)를 손에 넣을 수 있습니다.' 하고 말했다. 그날 밤 그 남자는, 개의 흉내를 내면서 秦나라 궁중의 창고 속에 숨어 들어가, 앞서 맹상군이 헌상한 호백구(狐白裘)를 훔쳐 왔다. 맹상군은 그것을 昭王의 총희에게 헌상했다. 맹상군은 석방되었다.

맹상군은 석방되자마자 탈출을 꾀했다. 봉전(封傳:통행권)을 위조하고 성명을 바꾸어 함곡관(函谷關)을 나가려 한 것이다. 맹상군 일행은 한밤중에 함곡관에 도착했다. 한편 秦의 昭王은 맹상군을 석방한 것을 후회하고 다시 체포하려 했으나, 맹상군은 이미 떠난 후였다. 급히 발빠른 말로 맹상군 일행을 뒤쫓게 하였다. 맹상군은 함곡관에 도착했지만, 닭이 울기 전에는 문을 열지 않는 것이 관(關)의 규칙이었다. 맹상군은 秦王이 추격해 올 것을 두려워했다. 마침 식객 중에, '닭의 울음소리를 흉내 낼 수 있는 사람〔雞鳴〕'이 있어 그가 닭 울음소리를 흉내 내니, 그 소리에 끌려 닭들이 일제히 울었다. 맹상군은 위조한 봉전(封傳)을 보이고 함곡관을 빠져나갔다. 잠시 후 秦王이 보낸 추격대가 함곡관에 도착했지만, 맹상군은 이미 탈출한 후였다. 처음에 맹상군이 이 구도(狗盜)와 계명(雞鳴)의 두 사람을 빈객(賓客)으로 대우했을 때, 다른 빈객들은 모두 부끄럽게 생각했다. 그러나 맹상군이 秦의 난(難)을 만남에 두 사람이 그것을 구했으므로, 그로부터는 모든 빈객들이 맹상군에게 복종했다. 이 설화의 재미에 감추어져, 맹상군의 식객 수천 명 가운데 위대한 인물이 없었던 사실을 놓치기 십상이다. 이 점을 예리하게 파헤쳐 준열하게 평론하여, 맹상군을 계명구도(雞鳴狗盜)의 우두머리로 단정한 것이 왕안석(王安石)이었다.

　88字의 단문(短文)으로 요점을 얻고 할 말을 다 하고 있는 것이, 과연 당송팔가(唐宋八家) 중에서도 가장 이지적(理智的)인 작풍(作風)을 지닌 왕안석의 글답다. 심덕잠(沈德潛)은 이 글에 대해서, '一語一語가 변이하고, 一筆一筆이 긴밀(緊密)하다. 千古의 절조(絕調)이다.'라고 평했고, 뇌산양(賴山陽)은, '형공(荊公)은 집요(執拗)하다. 그래서 글에도 요절(拗折:비틀고 꺾고 돌리는 것)이 많다. 삼소(三蘇:蘇洵·蘇軾·蘇轍)가 미치지 못하는 점이다.'라고 평했다.

권지 7(卷之七)

비류(碑類)

　개인의 공덕(功德)을 글로 지어 찬양하고, 그것을 돌에 새긴 것을 碑라 한다. 이 碑를 무덤 앞에 세운 것은 후세에 와서 일이고, 옛날에는 살아 있는 사람의 덕을 송찬(頌贊)한 것이 많았다. 또한 비문(碑文)은 산천(山川)·성지(城池)·궁실(宮室) 등을 기념하기 위해 지어지기도 하므로, 碑文에는 대개 銘文이 따르고, 그 앞에는 서문(序文)이 있다. 옛날에는, 墓地에 큰 돌을 세우고 그에 활차 장치를 하여 棺을 움직였다. 그리고 入棺이 끝나면 세웠던 돌에 죽은 자의 공덕을 기리는 글을 새겨 碑라 하였는데, 후세에 이르러 사람이 잘 볼 수 있는 길가에 세우게 되었다. 碑文은 敍事가 섞이며, 議論이 섞이면 變則으로 친다.

조주한문공묘비:소자첨(潮州韓文公廟碑:蘇子瞻)

> 匹夫而爲百世師 一言而爲天下法. 是皆有以參天地之化 關盛
> 衰之運. 其生也有自來 其逝也有所爲. 故申呂自嶽降 傅說爲
> 列星. 古今所傳不可誣也.

한낱 필부(匹夫)였지만, 성인의 덕을 지녀 백세(百世)의 스승이 되고, 도
덕과 문장이 높아 한마디 말도 천하가 좇아야 할 법이 되었다. 이런 분은
모두, 만물을 생성화육(生成化育)하는 천지의 위대한 작용에 참여하는 분
으로, 국운(國運)의 성쇠(盛衰)에까지 깊이 관여한다.

이런 성인은 그 태어남에 반드시 오는 곳이 있고, 그 돌아감에는 세상을
위하여 남기는 것이 있다. 그러기에 옛날 주(周)나라 선왕(宣王)의 어진 신
하였던 신백(申伯)과 여후(呂侯)는 숭산(嵩山)의 신령이 인간 세상에 내려
온 것이라 하며, 은(殷)나라 고종(高宗)을 보필했던 재상 부열(傅說)은 죽어
부열성(傅說星)이 되어 기수(箕宿)와 미수(尾宿) 사이에서 빛났다고 한다.

이것은 아득한 예로부터 전해 내려오는 말로, 거짓으로 돌릴 수만은 없
는 것이다.

【語義】 匹夫(필부):평범한 남자. 百世師:백세(百世)의 스승.《孟子》盡心
篇 下에, '성인은 百世의 스승이니, 백이(伯夷)와 유하혜(柳下惠)가 바
로 그러하다. 그러므로 백이의 풍도(風度)를 들으면 완악한 사람이 청렴
해지고 비겁한 사람이 지조를 세우게 되며, 유하혜의 풍도를 들으면 각
박한 사람이 후해지고 비루한 사나이가 관대해진다. 百世 이전에 분발
한 것인데도 百世 뒤에 듣는 사람이 감동되어 분발하지 않는 이가 없으
니, 성인이 아니고서야 누가 이처럼 할 수 있겠는가?(聖人百世之師也.

伯夷柳下惠是也. 故聞伯夷之風者 頑夫廉 惟夫有立志. 聞柳下惠之風者
薄夫敦 鄙夫寬. 奮乎百世之上 百世之下 聞者莫不興起也. 非聖人而能若
是乎)'라 하였다.　參天地之化(참천지지화):만물을 생성화육(生成化育)
하는 천지의 위대한 활동에 참여함. 參은 참여하여 돕는다는 뜻.《中庸》
22章에, '오직 천하의 지극한 진실(聖人을 가리킨다)이라야 능히 그 本
性을 다할 수 있는 것이니, 그 본성을 다할 수 있으면 사람의 본성을 다
할 수 있고, 사람의 본성을 다할 수 있으면 만물의 본성을 다할 수 있고,
만물의 본성을 다할 수 있으면 하늘과 땅의 화육(化育)을 도울 수 있고,
하늘과 땅의 화육을 도울 수 있으면 천지와 더불어 만물을 화육하는 운
동에 참여할 수 있다(唯天下至誠 爲能盡其性. 能盡其性 則能盡人之性.
能盡人之性 則能盡物之性. 能盡物之性 則可以贊天地之化育. 可以贊天
地之化育 則可以與天地參矣).'고 하였다.　關盛衰之運(관성쇠지운):국
운(國運)의 흥망성쇠(興亡盛衰)에 관계함.　申呂自嶽降(신려자악강):신
백(申伯)과 여후(呂侯)가 숭산(嵩山)에서 내려옴. 신백과 여후는 주(周)
나라 선왕(宣王)의 어진 신하들로, 숭산의 신령이 인간 세상에 내려온
것이라 한다.　傳說爲列星(부열위열성):부열(傳說)이 줄지어 선 별자리
사이에 있음. 부열은 은(殷)나라 고종(高宗)의 재상으로, 고종을 보필
하여 천하를 편안하게 했다고 한다.《莊子》대종사편(大宗師篇)에, '부
열은 道를 체득하여, 은(殷)의 왕 무정(武丁:고종을 말한다)을 도와 武
丁으로 하여금 널리 천하를 지배하게 하고, 또 하늘에 올라가 북두(北
斗)와 그 동쪽에 있는 기수(箕宿:射手座에 속한다)를 연결하는 선(線)을
타고 가다가 기수(箕宿)와 미수(尾宿:人馬座에 속한다) 사이에 걸터앉아,
하늘에 늘어선 별의 하나가 되어 영원히 빛나고 있다.'고 했다. 즉 생전
에 위대했던 부열이 죽어서는 별이 되어 여러 별들과 함께 빛나고 있다
는 뜻이다.　誣(무):속이다. 기만하다.

孟子曰 我善養吾浩然之氣. 是氣也 寓於尋常之中 而塞乎天
地之間. 卒然遇之 王公失其貴 晋楚失其富 良平失其智 賁育
失其勇 儀秦失其辯. 是孰使之然哉. 其必有不依形而立 不恃
力而行 不待生而存 不隨死而亡者矣. 故在天爲星辰 在地爲
河嶽 幽則爲鬼神 而明則復爲人. 此理之常 無足怪者.

맹자(孟子)가 말하였다.

"나는 호연지기(浩然之氣)를 잘 기른다."

이 호연지기는 천도(天道)와 정의(正義)에 뿌리박은 공명정대한 기운으
로, 어떤 물(物)에도 깃들일 수가 있는데, 사람에게 깃들이었을 경우, 사람
이 그 기운을 잘 키우면 인의 도덕을 지키는 큰 용기가 되며, 더욱 발전하
여 하늘과 땅 사이에 가득 차게 된다.

이 위대한 호연지기 앞에서는, 왕공(王公)의 지존(至尊)함도 내세울 것이
못 되며, 진(晋)·초(楚)의 부강함도 별것이 아니며, 장량(張良)과 진평(陳
平)의 지혜도 무색(無色)해지며, 맹분(孟賁)과 하육(夏育)의 용기도 무력해
지며, 장의(張儀)와 소진(蘇秦)의 변설(辯說)도 소용이 없게 된다.

누가 호연지기로 하여금 그와 같은 위대한 힘을 지니게 하는 것일까?
그것은 현상(現象)을 초월하여 존재하며, 영원불멸(永遠不滅)의 것이다.

호연지기는 반드시 물(物)의 형태를 빌려서만 나타나는 것은 아니며, 물
(物)의 힘에 의해서만 행해지는 것도 아니고, 물(物)의 태어남에만 의지하
여 존재하는 것도 아니며, 물(物)의 사멸에 따라 없어지는 것도 아니다. 따
라서 이 호연지기는, 하늘에서는 부열성(傅說星)처럼 반짝이는 별이 되기
도 하고, 땅에서는 강이 되어 흐르기도 하며, 신백(申伯)과 여후(呂侯)를
내려 보낸 큰 산악이 되어 높이 솟아 있기도 한다. 또한 어두운 저 세상에
서는 귀신(鬼神)이 되기도 하고, 밝은 이 세상에서는 큰 인물이 되어 나타

나기도 하는 것이다.

숭산의 신령이 인간 세상에 내려와 사람이 되고, 위대한 인물이 죽어 별이 되었다는 것은, 호연지기의 위대한 작용을 이야기하는 것으로, 조금도 이상하게 여길 것이 못 되는 것이다.

【語義】 我善養吾浩然之氣(아선양오호연지기):나는 나의 호연지기(浩然之氣)를 잘 기른다.《孟子》公孫丑篇 上에 나오는 말이다. '호연지기란 몹시 크고 굳센 기운으로, 곧은 마음으로 잘 키워서 아무것에도 방해받지 않게 하면, 하늘과 땅 사이에 가득 차게 된다(其爲氣也 至大至剛 以則養而無害 則塞于天地之閒).' 즉 호연지기란, 천도(天道)와 정의(正義)에 뿌리박은 공명정대한 기운을 말한다. 尋常(심상):8尺을 尋이라 하고, 그 곱이 되는 16尺을 常이라 한다. 즉 얼마 안 되는 작은 물건이라는 뜻으로, 여기서는 사람을 가리킨다. 卒然:갑자기. 王公:임금과 공경(公卿). 晋楚(진초):춘추 전국(春秋戰國) 시대의 가장 부강했던 두 나라. 진나라는 북쪽에, 초나라는 남쪽에 있었다.《孟子》公孫丑篇 下에 다음과 같은 증자(曾子)의 말이 실려 있다. '나로서는 晋이나 楚의 富에는 미칠 수 없지만, 그들이 富를 내세우면 나는 仁을 내세울 것이며, 그들이 벼슬을 내세우면 나는 義를 내세우겠다. 내가 어찌 그들보다 모자라겠는가?(晋楚之富 不可及也. 彼以其富 我以吾仁 彼以其爵 我以吾義. 吾何慊乎哉).' 良平(양평):한 고조(漢高祖)의 신하로서 지략이 뛰어났던 장량(張良)과 진평(陳平). 賁育(분육):용맹하기로 이름이 높았던 제(齊)나라의 맹분(孟賁)과 위(衛)나라의 하육(夏育). 儀秦(의진):전국시대(戰國時代)의 외교가(外交家)였던 장의(張儀)와 소진(蘇秦). 두 사람 모두 대단한 웅변가(雄辯家)로서, 장의는 연횡(連衡)의 법을, 소진은 합종(合縱)의 법을 주장했다. 恃(시):믿어 의뢰함. 星辰(성신):별. 河嶽

(하악):하천(河川)과 산악(山嶽).　幽(유):눈에 보이지 않는 어두운 세계. 저 세상.　鬼神(귀신):죽은 사람의 영혼. 성인은 죽어도 귀신이 되어 나라와 민족을 돌보아 준다고 한다. 귀신을 흔히 惡鬼라 생각하는데, 이는 그릇된 생각이다. 《易》에서는, 음양(陰陽) 두 기운의 굴신(屈伸) 작용을 鬼神이라 하여, 정기(精氣)가 모여 물(物)을 이루는 것을 '神이 신장하는 것'이라 했고, 유혼(遊魂)이 흩어져서 변화를 이루는 것을 '鬼가 돌아가는 것'이라 했다. 《中庸》 제16장에, '귀신의 덕이란 얼마나 큰 것인가. 보려 해도 보이지 않고, 들으려 해도 들리지 않지만, 널리 만물을 생겨나게 함이, 어느 물(物)에도 미치지 않는 것이 없다. 귀신은 천하의 사람들로 하여금 재계(齋戒)하여 몸을 깨끗이 한 다음 옷을 갖추어 입고 제사를 지내도록 하니, 분명히 사람의 머리 위에 있는 것도 같고, 사람의 좌우에 있는 것도 같다(鬼神之爲德 其盛矣乎. 視之而弗見 聽之而弗聞 體物而不遺. 使天下之人 齊明盛服 以承祭祀. 洋洋乎如在其上 如在其左右).'고 했다.　明:밝은 곳. 현세(現世).　恠(괴):怪(괴)의 俗字.

自東漢以來 道喪文弊 異端並起. 歷唐正觀開元之盛 輔以房杜姚宋 而不能救. 獨韓文公起布衣 談笑而麾之 天下靡然從公 復歸于正 蓋三百年于此矣. 文起八代之衰 道濟天下之溺 忠犯人主之怒 而勇奪三軍之帥. 此豈非參天地關盛衰 浩然而獨存者乎.

후한(後漢) 이래로 세상은 갈수록 험악해져, 도덕은 허물어지고 문장은 피폐해졌으며, 도교(道敎)·불교·양주(楊朱)·묵적(墨翟) 등의 이단 잡설(異端雜說)이 다투어 일어나 세상인심을 어지럽혔다. 그 뒤 여러 대를 지나 당대(唐代)에 이르자, 태종(太宗)과 현종(玄宗) 때에는 방현령(房玄齡)·

두여회(杜如晦)·요숭(姚崇)·송경(宋璟) 등의 어진 재상(宰相)이 정성껏 천자를 보필해서 국력이 충실해지고 정치가 잘 행해져 세상이 편했지만, 그래도 허물어지고 피폐해져 가던 도덕과 문장을 바로잡을 수는 없었다.

그런데 오직 한 분, 한문공(韓文公)께서 한낱 선비의 몸으로 일어나서, 웃으며 이야기하는 것처럼 도덕 높은 문장으로 세상 사람들을 지도하시니, 천하의 모든 사람들이 한마음 한뜻으로 한공을 흠모하고 쫓게 되었다. 그리하여 도덕과 문장이 마침내 정도(正道)로 되돌아오고, 그것이 3백 년이 지난 이 글을 쓰는 오늘에까지 이르게 된 것이다.

한문공께서는 후한(後漢) 이래 위(魏)·진(晋)·송(宋)·제(齊)·양(梁)·진(陳)·수(隋)의 8대를 거치면서 형식미에만 치중되어 내용과 사상이 허약해졌던 문장을 고아(高雅)하고 힘찬 고문(古文)으로 복귀시키셨으며, 유가(儒家)의 바른 도를 선양(宣揚)하여 당시 횡행하던 불교·노장(老莊)·양주(楊朱)·묵적(墨翟) 등의 이단 사설(異端邪說)에 현혹되었던 세상 사람들을 건지셨다. 또 공(公)께서는, 죽음을 무릅쓰고 불골(佛骨)을 論하는 表(〈論佛骨表〉)를 올려 불교에 미혹된 천자를 극간(極諫)할 만큼 충절이 높으셨고, 목종(穆宗)의 장경(長慶) 원년에 일어났던 병사들의 난을 도리로써 타일러 그들의 장수를 귀복케 할 만큼 용맹스러우셨다.

이 같은 분을 어찌 천지의 위대한 생성화육(生成化育) 운동에 참여하는 분이 아니며, 국가의 흥망성쇠를 좌우하는 분이 아니라 할 수 있겠는가. 참으로 공께서는 위대한 호연지기를 한 몸 가득 키우셔, 천지 사이에 우뚝 솟아 무엇에도 좌우되지 않는 분이셨다.

【語義】 東漢:후한(後漢)이라고도 한다. 낙양(洛陽)에 도읍하였으므로 東漢이라 한다. 異端(이단):유교(儒敎) 이외의 불교·도교(道敎) 등의 여러 설(說)을 가리킨다. 正觀:당(唐)나라 태종(太宗) 때의 연호인 貞觀을

뜻한다. 송(宋)나라 인종(仁宗)의 휘자(諱字)인 정(禎)을 피하여 正觀이
라 한 것이다. 우리나라에서는 貞·禎·正의 세 글자를 모두 정으로 읽
지만, 중국에서는 貞과 禎은 발음이 같으나(zhēn), 正은 그와 발음이
다르다(zhēng). 開元:당(唐)나라 玄宗 때의 연호. 앞의 貞觀과 함께 나
라가 잘 다스려진 시대였다. 房杜姚宋(방두요송):방현령(房玄齡)·두
여회(杜如晦)·요숭(姚崇)·송경(宋璟) 등 네 사람의 어진 재상(宰相)
을 가리킨다. 방현령과 두여회는 당 태종(唐太宗)을 보필했고, 요숭과
송경은 당 현종(唐玄宗)을 보좌했다. 韓文公:한퇴지(韓退之)를 가리킨
다. 布衣(포의):무명옷. 곧 벼슬이 없는 사람, 또는 서민(庶民). 談笑(담
소):웃으면서 이야기함. 麾(휘):깃발을 흔들어 지휘함. 문사(文事)를 무사
(武事)에 견주어 표현한 것이니, '지도하다, 이끌다' 정도로 해석하는 것
이 좋다. 靡(미):한쪽으로 쓰러지거나 쏠림. 轉하여 따름, 복종함. 復
歸于正(복귀우정):다시 바른 상태로 돌아옴. 三百年于此:당(唐)의 헌
종(憲宗) 때부터 소동파(蘇東坡)가 이 글을 쓰던 때까지 약 300년간. 정
확히는 280년간. 文起八代之衰(문기팔대지쇠):八代는 동한(東漢)·위
(魏)·진(晋)·송(宋)·제(齊)·양(梁)·진(陳)·수(隋)를 가리킨다. 이
시대의 문장은 형식미를 존중하고 미문(美文) 위주여서, 그 내용이 빈약
하고 유약한 글이 많았다. 한퇴지가 고문(古文)으로 복귀를 주장하여,
쇠약해진 문장을 다시 일으켜 세운 것을 뜻한다. 道濟天下之溺(도제
천하지닉):도덕에서는 천하의 백성들이 이단 잡설에 현혹되어 있던 것
을 건짐. 한퇴지가 〈原道〉와 같은 문장을 지어, 노장(老莊)·불교·묵적
(墨翟)·양주(楊朱) 등의 여러 설을 배격한 것을 가리킨다. 犯人主之怒
(범인주지노):인주(人主:天子)의 노여움을 범함. 헌종(憲宗)이 불교에
빠져 불골(佛骨)을 궁중에 들여오려 하자, 한퇴지가 〈論佛骨表〉를 올려
극간(極諫)했다. 결국 한퇴지는 이 일로 인해 헌종의 노여움을 사, 조주

(潮州)로 귀양 가게 되었다. 奪三軍之帥(탈삼군지수):三軍은 上軍・中
軍・下軍. 一軍은 12,500명으로 이루어진다. 三軍은 대제후(大諸侯)의
군대로, 후세에는 대군(大軍)의 뜻으로 쓰이게 되었다. 목종(穆宗)의 장
경(長慶) 원년에, 진주(鎭州)에서 병사들이 난을 일으켜 전홍정(田弘正)
을 죽이고 왕정주(王廷湊)를 옹립하였다. 조정에서는 원주(袁州)에 있
던 한퇴지를 불러 병부시랑(兵部侍郎)에 명하고, 난을 진압하도록 하였
다. 주위에서는 위험한 일이라며 만류했지만, 한퇴지는 목숨을 걸고 왕
정주의 진중으로 가 순역(順逆)의 도를 논하여 왕정주를 설복시켰다. 삼
군의 장수를 탈취했다 함은 이 일을 가리키는 것이다. 浩然而獨存(호
연이독존):한문공은 호연지기로 가득 찬 사람의 표상(表象)으로서, 천
지간에 우뚝 서 무엇에도 좌우되지 않는 존재였음.

蓋嘗論天人之辨 以謂人無所不至. 惟天不容僞. 智可以欺王
公 不可以欺豚魚. 力可以得天下 不可以得匹夫匹婦之心. 故
公之精誠 能開衡山之雲 而不能回憲宗之惑. 能馴鱷魚之暴
而不能弭皇甫鎛李逢吉之謗. 能信於南海之民 廟食百世 而
不能使其身一日安於朝廷之上. 蓋公之所能者天也. 其所不
能者人也.

대체로 하늘과 사람의 다른 점을 논하여 생각해 보건대, 사람은 지혜가
뛰어나 무슨 일이든 하지 못하는 일이 없다고 말할 수 있고, 하늘은 오직 지
극한 정성만을 받아들일 뿐 한 점의 거짓도 용납하지 않는다 말할 수 있다.
사람은 교묘한 지혜로 왕공(王公)을 속일 수는 있지만, 지극한 정성만 담기
면 돼지나 물고기 같은 하찮은 제물에도 감동하는 하늘만은 속일 수가 없
다. 사람이 힘으로 천하를 손아귀에 넣는 일은 쉽지만, 보잘것없는 필부필

부(匹夫匹婦)라 할지라도 그 마음만은 힘으로 빼앗을 수가 없는 것이다. 그러기에 한문공의 지극한 정성은 형산(衡山)의 구름을 걷히게 할 수는 있었지만 불교에 현혹된 천자의 어두운 마음만은 돌이킬 수가 없었고, 조주(潮州) 백성들을 괴롭히던 악어의 횡포를 물리칠 수는 있었지만 조정에서 비방을 일삼던 황보박(皇甫鎛)과 이봉길(李逢吉)의 입을 막을 수는 없었다. 조주 백성들에게서 두터운 신망을 얻어 돌아가신 뒤에는 사당에 모셔지고 백세(百世) 뒤까지 제향(祭享)을 받으셨지만, 관리의 몸으로는 단 하루도 조정에 편히 계시지를 못하고 지방관으로만 전전하는 고통을 겪으셨다.

아, 생각해 보건대 공께서는, 한 점의 사심도 없이 오직 지성으로만 행할 수 있는 하늘의 도는 능히 행할 수 있었으나, 인간의 교묘한 지혜를 다하여 영달을 구하는 일에는 능하지 못하셨다.

【語義】天人之辨(천인지변):천지자연과 사람의 힘과의 구별. 人無所不至: 사람은 이르지 못하는 바가 없음. 사람은 무한한 지혜를 가지고 있어 어떤 일이든 할 수 있다는 뜻이다. 天不容僞(천불용위):하늘은 거짓을 용납하지 아니함. 豚魚(돈어):돼지와 물고기. 《易經》風澤中孚卦 彖傳에 나오는 말. '돼지나 물고기도 길하다는 것은, 제사 지내는 사람의 지극한 마음이 하찮은 제물에까지 미쳐 신을 감동시킨다는 뜻이다(豚魚吉信及豚魚也).' 즉 하찮은 물건이라도 사람의 지극한 정성이 들어 있으면 하늘이 감동한다는 뜻이니, 반대로 어떠한 거짓된 마음에도 하늘은 속지 않는다는 뜻이다. 匹夫匹婦(필부필부):평범한 남자와 평범한 여자. 開衡山之雲(개형산지운):형산의 구름을 걷히게 함. 형산은 오악(五嶽)의 하나로, 남악(南嶽)이라고도 한다. 한퇴지가 형산에 올랐을 때의 일로, 하늘에 구름이 가득하여 금방이라도 비가 쏟아질 것 같았다. 이에 한퇴지가 지성을 다하여 형산의 사당에 아뢰는 詩를 지어 기도하니, 구

름이 말끔히 걷혔다고 한다. 憲宗之惑(헌종지혹):헌종이 불교를 신봉하여 불골(佛骨)을 맞아들인 일을 가리킨다. 馴鱷魚之暴(순악어지포):악어의 포악함을 길들임. 鱷은 鰐(악)과 仝字. 한유가 조주(潮州)에 이르러 백성들에게 괴로움이 무엇이냐고 물었다. 입을 모아 악계(惡溪)에서 악어가 나와 가축을 축내는 것이라 했다. 이에 한유가 글을 지어 물 가운데에 던지고 기도를 드렸다. 그날 저녁, 물 가운데에 폭풍이 치고 번개가 일었다. 며칠 있자 물이 마르고 악계는 서쪽으로 60리쯤 이동하여, 그때부터는 악어가 나타나지 않았다. 한유가 이때 악어를 퇴치하기 위해 지은 글이 바로 〈악어문(鱷魚文)〉이다. 弭(미):止와 같은 뜻으로, 멈추게 하다, 그치게 하다. 皇甫鎛(황보박), 李逢吉(이봉길):헌종이 한유를 조주로 보낸 뒤 그 일을 후회하여, 한유를 다시 등용코자 했다. 이때 황보박은 한유의 강직함을 싫어하여, 한유를 원주(袁州)로 보내도록 헌종에게 상주(上奏)해서 한유의 앞길을 막았다. 또 재상(宰相) 이봉길은 한유와 이신(李紳)을 다투게 하여, 한유를 병부시랑(兵部侍郎)으로 옮겨 앉게 했다. 信於南海之民:조주(潮州)의 백성들로부터 신망을 얻음. 南海之民은 조주(潮州)의 백성들. 한유가 죄를 입어 조주 자사(潮州刺史)로 부임한 뒤, 많은 공적을 남겨 백성들에게서 두터운 신망을 받았다. 그가 죽은 뒤에는, 조주 백성들이 그의 덕을 추모하여 사당을 지어 제사 지내게 되었다. 廟食(묘식):사당에 모셔져 제사를 받음. 不能使其身一日安於朝廷之上:그 몸을 하루라도 조정에서 편안하게 할 수가 없었음. 한유의 강직한 성품을 꺼린 중앙의 고관들은 한유에게 주로 지방관 벼슬을 주었다. 따라서 한유가 조정에서 천자를 모시고 일한 기간은 얼마 되지 않는다.

始潮人未知學. 公命進士趙德爲之師. 自是潮之士 皆篤於文
行 延及齊民. 至于今 號稱易治. 信乎 孔子之言 君子學道則
愛人 而小人學道則易使也. 潮人之事公也 飮食必祭. 水旱疾
疫 凡有求必禱焉. 而廟在刺史公堂之後 民以出入爲艱. 前太
守欲請諸朝作新廟不果. 元祐五年 朝散郎王君滌 來守是邦.
凡所以養士治民者 一以公爲師 民旣悅服. 則出令日 願新公
廟者聽. 民懽趨之. 卜地於州城之南七里 期年而廟成.

한문공께서 처음 조주에 오셨을 때만 해도 조주 백성들은 학문을 몰랐
었다. 공께서 진사(進士) 조덕(趙德)에게 명하여 백성들을 가르치도록 하
시니, 그때부터 조주의 선비들은 모두 학문과 덕행을 닦기에 힘썼고, 그러
한 바람은 널리 백성들에게까지 미쳤다. 그리하여 지금에 이르러서는, 조
주는 백성들이 선량하여 다스리기 쉬운 곳이라는 말을 듣게 되었다. 성인
의 말씀이 조금도 틀리지 않으니, 공자께서 말씀하신 대로, 백성을 다스리
는 자가 도를 배우니 백성들을 사랑하게 되었고, 백성들이 도를 배우고 따
르니 다스리기가 쉬워졌던 것이다.

조주 백성들이 공을 섬기는 것을 보면, 음식을 마련하면 먼저 공의 사당
에 제사 지낸 다음에 먹고, 홍수, 한발, 역질 등의 재난이 있을 때에는 물
론, 일상 생활에서 소원하는 것이 있을 때에도 반드시 공의 사당에 나아
가 기원(祈願)한다. 그런데 지금까지는 공의 사당이 조주 자사(刺史)의 관
사(官舍) 뒤에 있어서, 백성들이 출입하기에 어려움이 많았다. 이러한 사
정을 안 앞의 태수(太守)들이 조정에 청원하여 공의 사당을 새로 지으려 했
으나, 그 뜻을 이루지 못했다.

송(宋)나라 철종(哲宗) 원우(元祐) 5년에, 산관(散官)이던 왕척(王滌)이
조주의 태수가 되어 이곳에 왔다. 그는 선비를 양성하고 백성을 다스리는

일 등 모든 일을 하나같이 공의 법도를 따라 행하니, 백성들이 모두 기뻐하여 태수를 따랐다.

　이에 태수는, '한문공의 사당을 새로 짓기 원한다면 들어주겠노라.'고 영(令)을 내렸다. 백성들은 모두 기뻐하여 일을 서둘렀다. 그리하여 조주성(潮州城) 남쪽 7리쯤에 좋은 터를 잡고, 만 1년 만에 공의 사당을 완성하게 된 것이다.

【語義】命進士趙德爲之師:진사(進士) 조덕(趙德)에게 명하여 백성들을 가르치도록 함.　篤於文行(독어문행):학문과 덕행이 돈독해짐.　齊民(제민):일반 백성.　君子學道則愛人 小人學道則易使也:군자가 도를 배우면 사람을 사랑하게 되고, 소인이 도를 배우면 다스리기가 쉬움.《論語》陽貨篇에 나오는 말이다.　潮人之事公:조주 백성들이 한문공(韓文公)을 섬기는 일.　飮食必祭(음식필제):조주 백성들이 公의 은덕을 생각하여, 음식을 먹을 때에는 먼저 公께 제사 지낸 다음 먹는다는 뜻이다.　水旱疾疫(수한질역):수재(水災), 한발(旱魃), 전염병.　刺史公堂(자사공당):주(州) 장관(長官)의 관저(官邸).　艱(간):어려움.　太守:주군(州郡)의 장관으로 자사(刺史)와 같다.　不果:열매를 맺지 못함. 이루지 못한 것을 뜻한다.　元祐五年(원우오년):송(宋)나라 철종(哲宗) 때로, 서기 1090년.　朝散郎(조산랑):산관(散官). 조정에 이름만 있을 뿐 담당 직무가 없는 벼슬로, 주로 덕망이 있는 사람에게 내려졌다 한다.　王君滌(왕군척):왕척(王滌). 君은 존칭이다.　悅服(열복):기꺼이 따름.　懽趍(환추):기뻐하여 달림.　卜地(복지):점을 쳐서 터를 잡음.　期年(기년):만 1년 만에.

或曰 公去國萬里而謫于潮 不能一歲而歸. 沒而有知 其不眷
戀于潮也審矣. 軾曰 不然. 公之神在天下者 如水之在地中 無
所往而不在也. 而潮人獨信之深 思之至. 焄蒿悽愴 若或見之
譬如鑿井得泉 而曰水專在是 豈理也哉.

어떤 사람이 이렇게 말했다.

"공(公)께서는 국도(國都)에서 만 리나 떨어진 이곳 조주에 유배되어 오
셨다가, 일 년도 못 되어 원주(袁州)로 유배지를 옮기셨습니다. 그러니 공
의 혼백이 조주를 알아본다 하더라도, 이곳을 마음에 두고 그리워하는 일
은 없을 것입니다."

나 식(軾)이 말한다.

"그렇지 않다. 공의 혼백이 하늘 아래 어느 곳에든 있는 것은, 땅속이라
면 어디에든 물이 있는 것과 같아, 가는 곳마다 공의 혼백이 없는 곳이 없
다. 더욱이 조주 백성들은 하나같이 공께 대한 믿음이 깊고, 그 생각 또한
지극하다. 그들은 모두, 공의 신비로운 기운에 휘말려 마음이 감동되어, 마
치 공의 신령을 눈앞에 보는 듯 느끼고 있다.

아까 그 사람의 말은 비유하여 말하자면, 우물만 파면 어디에서든 물을
얻을 수 있는데도 물은 오로지 이곳에만 있다고 하는 것과 같으니, 어찌 이
치에 닿는 말이라 할 수 있겠는가."

【語義】 謫于潮(적우조):조주(潮州)로 귀양 옴. 不能一歲而歸:일 년도 못
되어 돌아감. 한유는 헌종(憲宗) 원화(元和) 14년 1월 14일에 유배되어
3월 26일에 조주에 당도했고, 그 해 12월 24일에 원주 자사(袁州刺史)
로 옮겼으니, 조주에는 1년도 채 못 있었던 것이다. 眷戀(권련):마음에
두고 그리워함. 軾(식):작자 소동파(蘇東坡)의 이름. 焄蒿悽愴(훈호처

창):신비로운 기운에 휘말려 마음이 감동됨.　譬如(비여):비유하자면.
鑿井(착정):우물을 팜.

元豊元年. 詔封公昌黎伯. 故榜曰昌黎伯韓文公之廟. 人請書
其事于石. 因爲作詩以遺之 使歌以祀公. 其辭曰.

송(宋)나라 신종(神宗) 원풍(元豊) 원년, 천자께서는 조칙을 내리시어 공
을 창려백(昌黎伯)으로 봉(封)하셨다. 그래서 사당의 현판에 쓰기를, '창려
백 한문공지묘(昌黎伯韓文公之廟)'라 하였다. 나는 조주 백성들이 그 역사
적인 사실을 돌에 새겨 길이 후세에 전하고자 내게 글을 부탁하기에 이 글
을 짓고, 공을 기리는 시 한 수를 지어 보내어, 그 시를 노래 부르며 공을
제사 지내도록 하려 한다.

그 시는 이러하다.

【語義】 元豊(원풍):송(宋)나라 신종(神宗)의 연호(年號). 원풍 원년(元豊元
年)이란 1078년.　詔封公昌黎伯(조봉공창려백):천자께서 조칙을 내려
공을 창려백에 봉함. 昌黎는 군(郡)의 이름. 伯은 오등작(五等爵:公·
侯·伯·子·男) 중의 세 번째 작위.　榜(방):額(액)과 같다. 현판.

公昔騎龍白雲鄕
공 석 기 룡 백 운 향
　　공은 본디 天帝의 白雲鄕에서 용을 타고 노시던 분

手抉雲漢分天章
수 결 운 한 분 천 장
　　은하수를 어루만져 하늘의 문장을
　　나누어 가지셨네.

天孫爲織雲錦裳
천 손 위 직 운 금 상
　　직녀가 공을 위해 夜光七色의
　　운금상(雲錦裳)을 짜자

飄然乘風來帝旁
표 연 승 풍 내 제 방
　　공께선 바람을 타고 천제의 곁에서 홀연히 내려오셔

下與濁世掃粃糠
하 여 탁 세 소 비 강
혼탁한 인간 세상의 이단 잡설을 말끔히
쓸어버리셨네.

西游咸池略扶桑
서 유 함 지 약 부 상
서쪽 하늘 끝 咸池에서부터 동해 扶桑에까지
공의 德光이 미쳤으니

艸木衣被昭回光
초 목 의 피 소 회 광
초목까지도 공의 德化를 입어 밝게 빛났다.

追逐李杜參翶翔
추 축 이 두 참 고 상
이백(李白)과 두보(杜甫)를 뒤쫓아
그들과 함께 문장으로 하늘을 나시니

汗流籍湜走且僵
한 류 적 식 주 차 강
장적(張籍)·황보식(皇甫湜)은 땀 흘려
내달리고 엎어져도

滅沒倒景不得望
멸 몰 도 영 부 득 망
까마득히 높은 공의 文德을 바라볼 수도 없었다.

作書詆佛譏君王
작 서 저 불 기 군 왕
공께서는 글을 지어 부처를 꾸짖고
어리석은 임금을 나무라셨다.

要觀南海窺衡湘
요 관 남 해 규 형 상
남해의 조주 땅을 구경하고 형산(衡山)과
상수(湘水)를 둘러보셨으며

歷舜九疑弔英皇
역 순 구 의 조 영 황
순(舜)임금께서 묻히신 구의를 지나
娥皇·女英 두 妃를 弔喪하셨네.

祝融先驅海若藏
축 융 선 구 해 약 장
남해의 신 축융(祝融)은 공의 앞길을 열었고
북해의 신 해약(海若)은 몸을 감추었으니

約束鮫鱷如驅羊
약 속 교 악 여 구 양
공께서는 사나운 악어를 양떼 몰듯 몰아내셨다.

鈞天無人帝悲傷
균 천 무 인 제 비 상
공께서 지상으로 내려오신 후, 하늘나라에는
사람이 없어 천제께선 늘 슬픔에 잠기셨네.

謳吟下招遣巫陽
구 음 하 초 견 무 양
마침내 천제께서는 신무(神巫) 양(陽)을 보내어
노래 불러 공을 다시 모셔갔네.

犦牲雞卜羞我觴
박 생 계 복 수 아 상
들소를 제물로 바치고 닭 뼈로 제삿날을 잡아
조주 백성들이 술을 따릅니다.

於餐荔丹與蕉黃
어 찬 여 단 여 초 황
공께서 말씀하시던 여단(荔丹)·초황(蕉黃)이
여기 있으니 흠향하소서.

公不少留我涕滂
공 불 소 류 아 체 방

좀 더 머무르지 아니하시고 하늘나라에 오르시니
조주 백성들이 흘리는 눈물이 비오는 듯합니다.

翩然被髮下大荒
편 연 피 발 하 대 황

머리 풀어헤치시고 대공(大空)에서
훌쩍 내려오소서.

【語義】 白雲鄕(백운향):천제(天帝)가 계신 하늘나라. 手扶雲漢(수결운한):손으로 은하수를 더듬음. 雲漢은 은하수. 分天章:하늘의 문장을 나누어 가짐. 天孫:직녀(織女). 雲錦裳(운금상):구름의 모양을 수놓은 비단 치마로, 밤에는 일곱 가지 색으로 빛을 낸다고 한다. 帝旁(제방):천제(天帝)의 곁. 掃粃糠(소비강):쭉정이와 겨를 쓸어버림. 한유가 불교·노장(老莊) 등을 배척한 것을 가리킨다. 西游咸池略扶桑(서유함지약부상):서쪽 함지에서 놀고, 동쪽 부상을 건드림. 咸池는 해가 멱을 감는다고 하는 천상(天上)의 못으로, 서쪽 끝 해가 지는 곳에 있다고 한다. 扶桑은 동해 끝의 바다 가운데에 있다는 신목(神木). 아침마다 해가 그 나뭇가지를 스칠 듯 지난다고 한다. 이 문장은, 한문공의 큰 덕광(德光)이 태양처럼 빛난다는 뜻이다. 衣被(의피):널리 은덕을 입음. 昭回光(소회광):밝게 두루 비치는 빛. 한문공의 큰 광덕을 가리킨다. 追逐(추축):뒤쫓아 다님. 李杜(이두):이백(李白)과 두보(杜甫). 한유는 평소 이 두 사람을 흠모하였다. 그의 시 〈醉留東野〉에는, '옛날 이백과 두보의 시를 읽으며, 나는 두 분이 함께 행동하지 못했음을 크게 한탄하였다(昔年因讀李白杜甫詩 長恨二人不相從).'라는 구절이 있다. 參翶翔(참고상):나는 데에 함께 참여함. 즉 이백·두보와 함께 문명(文名)이 훌륭했음을 가리킨다. 籍湜(적식):장적(張籍)과 황보식(皇甫湜). 문장으로 이름이 알려진 사람들인데, 둘 다 한유의 문인(門人)이다. 走且僵(주차강):달리고 또 넘어짐. 倒景(도영):그림자가 거꾸로 비치는 곳. 해나 달보다 높은

곳에 있어서, 빛이 아래에서 비치므로 그림자가 거꾸로 비치는 것이니, 지극히 높은 곳임을 뜻한다. 즉 한공의 높은 덕을 따를 수 없다는 뜻이다.　作書詆佛譏君王(작서저불기군왕):글을 지어, 부처를 꾸짖고 임금을 나무람. 한유가 불교에 빠진 헌종(憲宗)에게 〈論佛骨表〉를 올려 극간(極諫)한 사실을 가리킨다.　觀南海(관남해):남해를 구경함. 한유가 조주(潮州)로 유배(流配)된 사실을 가리킨다.　窺衡湘(규형상):형산(衡山)과 상수(湘水)를 엿봄. 형산과 상수는, 한유가 조주에서 원주(袁州)로 유배지를 옮기면서 지나갔던 곳.　九疑(구의):순(舜)임금이 묻힌 산 이름.　英皇(영황):요(堯)임금의 두 딸인 여영(女英)과 아황(娥皇)으로, 순임금의 두 비(妃). 순임금이 남순(南巡)하다가 창오(蒼梧)의 들에서 붕(崩)하자, 두 사람은 상수(湘水)에 빠져 순사(殉死)했다고 한다.　祝融(축융):남방신(南方神). 염제(炎帝). 남해(南海)의 신.　先驅(선구):앞에서 길잡이가 되어 달림.　海若藏(해약장):북해(北海)의 신 해약이 자취를 감춤.　約束(약속):검속(檢束)과 같은 뜻으로, 얽매어 자유를 빼앗음.　鮫鱷(교악):상어와 악어.　鈞天(균천):하늘에 구천(九天)이 있는데, 그 중앙을 鈞天이라 한다. 곧 천제(天帝)의 도읍.　下招遣巫陽(하초견무양):한문공을 부르고자 무양을 보냄. 巫는 신(神)의 뜻을 전하는 무당. 陽은 무당의 이름. 여자 무당은 巫라 하고 남자 무당은 覡(격)이라 한다.　犦牲(박생):들소를 제물(祭物)로 바침. 犦은 들소. 牲은 제사에 쓰이는 짐승.　雞卜(계복):닭의 뼈를 태워 점을 쳐 제일(祭日)을 정하는 것. 犦牲과 雞卜은 모두 남방(南方)의 습속(習俗)이다.　羞(수):음식이나 술 등을 올림.　我:조주 백성들을 가리킨다.　餐(찬):먹다, 또는 밥. 여기서는 '흠향(歆饗)하소서'의 뜻.　荔丹蕉黃(여단초황):여주의 붉게 익은 열매와 파초의 누런 열매. 한유가 지은 〈羅池廟碑銘〉에, '荔子丹兮蕉葉黃'이라는 구절이 있는데, 소동파가 이것을 인용한 것이다.　我涕滂(아체방):

我는 제사를 받드는 조주 사람들. 涕滂은 눈물이 비 오듯 쏟아지는 것.
翩然被髮下大荒(편연피발하대황):한유의 〈雜詩〉에 '몸을 훌쩍 날려 허
공에서 내려와, 머리카락을 풀어헤치고 기린을 탄다(翩然下大荒 被髮
騎騏驎).'라는 구절이 있는데, 그것을 인용한 것이다. 被髮은 머리털을
풀어헤치는 것. 大荒은 대공(大空)·대허(大虛).

【解說】 당(唐)의 한퇴지(韓退之)가 元和 14년(807)에, 헌종(憲宗)이 궁중
에 불골(佛骨)을 들여놓은 것에 반대하여 〈論佛骨表〉를 올렸다. 그래서
헌종의 노여움을 사서 조주(潮州:廣東潮安縣) 자사(刺史)로 좌천되었는
데, 退之는 그곳 백성들로부터 많은 추앙을 받았다. 退之가 죽은 후에
도, 조주의 백성들은 그의 묘(廟)를 세우고 그를 제사 지냈다. 송(宋)나
라 철종(哲宗)의 원우(元祐) 5년(1090)에, 조주 사람들은 태수(太守)의
허가를 얻어, 조주성에서 조금 떨어진 남쪽 땅에 退之의 廟를 개축했
다. 그 후 元祐 7년에, 소식(蘇軾)이 조주 백성들의 청(請)을 받아들여
이 글을 쓴 것이다. 이 碑에서는 마지막에 詩를 지어 그로써 銘을 대신
하고 있다. 서사(敍事)를 위주로 해야 할 비문(碑文)에 의론(議論)을 섞
고 있는 것이 특징이다.
　송(宋)나라 홍매(洪邁)의 《容齋隨筆》에, '유몽득(劉夢得)·이습지(李
習之)·황보식(皇甫湜)·이한(李漢) 등이 文公을 칭송한 글을 지었는
데, 동파(東坡)의 이 碑가 나온 다음에는 중설(衆說)이 모두 사라지고
말았다. '騎龍白雲……'의 시(詩)에서 볼 수 있는 뛰어난 정신과 높은 품
격은,《詩經》의 大雅·小雅나 頌의 영역에 도달하고 있다. 마치 용과 뱀
을 손에 잡고, 호랑이와 표범을 어루만지는 것과 같다. 위대하구나, 말
이여!'라는 구절이 있다. 또 사첩산(謝疊山)은, '東坡는 평생 시(詩)를 지
음에 그 뜻이 얕고 맛이 짧다. 그러나 이 詩와 〈司馬溫公神道碑〉와 〈表

忠觀碑銘〉은 드물게 보는 뛰어난 詩로, 東坡가 뜻을 새기고 생각을 괴롭혀 가면서 쓴 글이다.'라고 말했다. 이것들의 碑銘 대신으로 쓴 시는, 東坡의 다른 담백 평이(淡白平易)한 시에 비해 장중하고 고아(古雅)하다. 특히 碑의 마지막 부분의 노래는, 《楚辭》〈九歌〉의 신비스러운 색조(色調)에 文公의 〈羅池廟〉·〈雜詩〉의 詩句와 구상(構想)을 짜 넣은 것이 감동적이다. 형식은 七言詩이지만, 내용은 완전히 《楚辭》의 사상(思想)으로, 〈九歌〉나 〈招魂〉 같은 제사 가사(祭祀歌辭) 종류로 되어 있다. 본디 文公의 〈羅池廟〉의 사(辭)는 《楚辭》의 형식이다. 주자(朱子)의 《楚辭後語》卷四에, 유종원(柳宗元)을 제사 지낸 〈享羅池〉라 제목을 붙인 銘이 있는데, 나지신(羅池神)으로서 제사를 받고 있던 유종원을 조상한 辭로 보는 것이 옳다. 이 가창(歌唱) 형식의 銘을 본떠, 소동파가 〈潮州韓文公廟碑〉의 노래를 지은 것임은 분명한 사실이다. 애초부터 유종원은 당대(唐代)의 초사가(楚辭家)였고, 한문공(韓文公)도 초사(楚辭)를 지었다. 東坡 역시 유명한 부가(賦家)로 〈屈原廟賦〉 등을 쓰기도 했지만, 이 文公廟의 碑의 歌銘은, 형식은 詩이지만 《楚辭》流의 노래로 보아 좋을 것이다.

또한 처음부터 끝까지 의론체(議論體)를 사용하여, 韓文公이 가장 경모(景慕)하던 맹자의 근본 사상인 浩然之氣를 논거(論據)로 삼아 유가적(儒家的) 신관(神觀)을 전개하고 있는 碑文은, 그것을 쓰기 위해 많은 준비를 했다는 것을 나타내고 있다. 이것은 또 宋代의 철학 理氣說과 같은 사상으로, 문천상(文天祥)의 〈正氣歌〉의 이른바 '天地에 正氣가 있다'는 신념에 대한 선구(先驅)이다.

권지 7(卷之七)

변류(辯類)

《說文解字》에, '辯은 罪人이 서로 죄 없음을 다투는 것이다.'라 했다. 즉 의론(議論)을 하여 사물(事物)을 구별하고 명백히 하는 글이 辯이다.《文體明辯》에, '글자의 뜻을 생각건대, 辯은 판별(判別)이다. 언행(言行)의 옳고 그름과 참되고 거짓됨을 대의(大義)로써 판단하는 것이다.'라고 했다.

동엽봉제변:유자후(桐葉封弟辯:柳子厚)

古之傳者有言. 成王以桐葉與小弱弟 戲曰 以封汝. 周公入
賀. 王曰 戲也. 周公曰 天子不可戲. 乃封小弱弟於唐.

옛일을 전하는 사람의 말에 이런 이야기가 있다.

주(周)나라 성왕(成王)이 어린 아우에게 오동잎을 주며 장난하여 말했다.

"이로써 너를 봉(封)하노라."

주공(周公)이 입궐하여 축하하자, 왕이 말했다.

"그것은 장난으로 한 말이다."

이에 주공이 말했다.

"천자는 농담을 할 수 없습니다."

마침내 왕의 어린 아우는 당(唐)나라에 봉(封)해졌다.

【語義】 古之傳者:옛일을 전하는 사람.《說苑》의 작자 유향(劉向)을 가리킨
다. 이하의 이야기는《說苑》君道篇에 실려 있다. 成王:주(周)나라 무
왕(武王)의 아들로, 어린 나이에 천자가 되었다. 무왕의 아우인 주공(周
公) 단(旦)이 섭정(攝政)하여, 왕실의 기초를 튼튼히 하였다. 小弱弟(소
약제):어린 아우. 성왕(成王)의 아우 숙우(叔虞)를 가리킨다. 賀(하):축
하함. 天子不可戲(천자불가희):천자는 농담을 할 수 없음. 戲는 戲의
俗字.《禮記》치의(緇衣)편에, '임금의 말은, 할 때에는 실처럼 가늘지
만, 입 밖으로 나와 행해질 때에는 륜(綸:여러 가닥 실을 꼰 것)처럼 굵
어진다. 임금의 말이 綸과 같다면, 입 밖으로 나와 행해질 때에는 발
(綍:관을 끄는 동아줄)처럼 굵어진다. 그러한 까닭에 대인(大人)은 농
담을 하지 않는다(王言如絲 其出如綸. 王言如綸 其出如綍. 故大人不

倡游言).'라 하였다. 또 《漢書》에는, '왕의 말은 땀과 같다(王言如汗).'
고 하였는데, 이는 천자는 일단 말을 하면 다시 돌이킬 수 없다는 뜻이
다.　唐(당):산서성(山西省) 기성현(冀城縣)으로, 춘추시대에는 진(晋)
나라가 되었다.

吾意不然. 王之第當封耶 周公宜以時言於王 不俟其戲 而賀
以成之也. 不當封耶 周公乃成其不中之戲 以地以人 與小弱
者爲之主 其得爲聖乎. 且周公以王之言不可苟焉而已 必從而
成之耶. 設有不幸王以桐葉戲婦寺 亦將擧而從之乎.

나는 그 이야기가 그릇 전해진 것이라 생각한다.

성왕의 아우 숙우(叔虞)를 꼭 제후로 봉(封)했어야 했다면, 주공께서는
마땅히 때를 보아 왕께 그 뜻을 말씀드렸을 것이지, 그런 농담을 기다렸다
가 치하를 올려 농담으로 한 말을 실현시키도록 하지는 않으셨을 것이다.
또 숙우를 제후로 봉해서는 안 되는 경우인데도, 왕께서 농담으로 한 도리
에 맞지 않는 말을 주공께서 실현시켜 땅과 백성을 어린 숙우에게 주어 주
인이 되게 했다면, 주공께서 성인이라고 불릴 수 있었겠는가. 또 주공께서,
왕의 말은 구차스러워서는 안 되며 꼭 지켜져야 한다고 생각하셔서, 왕의 말
이라면 무턱대고 좇아, 농담으로 한 그런 말을 실현시키려 하시겠는가. 만
약 불행하게도 성왕께서 어린 아우가 아닌 궁중에서 일하는 여자나 환관
(宦官)에게 오동잎을 주며 그런 농담을 했다면, 그래도 주공께서 왕의 말이
라며 그들에게 땅과 백성을 주어 왕의 말을 좇으려 하시겠는가.

【語義】 成:성취하다. 실현하다.　不中之戲(부중지희):도리에 맞지 않는 농
　담.　以:생각하다.　設(설):가정하는 말로, '설령, 만일.' 婦寺(부시):부

인(婦人)과 환관(宦官). 부인은 궁중에서 일하는 여자.

> 凡王者之德 在行之何若. 設未得其當 雖十易之 不爲病. 要於
> 其當 不可使易也. 而況以其戲乎. 若戲而必行之 是周公敎主
> 遂過也.

무릇 왕자(王者)의 덕은 일을 어떻게 행하느냐에 있다. 그러니 도리에 맞
지 않는 일이라면 열 번을 고치더라도 허물될 것이 없다. 중요한 것은, 행
하는 일이 도리에 맞을 경우 그것을 고치지 않는 것이다. 하물며 장난삼아
한 이야기에서야 논할 것이 있겠는가. 왕의 말씀이 농담이었는데도 주공께
서 왕으로 하여금 그 말을 실행하도록 했다면, 그것은 주공께서 왕께 허물
을 짓도록 가르친 것이 된다.

【語義】 凡(범):무릇, 대저. 王者:천하의 왕이 될 만한 덕이 있는 자. 設:
만약. 易(역):바꿈.

> 吾意 周公輔成王 宜以道從容優樂 要歸之大中而已. 必不逢
> 其失而爲之辭. 又不當束縛之 馳驟之 使若牛馬然. 急則敗矣.
> 且家人父子 尙不能以此自克. 況號爲君臣者耶. 是特小丈夫
> 觖觖者之事. 非周公所宜用. 故不可信. 或曰 封唐叔 史佚成
> 之.

나는 이렇게 생각한다.

주공께서 성왕을 보필하시는 데에는 오직 올바른 도로써, 조용하고 침
착하며 여유 있고 즐거운 가운데, 어린 왕을 지극한 중정(中正)의 대도(大

道)로 이끄는 것이 가장 중요했을 것이다. 주공께서는 결코 어린 왕의 잘못된 농담을 기다려, 그 말꼬리를 잡고 도리에 어긋나는 말을 꾸며대는 일은 하지 않으셨을 것이다. 또 어린 왕의 자유를 속박하거나, 급하게 말을 몰듯 채찍질하여 임금을 말이나 소 부리듯 하지도 않으셨을 것이다. 일이란 그와 같이 재촉하면 오히려 실패를 가져오는 법이다. 일반 가정의 부자(父子) 사이라 하더라도, 그렇게 속박하고 다그치면 견디기 어려운 법이다. 하물며 군신(君臣) 관계인 주공과 성왕 사이야 더 말할 것이 있겠는가. 도리에 벗어난 이런 무례한 짓은, 보잘것없는 소인들과 잔꾀에 능한 약삭빠른 자들이나 할 수 있는 일이다. 성인(聖人) 주공께서는 하실 수 없는 일이다.

따라서 옛일을 전하는 사람의 그 이야기를 믿을 수 없다

어떤 사람은 말한다.

"당(唐)에 숙우(叔虞)를 봉(封)하게 된 것은, 태사(太史) 윤일(尹佚)이 성취시킨 것이다."

【語義】 從容(종용):말이나 행동이 조급하지 않고 침착한 것을 뜻한다. 평소와 다름없이 유유한 태도. 優樂(우락):여유가 있고 즐거움. 大中:과불급(過不及)이 없는 지극히 중정(中正)한 도. 逢(봉):영(迎)의 뜻으로, 어떤 일을 맞는 것. 또는 기다리는 것. 其失:성왕의 잘못된 농담. 爲之辭(위지사):도리에 맞지 않는 말을 억지로 꾸며댐. 束縛(속박):마음대로 하지 못하도록 자유를 구속함. 馳驟(치취):매우 빠르게 말을 몰아 달림. 急:촉박하여 여유가 없음. 優樂의 반대. 家人:일반 가정의 사람. 自克(자극):자기 자신에게 이김. 인내함. 君臣:성왕(成王)과 주공(周公)을 가리킨다. 주공은 성왕의 숙부(叔父)이자 신하였다. 小丈夫(소장부):변변치 못한 남자. 소인배(小人輩). 鞅鞅者(결결자):잔재주에 능하고 약삭빠른 자. 或曰(혹왈):《史記》 晋世家에 실려 있는 이야기를

가리킨다. 封唐叔(봉당숙):당(唐)에 숙우(叔虞)를 봉함. 史佚(사일):태
사(太史) 윤일(尹佚)을 가리킨다.

【解說】 유향(劉向)의《說苑》君道篇과《史記》晋世家에 있는 설화(說話)를
논변(論辯)한 글이다. 晋世家에 의하면, 成王과 아우 숙우(叔虞)가 함께
놀던 중, 成王이 오동잎을 규(珪:제후를 봉하는, 옥으로 만든 印)의 모
양으로 깎아 아우에게 주며, '이것으로써 너를 封한다.'고 말했다. 태사
(太史) 윤일(尹佚)이 그 말을 듣고, 좋은 날을 택하여 숙우(叔虞)를 제후
로 봉하는 식(式)을 거행하기를 왕에게 청했다. 成王은, '그 말은 농담
이었다.'고 말했다. 그러나 태사 윤일은, '천자에게는 농담이라는 것이
있을 수 없습니다. 천자께서 말씀하시면, 사관(史官)이 그것을 기록하
고, 예(禮)로써 그것을 행하며, 음악으로써 그 행사를 노래하는 것입니
다.' 하고 말했다. 그래서 叔虞를 唐에 封했다는 것이다. 그런데《說苑》
에는, 태사 윤일이 아니라 주공단(周公旦)이 成王의 농담을 실현시킨
것으로 되어 있다. 周公旦은 성인이라 일컬어지는 인물인데, 그와 같은
일을 했을 리가 없다는 의론(議論)이다.

　　사첩산(謝疊山)은《文章軌範》에서 이 글을 평하여, '이 글은 일곱 번
전환(轉換)하고 있으며, 바른 도리가 명백하고, 의미(意味)는 한없이 깊
으며, 한 字 한 字 깊이 생각히여 쓴 것으로, 한 字도 소홀히 하지 않고
있다. 자후(子厚)의 글 중에서도 특히 뛰어난 것이다.'라 말했다. 또 이
글을 처음에서부터 '……成之耶'까지를 제1단락, '設有……何若'을 제2
단락, '設未……過也'를 제3단락, '吾意……成王'을 제4단락, '宜以……
敗矣'를 제5단락, '且家……之事'를 제6단락, '非周……끝까지'를 제7단
락으로 나누고 있다. 단락 나누기에는 이설(異說)도 있으므로, 이것은
그 한 예(例)로서 보이는 데에 그친다.

글의 끝 부분으로 갈수록, 이 설화 속의 모순성을 파헤치는 유종원의 논리는 더욱 준열(峻烈)하고 투철해진다. 그리하여 이 글을 읽는 사람으로 하여금 단락이 진행될수록 점점 더 묘미를 느끼게 하면서, 성인이신 周公旦이 결코 그와 같은 일을 했을 리 없다는 자신의 견해를 더욱 굳혀 간다. 작자는 마지막에,《史記》晉世家에서 그것은 태사(太史) 윤일이 한 일이라 하고 있음을 언급하는 것으로써, 자신의 견해를 신념으로서 완전히 굳히고 있다.《史記》의 기사(記事)와 周公旦의 인격을 논거(論據)로 하여, 참으로 교묘하게 논리를 전개하고 있다 하겠다.

휘변:한퇴지(諱辯:韓退之)

愈與李賀書 勸賀擧進士. 賀擧進士有名. 與賀爭名者毀之曰
賀父名晋肅 賀不擧進士爲是. 勸之擧者爲非. 聽者不察 和而
倡之 同然一辭. 皇甫湜曰 若不明白 子與賀且得罪.

나 한유(韓愈)가 이하(李賀)에게 편지를 보내어, 진사(進士) 시험에 응시
하도록 권유하였다. 이하는 나의 권유에 시험을 치렀고, 진사에 올라 이름
을 떨치게 되었다.

이에 이하와 명성을 다투던 원진(元稹)이 들고일어나, 이하를 비방하여
말했다.

"이하 아버지의 이름이 진숙(晋肅)이니, 이하는 진사에 오르지 않는 것
이 옳다. 진사에 오른 이하뿐 아니라, 이하에게 진사에 오르도록 권유한
자도 그르다."

그런데 이 말을 듣는 사람들은 사리의 옳고 그름을 살피지도 않고 그 말
에 부화(附和)하여, 입을 모아 이하와 나를 그르다 야단들이다.

제자 황보식(皇甫湜)이 내게 와 말했다.

"옳고 그름을 명확하게 밝히지 못하시면, 선생님과 이하는 죄를 쓰게 됩
니다."

【語義】李賀(이하):字는 長吉. 시문(詩文)에 뛰어나므로, 한유가 그에게 진
사(進士) 시험에 응시하도록 권하였다. 7세 때부터 글을 지었다고 하는
귀재였으나, 불우하게 지내다 27세의 나이로 요절하였다. 進士(진사):
중국의 과거 과목. 후에는 그 합격자를 뜻했다. 당대(唐代)에는 향시(鄕
試)·회시(會試)·성시(省試)·전시(殿試)를 거친 사람을 말했으며, 벼

슬아치의 등용문으로 백의 공경(白衣公卿) 또는 백삼(白衫)이라 이르는 최고의 명예였다. 爭名者(쟁명자):이하(李賀)와 명예를 다투던 원진(元稹)을 가리킨다. 聽者不察 和而倡之(청자불찰 화이창지):듣는 이는 옳고 그름을 살펴보지도 않고 부화(附和)하여 부르짖음. 倡은 唱의 뜻. 皇甫湜(황보식):한유의 문인(門人)으로 당시 문장으로 이름을 떨쳤다. 진사를 거쳐 공부 낭중(工部郎中)이 되었고, 李賀를 위해 많은 힘을 썼다. 若不明白:옳고 그름을 확실하게 밝히지 않으면. 이 네 字는, 《唐宋八家文》에는 있으나 《古文眞寶》에는 빠져 있다. 子:남자의 미칭(美稱). 한유를 가리킨다.

愈曰 然. 律曰 二名不偏諱 釋之者曰 謂若言徵不稱在 言在不稱徵 是也. 律曰 不諱嫌名 釋之者曰 謂若禹與雨 丘與蓲之類是也.

나 유(愈)가 말했다.

"그럴지도 모른다. 그런데 《禮記》 곡례편 상(曲禮篇 上)에, '두 자 이름인 경우에는, 그중 한 자만을 쓰는 것은 피하지 않아도 된다.'라 하여 주(註)를 붙이기를, '공자께서 어머니의 이름자(字)인 징재(徵在)를 사용해야 할 경우 徵, 또는 在 어느 한 자만을 사용하셨는데, 이것이 그러한 예이다.'라고 했다. 또 '혐명(嫌名:서로 그 발음이 비슷한 字)일 경우에는 피하지 않아도 된다.'고 하여 주를 붙이기를, '우(禹)임금의 禹와 비 우(雨), 공자의 이름인 丘와 풀이름 구(蓲) 같은 것으로, 이러한 경우에는 피하지 않아도 되는 것을 이른다.'라 했다."

【語義】 律(률):법령의 문장. 여기서는 《禮記》 曲禮篇 上에 실려 있는 휘법

(諱法)을 가리킨다. 二名不偏諱(이명불편휘):두 자 이름의 경우, 두 자 가운데 한 자 쓰는 것은 피하지 않음. 偏은 두 자 이름 가운데 한 자만 쓰는 것. 諱는 높은 이의 이름字를 사용하는 것을 피하는 것. 釋之者 (석지자):해석하는 사람. 言徵不稱在 言在不稱徵(언징불칭재 언재불칭징):징(徵)을 말할 때에는 재(在)를 부르지 않고, 재(在)를 말할 때에는 징(徵)을 부르지 않음. 앞의 二名不偏諱에 대한 주석(註釋)으로, 공자 어머니의 이름 징재(徵在)를 예로 든 것이다. 공자는 어머니의 이름字인 徵在를 사용해야 할 경우 徵, 또는 在 어느 한 자만을 사용하였다. 《論語》 팔일편(八佾篇)에 그런 예가 있다. '夏禮 吾能言之 杞不足徵也. 殷禮 吾能言之 宋不足徵也. 文獻不足故也. 足則吾能徵之矣〔夏의 예제(禮制)를 내가 말할 수 있겠으나, 기(杞:周나라 武王이 夏의 시조인 禹王을 제사 지내기 위해 세운 나라)는 이것을 고증하기에 부족하며, 殷의 예제를 내가 말할 수 있겠으나 송(宋:周나라 武王이 은나라 湯王의 후예로 하여금 탕왕의 제사를 지내게 하기 위해 세운 나라)은 이것을 고증하기에 부족하다. 이것은 문헌(文獻)이 부족한 까닭이니, 문헌만 넉넉하다면 내 능히 고증할 수 있으리라〕.' 不諱嫌名(불휘혐명):혐명(嫌名:諱字와 발음이 같거나 비슷한 字)은 피하지 않음. 즉 동음이의(同音異義)의 글자는 써도 된다는 뜻이다. 禹與雨 丘與蓲(우여우 구여구):不諱嫌名에 대한 예이다. 우(禹)임금의 禹와 음이 같은 비 우(雨). 공자의 이름 구(丘)와 음이 같은 풀 종류의 한가지인 구(蓲)는, 휘자(諱字)인 禹나 丘와 음(音)은 같아도 뜻이 다르므로 사용해도 된다는 뜻이다.

今賀父名晋肅. 賀擧進士 爲犯二名律乎. 爲犯嫌名律乎. 父名晋子不復擧進士 若父名仁 子不得爲人乎.

"지금 이하 아버지의 이름이 '진숙(晉肅)'인 것을 이유로 들어 다들 이하가 진사에 오른 것을 비난하는데, 그렇다면 이하가 앞에서 말한, '두 자 이름인 경우에는 그중 한 자만을 쓰는 것은 피하지 않아도 된다.'는 휘법(諱法)을 어겼단 말인가? 아니면, '혐명(嫌名)'일 경우에는 피하지 않아도 된다.'는 법을 어겼단 말인가?

아버지의 이름이 진(晉)이어서 그 아들이 진사가 될 수 없다면, 만약 아버지의 이름이 인(仁)일 경우에는 그 아들은 아버지의 이름 인(仁)과 음이 같은 인(人:사람)이 될 수 없다는 말인가?"

【語義】 二名律(이명률):二名不偏諱를 가리킨다.   嫌名律(혐명률):不諱嫌
名을 가리킨다.

夫諱始於何時. 作法制以敎天下者 非周公孔子歟. 周公作詩
不諱 孔子不偏諱二名. 春秋不譏不諱嫌名. 康王釗之孫實爲
昭王. 曾參之父名晳 曾子不諱昔. 周之時有騏期 漢之時有杜
度. 此其子宜如何諱. 將諱其嫌 遂諱其姓乎 將不諱其嫌乎.

대저, 휘(諱)의 법이 어느 때부터 시작된 것인가? 휘법(諱法)을 법과 제도로 만들어 세상 사람들을 가르치신 분은, 바로 주공(周公)과 공자(孔子)가 아니셨던가?

주공께서 종묘에 제사 지내기 위해 시(詩)를 지을 때에는 문왕(文王)과 무왕(武王)의 이름字인 창(昌)과 발(發)을 휘(諱)하지 않으셨고, 공자께서는 휘자(諱字)가 두 자일 경우에는 한 자만 피하셨다. 《春秋》에서도 혐명(嫌名)을 피하지 않고 쓰는 것을 나무라지 않았다. 주(周)나라 강왕(康王)의 이름이 교(釗:중국 발음으로는 昭와 같다)인데도 그 아들은 소왕(昭王)

이었다. 효심(孝心)이 지극하신 증자(曾子)께서는 아버님의 이름이 석(晳)
인데도 혐명인 석(昔) 字를 피하지 않고 쓰셨다.

　주(周)나라 때에는 성(姓)과 이름의 음이 같은 기기(騏期)가 있었고, 한
(漢)나라 때에는 두도(杜度)가 있었는데, 그런 경우 그 자식들의 이름을 어
떻게 지어야 한단 말인가? 아버지의 이름字와 음이 같은 혐명(嫌名)을 피
하기 위해 성(姓)마저 갈아야 할 것인가, 아니면 혐명일지라도 피하지 않
아야 할 것인가.

【語義】周公作詩不諱(주공작시불휘):주공께서는 시를 짓는 데에 휘(諱)하
　지 아니함. 주공의 아버지 문왕(文王)의 이름은 창(昌)이며, 형인 무왕
　(武王)의 이름은 발(發)이다. 주공은 문왕의 사당에 제사 지내기 위해
　악가(樂歌)를 지을 때에 昌 字를 피하지 않았고, 또 무왕을 제사 지내기
　위해 악가를 지을 때에는 發 字를 피하지 않았다. 《詩經》頌篇〈雕〉에,
　'燕及皇天 克昌厥後(하늘까지도 편안하게 하고, 후손들을 창성하게 하셨
　다).' 라는 구절이 있고, 〈噫嘻〉에는, '駿發爾私 終三十里(속히 너희들의
　밭을 갈아, 넓은 땅을 이루고)'라는 구절이 있다.　孔子不偏諱二名(공자
　불편휘이명):공자께서 어머니의 이름字인 徵在를 사용해야만 할 경우,
　두 자 중 한 자만을 사용한 것을 가리킨다.　春秋不譏不諱嫌名(춘추불
　기불휘혐명):춘추에서도 혐명을 피하지 않는 것을 나무라지 않음. 《春
　秋》는 노(魯)나라 은공(隱公)부터 애공(哀公)까지 14대, 242년간의 역
　사를 기록한 책인데, 이 책에서 공자(孔子)는, 엄정(嚴正)한 필법으로 대
　의명분(大義名分)을 명백히 하여 역사를 비판하고 있다. 그 《春秋》에, 위
　(衛)나라 환공(桓公)의 이름은 완(完)이고 시호(諡號)는 환(桓)으로 完과
　桓은 동음(同音:중국 발음으로는 音이 같다. wán)인데도 사람들은 그
　를 桓公이라 불러 피하지 않았다고 했다. 또 노(魯)나라 희공(僖公)의 이

름이 신(申)인데도, 《春秋》에서는 무신(戊申)을 쓰고 있다. 정공(定公)의 이름이 송(宋)인데도 《春秋》에서는 송중기(宋仲幾)라는 이름을 써서 宋을 피하지 않았다. 장공(莊公)의 이름이 동(同)인데도, 동맹(同盟)이라는 말을 써서 同을 피하지 않았다. 康王釗之孫實爲昭王(강왕교지손실위소왕):강왕(康王) 교(釗:중국 발음으로는 昭와 音이 같다. zhāo)의 자손이 소왕(昭王)임. 혐명(嫌名)을 피하지 않고 쓴 예이다. 《史記》나 《通鑑》 등에 의하면, 昭王은 주(周)나라 강왕(康王)의 아들이다. 한유가 소왕을 강왕의 孫이라 한 것은 잘못 쓴 것이다. 曾參之父名晳 曾子不諱昔(증삼지부명석 증자불휘석):증자는 아버지의 이름이 석(晳)인데도 석(昔) 字를 피하지 않았음. 증자는 증삼을 높여 부르는 칭호. 공자의 여러 제자 중에서도 특히 효행으로 이름이 높았다. 증자 아버지의 이름은 점(點)이며, 석(晳)은 그의 字이다. 증자가 혐명을 피하지 않은 예가 《論語》泰伯篇에 있다. 증자가 일찍 죽은 동문(同門) 안회(顏回)를 학문과 인격이 완비된 군자라 칭송하여, '……昔者 吾友嘗從事於斯矣(……옛날 내 친구 하나가 일찍이 이와 같은 일을 실천했느니라).'라 했다. 騏期(기기)·杜度(두도):모두 인명(人名)으로. 姓字와 이름字의 음이 같은 사람들이다(杜와 度는 중국 발음으로는 음이 같다. dù). 이 사람들이 자식의 이름을 지을 때, 자신의 이름字와 음이 같은 혐명(嫌名)마저 피하려 하면, 자식의 성(姓)을 갈아야만 하게 된다.

漢諱武帝名徹爲通. 不聞又諱車轍之轍爲某字也. 諱呂后名雉爲野鷄. 不聞又諱治天下之治爲某字也. 今上章及詔 不聞諱滸勢秉饑也. 惟宦官宮妾 乃不敢言論及機 以爲觸犯.

한(漢)나라 때에는, 무제(武帝)의 휘(諱)인 철(徹)을 피하여 통(通) 字를 썼

다. 그러나 차철(車轍:바퀴 자국)의 철(轍) 字가 무제의 휘와 음이 같다 하
여, 철(轍) 字 대신 다른 字를 썼다는 말은 듣지 못했다. 또 한 고조(漢高祖)
의 황후(皇后)인 여후(呂后)의 휘자(諱字) 치(雉:꿩)를 피하여 야계(野鷄:
꿩)를 썼다. 그러나 치천하(治天下:천하를 다스림)의 치(治) 字가 여후의
휘와 음이 같다 하여, 치(治) 字 대신 다른 字를 썼다는 말은 듣지 못했다.
오늘날, 신하가 천자께 글을 올리거나 천자께서 조칙(詔勅)을 내리실 때,
호(滸)·세(勢)·병(秉)·기(饑)의 字들이 당(唐)나라 역대 천자나 왕족의
휘와 혐명(嫌名)이 된다 하여 쓰지 않는다는 말은 듣지 못했다. 다만 환관
(宦官)이나 궁중에서 일하는 여관(女官)들만이, 대종(代宗)의 휘인 예(豫)
나 현종(玄宗)의 휘인 융기(隆基)의 기(基)와 음이 같다 하여, 유(諭)나 기
(機)를 말하지 아니하며, 유(諭)나 기(機)를 말하면 휘법(諱法)을 어기는 것
으로 알고 있을 뿐이다.

【語義】徹爲通(철위통):철(徹) 字 대신 통(通) 字를 씀. 한(漢)나라 무제(武
帝)의 이름이 철(徹)이므로, 徹 字를 피하여 그 뜻이 같은 통(通) 字를
쓴 것을 가리킨다. 한 예로, 세객(說客) 괴철(蒯徹)은 이름을 괴통(蒯通)
으로 바꿨다. 車轍(차철):수레가 지나간 자국. 바퀴 자국. 呂后(여후):
한 고조(漢高祖)의 황후(皇后). 上章(상장):신하가 천자께 올리는 글.
詔(조):조칙(詔勅). 천자의 명령. 滸(호)·勢(세)·秉(병)·饑(기):모두
당(唐)나라 왕족들의 휘(諱)와 음이 같은 글자들이다. 滸는 고조(高祖)
조부의 휘(諱)인 호(虎)와, 勢는 태종(太宗)의 휘인 세민(世民)의 世와,
秉은 고조(高祖) 아버지의 휘인 병(昺)과, 饑는 현종(玄宗)의 휘인 융기
(隆基)의 基와 동음(同音)이다. 宦官(환관):내시(內侍). 宮妾(궁첩):궁
중에서 일하는 여관(女官). 諭(유)·機(기):諭는 대종(代宗)의 휘(諱)인
예(豫)와 음이 같다. 중국 발음으로는 둘 다 yù이다. 機는 현종(玄宗)의

휘인 융기(隆基)의 基와 음이 같다.

> 士君子立言行事 宜何所法守也. 今考之於經 質之於律 稽之
> 以國家之典. 賀擧進士 爲可耶 爲不可耶.

선비와 군자들은 말을 세우고 행동을 하는 데에 무엇을 법 삼아 지켜야
하는가? 방금 성인(聖人)의 행적과 말씀이 담긴《詩經》과《春秋》를 통해 고
찰했고, 사람들이 지켜야 할 바른 도리를 정한《禮記》를 통해 의혹되는 바
를 풀었으며, 나라에서 시행되는 휘법으로써 그 예를 살펴보았다.

그렇다면 이하(李賀)가 혐명(嫌名)을 피하지 않고 진사(進士)에 오른 것
이, 옳은 일인가 아니면 그른 일인가.

【語義】士君子:선비와 군자. 考之於經(고지어경):경전(經典)을 통하여 고
찰해 봄. 經은 한유가 앞에서 휘법(諱法)의 예증(例證)으로 삼은《詩經》
과《春秋》. 質之於律(질지어률):예(禮)에 관한 법령을 통해 질정(質定)
함. 質은 의심스러운 것을 물어 확실하게 하는 것. 律은 二名不偏諱, 不
諱嫌名 등 휘법(諱法)이 설명되어 있는《禮記》를 가리킨다. 당대(唐代)
에는《禮記》의 법을 고스란히 따랐다. 稽之以國家之典(계지이국가지
전):나라의 법으로 고찰해 봄. 稽는 사물을 고찰하는 것. 典은 당(唐)
나라의 법을 가리킨다. 賀擧進士(하거진사):이하(李賀)가 진사에 오른
것. 이 글귀는,《古文眞寶》에는 없고《唐宋八家文》에 들어 있다. 爲可
耶 爲不可耶(위가야 위불가야):옳은가, 옳지 않은가? 耶는 의문사로,
邪와 仝字. 간사하다는 뜻으로 쓸 때에만 邪를 사로 읽는다.

凡事父母得如曾參 可以無譏也. 作人得如周公孔子 亦可以止
也. 今世之士 不務行曾參周公孔子之行 而諱親之名 則務勝
於曾參周公孔子. 亦見其惑也. 夫周公孔子曾參 卒不可勝. 勝
周公孔子曾參 乃比於宦官宮妾 則是宦官宮妾之孝於其親 賢
於周公孔子曾參者耶.

대저, 부모를 섬기는 데에 증삼(曾參)처럼 효도할 수 있으면 남에게서 욕
먹을 일이 없고, 인간으로서 성인(聖人)이신 주공단(周公旦)이나 공자(孔
子)처럼 될 수 있으면 그것으로 만족해도 좋을 것이다. 그런데 오늘날의 사
람들은, 증삼이나 주공·공자 같은 성인의 행위를 본받아 그와 같이 행동
하는 일에는 애쓰지 않으면서, 어버이의 이름字를 휘(諱)하는 일에만 증삼
이나 주공·공자 이상이 되려고 애쓰고 있다. 이 점, 그들이 옳고 그름을
판단하지 못하고 어리석은 짓을 하고 있다는 것이 확실하다. 우리는 아무
리 애써도 주공(周公)·공자(孔子)·증삼(曾參) 같은 성현보다 나을 수는
없다. 환관(宦官)이나 궁중의 여관(女官)들이 단지 혐명을 피하는 일에만
주공·공자·증삼보다 잘 한다 하여, 환관이나 궁중의 여관들이 그 어버이
에게 효도함이 주공·공자·증삼보다 낫다 할 수 있겠는가.

【語義】可以止也:멈출 만함. 즉 충분하다는 뜻이다. 見其惑(견기혹):미혹
되어 있음을 봄. 惑은 옳은 판단을 하지 못하여 어리석은 일을 저지르
는 것을 뜻한다.

【解說】 웃어른의 휘(諱)는 마땅히 피해야 하는 것으로 간주되고 있는데,
그 시비(是非)·진위(眞僞)는 대체 어떠한가를 논(論)하여 분별한 글이
〈諱辯〉이다.

諱 字에는 꺼리다 · 숨기다 · 피하다의 뜻이 있다. 《禮記》곡례편(曲禮篇) 上에, '졸곡(卒哭:부모의 喪에 마지막으로 哭하는 것)하면 휘(諱)한다.' 하여, 중국에서는 군주나 부모의 이름을 그 살아 있는 동안에는 名이라 하고, 죽으면 諱라 하였다. 그리하여 군주나 부모 · 웃어른의 본명(本名)을 사후(死後)에 諱하여 말하지 않는 습관이 있었다. 《春秋左氏傳》의 소(疏)에, '은(殷) 이전에는 휘법(諱法)이 없었다. 諱는 周代로부터 시작되었다. 周나라 사람들은 사자(死者)를 신(神)으로서 존경했으므로, 死者의 이름을 諱했다. ……諱한다는 것은, 때에 따라 언어(言語)에 피하는 것이 있을 뿐으로, 경전(經典) 등을 쓸 때에는 직언(直言)하여 諱하지 않았다.'고 했다. 그런데 진한(秦漢) 이후에는 名과 諱의 구별이 없어져, 살아 있는 사람의 이름도 諱하여 말하지 않게 되었다. 즉 생휘법(生諱法)이 정해진 것이다. 이 습관은 唐代에 와서 더욱 심하게 지켜졌다.

본디 윗사람과 이야기할 때 그 사람의 본명을 말하지 않고, 죽은 사람의 이름을 諱하여 시호(諡號)를 불러 예(禮)를 지키던 것이, 唐代에 와서는 생휘(生諱) · 사휘(死諱)의 法이 너무나도 번쇄(煩瑣)해져, 言語文章에 조금이라도 이것을 범(犯)하면 不忠不孝者라는 비난을 받게 되는 참으로 불편하고 우스꽝스러운 것이 되어 버렸다. 그래서 한퇴지(韓退之)는 그러한 미혹으로부터 사람들을 건지기 위해 이 辯을 쓴 것이다. 이 辯을 쓰게 된 직접적인 동기(動機)는, 한퇴지의 제자 이하(李賀)가 한퇴지의 권유로 진사(進士) 시험을 보아 진사가 되었을 때, 그 아버지의 諱를 범했다고 말하며 비난하는 자가 있었으므로, 李賀를 변호하려고 생각한 것이다.

李賀(790~816)의 字는 長吉, 唐의 왕족(王族)으로 昌谷(河南의 宜陽)에 기거(起居)했다. 7세 때 詩를 지어, 귀재(鬼才)라 일컬어지던 시인이다. 매일 아침, 다리가 약해 잘 걷지 못하는 말을 타고 외출하면서 종자로 하여금 낡은 비단 주머니를 가지고 자신의 뒤를 따르게 하였다.
그리고 하루 종일 고심(苦心)하여 얻은 시고(詩稿)를 비단 주머니 속에
넣어 가지고 저녁때면 집으로 돌아왔다. 李賀의 어머니는 그 주머니를
열어 보고, 쓴 詩가 많은 것을 보고는 언제나 화를 냈다. 李賀는 헌종
조(憲宗朝)에 협률랑(協律郎)을 지냈는데, 어느 날 낮에 비단 옷을 입은
사람이 빨간 용(龍)이 끄는 수레를 타고 한 장의 판(板)에 쓴 편지를 가
지고 있는 것을 보았다. 그 편지에는, '上帝께서 백옥루(白玉樓)를 지으
시고, 그대를 불러 그 記를 짓게 하시고자 한다.'고 씌어 있었다. 결국
李賀는 죽었다. 그때 나이 27세.(《新唐書》列傳)

심덕잠(沈德潛)은 이 글을 평하여, '먼저 律(《禮記》)을 인용하여 변론
하고, 다음에는 《詩經》이나 《春秋》 등의 경전(經典)을 인용하여 변론하
고, 또 唐에서 실제로 쓰이는 上章(군주에게 올리는 上表文)이나 조칙
(詔勅)에서 볼 수 있는 法典을 인용하여 변론하고, 힐문(詰問)하여 변론
한 다음에, 마지막으로 환관(宦官)이나 궁첩(宮妾)이 주공(周公)이나 공
자(孔子)보다 뛰어났는가 하고 조롱(嘲弄)하여 끝맺은 文勢는, 높이 날
아오른 신룡(神龍)이 하늘에서 자재(自在)로 몸을 구부리거나 펴고 있
는 것 같은 느낌이다.'라고 말했다.

또 사첩산은, '이 한 편의 辯明은, 그 氣는 곧아 무엇에도 방해받는 일
이 없고, 그 의미는 고상(高尙)하며, 그 문사(文辭)는 엄숙하다. 道理로
써 사람을 설득하는데, 단지 설득할 뿐만 아니라 모든 의문점을 설정
하여 그에 따른 해답을 읽는 사람 스스로가 내리기를 기다린다는 태도
는 다른 사람이 미치지 못하는 바이다. 이것은 일종의 문법(文法:문장
을 만드는 법)으로, 이 辯의 文法은 《孟子》를 본뜬 것이다.'라고 평했다.
확실히 〈諱辯〉은 뛰어난 辯論文으로서, 세론(世論)을 꼼짝 못 하게 설파
(說破)하고 설득한 것이라 할 수 있다.

권지 8(卷之八)

표류(表類)

　상위자(上位者)에게 아뢰는 글을 '表'라 한다. 《文選》李善註(李善이 붙인 註를 말함)에, '表는 명백하게 하다(明)·표현하다(標)의 뜻으로, 일의 순서(順序)를 명백히 표현하여 주상(主上)을 깨우침으로써 충성을 다할 수 있는 것을 表라 한다. 하(夏)·은(殷)·주(周) 때에는 부주(敷奏)라 하고, 진(秦) 때에는 表라 했다. 상주문(上奏文)에는 네 종류가 있는데, 첫째는 章이라 하여 은혜를 사례하는 文, 둘째는 表라 하여 사정(事情)을 진술하는 文, 셋째는 奏라 하여 정사(政事)를 탄핵하고 검증(檢證)하는 文, 넷째는 駁(박)이라 하여 반대 의견이 있을 경우에 올리는 文이다. 이상 네 종류의 文을, 六國·秦·漢의 시대에는 모두 합쳐 上書라 했고, 漢·魏 이후에는 表라 했다. 天子에게 올리는 것을 表, 諸侯에게 올리는 것은 상소(上疏)라 했다. 魏 이전에는 天子에게 올리는 것도 上疏라 했다.'고 되어 있다.

출사표:제갈공명(出師表:諸葛孔明)

> 先帝創業未半 而中道崩殂. 今天下三分 益州罷敝. 此誠危急
> 存亡之秋也. 然侍衛之臣 不懈於內 忠志之士 忘身於外者 蓋
> 追先帝之殊遇 欲報之於陛下也. 誠宜開張聖聽 以光先帝遺德
> 恢弘志士之氣. 不宜妄自菲薄 引喩失義 以塞忠諫之路也.

선제(先帝)께서 한(漢)의 왕실(王室)을 일으켜 세우고자 왕업을 시작하여, 그 반도 이루지 못하신 채 붕어(崩御)하셨습니다. 지금 천하는 위(魏)·오(吳)·촉(蜀) 셋으로 나뉘어 있고, 촉한(蜀漢)의 영토인 익주(益州)는 오랜 싸움에 지쳐 쇠약해 있습니다. 참으로 한(漢) 왕실의 존망(存亡)이 달린 위급한 때입니다. 그러나 다행하게도, 폐하(陛下)를 모시고 있는 신하들이 궁중에서 소임을 게을리 하지 않고, 충성스런 장수들이 조정 밖 먼 전장에서 자신의 몸을 잊고 분전하고 있는 것은, 그들이 전날에 입었던 선제의 특별하신 은총을 생각하여 그 은덕을 폐하께 갚고자 하기 때문입니다.

폐하께서는 마땅히 밝으신 귀를 여시어 신하들의 간언(諫言)을 듣고, 선제께서 남기신 덕을 크게 빛내야 하며, 지사(志士)들로 하여금 기개(氣槪)를 크게 떨칠 수 있도록 하셔야 합니다. 공연히 폐하 스스로 덕이 없다 하며 자신을 가벼이 여기시고, 신하들이 간(諫)하면 사리에 맞지 않는 비유를 들어 변명함으로써 바른 도리를 잃으시며, 충성스런 마음에서 올리는 간언이 올라오지 못하도록 막으시면 안 됩니다.

【語義】 先帝(선제):촉한(蜀漢)의 선주(先主) 유비(劉備). 자(字)는 현덕(玄德). 한 경제(漢景帝)의 여덟 번째 아들인 중산정왕(中山靖王) 승(勝)의 자손. 동한(東漢)을 이어서 국호(國號)를 한(漢)이라 칭하고 제위(帝位)

에 나아갔다. 시호(諡號)는 소열황제(昭烈皇帝). 創業(창업):유비가 한
실부흥(漢室復興)의 왕업(王業)을 시작한 것을 가리킨다. 中道崩殂(중
도붕조):유비가 재위(在位) 3년 만에 죽은 것을 가리킨다. 제왕의 죽음
을 崩이라 한다. 天下三分:천하가 위(魏)·오(吳)·촉한(蜀漢)으로 삼
분(三分)된 것을 가리킨다. 益州(익주):촉한의 영토. 지금의 사천성(四
川省). 罷敝(피폐):싸움에 지쳐 쇠약해짐. 疲弊(피폐)와 같은 뜻. 秋
(추):時와 같다. 중대한 시기. 不懈(불해):게을리 하지 않음. 殊遇(수
우):각별한 대우. 지극한 은총. 欲報(욕보):보답하고자 함. 陛下(폐
하):섬돌 아래. 직접 천자를 지칭함을 피하고 섬돌 밑에 선 호위병을
부른다는 뜻으로, 원래는 제후(諸侯)의 존칭이었는데, 진시황(秦始皇)
이후에는 오로지 천자에 대한 존칭으로만 쓰였다. 여기서는 유비의 뒤
를 이은 유선(劉禪)을 가리킨다. 開張(개장):넓게 엶. 光:광대하게 함.
恢弘(회홍):크게 넓힘. 妄自菲薄(망자비박):망령되게, 자신에게 덕이 없
다고 스스로 여김. 菲薄은 엷고 가벼운 것. 引喻失義(인유실의):비유를
들어 변명함으로써 바른 도리를 잃음. 신하의 충간(忠諫)을 받아들이
지 않고 사리에 맞지 않는 비유를 들어 자기변명을 일삼아, 옳은 도리
를 잃게 되는 것을 뜻한다. 塞(색):막음. 忠諫(충간):충성된 마음에서
올리는 간언(諫言).

> 宮中府中 俱爲一體. 陟罰臧否 不宜異同. 若有作奸犯科 及爲
> 忠善者 宜付有司 論其刑賞 以昭陛下平明之治. 不宜偏私 使
> 內外異法也.

폐하께서 계신 금중(禁中)과, 대신들과 재상이 있는 조정(朝廷)은 한 몸
과 같습니다. 어디에서 일하는 자이건, 선한 자는 벼슬을 올려 주고 악한

자는 벌을 주어, 조금도 차별을 두어서는 안 됩니다. 만일 간악한 일을 저질러 죄를 범한 자가 있거나 충성스럽고 착한 자가 있거든, 마땅히 그들을 사직(司直)에 넘겨 죄와 공을 논하여, 그로써 폐하의 공정하고 정명(正明)한 정치를 밝게 드러내셔야 합니다. 조금이라도 사사로운 정에 치우쳐, 궁중(宮中)과 부중(府中)에 사용하는 법이 달라서는 안 될 것입니다.

【語義】 宮中:府中에 대하여, 환관(宦官)·여관(女官)들이 있는 금중(禁中: 궁궐의 안). 府中(부중):재상(宰相)과 대신(大臣)들이 있는 조정(朝廷). 陟罰(척벌):벼슬을 올려 주는 것과 벌을 주는 것. 臧否(장부):선(善)과 악(惡). 異同(이동):서로 같지 않음. 科(과):허물. 有司(유사):관원(官員). 平明:공정하고 정명(正明)한 것. 偏私(편사):불공평한 것. 사사로운 정에 치우쳐 특정한 사람만 총애하는 것. 內外:앞의 궁중(宮中)과 부중(府中)을 가리킨다.

> 侍中侍郎 郭攸之費褘董允等 此皆良實 志慮忠純. 是以先帝 簡拔 以遺陛下. 愚以爲 宮中之事 事無大小 悉以咨之然後施行 必能裨補闕漏 有所廣益. 將軍向寵 性行淑均 曉暢軍事. 試用於昔日 先帝稱之曰能. 是以衆議 舉寵爲督. 愚以爲 營中之事 事無大小 悉以咨之 必能使行陣和睦 優劣得所.

시중(侍中)인 곽유지(郭攸之)와 비의(費褘), 그리고 시랑(侍郞)인 동윤(董允) 등은 선량하고 신실(信實)하며, 그 뜻과 생각이 누구보다도 충성스럽고 한결같습니다. 그런 까닭에, 선제께서는 많은 신하들 가운데 그들을 뽑아 폐하께 남겨 주신 것입니다. 어리석은 신의 생각으로는, 궁중의 일은 크고 작은 일을 불문하고 모두 이들과 상의한 다음 시행하신다면, 부족하고 모자라는 점을 충분히 채우실 수 있어, 널리 유익한 일이 있을 것입니다. 장군(將軍) 상총(向寵)은 그 성품이 선량하고 행위가 바르며, 특히 군사에 관한 일에는 밝습니다. 일찍이 선제께서는 그를 시험하여 기용해 보시고, 군사에 뛰어난 재능이 있다고 칭찬하셨습니다. 그런 까닭에, 여럿이 상의하여 상총을 궁중의 위병(衛兵)을 통솔하는 도독(都督)의 자리에 앉혔던 것입니다. 어리석은 신의 생각으로는, 진중(陣中)의 일은 크고 작은 일을 막론하고 모두 상총을 불러 상의하신다면, 그는 틀림없이 진중을 화목하게 하고, 재능이 뛰어난 자와 열등한 자를 잘 가려 그들에게 알맞은 임무를 맡길 것입니다.

【語義】侍中(시중):관직의 이름. 천자의 좌우에 있으면서, 여러 가지 일을 받들고 고문(顧問)에 응하는 직책을 맡았다. 侍郞(시랑):역시 관명(官名)으로, 궁중의 문호(門戶)를 경비하고 천자가 출어(出御)할 때에 거기(車騎)의 호위를 맡았다. 郭攸之(곽유지)·費禕(비의)·董允(동윤):모두 人名으로, 곽유지와 비의는 시중(侍中)이었고 동윤은 시랑(侍郞)이었다. 簡拔(간발):가려서 뽑음. 悉(실):하나도 빠짐없이 모두. 愚(우):자신을 낮추어 부르는 말. 咨(자):의논하여 물음. 裨補(비보):빠진 것을 도와서 채우는 것. 闕漏(궐루):빠지고 새는 것. 실책, 실수 등을 뜻한다. 向寵(상총):사람의 이름. 性行:성품(性品)과 행동. 淑均(숙균):선량하고 공평(公平)함. 曉暢(효창):사물(事物)에 통달하여 밝게 아는 것. 衆議(중의):여러 사람이 의논함. 督(독):도독(都督). 궁중의 위병(衛兵)을 맡은 관(官). 營中(영중):진중(陣中). 군대에 관한 일.

親賢臣 遠小人 此先漢所以興隆也. 親小人 遠賢臣 此後漢所
以傾頹也. 先帝在時 每與臣論此事 未嘗不歎息痛恨於桓靈
也. 侍中尙書長史參軍 此悉貞亮死節之臣也. 陛下親之信之
則漢室之隆 可計日而待也.

어진 신하들을 가까이하고 소인들을 멀리했던 것이, 전한(前漢)의 고조
(高祖)·문제(文帝)·경제(景帝)·무제(武帝) 때에 나라가 흥륭(興隆)해졌
던 까닭입니다. 소인들을 가까이하고 어진 신하들을 멀리한 것이, 후한(後
漢)의 효환제(孝桓帝)·효령제(孝靈帝) 때에 나라가 기울어졌던 까닭입니
다. 선제께서는 보위(寶位)에 계실 때 늘 신과 더불어 이러한 일들을 논하
시면서, 환제와 영제 때의 일을 두고 가슴 아파하지 않으신 적이 없으셨
습니다.

시중 상서(侍中尙書)인 진진(陳震), 장사(長史) 벼슬에 있는 장예(張裔),
참군(參軍)인 장완(蔣琬) 등은 모두 지조가 굳고 성실한 신하들로서, 충절
을 위해서는 죽음도 마다하지 않을 신하들입니다. 폐하께서 이들을 가까
이하여 믿고 쓰신다면, 한실(漢室)의 부흥을 날을 세면서 기다릴 수 있으
실 것입니다.

【語義】 先漢:전한(前漢). 진한의 고조(高祖)·문제(文帝)·경제(景帝)·무
제(武帝) 등의 치세(治世)를 가리킨다. 頹(퇴):壞의 뜻으로, 무너지는
것. 桓(환)·靈(령):후한(後漢)의 효환제(孝桓帝)와 효령제(孝靈帝)를
가리킨다. 이 시대에는 환관(宦官)들이 득세(得勢)하여 정치가 어지러
웠다. 진번(陳蕃)·이응(李膺) 등의 청절(淸絕)한 학자들이 환관들의 횡
포에 반발하자, 환관들이 오히려 이들을 종신 금고(終身禁錮)에 처하여
사진(仕進)의 길을 막아버린 당고(黨錮) 사건이 일어났으며, 후한은 이

때부터 국력이 급격히 쇠약해졌다. 侍中尙書(시중상서): 시중은 임금의
고문관(顧問官)이며, 상서는 궁중(宮中)에서 조서(詔書)를 띄우는 일을
맡은 官이다. 당시의 시중 상서는 진진(陳震)이었다. 長史(장사): 왕공
실(王公室) 및 각 성(省)의 서기장(書記長). 군(郡)에서는 병마(兵馬)를
관장하였다. 당시의 장사는 장예(張裔)였다. 參軍(참군): 군사의 일에
참여하는 벼슬인데, 당시의 참군은 장완(蔣琬)이었다. 貞亮(정량): 지
조가 굳고 진실함. 可計日而待也: 날을 세면서 기다림. 즉 머지않아 한
왕실(漢王室)의 부흥을 이룰 수 있다는 뜻이다.

臣本布衣 躬耕南陽. 苟全性命於亂世 不求聞達於諸侯. 先帝
不以臣卑鄙 猥自枉屈 三顧臣於草廬之中 諮臣以當世之事.
由是感激 許先帝以驅馳. 後值傾覆 受任於敗軍之際 奉命於
危難之閒. 爾來二十有一年矣. 先帝知臣謹愼. 故臨崩寄臣以
大事也.

신(臣) 공명(孔明)은 본래 백의(白衣)의 평민으로서, 남양(南陽)의 벽지
에서 밭을 갈던 자입니다. 어지러운 세상을 피하여 구차스럽게 목숨을 보
전하려 했을 뿐, 제후(諸侯)에게 나아가 세상의 명성과 영화를 구할 생각
은 전연 없었습니다.

그런데 선제(先帝)께서는 신의 미천한 신분을 개의(介意)치 않으시고, 송
구스럽게도 귀하신 몸을 굽혀 신의 오두막집에 세 번씩이나 찾아오셔서, 당
면한 세상의 일들을 신에게 하문(下問)하셨습니다. 이에 신은 감격하여, 선
제를 위하여 신명을 바칠 것을 맹세하였던 것입니다.

그 후 건안(建安) 13년, 당양(當陽)의 장판(長阪)에서 조조(曹操)에게 패
하여 나라가 위태롭게 되자, 선제께서는 신에게 나라를 구하라 명하셨습

니다.

신은 패군(敗軍)의 때에 어려운 명을 받고, 지금까지 나라의 위난(危難) 속에서 선제의 명을 받들어 오기 21년이 되었습니다.

선제께서는 신이 조심스럽고 신중한 사람임을 아시고, 붕어(崩御)하실 때에 신에게 적군 토벌과 한실(漢室) 부흥의 큰일을 부탁하셨습니다.

【語義】布衣(포의):무명이나 삼으로 지은 옷. 무위 무관(無位無官)의 서민임을 뜻한다.　躬耕(궁경):직접 자신이 농사를 지음. 躬은 몸, 또는 몸소의 뜻.　南陽(남양):호북성(湖北省) 남양군(南陽郡) 양양성(襄陽城) 서쪽의 땅. 공명이 출사하기 전에 기거하던 곳이다.　苟全(구전):구차하게 보전함.　性命:생명.　聞達(문달):크게 소문이 나고 영달(榮達)함. 卑鄙(비비):신분이 미천한 것.　猥(외):외람되이. 분수에 넘치게.　枉屈(왕굴):굽힘. 귀한 신분의 사람이 몸을 굽히는 것을 뜻한다.　三顧臣於 草廬之中(삼고신어초려지중):신(臣)의 오두막집에 세 번이나 찾아오심. 三顧는, 유비가 공명의 초려(草廬)에 세 차례나 방문하여 면접을 청했던 일.　諮(자):높은 신분의 사람이 아랫사람에게 묻는 것.　許(허):약속하다. 맹세하다.　驅馳(구치):뛰어 내달음. 나랏일에 신명을 바쳐 일하는 것을 뜻한다.　値傾覆(치경복):나라가 기울어지고 엎어질 것 같은 상황을 당함. 値는 遇의 뜻으로, 만나는 것. 건안(建安) 13년(208) 유비가 당양(當陽)의 장판(長阪)에서 조조(曹操)에게 대패(大敗)한 것을 가리킨다.　受任於敗軍之際(수임어패군지제):패군(敗軍)하였을 때에 임무를 받음. 유비가 조조에게 패한 뒤, 공명이 유비의 명을 받아 오(吳)의 손권(孫權)에게 사자로 가 구원을 청한 것을 가리킨다. 후에 오와 촉의 연합군이 조조의 대군을 적벽(赤壁)에서 크게 깨뜨렸다.　奉命(봉명):명을 받듦. 공명이 유비의 명을 충실히 수행한 것을 가리킨다.　爾來(

이래):이래(以來)와 같다. 二十有一年:건안(建安) 12년(207)부터 건흥
(建興) 5년(227)까지 21년간을 말한다. 謹愼(근신):삼가고 조심함. 寄
(기):위임함. 부탁함. 大事:나라의 큰일. 여기서는 한(漢) 왕실을 부흥
시키는 일.

受命以來 夙夜憂慮 恐付託不效 以傷先帝之明. 故五月渡瀘
深入不毛. 今南方已定 兵甲已足. 當獎率三軍 北定中原. 庶
竭駑鈍. 攘除姦凶 以復興漢室 還于舊都. 此臣所以報先帝 而
忠陛下之職分也. 至於斟酌損益 進盡忠言 則攸之禕允之任
也.

신은 선제의 유명(遺命)을 받은 이래로, 아침 일찍부터 밤늦게까지 선제
께서 부탁하신 일을 이루지 못하여 선제의 밝으신 덕을 손상시키지나 않을
까 두려워하였습니다. 그래서 신은 건흥(建興) 3년 여름에, 노수(瀘水)를
건너 풀 한 포기 나지 않는 오랑캐 땅 깊숙이 들어가, 남쪽 오랑캐를 토벌하
였던 것입니다. 이제 남쪽은 이미 평정되었고, 병기와 갑옷도 충분합니다.
　마땅히 대군을 거느리고 나아가, 북쪽의 위(魏)를 쳐 중원(中原)을 평정
해야 합니다.
　바라는 것은 노둔(駑鈍)한 재주이나 신이 있는 힘을 다하여, 간흉(奸凶)
조조(曹操)의 아들 조비(曹丕)를 물리쳐, 한실(漢室)을 부흥하고 왕도(王
都)를 옛 도읍 장안(長安)으로 돌아가게 하는 것입니다. 이것이 신 공명(孔
明)이 선제의 두터운 은혜에 보답하고, 폐하께 충성을 다하는 신하로서 직
분을 다하는 길입니다. 그리고 국가의 이익과 손해를 헤아려, 폐하께 나아
가 충언(忠言)을 다하는 것은, 조정의 일을 맡은 곽유지(郭攸之)·비의(費
禕)·동윤(董允) 등의 책임입니다.

【語義】夙夜(숙야):아침 일찍부터 밤늦게까지.　付託(부탁):공명이 유비에게 부탁받은 일을 가리킨다. 즉 적군 토벌과 한실 부흥의 사업.　不效(불효):실제의 효과가 없음. 유비가 공명에게 부탁한 일이 제대로 이루어지지 못하는 것을 가리킨다.　五月渡瀘(오월도로):5월에 노수(瀘水)를 건넘. 건흥(建興) 3년(225) 여름, 공명이 노수를 건너 남만(南蠻)을 토벌한 것을 가리킨다.　不毛(불모):초목이 자라지 않는 곳.　兵甲(병갑):병기(兵器)와 갑주(甲冑).　奬率(장솔):권장하고 인도함.　中原:중국 정치의 중심지인 하남(河南)·섬서(陝西). 당시에는 위(魏)의 영토였다.　庶(서):바라건대.　竭駑鈍(갈노둔):느린 말과 무딘 칼의 재주를 다함. 공명이 자신을 겸손하게 표현한 것이다. 竭은 최선을 다하는 것. 駑는 둔한 말, 또는 미련한 사람. 鈍은 끝이나 날이 무딘 것, 또는 미련한 것.　攘除(양제):물리쳐 없앰.　姦凶(간흉):간사하고 흉악한 것. 위 문제(魏文帝) 조비(曹丕)를 가리킨다.　舊都(구도):옛 도읍. 한(漢)의 수도였던 장안(長安)을 가리킨다.　斟酌損益(짐작손익):손해와 이익을 헤아림. 斟酌은 사정을 추찰(推察)하거나 선악을 헤아려 취사(取捨)하는 것.

願階下託臣以討賊興復之效. 不效則治臣之罪 以告先帝之靈. 若無興德之言 責攸之禕允等之咎 以彰其慢. 陛下亦宜自謀以 諮諏善道 察納雅言 深追先帝遺詔. 臣不勝受恩感激 今當遠 離 臨表涕泣 不知所云.

원하옵건대 폐하께서는 신에게 적을 토벌(討伐)하고 한실 부흥(漢室復興)의 공업(功業)을 세우는 일을 맡겨 주십시오. 신이 공훈을 세우지 못하면, 신의 죄를 다스려 선제의 영(靈) 앞에 고(告)하십시오. 또 조정의 신하들이 폐하의 덕을 세울 만한 바른말을 올리지 않거든 곽유지·비의·동윤

등의 허물을 꾸짖어 그들의 태만을 드러내십시오. 그리고 폐하께서도 몸소
일을 도모하시어 신하들에게 좋은 방법에 대해 하문하시고, 신하들의 바른
말을 받아들이시어 부디 선제께서 남기신 말씀을 따르십시오.

　신 공명은 선제의 크신 은혜를 입은 감격을 이기지 못하여, 이제 멀리 정
벌(征伐)의 길에 오르며 이 표(表)를 올리려 하니, 눈물이 앞을 가리고 무
어라 말씀을 올려야 할지 모르겠습니다.

【語義】 治臣之罪(치신지죄):신하의 죄를 다스림. 여기서 臣은 공명을 가
리킨다.　若無興德之言(약무흥덕지언):만일 덕을 일으키는 말이 없거
든. 조정의 대신들이 임금에게 도움 될 말을 올리지 않는 것을 말한다.
이 구절은《古文眞寶》에는 없다.《文選》에 의하여 그 뜻을 보충한 것이
다.　咎(구):죄, 허물.　諮諏(자추):자문(諮問)과 같은 뜻. 윗사람이 아랫
사람에게 묻고 상의하는 것.　察納(찰납):자세히 살펴서 받아들임.　雅
言(아언):바른말. 雅는 正의 뜻. 遺詔(유조):임금이 죽을 때 내리는 조
서(詔書).

【解說】 出師表는 '군대를 낼 것을 아뢰는 表'라는 의미이다. 촉한(蜀漢)의
제갈공명(諸葛孔明)이 위(魏)를 치는데, 후주(後主) 유선(劉禪)에게 올
린 表는 두 편(篇)으로, 이 篇을 〈前出師表〉라 하고, 다른 篇을 〈後出師
表〉라 한다. 〈前出師表〉는 건흥(建興) 5년(227)에, 〈後出師表〉는 建興
6년에 올렸다. 이 表 속에서 공명(孔明)은, 국가의 장래를 생각하여 군
주의 안일(安逸)을 경계하면서, 군주에게 신하의 충간(忠諫)을 잘 들어
야 한다는 것을 가르치고 있다. 선주(先主) 유비(劉備)에 대한 정의(情
義)를 잊지 않고, 純忠至誠, 체읍(涕泣)하며 쓴 孔明의 정신은 읽는 사
람의 마음을 강하게 움직인다.

소동파(蘇東坡)는 말했다. '孔明의 〈出師表〉는 간결하면서도 한이 없고, 곧으면서도 방자하지 않다. 참으로 위대하다.'고. 공명의 시호(諡號)는 충무(忠武). 근신(謹愼)한 성행(性行)으로 上下의 신뢰를 받은, 참으로 蜀漢의 대들보 같은 신하였으나, 한편으로는 풍류(風流)를 사랑한 밝은 인품의 소유자이기도 했다. 그 식견(識見)과 성의(誠意)는 두 篇의 〈出師表〉에 잘 나타나 있으며, 그 풍류의 여정(餘情)은 〈梁甫吟〉 한 首에 숨어 있다. 先主 삼고(三顧)의 예(禮)나 그 붕어하실 때의 막중한 유촉(遺囑:死後의 일을 부탁하는 것)에 대한 감격과, 후주(後主)에게 바치는 충애(忠愛)의 정(情)이 그 폐부(肺腑) 속에서 용솟음쳐, 두 篇의 〈出師表〉가 된 것이다. 또한 그러한 까닭에, 세상의 전문적인 文人의 작품과는 달리, 필요를 위한 절실함이 넘치는 문장이다. 예로부터 '〈出師表〉를 읽고 울지 않는 사람은 충신이 아니다.'라고까지 일컬어져 왔는데, 참으로 까닭이 있다.

周作人은 〈苦茶隨筆小引〉 속에서,

"나는 古代의 文人 가운데에서 제갈공명(諸葛孔明)과 도연명(陶淵明)을 가장 좋아한다. 공명의 〈出師表〉는 이미 오래 전부터 읽혀져 오던 古文이며, 또 그것은 그의 충무(忠武)를 표창하는 자료이기도 하지만, 그러나 나는 거기에서 그 어떻게도 할 수 없는 것을 어떻게든 해 보려 하는 정신을 표현한 성실성을 받아들인다. 불가(不可)를 알면서도 행하는 것이 유가(儒家)의 정신이라는 것은 잘 알고 있으나, 그런 것이 또한 현대의 생활 예술이 아닐까? 연명(淵明)의 시에서도 나는, 그 시(詩) 속에 나타나고 있는 그의 생활에 대한 태도를 매우 기뻐한다. '옷이 젖는 것은 애석하지 않다. 다만 콩이 잘 자라 주기를 바랄 뿐이다(衣沾不足惜 但使願無違).'(〈歸田園居〉의 일부)와 같은 생활 방법은, 공명(孔明)의 생활방법과 마찬가지로 좋은 생활방법의 한 가지이다."

라고 말하고 있다.

孔明의 두 〈出師表〉를 忠君愛國 사상을 표현한 것으로서 존중하는 예로부터의 평가와는 달리 생활과 문학이 결합된, 이른바 '생활 예술'로서 이것을 평가한 周作人의 말은, 이 篇의 진가(眞價)를 지적하고 있다. 三國으로부터 위(魏)·진(晉)에 걸친 문학에는 사회나 현실의 생활에 뿌리박은 것이 적지 않다. 조조(曹操) 부자(父子), 건안 칠자(建安七子:漢末의 建安 연간에 때를 같이하여 문학으로 이름을 떨쳤던 孔融·陳琳·王粲·徐幹·阮瑀·應瑒·劉楨의 일곱 사람) 등, 모두에게 많든 적든 그런 경향이 있다. 그 생활로부터 나온 예술에는, 후세의 '花·鳥·風·月'을 읊은 것과는 다른 생생한 현실감이 넘쳤던 것이다.

후출사표:제갈공명(後出師表:諸葛孔明)

先帝慮漢賊不兩立 王業不偏安. 故託臣以討賊也. 以先帝之
明量臣之才. 故知臣伐賊 才弱敵彊也. 然不伐賊 王業亦亡.
惟坐而待亡 孰與伐之. 是故託臣而弗疑也.

선제(先帝)께서는 마치 선(善)과 악(惡)이 양립(兩立)할 수 없듯, 한(漢)
나라와 위(魏)의 조조(曹操)·조비(曹丕) 부자와는 함께 설 수 없다고 생각
하셨으며, 천하 통일과 한실(漢室) 부흥의 왕업(王業)을 이룩하기 위해서
는 촉(蜀)과 같은 벽지(僻地)에만 할거(割據)하는 정도로 만족해서는 안 된
다고 염려하셨습니다. 그래서 신(臣) 공명(孔明)에게 위(魏)를 토벌(討伐)
하라고 당부하셨던 것입니다.

선제께서는 밝으신 안목(眼目)으로 신의 재능을 헤아려 신이 적을 토벌
할 수 있으리라 생각하셨지만, 신의 재주는 부족하고, 적은 강합니다. 그
러나 위(魏)를 토벌하지 않고서는 왕업을 달성할 수 없습니다. 앉아서 망하
기만을 기다리는 것과 힘을 모아 나아가 적(賊)을 토벌하는 것과 어느 것이
낫겠습니까? 도저히 앉아서 망하기를 기다릴 수는 없는 것입니다. 그러기
에 선제께서는 신에게 적을 토벌하라 부탁하셨고, 또 신이 그렇게 하리라
는 것을 의심하지 않으셨습니다.

【語義】 先帝:선주(先主) 유비(劉備)를 가리킨다. 유비의 아들 유선(劉禪)
　　을 후주(後主)라 하는 것에 대(對)한 것. 漢:촉한(蜀漢). 위(魏)의 문제
　　(文帝) 조비(曹丕)가 후한(後漢)의 헌제(獻帝)를 압박하여 왕위를 물려
　　받자, 촉(蜀)의 유비는 스스로 제(帝)라 칭하고 나라 이름을 한(漢)이라
　　했다. 유비는 후한의 경제(景帝)의 아들 중산왕(中山王) 승(勝)의 자손

이다. 賊(적):위(魏)나라를 가리킨다. 조조(曹操)가 승상(丞相)의 자리
에 있으면서 위공(魏公)에 봉해지자, 스스로 왕이라 칭하고 천자의 복
장과 수레를 사용하였다. 조조가 죽자 그의 아들 조비(曹丕)는 후한의
헌제(獻帝)를 폐하고, 스스로 제(帝)라 칭하며 국호(國號)를 위(魏)라 하
였다. 따라서 한실(漢室)에서는 그들 부자를 적(賊)이라 한 것이다. 不
兩立:같이 설 수 없음. 촉한(蜀漢)과 위(魏)의 대적 관계를 말한다. 王
業:제왕(帝王)의 사업. 천하를 통일하고 한 왕조를 일으켜 세우는 일.
不偏安(불편안):偏安은, 변두리 지방에 할거(割據)하며 만족하게 여기
는 것. 즉 촉(蜀)이 왕업을 이루려면, 서쪽 벽지에 있지만 말고 중원으
로 진출해야 한다는 뜻이다. 明:사물을 바르게 분별하는 안목(眼目)을
뜻한다. 彊(강):强과 같은 뜻. 孰與(숙여):이것과 저것을 비교하여 물
을 때에 쓰는 말이다.

臣受命之日 寢不安席 食不甘味. 思惟北征 宜先入南. 故五月
渡瀘 深入不毛 幷日而食. 臣非不自惜也. 顧王業不可得偏安
於蜀都. 故冒危難 以奉先帝之遺意. 而議者謂爲非計.

신은 적을 토벌하라는 선제의 유칙(遺勅)을 받은 날로부터, 자리에 누워
도 편하지가 않았고, 음식을 들어도 달지가 않았습니다. 오직 북쪽의 위
(魏)를 정벌하는 일만을 생각하였고, 그러기 위해서는 먼저 남쪽의 오랑캐
를 평정해야만 했습니다. 그러기에 신은, 5월에 노수(瀘水)를 건너 풀 한
포기 나지 않는 거친 땅 깊숙이 들어가, 2,3일에 한 끼니를 먹는 어려움
을 겪으며 싸웠습니다. 신인들 어찌 제 몸을 아끼고 싶지 않겠으며, 모두
에게 고통을 주고 싶겠습니까. 그러나 천하 평정과 한실 부흥의 왕업을 생
각하고, 촉나라가 서쪽 벽지(僻地)에만 있어서는 안 되겠다고 생각했습니

다. 그러기에 신은 위험하고 어려운 일임을 알면서도, 선제께서 남기신 뜻을 받들고 있는 것입니다.

　그런데 조정의 여러 신하들은 의논하기를, 위(魏)를 토벌하는 일을 의심스럽게 생각하며 취할 계획이 못 된다고 하는 것입니다.

【語義】 北征(북정):위(魏)를 치는 것.　并日而食(병일이식):2,3일 동안에 한 끼밖에 먹지 못함.　自惜(자석):스스로 딱하게 생각함.　蜀都(촉도): 서쪽 벽지(僻地)에 있는 촉나라를 가리킨다.

今賊適疲於西　又務於東.　兵法乘勞.　此進趨之時也.　謹陳其事如左.

　신 공명이 기산(祁山)을 공격하자, 위(魏)의 세 고을 남안(南安)·천수(天水)·안정(安定)이 촉한(蜀漢)에 항복하여, 적은 지금 서쪽으로 몹시 지쳐 있습니다. 뿐만 아니라 조휴(曹休)가 오(吳)나라의 육손(陸遜)과 석정(石亭)에서 싸우다 크게 패하여, 적은 동쪽으로도 몹시 허덕이고 있습니다. 병법(兵法)에, '적군이 편안한 상태에 있으면 수고롭게 해야 한다.'고 하였습니다. 하물며 지금은 적이 싸움에 지쳐 있는 상태입니다. 우리의 군사가 진격해야 할 더없이 좋은 기회인 것입니다.

　삼가 출병(出兵)해야 할 이유를 다음과 같이 아룁니다.

【語義】 疲於西(피어서):서쪽에서 지침. 건흥(建興) 6년 봄, 공명이 위(魏)의 대장군 조진(曹眞)과 기산(祁山)에서 싸우게 되자, 위(魏)의 南安·天水·安定 세 군(郡)이 공명에게 항복하여 위나라가 온통 소란스러웠던 일을 말한다. 務於東(무어동):동쪽에서 허덕임. 위(魏)의 조휴(曹休)

가 오(吳)의 육손(陸遜)과 석정(石亭)에서 싸워 대패(大敗)한 것을 가리킨다. 兵法:손자(孫子)가 지은 병법서《손자병법(孫子兵法)》을 가리킨다. 乘勞(승로):적의 피로함에 편승하여 공격하는 것을 가리킨다. 《孫子兵法》虛實篇에, '적군이 편안한 상태에 있으면 수고롭게 해야 한다(敵佚能勞之).'고 하였다. 그러니 위군(魏軍)이 동서에서 지쳐 있을 때에 공격함이 좋다는 뜻이다. 進趍(진추):향하여 나아감. 趍는 趨의 俗字. 謹陳其事如左(근진기사여좌):삼가 그 일을 왼쪽과 같이 폄. 다음과 같이 그 이유를 밝히겠다는 뜻이다. '왼쪽과 같이……'라고 한 것은, 오른쪽에서 왼쪽으로 종서(縱書:글을 아래로 내리쓰는 것)했기 때문이다.

高帝明竝日月 謀臣淵深. 然涉險被創 危然後安. 今陛下未及高帝 謀臣不如良平. 而欲以長策取勝 坐定天下. 此臣之未解一也.

한(漢)나라를 세우신 고조(高祖)께서는, 지혜의 밝기가 해와 달에 견줄 만한 데다가 못처럼 깊은 지혜를 지닌 신하들을 거느리고 계셨습니다. 그런데도 광무(廣武)의 전투에서는 항우(項羽)의 쇠뇌〔弓〕에 맞아 구사일생으로 목숨을 건지셨는가 하면, 흉노(匈奴)를 토벌할 때에는 백등산(白登山)에 이레 동안이나 갇혀 죽을 고생을 하셨습니다. 천하의 고조 황제께서도 그와 같은 숱한 고생을 겪으시고서야 천하를 평정하실 수 있었던 것입니다.

그런데 지금 폐하께서는 고조 황제의 밝으심을 따를 수가 없으시고, 폐하를 모시는 저희들의 재주는 고조 황제를 모셨던 장량(張良)과 진평(陳平)의 지혜에 도저히 미칠 수 없습니다. 그럼에도 조정에서는, 좋은 계책으로 승리하여 가만히 앉아서 천하를 평정하려 합니다. 이 점 신으로서는 도저히 이해할 수 없는 첫 번째 일입니다.

【語義】高帝:한(漢) 고조(高祖) 유방(劉邦)을 가리킨다. 涉險被創(섭험피
창):위험을 넘기도 하고 상처를 입기도 함. 創에는 비롯하다의 뜻도 있
지만, 다치다, 또는 상처의 뜻도 있다. 유방이 항우(項羽)와 광무(廣武)
에서 싸웠을 때 항우가 쏜 쇠뇌에 가슴을 맞았던 일, 또 흉노(匈奴)를
칠 때 백등산(白登山)에서 7일 동안 포위당했던 일 등을 말한다. 良平
(양평):한 고조의 신하 가운데에 지혜가 가장 뛰어났던 장량(張良)과 진
평(陳平)을 가리킨다. 長策(장책):좋은 계책. 坐定天下(좌정천하):싸
우지 않고 앉아서 천하를 평정함. 未解(미해):이해할 수 없음. 납득할
수 없음.

> 劉繇王朗各據州郡. 論安言計 動引聖人. 群疑滿腹 衆難塞胸.
> 今歲不戰 明年不征 使孫策坐大 遂并江東. 此臣之未解二也.

유요(劉繇)는 양주(楊州)의 태수로, 왕랑(王朗)은 회계(會稽)의 태수로,
각각 곡아(曲阿)와 회계에서 웅거(雄據)하고 있습니다. 이 두 고을은 하루
빨리 정벌해야 할 곳인데, 여러 신하들은 싸우지 않고 회유(懷柔)할 것을
논의하고, 툭하면 성인의 옛일을 인용하여 싸우지 않고 다스려야 한다고
들 말합니다. 신으로서는, 왜 그런 의견들이 나오는지 의아스러움이 뱃속
에 가득하고, 왕업을 성취하는 일이 지체되는 어려움에 가슴이 막힐 뿐입
니다. 올해도 싸우지 않고 내년에도 나아가 정벌하지 않는다면, 손책(孫
策)으로 하여금 가만히 앉아서 세력을 키우게 하고, 두 고을을 병탄(并呑)
하여 강동(江東)을 평정하게 하는 것이 됩니다. 이 점, 신으로서는 도저히
이해할 수 없는 두 번째 일입니다.

【語義】劉繇(유요):三國時代 오(吳)나라 사람으로, 字를 정례(正禮)라 한다. 양주(楊州)의 태수(太守)가 되어 곡아현(曲阿縣)에 있었으나, 손책(孫策)에게 쫓겨 단도(丹徒)로 달아났다. 王朗(왕랑):三國時代 위(魏)나라 사람. 字는 경흥(景興). 촉한(蜀漢)에서 그를 회계(會稽)의 태수(太守)로 삼았는데, 손책(孫策)의 공격을 받아 대패(大敗)하였다. 論安:싸움을 하지 않고 회유(懷柔)할 것을 논의함. 動:걸핏하면. 引聖人:성인의 말씀을 끌어들임. 성인의 일을 인용하여 싸우지 않고 다스릴 것을 주장하는 것. 孫策(손책):오(吳)나라 손견(孫堅)의 장자(長子)로, 손권(孫權)의 형. 字는 백부(伯符). 손견(孫堅)이 죽자 남은 병력을 몰아 각처에 전전(轉轉), 싸우는 대로 이겨 마침내 강동(江東)의 땅을 평정하였다. 坐大:가만히 앉아서 세력이 커짐. 遂并江東(수병강동):마침내 강동을 병합(并合)하게 함. 遂는 '이루다'의 뜻으로 쓰일 때도 있지만, '마침내, 드디어'의 부사어로 쓰일 때도 있다.

曹操智計殊絕於人. 其用兵也 髣髴孫吳. 然困於南陽 險於烏巢 危於祁連 偪於黎陽 幾敗北山 殆死潼關. 然後僞定一時爾. 況臣才弱 而欲以不危而定之. 此臣之未解三也.

간웅(奸雄) 조조(曹操)의 지혜와 계책(計策)은 그 누구보다도 뛰어납니다. 특히 용병(用兵)에서는 주 말(周末)의 대병법가 손무(孫武)와 오기(吳起)를 방불(彷彿)케 하는 자입니다. 그런 조조도 싸움에서는 더없이 위급하고 절박한 경우를 여러 번 당했습니다.

건안(建安) 2년, 조조는 남양(南陽)에서 장수(張繡)와 싸우다 빗나가는 화살에 오른쪽 어깨를 맞고 패주(敗走)한 일이 있었습니다. 또 건안 5년에는, 원소(袁紹)의 대군을 맞아 관도(官渡)에서 싸우다 고립무원(孤立無援)

의 상태에서 식량이 바닥나 크게 고전한 일이 있었습니다. 그것만이 아닙니다. 흉노(匈奴)를 토벌하려고 기련산(祁連山)에 들어갔다가 숱한 위험을 겪기도 했고, 촉(蜀)의 유표(劉表)를 공격하다가 원소(袁紹)의 아들 원담(袁譚)으로부터 배후를 공격당하여 궁지에 몰리기도 했습니다. 또 건안(建安) 24년에는, 한중(漢中)을 치러 수십만 자루의 쌀을 북산(北山) 밑에 쌓아 놓고 대군을 거느리고 왔다가, 촉한(蜀漢)의 명장 조운(趙雲)에게 기습을 받아, 수많은 병사를 한수(漢水)의 물귀신으로 만든 채 패잔병을 이끌고 장안(長安)으로 돌아가야만 했습니다. 또 건안 16년에는, 마초(馬超)와 한수(韓遂)가 이끄는 10만의 반군(叛軍)을 토벌하러 동관(潼關)으로 갔다가, 마초의 대담한 반격에 정병(精兵)을 모두 잃고, 허저(許褚)의 도움으로 간신히 목숨을 건진 일도 있었습니다.

지략(智略)이 뛰어나기로 이름 높던 조조도, 그처럼 숱한 위난(危難)을 겪은 뒤에야 비로소 한때나마 천하를 평정한 듯 감히 위제(魏帝)라 참칭(僭稱)할 수 있었던 것입니다. 그런 것을 신과 같은 미약한 재주를 가지고, 그것도 싸우지 않고서 천하를 평정하려 한다는 것은 생각할 수 없는 일입니다. 이 점, 신으로서는 도저히 이해할 수 없는 세 번째 일입니다.

【語義】 殊絕(수절):남보다 훨씬 뛰어난 것. 髣髴(방불):서로 비슷하여 구별하기 어려움. 彷彿(방불)과 같다. 孫吳(손오):주 말(周末)의 대병법가(大兵法家) 손무(孫武)와 오기(吳起)를 가리킨다. 손무는 춘추시대 오왕(吳王) 합려(闔閭)를 섬겼으며, 오기는 위(魏)나라 문후(文侯)에 출사(出仕)하였다. 두 사람 모두 병서(兵書)를 남겼는데, 특히 손무의《孫子》는 고금제일(古今第一)의 병서로 일컬어진다. 困於南陽(곤어남양):南陽은 현(縣)의 이름이다. 건안(建安) 2년, 조조가 남양에서 장수(張繡)와 싸우다 빗나가는 살에 맞아 패주(敗走)한 일을 가리킨다. 險於烏巢(험어

오소):건안 5년, 조조가 원소(遠紹)와 관도(官渡)에서 싸우다 크게 고
전한 것을 가리킨다. 조조는 고립무원(孤立無援)의 상태에서 병사도 적
고 식량도 부족하였다. 그런데 허유(許攸)의 가르침대로, 원소의 대군
의 식량을 쌓아 둔 오소(烏巢)에 병사를 보내어 군량을 불태워 전세를
역전시켰다. 危於祁連(위어기련):祁連은 흉노(匈奴)가 진을 치고 있던
산 이름이다. 조조가 기련산에서 흉노와 싸우다 많은 고생을 한 것을 가
리킨다. 偪於黎陽(핍어려양):조조가 촉(蜀)의 유표를 공격하던 중 여양
(黎陽)에 웅거하던 원담(袁譚)으로부터 배후를 공격당하여 궁지에 몰렸
던 일을 가리킨다. 원담은 조조와 싸움에서 패한 뒤 발병하여 죽은 원
소의 아들이다. 幾敗北山(기패북산):건안(建安) 24년, 하후연(夏侯淵)
이 패하자, 조조는 유비를 치러 수십만 자루의 쌀을 북산(北山) 밑에 쌓
아 놓고 대군을 거느리고 나섰다. 그러나 촉한의 명장 조운(趙雲, 字는
子龍)에게 크게 패하여, 많은 병사를 한수(漢水)의 물귀신으로 만든 채,
패잔병을 이끌고 장안(長安)으로 돌아왔다. 殆死潼關(태사동관):潼關은
낙양(洛陽)과 장안(長安) 사이에 있는 요해처(要害處). 건안(建安) 16년,
마초(馬超)·한수(韓遂) 등이 조조에게 반기를 들어 10만의 병사를 이끌
고 동관에 주둔하므로, 조조가 이를 토벌하러 나섰다. 양군이 대치한 가
운데, 조조의 병사들은 황하(黃河)를 건너기 시작했고, 조조는 정병(精
兵) 백여 명을 데리고 남쪽 강 언덕에 있었다. 조조의 병사들이 황하의
중간에 이르자, 마초가 만여 명의 병사를 이끌고 빠른 배로 황하를 건
너, 비 오듯 화살을 쏘며 조조를 공격했다. 다급해진 조조는 허저(許褚)
의 도움으로 간신히 황하를 건너 목숨을 건질 수 있었다. 僞定(위정):
조조가 분수없이 왕위(王位)를 탐내어 위제(魏帝)라 참칭(僭稱)한 것을
가리킨다. 欲以不危而定之(욕이불위이정지):위태롭지 않고서 평정하
려 함. 즉 싸우지 않고서 왕업을 달성하려 한다는 뜻이다.

曹操五攻昌覇不下. 四越巢湖不成. 任用李服 而李服圖之. 委
任夏侯 而夏侯敗亡. 先帝每稱操爲能 猶有此失. 況臣駑下 何
能必勝. 此臣之未解四也.

동해군(東海郡) 창패(昌覇)를 중심으로 그 부근 여러 고을이 조조에게 반
기를 들고 선제(先帝)께로 돌아왔을 때, 조조는 다섯 번이나 창패를 공격하
였지만 끝내 굴복시키지 못하고 돌아갔습니다. 또 오(吳)나라 손권(孫權)이
합비(合肥)를 포위하였을 때, 조조는 소호(巢湖)를 건너 합비에 네 차례나
진을 쳤지만 성공하지 못하고 물러서고 말았습니다. 그런가 하면, 이복(李
服)이란 자를 기용하였다가 오히려 야심만만한 그로부터 모반을 당한 적도
있습니다. 또 건안(建安) 20년에는, 자신이 직접 도사(道士) 장로(張魯)를
항복시켜 한중(漢中)을 평정하고 한중의 방위(防衛)를 하후연(夏侯淵)에게
맡겼다가, 선제(先帝)의 대장 황충(黃忠)에 의해 하후연이 목을 잘림으로
써, 부하 장수와 한중을 한꺼번에 잃은 적도 있습니다.

선제께서는 늘 조조를 일컬어 재능이 있는 사람이라 하셨는데, 그토록
뛰어난 재능을 지닌 조조도 이처럼 많은 실패를 하였던 것입니다. 신과 같
은 노둔한 재주로야 힘껏 싸운다 해도 꼭 이길지 어떨지 알 수가 없는데,
하물며 싸움을 말자고 합니다. 이 점, 신으로서는 도저히 이해할 수 없는
네 번째 일입니다.

【語義】 昌覇(창패):동해군(東海郡)에 있는 지명(地名)으로, 창패에서 조조
에게 반기를 드니 주변의 많은 군현(郡縣)이 이에 동조하여 선주(先主)
유비(劉備)에게로 돌아섰다. 조조는 여러 차례 병사를 이끌고 쳐들어갔
지만, 끝내 굴복시키지 못하였다. 不下:꺾지 못함. 굴복시키지 못함.
巢湖(소호):회수(淮水)와 비수(肥水)가 합쳐지는 합비(合肥)라는 땅의

동남쪽에 있는 지명(地名)이다. 오(吳)의 손권(孫權)이 합비를 포위하였을 때에, 조조가 소호(巢湖)를 건너 여러 차례 진(陣)을 쳤지만 손권을 물리치지는 못했다.　李服(이복):인명(人名). 조조가 기용(起用)한 사람인데, 야심을 품고 도리어 조조를 칠 것을 꾀하였다고 한다.　夏侯(하후):위(魏)의 장수 하후연(夏侯淵). 字는 묘재(妙才). 건안(建安) 20년 (215), 조조가 도사(道士) 장로(張魯)를 항복시켜 한중(漢中)을 평정하고, 하후연으로 하여금 한중을 지키게 하여 자신은 업(鄴:魏의 수도)으로 돌아갔다. 선주(先主) 유비가 나와서 양평관(陽平關)에 진을 치고 하후연의 부장군(副將軍) 장합(張郃)과 싸워 이겼다. 하후연은 급히 군사를 나누어 장합을 구하려 하다가 유비의 장수 황충(黃忠)의 급습을 받아 전사하였다.　駑下(노하):둔하고 재능이 남보다 떨어짐.

自臣到漢中 中間朞年耳. 然喪趙雲陽羣馬玉閻芝丁立白壽劉郃鄧銅等 及曲長屯將七十餘人 突將無前 賨叟靑羌散騎武騎一千餘人. 此皆數十年之內 所糾合 四方之精銳 非一州之所有. 若復數年 則損三分之二也. 當何以圖敵. 此臣之未解五也.

신 공명이 한중(漢中)으로 온 지 겨우 일 년밖에 되지 않습니다. 그런데 그 일 년 동안 얼마나 많은 사람을 잃었습니까. 조조의 대군(大軍) 속에서 용전 분투(勇戰奮鬪)하여 폐하를 구했던 조자룡(趙子龍)을 비롯하여 양군(陽群)·마옥(馬玉)·염지(閻芝)·정립(丁立)·백수(白壽)·유합(劉郃)·등동(鄧銅) 등과, 조장(組長)과 둔영(屯營)의 우두머리 70여 명에, 선봉에서 용감무쌍하게 적진을 돌파하던 종수(賨叟)와 청강(靑羌), 그리고 산기(散騎)와 무기(武騎)의 기마병 일천여 명을 잃었습니다.

그들은 하나같이 수십 년 동안 천하 각지에서 모은 우수하고도 강한 병
사들로, 하루아침에 한 고을에서 얻을 수 있는 병사들이 아니었습니다.

이제 만일 수년이 더 지나게 되면, 남은 병사의 3분의 2는 잃을 것이 분
명합니다. 그렇게 되면 무엇으로 적의 토벌을 도모할 수 있겠습니까? 이
점, 신으로서는 도저히 이해할 수 없는 다섯 번째 일입니다.

【語義】 朞年(기년):期年과 같은 뜻. 만 1년. 趙雲(조운):字를 자룡(子龍)
이라 하며, 선주(先主) 유비가 조조에게 쫓겨 처자를 버리고 남으로 달
아날 때, 어린 유선(劉禪)을 품에 안고 감부인(甘夫人)을 보호하여 난
을 면하게 한 공신(功臣)이다. 陽群(양군)·馬玉(마옥)·閻芝(염지)·
丁立(정립)·白壽(백수)·劉郃(유합)·鄧銅(등동):촉한(蜀漢)의 장수들
인데,《三國志》에 傳이 없어 자세한 것은 알 수 없다. 曲長:曲은 부곡(部
曲)으로, 군대 편성의 한 단위이다. 부곡의 장(長)이란 一組의 조장(組長)
과 같다. 屯將(둔장):한 진영(陣營)의 대장. 屯은 군사들이 주둔(駐屯)
하고 있는 것. 突將無前(돌장무전):앞을 막을 수 없는 용맹한 장수. 突
將이란 선봉에서 적을 돌파하는 장수를 말한다. 賨叟(종수):촉(蜀)의
남쪽 오랑캐의 장(長)을 말한다. 공명이 항복한 남쪽 오랑캐들로 부대
를 편성하고, 그들의 우두머리를 그 장으로 삼았다. 靑羌(청강):서남의
오랑캐로 편성된 부대의 장(長)을 말한다. 散騎, 武騎:모두 기마(騎馬)
부대의 명칭. 糾合(규합):한데 모음.

今民窮兵疲. 而事不可息. 事不可息 則住與行 勞費正等. 而
不及蚤圖之 欲以一州之地與賊持久. 此臣之未解六也.

지금 백성들은 궁핍에 떨고 있고, 병사들은 지쳐 있습니다. 그렇다고 위

(魏)를 정벌하는 일을 그만둘 수도 없습니다. 위를 정벌하는 것을 그만둘 수 없다면, 가만히 앉아서 나라를 지키는 것이나 나아가 적과 싸우는 것이나 그 노고와 비용은 똑같을 것입니다. 그런데도 빨리 적을 토벌할 생각은 않고, 한 주(州)의 땅밖에 안 되는 곳에 앉아 적이 지치기만을 기다려 언제까지고 움직일 생각을 아니합니다. 이 점, 신으로서는 도저히 이해할 수 없는 여섯 번째 일입니다.

【語義】 住與行(주여행):住는 싸우지 않고 그대로 앉아 지키는 것. 行은 나아가 싸우는 것. 勞費(노비):노고와 비용. 正等(정등):똑같음. 不及蚤圖之(불급조도지):빨리 도모하려 하지 않음. 持久(지구):오래 끎. 즉 나아가 싸울 생각은 않고, 오래 끌어 적이 지치기를 기다리는 것.

> 夫難平者事也. 昔先帝敗軍於楚. 當此時 曹操拊手謂 天下已定. 然後先帝東連吳越 西取巴蜀 舉兵北征. 夏侯授首. 此操之失計而漢事將成也.

무릇 일 가운데 어려운 것이 화평(和平)하는 일입니다.

건안(建安) 12년, 선제께서 형주(荊州)에서 귀복(歸服)한 십여만의 무리들을 거느리고 양양(襄陽)에 계시다, 수천의 우수한 병사를 거느리고 달려온 조조를 피해, 처자를 버리고 겨우 수십 기병(騎兵)만을 거느리고 패주(敗走)하셨습니다. 그때 조조는, 마치 천하가 제 세상인 양 손뼉을 치며, '천하는 이미 평정되었다.'며 좋아하였습니다. 그런데 그 뒤 선제께서는, 하구(夏口)에 이르러 신 공명을 오(吳)에 보내시어 손권(孫權)과 동맹을 맺고, 건안 19년에는 촉(蜀)의 성도(成都)를 포위하여 파촉(巴蜀)의 땅을 점령하셨으며, 곧 병사를 일으켜 북으로 위(魏)의 조조를 정벌하셨습니다. 그리하여 마침내, 한중(漢中)을 지키던 하후연(夏侯淵)을 목 베고 한중을 차지하셨습니다. 이는 분명 조조가 큰 실책(失策)을 한 것으로, 바야흐로 우리의 천하 평정과 한실(漢室) 부흥의 대사업이 이루어지려는 상황이었습니다.

【語義】敗軍於楚(패군어초):건안(建安) 12년 형주(荊州)의 유장(劉璋)이 항복하자, 유비는 십여 만의 귀복(歸服)한 자들을 거느리고 양양(襄陽)으로 들어갔다. 조조(曹操)는 유비가 군용 물자가 있는 강릉에 웅거할 것이라고 생각하여, 유비를 추격했다. 유비는 처자를 버리고 제갈량(諸葛亮)·장비(張飛) 등 수십 기(數十騎)로 도망쳤다. 조조는 많은 사람들과 군수품 수레를 손에 넣고 면수(沔水)를 건너 도망쳤다. 拊手(부수):손뼉을 치면서 즐거워함. 連吳越(연오월):패주(敗走)하던 유비가 하구(夏口)에 이르러 공명을 오(吳)에 보내어 손권(孫權)과 동맹을 맺은 것을 가리킨다. 西取巴蜀(서취파촉):巴蜀은 익주(益州). 건안 19년, 유비가 성도(成都)를 포위하여 익주(益州)를 얻은 것을 가리킨다. 北征(북정):북쪽의 조조를 토벌함. 夏侯授首(하후수수):하후연(夏侯淵)이 머리를 줌. 건안 20년, 유비가 한중(漢中)을 지키던 하후연을 공격하여 한중을 차지한 것을 가리킨다. 앞의 어의(語義) 참조. 失計:실책(失策). 漢事:천하 평정과 한(漢) 왕실 부흥의 큰 사업.

然後吳更違盟 關羽毁敗. 秭歸蹉跌 曹丕稱帝. 凡事如是 難可逆見. 臣鞠躬盡瘁 死而後已. 至於成敗利鈍 非臣之明所能逆覩也.

그런데 그 뒤 선제(先帝) 24년에, 오(吳)의 손권(孫權)이 우리 촉한(蜀漢)과의 동맹을 깨고 관우(關羽)를 습격하여 죽이고 형주(荊州)를 점령하였습니다. 그리하여 지금, 자귀현(秭歸縣)은 다시 유장(劉璋)의 손으로 넘어갔고, 조조는 죽었으나 그의 아들 조비(曹丕)가 왕위에 올라 감히 제(帝)라 일컫고 국호(國號)를 위(魏)라 하고 있습니다.

무릇 일이란 이와 같이 그 앞을 예측하기 어려운 것입니다. 다만 신 공명은 몸과 마음을 바쳐 나라를 위하여 힘껏 싸우다 죽을 따름입니다. 그로써 선제의 크신 은혜에 보답하고, 폐하께 충성을 다하고자 합니다. 싸움에 이길 것이냐 질 것이냐, 또 어느 쪽이 잘 싸울 것이냐는, 신의 둔한 재주로는 도저히 예측할 수 없는 일입니다.

【語義】 吳更違盟(오경위맹):오(吳)나라가 동맹을 어김. 오(吳)는 촉(蜀)과 동맹을 맺고 함께 위(魏)를 멸하기로 하였으나, 손권(孫權)이 돌연 동맹을 깨고 관우(關羽)를 습격하여 죽이고 형주(荊州)를 차지하였다. 毁敗(훼패):깨뜨림. 여기서는 죽인다는 뜻. 秭歸(자귀):지명(地名)으로, 자귀현(秭歸縣). 蹉跌(차질):발을 헛디디어 넘어짐. 곧 잘못하여 실패함을 뜻한다. 형주(荊州)를 차지한 손권(孫權)이 유장(劉璋)을 익주(益州)의 목사(牧使)로 삼아, 자귀현이 유장의 손에 넘어간 것을 가리킨다. 曹丕(조비):조조의 장자(長子). 위(魏) 무제(武帝) 조조의 뒤를 이어 문제(文帝)가 되었다. 逆見(역견):미리 헤아림. 예측함. 逆은 미리의 뜻. 鞠躬盡瘁(국궁진췌):온갖 정성을 다하여 진력함. 국사를 위하여 몸을 바침. 利鈍(이둔):날카로움과 무딤. 이익과 손해. 逆覩(역도):逆見과 같은 뜻.

【解說】 공명(孔明)의 본전(本傳)에 의하면, 이때 제갈량(諸葛亮)은 위(魏)의 조휴(曹休:曹操의 일족. 字는 文烈)가 오(吳)와의 싸움에서 패하여 위병(魏兵)이 동으로 내려갔으므로 관중(關中:陝西省)이 허술하다는 말

을 듣고, 군사를 내어 위(魏)를 치려고 생각했다. 군신(群臣)들은 그것
을 불안하게 생각했다. 그래서 亮은 表를 올려 자신의 의견을 표명한
것이다.

공명(孔明)은 이 表를 올리고, 산관(散關:陝西省 寶鷄縣 西南에 있다)
을 나와 진창(陳倉)을 포위했다. 공명의 군대를 위(魏)의 대장 조진(曹
眞)이 막았다. 공명은 군량이 바닥나 돌아섰다. 魏의 장수 왕쌍(王雙)이
뒤쫓아 왔으나, 공명은 이를 물리쳤다.

원(元)의 명신(名臣) 야율초재(耶律楚材)는 말한다.

"이 소(疏:上奏文, 表)는, 적(賊)은 토벌해야 하는 뜻을 진술하여 유
군(幼君)을 부탁받은 책임을 다한 것으로, 만세(萬世)의 신하 된 자들을
가르치고 있다. '몸과 마음을 바쳐 나라를 위하여 힘껏 싸우다 죽을 따
름입니다(鞠躬盡瘁 死而後已).'는 말은, 늠름(凜凜)하여 일월(日月)과
그 빛을 겨룬다. 〈前出師表〉는 심약하고 범용(凡庸)한 군주를 일깨워
인도하고, 〈後出師表〉는 천하의 형세(形勢)를 소상히 헤아린 것으로,
충정(忠貞)한 마음을 지니지 않은 자라면 말하려 생각하지 않고, 경세
제민(經世濟民)의 뜻을 품지 않은 자라면 말할 수 없는 것이다."
라고. 또 청(淸)의 임서중(林西仲)은,

"가정전(街亭戰) 후, 魏는 蜀에 대한 방비를 주도면밀(周到綿密)하게
하여, 조휴(曹休)가 석정(石亭)에서 패했어도 魏에 큰 손해는 없었다.
이번의 출사(出師)는, 蜀의 여러 신하들이 주저하지 않을 수 없는 것이
었다. 그러나 위(魏)를 정벌하지 않을 수 없다면, 가만히 앉아서 나라
를 지키는 것이나 나아가 적과 싸우는 것이나 싸움에 드는 노고와 비용
은 같다. 오히려 魏가 더 커지기 전인 지금 싸운다면, 혹 왕업(王業)을
도모할 수 있을는지도 모른다. 싸우지 않으면 앉아서 멸망할 때를 기다
리는 것이다. 따라서 위난(危難)을 무릅쓰고 병사를 내는 것은 부득이

한 일이다. 글 속의 여섯 개 未解(이해할 수 없는 점)는, 공명(孔明)의
병사를 내야 한다는 생각을 비계(非計)로 삼는 뭇 신하들에 대한 힐문
(詰問)이다. 어떤 사람은, 위난(危難)을 무릅쓴다는 말에는 요행(僥倖)
으로 공(功)을 이루려는 마음이 있어서, 〈前出師表〉의 근신(謹愼)함과
서로 어긋난다고 말한다. 그러나 그것은 謹愼은 소심 익익(小心翼翼:
주의가 깊으며 조심하는 것)임을 모르는 말이다. 공명(孔明)이 공적(公
的)인 일에만 진력(盡力)하여 사적(私的)인 일은 잊고 있는 것이지, 두
려워 떨고 있는 것이 아니다. 이른바 국궁진췌(鞠躬盡瘁)하여 성패이둔
(成敗利鈍)을 생각지 않는다는 것이 그것이다. 위난(危難)을 무릅쓴다
는 것도 이러한 의미이다."
라고 말했다. 두 사람의 평(評)은 이 篇의 의미를 잘 표현했다 할 수 있
다. 선주(先主)에 대한 정의(情義)와 어린 군주에 대한 충정에 활로(活
路)를 열고자 하는 공명(孔明)의 열정이 늠름히 울리고 있는 듯이 느껴
지는 문장이다.

진정표:이영백(陳情表:李令伯)

臣以險釁 夙遭愍凶. 生孩六月 慈父見背 行年四歷 舅奪母志.
祖母劉閔臣孤弱 躬親撫養. 臣少多疾病 九歲不行. 零丁孤苦.
至於成立. 旣無叔伯 終鮮兄弟. 門衰祚薄 晩有兒息. 外無朞
功 强近之親 內無應門五尺之童. 煢煢孑立 形影相弔. 而劉夙
嬰疾病 常在牀蓐. 臣侍湯藥 未嘗廢離.

신(臣) 밀(密)은 죄 많은 몸이라, 어린 나이에 부모를 잃었습니다. 태어
난 지 여섯 달 만에 아버님을 여의었고, 네 살 되던 해에는 외삼촌이 수절
(守節)하던 어머님을 개가(改嫁)시켜, 어머님마저 제 곁을 떠나고 말았습
니다. 그래서 조모(祖母) 유씨(劉氏)가, 고아가 되어 의지할 곳 없는 신을
가엾게 여겨 손수 어루만져 길렀습니다. 신은 어려서부터 병이 잦아, 아홉
살이 되어서도 제대로 걷지를 못했습니다. 외롭고 가련한 가운데 의지할
곳 없이 자라 간신히 성년(成年)이 되었습니다.

신에게는 백부와 숙부도 없거니와 형제도 없습니다. 가운(家運)이 쇠약
하고 타고난 복(福)이 없어, 늦게야 자식을 두었습니다. 밖으로는 기복(朞
服)과 공복(功服) 등 상복(喪服)을 입을 만한 가까운 친척이 없고, 안으로
는 대문에 나아가 손님을 응접할 어린 동자 하나 없습니다. 의지할 곳 없는
이 한 몸이, 오직 자신의 그림자와 서로 위로하며 지내고 있을 뿐입니다.

조모 유씨는 일찍이 병환을 얻어 항상 자리에 누워 있습니다. 신은 탕약
을 달여 간병(看病)하며 지금까지 잠시도 유씨의 곁을 떠난 적이 없습니다.

【語義】臣:작자 이밀(李密)을 가리킨다. 險釁(험흔):운수가 좋지 아니함.
　　險은 간난(艱難)의 뜻. 釁은 희생(犧牲)의 피를 그릇에 발라 신에게 제

사 지내는 것. 轉하여 허물, 또는 죄가 많음. 愍凶(민흉):우환(憂患)과
흉상(凶喪). 부모를 여읜 불행. 生孩(생해):갓난아이. 慈父見背(자부견
배):자부(慈父)와 등지게 됨. 즉 아버지와 사별(死別)을 뜻한다. 舅奪母
志(구탈모지):외삼촌이 어머니의 뜻을 빼앗음. 舅는 외삼촌, 또는 시아
버지. 수절(守節)하려는 어머니를 외삼촌이 강제로 개가(改嫁)시켰다는
뜻이다. 躬親(궁친):직접. 몸소. 撫養(무양):어루만져 양육함. 零丁(영
정):외롭고 가련한 모양. 孤苦(고고):어려서 부모를 잃고 독신(獨身)으
로 고생함. 成立:만 20세 이상의 성년(成年)이 됨을 말한다. 叔伯(숙
백):숙부(叔父)와 백부(伯父). 아버지의 형제. 終鮮兄弟(종선형제):끝
내 형제가 없음. 鮮은 無, 또는 희소(稀少)의 뜻. 門衰祚薄(문쇠조박):
가문이 쇠약하고 복이 없음. 祚는 복록(福祿). 晚有兒息(만유아식):늦
게야 아이를 둠. 朞功强近之親(기공강근지친):朞功은 기복(朞服)과 공
복(功服). 기복은 장기(杖朞)와 부장기(不杖朞)의 기년복(朞年服)을 일
컫는다. 장기는 상기(喪期)에 든 사람이 재최(齊衰)의 복장에 지팡이를
짚고 일 년 동안 복(服)을 입는 것. 부장기는 재최(齊衰)만 입고 상장(喪
杖)을 짚지 아니하는, 한 돌 동안만 입는 복(服). 공복은 상복의 대공(大
功)과 소공(小功)의 총칭으로, 대공은 대공친(大功親)의 상사(喪事)에 아
홉 달 동안 입는 복제(服制)이며, 소공은 소공친(小功親)의 상사(喪事)
에 다섯 달 동안 입는 복제이다. 强近之親이란 유력(有力)한 근친(近親)
이란 뜻으로, 복(服)을 입는 가까운 친척을 가리킨다. 應門五尺之童(응
문오척지동):應門은 사람이 찾아와 물으면 그에 답하는 것. 五尺之童은
12세가량 된 아이. 두 살 반을 일척(一尺)으로 계산한다. 따라서 5척이
면 12살, 6척이면 15살임을 뜻한다. 煢煢孑立(경경혈립):煢은 형제나
아내가 없이 의지할 데 없는 것. 孑은 孤의 뜻. 즉 의지할 곳 없이 외로
이 떨어져 있는 것을 뜻한다. 形影相弔(형영상조):형체와 그림자가 서

로 위로해 줌. 지극히 외로운 처지에 있음을 가리킨다. 嬰(영):병에 걸
림. 牀蓐(상욕):침상과 이부자리. 상욕(牀褥)과 같은 뜻. 侍湯藥(시탕
약):간병(看病)함. 廢離(폐리):떠나지 않음.

逮奉聖朝 沐浴淸化. 前太守臣逵 察臣孝廉 後刺史臣榮 擧臣
秀才. 臣以供養無主 辭不赴. 會詔書特下 拜臣郎中. 尋蒙國
恩 除臣洗馬. 猥以微賤 當侍東宮. 非臣隕首所能上報. 臣具
以表聞 辭不就職. 詔書切峻 責臣逋慢 郡縣逼迫 催臣上道.
州司臨門 急於星火. 臣欲奉詔奔馳 則以劉病日篤. 欲苟順私
情 則告訴不許. 臣之進退 實爲狼狽.

촉(蜀)이 망하고 성조(聖朝) 진(晉)나라를 받들게 되니, 모두들 폐하의 청
명(淸明)한 덕화(德化)를 흠뻑 입게 되었습니다. 촉(蜀)의 전 태수(太守)인
가규(賈逵)는 신을 효렴(孝廉)의 과(科)에 응시하도록 추천해 주었고, 뒤에
자사(刺史) 고영(顧榮)은 신을 수재(秀才)의 과(科)에 나아가도록 밀어주었
습니다. 그러나 신이 집을 떠나면 조모를 봉양할 사람이 없어, 사양하고 나
아가지 않았습니다. 그랬더니 마침내는 특별히 조서(詔書)를 내리시어 신
에게 낭중(郎中)의 벼슬을 주셨습니다. 뿐만 아니라, 신에게 큰 은혜를 내
리시어 세마(洗馬)의 벼슬까지 제수(除授)하셨습니다. 신과 같은 미천한 몸
이 외람되게도 왕세자를 모시는 은혜를 입었으니, 이것은 신이 직분을 다
하다 목이 떨어진다 해도 그 은혜를 갚을 수 없는 일입니다.

그런 것을, 신은 그간의 사정을 자세히 적은 표(表)를 올려 신의 사정을
아뢰고서, 벼슬을 사퇴하고 관직에 나아가지 않았습니다. 그랬더니, 다시
없이 급박하고 엄중한 조서(詔書)를 내리시어, 신이 소명(召命)에 응하지
않은 것은 왕명을 회피하며 직무에 태만한 짓이라고 꾸짖으시니, 군(郡)

과 현(縣)에서는 관리들이 나와 신을 다그치며 벼슬길에 나아가라고 재촉
하고, 주(州)의 높은 관리들도 문 앞까지 와 어서 빨리 왕명을 받들라고 성
화(星火)입니다.

　신이 소명을 받들어 달려 나아가면, 조모 유씨의 병환은 간병할 사람이
없어 날로 심해질 것입니다. 그렇다고 신이 노모를 간병하기 위해 관직에
나아가지 않으려 하면, 아무리 신의 사정을 아뢰고 호소하여도 들어주지
않으실 것입니다. 신이야말로 나아갈 수도 없고 물러설 수도 없으니, 참으
로 낭패(狼狽)가 아닐 수 없습니다.

【語義】逮奉聖朝(태봉성조):逮는及의 뜻으로, 미치다. 聖朝는 촉(蜀)이 망
　하고 새로 들어선 진(晉)의 조정(朝廷), 특히 진 무제(晉武帝)를 가리킨
　다. 沐浴(목욕):沐은 머리를 감는 것. 浴은 몸을 씻는 것. 은덕을 흠뻑
　입는 것을 뜻한다. 淸化(청화):군주(君主)의 밝은 덕화(德化). 臣逵(신
　규):전 촉(蜀)의 태수(太守) 가규(賈逵). 하동(河東) 사람으로, 字를 양
　도(梁道)라 한다. 察臣孝廉(찰신효렴):察은 擧의 뜻. 孝廉은 한대(漢代)
　의 관리를 뽑는 시험의 한 과목. 臣榮:고영(顧榮). 오(吳)나라 사람으
　로, 字를 언선(彦先)이라 한다. 秀才(수재):한대(漢代)의 관리를 뽑는
　시험의 한 과목. 供養無主(공양무주):조모를 봉양하는 일을 맡을 사람
　이 없는 것을 가리킨다. 辭不赴(사불부):사양하고 나아가지 않음. 會
　(회):마침내. 拜(배):관작을 수여함. 郞中(낭중):상서(尙書)를 보좌하
　여 정무(政務)에 참여하던 벼슬. 尋(심):이어서. 계속하여. 蒙(몽):은
　혜를 입음. 除(제):제수(除授)함. 관직을 줌. 洗馬(세마):벼슬 이름으
　로, 태자(太子)를 시봉(侍奉)하던 벼슬. 猥(외):외람되이. 분수에 넘치
　게. 當侍東宮(당시동궁):동궁(東宮)을 모시게 함. 동궁은 왕세자. 隕首
　(운수):목이 떨어져도. 죽어도. 隕은 落의 뜻이다. 聞(문):높은 사람에

게 아룀. 切峻(절준):급박하고 준엄함. 責(책):책망하다. 꾸짖다. 逋
慢(포만):회피하고 게을리 함. 逋는 도피하는 것, 慢은 오만 불손한 것.
郡縣逼迫(군현핍박):군과 현의 관리들이 나와 다그침. 逼迫은 억지로 하
게 하는 것. 催(최):재촉함. 上道(상도):벼슬길에 오르는 것. 州司(주사):
주(州)의 관리, 즉 촉국(蜀國)의 높은 관원. 急於星火(급어성화):유성(流
星)이 떨어지듯 매우 급함. 화급(火急)함을 뜻하는 말이다. 日篤(일독):
날로 위중해짐. 苟(구):구차스럽게. 私情(사정):개인적인 사정. 작자
이밀이 노모를 간병하려는 것. 告訴不許(고소불허):알리고 호소하여
도 들어주지 않음. 狼狽(낭패):《博物典彙》에, '狼은 앞의 두 발이 길고
뒤의 두 발이 짧으며, 狽는 앞의 두 발이 짧고 뒤의 두 발이 길다. 狼은
狽가 없으면 서지 못하고, 狽는 狼이 없으면 가지 못한다.'고 씌어 있다.
따라서 서로 부족한 데를 보충하여 떨어질 수 없는 것을 狼狽라고 한다.
轉하여 일이 실패로 돌아가거나, 몹시 딱하게 된 것을 뜻한다.

伏惟 聖朝以孝治天下. 凡在故老 猶蒙矜育. 況臣孤苦 特爲尤
甚. 且臣少事僞朝 歷職郎署. 本圖宦達 不矜名節. 今臣亡國
賤俘 至微至陋. 過蒙拔擢 豈敢盤桓有所希冀. 但以劉日薄西
山 氣息奄奄. 人命危淺 朝不慮夕. 臣無祖母 無以至今日. 祖
母無臣 無以終餘年. 母孫二人 更相爲命. 是以區區不能廢遠.
臣密今年四十有四 祖母劉今年九十有六. 是臣盡節於以下之
日長 報劉之日短也.

엎드려 생각하건대, 오늘날 성조(聖朝)에서는 효(孝)로써 천하를 다스리
고 있습니다. 때문에 노인들은 모두 폐하의 은혜를 입어 따뜻하게 대접받
고 있습니다. 하물며 신과 같이 외로운 사람의 조모님에게는 그 은혜가 얼

마나 깊겠습니까.

　더욱이 신은, 위조(僞朝) 촉한(蜀漢)을 섬겨 한때 상서랑(尚書郎)의 벼슬을 지낸 적이 있습니다. 처음부터, 벼슬을 하여 영달(榮達)을 꾀하려 했을 뿐, 명예나 절조(節操)를 자랑할 생각은 없었습니다. 오늘날 신은 망국(亡國) 촉한의 천한 포로와 같은 신세로, 지극히 보잘것없는 미천한 자입니다. 그런데도 폐하께서 큰 은혜를 베풀어 신을 발탁해 주셨으니, 어찌 감히 망설이며, 더 바랄 것이 무엇이 있겠습니까. 다만 조모 유씨의 명이 서산에 해가 지려는 듯 경각(頃刻)에 있고, 숨이 당장이라도 멈출 것만 같아, 명을 받들지 못 할 뿐입니다. 사람의 명이란 참으로 위태롭고 허망한 것이어서, 아침에 멀쩡하던 유씨의 명이 저녁이면 어찌 될지 알 수가 없습니다. 신에게 조모가 없었던들 오늘의 신은 있을 수 없었습니다. 또 신의 조모는, 신이 없으면 여생을 마칠 수가 없습니다. 조모와 손자 두 사람은 서로가 서로의 목숨을 이어 주고 있는 셈입니다. 신은 이러한 일에 마음을 졸여, 조모를 버리고 멀리 떠날 수가 없는 것입니다.

　신의 나이 금년 마흔넷이며, 조모의 나이 아흔여섯입니다. 그러니 신이 앞으로 폐하께 충절을 다할 날은 많이 남아 있지만, 유씨의 은혜에 보답할 날은 얼마 남지 아니한 것입니다.

【語義】伏惟(복유):엎드려 생각함. 聖朝:진(晋)의 조정(朝廷)을 가리킨다. 故老:古老와 같은 뜻. 나이 많은 늙은이. 蒙(몽):은혜를 입음. 矜育(긍육):측은히 여겨 양육함. 僞朝(위조):정통(正統)이 아닌 왕조(王朝). 촉(蜀)을 가리킨다. 이밀(李密)은 본디 蜀의 사람으로, 蜀漢을 섬겼었다. 李密이 이를 僞朝라 한 것은, 晋王朝에 대한 아부의 말이다. 郎署(낭서):郎은 벼슬 이름으로 상서랑(尚書郎)이며, 署는 관사(官舍)이다. 곧 상서랑직에 있는 사람들이 근무하던 곳을 말한다. 宦達(환달):벼슬하여 영달(榮達)함. 亡

國:촉한(蜀漢)을 가리킨다. 賤俘(천부):俘는 부로(俘虜:포로). 촉한의 신
하였던 자신을 낮추어 한 말이다. 過蒙拔擢(과몽발탁):분에 넘친 은혜를
입어 발탁됨. 盤桓(반환):뜻을 결정하지 못하고 머뭇거리는 모양. 希冀
(희기):바라는 것. 希, 冀, 모두 바란다는 뜻. 劉日薄西山(유일박서산):조
모 유씨의 생명이, 해가 서쪽으로 지려는 것처럼 경각(頃刻)에 있음을 뜻
한다. 氣息奄奄(기식엄엄):숨이 곧 끊어지려 함. 危淺(위천):위태롭고 허
망함. 朝不慮夕(조불려석):아침에 저녁 일이 어찌 될지 알 수 없음. 조모
의 명이 매우 위태롭다는 뜻이다. 更相爲命(경상위명):서로가 서로의 명
(命)을 도움. 區區(구구):마음을 졸임. 廢遠(폐원):버리고 멀리 떠남. 조
모를 버리고 벼슬하러 나서는 것.

烏鳥私情 願乞終養. 臣之辛苦 非獨蜀之人士 及二州牧伯 所
見明知 皇天后土 實所共鑒. 願陛下矜憐愚誠 聽臣微志. 庶劉
僥倖 保卒餘年 臣生當隕首 死當結草. 臣不勝怖懼之情. 謹拜
表以聞.

까마귀 새끼가 자라서 늙은 어미에게 먹이를 물어다 주듯, 노모를 봉양
하려는 신의 마음도 그와 같습니다. 부디 유씨가 천명을 다할 때까지, 신
으로 하여금 조모를 봉양할 수 있도록 해 주시기 바랍니다. 신의 절박한 사
정은 촉(蜀)나라의 여러 사람들만이 아는 것이 아니라, 양주(梁州)와 익주
(益州)의 태수까지도 환히 알고 있으며, 천지의 신께서도 밝게 비추어 보
고 있는 터입니다.

원하옵건대 신의 어리석은 정성을 가엾게 여기시어, 신의 작은 뜻을 들
어주소서.

신은 오직, 조모 유씨가 편안히 여생(餘生)을 마쳐, 살아서는 폐하를 위

해 목숨을 바치고 죽어서는 풀을 맺어 폐하의 은혜에 보답할 수 있게 되기
만을 바랄 뿐입니다.

　신은 두려운 마음을 이기지 못하여, 삼가 재배하고 이 표(表)로써 아뢰
는 바입니다.

【語義】 烏鳥私情(오조사정):자신의 뜻이 까마귀의 뜻과 같음. 까마귀는
새끼 때에는 어미가 물어다 주는 먹이를 먹지만 자라서는 늙은 어미에
게 먹이를 물어다 준다 하여, 반포조(反哺鳥) 또는 효조(孝鳥)라고도 한
다. 작자 자신이 조모께 효도를 다하고 싶은 마음도 이와 같다는 뜻이
다. 二州牧伯(이주목백):二州는 양주(梁州)와 익주(益州). 牧伯은 태수
(太守)를 높여 부른 말로, 가규(賈逵)와 고영(顧榮)을 가리킨다. 皇天
后土(황천후토):천지(天地)의 신. 皇과 后는 미칭(美稱). 庶(서):冀(기)
의 뜻으로, 바라건대. 소원하건대. 僥倖(요행):뜻하지 않은 행운. 保卒
(보졸):편안하게 마침. 結草(결초):결초보은(結草報恩). 춘추시대(春秋
時代)에, 진(晉)나라 위무자(魏武子)의 아들 과(顆)가 아버지의 사후 서
모(庶母)를 개가(改嫁)시켜 순사(殉死)하지 않게 하였다. 후에 위과(魏
顆)가 전쟁에 나가 싸울 때에, 그 서모 아버지의 혼이 적장의 앞길에 풀
을 잡아 맺어 적장을 넘어뜨려 위과로 하여금 적장 두회(杜回)를 잡게
했다. 결초보은, 즉 풀을 맺어 은혜를 갚는다는 말은 여기서 나온 것으
로, 죽어 혼령이 되어서도 은혜를 잊지 않고 갚는다는 뜻이다. 怖懼之
情(포구지정):두려워하고 또 두려워하는 마음.

【解說】《蜀志》孝友傳에, '이밀(李密), 字는 영백(令伯), 아버지는 일찍 죽
고 어머니 하(何)씨는 재가하였으므로, 조모(祖母)의 손에 양육되었다.
효심이 두터워, 조모의 병을 간호하며 밤새도록 띠를 풀지 않았다. 진

(晋)의 무제(武帝)가 조칙을 내려 태자 세마(太子洗馬)로 임명하려 했으나, 밀(密)은 〈陳情表〉를 올려 사퇴(辭退)했다. 武帝는 密의 성심에 탄복하여, 노비 두 사람을 하사하고 군현(郡縣)의 관리에게 명령하여 密의 조모에게 의식(衣食)을 제공하도록 하였다. 조모가 죽은 후, 密은 한중(漢中)의 태수가 되었다.'고 씌어 있다.

〈前後出師表〉에는 충군(忠君)의 지성(至誠)이 넘쳐 있는 데에 대(對)하여, 이 〈陳情表〉에는 조모에 대한 극진한 효성이 넘쳐 있다. 정본(鄭本)의《古文眞寶》서(敍)에는, 〈出師〉두 表의 뒤에 이 表를 놓은 것은, 독자로 하여금 충효(忠孝)의 도(道)를 알게 하고자 하려는 편자(編者)의 의도라 말하고 있다.

세상에 삼절문(三絶文)이라 일컬어지는 것이 있다. 〈陳情表〉와 〈前出師表〉와, 한문공(韓文公)의 〈祭十二郎文〉이다. 〈出師表〉는 충애(忠愛)의 文이며, 〈陳情表〉는 효자(孝慈)의 書, 〈祭十二郎文〉은 우애(友愛)의 辭이다.《冷齋夜話》(宋의 惠洪)에, '문장을 잘 논평하지 않는 이격(李格)이 일찍이 말했다. 공명(孔明)의 〈出師表〉, 유영(劉伶)의 〈酒德頌〉, 연명(淵明)의 〈歸去來辭〉, 이영백(李令伯)의 〈乞養親表〉(즉 本篇)는 모두 폐부(肺腑)로부터 세차게 뿜어져 나온 글이다. 부착흔(斧鑿痕:지나치게 기교를 부려 부자연스러워지는 것)이 없다. 참으로 문장은 기(氣)로써 이루어지고, 기(氣)는 성(誠)으로써 이루어진다는 것을 안다.'고 했다. 용솟음치는 성의(誠意)가 명문(名文)이 된 것이라 하겠다.

그러나 이 문장에는 한 군데 오점(汚點)이 있다. '臣少事僞朝'의 한句가 그것이다. 추동곽(鄒東郭)은, '이 篇, 한마디의 失로 대방가(大方家)에 기록되지 못할 것'이라고 평했다.《古文眞寶》의 註에,

"이밀(李密)은 본디 蜀나라 사람. 선주(先主)는 제실(帝室)의 자손으로 漢의 정통(正統)을 이었다 할 수 있다. 조조(曹操) 한적(漢賊)에 비할

수 없다. 어찌 옛 군주를 잊을 수 있겠는가. 무엇을 피해 스스로 蜀은
僞朝라 칭했는가."

라고 했다. 임서중(林西仲)은,

"僞朝의 두 字로 인해 後儒에게 비난당하는 것을 모두가 애석해한다.
어떤 사람이 말했다. '令佰, 벼슬을 사퇴하고 조모를 간병코자 했다. 그
래서 비사(卑辭)와 완어(婉語:완곡한 말)를 아끼지 않고 그로써 晋의 武
帝를 움직였다. 당년(當年) 진수(陳壽)가 志(《三國志》)를 지은 이래 2천
여 년, 모두 위(魏)를 정통(正統)으로 한다. 魏가 正統이라면, 蜀·吳가
僞朝인 것은 당연하다."

고 변호하고 있다. 또 佛書에 인용된 이 文에는 僞朝 대신 荒朝로 되어
있는데, 이것이 李密의 최초의 글일 것이라는 說도 있다. 그러나 이 글
속에서 密, 晋을 성조(聖朝)라 하고, 자신을 망국(亡國)의 부천(俘淺:천
한 포로)이라 칭하여, 자신을 지극히 미천한 자로 비하(卑下)시키고 있
다. 蜀을 僞朝라 하는 것도 대수롭지 않으리라. 이 점, 이미 대의(大意)
를 잃고 있으므로, 이것을 변호하려는 것은 소용없는 일이다. 이 글의
생명은 참으로 구구(區區)한 효심(孝心)에 있다. 나라가 망해도 최후로
남는 것은 조모(祖母)와 손자의 애정이었다. 李令伯이 이 최후의 것을
지키려 한 것은 지극히 인간적인 감정이다. 망국민(亡國民)의 유일한
도(道)를 지킨 李密에게 감동을 아낄 수 없다.

이〈陳情表〉는 사륙변려체(四六駢儷體)의 문장이다. 魏 文帝의〈與吳
質書〉의 句法(句를 만드는 방법)으로부터 발전했다는 이 文體는, 晋에
이르러 크게 번성했다. 즉 四字句와 六字句를 조합시켜 對句를 겹친 율
문체(律文體)이다. 六朝 시대의 이 문체는 꾸밈이 많은 섬약한 것으로
간주되는데, 이 篇에는 그런 폐해가 보이지 않는다. 그것은 절실한 진
정(眞情)을 호소한 자연스러운 표현의 문사(文辭)이기 때문일 것이다.

권지 9(卷之九)

원류(原類)

　原은 本이다. 사물의 본원(本原)을 논하는 문장이라는 의미로, 原이라 이름 지어진 것은 한퇴지(韓退之)에 의해서이다. 退之가 쓴 原類의 글에는 〈原道〉·〈原性〉·〈原毁〉·〈原人〉·〈原鬼〉의 5篇이 있다. 原이라 해도 특별한 논문(論文) 형식이 있는 것은 아니다. 주로 추상적(抽象的)인 것의 본원(本原)을 추론 구명(推論究明)하는 것을 목적으로 한 글을 일컬어 原이라 한 듯하다.

원인:한퇴지(原人:韓退之)

> 形於上者謂之天. 形於下者謂之地. 命於其兩閒者謂之人. 形
> 於上 日月星辰皆天也. 形於下 艸木山川皆地也. 命其兩閒 夷
> 狄禽獸皆人也.

위에 형상(形象)을 이루어 나타나 있는 것을 하늘이라 한다. 아래에 형상
을 이루어 나타나 있는 것을 땅이라 한다. 명(命)을 받아 하늘과 땅 사이에
있는 것을 사람이라 한다.

위에 있는 해·달·별 등은 모두 하늘에 속하는 것들이다. 아래에 있는
풀·나무·산·강 등은 모두 땅에 속하는 것들이다. 하늘과 땅 사이에 있
는 여러 이민족과 온갖 짐승들은 모두 사람에 속하는 것들이다.

【語義】 形:형상(形象)이 되어 나타나는 것. '形於上……謂之地'까지의 문
장은,《易經》繫辭傳 上 12章의 '形而上者謂之道. 形而下者謂之器'의 문
장과 구법(句法)이 같다.   兩閒(양간):하늘과 땅 사이.   星辰(성신):두
字 다 별을 뜻한다.   夷狄(이적):오랑캐. 이민족(異民族). 원래 夷는 동
방의 이민족을, 狄은 북방의 이민족을 나타내는데, 여기서는 夷·狄 두
字에 서방의 이민족인 융(戎)과 남방의 이민족인 만(蠻)의 뜻까지 포함
되어 있다.   禽獸(금수):날짐승과 길짐승. 곧 모든 짐승.

> 曰 然則吾謂禽獸曰人可乎. 曰 非也. 指山而問焉曰 山乎. 曰
> 山可也. 山有艸木禽獸. 皆擧之矣. 指山之一艸而問焉曰 山
> 乎. 曰山則不可.

어떤 사람이 말했다.

"여러 이민족과 온갖 짐승들이 모두 사람에 속하는 것들이라고 하니, 금수를 가리켜 사람이라고 해도 좋다는 말인가?"

나는 이렇게 대답하였다.

"그렇지 않다. 누군가 산을 가리키며, '이것이 산인가?' 하고 물었을 때, '산이다.'라고 대답하는 것은 옳다. 산에 있는 풀·나무, 그리고 온갖 짐승들이 다 산에 속하는 것들이니, 그 모두를 통틀어 산이라 할 수는 있다. 그러나 산 가운데에 있는 한 포기 풀을 가리키며, '이것이 산인가?' 하고 물었을 때, '산이다.'라고 답하면 그것은 잘못이다."

【語義】曰:或人曰의 뜻으로, 누군가가 이렇게 말하다. 논리를 풀어 나가기 위한 한 방편으로 사용한 것이다. 然則(연즉):그렇다면. 앞의 '여러 이민족과 온갖 짐승들은 모두 사람에 속하는 것들이다.'를 가리킨다. 皆擧之(개거지):이것들을 모두 포함하여.

> 故天道亂 而日月星辰 不得其行. 地道亂 而艸木山川 不得其平.
> 人道亂 而夷狄禽獸 不得其情.

그러므로 천도(天道)가 어지러워지면 일월성신(日月星辰)이 그 바른 운행(運行)을 잃고, 지도(地道)가 어지러워지면 초목(艸木)과 산천(山川)이 안정을 잃어 자연(自然)이 황폐해지며, 인도(人道), 즉 인간으로서 마땅히 지켜야 할 법도가 어지러워지면 사람과 금수(禽獸)가 각각의 참모습을 잃어 천하가 어지러워진다.

【語義】行:운행(運行). 地道:하늘의 기(氣)를 받아 만물을 생육(生育)하는

작용. 平:평안(平安). 안정(安靜). 人道:인간으로서 마땅히 지켜야 할
법칙. 情:만물(萬物) 각각에게 주어진 참 모습.

天者日月星辰之主也. 地者艸木山川之主也. 人者夷狄禽獸之
主也. 主而暴之 不得其爲主之道矣. 是故聖人一視而同仁 篤
近而擧遠.

하늘은 일월성신(日月星辰)의 주인이고, 땅은 초목(艸木)과 산천(山川)
의 주인이며, 사람은 사방의 오랑캐와 온갖 금수의 주인이다.
　주인이 자신이 거느리는 것들에게 난폭하게 구는 것은, 주인으로서 지켜
야 할 바른 도를 잃는 것이다.
　만물은 천지의 기(氣)를 받아 태어난 것으로, 한 부모에게서 태어난 형제
와 같다. 그러므로 성인은, 천지 만물을 피아(彼我)의 구별이 없이 하나로
보아 똑같이 사랑하고, 자신을 닦는 평범한 일부터 실천하여 그 덕이 멀리
까지 미치게 한다. 이것이 바로 참다운 인도(人道)인 것이다.

【語義】　一視而同仁(일시이동인):하나로 보기 때문에 똑같이 인애(仁愛)
　　함. 篤近而擧遠(독근이거원):가까운 것을 도탑게 하여 먼 것까지 거두
　　어들임. 성인의 인의(仁義)의 도를 행하는 방법에 관한 설명이다. 가까
　　운 것, 즉 자신을 닦는 평범한 일부디 실천하여 그 덕이 멀리까지 미치
　　게 하는 것을 가리킨다.

【解說】《昌黎先生集》卷11 雜著에 〈原道〉·〈原性〉·〈原毁〉·〈原人〉·〈原
　　鬼〉의 五原이 수록되어 있는데, 그 가운데 〈原人〉의 人 字 밑에 '혹은
　　仁으로 한다.'고 되어 있으므로 〈原仁〉으로 되어 있는 문집(文集)도 있

다. 이 篇은 인간이란 어떠해야 하는가 하는 人道, 즉 仁의 본질을 더듬어 밝히려 한 것이므로, 〈原人〉이라 제목을 붙여도 상관은 없을 것이다.

退之의 이른바 五原은 같은 시기의 글로 간주되는데, 그중에서 〈原道〉가 가장 뛰어나 유가(儒家)의 도(道)를 명확히 밝힌 실로 당당한 문장인 데에 비하여, 다른 것들은 뒤지는 감이 있다. 그런데도 《文章軌範》에는 〈原道〉 외에 〈原毁〉가 수록되어 있고, 《古文眞寶》에는 〈原道〉와 이 篇이 실려 있다. 단문(短文)인 이 篇에는 의미가 충분하지 않은 사구(辭句)도 있지만, 앞에서 나온 송(宋)나라 장자후(張子厚)의 〈西銘〉에 앞서는 仁道의 바탕을 이루는 것에 대하여 논하고 있다는 이유에서 채택되어 실린 것 같다.

원도:한퇴지(原道:韓退之)

> 博愛之謂仁. 行而宜之之謂義. 由是而之焉之謂道. 足乎己無
> 待 於外之謂德. 仁與義爲定名. 道與德爲虛位. 故道有君子
> 有小人. 而德有凶有吉.

널리 사랑하는 것을 인(仁)이라 한다. 행위가 인(仁)에 부합되는 것을 의
(義)라 한다. 그리고 오로지 인과 의를 행하는 것을 도(道)라 한다. 또 인
의(仁義)의 도를 행하는 것에 만족하고 그밖에 다른 것을 바라지 않는 것
을 덕(德)이라 한다.

인(仁)과 의(義)는 불변의 도리를 뜻하는 것으로, 정명(定名)이다. 그러
나 도(道)와 덕(德)은 무엇을 따르느냐에 따라 말의 주된 뜻이 달라지므로,
허위(虛位)이다. 따라서 도(道)에는 군자의 도가 있는가 하면 소인의 도가
있고, 덕(德)에는 길덕(吉德)이 있는가 하면 흉덕(凶德)이 있다.

【語義】博愛(박애):널리 사랑함. 行而宜之(행이의지):행동이 仁에 부합됨.
　宜는 이치에 맞는 것. 之는 仁을 뜻한다. 由是而之焉(유시이지언):是는
　앞의 仁과 義를 가리킨다. 之는 行의 뜻. 즉 인의(仁義)를 행하는 것을
　뜻한다. 足乎己(족호기):자신에게 만족함. 己, 즉 자신이란 仁義의 도
　를 닦는 것을 말한다. 德:주자(朱子)는 德을 得이라 하였다. 德, 즉 도
　를 행하면 마음에 얻는[得] 것이 있기 때문이다. 定名:영원불멸의 고정
　된 이름. 仁이나 義는 확정된 개념을 나타내는 말임을 뜻한다. 虛位(허
　위):무엇이든지 와 앉을 수 있는 빈자리. 道나 德은 仁이나 義와는 달
　리, 행동이나 존재 방법을 가리키는 말이다. 따라서 무엇을 따르느냐에
　따라, 仁의 道, 義의 道, 군자의 道, 소인의 道, 악덕(惡德)·선덕(善德)

등으로 말의 주된 뜻이 바뀐다. 道나 德을 虛位라 한 것은 이 때문이다.

> 老子之小仁義 非毁之也 其見者小也. 坐井而觀天 曰天小者 非天小也. 彼以煦煦爲仁 孑孑爲義. 其小之也則宜. 其所謂 道 道其所道. 非吾所謂道也. 其所謂德 德其所德. 非吾所謂 德也. 凡吾所謂道德云者 合仁與義言之也. 天下之公言也. 老 子之所謂道德云者 去仁與義言之也. 一人之私言也.

노자(老子)를 추종하는 사람들은 유가(儒家)에서 말하는 인(仁)과 의(義)를 하찮은 것으로 여겨 비방하는데, 그것은 그들의 견식이 좁기 때문이다. 우물 속에 앉아 하늘을 보고는 하늘이 좁다고 하는 것으로, 하늘은 결코 좁지 않다. 저들은 조그만 은혜를 베푸는 정도를 인(仁)으로 알고, 자신의 지조(志操)를 지켜 세상과 타협하지 않는 정도를 의(義)로 알고 있다. 인과 의의 참뜻을 바르게 이해하지 못하는 저들의 좁은 소견으로는 오히려 당연한 일이라 할 수 있다.

저들이 말하는 도는, 인간의 실생활과는 거리가 먼 무위자연(無爲自然)의 도로, 유가에서 말하는 실천 도덕의 인도(人道)가 아니다. 또 저들이 말하는 덕은, 덕을 덕으로 여기지 않는 무위의 덕으로, 인의(仁義)의 수양을 뜻하는 유가의 덕이 아니다. 무릇 유가에서 도니 덕이니 하는 것은 인과 의를 합하여 말하는 것이다. 어느 한 사람의 말이 아니라, 인간이라면 누구나 지켜야 할 실천 도덕을 말하는 것으로, 천하의 공언(公言)이다. 그러나 도가에서 말하는 도니 덕이니 하는 것은, 인과 의를 제거한 허무를 바탕으로 한 것이다. 천하의 모든 사람에게 적용될 수 있는 도가 아니라, 한 개인의 사사로운 말에 지나지 않는다.

【語義】 老子:성(姓)은 李, 이름은 이(耳), 字는 백양(伯陽), 시호(諡號)는
담(聃)이다. 주대(周代) 초(楚)나라 사람으로, 도가(道家)의 시조이다.
원래 주나라의 서고(書庫:도서를 收藏하는 곳)에서 일하던 벼슬아치였
는데, 주나라가 쇠해지는 것을 보고 함곡관(函谷關) 밖으로 사라져 행방
을 감추었다 한다. 그런데 함곡관을 지나다, 관문지기 윤희(尹喜)의 청
에 따라 오천언(五千言)의 저서를 남겼는데, 바로《老子》이다. 그의 사
상은 만상(萬象)의 본체를 허무로 보며, 인위적인 도덕을 초월하여 무
위자연(無爲自然)에 모든 것을 맡겨야 한다는 것으로, 유가의 실천 도
덕을 철저히 무시하려는 것이 가장 큰 특색이다. 오늘날《老子》는, 고
도한 사색을 바탕으로 한 시적이며 역설적인 문장으로 평가받고 있다.
여기서 老子라 함은 도가의 설을 주장하는 사람들을 가리킨다. 小仁
義:인의(仁義)를 작게 봄.《老子》18장의 골자이다. '위대한 도가 무너
지고서 인과 의가 생겨나게 되었다(大道廢 有仁義).' 즉 仁·義·孝·
忠 등 유가에서 존중하는 덕목(德目)들은 모두, 무위자연의 도가 쇠퇴함
에 따라 생겨난 인위적인 것이라는 뜻이다. 따라서 인위적이며 작은 인의
(仁義)를 버리고 무위자연의 대도(大道)를 따라야 천하가 태평해진다는
것이 도가의 주장이다. 非毀(비훼):비방함. 煦煦(후후):조그만 은혜를
베푸는 것. 孑孑(혈혈):우뚝하게 솟아 빼어난 것. 특출(特出)한 것. 道
其所道:도(道)라고 생각하는 것이 도(道)임.《老子》첫머리의, '도라 일
러지는 도는 참다운 도가 아니다(道可道 非常道).'를 가리킨다. 즉 도가
(道家)에서는 유가의 실천 도덕을 도(道)로 삼지 않는다는 뜻이다. 德
其所德:덕(德)이라 생각하는 것이 덕(德)임.《老子》38장의, '뛰어난 덕
을 지닌 사람은 덕을 마음에 두지 않기 때문에 덕을 지니게 된다(上德
不德 是以有德).'를 가리킨다. 즉 도가에서는 덕을 덕으로 여기지 않는
무위의 덕을 참된 덕으로 한다는 뜻이다.

周道衰 孔子沒. 火于秦 黃老于漢. 佛于晋宋齊梁魏隋之間. 其言道德仁義者 不入于楊 則入于墨 不入于老 則入于佛. 入于彼必出于此. 入者主之 出者奴之. 入者附之 出者汙之. 噫 後之人 其欲聞仁義道德之說 孰從而聽之.

주 말(周末)에는 성인의 도가 쇠하고 공자(孔子)님마저 세상을 뜨셨다. 진대(秦代)에는 시황제(始皇帝)가 나타나 유교의 경전을 모조리 불사르고 유생(儒生)들을 구덩이에 쓸어 모아 묻어 죽였고, 한대(漢代)에는 '황로(黃老)의 학(學)'이라 하여 도교(道敎)의 신선술(神仙術)이 유행하여 세상을 어지럽혔다. 이어서 후한(後漢)의 명제(明帝) 때에는 불교(佛敎)가 들어와 인심을 현혹시키기 시작하더니, 남조(南朝)의 진(晋) · 송(宋) · 제(齊) · 양(梁) · 진(陳) · 수(隋)와 북조(北朝)의 북위(北魏) 때에는 세상이 온통 목탁 소리로 시끄러웠다.

그러는 사이에 정통 유가의 도는 희미해져, 유가의 도덕과 인의를 이야기하던 사람들까지, 위아 방종(爲我放縱)의 쾌락주의를 주장하는 양주(楊朱)의 설에 들지 않으면, 겸애주의(兼愛主義)를 내세워 부모 형제까지도 알아보지 못하게 하는 묵적(墨翟)의 설에 빠졌고, 그렇지 않으면 허무와 무위의 설을 주장하는 노장(老莊)의 설에 들거나 아니면 삼라만상의 모든 현상이 허무하다는 불교(佛敎)의 도에 빠졌다.

누구든지 이상의 이단(異端)의 도에 한번 발을 들여놓으면, 반드시 유교의 도에서 나가 버린다. 그리고 그 이단 사설(異端邪說)을 주인인 양 높이 받들고 성인의 도인 유교를 노예같이 여겨, 인간에게 해악을 주는 이단의 도를 따르고 유교를 더러운 것으로 여긴다.

아, 후세의 사람들이 성인의 인의 도덕(仁義道德)을 듣고자 해도, 이단의 잡설이 이토록 세상에 횡행하니, 누구에게서 유가의 바른 도를 들을 수 있겠는가.

【語義】火于秦(화우진):진시황(秦始皇) 34년에 일어났던 분서갱유(焚書坑
儒)를 가리킨다. 학자들의 정치 비평을 막기 위하여 진시황이 이사(李
斯)의 진언(進言)을 받아들여, 민간의 의약(醫藥)·복서(卜筮)·종수(種
樹) 이외의 시(詩)·서(書)·백가(百家)의 책을 모조리 불사르고, 다음
해에는 유생(儒生)들을 구덩이에 쓸어 넣어 묻어 죽였다. 黃老(황로):
황제(黃帝)와 노자(老子)의 가르침. 도가(道家)의 학(學). 유가(儒家)에
서는 道가 요순(堯舜)으로부터 비롯되었다고 하는 데에 대(對)하여, 道
家에서는 老子의 道는 黃帝로부터 비롯되었다고 하여 黃老라 했다. 위
(魏) 이후에 老莊이라 하게 되었다. 佛(불):후한(後漢)의 명제(明帝) 때
에 처음으로 불교가 들어왔다. 남조(南朝)의 진(晋)·송(宋)·제(齊)·
양(梁)·진(陳)·수(隋) 및 북조(北朝)의 북위(北魏:元魏라고도 하며,
南朝의 東晋으로부터 梁代까지 해당된다) 때에는 불교가 번성했다. 不
入于楊 則入于墨(불입우양 즉입우묵):양주(陽朱)에 들지 아니하면 묵적
(墨翟)에 듦. 양주는 전국시대의 공자 이후 맹자 이전의 학자로, 노자의
무위독선설(無爲獨善說)을 따라서 염세적(厭世的) 인생관을 세우고 위
아 방종(爲我放縱)의 쾌락주의(快樂主義)를 주장하였다. 한때 세상인심
을 휩쓸었으나, 주 말(周末)에 쇠퇴하였다. 묵적은 전국시대 노(魯)나라
의 사상가로, 묵가(墨家)의 시조이다. 형식·계급·사욕(私欲)을 타파
하고, 겸애주의(兼愛主義)를 주장하였다. 《孟子》滕文公篇 下에, '성왕
이 나타나지 않아 제후들이 방자하게 굴고, 처사(處士)들이 마구 의론을
내놓아 양주(楊朱)와 묵적(墨翟)의 학설이 천하에 가득 퍼져, 온 천하 사
람들의 말이 양주 아니면 묵적에게로 돌아가고 있다. 양씨(楊氏)의 주장
은 위아주의(爲我主義)이니 이는 임금을 무시하는 것이고. 묵씨(墨氏)

의 주장은 겸애주의(兼愛主義)이니 이는 부모를 무시하는 것이다. 부모
를 무시하고 임금을 무시하는 것은 바로 금수와 같은 짓이다(聖王不作
諸侯放恣 處士橫議 楊朱墨翟之言盈天下. 天下之言 不歸楊則歸墨. 楊氏
爲我 是無君也. 墨氏兼愛 是無父也. 無父無君 是禽獸也).'라 했다. 入于
彼必出于此(입우피필출우차):한쪽에 들어가는 자는 반드시 다른 쪽에
서 나감. 즉 老·佛에 들어가는 사람은 유교(儒敎)로부터 나간다는 뜻.
入者主之:들어가는 사람은 그 들어간 道를 주인으로 함. 出者奴之(출자
노지):이쪽에서 나가는 사람은 이것을 노예처럼 천한 것으로 봄. 入者
附之(입자부지):그 道에 들어간 사람은 그 道를 따름. 出者汙之(출자오
지):그곳에서 나온 사람은 그것을 더럽고 하찮은 것으로 생각함. 汙는 汚
(오)와 소字. 汗(한:땀)은 다른 字임. 즉 유가의 도를 떠나 老·佛 등을
따르는 자는 유가의 도를 더러운 것으로 생각한다는 뜻이다.

老者曰 孔子吾師之弟子也. 佛者曰 孔子吾師之弟子也. 爲孔
子者 習聞其說 樂其誕而自小也. 亦曰 吾師亦嘗師之云爾. 不
惟擧之於口 而又筆之於書. 噫 後之人 雖欲聞仁義道德之說
其孰從而求之. 甚矣 人之好怪也. 不求其端 不訊其末 惟怪
之欲聞.

노자를 추종하는 도가의 사람들은, '공자는 우리의 스승 노자의 제자이
다.'라고 말하고, 부처를 따르는 불가의 사람들은, '공자는 우리의 스승 부
처의 제자이다.'라고 말한다. 공자를 따르던 유자(儒者)들마저 그런 소리
에 익숙해져, 그 허황된 소리를 즐기고 유교를 하찮은 것으로 여긴다. 또
유자들 자신이 도가나 불가의 말을 따라, '우리 스승 공자는 일찍이 노자와
부처를 스승으로 한 일이 있다.'는 망령된 말을 하고 있다. 그리고 그러한

근거 없는 말을 입에 담을 뿐만 아니라 글로 써서 남기고 있으니, 이 얼마나 한심스러운 일인가.

아, 슬프다. 후세 사람들이 인의 도덕(仁義道德)의 설을 듣고자 해도, 누구를 좇아 물어볼 것인가.

아, 세상 사람들이 분별을 잃고 이단의 잡스러운 이야기를 좋아함이 너무나 심하다. 그러한 이단 사설(異端邪說)의 발단(發端)이 무엇인지 구명(究明)하려 하지도 않고, 또 그 결과가 어찌될지 생각하지도 않고, 오직 기괴한 이야기만을 듣고자 애쓸 뿐이다.

【語義】老者曰 孔子吾師之弟子也:老者란 노장(老莊)의 설을 따르는 사람을 가리킨다. 공자를 노자의 제자라 한 것은, 《史記》 孔子世家에 나오는, 공자가 노자에게 예(禮)에 관하여 물었다는 이야기에 근거한 것이다. 佛者曰 孔子吾師之弟子也:《淸淨法行經》의, '나는 삼성(三聖)을 보내어 저 진단(震旦:중국을 가리킴)을 교화시키겠다. 광정(光淨)은 공자가 되고, 유동(儒童)은 안회(顔回)가 되며, 가섭(迦葉)은 노자가 된다.'는 말에 근거한 이야기이다. 즉 공자가 부처의 제자라는 것이다. 誕(탄):허황된 말. 自小也:스스로 작은 것으로 여김. 유자(儒者)가 유교를 하찮은 것으로 생각하게 되는 것을 뜻한다. 云爾(운이):~라고 함. 不惟(불유):오직 이뿐만이 아니라. 筆之於書(필지어서):글로 써서 남김. 《孔子家語》의 관주편(觀周篇)에, "공자(孔子)가 남궁경숙(南宮敬叔)에게, '나는, 노담(老聃)이 옛 법도에 대해서 많이 알고 있을 뿐만 아니라 오늘날의 법도에 대해서도 잘 알며, 예악(禮樂)의 근본에 통하고, 도덕에 밝다고 들었다. 나의 스승이라 할 수 있다. 지금 그에게로 가려 한다.'고 말했다. 공자, 경숙(敬叔)과 함께 주(周)나라에 가서, 노담(老聃)에게 예에 대해서 물었다."라고 씌어 있는데, 그러한 류(類)의 글을 가

리킨다. 怪:도교·불교·양주·묵적 등을 이단시(異端視)하여 괴이한 것이라 표현한 것이다. 端(단):단서(端緒). 시초(始初). 訊(신):자세히 조사함. 末:결과. 전말(顚末).

古之爲民者四 今之爲民者六. 古之教者處其一 今之教者處其三. 農之家一 而食粟之家六. 工之家一 而用器之家六. 賈之家一 而資焉之家六. 奈之何民不窮且盜也.

옛날, 인의 도덕이 행해지던 시대에는 천하의 백성이 사(士)·농(農)·공(工)·상(商)의 네 부류였는데, 오늘날에는 부처를 따르는 무리들과 노자를 따르는 무리들까지 합쳐 여섯 부류가 되었다. 옛날에는 오직 유학을 배운 선비들만이 백성을 가르쳤는데, 오늘날에는 불자(佛者)와 도자(道者)들까지 백성을 가르치겠다고 나서고 있다. 따라서 농사를 짓는 농가는 하나인데 곡물을 먹는 집은 여섯이요, 기물을 만드는 장인(匠人)의 집은 하나인데 기물을 쓰는 집은 여섯이며, 장사하는 집은 하나인데 사다 쓰는 집은 여섯인 셈이다. 이러니 백성들이 어찌 곤궁하지 않겠으며, 도적질을 하지 않을 수 있겠는가.

【語義】 古之:인의 도덕(仁義道德)이 행해지던 옛날. 四:사(士)·농(農)·공(工)·상(商)의 四民을 가리킨다. 六:위의 四民에 老·佛을 더한 것. 六民. 教者:백성을 가르치는 사람. 處其一:그 가운데의 하나. 士, 즉 유자(儒者)를 가리킨다. 處其三:유자(儒者)·불자(佛者), 그리고 도가(道家)의 무리를 가리킨다. 粟(속):조, 또는 껍질을 벗기지 않은 쌀. 여기서는 식용의 곡물을 가리킨다. 賈(고):장사. 상인. 특히 앉아서 물건을 파는 것을 賈라 한다. 반면 이곳저곳 다니면서 장사하는 것은 商이

라 한다. 資:취하여 씀.

古之時 人之害多矣. 有聖人者立 然後敎之以相生養之道. 爲
之君 爲之師 驅其蟲蛇禽獸 而處其中土 寒然後爲之衣 飢然
後爲之食 木處而顚 土處而病也 然後爲之宮室 爲之工 以贍
其器用 爲之賈 以通其有無 爲之醫藥 以濟其夭死 爲之葬埋
祭祀 以長其恩愛 爲之禮 以次其先後 爲之樂 以宣其湮鬱 爲
之政 以率其怠勌爲之刑 以鋤其强梗 相欺也 爲之符璽斗斛權
衡 以信之 相奪也 爲之城郭甲兵 以守之. 害至而爲之備 患生
而爲之防.

옛날에는 인간에게 해를 끼치는 것이 많아, 사람들은 살아가는 데에 많
은 어려움을 겪고 있었다. 복희(伏羲)·신농(神農)·황제(黃帝)의 삼황(三
皇)과 요(堯)·순(舜)의 성인이 나서서 사람들에게 서로 도우며 살아가는
방법을 가르치신 다음부터, 사람들은 편히 생활하게 되었다.

삼황(三皇)·오제(五帝)의 성인들께서는 사람들의 임금이 되고 스승이
되셔, 인간에게 해악을 끼치는 벌레와 금수를 쫓아내어 사람들로 하여금
평평한 땅 위에서 살게 하셨고, 추위를 막을 수 있도록 옷 만드는 법을 가
르쳐 주셨으며, 기아에 시달리지 않도록 음식 장만하는 법을 가르쳐 주셨
다. 또 사람들이 나무 위에서 살거나 땅굴 속에서 살아 굴러 떨어지거나 병
을 얻는 일이 많으므로, 집을 짓는 법을 가르쳐 주셨고, 공구(工具)를 만드
는 법을 가르쳐 주셔 사람들의 생활을 편리하게 해 주셨으며, 장사하는 법
을 가르쳐 사람들로 하여금 필요한 물건을 바꿔 쓸 수 있도록 하셨다. 뿐
만 아니라, 백 가지 약초를 일일이 맛보아 의약품을 만들어 병들어 일찍 죽
는 사람들을 구제하셨고, 장사 지내는 법과 제사 지내는 법을 가르쳐 사람

들 가슴에 조상에 대해 감사하는 마음과 그리워하는 마음이 깃들게 하셨다. 또 예의(禮義)를 가르쳐 사회생활에 필요한 질서를 지킬 수 있도록 하셨으며, 음악을 만들어 사람들로 하여금 울적한 마음을 풀고 심성(心性)을 맑게 할 수 있도록 하셨다. 사람 다스리는 법을 만들어 게으르고 태만한 자를 일깨우셨으며, 형벌을 만들어 잡초를 뽑듯 흉악한 자들을 제거하셨다. 사람들이 서로 속이는 일이 있으므로 부절(符節)·인장(印章)·말〔斗〕·휘〔斛〕·저울추·저울대 등을 만들어 서로 신용을 지키도록 하셨으며, 서로 남의 땅을 빼앗는 일이 있으므로 성곽(城郭)과 갑옷·병기 등을 만들어 자기 것을 지킬 수 있도록 하셨다.

이리하여 사람들은 재해(災害)가 닥쳐도 곧 이에 대비하고, 환난(患難)이 발생해도 곧 이를 막을 수 있게 되어, 누구나 편안한 생활을 할 수 있게 되었던 것이다.

【語義】 古之時:태고(太古) 시대. 삼황(三皇) 오제(五帝)의 때.　聖人:수인(燧人)·복희(伏羲)·신농(神農)의 삼황(三皇)과 요(堯)·순(舜)을 가리킨다.　相生養之道:서로 돕고 살아가는 방법.　驅其蟲蛇禽獸(구기충사금수):인간에게 해악을 끼치는 벌레와 금수를 쫓아냄.《孟子》滕文公篇 上, 下에 있는 이야기이다. '요임금 시대에는 천하가 아직 안정되지 않았다. 큰물이 천하에 범람했고, 초목이 무성하고 금수가 번성하여 오곡이 제대로 여물지 못했으며, 금수가 사람에게 마구 달려들어 짐승의 발자국과 새의 발자국이 나라 복판에까지 뒤얽혀 있었다. 이에 요임금께서 이것을 몹시 걱정하여, 순을 등용하여 이를 물리쳐 다스리게 하시니, 순은 익(益)으로 하여금 불을 관장하게 했다. 익이 산과 늪에 불을 놓자 새와 짐승들이 멀리 도망가 숨어 버렸다.(當堯之時 天下猶未平. 洪水橫流 氾濫於天下. 草木暢茂 禽獸繁殖 五穀不登. 禽獸偪人 獸蹄鳥跡之道

交於中國. 堯獨憂之 擧舜而敷治焉. 舜使益掌火 益烈山澤而焚之 禽獸逃匿).', '요임금 때에는 물이 거꾸로 흘러 온 나라에 넘치고 뱀과 이무기가 우글거려 거주할 데가 없었다. 요임금이 우(禹)를 시켜 홍수를 다스리게 하자, 우는 땅을 파서 홍수를 바다로 흘러들게 하고, 뱀과 이무기를 몰아 늪으로 쫓아냈다. 홍수의 위험이 멀리 사라지고, 금수가 사람을 해치는 일이 없어진 뒤에야, 사람들은 평평한 땅을 얻어서 살게 되었다(當堯之時水逆行 氾濫於中國 蛇龍居之 民無所定. 使禹治之 禹掘地而注之海 驅蛇龍而放之菹. 險阻旣遠 鳥獸之害人者消 然後人得平土而居之).' 爲之衣:황제(黃帝)가 사람들에게 양잠(養蠶)하는 일을 가르쳤다고 한다. 爲之宮室(위지궁실):宮室은 집.《易經》繫辭傳 下에, '태곳적에는 아직 집이 없어, 사람들은 혈거(穴居) 생활을 했다. 후세에 이르러 성인이 나와 집을 짓는 방법을 가르쳤다(上古穴居而野處. 後世聖人易之以宮室).'고 하였다. 爲之工:공구(工具) 만드는 법을 가르쳐 줌.《易經》繫辭傳 下에 의하면, 포희씨(包犧氏)는 그물을 만들어 짐승을 잡거나 물고기를 잡는 법을, 신농씨(神農氏)는 쟁기와 보습 등의 농기구 만드는 법을, 황제(黃帝)·요(堯)·순(舜)은 나무를 깎아 노와 배를 만드는 법을 가르쳤다고 한다. 贍其器用(섬기기용):널리 공구를 사용하게 함. 爲之賈(위지고):장사를 하도록 함.《易經》繫辭傳 下에, '신농씨가 낮에 시장을 열어, 천하의 인민을 그곳으로 오게 하고, 천하의 재물을 그곳에 모았다. 그리하여 物과 物을 바꾸어 서로 있고 없는 것을 융통하도록 하여, 모두에게 원하는 바의 物을 얻게 했다(日中爲市 致天下之民 聚天下之貨. 交易而退 各得其所).'라 하였다. 爲之醫藥(위지의약):의약품을 만들어 냄.《史記》三皇本紀에, '신농씨가 백초(百草)의 맛을 보아 의약(醫藥)을 만들다.'라고 하였다. 爲之葬埋祭祀(위지장매제사):장사 지내는 법과 제사 지내는 법을 가르침.《易經》繫辭傳 下에, '고대에는 장사 지내는 데에, 시체 위에 풀이나 잡목을 두텁게 덮어 의복처럼 해서 들판에 묻을 뿐으로, 흙을 쌓아 봉분을 올린다든가 나무를 심어 묘의 표지로 삼는 일이 없었다. 또 상복을 입는 것도 일정한 기간이 없었다. 후세에 이르러, 黃帝·堯·舜이 내관(內棺)과 외관(外棺)을 사용하도록 했다(古之葬者 厚衣之以薪 葬之中野 不封不樹. 喪期无數. 後世聖人 易之以棺椁).'고 하였다. 長其恩愛(장기은애):은혜를 감사히 여기는 마음과 애모의 정을 길러 줌. 또는 오래 간직하도록 함. 湮鬱(인울):근심 등으로 가슴이 막혀 답답한 것. 怠勸(태권):태만하고 게으른 것. 鋤其强梗(서기강경):억세고 뻣뻣한 것을 김맴. 鋤는 김매다. 轉하여 제거하는 것. 梗은 가시나무, 또는 강맹(强猛)한 것. 즉 흉악하여 다스리기 힘든 자를 제거하는 것을 뜻한다. 相欺(상기):서로 속임. 符(부):부절(符節). 璽(새):인장(印章). 도장. 斗:말. 용량의 단위. 斛(곡):휘. 곡식을 되는 그릇의 하나로, 스무 말 또는 열닷 말이 듦. 權(권):저울추. 衡(형):저울대. 甲兵(갑병):갑옷과 병기. 害:재해(災害). 患(환):환난(患難).

今其言曰 聖人不死 大盜不止. 剖斗折衡 而民不爭. 嗚呼 其亦不思而已矣. 如古之無聖人 人類之滅久矣. 何也. 無羽毛鱗介以 居寒熱也. 無爪牙以爭食也.

그런데 지금 도가에서는 이렇게 말하고 있다.

"성인이 죽지 않으면 큰 도적이 없어지지 않고, 말〔斗〕을 쪼개고 저울을 꺾어야만 백성들이 다투지 않게 된다."

아, 이 또한 얼마나 생각이 얕고 어처구니없는 소리인가. 만약 성인이 없었더라면 인류는 벌써 멸한 지 오래되었을 것이다. 왜 그런가 하니, 성인이 없었더라면 날개도 없고 털도 없고 비늘도 없는 인간들이 어떻게 지금까지 추위와 더위를 이겨내며 생존할 수 있었겠으며, 또 손톱도 없고 어금니도 없이 험악한 짐승들 틈에서 어떻게 주린 배를 채울 수 있었겠는가.

【語義】 其言:도가(道家)의 말. 聖人不死 大盜不止 剖斗折衡 而民不爭:성인이 죽지 아니하면 큰 도적이 없어지지 않고, 말을 쪼개고 저울을 꺾어야만 백성들이 다투지 않음.《莊子》胠篋篇에 있는 말로, 자연(自然)의 성(性)에 反한 인의(仁義)는 오히려 악인을 이롭게 할 뿐이며, 국가나 백성을 해치게 된다는 뜻이다. '……그러므로 성인을 때려죽이고 도둑을 놓아주어야만 천하가 비로소 다스려질 것이다. ……성인이 죽어 없어지면 큰 도둑도 일어나지 않게 되어 천하가 태평 무사하게 될 것이다. 만일 성인이 죽지 않으면 큰 도둑도 그치지 않을 것이며, 아무리 성인을 많이 내어 천하를 다스리고자 해도 더욱더 큰 도둑을 이롭게 할 따름이다. 만일 성인이 백성의 부정을 막기 위해 말[斗]을 만들면 큰 도둑은 그 말까지 도둑질할 것이며, 또 저울을 만들면 그 저울까지 도둑질할 것이다. ……만일 인의(仁義)를 만들어 마음을 바로잡고자 하면 그 인의까지 도둑질할 것이다. ……그러므로 성인의 지혜를 없애고 그 지식까지 버려야 비로소 큰 도둑이 모습을 감추고, 주옥과 재물을 내던져 깨 버려야 작은 도둑이 나타나지 않게 될 것이다. 약속을 지키기 위한 부절(符節)을 태워 버리고 도장을 없애 버리면 백성들이 순박해질 것이며, 말을 쪼개고 저울을 꺾어 버리면 백성들이 다투지 않게 될 것이다. 성인이 정한 제도를 모조리 파괴해 버린다면 백성은 비로소 도에 대한 논의를 할 것이다.' 爪牙(조아):손톱과 이빨.

是故君者出令者也. 臣者行君之令 而致之民者也. 民者出粟
米麻絲 作器皿通貨財 以事其上者也. 君不出令 則失其所以
爲君. 臣不行君之令 而致之民 則失其所以爲臣. 民不出粟米
麻絲 作器皿通貨財 以事其上則誅. 今其法曰 必棄而君臣 去
而父子 禁而相生相養之道 以求其所謂清淨寂滅者. 嗚呼 其
亦幸而出於三代之後. 而不見黜於禹湯文武周公孔子也. 其亦
不幸而不出於三代之前 不見正於禹湯文武周公孔子也.

인간은 성인의 말씀대로 서로 모여 도우며 살아야 한다. 그러기 때문에,
임금 된 자는 백성들을 위하여 명을 내리고, 신하 된 자는 그 명을 잘 시행
하여 임금의 은혜가 백성들에게 미치도록 한다. 그리고 백성들은 오곡을
심고 옷감을 만들며 일상생활에 필요한 도구를 만들어, 천하에 그것들이
융통되게 함으로써, 임금을 받들고 성인의 말씀에 따른다.

임금이 백성들을 위하는 명을 내지 못하면, 임금으로서 도리를 잃는 것
이다. 신하가 임금의 명을 수행하지 못하여 임금의 은혜가 백성들에게 두
루 미치게 하지 못하면, 신하로서 도리를 잃는 것이다. 또 백성들이 농사
짓는 일과 베 짜는 일에 힘쓰지 않고, 생활에 필요한 기물을 만들어 내지
않으며, 필요한 물건들을 융통되지 않게 하여 임금을 받들지 않는다면, 당
연히 벌을 받게 된다.

그런데 도가(道家)와 불가(佛家)에서는 이렇게 외치고 있다.

"세속의 군신 관계는 물론 부자의 인연도 끊고, 서로 돕고 의지하며 살아
야 하는 세상의 모든 도리를 버리고, 인적이 없는 깊은 산속에 들어와, 오
직 청정(清淨)·적멸(寂滅)의 경지를 구하라!"

아, 저 이단의 도교(道敎)와 불교(佛敎)는 무슨 복이 따랐기에 하(夏)·은
(殷)·주(周) 삼대 이후에 생겨나, 우왕(禹王)·탕왕(湯王)·문왕(文王)·

무왕(武王) · 주공(周公) · 공자(孔子) 등 여러 성인들로부터 배척을 받지 못했는가. 또 도교와 불교는 어쩌다 하 · 은 · 주의 삼대 이전에 생겨나지 않아, 우왕 · 탕왕 · 문왕 · 무왕 · 주공 · 공자 등 여러 성인들로부터 질정 (叱正)을 받지 않고 오늘에 이르렀는가.

【語義】器皿(기명):그릇. 일상생활에 필요한 기구들을 뜻한다. 誅(주):죄를 물어 벌함. 其法:도가(道家)와 불가(佛家)의 법. 必棄而君臣(필기이 군신):군신(君臣)의 관계를 반드시 버림. 而는 汝의 뜻. 淸淨(청정):모든 인위적인 것과 속세의 이욕을 버리고 마음을 깨끗하게 갖는 것. 도가의 법을 말한다. 寂滅(적멸):모든 번뇌를 끊고, 생사고락(生死苦樂)에서 초탈함. 불가의 법을 말한다. 三代:하(夏) · 은(殷) · 주(周)의 세 왕조(王朝). 正:바로잡음. 질정(叱正).

帝之與王 其號各殊 其所以爲聖一也. 夏葛而冬裘 渴飮而飢食. 其事雖殊 其所以爲智一也. 今其言曰 曷不爲太古之無事. 是亦責冬之裘者 曰曷不爲葛之之易也. 責飢之食者 曰曷不爲飮之之易也.

황제(黃帝) · 요(堯) · 순(舜) 등의 제(帝)와 우(禹) · 탕(湯) · 문왕(文王) · 무왕(武王) 등의 왕(王)은 그 칭호만 다를 뿐, 성인이 되신 끼닭은 모두 같다. 여름에는 시원한 갈포 옷을 입고 겨울에는 따뜻한 가죽 옷을 입으며, 목이 마르면 물을 마시고 배가 고프면 음식을 먹는다. 하는 일은 비록 다르지만, 그것들이 모두 지혜로운 행위인 것은 같다.

그런데 지금 도가(道家)에서는 이렇게 말하고 있다.

"어찌하여 태고(太古) 적의 소박한 무위자연의 세계로 돌아가지 않는가?"

이는 겨울에 가죽 옷을 입은 사람에게, '어찌하여 입기 쉬운 갈포 옷을 입지 않고 무겁고 답답한 옷을 입느냐?'고 책하는 것이며, 배가 고파 음식을 먹는 사람에게, '어찌하여 마시기 쉬운 물이나 마시지 힘들게 씹으려 하느냐?'고 책하는 것과 같다. 인간의 지혜로운 생활을 부정하는 불합리한 이야기가 아닐 수 없다.

【語義】 葛(갈):갈포로 만든 옷. 裘(구):가죽 옷. 轉하여 겨울 옷. 曷(갈): 어찌하여. 太古之無事:태곳적의 편안함. 도가에서는 태곳적의 무위자연적인 소박한 생활을 이상으로 삼고 있다.

> 傳日 古之欲明明德於天下者 先治其國. 欲治其國者 先齊其家. 欲齊其家者 先脩其身. 欲脩其身者 先正其心. 欲正其心者 先誠其意. 然則古之所謂正心誠意者 將以有爲也. 今也欲治其心 而外天下國家 滅其天常 子焉而不父其父 臣焉而不君其君 民焉而不事其事.

《대학(大學)》에서는 이렇게 말하고 있다.

"옛날, 하늘로부터 받은 명덕(明德)을 천하에 빛내고자 하는 사람은, 먼저 나라를 인의(仁義)의 도로써 다스렸다. 인의의 도로써 나라를 다스리고자 하는 사람은, 먼저 집안을 잘 다스려 질서를 세웠다. 집안을 잘 다스려 질서를 세우고자 하는 사람은, 먼저 자신을 훌륭하게 닦았다. 자신을 훌륭하게 닦고자 하는 사람은, 마음부터 바르게 가졌다. 마음을 바르게 가지고자 하는 사람은, 먼저 자신의 뜻을 성실히 하였다."

따라서 옛말에 이른, 마음을 거짓 없이 참되게 하는 자는 반드시 할 일이 있었다. 자신을 닦고, 집안을 바르게 세우며, 국가와 천하를 태평하게 하는 일이었다.

　그런데 오늘날 도가와 불가에서는, 마음을 닦으려면 천하와 국가의 큰일을 외면해야 한다 하여 인간으로서 누구나 지켜야 할 인륜 도덕을 없애 버려, 아들에게 아버지를 아버지로 섬기게 하지 않고, 신하에게 임금을 임금으로 섬기게 하지 않으며, 백성들에게 백성으로서 마땅히 해야 할 일을 하지 않고 저버리게 하고 있는 것이다. 그렇다면 과연 그들은 무엇을 위하여 몸을 닦는단 말인가.

【語義】傳:성인이 지은 글을 經이라 하고, 현인이 성인의 말씀을 해석하거나 지은 것을 傳이라 한다. 여기서는《大學》을 가리킨다. 대학은 원래《禮記》의 한 편이었다. 明德:인간이 태어날 때 하늘로부터 받은 인의예지(仁義禮智)의 도덕성. 誠意(성의):마음을 거짓 없이 참되게 함. 天常:영원불변의 도리로서, 인간으로서 마땅히 지켜야 할 윤리 도덕. 常은 언제 어디서나 통용되는 것을 말한다.

> 孔子之作春秋也　諸侯用夷禮　則夷之　夷而進於中國　則中國之. 經曰　夷狄之有君　不如諸夏之亡. 詩曰　戎狄是膺　荊舒是懲. 今也擧夷狄之法　而加之先王之敎之上. 幾何其不胥而爲夷也.

　공자께서《春秋》를 지으실 때, 중국의 제후라도 오랑캐의 예법을 쓰면 오랑캐로 기록하셨고, 비록 오랑캐라도 중화(中華)의 문화를 받아들이고 예를 본받으면 중국의 제후나 대부(大夫)로 기록하셨다.

　《論語》에, ‘오랑캐의 나라는 군주가 있더라도 문화가 낮고 예의를 모르므로, 중국의 제후국에 군주가 없느니만 못하다.'고 했다. 또《詩經》에는, '서쪽 오랑캐와 북쪽 오랑캐를 정벌하고, 예를 모르는 남쪽의 형(荊)과 서(舒)를 징계한다.'고 하였으니, 옛 성인들이 예를 모르는 것을 얼마나 미워했는지 넉넉히 알 수 있다.

그런데 요즘 사람들은 오랑캐의 법인 도교(道敎)와 불교(佛敎)를 옛 성왕의 가르침인 인의 도덕의 유교(儒敎) 위에 두려 하는 것이다. 이러고서야 장차 오랑캐가 되지 않을 사람이 얼마나 되겠는가.

【語義】 諸侯用夷禮(제후용이례):제후가 오랑캐의 예법을 사용함.《春秋》 희공(僖公) 27년에, '기자(杞子)가 와서 천자를 알현하다.'라고 씌어 있다.《春秋左氏傳》에, '기(杞)의 환공(桓公)이 와서 천자를 알현하다. 이례(夷禮:오랑캐의 예법)를 사용하다. 그래서 子라 한다.'고 씌어 있다. 제후(諸侯)의 신분이면서 오랑캐의 예법을 사용했으므로, 비난하여 子라한 것이다. 기(杞)는 후작(侯爵)이었는데, 자작(子爵)으로서 오랑캐와같은 취급을 받았다. 進於中國(진어중국):오랑캐가 진보하여 문화가발전된 중국의 예(禮)를 배움. 중국지(中國之):《春秋穀梁傳》文公 9년에, '초자(楚子:초나라의 왕)가 萩(추)로 하여금 온갖 선물을 가지고 예를 갖추어 천자를 알현하게 했다. 초(楚)에 대부(大夫)가 없는데,《春秋》에 萩를 기록한 것은 무슨 까닭일까? 예로써 천자를 알현하러 온 것을 가상히 여김이다.'라고 씌어 있다. 당시 楚는 남만(南蠻)이었는데, 스스로 왕이라 칭하고 있었다. 따라서 그 大夫는 주왕(周王:천자)으로부터 임명된 진짜 大夫는 아니었지만, 예(禮)로써 내조(來朝)했으므로, 그것을 가상히 여겨 大夫 취급을 하여 그 이름을 기록한 것이다. 經:《論語》를 가리킨다. 夷狄之有君 不如諸夏之亡(이적지유군 불여제하지무): 오랑캐에게 임금 있음이 중국에 임금 없음만 못함. 諸夏는 중화(中華).

諸는 多의 뜻. 亡은 無의 뜻일 때에는 무로 읽힌다. 예(禮)의 중요함을
강조하는 글이다.　詩:《詩經》을 가리킨다.　戎狄是膺 荊舒是懲(융적시
응 형서시징):서쪽 오랑캐와 북쪽 오랑캐를 정벌하고, 형(荊)과 서(舒)
를 징계함.《詩經》頌篇〈閟宮〉에 나오는 구절이다.　膺은 정벌하는 것.
荊은 초국(楚國).　舒는 그 이웃 나라로, 예를 모르는 야만국이었다.　夷
狄之法:오랑캐의 법. 도교(道敎)와 불교(佛敎)를 가리킨다.　先王之敎:
인의 도덕을 논한 유교(儒敎). 先王은 요·순·우·탕 및 주(周)나라의
문왕과 무왕을 가리킨다.　胥(서):이끌려 하나가 됨.

夫所謂先王之敎者何也.　博愛之謂仁 行而宜之之謂義.　由是
而之焉之謂道 足乎己無待於外之謂德.　其文詩書易春秋 其法
禮樂刑政 其民士農工賈 其位君臣父子師友賓主昆弟夫婦 其
服麻絲 其居宮室 其食粟米蔬果魚肉.　其爲道易明 其爲敎易
行也.

　대저 선왕(先王)의 가르침이란 것은 무엇을 말하는 것인가. 널리 사랑하
는 것을 인(仁)이라 하며, 행위가 인에 어긋나지 않는 것을 의(義)라 한다. 또
세상을 오로지 이 인과 의로 살아가는 것을 도(道)라 하고, 이 인의(仁義)
의 도를 행하는 것에 만족하여 그밖에 다른 것을 바라지 않는 것을 덕(德)
이라 한다.
　인의 도덕(仁義道德)의 가르침을 기록한 문장은《老子》나《佛經》이 아니
라《詩經》·《書經》·《易經》·《春秋》등의 유교의 경전이고, 인간이 지켜
야 할 법도는 예(禮)·악(樂)·형(刑)·정(政)이며, 성인이 정하신 인간의
신분은 사(士)·농(農)·공(工)·상(商)의 사민(四民)뿐으로, 도사나 중은
들어 있지 않다. 또 세상의 인간관계는 임금과 신하, 아버지와 아들, 스승

과 벗, 손님과 주인, 형과 아우, 남편과 아내의 여섯 가지이며, 사람이 걸쳐야 할 것은 베와 비단으로 짠 옷이며, 살아야 할 곳은 산속이나 절이 아니라 보통 집이다. 또 먹어야 할 것은 오곡을 주식으로 하여 그외에 채소와 과일·물고기·짐승의 고기 따위이다.

이 도는 도교나 불교와는 달리, 쉽고 명확할 뿐 아니라 그 가르침을 실천하기도 쉽다.

【語義】詩:《詩經》. 書:《書經》. 易:《易經》. 禮樂(예악):신분에 의해 정해진 행위의 도덕 형식을 禮라 하며, 사람의 마음을 순화시키며 인심을 융합, 조화시키는 것을 樂이라 한다. 이 두 가지는 문화(文化)를 의미한다. 刑:죄지은 자를 처벌하는 규칙. 政:백성을 지도하여 바르게 하는 정책(政策). 昆弟(곤제):형제. 昆은 형. 蔬果(소과):채소와 과일.

是故以之爲己 則順而祥. 以之爲人 則愛而公. 以之爲心 則和而平. 以之爲天下國家 無所處而不當. 是故生則得其情 死則盡其常. 郊焉而天神假 廟焉而人鬼享.

따라서 인의의 도로 자신을 다스리면 모든 것이 바른 도리에 부합되어 상서로울 것이다. 또 이 도로 사람을 다스리면 사람들을 널리 사랑하여 공평하게 될 것이다. 이 도로써 마음을 닦으면 마음이 온화하고 평화로울 것이다. 이 도로써 천하와 국가를 다스리면 어떤 일이든 하는 일마다 도리에 맞지 않는 일이 없을 것이다.

그런 까닭에 이 성인의 도를 따르면 살아서는 마음의 만족을 얻으며, 죽어서는 예(禮)를 따라 장례(葬禮)와 제례(祭禮)를 다하게 된다.

또한 이 도로써 천자가 하늘에 제사 지내면 천신이 강림(降臨)하여 복

을 내릴 것이며, 이 도로써 사당에 제사 지내면 조상께서 흠향하시고 기뻐
할 것이다.

【語義】 爲己:자신의 몸을 다스림. 祥(상):경사(慶事). 爲人:사람을 다스
림. 得其情:그 뜻을 얻음. 즉 만족하게 되는 것을 뜻한다. 常:상례(常
禮)로서, 장례(葬禮)와 제례(祭禮). 郊(교):동짓날에 남쪽 성밖에서 하
늘에 제사 지내는 禮. 천자의 禮. 假(가):至의 뜻으로, 이르다. 人鬼:
인간의 영혼. 죽은 사람의 영(靈). 享(향):흠향(歆饗)함. 신명(神明)이
제물을 받음. 운감(殞感).

> 日 斯道也何道也. 日 斯吾所謂道也. 非向所謂老與佛之道也.
> 堯以是傳之舜 舜以是傳之禹 禹以是傳之湯 湯以是傳之文武
> 周公 文武周公傳之孔子 孔子傳之孟軻. 軻之死不得其傳焉.
> 荀與揚也擇焉而不精. 語焉而不詳. 由周公而上 上而爲君. 故
> 其事行. 由周公而下 下而爲臣. 故其說長.

도교나 불교의 도와는 달리, 쉽고 명확할 뿐 아니라 그 가르침을 실천하
기 쉬운 이 도는 무슨 도인가? 바로 우리 유교(儒敎)의 도인 인의(仁義)의
도, 즉 인도(人道:사람의 도)를 가리키는 것으로, 앞서 말한 도교(道敎)나
불교(佛敎)의 도를 가리키는 것이 아니다.

유교의 도는 요제(堯帝)께서 순제(舜帝)에게, 순제께서는 우왕(禹王)에
게, 우왕께서는 탕왕(湯王)에게, 탕왕께서는 주(周)나라의 문왕(文王)·무
왕(武王)·주공(周公)에게, 문왕·무왕·주공께서는 공자(孔子)에게, 공자
께서는 맹자(孟子)에게 전하신 것으로, 맹자께서 돌아가신 뒤로는 이 도
를 전해 받을 사람이 없어 그 도통(道統)이 끊어지고 말았다. 후세에 순자

(荀子)·양웅(揚雄) 등의 대유(大儒)가 나와 이단의 도와 정도인 유교를 바르게 가렸지만, 그 의논이 순수하지 못하여 정통 유교를 계승하지는 못했다. 또 유교의 도를 설하기는 했어도 유교의 참된 도를 밝히지는 못했다.

유교의 도통을 이어오신 분들 가운데, 요·순·우·탕·문왕·무왕·주공께서는 임금의 자리에 계셨다. 따라서 몸소 인의의 도를 천하에 행하실 수가 있었다. 그러나 공자와 맹자께서는 성현이셨음에도 신(臣)의 자리에 계셔 그럴 기회가 없었다. 따라서 인의의 도를 후세에 길이 전하기 위하여 훌륭한 글을 많이 남기셨는데, 그 글이야말로 참으로 영구한 것이었다.

【語義】曰:자문자답(自問自答)의 형식을 취한 것이다. 斯道(사도):앞의 其爲道易明을 받은 것으로, 유가의 도를 가리킨다. 孟軻(맹가):공자 이후 유가의 정통(正統)을 이은 맹자(孟子)를 가리킨다. 전국시대의 철인(哲人)으로 산동성(山東省) 추현(雛縣)에서 출생하였다. 軻는 그의 이름이며, 字는 자여(子輿) 또는 자거(子車), 공자의 인(仁)의 사상을 발전시켜 인의예지(仁義禮智)의 네 가지 덕이 인간의 본성이라 하여 '성선설(性善說)'을 주장하고, 인의(仁義)에 바탕을 둔 왕도 정치(王道政治)를 주장하였다. 荀(순):전국시대의 유학자 순자(荀子)를 가리킨다. 이름은 황(況). 공자의 제자 중 예의를 강조한 자하(子夏)의 학파에 속하며, 맹자의 성선설에 대하여 '성악설(性惡說)'을 제창하였다. 형명법술(刑名法術)을 대성한 한비(韓非)는 그의 문하생임. 揚(양):전한(前漢)의 유학자 양웅(揚雄)을 가리킨다. 촉군(蜀郡) 성도(成都) 사람으로, 字는 자운(子雲). 대유(大儒)로서 문장에 능하여 작자 한유가 흠모하던 인물이다.《揚子法言》·《太玄》 등의 저서를 남겼다. 擇焉而不精(택언이부정):가리기는 하였으나 순수하지 못함. 순자(荀子)와 양웅(揚雄)이, 이단의 도와 정도(正道)인 유교를 가려서 볼 줄은 알았으나 유교의 참된 도리를 계승

하지는 못했다는 뜻이다. 즉 순자는 성악설에 치우쳤고, 양웅은 성선·
성악이 혼합된 설을 주장하여, 유가의 정통을 이은 맹자의 뒤를 따르지
않은 것을 뜻한다. 語焉而不詳(어언이불상):유교의 도를 설하기는 하
였으나, 유교의 참된 뜻을 밝히지는 못했음을 뜻한다. 由周公而上:주
공 이전의 분들. 上은 上代, 以前의 뜻. 周公을 君이라 한 것은, 조카인
성왕(成王)을 섭정(攝政)하면서 직접 인도(仁道)를 천하에 폈기 때문이
다. 故其說長:공자와 맹자는 성현이었으나 신하의 지위에 있었으므로,
직접 성인의 도를 펼 수 없어 글로써 길이 후세에 남겼음을 가리킨다.

然則如之何而可也. 曰 不塞不流. 不止不行. 人其人 火其書
廬其居. 明先王之道 以道之 鰥寡孤獨廢疾者有養也 其亦庶
乎其可也.

그렇다면 이 일을 어찌해야 좋단 말인가?
나는 말한다.
"이단의 도인 도교와 불교를 막지 않으면 성인의 도인 유교가 널리 퍼질
수 없다. 도사(道士)니 승려(僧侶)니 하는 자들이 행하는 짓을 멈추게 하지
않으면 성인의 도가 세상에 행해질 수 없다. 그러니 그들을 하루속히 세상
으로 다시 돌아오게 하여 보통 사람이 되게 하고, 노(老)·불(佛)에 관한
책들을 모조리 불사르고, 도관(道觀)과 사원(寺院)을 모두 일반 집으로 만
들어야 한다. 그리고 옛 선왕(先王)의 밝은 도로써 천하를 밝히고 세상 사
람들을 인도하며, 홀아비, 과부, 고아, 늙고 자식 없는 노인, 불구자 등을
따뜻이 보살펴 준다면, 그로써 성인의 인도(仁道:人道)에 가까워질 수 있
을 것이다."

【語義】不塞不流(불색불류):막지 아니하면 흐르지 않음. 도교와 불교를 막지 아니하면 유가의 도가 널리 퍼지지 않을 것이라는 뜻이다. 人其人: 도사(道士)니 승려(僧侶)니 하는 사람들을 다시 일반 사람이 되게 함. 其書:도교와 불교에 관한 책. 盧其居(여기거):도관(道觀)이나 사원(寺院)을 일반 주택으로 바꿈. 盧는 일반 사람들이 주거하는 집. 居는 도사나 승려들이 기거하는 곳. 즉 도관이나 사찰(寺刹). 道:導의 뜻으로, 인도하다. 鰥(환):홀아비. 寡(과):과부(寡婦). 孤(고):부모 없는 고아(孤兒). 獨(독):늙고 자식 없는 사람. 廢疾(폐질):불치의 병을 앓는 사람. 庶(서):거의 되려 함.

【解說】 인간의 道로서 유가(儒家)의 도덕을 추론(推論)하여, 老‧佛이 번성했던 당시의 풍토를 비판한 글이다. 이 글의 대의(大意)는 다음과 같다. 儒家의 仁義道德說은 본디 명확한 것이었다. 老子가 仁義를 작은 것으로 간주했지만, 그것은 한 사람의 개인적인 언설에 지나지 않는다. 어떻게 천하의 公言에 대적할 수 있겠는가. 孔子의 死後, 秦의 시황제가 유서(儒書)를 불태우고 유자(儒者)를 갱(坑)에 묻어 죽인 다음부터 유가(儒家)의 도(道)가 명확하지 않게 되었다. 道家가 먼저 소리 높여 외치자 佛家가 그 뒤를 이어, 老‧佛 사상이 漢‧魏‧六朝를 거치면서 점차 번성해져, 사람들은 道家가 아니면 佛家에 들어가는 상황이 되었다. 그 때문에 儒家의 說도 강하게 老‧佛의 영향을 받아, 사람들은 참된 仁義道德의 說을 배울 수 없게 되었다. 그러나 儒家의 道는 알기 쉽고 행하기 쉽다. 현실 생활에 가장 필요한 '생활을 위한 道'로, 요순(堯舜) 이래 선성 선철(先聖先哲)에 의해 전해져 온 道이다. 이것을 명확히 하고 널리 펴기 위해서는 老‧佛을 제거하지 않으면 안 된다는 것이다.

한퇴지(韓退之)의 문장으로는 비교적 쉬운 편으로, 논술이 정연(整

然)한 문장이라 하겠다. 특히 후세(後世) 송(宋)의 정자(程子)가 《禮記》
의 사상을 토대로 하여 《四書》의 하나인 《大學》을 만들기 전에, 《大學》
제1장의 내용을 설한 것은 한퇴지의 식견(識見)이라 할 수 있을 것이
다. 朱子가 《孟子集註》의 서설(序說)에, '韓子曰 堯以是傳之舜云云'이라
고 이 篇의 문장을 인용하고 있는 것도, 한퇴지가 당대(唐代) 儒家의 大
宗으로서 추앙받고 있었음을 나타내는 것이며, 이 篇이 후세에 미친 영
향을 나타내는 것이라 할 수 있을 것이다.

권지 9(卷之九)

론류(論類)

　《文體明辯》에, "字書에 論은 議라 했고, 《文心雕龍》에는, '論은 倫 (륜)으로, 여러 사람들의 말을 하나로 합해 조리를 세우고 중리(衆 理)를 찾는 것'이라 했다."고 씌어 있다. 《荀子》에는 天論·正論·禮 論·樂論이 있어서 논문(論文)의 시초를 이루고 있다. 論은 辯·議· 說·難·解·釋·原 등과 같은 종류로, 그 논문(論文) 형식에 차이 는 없다.

낙지론:중장통(樂志論:仲長統)

使居有良田廣宅 背山臨流 溝池環匝 竹木周布 場圃築前 果
園樹後. 舟車足以代步涉之難 使令足以息四體之役. 養親有
兼珍之膳 妻孥無苦身之勞. 良朋萃止 則陳酒肴以娛之. 嘉時
吉日 則烹羔豚以奉之. 躕躇畦苑. 遊戲平林 濯清水 追凉風
釣游鯉 弋高鴻風乎舞雩之下 詠歸高堂之上.

이 몸이 기거하는 곳은 좋은 밭이 딸린 넓은 집이다. 산을 등지고 시내
가 내려다보이는 곳으로, 도랑과 못이 집 주위에 빙 둘러 있고, 대나무와
나무들이 죽 벌려 서 있으며, 집 앞에는 타작마당과 채소밭이, 집 뒤에는
과수원이 있다.

수레와 배가 길을 걷고 물을 건너는 수고로움을 대신하고, 심부름하는
아이들이 번거로운 잔일을 모두 해 주니, 이 한 몸은 편하기만 하다. 부모
님을 봉양하는 데에 갖가지 진미(珍味)로 하고, 아내와 자식들이 농사일에
힘쓰는 일 없이 편안하다.

좋은 벗들이 모이면 술과 안주를 벌여 놓고 즐거워하고, 명절과 매월 초
하루에는 새끼 양과 돼지를 잡아 제사를 받든다.

밭이랑과 동산을 홀로 거닐기도 하고, 숲속에서 놀기도 하며, 맑은 물에
나아가 손발을 씻기도 하고, 서늘한 바람을 따라가기도 하며, 물속에서 뛰
노는 잉어를 낚기도 하고, 높이 나는 큰기러기에 주살질도 하며, 또 때로
는 증석(曾晳)의 말처럼 기우제(祈雨祭)를 지내는 제단 아래에서 바람을 쐬
고, 시를 읊으며 높은 당(堂)으로 돌아오기도 한다.

【語義】環匝(환잡):고리처럼 둘려 있음. 匝은 둘레의 뜻. 周布(주포):두루

퍼져 있음. 場圃(장포):場은 농사철에는 밭이 되고 추수 때에는 타작마당이 되는 곳. 圃는 채소나 과일을 심는 밭. 채마밭. 步涉(보섭):길을 걷고, 물을 건너는 것. 使令(사령):일을 시킴. 轉하여 피고용인(被顧用人), 심부름꾼. 四體:사지(四肢). 신체(身體). 兼珍之膳(겸진지선):진미(珍味)를 곁들인 음식. 膳은 음식·요리. 妻孥(처노):아내와 아이들. 처자(妻子). 萃(췌):聚의 뜻으로, 모이는 것. 肴(효):안주. 嘉時吉日(가시길일):좋은 때와 좋은 날. 축제일(祝祭日). 嘉時는 단오(端午)·칠석(七夕) 등의 이름 있는 날이며, 吉日은 보통 매월 초하루로, 제사 지내는 날이다. 烹(팽):삶음. 요리하는 것을 뜻한다. 羔(고):새끼 양. 躊躇(주저):나아가지 못하고 머뭇거림. 여기서는 아무 목적 없이 소요하는 것을 뜻한다. 畦苑(휴원):밭이랑과 동산. 平林:평지에 있는 숲. 弋(익):주살질. 주살은 오늬 화살의 머리를 시위에 끼도록 에어낸 부분에 줄을 매어 쏘는 화살. 高鴻(고홍):하늘 높이 나는 큰기러기. 風乎舞雩之下(풍호무우지하):기우제(祈雨祭)를 지내는 단(壇) 아래에서 바람을 쐼. 유유자적한 생활을 뜻한다. 舞雩는 기우제를 지낼 때에 춤을 추는 제단(祭壇).《論語》先進篇에 다음과 같은 이야기가 실려 있다. 공자가 여러 제자에게, '만약 등용(登用)된다면 어떤 일을 하겠느냐?'고 물었다. 이에 증석(曾晳)이 이렇게 대답했다. '늦은 봄철에 새로 지은 봄옷을 꺼내 입고, 친구 몇이서 젊은이들 몇을 데리고 기수(沂水) 맑은 물에 가 목욕한 다음, 무우대(舞雩臺) 언덕에 올라 바람이나 쐬며 한가히 거닐다가,《詩經》의 구절이나 읊조리면서 돌아왔으면 합니다(莫春者 春服旣成 冠者五六人 童子六七人 浴乎沂 風乎舞雩 詠而歸).'

安神閨房 思老氏之玄虛. 呼吸精和 求至人之彷彿. 與達者數
子 論道講書 俯仰二儀 錯綜人物. 彈南風之雅操 發淸商之妙
曲. 逍遙一世之上 睥睨天地之閒. 不受當時之責 永保性命之
期. 如是則可以凌霄漢 出宇宙之外矣. 豈羨夫入帝王之門哉.

깊숙한 규방(閨房)에 앉아 마음을 가다듬듯 정신을 편안하게 하고, 노자
(老子)의 무허(無虛)와 무위자연(無爲自然)의 도를 생각한다. 천지의 정기
(精氣)를 들이마시고 뱃속의 더러운 기를 토하여 영원의 생명을 기르며, 지
극한 경지에 이른 지인(至人)을 닮고자 애쓴다.

때로는 도리에 통달한 사람들과 더불어 도를 논하고 경서(經書)를 강론
하며, 천지 음양을 살펴 만물의 이치를 살피고, 고금(古今)의 여러 인물을
한데 모아 평(評)하기도 한다. 또 금(琴)을 안고 순(舜)임금의 고상한 〈南
風詩〉를 타기도 하며, 오음(五音) 가운데 가장 맑고 가벼운 상(商)음의 미
묘한 곡조를 내기도 한다.

어지러운 세상을 초월하여 유유히 소요(逍遙)하며, 하늘과 땅 사이의 온
갖 잡다한 일들을 무심히 바라보며, 시국에 관한 정치 교육의 책임을 져야
하는 관직을 받지 않고, 하늘로부터 받은 성정(性情)을 즐기면서 주어진 천
명(天命)을 다한다.

누구든지 이와 같이 한다면, 하늘의 은하수를 넘어 우주 밖으로 나가, 다
함 없는 즐거움과 삶을 누리게 될 것이다. 어찌 벼슬길에 올라 조정에 나
아가는 것을 부러워하겠는가.

【語義】 安神:정신을 편안하게 함. 閨房(규방):깊숙한 방. 내실(內室). 老
氏之玄虛(노씨지현허):老氏는 노자(老子)를 가리킨다. 玄虛는 노자의
허무(虛無)와 무위자연(無爲自然)의 도를 가리킨다. 呼吸精和(호흡정

화):精和는 천지만물의 생명 본질인 음양을 조화한 기운. 뱃속의 더러운 기운을 토해 버리고 천지의 신선한 정기(精氣)를 들이마시는 것을 가리킨다. 도교(道敎)의 양생법(養生法)이다.   至人(지인):도가(道家)에서 말하는 최고의 이상적인 인간으로, 진인(眞人) 또는 신인(神人)이라고도 한다. 무위자연(無爲自然)의 극치에 이른 사람을 뜻한다.   彷彿(방불):거의 비슷함.   達者(달자):도에 통달한 사람.   二儀(이의):음양(陰陽), 즉 천지(天地)를 가리킨다. 儀는 법칙.   錯綜(착종):錯은 뒤섞이는 것. 綜은 하나로 모으는 것. 고금(古今)의 여러 인물을 한데 모아 평(評)하는 것을 뜻한다.   南風之雅操(남풍지아조):남풍의 고상한 곡조를 탐. 南風은 순(舜)임금이 지은 시(詩). 雅는 고상한 것. 操는 곡(曲).《孔子家語》에, '순(舜)임금이 오현의 금(琴)을 타며 남풍시(南風詩)를 지었다.'고 하였다.   淸商(청상):商은 궁(宮)·상(商)·각(角)·치(徵)·우(羽)의 오음(五音) 가운데 하나인데, 오음 중에서 가장 맑고 가벼운 음을 내므로 淸商이라 한 것이다.   逍遙(소요):목적 없이 서성이는 것.   睥睨(비예):흘겨봄. 속세의 잡다한 일에 관계하지 않고, 무심하다는 뜻이다.   當時之責(당시지책):그 시대의 정치나 교육에 대한 책임. 관직에 있는 자가 져야 할 시국(時局)에 관한 책임.   性命之期(성명지기):하늘로부터 받은 생명의 기한. 性은 태어나면서부터 가지고 있는 것. 命은 하늘의 명령. 운명적으로 이미 정해진 수명.   凌(릉):넘다. 건너다.   霄漢(소한):하늘. 霄는 하늘, 漢은 은하수.   羨(선):부러워함.   帝王之門(제왕지문):조정 (朝廷)을 가리킨다.

【解說】 후한(後漢)의 중장통(仲長統)은, 주군(州郡)에서 관직을 주려 할 때마다 병을 핑계하여 나아가지 않았다. 그리고 언제나 스스로, '무릇 제왕(帝王)과 노는 자는 출세하여 이름을 떨치려 할 뿐. 그러나 이름은 언

제까지나 존재하지 않고 인생은 멸(滅)하기 쉽다. 우유언앙(優游偃仰: 자기 마음대로 한가로이 지내는 것)하여 자신의 뜻을 즐기는 것이 좋으리라.'고 생각했다.

자신의 뜻을 즐기는 기쁨을 논하면서 조정에 출사하기를 원하지 않았던 중장통의 사상은, 유가(儒家)의 修己治人 治國平天下의 가르침에 맞지 않는, 다분히 개성 존중의 자유만을 중요하게 생각하는 사상이다. 후한(後漢) 때에는 이와 같은 遊士를 고결(高潔)하게 생각하는 경향이 있었다. 그리하여 후한 말(後漢末)의 名士의 風流가 생겨났던 것이다. 이것이 사상적으로는 老·莊의 영향인 일종의 낭만주의임은 이 〈樂志論〉에도 잘 나타나 있다. 〈樂志論〉은 간결하고 수식이 적은 단문(短文)이다. 고사(故事)를 사용한 句가 몇 군데 있으나, 문장은 화려하지 않다. 오히려 솔직한 편으로, 그 때문에 더욱 의미가 깊어지는 듯하다.

과진론:가의(過秦論:賈誼)

> 秦孝公據崤函之固 擁雍州之地 君臣固守以窺周室. 有席捲天
> 下包擧宇內 囊括四海之意 并呑八荒之心.

진(秦)나라는 효공(孝公) 때에 이르러 국력이 강대해지자, 천연의 요해
지(要害地)인 효산(崤山)과 함곡관(函谷關)에 웅거하여 관중(關中)의 요해
지 옹주(雍州)를 안고서, 임금과 신하가 굳게 뭉쳐 나라를 지키며 천자의
나라인 주(周)나라 왕실을 엿보았다. 자리를 말듯 한쪽 끝에서부터 차례로
천하를 평정하여 보자기로 싸듯 천하를 몽땅 차지하고, 자루 속에 물건을
주워 담고 그 주둥이를 잡아매듯 사해(四海)를 몽땅 제 것으로 하여 팔방
(八方)의 멀고 너른 저 끝까지 집어삼킬 마음이 있었던 것이다.

【語義】 秦孝公(진효공):진시황(秦始皇)의 6代祖. 진(秦)나라는 孝公 때에
　　이르러 강대해져, 그 결과 6代後 진시황 때에는 천하를 통일하게 되
　　었다.　崤函(효함):효산(崤山)과 함곡관(函谷關). 모두 지세가 험악한
　　천연의 요해지(要害地)이다.　雍州(옹주):섬서성(陝西省)의 관중(關中)
　　땅. 요해지이다.　席捲(석권):자리를 말아 올리는 것처럼 한쪽 끝에서
　　부터 차근차근 다스려가는 것. 천하를 정복하는 일에 비유된다.　包擧
　　(포거):싸서 들어 올림. 몽땅 차지함.　宇內(우내) 천하. 세계.　囊括(낭
　　괄):자루 속에 담아 주둥이를 잡아맴. 남김없이 거두어 가지는 것을 말
　　한다.　四海:천하.　并呑(병탄):집어삼킴.　八荒(팔황):팔방(八方)의 멀
　　고 너른 범위. 팔굉(八紘).

當是時也 商君佐之. 內立法度 務耕織脩守戰之具 外連衡而
鬪諸侯. 於是秦人拱手而取西河之外. 孝公旣沒 惠文武昭襄
蒙故業因遺策 南取漢中 西擧巴蜀 東割膏腴之地 北收要害之
郡. 諸侯恐懼 會盟而謀弱秦. 不愛珍器重寶肥饒之地 以致天
下之士. 合從締交 相與爲一.

그러한 때에, 법가(法家)인 공손앙(公孫鞅)이 효공에게 출사(出仕)하여
진나라를 도왔다. 진나라는, 안으로는 법과 제도를 정비하여 백성들로 하
여금 농사일과 베 짜기에 힘쓰게 하며 성을 쌓고 군비를 준비하는 등 부국
강병책(富國強兵策)을 썼고, 밖으로는 육국연횡책(六國連衡策)을 써 진나
라를 보호하는 동시에 그들 여섯 나라로 하여금 서로 다투게 하였다.

그리하여 진나라 사람들은 팔짱을 낀 채 아무 수고도 기울이지 않고 서
하(西河)의 밖을 차지하였다. 효공이 죽은 뒤에는, 혜문왕(惠文王) · 무왕
(武王) · 소양왕(昭襄王) 등이 효공의 옛 사업을 이어받아 효공이 남긴 정
책에 따라 남쪽으로는 촉(蜀)나라의 땅 한중(漢中)을 빼앗고, 서쪽으로는
파촉(巴蜀)을 깨뜨리고, 동쪽으로는 위(魏)의 기름진 땅을 베어 가졌고, 북
쪽으로는 요해처(要害處)가 되는 여러 군(郡)을 손아귀에 넣었다. 급기야
여러 제후들은 진나라를 크게 두려워하여 모두 동맹을 맺고, 갈수록 강대
해지는 진나라를 약화시킬 방법을 논의하였다. 그리하여 갖가지 진기한 기
물(器物)과 중요한 보물을 아끼지 않고 산물(産物)이 많은 기름진 땅까지
아낌없이 버리며, 천하의 훌륭한 재사(才士)들을 모으기에 힘썼다. 그리고
진나라를 섬기자던 먼저의 연횡책을 버리고, 합종책(合縱策)으로 진나라
에 대항하자는 동맹을 맺어, 위(魏) · 한(韓) · 연(燕) · 제(齊) · 조(趙) · 초
(楚)의 여섯 나라가 하나로 뭉쳤다.

【語義】 商君:춘추시대(春秋時代) 위(衛)나라의 공손앙(公孫鞅). 법가(法家)의 한 사람으로, 진(秦)의 효공(孝公)에게 출사(出仕)하여 상(商)에 봉해졌으므로, 상군(商君)이라 한다. 상앙(商鞅)이라고도 함. 外連衡(외연횡):외교상으로 연횡책(連衡策)을 씀. 衡은 橫과 仝字. 西方에 있는 강국(强國) 진(秦)에 대하여 그 東方에 종(縱)으로 늘어서 있는 한(韓)·위(魏)·연(燕)·조(趙)·제(齊)·초(楚)의 여섯 나라가 각각 秦과 횡(橫)의 동맹을 맺어, 秦의 보호에 의해서 안전을 유지하려는 방책을 連衡이라고 한다. 이 連衡策은 秦의 장의(張儀)가 주장한 외교론인데, 이것은 六國 사이를 불화(不和)하게 하여, 서로 싸우게 하려는 술책이다. 그러므로 而鬪諸侯라 한 것이다. 제후(諸侯)란 六國을 가리킨다. 拱手(공수):팔짱을 낌. 곧 하는 일 없이 가만히 앉아 있는 것을 뜻한다. 惠文(혜문)·武(무)·昭襄(소양):혜문왕(惠文王)은 효공(孝公)의 아들이며, 무왕(武王)은 혜문왕의 아들이며, 소양왕(昭襄王)은 무왕의 아우이다. 蒙故業(몽고업):선조(先祖)의 사업을 이어받음. 遺策(유책):효공이 남긴 정책(政策). 漢中:촉(蜀)의 땅. 擧:깨뜨리다. 차지하다. 膏腴(고유):비옥한 땅. 要害(요해):요해처(要害處). 지세(地勢)가 험준한 곳으로, 아군이 수비하기에는 좋으나 적군이 공격하기에는 나쁜 곳. 會盟(회맹):제후들이 회합(會合)하여 동맹(同盟)을 맺음. 盟은 희생(犧牲)으로 바친 피를 마시며 신명(神明)에게 장래에 위약을 하지 않겠다고 고하여 맹세하는 것. 肥饒(비요):땅이 기름지고 산물(産物)이 많음. 合從(합종):從은 縱과 같다. 한(韓)·위(魏)·조(趙)·연(燕)·초(楚)·제(齊)의 여섯 나라가 동맹을 맺어 서쪽의 강대국 진(秦)나라에 대항하라는, 소진(蘇秦)의 합종책(合縱策)을 가리킨다. 締交(체교):외교를 맺음. 相與爲一(상여위일):서로 더불어 하나가 됨. 일치단결함.

當此之時 齊有孟嘗 趙有平原 楚有春申 魏有信陵. 此四君者
皆明智而忠信 寬厚而愛人 尊賢而重士. 約從離衡 兼韓魏燕
趙宋衛中山之衆.

그때 제(齊)나라에는 맹상군(孟嘗君)이, 조(趙)나라에는 평원군(平原君)이, 초(楚)나라에는 춘신군(春申君)이, 위(魏)나라에는 신릉군(信陵君)이 있었다. 그 네 사람은 모두 총명하고 지혜로우며 충성스럽고 믿음직한 사람들로서, 마음이 너그럽고 두터워 사람을 사랑할 줄 알고, 현인을 존경하며 선비를 중히 여겼다. 그리하여 그들은 합종(合縱)을 약속하여 연횡(連衡)을 버리고, 서쪽의 강국 진(秦)에 대항하기 위해 한(韓) · 위(魏) · 연(燕) · 조(趙) · 송(宋) · 위(衛) · 중산(中山)의 병사를 연합하였다.

【語義】孟嘗(맹상):맹상군(孟嘗君)을 가리킨다. 姓은 田, 이름은 文. 제(齊)나라 선왕(宣王)의 이복동생. 〈讀孟嘗君傳〉을 참조할 것. 平原:조(趙)나라 무령왕(武靈王)의 아우 평원군(平原君)을 가리킨다. 姓은 趙, 이름은 勝. 春申:춘신군(春申君). 姓은 黃, 이름은 헐(歇). 초(楚)나라 고열왕(考烈王)이 춘신군으로 봉하였다. 信陵(신릉):위(魏)나라 안리왕(安釐王)의 이복동생 신릉군(信陵君)을 가리킨다. 姓은 魏, 이름은 無忌. 約從離衡(약종리횡):從은 합종책(合縱策), 衡은 연횡책(連衡策). 위(魏) · 한(韓) · 제(齊) · 초(楚) · 연(燕) · 조(趙)의 여섯 나라가 연횡책을 버리고 동맹을 맺어, 강대한 진(秦)나라에 대항하게 된 것을 말한다. 宋(송) · 衛(위) · 中山(중산):전국시대(戰國時代)의 약소국들이다. 앞의 여섯 나라와 진(秦)을 합쳐 전국칠웅(戰國七雄)이라 한다.

於是六國之士 有甯越徐尙蘇秦杜赫之屬爲之謀 齊明周最陳
軫召滑樓緩翟景蘇厲樂毅之徒通其意 吳起孫臏帶佗兒良王
廖田忌廉頗 趙奢之朋制其兵. 嘗以什倍之地 百萬之衆 仰關
而攻秦. 秦人開關而延敵. 九國之師 遁逃而不敢進. 秦無亡
矢遺鏃之費 而天下諸侯已困矣.

또 그때 여섯 나라의 인재로는, 영월(甯越)·서상(徐尙)·소진(蘇秦)·
두혁(杜赫) 등이 있어 계략을 세웠고, 제명(齊明)·주최(周最)·진진(陳
軫)·소활(召滑)·누완(樓緩)·적경(翟景)·소려(蘇厲)·악의(樂毅) 등이
있어 그들이 천하를 유세(遊說)하여 서로의 뜻을 통하게 하였으며, 오기
(吳起)·손빈(孫臏)·대타(帶佗)·아량(兒良)·왕료(王廖)·전기(田忌)·
염파(廉頗)·조사(趙奢) 등의 병법가(兵法家)가 있어 군사를 다스렸다. 그
리하여 진나라의 열 배가 되는 땅과 백만이나 되는 대군을 가지고, 함곡관
(函谷關)을 기어오르며, 진나라를 쳤다. 그런데 진나라 병사들이 함곡관을
활짝 열고 적군을 끌어들이니, 한·위·연·조·초·제·위·송·중산의
아홉 나라 병사들은 겁을 먹고 달아나기 바빠 감히 앞으로 나아가지 못했
다. 마침내 진나라는 화살 한 대 화살촉 하나 허비하지 않고, 천하의 제후
들을 곤궁에 몰아넣게 되었다.

【語義】甯越(영월):조(趙)나라 사람. 甯은 寧과 소字. 徐尙(서상):사람 이
　　름으로, 어떠한 인물인지에 대해서는 자세하지 않다. 蘇秦(소진):낙양
　　(洛陽) 사람으로서, 육국 합종설(六國合縱說)을 주장했다. 杜赫(두혁):
　　주(周)나라 사람. 齊明(제명):동주(東周)의 신하로, 후에 진(秦)·초(楚)
　　및 한(韓)에 출사(出仕)했다. 周最(주최):주(周)의 공자(公子)로서, 제(齊)
　　나라에서 벼슬하였다. 陳軫(진진):하(夏)나라 사람으로, 처음에는 진(秦)

에 출사하였으나, 버리고 초(楚)나라에서 벼슬하였다. 김활(召滑):초왕
(楚王)의 신하. 樓緩(누완):위(魏)나라의 대신. 翟景(적경):인명(人名)
으로, 자세한 것은 미상(未詳)이다. 蘇厲(소려):소진(蘇秦)의 아우. 樂
毅(악의):연(燕)나라 소왕(昭王)의 신하. 吳起(오기):위(衛)나라 사람으
로, 병서(兵書)《吳子》를 남긴 병법가(兵法家). 孫臏(손빈):손무(孫武)
의 자손으로, 제(齊)나라의 병법가. 帶佗(대타):인명(人名)으로, 자세한
것은 미상(未詳). 兒良(아량)·王廖(왕료):《呂氏春秋》에 의하면, 두 사
람 모두 천하의 호사(豪士)라 한다. 田忌(전기):제(齊)나라의 장수. 손
빈(孫臏)을 기용하여 많은 전공(戰功)을 세웠다. 廉頗(염파):조(趙)나
라의 명장(名將). 趙奢(조사):조(趙)나라의 장수. 仰關(앙관):《史記》에
는 叩關으로 되어 있다. 진(秦)나라 땅은 높기 때문에, 관중(關中)을 공
격하려는 제후(諸侯)의 병사들은 모두 올려다보아야 했다. 그래서 仰
關(함곡관을 올려다봄)이라 한 것이다. 延敵(연적):적을 끌어들임. 九
國:韓·魏·楚·齊·燕·趙의 여섯 나라와 衛·宋·中山의 세 나라.
亡:失의 뜻으로, 잃다. 遺(유):棄의 뜻으로, 잃거나 내버리는 것. 鏃
(족):화살촉.

於是從散約解 爭割地而賂秦. 秦有餘力 而制其弊. 追亡逐北
伏尸百萬 流血漂櫓. 因利乘便 宰制天下 分裂河山. 彊國請
伏 弱國入朝.

일이 그에 이르니, 합종(合縱)의 꿈이 흩어지고 동맹(同盟)의 언약도 깨
졌으며, 제후들은 앞을 다투어 땅을 베어 내어 진나라에 바치느라 야단이
었다. 더욱 강대해진 진나라는 그 여세를 몰아 쇠약해진 아홉 나라를 짓밟
고 잔병을 추격하여 잡아 죽이니, 엎어져 죽은 시체가 백만이 넘었고, 흐르

는 피가 강을 이루어 큰 방패가 떠다녔다.

　진나라는 자기네의 실속을 따져 편리한 대로, 입맛에 맞게 고기를 요리하듯 천하를 마음대로 주물러, 제후국(諸侯國)의 산하를 갈갈이 찢어 놓으니, 강한 제후국은 항복을 청하고, 약한 제후국은 신하의 예를 갖추어 진나라 조정에 들어가게 되었다.

【語義】 從散約解(종산약해):합종책(合縱策)은 사라지고 동맹(同盟)은 깨짐.　賂(뢰):뇌물을 바침.　制其弊(제기폐):쇠약해진 틈을 타 마음대로 지배함.　追亡逐北(추망축배):패망한 잔병을 추격하고 쫓음.　漂櫓(표로):큰 방패가 떠다님. 櫓는 배를 젓는 노를 뜻할 때도 있다.　宰制(재제):하고 싶은 대로 처리함. 宰는 칼을 가지고 고기를 저며 마음대로 요리하는 것, 또는 그 사람.　彊(강):强과 같은 뜻.　入朝(입조):신하의 예로써 진나라를 받드는 것을 뜻한다.

施及孝文王莊襄王 享國日淺 國家無事. 及至始皇 奮六世之
餘烈 振長策而馭宇內. 呑二周而亡諸侯 履至尊而制六合. 執
敲扑以鞭笞天下 威振四海. 南取百粵之地 以爲桂林象郡. 百
粵之君 俛首係頸 委命下吏.

　이어 효문왕(孝文王)과 장양왕(莊襄王) 때에는, 두 왕 모두 제위(帝位)에 올라 얼마 있지 못했기 때문에, 그런대로 천하가 태평하였다. 그런데 그 뒤 시황제(始皇帝) 때에 이르자, 시황제는 효공(孝公)·혜문왕(惠文王)·무왕(武王)·소양왕(昭襄王)·효문왕(孝文王)·장양왕(莊襄王) 등 여섯 선왕의 유업(遺業)을 받들고 일어나, 긴 채찍을 휘두르며 말을 몰듯 천하를 제어(制御)하였다. 천자의 나라로서 명맥을 이어 오던 동주(東周)와 서주(西周)

를 집어삼키고 여러 제후를 목 베었으며, 스스로 천자의 자리에 올라 시황제(始皇帝)라 칭하고 천하를 호령하였다. 짧은 회초리, 긴 매 등 여러 형구(刑具)를 고루 갖추고 온 세상 사람들을 태장질 하니, 진나라의 위세(威勢)는 사해(四海)의 밖까지 떨쳐졌다. 그리고 남쪽의 백월(百粵)의 땅을 짓밟아 계림군(桂林郡)과 상군(象郡)의 두 군(郡)으로 만드니, 백월의 임금은 머리를 떨구고 목에 줄을 걸고 와 자신의 목숨을 진나라의 하찮은 옥리(獄吏)에게 맡기게 되었다.

【語義】 施(이):延의 뜻으로, 나아가서 또는 이어서. 享國(향국):나라를 물려받음. 日淺(일천):제위(帝位)에 올라 얼마 있지 못한 것을 가리킨다. 소양왕(昭襄王)이 죽자 그의 아들 효문제(孝文帝)가 帝位를 물려받았다. 그러나 탈상(脫喪)한 지 3일 만에 죽었으므로 그의 아들 장양왕(莊襄王)이 帝位에 올랐는데, 그도 4년 후에 죽고, 그 뒤에 시황(始皇)이 즉위했다. 六世:孝公 · 惠文王 · 武王 · 昭襄王 · 孝文王 · 莊襄王. 餘烈:선조들이 남긴 사업(事業). 烈은 業의 뜻. 長策(장책):긴 채찍. 馭宇內(어우내):말을 부리듯 천하를 제어함. 呑二周(탄이주):呑은 집어삼키는 것. 병탄(倂呑). 二周는 東周와 西周. 周의 孝王은 동생인 환공(桓公)을 하남(河南)에 봉(封)하여 東周君으로 하고 낙도(洛都)를 西周로 하였는데, 시황(始皇)이 두 周를 멸망시키고 三川郡으로 했다. 至尊(지존):천자(天子)의 위(位)를 가리킨다. 六合:천지사방(天地四方). 敲扑(고복):敲는 짧은 회초리. 扑은 긴 매. 곧 형구(刑具)를 뜻한다. 鞭笞(편태):鞭은 채찍, 또는 채찍질. 笞는 매질하는 것. 형벌을 내리는 것을 뜻한다. 百粵(백월):粵은 越과 仝字. 남쪽에 있는 廣東 · 廣西 · 安南의 땅을 가리킨다. 桂林象郡(계림상군):진시황이 남쪽 백월(百越)의 땅을 빼앗고, 그 땅을 계림군(桂林郡)과 상군(象郡)이라 명명(命名)하였다. 俛

首係頸(부수계경):머리를 숙이고, 목에 줄을 겲. 俛는 勉과 仝字로 쓰여 면으로 읽힐 때도 있다. 약한 제후들이 진시황이 내릴 벌을 기다리는 것을 가리킨다. 委命下吏(위명하리):목숨을 하찮은 옥리(獄吏)에게 맡김.

> 乃使蒙恬北築長城而守藩籬. 卻匈奴七百餘里. 胡人不敢南下
> 而牧馬 士不敢彎弓而報怨.

진나라는 장수 몽염(蒙恬)을 시켜 북쪽에 만리장성(萬里長城)을 쌓아 울타리를 지키게 하고, 흉노(匈奴)를 북쪽 국경의 칠백여 리 밖으로 몰아내었다. 오랑캐들은 감히 남쪽으로 내려와 말을 먹이지 못했고, 흉노의 병사들은 감히 활을 당겨 진나라에 원수를 갚으려는 생각을 하지 못했다.

【語義】 蒙恬(몽염):진(秦)나라의 장수. 선조(先祖)는 제(齊)나라 사람. 시황제(始皇帝) 26년에 진나라 장수가 되어 제(齊)를 공격, 크게 이긴 공(功)으로 내사(內史)가 되었다. 秦은 이 때 천하를 통일했으므로, 몽염으로 하여금 30만 병사를 이끌고 북방(北方)의 융적(戎狄)을 쫓아 버리고, 河南을 장악하게 하여 만리장성(萬里長城)을 쌓도록 했다. 만리장성은 임조(臨洮)에서부터 시작되어 요동(遼東)에 이르는, 길이 만여리(里)의 성벽으로, 그 위력(威力)은 흉노(匈奴)를 두려움에 떨게 하였다. 藩籬(번리):울타리. 卻(각):물러나다, 또는 물리치다. 郤(극)은 다른 字이니 주의할 것. 郤은 틈을 뜻한다. 士:오랑캐의 병사. 즉 흉노의 병사. 彎弓(만궁):활에 화살을 메겨 당김. 報怨(보원):원한을 갚음.

> 於是廢先王之道 燔百家之言 以愚黔首. 墮名城 殺豪俊 收天
> 下之兵 聚之咸陽 銷鋒鏑 鑄以爲金人十二 以弱天下之民.

이에 진시황은, 옛 성왕(聖王)의 인의(仁義)의 도를 폐하고 백가(百家)의
학자들이 남긴 모든 책을 몽땅 불살라, 백성들을 어리석게 만들었다. 뿐만
아니라 만일의 후환을 없애기 위해, 곳곳의 이름 있는 성들을 헐어 버리고,
천하의 호걸과 준사를 닥치는 대로 잡아다 죽이며, 모든 병기를 함양(咸
陽)으로 거두어 들여 창끝과 화살촉을 녹여 금상(金像) 열두 개를 만들어,
누구도 진나라에 반항하지 못하도록 천하의 백성들을 약하게 만들었다.

【語義】廢先王之道(폐선왕지도):성왕(聖王)의 인의(仁義)의 도를 폐함. 燔
百家之言(번백가지언):백가(百家)의 서적을 불사름. 黔首(검수):벼슬
이 없는 일반 백성을 가리킨다. 관을 쓰지 않아 검은 머리를 드러내고
있다는 뜻. 墮名城(휴명성):이름 있는 성을 무너뜨림. 殺豪俊(살호준):
호걸과 뛰어난 재주를 지닌 사람들을 죽임. 天下之兵:천하의 병기(兵
器). 銷鋒鏑(소봉적):창끝과 화살촉을 녹임. 鏑은 숟가락·열쇠 등의
뜻으로 쓰일 때에는 '시'로 읽힌다. 弱天下之民:천하의 백성들을 약하
게 함. 진시황이 후환을 없애기 위해 그런 것이다.

> 然後踐華爲城 因河爲池 據億丈之城 臨不測之谿 以爲固. 良
> 將勁弩 守要害之處 信臣精卒 陳利兵而誰何. 天下已定 始皇
> 之心 自以爲關中之固 金城千里 子孫帝王 萬世之業也.

그런 다음 화산(華山) 마루에 성곽을 쌓고 황하(黃河)의 물줄기를 끌어
들여 못을 파 함양(咸陽)의 방비를 꾀하고, 억 길이나 되는 화산 꼭대기에
자리한 성곽에 의지하여 깊이를 헤아릴 수 없는 깊은 계곡을 굽어보며 방
비를 굳게 했다. 또 우수한 장수를 가려 센 쇠뇌〔强弩〕로 요해처(要害處)를
지키게 하고, 믿을 만한 신하와 잘 훈련된 병사들에게 날카로운 창칼을 주

어 그곳을 지나는 사람들을 엄중하게 심문하도록 하였다.

　이렇듯 천하가 평정되고, 함곡관 안의 방비가 튼튼하며 철벽같은 성곽
이 천 리에 이르렀으므로, 시황제는 자손만대(子孫萬代)에까지 제왕의 업
을 이어 가리라 굳게 믿었다.

【語義】踐華爲城(천화위성):화산(華山)을 밟고 성을 쌓음. 華는 오악(五嶽)
　　의 하나인 화산(華山). 화산 위에다 성을 쌓은 것을 가리킨다.　因河爲
　　池(인하위지):河는 황하(黃河). 황하를 이용하여 성의 주위에 못을 팜.
　　큰 산과 강을 이용하여 함양(咸陽)의 방비를 도모한 것을 가리킨다.　億
　　丈之城(억장지성):억 길이나 되는 높은 곳에 위치한 성.　不測之谿(불측
　　지계):깊이를 헤아릴 수 없을 만큼 깊은 계곡. 谿는 원래 溪와 수字로,
　　시내.　勁弩(경노):센 쇠뇌. 강노(强弩).　信臣精卒(신신정졸):믿음직
　　한 신하와 우수한 병사.　利兵:예리한 병기.　金城:철벽같이 단단한 성.

始皇旣沒　餘威震于殊俗. 然而陳涉甕牖繩樞之子　甿隷之人
而遷徙之徒也. 材能不及中庸 非有仲尼墨翟之賢 陶朱猗頓之
富. 躡足行伍之閒 俛起阡陌之中 率疲散之卒 將數百之衆 轉
而攻秦. 斬木爲兵 揭竿爲旗. 天下雲會而響應 贏粮而景從.
山東豪傑 遂並起而亡秦族矣.

　시황제가 죽은 다음에도, 진나라의 위세는 풍속을 달리하는 사방의 이민
족에게까지 진동하였다.

　그런데 그때 깨진 항아리 주둥이로 창(窓)을 삼고 새끼를 늘어뜨려 문을
대신할 만큼 빈한한 집안의 자손으로 진승(陳勝)이란 자가 있었다. 그는 미
천한 백성의 무리로, 더구나 죄를 입어 어양(漁陽)의 수비병으로 있으면서

죽을 날만을 기다리던 처지였다. 재주로 따져도 보통 사람에 미치지 못하
였다. 그렇다고 공자(孔子)나 묵적(墨翟)처럼 어진 덕을 지녔느냐 하면 그
렇지도 않았고, 도주(陶朱)나 의돈(猗頓)처럼 많은 돈을 가졌느냐 하면 그
렇지도 않았다. 그런 그가 수비병의 행렬에 끼어 분주히 달리다, 빈천한
몸을 일으켜 행군 중에 반란을 일으켰다. 지칠 대로 지쳐 싸움에서 흩어졌
던 병사들을 모아, 겨우 수백 남짓한 사람들의 우두머리가 되어, 가던 길
을 바꾸어 진나라를 들이치기 시작했던 것이다. 그들은 나무를 베어 창 대
신 들고, 장대를 높이 세워 기(旗)로 삼았다. 이에 메아리가 대답하듯 진
승을 따르는 무리들이 천하에서 구름처럼 모여들어, 저마다 양식을 짊어
지고 그림자처럼 진승을 따랐다. 마침내 함곡관 동쪽 여섯 나라의 호걸(豪
傑)들까지 들고일어나니, 진나라의 일족(一族)은 하루아침에 자취를 감추
게 되었던 것이다.

【語義】 始皇旣沒(시황기몰):시황제(始皇帝) 37년, 시황제는 동방을 순행
(巡幸)하던 중 평진(平津)에 이르러 병이 깊어져, 그 해 7월 사구(沙丘)
에서 몰(沒)하였다. 제왕의 죽음에 崩 字를 쓰지 않고 沒 字를 쓴 것은,
이 글이 진나라의 허물을 논하는 글이기 때문이다. 殊俗(수속):다른 풍
속. 여기서는 풍속을 달리하는 이민족을 뜻한다. 陳涉(진섭):양성(陽
城) 사람. 이름은 勝. 涉은 字이다. 진의 2세 황제 원년(기원전 209)에
오광(吳廣)과 함께 군사를 일으켜 초(楚)나라 왕이 되었으나, 진의 장수
장감(章邯)의 군대에 패하여 끝내 부하인 장가(莊賈)에게 살해되었다.
그러나 이들의 거사(擧事)가 도화선이 되어, 뒤에 유방(劉邦)·항우(項
羽) 등의 거병(擧兵)이 있어, 결국 진이 무너지게 되었다. 진승(陳勝)에
게는 다음과 같은 일화가 있다. 그가 젊었을 적에 다른 사람들과 함께
남의 밭을 갈고 있다가, 언덕 위에 올라 길게 탄식하며, '진실로, 부귀하

게 되더라도 서로 잊지 말자.'고 말했다. 함께 일하던 사람들이 웃으며, '그대는 남의 밭이나 돌보는 주제인데, 어떻게 부귀하게 되겠는가?'고 하였다. 이에 진승이 크게 탄식하며, '아, 제비나 참새 따위가 어찌 큰 기러기나 고니의 뜻을 알겠는가(嗟乎 燕雀安知鴻鵠之志哉).'라고 대답했다고 한다. 甕牖繩樞(옹유승추):깨진 항아리의 주둥이를 벽에 끼워 창으로 하고 새끼를 엮어 문을 단다는 뜻으로, 몹시 빈한한 집을 형용하는 말이다. 氓隸(맹례):천한 백성. 遷徙之徒(천사지도):유랑하는 빈민의 무리. 진승(陳勝)이 유배되어 어양(漁陽)의 수비병(守備兵)이 되었던 사실을 가리킨다. 中庸(중용):평범한 일반 사람. 庸은 常의 뜻. 仲尼(중니):유가(儒家)의 시조인 공자(孔子)의 字이다. 陶朱(도주):월(越)나라의 재상 범여(范蠡)를 가리킨다. 월왕(越王) 구천(勾踐)을 도와서 오(吳)나라를 멸망시켰다. 후에 벼슬을 버리고 陶에 숨어 살면서 큰 부호가 되자, 세상 사람들이 도주공(陶朱公)이라 불렀다. 猗頓(의돈):노(魯)나라의 대부호(大富豪). 蹻足(섭족):분주히 달림. 行伍(행오):병사의 행렬(行列). 俛起(부기):몸을 굽혔다가 일어남. 빈천한 몸을 일으키는 것을 뜻한다. 阡陌之中(천맥지중):길 가운데. 진승(陳勝)이 어양(漁陽)으로 행군(行軍)하던 도중에 반란을 일으킨 것을 가리킨다. 남북으로 통하는 밭 사이의 길을 阡이라 하고, 동서로 통하는 밭둑길을 陌이라 한다. 그래서 밭 가운데에서 봉기한 것으로 해석하는 설이 있는데, 옳지 않다. 疲散之卒(피산지졸):지칠 대로 지치고 싸움에서 흩어졌던 병사들. 轉而攻秦(전이공진):가던 길을 바꾸고 진을 공격함. 揭竿(게간):장대를 높이 듦. 雲會:구름처럼 모여듦. 響應(향응):메아리가 울리듯 다른 사람이 응함. 贏粮(영량):양식을 등에 짐. 粮은 糧과 仝字. 景從(영종):그림자처럼 따름. 景은 影과 仝字. 山東:魏·齊·趙·韓·楚·燕의 여섯 나라를 가리킨다. 모두 함곡관 동쪽에 있는 나라들이다.

且夫天下非小弱也. 雍州之地 崤函之固 自若也. 陳涉之位 不
尊於齊楚燕趙韓魏宋衛中山之君也. 鉏耰棘矜 不銛於鉤戟長
鎩也. 謫戍之衆 非抗九國之師也. 深謀遠慮 行軍用兵之道 非
及曩時之士也. 然而成敗異變 功業相反. 試使山東之國 與陳
涉度長絜大比權量力 則不可同年而語矣.

저 진나라는 작지도 약하지도 않았고, 옹주(雍州)의 땅도 효산(崤山)과
함곡관(函谷關)의 견고함도 시황제 때와 조금도 다르지 않았건만, 진나라
는 그렇게 쉽게 망했던 것이다.

진승(陳勝)의 지위는 제(齊)·초(楚)·연(燕)·조(趙)·한(韓)·위(魏)·
송(宋)·위(衛)·중산(中山)의 군주들보다 낮았고, 그가 거사(擧事)에 썼던
호미와 곰방메, 창과 창 자루는 육국(六國)의 굽은 창과 긴 창보다 날카롭
지 않았다. 또 어양(漁陽)에서 수자리하던 진승의 무리들은 진나라에 대항
하던 아홉 나라의 병사들과 비교할 수 없었고, 진승의 막료(幕僚) 또한 계
책과 사려, 행군과 용병에서 지난번 육국(六國)이 진나라에 대항할 때의 맹
상군(孟嘗君)·소진(蘇秦)·손빈(孫臏)·염파(廉頗) 등에 미칠 수 없었다.
그런데도 진승(陳勝)은 성공하고 육국(六國)은 실패하는 이변이 일어났으
며, 공(功)과 업적(業績)이 같지 않은 해괴한 일이 벌어졌던 것이다.

함곡관 동쪽에 있던 여섯 나라와 진승(陳勝)의 영토, 그리고 여섯 나라
와 진승의 권력과 병력을 비교해 본다면, 진숭은 도저히 여섯 나라의 상대
가 되지 않는다는 것은 말할 필요도 없을 것이다.

【語義】 雍州(옹주):진(秦)나라의 영지(領地). 自若:본디 그대로. 변함이 없
  음. 鉏耰(서우):호미와 곰방메. 곰방메는 흙덩이를 깨뜨리거나 씨를 묻
  는 데에 쓰는 농구(農具). 棘矜(극근):창과 창자루. 矜은 불쌍히 여기

다, 아끼다, 자랑하다의 뜻으로 쓰일 때에는 긍으로 읽힌다. 銛(섬):예리함. 날카로움. 鉤戟(구극):끝이 갈고리처럼 굽은 창. 적을 갉아 당겨 죽이는 무기. 長鎩(장쇄):긴 창(槍). 謫戍之衆(적수지중):어양(漁陽)에서 변방을 지키던 진승(陳勝)의 무리를 가리킨다. 謫戍는 죄를 입어 멀리 변방에 가서 수자리하는 것. 抗(항):當의 뜻. 九國之師:전국시대(戰國時代)에 진(秦)나라에 대항하던 魏·韓·燕·趙·楚·齊·衛·宋·中山의 군대. 曩時之士(낭시지사):曩時는 전날, 지난번. 즉 맹상군(孟嘗君)·소진(蘇秦)·진진(陳軫) 등을 가리킨다. 成敗(성패):진승(陳勝)이 진나라를 멸망시키는 데에 성공한 것과 여섯 나라가 그 일에 실패한 것을 가리킨다. 功業相反(공업상반):여섯 나라는 거사(擧事)에 실패하여 망하고 진승(陳勝)은 성공하여 일어선 것을 가리킨다. 試使(시사):시험 삼아 ~한다면. 가정(假定)을 나타냄. 山東之國:함곡관(函谷關) 동쪽에 있던 여섯 나라. 度長絜大(탁장혈대):영토의 길이와 크기를 헤아려 봄. 度, 絜 모두 잰다는 뜻. 比權量力(비권양력):권력을 비교하고 병력을 헤아려 봄. 不可同年而語:동년(同年)이라 말할 수 없음. 동년(同年)은 동일(同日)을 강조한 것. 즉 비교할 수 없다는 뜻이다.

然秦以區區之地 致萬乘之權 招八州而朝同列 百有餘年矣. 然後以六合爲家 崤函爲宮. 一夫作難 而七廟墮 身死人手 爲天下笑者何也. 仁義不施 而攻守之勢異也.

진나라는 처음에 작은 나라였으나, 부국강병책(富國强兵策)으로 국력을 키워 결국에는 만승(萬乘)의 권세를 쥐는 큰 나라가 되었다. 효공(孝公) 이후 백여 년 동안, 팔주(八州)의 여섯 제후국(諸侯國)을 마음대로 불러들여 동렬(同列)의 지위에 있던 그들 여섯 나라를 진나라의 조정(朝廷)에 입조

(入朝)케 하였다. 그 뒤 시황제(始皇帝) 때에는, 천하를 통일하여 한집안으로 하고 효산(崤山)과 함곡관(函谷關)을 궁전으로 삼았던 것이다.

그랬던 것이 보잘것없는 한 사나이가 들고일어난 것에 의해, 효공부터 시황제까지의 칠묘(七廟)가 무너지고 시황제의 손자 자영(子嬰)이 항우(項羽)에게 죽임을 당해 진나라가 천하의 웃음거리가 되었으니, 이는 무슨 까닭인가? 인의(仁義)의 왕도 정치(王道政治)를 펴지 아니하고, 천하를 얻는 것과 천하를 지키는 것은 그 방법이 같지 않다는 것을 깨닫지 못했기 때문이다. 백성들을 적으로 알아 형(刑)과 법으로만 나라를 다스려 민심을 얻지 못했기 때문에, 진나라는 결국 천하의 웃음거리가 될 수밖에 없었던 것이다.

【語義】 區區(구구):작은 모양. 작은 나라임을 뜻한다. 萬乘(만승):전차(戰車) 일만 대를 출동시킬 수 있는 나라이니, 천자의 나라를 가리킨다. 招八州(초팔주):팔주(八州)를 부름. 고대 중국은 기(冀)·연(兗)·청(青)·서(徐)·양(楊)·형(荊)·예(豫)·양(梁)·옹(雍)의 구주(九州)로 나뉘어 있었다. 이 가운데 옹(雍)은 진나라 땅. 나머지 팔주는 육국(六國) 제후(諸侯)의 땅이었다. 즉 진나라가 팔주의 제후들을 불러 복종케 한 것을 가리킨다. 朝同列(조동렬):진나라가 팔주(八州)의 육국(六國)을 진나라의 조정에 입조(入朝)하게 한 것을 가리킨다. 주(周)나라가 천하를 다스릴 때에는, 진나라도 육국(六國)과 같은 동렬(同列)의 제후국(諸侯國)이었다. 百有餘年:효공(孝公)부터 시황(始皇)까지 백여 년 동안 노력한 결과, 천하를 정복할 수 있었다는 의미. 孝公 재위 24년, 惠文王 28년, 武王 4년, 소양왕(昭襄王) 56년, 孝文王 3일, 장양왕(莊襄王) 4년, 始皇 37년, 二世 2년, 자영(子嬰) 46일에 한(漢)에 항복했다. 모두 157년이다. 一夫作難(일부작난):한 사나이가 난(亂)을 일으킴. 진승(陳勝)

이 봉기한 것을 가리킨다. 七廟(칠묘):천자국(天子國)의 종묘(宗廟)를 칠묘라 하는데, 태조(太祖)의 사당을 중심으로 그 왼쪽에 있는 二世·四世·六世의 사당을 삼소(三昭)라 하고, 오른쪽에 있는 三世·五世·七世의 사당을 삼목(三穆)이라 한다. 여기서는 孝公부터 始皇까지의 7代를 칠묘라 한 것이다. 身死人手(신사인수):남의 손에 죽임을 당함. 身은 始皇의 태자(太子)인 부소(扶蘇)의 아들 자영(子嬰). 후에 항우(項羽)에게 살해되었다. 人義不施(인의불시):인의의 왕도정치(王道政治)를 펴지 아니함. 진나라는 법가(法家)의 사상을 받아들여, 도덕보다는 법률을 중히 여기고, 따라서 가혹하게 백성을 다스렸다. 攻守之勢(공수지세):천하를 얻는 것과 천하를 지키는 방법. 진나라는 천하를 통일한 다음에도 계속해서 가혹한 정치로 백성을 다스렸기 때문에, 민심을 얻지 못하고 패망한 것이다.

【解說】〈過秦論〉은 진(秦)의 과오를 논한 글이다. 秦은 六國을 멸하고 周에 이어 천하를 지배했지만, 고작 二世에서 망했다. 이 秦의 흥망성쇠를 논한 〈過秦論〉이 세 편 있는데, 이 篇이 그 제1편이다.

漢의 文帝가 가의(賈誼)에 대해서 듣고, 그를 불러 박사(博士)로 삼았는데, 그때 가의가 이 글을 지어 文帝에게 바친 것이다.《史記》秦二世本紀贊에 이 세 편의 〈過秦論〉이 실려 있는데, 그 실려 있는 순서는 제3편·제1편·제2편으로 되어 있다.《續文章軌範》卷之五에는, 〈過秦論中〉으로서 이 篇을, 다음에 〈過秦論 下〉로서《史記》에 세 번째로 실려 있는 篇(실은 제2편)을 싣고 있다.《文選》卷五十一 論部에 이 篇이 실려 있는데, 그 작자인 가의(賈誼)의 이름 밑에 있는 이선(李善)의 주(註)에, '賈誼의 書의 제1편이다, 秦의 허물을 논술한 것이라고 응소(應劭)가 말했다.'고 되어 있으며, 또 이주한(李周翰)의 주(註)에, '誼에게 過

秦 두 편이 있다. 過秦은 秦의 허물을 논한 것이다. 이것이 제1편이다.'
라고 되어 있다. 그러나 앞에서 기술한 《史記》에 실려 있는 것에 의하
면, 모두 세 편으로 보는 것이 좋다. 어쨌든 이것을 제1편으로 보는 것
이 마땅하며, 또 이 篇이 세 篇 중에서 가장 뛰어나다.

권지 10 (卷之十)

서류(書類)

《文體明辯》에 다음과 같은 글이 있다. '《文心雕龍》에 이르기를,
書의 쓰임새는 아주 넓어, 서(書)·주기(奏記)·계(啓)·간(簡)·장
(狀)·소(疏)·전(牋)·답(剳) 등이 있다. 이것을 총칭하여 書라 한다.
書란 舒(서)로, 그 말을 펴서 풀어 편지에 진술하는 것이다.' 書의 내
용에는 자신의 생각을 기술하는 것, 교훈의 의미를 전하는 것, 혹은
의론(議論)을 주로 한 것 등이 있다.

상장복야서:한퇴지(上張僕射書:韓退之)

九月一日 愈再拜. 受牒之明日 在使院中. 有小吏 持院中故事
節目十餘事 來示愈. 其中不可者有. 自九月至明年二月之終
皆晨入夜歸 非有疾病事故 輒不許出. 當時以初受命不敢言.

9월 1일, 퇴지(退之) 유(愈)는 재배(再拜)하고 삼가 이 글을 올립니다.

절도 추관(節度推官)의 사령장(辭令狀)을 받은 다음날 아침에 사원(使院)
에 나갔더니, 한 하관(下官)이 사원 내의 규칙과 관례 십여 개 항목을 적어
놓은 것을 가지고 와서 제게 보여 주었습니다. 그런데 그 가운데에는 실행
하기 어려운 것이 하나 있었습니다. '9월부터 다음해 2월말까지는 누구나
아침 일찍 등청(登廳)하고 밤늦게 돌아가되, 질병이 있거나 부득이한 사정
이 없는 한 근무 중에 사원에서 나가는 것을 허락하지 않는다.'라는 것이
그것이었습니다. 그렇지만 당시에는 처음으로 발령을 받은 터여서 감히 말
하지 못했습니다.

【語義】 九月:당(唐)나라 第10代 천자 덕종(德宗)의 정원(貞元) 15년 기묘(己
卯)해. 愈(유):작자 한퇴지(韓退之)의 이름. 退之는 그의 字. 牒(첩):서
찰(書札). 여기서는 관청에서 띄우는 문서를 뜻한다. 使院(사원):절도
사(節度使)가 일하는 관아(官衙). 故事節目(고사절목):故事는 예부터
내려오는 규칙(規則)과 관례(慣例). 節目은 세목(細目). 조목(條目). 事
故:특별한 사정(事情). 輒(첩):則의 뜻.

古人有言 曰 人各有能有不能. 若此者 非愈之所能也. 抑而行
之 必發狂疾. 上無以承事于公 忘其將所以報德者 下無以自
立 喪失其所以爲心. 夫如是 則安得而不言.

옛사람이 이런 말을 하였습니다.

"사람은 저마다 잘할 수 있는 일과 그렇지 않은 일을 따로 가지고 있다."

아침 일찍 등청했다가 밤늦게 돌아가는 그런 일은, 제가 잘할 수 있는 일
이 아닙니다. 억지로 그 일을 행하게 하시면, 저는 필경 광증을 일으키고
말 것입니다. 그렇게 된다면 위로는 받들어 행해야 할 공무(公務)를 수행
할 수 없고 귀하의 은혜에 보답해야 할 것을 잊게 될 것이며, 아래로는 제
몸을 바로 세울 수 없고 뜻을 이루고자 하는 마음을 잃게 될 것입니다. 무
릇 이와 같다면, 어찌 그런 규칙에 관해 말씀드리지 않을 수 있겠습니까.

【語義】古人有言:《春秋左氏傳》정공(定公) 5년에 실려 있는 것으로, 초(楚)
　　나라의 왕손(王孫) 유우(由于)가 한 말이다. 發狂疾(발광질):발광(發狂)
　　함. 정신병(精神病)이 생김. 承事(승사):일을 받들어 수행하는 것. 安
　　得而不言:어찌 말하지 않을 수 있겠는가.

凡執事之擇於愈者 非謂其能晨入夜歸也. 必將有以取之. 苟
有以取之 雖不晨入夜歸 其所取者猶在也.

생각해 보건대, 귀하께서 많은 사람 가운데 저를 가려 뽑아 제게 직(職)
을 맡기신 것은, 제가 아침 일찍 등청했다 밤늦게 돌아가는 일을 잘할 것
이라 생각하셨기 때문은 아닐 것입니다. 필경 제게서 취할 것이 있기 때문
일 것입니다. 참으로 제게서 취할 것이 있다면, 아침 일찍 등청했다 밤늦

게 돌아가게 하지 않으시더라도, 충분히 그 취하고자 하는 것을 얻으실 수 있을 것입니다.

【語義】執事(집사):장복야(張僕射)를 가리킨다. 執事란 귀인(貴人)의 좌우에서 일하는 관원. 직접 장복야의 이름을 말하지 않은 것은 존경(尊敬)의 예를 나타내기 위한 것이다. '귀하(貴下)'쯤으로 해석하는 것이 좋다.

> 下之事上 不一其事. 上之使下 不一其事. 量力而任之 度才而處之 其所不能 不彊使爲. 是故爲下者 不獲罪於上 爲上者 不得怨於下矣.

아랫사람이 윗사람을 섬기는 데에 언제나 같은 방법으로 섬겨서는 안 됩니다. 마찬가지로 윗사람이 아랫사람을 다스리는 데에도 언제나 같은 방법으로 부리면 안 될 것입니다. 아랫사람의 역량을 살펴 일을 맡기고 재주를 헤아려 그에 합당한 자리에 앉혀야 하며, 조금이라도 능하지 못한 일이 있다면 그런 일은 억지로 시켜서는 안 될 것입니다. 그래야만 아랫사람은 윗사람에게 죄를 짓지 아니하고, 또 윗사람은 아랫사람의 원망을 얻지 않게 될 것입니다.

【語義】不一其事:그 일이 같지 않음. 아랫사람이 윗사람을 섬기는 일이나 윗사람이 아랫사람을 다스리는 방법은 경우에 따라 달라야 한다는 뜻이다. 度才而處之(탁재이처지):재능을 헤아려 알맞은 자리에 앉힘. 不彊使爲(불강사위):억지로 하게 해서는 안 됨.

孟子有云 今之諸侯 無大相過者 以其皆好臣其所敎 而不好
臣其所受敎. 今之時 與孟子之時 又加遠矣. 皆好其聞命而奔
走者 不好其直己而行道者. 聞命而奔走者 好利者也. 直己而
行道者 好義者也. 未有好利而愛其君者. 未有好義而忘其君
者. 今之王公大人 惟執事可以聞此言. 惟愈於執事也 可以此
言進.

일찍이 맹자께서 이렇게 말씀하셨습니다.

"오늘날의 제후들을 보면, 차지한 땅도 비슷하고 지닌 덕도 비슷하여 특
별히 뛰어난 인물이 없다. 이것은 자기가 가르칠 만한 사람, 즉 자기보다
못한 인물을 신하로 삼기를 좋아하고, 자기가 가르침을 받을 만한 사람, 즉
자기보다 나은 인물을 신하로 삼기를 꺼려하기 때문이다."

그런데 오늘날에는 맹자가 계셨던 때보다 그런 경향이 더욱 심합니다.

윗사람들은 하나같이, 명령이라면 옳고 그름을 가릴 것 없이 덮어놓고
따르는 사람을 좋아하고, 뚜렷한 소신을 가지고 도(道)를 행하려는 사람을
싫어합니다. 그런데 윗사람의 명령이라면 물불을 가리지 않고 내닫는 사
람은 이익을 구하려는 사람이며, 자신의 뜻을 세워 도를 행하려는 사람은
의(義)를 좋아하는 사람입니다. 지금까지 이익을 좋아하는 사람치고 자기
의 임금을 사랑한 사람이 없고, 의를 좋아하는 사람치고 자기의 임금을 저
버린 사람이 없습니다.

오늘날의 지체 높은 왕공(王公) · 대인(大人)이 모두, 자기의 명령이라면
무조건 복종하는 아랫사람을 좋아합니다. 그러나 오직 한 분, 귀하께서만
은 저의 말에 귀를 기울여 주시리라 믿습니다. 또 오직 이 유(愈)만이 귀
하께 이러한 말을 할 수 있다고 생각하여, 감히 제 뜻을 말씀드리는 것입
니다.

【語義】孟子有云:《孟子》公孫丑篇 下에 나오는 말을 가리킨다. '탕임금은
이윤(伊尹)에게서 배운 뒤에 그를 신하로 삼았기 때문에 힘들이지 않고
왕자(王者)가 되었고, 제(齊)나라 환공(桓公)은 관중(管仲)에게서 배운
뒤에 그를 신하로 삼았기 때문에 힘들이지 않고 패자(覇者)가 되었던 것
이다. 지금 천하의 제후들을 보면, 서로 차지한 땅이 비슷하고 덕이 비
슷하여 그들 가운데 특별히 뛰어난 사람이 없는데, 이는 다른 데에 까
닭이 있는 것이 아니라. 자기가 가르칠 만한 사람은 신하 삼기를 좋아하
고 자기가 가르침을 받을 만한 사람은 신하 삼기를 꺼리기 때문이다(湯
之於伊尹學焉而後臣之 故不勞而王. 桓公之於管仲學焉而後臣之 故不勞
而覇 今天下地醜德齊 莫能相尙無他. 好臣其所敎 而不好臣其所受敎).'
相過(상과):많은 사람 가운데 두드러지게 훌륭한 것을 가리킨다. 過는
勝의 뜻. 加遠(가원):매우 멂. 加는 益의 뜻. 奔走(분주):바삐 달림. 윗
사람의 명령이라면 덮어놓고 따르는 것을 가리킨다. 直己(직기):몸을
곧고 바르게 함. 자기 주장이나 소신(所信)을 세우는 것을 가리킨다. 王
公大人:신분이 고귀한 사람. 惟(유):오직. 進:윗사람에게 말하는 것.

愈蒙幸於執事 其所從舊矣. 若寬假之 使不失其性 加待之 使
足以爲名. 寅而入 盡辰而退 申而入 終酉而退. 率以爲常. 亦
不廢事. 天下之人 聞執事之於愈如是也 必皆曰. 執事之好士
也如此. 執事之待士以禮如此. 執事之使人 不枉其性. 而能有
容如此 執事之欲成人之名如此. 執事之厚於故舊如此.

유(愈)가 분에 넘치게도 귀하의 은총을 입은 지 오래되었습니다.
이러한 글을 올리는 저의 무례함을 너그러이 용서해 주시어, 저로 하여
금 도를 행하고자 하는 본성을 잃지 않게 해 주시고, 또 특별히 후히 대접

해 주시어 저로 하여금 정직한 이름을 남길 수 있도록 해 주십시오. 새벽 4시경에 등청하면 8시경에 돌아가게 해주시고, 오후 4시경에 등청하면 6시경에 돌아갈 수 있도록 해 주십시오. 그리고 이것을 저의 상례(常例)로 정하여 주십시오. 그러더라도 제가 공무(公務)를 받드는 데에는 조금도 지장이 없을 것입니다.

이제 귀하께서 유(愈)에게 그러한 은혜를 베풀어 주신다면, 천하 사람들이 그 소식을 듣고 입을 모아 이렇게 말할 것입니다.

"장복야가 어진 선비를 좋아함이 그와 같았다. 선비를 예(禮)로써 대우함이 그와 같았고, 도를 행하고자 하는 아랫사람의 본성을 억누르지 않고 너그러이 그들의 뜻을 받아들임이 그와 같았으며, 아랫사람의 곧고 바른 이름을 이루어 주고자 함이 그와 같았고, 예부터 알던 지인(知人)을 후히 대접함이 그와 같았다."

【語義】 蒙(몽):은혜를 입음. 幸(행):총애(寵愛). 애고(愛顧). 寬假(관가):관대하게 용서해 줌. 假는 용서한다는 뜻. 使不失其性:性은 本性을 뜻한다. 즉 장복야가 한유로 하여금 도를 행하려는 본성을 잃지 않도록 해 주는 것을 뜻한다. 加待之(가대지):특별한 대우를 해 주는 것을 뜻한다. 寅(인):인시(寅時). 새벽 3시부터 5시까지를 말한다. 辰(진):진시(辰時). 오전 7시부터 9시까지를 말한다. 申(신):신시(申時). 오후 3시부터 5시까지를 말한다. 酉(유):유시(酉時). 오후 5시부터 7시까지를 말한다. 率以爲常(솔이위상):항상 그렇게 행함. 不廢事(불폐사):일에 지장이 없는 것을 말한다. 不枉其性(불왕기성):도를 행하려고 하는 본성을 누르지 않음. 枉은 구부리는 것. 能有容(능유용):관용을 베풀어 아랫사람의 뜻을 받아들임. 厚於故舊(후어고구):예부터 아는 지인(知人)을 후하게 대우해 줌.

> 又將曰 韓愈之識其所依歸也如此 韓愈之不諂屈於富貴之人如
> 此 韓愈之賢 能使其主待之以禮如此. 則死於執事之門無悔也.

또 세상 사람들은 이렇게 말할 것입니다.

"한유는 자신의 모든 것을 맡길 사람을 알아보는 식견이 그와 같았고, 부귀한 사람들에게 아첨하지 않고 굽실거리지 않음이 그와 같았다. 또 그의 현명함은 그의 주인 장복야로 하여금 자신을 예로써 대우하게 함이 그와 같았다."

이렇게만 된다면, 저는 귀하의 문에서 죽는다 해도 후회가 없을 것입니다.

【語義】依歸(의귀):자신의 몸을 맡김. 諂屈(첨굴):아첨하여 굽실거림.

> 若使隨行而入 逐隊而趨 言不敢盡其誠 道有所屈於己 天下之
> 人 聞執事之於愈如此 皆曰. 執事之用韓愈 哀其窮 收之而已
> 耳. 韓愈之事執事 不以道 利之而已耳. 苟如是 雖曰受千金
> 之賜 一歲九遷其官 感恩則有之矣. 將以稱於天下 曰知己則
> 未也.

그러나 끝까지 저에게 사원(使院)의 규칙만을 지키게 하시고자, 새벽 일찍 등청케 하고 밤늦게 퇴청케 하며, 할 말이 있어도 감히 마음속의 진정을 털어놓을 수 없게 하며, 소신을 굽히게 하여 도를 행할 수 없게 하신다면, 그러한 이야기를 들은 천하의 사람들은 이렇게 말할 것입니다.

"장복야가 한유를 쓴 것은, 한유의 재능을 생각해서가 아니라 그의 빈곤을 가엾게 여겨 채용한 것일 뿐이다. 또 한유가 장복야를 섬긴 것은, 선비로서 도를 행하려는 것이 아니라 다만 눈앞의 이익을 위해서였다."

참으로 그렇게 된다면, 매일 천금(千金)의 재물을 내려 주시고 일 년에
아홉 번씩 승진시켜 주신다 하더라도, 저만이 그 일을 은혜롭게 생각하는
일이 있을 뿐, 세상 사람들로부터 '장복야와 한유는 서로를 알아주는 지기
(知己)였다.'라는 말은 끝내 들을 수 없을 것입니다.

【語義】隨行(수행):동료 관리들과 함께 이른 새벽에 등청하는 것을 가리킨
　　다. 行은 행렬(行列). 逐隊(축대):동료 관리들과 함께 밤늦게 퇴청하는
　　것을 뜻한다. 隊는 群의 뜻. 一歲(일세):일 년. 九遷(구천):아홉 번 옮
　　김. 九는 여러 번의 뜻이고, 遷은 영전(榮轉)을 뜻한다. 知己(지기):자
　　기를 알아주는 사람.《史記》자객전(刺客傳)에 다음과 같은 예양(豫讓)
　　의 말이 있다. '아아, 선비[士]는 자기를 알아주는 사람을 위해 죽고, 여
　　자는 자기를 기쁘게 해 주는 사람을 위해 치장을 한다.'

伏惟 哀其所不足 矜其愚 不錄其罪 察其辭 而垂仁採納焉. 愈
恐懼再拜.

엎드려 바라옵건대, 저의 덕 없고 모자람을 가엾이 여기시고, 저의 어리
석음을 불쌍히 여기시며, 저의 허물을 죄주지 마시고, 부디 저의 뜻을 깊이
살펴 자비를 베푸시어 허락해 주시기 바랍니다.
　유(愈)는 두려운 마음으로 재배(再拜)하고 올립니다.

【語義】伏惟(복유):엎드려 바라옵건대. 상대방에게 존경을 나타내기 위
　　하여 겸손하게 말할 때 쓰는 말이다. 所不足:덕이 없음. 矜(긍):가엾
　　게 여김. 不錄其罪(불록기죄):허물이나 죄를 마음속에 새겨 두지 아니
　　함. 垂仁採納(수인채납):垂仁은 인자함을 베푸는 것. 採納은 의견을 받

아들이는 것.

【解說】 장복야(張僕射)는 《唐書》 列傳에 의하면, '장건봉(張建封), 字는 본립(本立). 등주(鄧州:河南) 남양(南陽) 사람. 어렸을 때부터 문장을 좋아하고, 변론(辯論)을 잘했으며, 강개(慷慨)하는 마음을 존중하고, 스스로 공명(功名)으로써 자신을 드러내기를 좋아했다. 정원(貞元) 4년, 서(徐)·사(泗)·호(濠)의 절도사(節度使)에 임명되고, 12년 검교우복야(檢校右僕射)를 겸했다.'고 되어있다. 한문공(韓文公)은 정원 15년(799) 2월, 변주(汴州)의 난(亂)을 피하여 장복야가 있던 서주(徐州)에 몸을 의탁했다. 가을에 장복야는 문공(文公)을 절도 추관(節度推官:屬吏로, 刑法을 담당한다)으로 임명했다. 절도사의 관청에는 아침 일찍 출근하고 밤늦게 퇴청하는 규칙이 있었는데, 그 규칙은 매우 엄중하게 지켜졌다. 文公은 자신이 임관(任官)한 것은 도의(道義) 때문이지 이록(利祿) 때문은 아니므로, 자신만은 특히 관대하게 대우해 주기를 바란다는 것이 이 書의 주된 뜻이다. 文公의 강의(剛毅)한 인품이 잘 나타나 있다. 한퇴지는 그때 32세였다. 公의 자신을 믿는 바가 이와 같아 일반 벼슬아치들과 똑같이 출입(出入)하는 것을 달갑게 생각지 않은 패기(覇氣)는 칭찬할 만하고, 그 논술(論述)도 지극히 교묘하지만, 그 언사(言辭)에는 지나치게 자부(自負)하는 어조(語調)가 있음을 부인할 수 없다.

　문공(文公)은 이 書를 올리는 것에 의해 자신의 이재(異材)를 나타내어 자천(自薦)하고 있는데, 당시의 상서류(上書類)에는 윗사람에게 자천(自薦)하기 위한 것이 많았다. 뒤에 나오는 〈與韓荊州書〉 등도, 이백(李白)이 극력(極力) 자천(自薦)을 시도한 上書이다. 이 篇도 그러한 의미에서는 편지의 실용 목적을 가지고 있다 하겠다.

위인구천서:한퇴지(爲人求薦書:韓退之)

木在山 馬在肆. 過之而不顧者 雖日累千萬人 未爲不材與下
乘也. 及至匠石過之而不睨 伯樂遇之而不顧 然後知其非棟梁
之材 超逸之足也.

나무는 산에 있고, 말은 마구간에 있습니다.

나무나 말 앞을 지나면서도 그것들을 돌아보지 않는 사람이 하루에 수
천수만이라 해서, 그 나무가 질이 나쁜 재목(材木)이거나 그 말이 느린 말
은 아닙니다.

그러나 명장(名匠) 석(石)이 지나다 전혀 눈을 돌리지 않는다거나 백락
(伯樂)이 지나다 전혀 돌아보지 않는다면, 그 나무는 마룻대나 들보의 재목
감이 아니며 그 말은 발 빠른 천리마가 아님이 분명합니다.

【語義】肆(사):마구간. 不材:재목감이 못 됨. 下乘(하승):느린 말. 匠石
(장석):전국시대의 이름난 장인(匠人) 석(石)을 가리킨다. 재목(材木)을
잘 감별하기로 이름이 높았다. 伯樂(백락):말을 감정하는 데에 천하제
일의 명인(名人)이었던 손양(孫陽)을 가리킨다. 〈雜說〉을 참조할 것.
棟梁(동량):마룻대와 들보. 超逸(초일):매우 빠른 것. 逸에는 잃다·
달리다·즐기다·편안하다·뛰어나다·숨다·음탕하다 등 많은 뜻이
있다.

以某在公之宇下 非一日. 而又辱居姻婭之後. 是生于匠石之
園 長于伯樂之廐者也. 於是而不得知 假有見知者千萬人 亦
何足云耳.

지금 여기 추천하고자 하는 사람은, 귀공(貴公)의 지붕 밑에서 하루 이틀
이 아닌 오랜 세월 일한 사람입니다. 게다가 영광스럽게도 귀공과는 먼 인
척 관계에 있습니다. 마치 명장(名匠) 석(石)의 동산에서 태어난 나무와 같
고, 백락(伯樂)의 마구간에서 성장한 말과 같습니다. 그러함에도 그가 귀공
의 눈에 띄지 않는다면 명마(名馬)가 백락(伯樂)을 만나지 못한 것과 같으
니, 수천수만의 다른 사람이 그를 알아준다 한들 무슨 소용이 있겠습니까.

【語義】 某(모):아무개. 한유가 추천하고자 하는 사람을 가리킨다. 辱居(욕
거):과분하게도. 영광스럽게도. 辱은 상대방을 욕되게 하였다는 뜻으로,
대단히 죄송한 동시에 영광스럽다는 겸손의 말. 居는 영탄(詠歎)의 뜻을
나타내는 어조사. 姻婭(인아):인척 관계(姻戚關係)를 뜻함. 처(妻)의 아
버지는 婚이라 하고, 신랑의 아버지는 姻이라 한다. 오늘날에는 남자 여
자의 가족을 모두 姻이라 한다. 자매의 신랑끼리는 婭라 한다. 廐(구):
마구간. 假(가):가령. 千萬人:범용(凡庸)한 사람들을 가리킨다.

> 今幸賴天子每歲詔公卿大夫貢士. 若某等比 咸得以薦聞. 是
> 以冒進其說 以累於執事. 亦不自量已. 然執事其知某何如哉.
> 昔人有鬻馬不售於市者. 知伯樂之善相也 從而求之. 伯樂一
> 顧 價增三倍. 其與其事頗相類. 是故始終言之耳.

　　오늘날은 다행히 때가 좋아서, 천자께서 공경대부(公卿大夫)에게 해마다
명을 내리시어 널리 재능 있는 선비들을 뽑아 올리도록 하고 계십니다. 그
리하여 지금 제가 천거하는 사람과 비슷한 사람들은 이미 모두 추천되어
조정에 나아가는 영광을 입었습니다. 이에 실례를 무릅쓰고 그 사람의 이
야기를 올려 귀공을 모시는 집사(執事)에게 누를 끼치게 된 것입니다. 이번

일은 제가 자신의 분수를 헤아리지 못한 외람된 일이오나, 귀공께서는 그 사람을 과연 어떻게 생각하고 계시는지요?

옛날, 어떤 사람이 말을 팔려고 시장에 끌고 갔으나, 보는 사람마다 신통한 말이 아니라며 사려 하지 않았기 때문에 팔 수가 없었습니다. 그 사람은 백락(伯樂)이 말 감정(鑑定)을 잘 한다는 것을 알고 백락에게 말을 끌고가서 감정을 부탁했습니다. 백락이 그 말을 돌아보고 고개를 한 번 끄덕이자, 그 말은 그 자리에서 값이 세 배나 올랐습니다.

제가 지금 사람 하나를 귀공께 천거하는 것과 그때 그 말장수가 백락에게 말을 보인 것과는 너무나 흡사합니다. 여기 백락을 만나지 못하여 제값을 인정받지 못하는 말이 있습니다. 이러한 까닭에, 처음부터 끝까지 백락의 예(例)에 부쳐 말씀을 올린 것입니다.

【語義】 賴(뢰):기회가 좋음. 상황이 좋음.　若某等比(약모등비):아무개와 비슷한 사람들. 比는 同類의 뜻.　冒進(모진):실례를 무릅쓰고 뜻을 올림.　執事(집사):직접 상대에게 말하지 않고, 그 측근에서 일을 집행하는 사람에게 말한다는 표현을 쓴 것. 執事는 가령(家令)·삼태부(三太夫)와 같은 것. 편지에 侍史라고 쓰는 것도 이와 같은 것으로, '측근에서 모시고 있는 서기(書記)님께'의 의미이다.　不自量:자신의 분수를 헤아리지 못함. 곧 스스로 외람(猥濫)됨을 나타내는 말이다.　鬻(육):賣의 뜻으로, 팔다. 粥(죽)과 소字로 쓰일 때도 있다.　售(수):팔다, 또는 팔리다.　善相:말 감정을 잘하는 것.　其與其事頗相類(기여기사파상류):아무개와 그 일이 자못 비슷함. 其與는 한유가 사람을 추천하는 것. 其事는 말장수가 백락에게 말을 감정한 것. 頗는 매우, 자못.　始終言之耳:처음부터 끝까지 이에 대하여 말함. 言之는 말이 백락(伯樂)을 만나는 것에 관한 이야기. 耳는 뜻을 강하게 하는 助語.

【解說】한퇴지(韓退之)가 모 유력자(有力者)에게 어떤 사람의 추천을 의뢰
한 편지글이다. 그 유력자가 누구이며, 추천을 의뢰한 사람이 누구인지
는 확실히 알려져 있지 않다. 다만 퇴지가 네 번째 박사(博士)가 되었
을 때에 후희(侯喜) 등 10인을 사부원 외랑(祠部員外郎)에 천거했는데,
그 당시 권덕여(權德輿)가 공거(貢擧:지방에서 朝廷에 인물을 추천하는
것)를 담당하고 있었다는 것을 알 뿐이다. 貞元 16년에 육참(陸傪:字는
公佐)이라는 사람이 사부원 외랑이 되었으므로, 아마도 이 書는 육참
(陸傪)을 위해 권덕여(權德輿)에게 올린 것일지도 모르겠다. 앞에 나온
〈雜說〉과 비교해 보면서, 文公이 얼마나 교묘하게 '백락(伯樂)의 설화'
를 이용했는지 감상해 보는 것이 좋겠다.

답진상서:한퇴지(答陳商書:韓退之)

> 愈白 辱惠書. 語高而旨深. 三四讀尙不能通曉. 茫然愧赧. 又
> 不以其淺弊無過人智識　且喩以所守幸甚.　愈敢不吐露情實.
> 然自識其不足補吾子所須也.

유(愈)가 고(告)합니다.

주신 글월 감사히 받았습니다. 참으로 표현이 고상하고 뜻이 깊었습니다. 서너 번 거듭 읽었지만 그 깊은 뜻을 자세히 알 수 없어, 홀로 멍하니 부끄러운 마음에 얼굴을 붉혔습니다. 더욱이 학문이 얕고 덕이 없어 다른 사람보다 나은 것이 없는 나를, 평소에 지니신 높은 뜻으로 그렇게 일깨워 주시니, 고마움에 몸 둘 바를 모르겠습니다. 그러니 내가 어찌 속마음에 있는 그대로를 털어놓지 않을 수 있겠습니까. 그러나 그대가 바라는 것을 채워 드리기에는 부족하다는 것을 잘 알고 있습니다.

【語義】 白:사뢰다. 告와 같다. 辱惠書(욕혜서):辱은 상대방에게 고맙다는 뜻을 나타낼 때에 쓰는 말이다 惠書는 남의 편지를 높여 일컫는 말. 語高而旨深(어고이지심):표현이 고상하고 뜻이 깊음. 이것은 진상(陳商)의 글을 칭찬하는 말 같지만, 사실은 그의 글이 너무 어렵다는 것을 뜻하는 것이다. 茫然(망연):멍한 모양. 愧赧(괴란):부끄러워 얼굴을 붉힘. 淺弊(천폐):학문이 얕고 덕(德)이 모자람. 所守:지키는 바. 신념(信念). 情實:성심(誠心). 진실한 마음. 吾子:동배(同輩)나 자제(子弟)를 부를 때에 친밀하게 일컫는 말. 그대. 자네. 須(수):기대하는 것, 또는 원하는 것.

齊王好竽. 有求仕於齊者. 操瑟而往 立王之門三年 不得入.
叱曰. 吾瑟鼓之 能使鬼神上下. 吾鼓瑟合軒轅氏之律呂. 客
罵之日 王好竽 而子鼓瑟. 瑟雖工 如王之不好何. 是所謂工
於瑟 而不工於求齊也.

옛날, 제(齊)나라 임금이 여럿이 부는 생황(笙簧) 소리를 무척 좋아하였
습니다. 그래서 어떤 사람이 제나라에 출사(出仕)하고자 슬(瑟)을 가지고
가 왕의 문 앞에서 3년을 서 있었지만, 일자리를 얻지 못했습니다. 그 사람
은 화를 내며 이렇게 말했습니다.

"내가 타는 슬(瑟) 소리는, 사람의 영혼과 천지의 신을 오르내리게 하고,
옛 헌원씨(軒轅氏)의 가락에 합한다."

이에 제나라의 한 빈객(賓客)이 그를 꾸짖어 이렇게 말했습니다.

"왕께서는 생황 소리를 좋아하시는데, 그대는 슬(瑟)을 탔소. 비록 그대
의 슬(瑟) 소리가 교묘하다 하나, 왕께서 좋아하지 않으시는 것을 어찌하겠
소. 그대는 슬(瑟) 소리를 내는 데에는 훌륭할지 모르나, 제나라에서 일자
리를 얻는 데에는 서투르오."

【語義】齊王好竽(제왕호우):〈北山移文〉의 語義를 참조할 것. 竽는 큰 생황
(笙簧). 有求仕於齊者(유구사어제자):제(齊)나라에 출사(出仕)하기를 원
하는 자가 있음. 이 이야기는 작자 한유가 지어낸 것이다. 瑟(슬):25
현(絃)의 금(琴). 琴은 7현(絃). 軒轅(헌원):오제(五帝)의 한 사람인 황
제(黃帝)를 가리킨다. 黃帝 때에 영윤(伶倫)이라는 사람이 黃帝의 명을
받고 六律六呂를 정했다. 陽의 音을 律이라 하고, 陰의 音을 呂라 한
다(《前漢書》律歷志). 軒轅은 黃帝가 살았던 언덕 이름. 이것을 이름으
로 하고, 또 호(號)로 했다. 客:제(齊)나라의 빈객(賓客). 罵(매):꾸짖

음. 욕함.

今舉進士於此世 求祿利 行道於此世 而爲文必使一世人不好
得無與操瑟立齊門者比歟 文誠工 不利於求. 求不得 則怒且
怨. 不知君子必爾爲不也. 故區區之心 每有來訪者 皆有意於
不肖者也. 略不辭讓 遂盡言. 惟吾子諒察.

이제 그대가 진사(進士)에 올라 녹봉(祿俸)을 구하고 세상에 도를 행하고
자 하면서도, 굳이 어려운 문장을 지어 세상 사람들로 하여금 그대의 글을
싫어하게 하니, 슬(瑟)을 두드리며 제나라 문 앞에 서 있던 사람의 일과 어
찌 다르다 할 수 있겠습니까.

문장이 교묘하다 하나 벼슬을 구하는 데에는 도움이 안 될 것이며, 그래
서 벼슬을 구하지 못하면, 그대는 세상이 자신의 문장을 알아주지 않는다
고 성내고 원망할 것입니다. 군자라면 꼭 그대처럼 어려운 문장을 써야만
되는 것인지, 아니면 그렇게 하지 않아도 되는 것인지를 저로서는 잘 모
르겠습니다.

참으로 속이 좁은 저이나, 항상 저를 찾아 주시는 분은 하나같이 불초(不
肖)한 저에게 후의를 베풀어 주십니다. 이에 사양하지 않고 마음 가운데에
있는 생각을 숨김없이 털어놓은 것입니다. 부디 밝게 살피시기 바랍니다.

【語義】 祿利(녹리):녹봉(祿俸). 爲文必使一世人不好:문장을 지어 반드시
세상 사람들로 하여금 좋아하지 않게 함. 진상(陳商)의 문장이 무척 난
해하여 일반 사람이 좋아하지 않는 것을 지적한 것이다. 求:벼슬을 구
하는 것을 가리킨다. 怒且怨(노차원):성내고 원망함. 시험관이나 세상
사람들이 문장을 인정해 주지 않아 陳商이 분개(憤慨)하게 되는 것을

가리킨다. 不知君子必爾爲不也(부지군자필이위불야):군자라면 반드시
그렇게 해야만 되는 것인지, 아니면 그렇게 하지 않아도 되는 것인지
를 알 수 없음. 굳이 난해한 문장을 쓸 필요가 있느냐는 말이다. 故:
固의 뜻으로, 참으로. 區區(구구):작은 모양. 변변치 못한 것을 가리킨
다. 不肖(불초):자신을 겸손하게 표현한 것. 諒察(양찰):옳고 그름을
분명하게 살피는 것.

【解說】《萬姓統譜》에 의하면, 진상(陳商)은 덕종(德宗) 때에 왕중소(王仲
霄)와 함께 마인산(馬仁山)에 숨었는데, 양자강(揚子江) 이남 일대에서
그를 좇아 배우는 자가 많았으며, 후에 조칙(詔勅)에 응해 시험을 보아
출사하여 경(卿)에 이르렀다고 한다. 《韓昌黎集》의 註에는, '商은 원화
(元和) 9년에 진사(進士), 회창(會昌) 5년에 시랑(侍郎)이 되어 공거(貢
擧:官吏登用官)를 담당했다.'고 되어 있다. 이 書는 商이 아직 급제(及
第)하기 전에 문장에 대해 文公의 가르침을 청한 일이 있었는데, 그에
대하여 답한 편지이다. 商이 文公에게 보낸 書는 현재 남아 있지 않으
므로, 그 내용은 이 文公의 답서(答書)에 의해서 추측하는 수밖에 없다.
文公의 말에 의하면 진상(陳商)의 書는, '표현이 고상하고 뜻이 깊으며,
서너 번 거듭 읽어도 그 뜻을 알 수 없을 정도'의 지극히 난해한 문장이
었던 것 같다. 그래서 文公은, '멍하니 부끄러운 마음에 얼굴을 붉혔다.'
고 말하여, 자신의 학문이 부족하기 때문에 그 고상하고 뜻이 깊은 문장
을 이해할 수 없는 것이 부끄럽다고 겸손해 하면서도, 한편으로는 그 난
해한 문장을 비난하고 있다. 陳商 자신에게는 문장에 대한 소신(所信)이
있겠지만, 進士에 올라 녹봉(祿俸)을 구하고 세상에 도를 행하고자 하는
사람이 세상 사람들이 좋아하지 않는 문장을 써서 그 때문에 인정받지
못하는 것을 원망하는 것은 군자의 행해야 할 바가 아니라고 진상의 반

성을 촉구한 것이 이 書의 주지(主旨)이다.

《韓昌黎集》의 장지교(蔣之翹)의 제주(題主)에, '비유가 매우 적절하다. 참으로 《戰國策》의 문장에 필적한다.'고 했다. 또 전곡(錢穀)은, '비유(譬喩)의 묘(妙), 맹자(孟子)·장자(莊子) 외에는 오직 한퇴지(韓退之)가 있을 뿐이다.'라고 말했다. 확실히 이 文은 비유로써 자신의 뜻을 진술하는 문장의 묘미를 발휘한 것이라 하겠다.

여한형주서:이태백(與韓荊州書:李太白)

白聞 天下談士相聚而言曰 生不用封萬戶侯. 但願一識韓荊
州. 何令人之景慕 一至於此. 豈不以周公之風 躬吐握之事.
使海內豪俊奔走而歸之. 一登龍門 則聲價十倍. 所以龍蟠鳳
逸之士 皆欲收名定價於君侯. 君侯不以富貴而驕之 寒賤而忽
之 則三千之中 有毛遂. 使白得穎脫而出 卽其人焉.

백(白)은 들었습니다. 시세(時世)를 논(論)하는 천하의 선비들이 모여 서
로 이런 말을 주고받는 것을.

"태어나서 만 호(萬戶)의 제후에 봉(封)해지는 것이 부럽지 않다. 다만 형
주(荊州)의 태수(太守) 한공(韓公)께 인정받기를 소원할 뿐이다."

대체 어찌하시었기에, 사람들이 공을 경모(景慕)하고 따르는 것이 그와
같습니까. 성인 주공(周公)의 덕풍(德風)을 본받아 몸소 토포악발(吐哺握
髮)을 행하지 않고서야, 어찌 그처럼 천하의 호걸 준사(俊士)로 하여금 공
의 문하에 귀의하게 할 수 있단 말입니까. 잉어가 용문(龍門)에 오르면 용
이 되어 승천하듯, 누구든지 한 번 공께 인정을 받으면 인물의 가치가 종전
의 열 배에 이릅니다. 그러한 까닭에, 뛰어난 재주를 지녔음에도 아직 때를
만나지 못하여 몸을 서린 용과 같고 무리에서 떨어져 홀로 노니는 봉(鳳)과
같은 선비들은, 모두 공께 그 이름을 알려 자신의 값이 매겨지기를 원하는
것입니다. 공께서 자신의 부귀를 내세우지 않고 아랫사람을 업신여기지 않
으시며, 또 저와 같은 가난하고 미천한 자를 소홀히 여기지 않으신다면, 옛
날 평원군(平原君)의 식객(食客) 삼천 명 가운데에 모수(毛遂)가 있었듯이,
공의 문하에도 훌륭한 인물이 있을 것입니다.

공께서 백(白)으로 하여금 숨은 재능을 펼 수 있게 해 주신다면, 송곳이

주머니를 뚫고 밖으로 그 끝을 내보이듯 남다른 재능을 발휘하여 큰 공명을 세워, 제가 바로 모수임을 보여 드리겠습니다.

【語義】談士(담사):시세(時世)를 논(論)하는 사람. 韓荊州(한형주):형주(荊州)의 자사(刺史)인 한조종(韓朝宗)을 가리킨다. 형주의 태수(太守)로 있으면서 많은 인재를 중앙에 추천하였다. 이백이 그의 추천을 얻고자 이 글을 쓴 것이다. 景慕(경모):우러러 사모하는 것. 躬(궁):몸소. 친히. 吐握之事(토악지사):주공(周公)이 어진 선비를 우대하여, 밥을 먹거나 머리를 감을 때에 그들이 방문하면, 입속에 든 음식물을 뱉고 감던 머리를 거머쥐고 바로 나가 맞았던 일을 가리킨다. 토포악발(吐哺握髮). 登龍門(등용문):용문(龍門)에 오름. 〈滕王閣序〉의 語義 참조. 한형주(韓荊州)를 만나는 것을 잉어가 용문에 오르는 것에 비유한 것으로, 한형주를 극구 칭찬한 말이다. 龍蟠鳳逸(용반봉일):龍蟠은 땅 위에 서려 있어 아직 승천(昇天)하지 않은 용. 鳳逸은 무리를 떠나 홀로 놀고 있는 봉. 모두 때를 얻지 못한 어진 선비를 가리킨다. 君侯(군후):재상(宰相)이나 제후(諸侯)에 대한 존칭(尊稱). 여기서는 한형주를 가리킨다. 寒賤(한천):가난하고 신분이 낮은 것. 忽(홀):소홀히 함. 毛遂(모수):조(趙)나라 평원군(平原君)이 거느리던 삼천 명의 식객(食客) 가운데 한 사람. 진(秦)나라가 조(趙)나라의 수도 한단(邯鄲)을 포위하자, 조나라에서는 평원군을 초(楚)나라에 보내어 구원을 청하게 되었다. 평원군은 자신의 식객 가운데에 용력(勇力)과 문무를 겸한 사람 20명을 뽑아 수행원으로 삼으려 하였는데, 적임자가 19명밖에 없었다. 그때 모수(毛遂)가 자신을 추천하며 따라가기를 원하였다. 평원군은 '재능 있는 사람은 주머니 속에 든 송곳과 같아 금방 자신의 능력을 나타내는 법인데, 3년 동안 아무런 재능도 나타내지 못한 사람을 어떻게 데리고 갈 수 있겠느냐?'

며 거절했다. 이에 모수는, '오늘 비로소 주머니 속에 들어갈 기회가 제게 온 것입니다. 일찍 주머니 속에 들어갈 기회가 있었더라면, 지금쯤은 송곳 끝이 아니라 자루까지 주머니 밖으로 나와 있을 것입니다. 이번 일에 제가 따라가게 된다면, 송곳 끝만 드러내 보이는 데에 그치지 않겠습니다.'라고 대답했다. 결국 모수는 평원군을 따라 초나라에 가 큰 공을 세워, 평원군의 상객(上客)이 되었다. 모수자천(毛遂自薦)이라는 말이 이 고사(故事)에서 나왔다. 穎脫(영탈):주머니 속에 든 송곳의 끝이 주머니 밖으로 뾰족하게 나오듯, 재능이 남달리 뛰어난 것을 가리킨다. 其人:모수(毛遂)를 가리킨다.

> 白隴西布衣 流落楚漢. 十五好劍術 徧干諸侯. 三十成文章 歷抵卿相. 雖長不滿七尺 而心雄萬夫. 皆王公大人許與氣義. 此疇曩心跡 安敢不盡於君侯哉.

백(白)은 옛날 촉(蜀)의 영토였던 농서(隴西)의 무위 무관(無位無官)의 평민으로서, 일찍이 고향을 떠나 초(楚)나라와 한(漢)나라 사이에서 방랑하였습니다. 나이 열다섯에 검술을 좋아하여 검술로써 여러 제후들에게 벼슬을 구한 적이 있고, 나이 서른에 문장을 성취하여 공경·재상 등 여러 귀인들을 두루 찾아다녔습니다. 키는 비록 7척(尺)에도 차지 못하나, 마음만은 일만의 장부를 누르고도 남음이 있습니다. 왕공과 대인 등 많은 분들이 저의 기절(氣節)과 의기(義氣)를 이미 인정해 주셨습니다.

이상이 지난날의 저의 마음가짐과 행적인데, 어찌 공께 사실대로 말씀드리지 않을 수 있겠습니까.

【語義】隴西(농서):옛 군(郡)의 이름. 지금의 감숙성(甘肅省) 농서현(隴西

縣) 서남쪽에 있었다. 布衣(포의):무위 무관(無位無官)인 사람의 의복.
벼슬이 없는 선비나 평민을 뜻한다. 流落(유락):고향을 떠나 떠돌아다
니는 것을 뜻한다. 干(간):구하다. 求의 뜻. 歷抵(역저):두루 찾아다
님. 雄萬夫(웅만부):일만 명의 장부보다 뛰어남. 雄은 걸출하다는 뜻.
許與(허여):허락하다. 인정하다. 氣義:기절(氣節)과 의기(義氣). 기절
은 기개(氣槪)와 절조(節操). 疇曩(주낭):昔의 뜻으로, 옛날. 心跡(심
적):마음가짐과 행동.

君侯制作侔神明 德行動天地 筆參造化 學究天人. 幸願開張
心顔 不以長揖見拒. 必若接之以高宴 縱之以淸談. 請日試萬
言 倚馬可待. 今天下以君侯 爲文章之司命 人物之權衡. 一經
品題 便作佳士. 而今君侯何惜階前盈尺之地 不使白揚眉吐氣
激昂靑雲耶.

공의 문장 짓는 솜씨는 천지신명(天地神明)의 솜씨와 같고, 공의 아름다
운 덕행(德行)은 하늘과 땅을 감동시키기에 충분합니다. 또 공의 힘찬 글씨
는 만물을 생성화육(生成化育)시키는 천지의 운동처럼 약동하며, 공의 심
오한 학문은 천지자연의 도리와 인간 세상의 도덕 법칙을 남김없이 연구
하여 밝힌 것입니다.

원하옵건대 공께서 마음을 열고 낯빛을 부드럽게 하여, 잠시 동안만이라
도 제가 공께 예를 올리는 일을 거절하지 말아 주십시오. 또 융성한 연회
(宴會)로써 미천한 저를 응접해 주시어 고상하고 맑은 이야기를 할 수 있
도록 해 주시리라 믿습니다.

청하옵건대, 하루에 만 자의 글을 지어 올리도록 하여 저를 시험해 주
십시오. 말(馬)안장에 기대어 기다리는 동안에 글을 지어 올리겠습니다.

오늘날 천하의 사람들은, 공을 인간 세상의 문장(文章)을 감독하는 사명(司命)이자 인물의 가치를 저울질하는 저울이라 입을 모아 이야기하고 있습니다. 누구든지 단 한 번만이라도 공을 만나 공의 평어(評語)를 얻으면, 그 사람은 그날로 훌륭한 인사(人士)가 되는 것입니다.

그런데 지금 공께서는 어찌하여 백(白)이 면접을 청하기 위하여 들어설 당(堂) 아래 계단 앞의 한 자 남짓한 땅을 아끼시어, 백으로 하여금 눈썹을 치켜세우고 씩씩한 기상(氣象)을 토하며 청운(靑雲)의 대망을 이룰 수 있도록 떨치고 일어나게 하지 않으시는 것입니까.

【語義】 制作(제작):문장(文章)을 짓는 것. 侔(모):같음. 參造化(참조화):만물을 생성화육(生成化育)하는 천지의 위대한 운동에 참여함. 究天人:천지자연의 도리와 인간 세상의 도덕 법칙을 남김없이 연구하여 모두 밝힘. 開張心顔(개장심안):마음을 활짝 열고 낯빛을 부드럽게 함. 대화의 길을 트고 사람과 접하는 것을 뜻한다. 長揖(장읍):길게 읍함. 두 손을 맞잡고 가슴 언저리까지 올리는 것을 揖이라 한다. 곧 인사(人事)로서 표시하는 간단한 경례(敬禮). 高宴(고연):성대한 잔치. 성연(盛宴). 倚馬可待(의마가대):말에 기대어 기다릴 수 있음. 즉 조금도 지체하지 않고 민속(敏速)하게 글을 지어 올릴 수 있다는 뜻이다. 司命(사명):별 이름. 천제(天帝)의 거처인 북극성 곁에 있으며, 인간의 수명을 맡는다고 한다. 여기서는 생살(生殺)의 권한을 쥔 감독자. 權衡(권형):저울추와 저울대. 무게의 경중(輕重)을 재는 저울. 品題(품제):품평(品評). 곧 인물의 가치를 평정(評定)하는 것. 階前盈尺之地(계전영척지지):당(堂)의 계단 앞에 있는 한 자 남짓한 좁은 장소. 이백을 불러 면담(面談)할 장소를 가리킨다. 激昻(격앙):감격하여 떨치고 일어나는 것을 뜻한다. 靑雲(청운):푸른 구름이 있는 높은 하늘. 입신출세(立身出世)의 대망을 뜻한다.

昔王子師爲豫州 未下車 卽辟荀慈明 旣下車 又辟孔文擧. 山
濤爲冀州 甄拔三十餘人 或爲侍中尙書 先代所美. 而君侯亦
一薦嚴協律 入爲秘書郞. 中閒崔宗之房習祖黎昕許瑩之徒 或
以才名見知 或以淸白見賞. 白每觀其銜恩撫躬 忠義奮發. 白
以此感激 知君侯推赤心於諸賢腹中. 所以不歸他人 而願委身
國士. 倘急難有用 敢效微軀.

옛날, 후한(後漢)의 왕자사(王子師)는 예주 자사(豫州刺史)로 부임하게
되자, 수레에서 미처 내리기도 전에 순자명(荀慈明)을 불렀고, 수레에서 내
리자 공문거(孔文擧)를 불러 등용하였습니다. 또 진(晉)나라 산도(山濤)는
기주 자사(冀州刺史)로 있으면서 30여 명의 인재를 찾아 천거하였는데, 그
가운데에는 시중(侍中)·상서(尙書) 등의 고위(高位)에까지 오른 이가 있
었습니다. 그런 일들은 모두 지나간 시대에 있었던 아름다운 일들입니다.

그런데 오늘날에는 공께서 인재 발탁(拔擢)에 힘쓰고 계십니다. 악관(樂
官)에 지나지 않던 협률랑(協律郞) 엄씨(嚴氏)가 공의 추천을 받아 비서랑
(秘書郞)이 되었고, 최종지(崔宗之)·방습조(房習祖)·여흔(黎昕)·허영
(許瑩) 등의 무리도 공의 추천을 받아 크게 활약하고 있습니다. 그중 어떤
사람은 재명(才名)으로 세상을 떠들썩하게 하고 있으며, 또 어떤 사람은 청
렴결백(淸廉潔白)한 덕으로 세상의 칭송을 받고 있습니다.

백(白)은, 그들이 공의 은혜를 가슴에 새기고 공의 크신 은혜에 보답하고
자 항상 충의(忠義)의 뜻을 크게 떨치는 것을 보아 왔습니다. 그럴 때마다
백은 감격하였으며, 공께서 그들 현사(賢士)의 가슴속에 오직 맑고 순수한
정성을 심어 주셨다는 사실을 깨달았습니다. 지금 백이 다른 사람에게 돌
아가지 않고 오직 공께 몸을 의탁하려는 이유가 여기에 있습니다. 혹 어느
때이건 급하고 어려운 일에 백을 불러 써 주신다면, 감히 나아가 미천한 몸

을 바쳐 힘껏 받들겠습니다.

【語義】王子師(왕자사):왕윤(王允). 후한(後漢) 사람으로, 子師는 그의 字.
영제(靈帝) 때에 황건적(黃巾賊)이 일어나자, 예주 자사(豫州刺史)가 되
었다.　辟(벽):고위자(高位者)가 재야(在野)의 현재(賢才)를 부르는 것.
荀慈明(순자명):순상(荀爽). 후한(後漢) 사람으로, 慈明은 그의 字. 왕
윤(王允)의 부름을 받았다.　孔文擧(공문거):후한(後漢)의 공융(孔融).
文擧는 그의 字. 공자의 20世孫으로 남다른 문재(文才)가 있었는데, 조
조(曹操)의 미움을 사 주살(誅殺)되었다.　山濤(산도):字는 거원(巨源). 진
(晋)나라 사람으로, 죽림칠현(竹林七賢)의 한 사람이다. 무제(武帝) 때에
이부상서(吏部尙書)가 되었으며, 후에 기주 자사(冀州刺史)가 되었다.
甄拔(견발):인물을 발탁(拔擢)하여 천거하는 것. 甄은 주의하여 알아보
는 것. 侍中尙書(시중상서):벼슬 이름으로, 侍中은 천자를 좌우에서 모
시며 승여(乘輿)·복장(服裝)의 일을 맡아 보는 관직이며, 尙書는 궁중
에서 문서에 관한 일을 맡아 보는 관직이다.　嚴協律(엄협률):嚴은 姓
氏. 協律은 음악을 담당하는 관직인 협률랑(協律郎)을 가리킨다. 관직
과 姓만을 알기 때문에 嚴協律이라 한 것이다.　秘書郎(비서랑):궁중의
도서(圖書)를 관장하는 관원.　崔宗之(최종지):병주(并州)의 장사(長史)
에 습봉(襲封)되었으며, 학문을 좋아하였다. 이백(李白)·두보(杜甫) 등
과 문장으로 친했으며, 술을 좋아해 杜甫의 〈飮中八仙歌〉에 등장할 정
도이다.　房習祖(방습조)·黎昕(여흔)·許瑩(허영):《唐書》에 傳은 없으
나, 결백한 인격으로 유명했던 사람들이다.　淸白(청백):청렴결백(淸廉
潔白).　銜恩(함은):은혜를 입은 것을 잊지 않고 생각함. 銜은 마음속에
지니는 것.　撫躬(무궁):몸을 어루만지며 일어설 때를 기다리는 모양을
말한다.　赤心(적심):성심(誠心). 진심(眞心). 후한(後漢)의 광무(光武) 황

제가 진(陣)을 순시할 때 항복한 사람들이, '광무 황제는 적심(赤心)을 사람의 뱃속에 넣어주고 사람을 신뢰하는 분이니, 어찌 그분을 위해 목숨을 버리려 하지 않겠는가.' 하고 이야기한 것(《資治通鑑》)에 의한다. 所以(소이):까닭. 委身(위신):몸을 맡김. 國士:국가의 명사(名士). 형주 자사(荊州刺史) 한조종(韓朝宗)을 가리킨다. 倘(당):儻과 소字. 만일. 效(효):몸을 바쳐 힘씀. 微軀(미구):미천한 몸. 자신을 낮추어 겸손하게 표현한 것이다.

且人非堯舜. 誰能盡善. 白謨猷籌畫 安能自矜. 至於制作 積成卷軸. 則欲塵穢視聽. 恐雕蟲小技 不合大人. 若賜觀芻蕘 請給紙筆兼之書人. 然後退掃閑軒 繕寫呈上. 庶青萍結綠 長價於薛卞之門. 幸推下流 大開獎飾. 惟君侯圖之.

또한 사람은 요순(堯舜) 같은 성인(聖人)이 아닙니다. 누가 지극한 선(善)과 지극한 미(美)를 다할 수 있겠습니까.

백(白)이 어찌 자신의 지모(智謀)를 자랑할 수 있겠습니까. 그러나 글을 짓는 데에서만은 나름대로 재주가 있어, 지금까지 지은 글이 두루마리를 이루고 있습니다. 모두 공께 보여 드려 공의 눈과 귀를 어지럽혀 드리고 싶습니다. 다만 일찍이 양웅(揚雄)이, '문장을 짓는 것은 장부가 할 일이 아니다.'라 한 것처럼, 유치한 미사여구(美辭麗句)로 문장을 꾸미는 하찮은 재주가 도덕 높은 공의 뜻에 안 맞지나 않을까 두렵습니다. 그러나 꼴을 베고 땔나무를 하는 촌부(村夫)에 지나지 않는 미천한 자의 글일망정 한번 보아주실 뜻이 있다면, 청하옵건대 종이와 붓과 문장을 정서(淨書)할 사람을 내려 주십시오. 그러면 물러와 조용한 방을 깨끗이 치우고 문장을 다듬어 깨끗이 써 올리겠습니다.

바라옵건대, 명검(名劍) 청평(青萍)과 보옥(寶玉) 결록(結綠)이 각각 설촉(薛燭)과 변화(卞和)를 만남으로써 그 가치를 인정받았듯이, 저의 문장을 공께 보여 드려 인정받고자 합니다.

부디 하류에서 맴도는 미천한 자를 밀어주시어, 세상의 칭송을 듣고 빛날 수 있도록 크게 길을 열어 주시기 바랍니다. 오직 공의 헤아림에 달려 있을 뿐입니다.

【語義】 謨猷籌畫(모유주획):네 글자 모두 책략(策略)을 뜻한다. 卷軸(권축):두루마리. 표장(表裝)하여 말아 놓은 서화(書畫). 塵穢(진예):더럽힘. 雕蟲小技(조충소기):벌레 모양이나 전서(篆書)를 조각하듯이, 미사여구(美辭麗句)로 문장을 꾸미는 조그마한 기교. 《揚子法言》에, "어떤 사람이 '그대는 어렸을 적에 賦 짓기를 좋아했는가?' 하고 물었다. 그에 '그렇다. 아이 적에 벌레 모양이나 전서(篆書)를 새기는 것처럼 문장을 장식했다.'고 대답했다. 그러나 잠시 후에 다시 말했다. '장부는 할 짓이 못 된다.'고 했다." 大人:큰 덕을 지닌 사람. 한형주(韓荊州)를 가리킨다. 芻蕘(추요):芻는 꼴, 또는 꼴을 베는 사람. 蕘는 섶나무, 또는 땔나무를 하는 사람. 곧 자신을 미천한 사람으로 겸손하게 표현한 것이다. 書人(서인):정서(淨書)하는 사람. 閑軒(한헌):조용한 방. 繕寫(선사):잘못을 바로잡고, 다시 고쳐 베끼는 것. 呈上(정상):윗사람에게 물건 등을 바치는 것. 정납(呈納). 呈은 狂의 古字로, 呈과는 다른 字이다. 庶(서):바라건대. 青萍(청평):명검(名劍)의 이름. 월왕(越王) 구천(勾踐)이 설촉(薛燭)의 감정을 받고 그것이 명검임을 알았다고 한다. 結綠(결록):송(宋)나라에 있던 명옥(名玉)의 이름. 薛卞(설변):설촉(薛燭)과 변화(卞和). 설촉은 검(劍)을, 변화는 옥(玉)을 감정(鑑定)하는 데에 명인(名人)이었다. 下流:하위(下位)에 있는 자. 여기서는 이백 자신을 가리킨다.

開獎飾(개장식):칭찬받고 빛날 수 있도록 길을 열어 줌. 圖(도):꾀하다. 헤아리다.

【解説】이백(李白)은 이 편지를 한조종(韓朝宗)에게 올려, 자신의 문재(文才)를 한번 시험해 보고 세상에 추천해 주기를 원했다. 그래서 먼저, 당시 세상 사람들이 한조종을 만나는 것을 '등용문(登龍門)'이라 한다는 것을 이야기하고, 문장의 운명을 맡은 사명신(司命神)이라고도 일컬어지는 조종(朝宗)에게 인정받는다면, 물고기가 용문(龍門)의 폭포를 올라 용(龍)이 되는 것처럼 그 인물의 가치가 열 배로 껑충 뛰므로, 꼭 한번 면접하여 자신으로 하여금 문장을 지어 보일 수 있도록 해 주기를 간절히 원한다. 그리고 이백은 자신의 성장 내력부터 이야기하기 시작하여, 문장을 짓는 일에는 절대로 자신이 있음을 이야기한 다음, 조종(朝宗)에 대한 경모(景慕)의 정(情)을 이야기하고, 그를 위해서 몸을 바쳐도 좋다고까지 이야기한다. 표표(飄飄)한 시선(詩仙)에게도 이와 같은 자천(自薦)의 書가 있었던 것이다.

《唐書》列傳 四十三에 의하면, 한조종(韓朝宗)은 처음에 예종(睿宗)에게 출사하여 좌습유관(左拾遺官)을 지냈는데, 후에 현종(玄宗)의 즉위가 너무 이름을 간(諫)했다가 형주(荊州:湖北·湖南·四川)의 자사(刺史:太守)로 좌천되었다. 그 후 태수를 역임하는 동안에 많은 인물을 찾아내어 그들을 중앙에 추천했다. 최종지(崔宗之)·엄무(嚴武), 그 밖의 유명한 인물이 조종(朝宗)의 천거에 의해 세상에 나왔다. 이백(李白)은 조종(朝宗)이 형주 자사였을 때에 이 書를 올렸으므로, 〈與韓荊州書〉라 한 것이다.

답장적서:한퇴지(答張籍書:韓退之)

吾子不以愈無似 欲推而納諸聖賢之域 拂其邪心 增其所未高.
謂愈之質 有可至於道者. 浚其源 導其所歸 漑其根 將食其實.
此盛德者之所辭讓. 況於愈者哉. 抑其中有宜復者. 故不可遂
已.

그대는 유(愈)를 어리석은 자라 하지 않고, 오히려 여러 성현(聖賢)의 영
역(領域)에 밀어 올려, 유로 하여금 사벽(邪僻)한 마음을 씻게 하고 아직
고상하지 못한 유의 기상(氣象)을 키워 주고자 하십니다. 그리고 유의 바탕
이 도(道)에 이를 수 있을 것이라고 말씀하셨습니다. 물의 근원을 깊게 하
고, 물이 돌아가야 할 곳으로 이끌며, 나무에 물을 대어 그 열매를 기다리
는 것처럼, 유의 학문을 깊게 하고 덕행을 크게 키우고자 하십니다. 그러나
이것은 성덕(盛德)의 군자도 이루기 어려운 일입니다. 하물며 유와 같이 부
덕(不德)한 자가 어찌 이룰 수 있겠습니까.

보내 주신 서신의 내용 가운데에는 답해 드려야 할 것이 있었습니다. 이
에 이렇게 붓을 들었습니다.

【語義】吾子:그대. 자네. 친한 사이에 부르는 호칭(呼稱). 無似(무사):불초
(不肖)와 같은 뜻. 다른 사람들과 달리 변변치 못하다는 뜻으로. 어리석
은 사람임을 뜻한다. 浚其源 導其所歸(준기원 도기소귀):수원(水源)을
깊게 해주고 그 돌아갈 곳으로 이끌어 줌. 장적(張籍)이 한유로 하여금
학문을 깊게 하여 크게 발전하게 하려는 것을 뜻한다. 漑其根 將食其實
(개기근 장식기실):뿌리에 물을 대어 장차 그 열매를 먹으려 함. 장적이
한유의 학문을 훌륭하게 열매 맺도록 하려는 것을 나무의 일에 비유하

여 말한 것이다. 所辭讓(소사양):사양하는 일. 況(황):하물며. 抑(억):
또한. 其中:장적이 보낸 편지의 내용을 가리킨다. 復者:회답(回答)해야
할 것을 가리킨다. 復은 白(사뢰다)의 뜻. 遂(수):망설이다.

> 昔者聖人之作春秋也 旣深其文辭矣. 然猶不敢公傳道之 口授
> 弟子. 至於後世 然後其書出焉. 其所以慮患之道微也.

옛날 성인 공자께서《春秋》를 지으실 때에, 그 뜻을 아무나 해석할 수 없
도록 깊게 하셨습니다. 그러고도 그 깊은 뜻은 결코 여러 사람 앞에 드러
내지 않고 오직 제자들에게만 입으로 직접 전해 주셨습니다. 그리하여 후
세에 이르러서야《春秋》에 관한 해석서가 나오게 되었는데, 바로 좌씨(左
氏)·공양(公羊)·곡량(穀梁)의 삼전(三傳)이 그것입니다. 이처럼 공자께
서도 화를 입을 것을 두려워하시어 글의 뜻을 은미(隱微)하게 하셨을 만큼,
후세에 글을 남기는 일은 쉬운 일이 아닙니다.

【語義】 春秋(춘추):오경(五經)의 하나.〈進學解〉의 語義를 참조할 것. 公
(공):여러 사람 앞에 드러내는 것. 傳道(전도):전하여 이름. 道는 言·
謂의 뜻. 口授(구수):말로 전해 주는 것. 其所以慮患之道微(기소이려
환지도미):孔子가 화를 입을 것을 염려하여 뜻을 은미(隱微)하게 했다
는 뜻이다.

> 今夫二氏之所宗而事之者 下及公卿輔相. 吾豈敢昌言排之哉.
> 擇其可語者誨之 猶時與吾悖 其聲讙讙. 若遂成其書 則見而
> 怒之者必多矣. 必且以我爲狂爲惑. 其身之不能恤 書於吾何
> 有.

오늘날 노씨(老氏)의 도교 사상(道敎思想)이나 석씨(釋氏)의 불교 사상
(佛敎思想)을 종주(宗主)로 하여 신봉하는 사람들이, 아래로 공경(公卿) 대
신(大臣)과 천자를 보필하는 재상(宰相)에까지 이르고 있습니다. 그러니 내
가 어찌 공공연하게 그러한 일을 배척할 수 있겠습니까. 노불사상(老佛思
想) 가운데서 꼭 해가 되는 점만 가려 이야기하고 있는데도, 자신들의 잘
못을 뉘우치기는커녕 나의 뜻에 따르지 않고 나를 비방하는 소리가 높습니
다. 이러한 지경인데, 여기서 내가 노불(老佛)을 배척하는 글까지 쓴다면,
그 글을 보고 성낼 사람이 필경 한둘이 아닐 것입니다. 모두들 나를 미쳤다
고 하거나 시조(時潮)를 모르는 정신 나간 사람이라 욕할 것임에 틀림없습
니다. 그렇게 된다면 내 한 몸을 제대로 지키기도 어려울 터인데, 글을 남
겨야 내게 무슨 도움이 되겠습니까.

【語義】 二氏:노자(老子)와 석가(釋迦). 도교(道敎)와 불교(佛敎). 宗:종주
(宗主). 본가(本家). 下及公卿輔相(하급공경보상):아래로는 공경(公卿)
과 천자를 보필하는 재상(宰相)에까지 미침. 문맥상 '위로는 천자로부
터……'라고 해야 하지만. 천자는 일부러 말하지 않은 것이다. 昌言(창
언):공개(公開)하여 말함. 공언(公言). 誨(회):가르치다. 알려주다. 悖
(패):어그러짐. 순종하지 않고 거스름. 譊譊(요요):언성을 높여 싸우는
소리. 성내어 떠드는 소리. 若遂成其書(약수성기서):만약 그 글을 완
성한다면. 其書는 老·佛을 배척하는 글. 恤(휼):근심하다. 돌아보다.

夫子聖人也. 且曰 自吾得子路而惡聲不入於耳. 其餘輔而相
者周天下 猶且絶粮於陳 畏於匡 毁於叔孫 奔走於齊魯宋衛之
邦. 其道雖尊 其窮也亦甚矣. 賴其徒相與守之 卒有立於天下.
向使獨言之 而獨書之 其存也可冀乎.

공자께서는 성인이셨습니다. 그런데 이런 말씀을 하셨습니다.

"나는 용맹한 자로(子路)를 얻고부터 나를 헐뜯는 소리를 듣지 않게 되었다."

공자께서는 자로 이외에도 당신을 도우며 지킨 자가 천하에 없는 곳이 없었지만, 진(陳)나라와 채(蔡)나라 사이에서는 식량이 떨어져 고초를 겪으셨고, 광(匡)의 땅에서는 악인(惡人) 양호(陽虎)로 오인받아 성난 민중에게 겹겹이 둘러싸여 위난(危難)을 당하셨으며, 노(魯)나라의 대부 숙손무(叔孫武)에게서는 굴욕적인 비방을 당하셨고, 인(仁)의 도를 펴기 위해서 13년 동안이나 제(齊)·노(魯)·송(宋)·위(衛) 등을 몸소 돌아다니시며 천하를 주유(周遊)하셔야만 했습니다. 공자께서 설(說)하신 도는 더없이 높은 것이었지만, 당신께서 겪으신 고초는 이루 말할 수 없었습니다. 다행히 따르던 많은 제자들이 스승을 지켰기 때문에, 공자께서는 마침내 천하에 몸을 세우실 수가 있었던 것입니다.

만약 그 전에 아무도 돕고 지켜 주는 사람이 없는 가운데 공자께서 혼자 말씀하시고 혼자 글을 남기셨더라면, 그 말씀과 글이 후세에 길이 남아 있기를 바랄 수 있겠습니까.

【語義】 夫子:도덕이 높은 스승을 높여서 부르는 말이다. 여기서는 공자(孔子)를 가리킨다. 子路(자로):공자의 제자 중유(仲由). 子路는 그의 字이다. 공자의 제자 중에서 가장 용맹하였고 실천력이 뛰어났다. 其餘(기여):자로(子路) 이외의 많은 제자들을 가리킨다. 공자의 문하에는 72명의 어진 제자가 있었다. 絕糧於陳(절량어진):진(陳)에서 양식이 끊어짐. 粮은 糧과 소字. 공자가 주유천하(周遊天下)하면서 진(陳)나라와 채(蔡)나라 사이에서 겪었던 고난을 가리킨다. 공자가 초(楚)나라에 기용될 것을 두려워한 진(陳)·채(蔡)의 대부들이 공자 일행을 들판에 가두

고 식량의 보급로를 끊어 버렸다. 초나라의 원병이 도착할 때까지, 공자 일행은 극심한 고초를 겪었다. 畏於匡(외어광):광(匡)에서 위난(危難)을 당함. 畏는 두려움, 협박당하는 것. 공자 일행이 광성(匡城)을 지나게 되었다. 그런데 전에 노(魯)나라 양호(陽虎)가 이곳에 침입하여 난동을 부린 일이 있었다. 공자의 제자 중에는 그 일에 가담했던 안각(顔刻)이 있었고, 게다가 공자의 얼굴 모습이 양호와 비슷하여, 광(匡) 땅의 사람들이 몽둥이를 들고 공자 일행을 겹겹이 둘러쌌다. 광(匡)에서의 위난이란 이 일을 가리킨다. 毀於叔孫(훼어숙손):숙손(叔孫)에게서 비방을 들음.《論語》子張篇에, 노(魯)나라 대부 숙손이 자공(子貢)을 공자보다 현명하다고 이야기한 것이 있다. 奔走於齊魯宋衛之邦(분주어제노송위지방):공자가 인(仁)의 도를 실현하기 위해 13년 동안 주유천하(周遊天下)한 것을 가리킨다. 賴(뢰):다행히. 힘을 입어. 其徒:공자의 여러 제자들을 가리킨다. 向:먼저. 其存也可冀乎(기존야가기호):그것이 남아 있기를 바랄 수 있겠는가. 其는 공자의 말과 그것을 기록한 글.

今夫二氏之行乎中土也 蓋六百有餘年矣. 其植根固 其流波漫. 非所以朝令而夕禁也. 自文王沒 武王周公成康相與守之 禮樂皆在. 至乎夫子未久也. 自夫子而至乎孟子未久也. 自孟子而至乎揚雄亦未久也. 然猶其勤若此 其困若此. 而後能有所立. 吾其可易而爲之哉. 其爲也易 則其傳也不遠. 故余所以不敢也.

오늘날 노씨의 도교와 석씨의 불교가 중국에서 행하여진 지 무릇 600여 년이나 됩니다. 그동안 이 두 이단의 도는 사람들의 마음에 뿌리를 내려 단단해졌고, 물결이 사방으로 퍼지듯 천하에 만연(蔓延)하였습니다. 도저히 아침에 명령을 내려 저녁이면 그 믿는 것을 금하게 할 수 있을 만큼, 쉽게 다스릴 수 있는 상황이 아닙니다.

문왕(文王)께서 돌아가시자, 무왕(武王)·주공(周公)·성왕(成王)·강왕(康王)께로 내려오며 인의(仁義)의 왕도(王道)가 지켜져, 유가(儒家)의 예악(禮樂)이 세상에 행해졌습니다. 예악이 행해졌던 강왕 때로부터 공자께서 나실 때까지 그리 오래지 않았습니다. 또 공자로부터 맹자까지도 그리 오래지 않았으며, 맹자로부터 양웅(揚雄)까지도 그리 오래지 않았습니다. 그런데도 세상은 갈수록 도에서 멀어지고 험악해져, 공자와 맹자 같은 성현(聖賢)마저도 그와 같은 모진 고초를 겪으신 다음에야 유교를 천하에 발양(發揚)하실 수 있었던 것입니다. 하물며 나와 같은 사람이 어떻게 쉽게 유교의 도를 지킬 수 있겠습니까. 쉽게 글이나 써 유교의 도를 지키려 한다면, 필경 그 도가 오래 전해지지 않을 것입니다. 그러한 까닭에 힘 안 들이고 글이나 쓰는 일은 하지 않는 것입니다.

【語義】中土:세계의 중앙. 中國을 中土, 또는 中華라고 한다. 六百有餘年: 불교는 후한(後漢) 명제(明帝) 때(67년)에 들어왔고, 도교는 위진(魏晉) 시대(230년경)에 성하였다. 한유가 이 글을 쓴 것은 그의 나이 33세, 정원(貞元) 16년(800)이다. 600여 년이라 한 것은 대충 계산한 햇수이다. 漫(만):널리 퍼지다. 만연(蔓延)과 같다. 禮樂(예악):禮는 신분(身分)에 따라 정해진 행위의 형식. 법제(法制)·습관 등. 樂은 감정을 순화시키며 인심을 화합하게 하는 것. 음악(音樂). 自孟子而至乎揚雄亦未久也: 《古文眞寶》에는 없으나 本集(《韓昌黎集》)에는 있다.

然觀古人 得其時行其道 則無所爲書. 爲書者 皆所爲不得行
乎今 而行乎後者也. 今吾之得吾志 失吾志 未可知. 侯五六十
爲之未失也. 天不欲使兹人有知乎 則吾之命不可期. 如使兹
人有知乎 非我其誰哉. 其行道 其爲書 其化今 其傳後 必有在
矣. 吾子其何遽戚於吾所爲哉.

그런데 옛사람들을 보면, 때를 얻어 세상에 도를 행할 수 있으면 따로 글
을 쓸 생각을 아니하였습니다. 대체로 글을 쓴 사람들은, 때를 얻지 못하
여 세상에 도를 행할 수 없을 때에 그 도를 후세에 전하고자 글을 썼던 것
입니다.

지금의 나로서는, 과연 내가 뜻을 얻어 세상에 도를 행하게 될지 뜻을 얻
지 못하여 도를 행할 수 없게 될지 알 수가 없습니다. 그렇다면 나이 오륙
십이 될 때까지 기다렸다가 글을 써도 늦지는 않을 것입니다.

하늘이 세상 사람들로 하여금 도를 알게 하려는 뜻을 가지고 있지 않다
면, 나의 수명 따위를 기약할 필요가 있겠습니까. 그러나 하늘이 세상 사람
들에게 도를 일깨워 줄 뜻을 가지고 있다면, 천하에 그 일을 할 수 있는 사
람이 유(愈) 말고 누가 있겠습니까.

도를 행하고, 글을 짓고, 세상을 교화(敎化)시키고, 도를 후세에 전하는
일은, 이 유가 반드시 이룰 날이 있을 것입니다. 그런데 그대는 어이하여
나의 일을 그다지도 조급히 걱정하십니까.

【語義】 侯(사):기다림. 兹人(자인):천하의 백성들을 가리킨다. 命:수명
(壽命). 天不欲使……非我其誰哉:《孟子》公孫丑篇 下의 '대저, 하늘이
아직 천하를 태평하게 다스리려 하지 않는 것이다. 하늘이 천하를 바
르게 다스리고자 한다면, 오늘날 같은 세상에 그 일을 맡을 사람이 나

말고 누구이겠는가(夫天未欲平治天下也. 如欲平治天下 富今之世 舍我
其誰也).'와 같은 句法이다.   化今:오늘날의 세상을 교화(敎化)하는 일.
遽戚(거척):조급하게 걱정함. 本集에는 戚戚으로 되어 있다.

前書謂 吾與人商論 不能下氣. 若好己勝者. 然雖誠有之 抑非
好己勝也. 好己之道勝也. 己之道 乃夫子孟軻揚雄所傳之道
也. 若不勝則無所爲道. 吾豈敢避是名哉. 夫子之言曰 吾與回
言終日 不違如愚. 則其與衆人辯也有矣.

지난번 편지에서 그대는 내게 이렇게 말했습니다.
"유(愈)는 다른 사람들과 의론(議論)할 적에 혈기를 누를 줄 모르고 이기
기만을 좋아하는 것 같다."
라고.
그러나 비록 내게 그런 점이 없는 것은 아니나, 단지 이기기를 좋아하는
혈기를 누르지 못하기 때문에 그런 것은 아닙니다. 내가 지키는 도가 노씨
나 석씨의 도를 누르는 것을 좋아할 뿐입니다. 내가 지키는 도란, 공자ㆍ맹
자ㆍ양웅으로 전해 내려온 유가의 도를 말합니다. 유교의 도가 노씨나 석
씨의 도를 누르지 못한다면, 우리에게는 도가 없는 것과 마찬가지입니다.
그러니 내가 어찌 논쟁할 때 혈기를 누를 줄 모르고 이기기만 좋아한다는
세상의 평판(評判) 따위를 두려워하겠습니까.
논어(論語)에 이런 말씀이 있습니다.
"내가 안회(顔回)와 더불어 종일 말해도, 그는 한마디도 되묻지 않아 어
리석은 사람 같다."
이처럼 성인이셨던 공자께서도 사람들과 더불어 사리의 옳고 그름을 따
지며 하루 종일 의론(議論)하신 일이 있었던 것입니다.

【語義】 前書:장적(張籍)이 한유에게 보낸 글월. 商論:서로 의론(議論)하
는 것. 是名:의론(議論)을 좋아하고 이기기를 좋아한다는 평판(評判).
夫子之言:《論語》爲政篇에 나와 있는 공자의 말. 한유가 공자와 안회(顔
回)의 일을 비유로 들어 자신의 승벽(勝癖)이 강함을 변호하려는 것인데,
변호라기보다는 차라리 억지에 가깝다. 이기기 좋아하는 한유의 성품
이 여실히 드러나는 대목이며, 한편으로는 한유가 이치에 닿지 않는 변
명을 늘어놓을 수 있을 만큼 장적과 막역(莫逆)했다는 것을 알 수 있다.

駁雜之譏 前書盡之. 吾子其復之. 昔者夫子猶有所戲. 詩不
云乎善戲謔兮 不爲虐兮. 記曰 張而不弛 文武不爲也. 豈害
於道哉. 吾子其未之思乎. 孟君將有適. 思與吾子別. 庶幾一
來. 愈再拜.

나의 언론과 행위가 도를 지키려는 사람으로서 순수하지 못하고 잡스럽
다는 그대의 꾸짖음에 대해서는, 이미 지난번 답서에 충분히 설명하였으니
다시 한 번 읽어 보시기 바랍니다.

옛날 성인이셨던 공자께서도 제자에게 농담을 하신 적이 있고, 《詩經》에
는, '무공(武公)께서는 우스갯소리를 잘 하시지만 남에게 모진 짓은 하지
않네.'라고 하였으며 또 《禮記》에는, '시위를 당겨 활을 팽팽하게 한 채 늦
추지 않는 것은, 성왕이신 문왕·무왕도 하시지 않는 일이다.'라고 하였으
니, 언행을 여유 있게 하는 것이 군자로서 흠이 된다고는 결코 생각하지 않
습니다. 언행을 여유 있게 하고 농담을 하는 것이, 어찌 도를 행하는 데에
해가 되겠습니까! 그대는 이 점을 미처 생각하지 못했던가요.

맹군(孟君)이 멀리 떠나려고 합니다. 그대와 함께 송별해 주고자 하니 한
번 와 주시기 바랍니다.

유(愈) 재배(再拜).

【語義】駁雜(박잡):뒤섞여 순수하지 아니한 것. 譏(기):나무람. 비난. 前
書:전에 장적의 편지에 대해 한유가 보낸 답장을 가리킨다. 夫子猶有
所戲(부자유유소희):공자께서도 농담을 한 적이 있음.《論語》陽貨篇에
있는 말을 가리키는데, 한유가 변명의 구실로 삼으려 하나 합당하지 않
은 비유이다. 공자가 제자인 자유(子游)가 다스리는 무성(武城)에 갔다
가 현가(弦歌)의 소리를 듣고, '닭을 잡는 데에 어찌 소 잡는 큰 칼을 쓸
것이 있느냐?'고 했다. 이에 자유가, "저는 전에 '군자는 도를 배우면 사
람을 사랑하고, 소인은 도를 배우면 다스리기가 쉽다.'고 배웠습니다."
라고 대답했다. 공자는 일행을 돌아보며, '얘들아, 언(偃:자유의 이름)
의 말이 옳다. 내가 한 말은 농담이었다.'고 했다. 여기서 공자가 농담
이라고 한 것은, 자유와 같은 큰 인물이 조그만 고을을 다스리는 것을
가슴 아파하여 한 말이니, 장적의 비난에 대한 한유의 변명으로는 적합
하지 않다. 詩:《詩經》國風篇〈기오(淇奧)〉의 詩句를 가리킨다. 위(衛)
나라 무공(武公)의 덕을 칭송한 시인데 그 끝 구절에, '우스갯소리를 잘
하시지만, 모진 짓은 하지 않네(善戱謔兮 不爲虐兮).'라고 하였다. 記
曰……:《禮記》雜記篇 下에 나오는 말을 가리킨다. 원래는 '張而不弛 文
武弗能也. 弛而不張 文武弗爲也. 一張一弛 文武之道也.'라 하여, '활은
현(弦)을 당긴 채 늦추지 않으면, 그 힘이 약해진다. 백성도 고생을 계
속하면, 文王·武王의 道(즉 中道의 정치를 말한다)에 의해서도 그 힘
을 회복시킬 수 없다. 활을 늦춘 채 당기지 않으면, 그 체(體:활의 기능
을 다하기 위한 활로서의 모양)를 잃는다. 백성도 즐거움만을 일삼으
면, 文王·武王의 道에 의해서도 다스릴 수가 없다. 활을 때로 당기고
때로 늦춰야 하는 것처럼, 백성에게도 苦와 樂을 교체(交替)시키는 것

이 文王·武王의 정치의 道이다.'라는 의미인데, 한유는 이를 언행에 비유한 것이다. 즉 해학적인 글을 지은 것에 대한 변명이다. 孟君:맹동야(孟東野)를 가리킨다. 〈送孟東野序〉를 참조할 것. 庶(서):바라건대.

【解説】 한퇴지(韓退之)의 本集에는 〈重答張籍書〉라고 제목이 붙어 있다. 장적(張籍), 字는 文昌. 貞元 15년(799)에 진사(進士)에 급제하고, 한퇴지의 천거에 의해 국자박사(國子博士:國子監의 대학 교수)가 되었다. 한퇴지는 그를 뛰어난 인물로서 존경했다. 장적은 시(詩)를 잘 지었는데, 특히 악부체(樂府體:漢詩의 한 體. 長短句를 섞은 것)에 능하여 왕건(王建)과 이름을 같이했다. 관직은 국자사업(國子司業:國子學의 敎官)으로 끝났다.

 이 한퇴지의 書는 장적의 두 번째 편지에 대한 답장이다. 장적의 첫 번째 편지는,

 "공자(孔子)의 몰 후(沒後), 맹자(孟子)가 책을 저술하여 양주(楊朱)·묵적(墨翟)의 설(說)을 물리치고 성인의 도(道)를 밝혔다. 진시황(秦始皇)의 분서갱유(焚書坑儒) 후, 한대(漢代)에는 황제(黃帝)·노자(老子)의 道家 사상이 만연했지만, 양웅(揚雄)이 《揚子法言》을 저술하여 다시금 성인의 道를 밝혔다. 그 후 불교가 들어와, 老·佛 두 敎는 더욱 번성하고 유가(儒家)의 가르침은 쇠퇴했다. 양웅이 《揚子法言》을 저술한지 이제 천 년이나 되려 한다. 그리고 오늘날 한퇴지의 총명과 문장은 맹자나 양웅에 뒤떨어지지 않는다. 제발 글을 써서, 성인의 도를 당대(唐代)에 밝혀 주었으면 좋겠다. 그런데도 퇴지는 잡박(雜駁)한 설(說)을 좋아하고, 게다가 박색(博塞:바둑 일종인 도박)을 좋아하여 시일을 헛되이 낭비하니, 유감이 아닐 수 없다. 또 남과 논쟁하여 이기기를 좋아하는 것도 좋지 않다. 맹자나 양웅처럼 책을 저술하여 후세에 유가의 도

를 전해야 하는데, 이와 같아서는 전할 수 없을 것이다."

라는 의미의 것이었다. 한퇴지는 그에 답하여,

  "나는 성인의 道를 얻어 老·佛의 설(說)을 배척하고 있지만, 사람에게 설(說)하여 듣지 않으면 어쩔 수 없는 일이다. 맹자도 스스로 책을 저술하지 않았다. 나는 아직 미숙하므로, 책을 저술하여 후세에 전할 만한 힘이 없다. 오륙십 세가 된 다음에 책을 쓴다면 허물이 적을 것이다. 내가 잡박한 설을 좋아하는 것은 장난이다. 주색(酒色)에 비하면 이것이 낫지 않겠는가. 남과 논쟁하여 지기 싫어하는 것은 사실인지도 모른다. 그것은 깊이 생각하여 고칠 것이다. 박색(博塞)에 대한 비난은 잘 알았다."

라는 의미의 편지를 썼다. 이 한퇴지의 답에 대하여, 장적은 거듭해서 편지를 썼다.

  "老·佛의 道를 배척하고 성인의 道를 밝혀 후세에 전하기 위해서는 책을 저술하는 일이 꼭 필요하다. 맹자도 스스로 제자들과 토론하여 책을 저술한 것이지, 몰 후(沒後)에 책을 저술했다고는 전해지지 않는다. 그리고 퇴지는 오륙십 세 이후가 되어서라고 말했는데, 그때에는 이미 늦을지도 모른다. 그러므로 제발 이제부터 책을 저술해 주기 바란다."

라는 내용이었다. 장적의 이 두 번째 편지에 대해서 한퇴지는 이 書를 써서, 역시 전에 쓴 답장의 의미를 되풀이하고 있다. 그것은,

  "책을 저술하는 것은 역시 오륙십 세 후에라도 늦지 않다. 잡박한 설(說)은 좋지 않을는지도 모르지만, 공자도 농담을 한 일이 있으니 상관없지 않은가."

하는 내용이다. 이치가 정연한 글이지만, 강변(强辯)으로 볼 수 있는 부분이 없지 않다. 예를 들면 자신의 신념을 책으로 저술하는 것은 위험한 일이라 하면서, 공자는 《春秋》의 글 뜻을 은미(隱微)하게 했다고 말

한 것은, 자기가 책을 저술하지 않는 구실(口實)로 삼기 위해《春秋》를
지은 공자의 의도를 왜곡하여 해석한 것이다. 혹은 당시(當時)에는 이
러한 설(說)이 있었는지도 모른다. 또 책을 저술하여 가르침을 후세에
전하는 것은, 세상에 道가 행해지지 않을 때에 하는 일이라 말한다. 이
또한 강변(强辯)으로, 성인의 말을 모두 그처럼 생각하는 것은 잘못이
다. 혹은 종일 안회(顔回)와 이야기한 공자의 일을, 중인(衆人)과 논란
한 것이라 말하여, 자신이 논쟁을 좋아하는 것에 대한 변명의 구실로 삼
고 있는 것도 견강부회(牽强附會)이다. 당시 퇴지가 박색(博塞)을 좋아
하고 배해문(俳諧文)을 즐겨 쓴 것을 장적은 비난하고 있지만, 당시(當
時)에는 그런 것들이 유행으로, 그다지 큰 비난의 대상이 되지 않았다.
그런데 그에 대해 퇴지는 이것을 장난이라고 말하여 도망치면서, 그러
한 때에도 공자를 끌어들이고《詩經》의 위무공(衛武公)의 예를 인용하
는 등, 자기 자신을 지극히 높이 지키려 하는 데에서, 남에게 이기기를
좋아하는 한퇴지의 성격이 여실히 드러나고 있다. 참으로 한퇴지의 성
격이 잘 드러난 글이라 하겠다.

　책을 저술하는 것은 오륙십 세가 된 후에도 좋다는 자신의 주장대로
퇴지가 자중했다면, 앞에 나온 〈原道〉는 필시 만년(晩年)의 작품일 것
이다. 그것은 老·佛을 철저히 배척하고, 유가(儒家)의 사상을 명백히
밝혀 후세에 전한 대문장(大文章)으로, 한문공(韓文公)의 절대적인 신
념에서 쓰인 것이기 때문이다. 〈原道〉에서 '由周公而上 上而爲君. 故其
事行. 由周公而下 下而爲臣. 故其說長'이라 한 '其說長(그 글이야말로
참으로 영구한 것이었다)'의 의미도, 이 篇의 句와 서로 비추어 보면 명
백히, '책을 저술하여 영원히 전하는' 것으로 이해된다. 이어서, '然則如
之何而可也 曰 不塞不流 不止不行'이라고 단호히 老·佛에 대한 배격을
선언하고 있는 것으로 보아서도, 이것은 '나의 道'를 굳게 믿고, 몸의 위

난(危難)도 두려워하지 않는 자신(自信)을 가지기에 이르러 발(發)한 언론(言論)임을 알 수 있다. 그러나 이 〈答張籍書〉에서 '其身之不能恤 書於吾何有(내 한 몸을 제대로 지키기도 어려울 터인데, 글을 남겨야 내게 무슨 도움이 있겠습니까).'라 한 것처럼, 세론(世論)을 두려워한 때가 한퇴지에게도 있었음은 흥미로운 일이 아닐 수 없다. 퇴지의 천고(千古)에 전하는 명문장(名文章) 〈原道〉가 이와 같은 괴로움의 과정을 통한 다음에 결실을 맺은 것임을 알면, 글을 쓰는 일에 자중한 한퇴지의 사려가 결코 헛되지 않았다고 말할 수 있을 것이다.

부 록
작자 소전(作者 小傳)

작자 소전(作者 小傳)

가의(賈誼:기원전 201~169)

의(誼)는 이름, 전한(前漢)의 낙양(洛陽:河南) 사람. 세상에서는 가생(賈生)이라 일컬어졌다(《史記》屈原賈生列傳). 가생(賈生)이 제자백가(諸子百家)의 書에 통달했다는 말을 들은 한(漢) 문제(文帝)가 그를 불러 박사(博士)로 삼았다. 이때 가생의 나이 20세, 가장 나이어린 박사였다. 천자의 자문(諮問)이 있을 때마다, 여러 노선생(老先生)은 대답을 못 했는데 가생은 모두 대답했으므로, 천자는 기뻐하며 일 년 안에 대중대부(大中大夫)로 승임(昇任)했다. 그는 역(曆)을 고치고, 복색(服色:衣服이나 車馬의 色)을 바꾸며, 법도(法度)를 정하고, 예악(禮樂)을 일으킬 것을 주청(奏請)했다가, 주발(周勃)·관영(灌嬰)·장상여(張相如) 등 당시의 권력자들한테 미움을 받게 되었다. 그리하여 결국 조정(朝廷)에서 쫓겨나 장사왕(長沙王)의 태부(太傅)가 되어, 〈治安策〉을 올렸다. 몇 년 후, 회왕(懷王)이 낙마(落馬)하여 죽은 것을 슬퍼하여 곡읍(哭泣)하기 일 년여에 卒했다. 그때 그의 나이 33세. 가태부(賈太傅)라 불렸다. 경세가(經世家)이며 사상가(思想家)이기도 했지만, 초사(楚辭) 계통의 부가(賦家)로서도 유명하다. 〈過秦論〉은 〈治安策〉과 함께 의론문(議論文)의 대표작이며, 〈弔屈原〉·〈복부(鵩賦)〉등은 사부(辭賦) 의 명작이다.《新書》10권.

공덕장(孔德璋:447~501)

치규(稚圭), 字는 덕장(德璋). 남북조(南北朝) 남제(南齊)의 사인(詞人:詩文을 짓는 사람). 제(齊)나라 명제(明帝) 때에 남군(南郡)의 태수가 되었다. 인품이 청렴하고 담박(淡泊)하다. 문학을 좋아하며, 세상의 일을 싫어하고, 홀로 술 마시기를 즐겼다. 정원의 풀을 베지 않아 풀 속에서 개구리 우는 소리가 들리는 것을, '나, 저 개구리 울음소리를 음악으로 삼는다.'라고 말했다 한다. 출사하여 도관상서(都官尙書)가 되었다가, 태자첨사산기상시(太子詹事散騎常侍)로 올랐다. 55세로 卒. 그의 〈北山移文〉은 걸작이다.

구양영숙(歐陽永叔:1007~1072)

수(修), 字는 영숙(永叔). 북송(北宋)의 문인(文人)이며 정치가. 길주 노릉(吉州盧陵:江西省) 사람. 4세 때에 아버지를 잃고, 어머니 정씨(鄭氏)의 교육에 의해 대성했다. 古文의 묘(妙)를 깨달아 당(唐)나라 한유(韓愈)의 문장을 배워서, 송대(宋代) 古文을 부흥시키고 문단의 제일인자가 되었다. 소동파(蘇東坡)는 그의 문장을 평(評)하여, '大道를 논할 때에는 한유와 비슷하고, 일을 논할 때에는 육지(陸贄)와 비슷하다. 일을 기록할 때에는 사마천(司馬遷)과 비슷하고, 시부(詩賦)는 이백(李白)과 비슷하다.'고 했다. 《新唐書》·《新五代史》는 그가 편집한 것이다. 저주(滁州)의 태수(太守)를 지내다가 한림학사(翰林學士)·참지정사(參知政事)가 되어, 한기(韓琦)와 함께 영종(英宗)을 책립(策立)하고 왕안석의 신법(新法)을 배척했다. 관문전학사(觀文殿學士)·태자소사(太子少師)에 이르러, 희녕(熙寧) 4년에 치사(致仕:늙어서 벼슬을 사양하는 것)하고 다음해에 卒했다. 66세였다. 젊어서는 취옹(醉翁)이라 칭(稱)하고, 만년(晩年)에 스스로 육일거사(六一居士)라 호(號)하면서, '내게 집고록(集古錄:金石文獻) 일천 권, 장서(藏書) 일만 권, 금(琴) 하나, 기(碁:바둑) 하나 있다. 언제나 술 한 단지를 놓고 나 한 늙은이 그 사이에서 늙어 간다.'고 말했다. 왕안석(王安石)·증공(曾鞏)·소순(蘇洵)·소식(蘇軾)·소철(蘇轍) 등은 그의 추천에 의해서 세상에 나왔다. 당송팔대가(唐宋八大家)의 한 사람. 《歐陽文忠公集》153권.

굴평(屈平:기원전 343?~277?)

평(平), 字는 원(原). 주 말(周末)의 초(楚)의 왕족. 널리 학문을 배워 사물의 도리를 규명하고, 치란(治亂)에 밝으며, 사람을 응대하는 일에 뛰어나므로 회왕(懷王)의 좌도(左徒:官名)가 되어, 들어와서는 국사(國事)를 논하고, 나가서는 빈객(賓客)을 접대하여 두터운 신임을 받았다. 같은 관(官)에 있던 상관대부(上官大夫)가 이것을 질투하여, 굴원(屈原)이 헌법(憲法)을 초(草)하고 공(功)을 뽐낸다며 참언(讒言)했다. 굴원은 그 때문에 면직되었다. 그 당시 진(秦)은, 장의(張儀)를 초(楚)에 파견하여 제(齊)와 초(楚)를 분리시키려 하고 있었다. 굴원은 물리쳐져 제(齊)에 가 있었지만, 가끔 귀국(歸國)하여, 회왕(懷王)이 장의(張儀)를 용서하고 돌려보낸 일에 대해서 간언했다. 그 후 회왕은 굴원의 간언을 듣지 않고 진(秦)에 갔다가 포로가 되어 객사(客死)했다. 그것은 회왕(懷王)의 막내아들 자란(子蘭)의 권고에 의한 것이었다. 굴원은 이것을 미워하고, 멀리 추방되어 있으면서도 초국(楚國)과 회왕을 못 잊어, 그 마음을 〈離騷〉로 노래했다. 회왕의 뒤를 이어 경양왕(頃襄王)이 서자, 자란(子蘭)이 영윤(令尹:宰相)이 되었다. 자란은 상관대부로 하여금 굴원을 경양왕에게 참소하게 했으므로, 왕은 화가 나서 굴원을 유배시켰다. 굴원은 그 후 장강(長江)을 건너 동정호(洞庭湖)를 남하(南下)하여, 원수(沅水)·상수(湘水)의 근처를 방황하면서, 고향 영도(郢都)를 그리워하고 유배된 신세를 한탄하면서 많은 부(賦)를 지었다. 초(楚)나라 왕족의 신분으로서 타국(他國)에 출사할 수도 없고, 그러는 동안에도 초나라는 나날이 멸망의 길을 더듬고 있으므로, 굴원은 참다못해 마침내 멱라(汨羅)에 몸을 던져 죽었다(賈誼의 〈弔屈原賦〉 참조). 〈懷沙〉의 賦는 죽기 직전에 지은 것이라 일컬어진다. 그밖에 〈九歌〉·〈天問〉·〈卜居〉 등의 제편(諸篇)도 굴원의 작(作)이라 일컬어진다. 이 작품들은 모두 정감(情感)이 깊고 사구(辭句)가 뛰어나게 아름다운 걸작(傑作)이다. 이 책에 수록되어 있는 〈漁父辭〉는 굴원의 성격이나 절조(節操)를 잘 표명한 작품이긴 하지만, 후인(後人)의 필(筆)로 이루어진 것 같다. 굴원은 초(楚)나라의 신(神)을 제사 지내는 〈祝辭〉 형식으로 시를 지었으므로, 이것을 〈楚辭〉라 한다. 그러한 까닭에 〈漁父辭〉라 하여 辭를 붙인 것이다. 이밖에 〈招魂〉·〈大招〉도 굴원이 지은 것이라는 설(說)이 있다. 또 굴원의 생졸년(生卒年)에 대해서는 여러 설(說)이 있다. 앞에 쓴 것은 유국은(游國恩)의 설(說)에 의한 것인데, 가장 정확한 것이라 할 수 있다.

당자서(唐子西:1068~1118)

이름은 경(庚), 字는 자서(子西), 號는 미산(眉山). 北宋의 단능(丹稜:四川眉州) 사람. 문장이 정밀하고 세무(世務)에 통하였다. 〈名治〉·〈察言〉·〈閱俗〉·〈存舊〉 등의 글을 지었으며, 《唐眉山集》24권을 남겼다.

도연명(陶淵明:365~427)

잠(潛), 字는 연명(淵明). 다른 이름은 원량(元亮)이라고도 한다. 일설(一說)에 연명(淵明)을 이름이라 하고, 잠(潛)을 진(晉) 멸망 후의 이름이라 하기도 한다. 동진(東晉)의 강서 자상(江西柴桑) 사람. 진(晉)의 대사마(大司馬) 도간(陶侃)의 증손(曾孫). 어려서부터 학문을 좋아했으며, 시문(詩文)에 뛰어났다. 천성적으로 산천(山川)의 풍물을 사랑하여 사관(仕官)할 뜻은 없었지만, 집안이 빈한하여 부모를 봉양할 수조차 없었으므로, 팽택(彭澤)의 현령(縣令)이 되었다. 그러나 본디 속리(俗吏)의 생활을 싫어하고 있던 차에, 군(郡)의 독우(督郵:지방을 순찰하는 관리)가 온다고 하여, 현(縣)의 소리(小吏)가 연명(淵明)에게 속대(束帶:朝服)를 입히고 배알하게 하였으므로 연명은 탄식하며, '나, 닷 말의 쌀 때문에 촌놈에게 허리를 굽힐 수 없다.'고 말하고는, 그날로 관인(官印)을 돌려주고 집으로 돌아가면서 〈歸去來辭〉를 지었다고 한다(〈歸去來辭〉의 해설 참조). 그의 성격은 스스로 자신을 묘사한 〈五柳先生傳〉에 잘 나타나 있다. 또 〈桃花源記〉와 그 시(詩)에는 그의 이상향(理想鄕)이 그려져 있다. 사영운(謝靈運)을 산수 시인(山水詩人)이라 하는 데 대하여 연명을 전원 시인(田園詩人)이라 칭한다. 사후(死後)에 정절(靖節)이라는 시호(諡號)가 내려졌다. 《陶靖節集》 4권.

두목지(杜牧之:803~852)

이름은 목(牧), 字는 목지(牧之), 號는 번천(樊川). 晚唐의 경조(京兆:長安) 사람으로, 어려서부터 재명(才名)이 있었다. 진사(進士)에 급제한 후, 감찰어사(監察御史), 선주(宣州)의 단련판관(團練判官), 자사(刺史) 등을 역임하고 중서사인(中書舍人)에 이르렀다. 시성(詩聖) 두보(杜甫)를 대두(大杜:또는 老杜라고도 함)라 하는 데에 대하여 소두(小杜)라 불리며, 두보와 함께 이두(二杜)라 불린다. 晚唐의 시인으로는 드물게 높은 기개(氣槪)를 지녀, 천하의 대사와 고금의 성패(成敗)를 즐겨 논했다. 그의 작품은 표현이 호방하면서도 아름다운데, 이 책에 실린 〈阿房宮賦〉는 걸작이다. 또 그의 대표작 〈山行〉과 〈江南春〉은 인구(人口)에 회자(膾炙)되는 名詩이다. 《樊川文集》 20권, 《外集》 1권.

범희문(范希文:989~1052)

이름은 중엄(仲淹), 字는 희문(希文). 北宋의 소주(蘇州) 오현(吳縣:江蘇) 사람. 경학(經學)에 조예가 깊었으며, 進士에 급제하여 인종(仁宗) 때에 참지정사(參知政事)가 되어 정치 개혁을 꾀하였다. 송대(宋代) 최고의 명재상으로 늘, '선비는 마땅히 천하가 근심하면 제일 먼저 근심해야 하고, 천하가 즐거워하면 맨 나중에 그 즐거움을 누려야 한다.'고 말했다. 이러한 정신은 〈岳陽樓記〉에도 잘 나타나 있다. 황우(皇祐) 5년에 64세를 일기로

卒했다. 시호(諡號)는 문정(文正), 초국공(楚國公)에 추봉(追封)되었다.《政府奏議》2권,《范文正公集》25권.

사마온공(司馬溫公:1019~1086)

이름은 광(光), 字는 군실(君實). 세상에서는 속수(涑水) 선생이라 일컬어졌다. 북송(北宋)의 섬주(陝州:河南省) 사람. 어렸을 때부터 문사(文詞)에 뛰어났으며, 그의 문사(文詞)에는 서한(西漢)의 풍(風)이 있었다. 인종(仁宗)·영종(英宗)을 섬기고, 신종(神宗) 때에 왕안석(王安石)의 신법(新法)에 반대하여 낙양(洛陽)에 돌아가 살기 15년, 철종(哲宗)이 즉위하자 다시 조정에 들어가 재상(宰相)이 되어 신법(新法)을 바꾸었다. 상위(相位)에 있은 지 8개월에 卒했다. 당시 68세. 태사온국공(太師溫國公)이 추증(追贈)되고 문정(文正)이라는 시호(諡號)가 내려졌으므로 사마온공(司馬溫公)이라 한다. 그의 저작(著作) 중에서 가장 유명한 것은《資治通鑑》294권, 목록(目錄) 30권, 고이(考異) 30권이며, 가집(家集)에《傳家集》80권이 있다. 〈獨樂園記〉·〈諫院題名記〉는 명문(名文)이다.

소노천(蘇老泉:1009~1066)

이름은 순(洵), 字는 명윤(明允). 북송(北宋)의 미산(眉山) 사람. 노천(老泉)은 그의 호(號)이다. 27세에 비로소 발분(發憤)하여 학문을 배워, 육경(六經) 백가(百家)의 서(書)에 통했다. 비서성 교서랑(秘書省校書郎)이 되어, 송 초(宋初) 건륭(建隆) 이래의 예서(禮書)를 저술했다. 또 요벽(姚闢) 등과 함께《太常因革禮》100권을 완성하고 졸(卒)했다. 58세. 老泉은 성품이 순박하고 정직하며, 재기(才氣)에 넘쳤다. 학문은 유(儒)에 치우치지 않고, 고대(古代)의 종횡가(縱橫家:外交論)를 좋아했으며, 예언자 같은 달식(達識)이 있었다. 한(漢)의 가의(賈誼)로 자처하여, 그 文도 논책(論策:

정치나 교육에 대한 의견이나 계책을 서술한 문장)에 뛰어났다. 〈權論〉·
〈衡論〉·〈審勢〉·〈審敵〉 등이 그 대표작이다. 〈名二子說〉은 그의 뛰어난
두 아들의 이름을 식(軾)과 철(轍)이라 지은 아버지의 마음을 서술한 것이
다(〈名二子說〉의 해설 참조). 부자(父子)를 삼소(三蘇)라 하고, 형제를 이
소(二蘇)라 한다. 삼소(三蘇) 모두 당송팔대가(唐宋八大家)에 들어가는 고
문가(古文家)이다.

소자첨(蘇子瞻:1036~1101)

식(軾), 字는 자첨(子瞻). 북송(北宋)의 미주 미산(眉州眉山:四川省眉山
부근) 사람. 7세에 책을 읽고, 10세에 문장을 썼다. 가우(嘉祐) 2년(1057)
에 진사(進士)에 급제하여, 복창현 주부(福昌縣主簿)·대리 평사(大理評
事)·봉상부첨판(鳳翔府簽判) 등의 직책을 역임했다. 희녕(熙寧)·원풍(元
豊) 연간(年間)에, 왕안석(王安石)과 대립하여 조정에서 쫓겨나 항주통판
(杭州通判)이 되었다. 후에 밀주(密州)·서주(徐州)를 거쳐 호주(湖州)에
부임했다. 원풍(元豊) 2년(1079)에 이정(李定) 등이, '자첨(子瞻)의 시(詩)
는 조정을 비난하는 것'이라고 말한 것 때문에 체포되어 옥에 갇혔다가, 겨
우 죽음을 면하고 황주단련부사(黃州團練副使)로서 황주(黃州)에 유배되었
다. 두 〈赤壁賦〉는 이때의 작품이다. 그 지방의 동파(東坡)라는 곳에 거처
를 마련했으므로, 호(號)를 동파(東坡)라 했다. 철종(哲宗)이 즉위하여 그
를 소봉랑(朝奉郎)으로 삼아 등주(登州)의 지사(知事)로 임명했다. 그 후
얼마 안 있어, 예부시랑(禮部侍郎)·중서사인(中書舍人)·한림학사(翰林
學士) 겸 시독(侍讀)으로서 중용(重用)되었다. 원우(元祐) 4년(1089), 당국
자(當局者)에게 죄를 얻어, 용도각 학사(龍圖閣學士)로서 항주(杭州)의 지
사(知事)가 되었다. 그 뒤에 영주(潁州)·양주(揚州)·정주(定州) 등을 전
전하여, 일시 조정에 있었던 일도 있지만 대부분은 지방으로 돌아다녔다.

소성(紹聖) 초에 신법(新法)이 행해져, 구법당(舊法黨)이었던 소식(蘇軾)은
혜주(惠州)로 좌천되어 창화(昌化)로 옮겼다. 휘종(徽宗)이 즉위하자 염주
(廉州)·영주(永州)로 옮겼다가, 사면되어 다시 조봉랑(朝奉郞)이 되었다.
건중 정국(建中靖國) 원년(元年) 여름에 졸(卒)하고, 문충(文忠)이라는 시
호(諡號)가 내려졌다. 東坡는 중국 제일의 문인(文人)이라 일컬어진다. 풍
류 활달(風流闊達)한 성격으로, 경사(經史)에 통하고, 道·佛의 학(學)에
밝으며, 시문(詩文)뿐만 아니라 전사(塡詞)·서화(書畵)·음악에도 통달했
다. 구양수(歐陽修) 등과 함께 당송고문팔대가(唐宋古文八大家)의 한 사람
이다.《東坡全集》115권.

여여숙(呂與叔:生卒年 未詳, 11세기 말엽)

이름은 대림(大臨), 字는 여숙(與叔). 北宋의 경조(京兆) 남전(藍田:陝西)
사람으로, 세상에서는 남전선생(藍田先生)이라 불렀다. 처음에는 장횡거
(張橫渠) 선생에게서 배웠는데, 선생이 세상을 버리자 정이천(程伊川)·정
명도(程明道) 두 정자(程子)에게서 배웠다. 경서(經書)에 밝고 문장을 잘
지었으며, 사양좌(謝良佐)·유초(游酢)·양시(楊時)와 함께 '程門四先生'이
라 일컬어진다. 대충(大忠)·대방(大防)·대균(大鈞)·대림(大臨)의 사형
제 모두 이름이 높았다.

왕발(王勃:650~676)

발(勃), 字는 자안(子安). 당(唐)의 태원(太原:山西) 사람. 양형(楊炯)·
노조린(盧照鄰)·낙빈왕(駱賓王)과 시명(詩名)을 나란히 하여, 초당(初唐)
의 사걸(四傑)이라 일컬어진다. 수(隋)의 대유(大儒)인 문중자 왕통(文中子
王通)의 자손이다. 인덕(麟德) 초(初)에 대책(對策:科擧에서 정치 또는 經
義에 관한 문제를 내어 답안을 쓰게 하는 일)하여 조산랑(朝散郞)에 임명되

고, 후에 패왕(沛王)이 그 이름을 듣고 왕부(王府)의 수찬(修撰:역사를 編輯하는 官職名)에 임명했다. 당시 투계(鬪鷄) 놀이가 왕성히 행해졌는데, 발(勃)이 장난으로 쓴 그 격문(檄文)이 고종(高宗)의 노여움을 사 물리쳐져, 검남(劍南:四川)으로 들어갔다. 후에 죄를 지은 관노(官奴)를 숨겼다가 그 일이 발각될 것을 두려워하여 죽였으므로, 주살(誅殺)될 것을 용서받고 제명(除名:官職에서 물러나는 것)되었다. 그때에 아버지 복치(福畤)도 좌천되어 교지(交趾)의 영(令)이 되어 있었으므로, 아버지를 찾아가던 도중에 등왕각(滕王閣)의 잔치에 참여하여 〈滕王閣序〉 및 시(詩)를 지었다(〈滕王閣序〉해설 참조). 그 후 바다를 건널 때 물에 빠졌던 것이 원인이 되어 죽었다. 30세도 되지 않았을 때였다. 종래 발(勃)은 정관(貞觀) 22년(648)에 태어난 것으로 알려져 왔지만, 〈春思賦〉에 스스로 함형(咸亨) 2년 22세라 서술하고 있는 것에 의하면 앞에 쓴 것과 같이 된다.《王子安集》30권.

왕원지(王元之:954~1001)

우칭(禹偁), 字는 원지(元之). 북송(北宋) 거록(鉅鹿:河北省) 사람. 태평흥국(太平興國) 年間의 진사. 우습유(右拾遺)로서, 행실이 엄정하고 군(君)을 간(諫)하는 일을 두려워하지 않았으므로, 일이 있을 때마다 좌천(左遷)되었다. 함평(咸平) 4년에 죽으니, 48세였다. 시(詩)에 뛰어났으며, 음절사구(音節詞句)의 아름다움을 존중하는 서곤체(西崑體)의 폐해를 고치려고 노력했다. 또한 문장에 뛰어났으니, 그의 문장 중에서도 〈奏疏十策〉은 가장 뛰어난 의견서(意見書)였다.《小畜集》30권,《外集》7권은 고아간담(古雅簡淡)한 아취가 있는 문집(文集)이다.

왕일소(王逸少:321~379)

희지(羲之), 字는 일소(逸少), 13세 때에 진(晋)의 주의(周顗)를 알현했다. 주의(周顗)는 희지(羲之)를 이재(異才)라 했다. 언사(言辭)가 명백하며 의리(義理)에 통(通)하고 절조(節操)가 굳다는 칭찬을 들었다. 특히 초서(草書)와 예서(隸書)를 잘 써서 고금(古今)의 제일이다. 〈蘭亭集序〉(이 책에는 잘못되어 〈蘭亭記〉로 되어 있다)는 문장이 뛰어날 뿐만 아니라 그 필적(筆蹟)이 비할 데 없는 명필(名筆)로서, 오늘날까지도 서가(書家)의 법첩(法帖)이 되고 있다. 단지 유감인 것은, 현존(現存)하는 것은 당대(唐代)의 모각(模刻)으로 진필(眞筆)이 아니라는 점이다(〈蘭亭記〉 해설 참조). 출사하여 우군장군(右軍將軍)·회계내사(會稽內史)를 지냈으므로, 세상에서는 왕우군(王右軍)이라 칭했다. 일소(逸少)의 생졸년(生卒年)에는 여러 가지 설이 있어 일정하지 않다. 양흔(羊欣)의 〈筆陣圖〉에서 말하는 것처럼 영화(永和) 9년에 33세였다면 앞에 게재한 대로이지만, 이밖에도 영가(永嘉) 원년(307) 또는 태안(泰安) 2년(303)에 태어났다는 설(說) 등이 있다.

왕자연(王子淵:?~기원전 61)

포(褒), 字는 자연(子淵). 촉(蜀:四川) 사람. 한(漢)의 선제(宣帝) 때에 익주(益州)의 자사(刺史:知事) 왕양(王襄)이, 포(褒)에게 뛰어난 재능이 있음을 상주(上奏)했다. 선제(宣帝)는 포(褒)를 불렀다. 선제의 명에 의해 포는 〈聖主得賢臣頌〉을 지어 올려, 장자교(張子僑) 등과 함께 대조(待詔)에 임명되었다. 방사(方士:呪術士)가, '익주(益州)에 금마벽계(金馬碧雞)의 신(神)이 있다.'고 말해서, 선제(宣帝)는 포(褒)로 하여금 그 신(神)을 제사 지내도록 했는데, 도중에서 병사(病死)했다.

왕형공(王荊公:1019~1086)

안석(安石), 字는 개보(介甫). 북송(北宋)의 무주 임천(撫州臨川:江西省 臨川縣) 사람. 구양수(歐陽修)의 추천으로 진사(進士)에 급제했다. 박학(博學)

하고 문장을 잘 지었으며, 시인(詩人)으로도 뛰어났다. 시폐(時弊)를 개혁하고자 만언(萬言)의 書를 인종(仁宗)에게 올렸으나 채용되지 않았다. 신종(神宗) 때에 한림학사(翰林學士)·참지정사(參知政事)가 되어, 여혜경(呂惠卿) 등의 의견에 의거한 신법(新法)을 시행했다. 집요(執拗)하고 강정(剛情)한 성품으로, 비난을 무릅쓰고 개혁을 단행했으므로 당시의 원로 명사(名士)들의 반감을 사, 신법(新法) 대 구법(舊法)의 당쟁(黨爭)이 일어났다. 재상(宰相)의 위(位)에 있은 지 8년, 원우(元祐) 원년 68세에 병사(病死)했다. 형국(荊國:湖北·湖南)에 봉(封)해졌으므로 왕형공(王荊公)이라고도 한다. 고문(古文)을 잘 지었으며, 당송팔대가(唐宋八大家)의 한 사람이다. 《王臨川文集》 29권.

원차산(元次山:723~772)

결(結), 字는 차산(次山). 당(唐)의 무창(武昌:湖北) 사람. 노산(魯山)의 영(令) 덕수(德秀)의 족제(族弟:사촌)이다. 결(結)은 어렸을 때부터 재기가 남달리 뛰어났으며, 17세 때에 학문에 뜻을 두어 천보(天寶) 12년에 진사(進士)가 되었다. 안녹산(安祿山)의 난(亂)이 일어났을 때에 소원명(蘇元明)의 추천에 의해서 숙종(肅宗)에게 출사했다. 〈時議〉세 篇을 올려 금오참군병조(金吾參軍兵曹)로 승진되고, 감찰어사(監察御史)를 겸하여 산동서도(山東西道)의 절도참모(節度參謀)가 되었다. 사사명(史思明)의 난(亂) 때에 결(結)은 비양(泌陽)에 주둔, 험한 지세(地勢)를 이용하여 15개의 성(城)을 온전히 지켰다. 그 공(功)으로 감찰어사(監察御史) 이행(裏行:定員外)으로 직위가 올라갔다. 대종(代宗)이 즉위하자 벼슬을 사퇴(辭退)하고 번천(樊川)의 물가로 돌아가, 저작랑(著作郎)을 제수받아 책을 저술했다. 50세에 卒. 예부시랑(禮部侍郎)이 추증(追贈)되었다. 결(結)은 당시의 경박(輕薄)한 시(詩)를 미워하여, 풍아(風雅)한 고도(古道:옛날 聖賢의 道)로 돌아갈 것을 제창했으며, 文은 對句의 화미(華美)한 체(體)를 배척했다. 《협중집(篋中集)》은 이러한 견지(見地)에서 당시의 시(詩)를 편집(編集)한 것이다. 그 서(序)에 그의 문학과 詩에 대한 견식(見識)이 서술되어 있다. 《次山集》외에 《元子》10篇, 《文編》등의 書가 있다.

유백륜(劉伯倫:?~300?)

이름은 영(伶), 字는 백륜(伯倫). 진(晋)의 패국(沛國:江蘇) 사람이다. 죽림칠현(竹林七賢)의 한 사람으로, 완적(阮籍)·혜강(嵇康) 등과 사귀었으며, 술을 몹시 즐겼다. 평소 녹거(鹿車:작은 수레)를 타고 한 병의 술을 가지고 다녔는데, 삽을 멘 하인 한 사람을 따르게 하여 어느 곳에서든 자신이 죽거든 그 자리에 묻어 달라고 했다 한다. 건위참군(建威參軍)을 지냈으므로 유참군(劉參軍)이라 불렸다.

유우석(劉禹錫:772~842)

字는 몽득(夢得). 唐의 팽성(彭城:江蘇省) 사람이다. 정원(貞元) 9년(793)에 進士에 급제. 貞元 말에 왕숙문(王叔文)의 추천에 의해 탁지 원외랑(度支員外郎)이 되었으나, 숙문이 실권하자 연주 자사(連州刺史)로 좌천되었다. 그 후에도 그는 천자를 비방하는 시를 지었다 하여 여러 차례 좌천을 당하는 등 관리로서는 평탄하지 못한 생활을 했다. 그러나 회창(會昌) 연간(年間)에는 검교예부상서(檢校禮部尚書)에까지 올랐고, 죽은 다음에는 호부상서(戶部尚書)가 추증(追贈)되었다. 고문(古文)에 능했을 뿐 아니라 시재(詩才)가 뛰어나, 백거이(白居易)와 함께 유백(劉白)이라 불릴 정도였다. 《劉賓客文集》(一名《中山集》) 30권, 《外集》10권을 남겼으며, 친한 벗 유종원(柳宗元)의 글을 모아 《柳河東集》을 세상에 내놓았다.

유자후(柳子厚:773~819)

종원(宗元), 字는 자후(子厚). 당(唐)의 하동(阿東:山西省 永濟 부근) 사람. 정원(貞元) 초(初)에 진사(進士)에 급제하고, 박학굉사과(博學宏詞科)에 합격하여 교서랑(校書郎)이 되어 남전(藍田)의 위(尉)에 임명되었다. 貞元 19년에 감찰어사이행(監察御史裏行)이 되었다. 순종(順宗)이 즉위하자 왕숙문(王叔文)·위집의(韋執誼)가 득세하여 자후(子厚)를 중용, 예부원외랑(禮部員外郎)이 되었다. 후에 숙문(叔文)이 실각하자 그도 소주(邵州)의 자사(刺史)로 좌천되어 임지로 가던 중, 다시 영주(永州)의 사마(司馬)로 가게 되었다. 원화(元和) 10년(815) 유주(柳州)의 자사(刺史)로 옮겼다. 그는 산수간(山水間)을 방랑하면서, 시문(詩文)을 짓는 일로 마음을 달랬다. 유주(柳州)에 있을 때 선정(善政)을 베풀어 평판이 높았다. 元和 14년, 47세로 유주(柳州)에서 졸(卒)했다. 유주(柳州)의 사람들은 자후를 사모하여, 그의 묘(廟)를 세우고 그를 신(神)으로 섬겼다. 한퇴지(韓退之)가 그의 비문(碑文) 〈柳州羅池廟碑〉를 지었다. 종원(宗元)은 어려서부터 문장을 잘 지었으며, 웅심아건(雄深雅健), 한유(韓愈)와 이름을 같이한다. 그가 역사에 달통했었다는 것은, 〈與韓愈論史官書〉·〈封建論〉에 의해서도 알 수 있다. 또한 산수유기(山水遊記)·서경(敍景)의 문장에도 뛰어나, 그의 〈永州八記〉는 걸작이다. 그밖에도 각종의 단편(短篇) 수작(秀作)이 있다. 한퇴지와 함께 당대(唐代)의 2대 고문가(古文家)이며, 당송팔대가(唐宋八大家)의 한 사람이다. 《柳河東集》45권, 《外集》2권.

이영백(李令伯:?~285?)

이름은 밀(密), 字는 영백(令伯). 東晋 무양(武陽:四川) 사람. 어려서 아버지를 여의고 어머니마저 개가(改嫁)했으므로, 조모의 손에 성장하였다. 효성이 뛰어나, 이를 안 진(晋)의 무제(武帝)가 태자세마(太子洗馬)의 벼슬을 내렸다. 그러나 이밀은 〈陳情表〉를 올려 사양하였다. 무제는 이밀의 효심에 감동하여, 노비(奴婢) 두 사람을 내리고, 군(郡)과 현(縣)의 수령(守令)에게 일러 음식물과 의복을 제공하게 하였다. 이밀은 후에, 조모의 상(喪)을 마친 다음 출사(出仕)하여 한중(漢中)의 태수(太守)로 봉직하였다.

이태백(李太白:701~762)

백(白), 字는 태백(太白), 號는 청련거사(靑蓮居士). 광한(廣漢:四川) 사람. 성당(盛唐)의 시인이다. 전해져 내려오는 이야기에 의하면, 그의 어머니가 장경성(長庚星:太白星)을 꿈에 보고 그를 낳았으므로 태백(太白)이라 이름 지었다고 한다. 그 자신 스스로 '농서(隴西)의 포의(布衣)'라 칭하고 있다(《與韓荊州書》). 10세에 이미 시서(詩書)에 통하고 백가(百家)의 서(書)를 보았으며, 좀 더 성장해서는 부(賦)를 잘 지었다. 검술(劍術)을 좋아하여, 직접 몇 사람을 참(斬)한 일도 있다. 천보(天寶) 연간(年間) 초에, 하지장(賀知章)이 현종(玄宗)에게 이백(李白)의 일을 이야기하여, 조칙에 의해 한림원(翰林院)에서 일하게 되었다. 현종은 그의 재능을 몹시 사랑하였다. 그러나 천자의 명령으로 이백의 신을 벗겨주게 되었던 고역사(高力士)가 이백을 미워하여 양귀비(楊貴妃)에게 참언을 했으므로, 이백은 스스로 물러났다. 그때부터 이백은 천하를 주유(周遊)하면서 시(詩)와 술로 마음을 달랬다. 시성(詩聖) 두보(杜甫)와는 절친한 시우(詩友)였다. 그의 시는, '천마(天馬)가 하늘을 나는 것 같다.'고 형용된다. 표표(飄飄)한 사상, 청신(淸新)하고 화려한 사구(辭句), 자유분방한 천재적인 시풍(詩風)과 그 인품에 일종의 선풍(仙風)이 있었으므로 시선(詩仙)이라 일컬어졌다. 하지장(賀知章)이 이백을 가리켜 '적선(謫仙:하늘에서 죄를 지어 하계로 쫓겨내려온 신선)'이라 한 것은 유명한 이야기이다. 《李太白集》 30권이 있다.

이태백(李泰伯:1009~1059)

이름은 구(覯), 字는 태백(泰伯). 北宋의 우강(旴江:江西省) 사람으로, 세상 사람들이 우강선생(旴江先生)이라 불렀다. 문장이 뛰어나고 경학(經學)에 통하여, 그에게서 배우고자 사방에서 모여든 사람이 수백이었다. 황우(皇祐) 초에, 범중엄(范仲淹)의 추천으로 대학조교(大學助敎)가 되었다. 가우(嘉祐) 4년, 51세를 일기로 卒하였다. 뜻이 높고 밝은 문장을 많이 썼다 하는데, 아깝게도 전해지는 작품이 많지 않다.

이한(李漢:825년경 生存)

字는 남기(南紀). 어려서부터 한유(韓愈)에게서 학문을 배웠고, 글을 잘 지었다. 강강(剛强)한 성품이 한유와 흡사하였는데, 한유는 이것을 좋아하여 사위로 삼았다. 한유가 죽은 다음, 한유의 시문(詩文)을 모아 정리하였다.

이화(李華:?~766)

이름은 화(華), 字는 하숙(遐叔). 唐의 조주(趙州:河北) 찬황(贊皇) 사람. 대력(大曆) 초에 죽었다. 문사(文辭)가 화려하고 정조(情調)가 풍부한 글을 썼으나, 굉대 웅걸(宏大雄傑)한 기상이 부족했다.

장자후(張子厚:1020~1077)

이름은 재(載), 字는 자후(子厚), 號는 횡거(橫渠). 北宋 때 사람으로 장안(長安)에서 출생하였다. 학문과 도를 행하는 데에 힘썼으며 지조가 굳고 예(禮)를 좋아하여, 세상 사람들에게서 많은 존경을 받았다. 가우(嘉祐) 2년 진사(進士)에 급제하였다. 《易說》·《語錄》·《正蒙》 등의 저서와 〈東銘〉·〈西銘〉 등의 작품을 남겼는데, 그의 철학은, 《易》으로 종(宗)을 삼고 《中庸》으로 체(體)를 삼았으며, 예(禮)를 숭상한 것이었다. 宋學, 즉 주자학

(朱子學)은, 주돈이(周敦頤)에 의해 시작되어 정명도(程明道)·정이천(程伊川)의 두 정씨와 장횡거에 의해 꽃피웠으며, 뒤에 주희(朱熹)에 의해 대성된 학문이다.

장온고(張蘊古:?~631)

唐나라 太宗 때의 사람. 정관(貞觀) 2년, 중서성(中書省)의 관리로 있으면서 〈大寶箴〉을 지어 太宗에게 올렸다. 太宗은, 천자가 규계(規戒)로 삼을 만한 글이라며 크게 기뻐하여, 비단 300필을 내리고 그를 대리시(大理寺)의 승(丞)으로 승진시켰다. 그러나 4년 뒤, 太宗은 한 권세가의 말만 듣고 장온고를 죽였으니 〈大寶箴〉의 規戒를 생각하지 못한 일이었다. 太宗은 뒤에 크게 후회하였으나 장온고는 이미 죽고 없었다.

정정숙(程正叔:1033~1107)

이름은 이(頤), 字는 정숙(正叔), 號는 이천(伊川). 北宋의 河南 사람. 형 호(顥:明道先生)와 함께 주돈이(周敦頤:周茂叔 참조)에게서 학문을 배웠다. 18세 때에 仁宗에게 王道政治를 권하는 상서(上書)를 올렸다. 천우(天祐) 초에 서경 국자(西京國子)의 교수(敎授)에 임명되었는데, 가끔 천자께 나아가 강론하였다. 처음에는 한림원(翰林院)의 소동파(蘇東坡)와 함께 신법당(新法黨)에 맞섰으나, 나중에는 두 사람의 뜻이 맞지 않아 서로 당(黨)을 만들어 대립하였다. 당시 세상에서는 동파가 거느리는 당을 천당(川黨), 이천이 거느리는 당을 낙당(洛黨)이라 불렀다. 이천의 형 明道先生은 관후(寬厚)한 성품을 지녔으나, 이천은 강직하여 조정에서 직간(直諫)을 서슴지 않았다. 형인 정호와 함께 이정자(二程子)로 불리는데, 두 사람이 송대(宋代)의 철학에 미친 영향은 지대하다. 이천의 이기설(理氣說)은 후에 주희(朱熹)에 의해 대성되었다. 대관(大觀) 元年, 75세를 일기로 卒했다. 가정(嘉定) 13

년, 정공(正公)이란 시호(諡號)가 내려졌으며, 순우(淳祐) 元年, 이천백(伊川伯)에 추봉(追封)되었다. 공자묘(孔子廟)에 배향(配享)되는 대유(大儒)로, 《易傳》4권·《經說》8권·《伊川文集》8권 등을 남겼다.

제갈공명(諸葛孔明:181~234)

이름은 량(亮), 字는 공명(孔明). 낭야(瑯琊:山東) 사람으로, 촉한(蜀漢)의 승상(丞相:首相). 처음에 융중(隆中:湖北省 襄陽)에 은서(隱栖)하여 와룡(臥龍)이라 일컬어졌는데, 유비(劉備)가 그 인물을 알아보고 세 번 초려(草廬:누추한 집이라는 뜻)를 방문하여 출사해 주기를 간청했으므로, 감격하여 마침내 긴 수어지교(水魚之交)를 맺기에 이르렀다. 그 후 각지(各地)에서 전쟁을 했으며, 208년에는 오(吳)의 손권(孫權)과 동맹을 맺고 조조(曹操)를 적벽(赤壁)에서 맞아 싸워 대승(大勝)했다(〈赤壁賦〉참조). 유비(劉備)가 죽은 후, 후주(後主) 선(禪)을 보좌하여 촉한(蜀漢)의 주석지신(柱石之臣)이 되었다. 남방의 오랑캐를 평정한 후에 위(魏)를 정벌하여 한실(漢室)의 부흥을 꾀하려 했지만, 병(病)으로 오장원(五丈原)의 진중(陣中)에서 몰(沒)했다. '죽은 공명(孔明), 산 중달(仲達:魏將 司馬懿)을 패주시킨다.'고 노래될 만큼 병법 군략(兵法軍略)에 뛰어났다. 인품이 맑고 풍류를 좋아하며, 그러면서도 성실 근엄한, 참으로 삼국(三國) 제일의 인물이었다. 충무(忠武)라는 시호(諡號)가 내려졌으며, 《諸葛武侯集》이 있다. 평소 〈梁父吟〉을 애송(愛誦)했다 하는데, 본디 문인(文人)은 아니다. 공명(孔明)의 글은 모두 열성(熱誠)이 폐부로부터 솟아나 이루어진 것으로, 읽는 사람을 감동시킨다.

주무숙(周茂叔:1017~1073)

이름은 돈이(惇頤, 또는 敦頤), 字는 무숙(茂叔). 북송(北宋)의 도주 영도현(道州 營道縣:湖南) 사람. 대대로 염계(濂溪) 가에서 살았으므로 염계 (濂溪)라고 호(號)를 지었다. 여러 관직을 거쳐 광동전운판관(廣東轉運判 官)이 되었으나, 병을 얻어 스스로 남강군(南康軍)을 원하여 돌아갔다. 희 녕(熙寧) 6년에 卒했다. 당시 57세. 돈이(惇頤)는 박학(博學)하며 아는 바 를 몸소 실천했다. 또한 일찍이 도(道)를 듣고, 일을 처리하는 데에는 과감 하게 했다. 《太極圖說》과 《通書》를 저술하여 만물의 본체(本體)를 태극(太 極)으로 하고, 음양(陰陽) 두 기(氣)의 전개에 의해서 현상(現象)이 생긴다 고 했다. 이 철학 사상은 두 정자(程子)와 주자(朱子)에 의해서 계승되어, 송학(宋學)으로 대성(大成)되었다.

중장통(仲長統:179~219)

字는 공리(公理), 후한(後漢)의 산양(山陽:河南) 사람. 어려서부터 학문을 좋아하였으며, 문사(文辭)가 풍부하였다. 처음에는 벼슬을 싫어하여 〈樂志 論〉을 지었으나, 후에 조조(曹操)의 군사(軍事)에 참여하였다. 《昌言》 34 篇(一說에는 24篇)을 지었으며, 41세에 卒하였다.

진사도(陳師道:1053~1101)

字는 무기(無己), 또는 이상(履常). 北宋의 팽성(彭城:江蘇省) 사람으로, 어려서부터 각고(刻苦)의 노력으로 학문을 배웠고, 청렴 무욕(淸廉無欲)하 여 이록(利祿)을 구하지 않았다. 당송팔대가(唐宋八大家)의 한 사람인 증공 (曾鞏)에게 글을 배웠으며, 황산곡(黃山谷)의 詩를 종(宗)으로 삼았다. 원 우(元祐) 연간(年間)에 동파(東坡)의 추천으로 서주(徐州)의 교수(敎授)가 되었고, 뒤에 비서성정자(秘書省正字)에 이르렀다. 진관(秦觀) · 황정견(黃 庭堅) · 장뢰(張耒) · 조보지(晁補之) · 이천(李薦) 등과 함께 소문육군자(蘇 門六君子:蘇軾 門下의 사람들로 글 잘하는 여섯 사람)의 한 사람으로, 詩와

古文에 능하였다. 《後山集》30권을 저술하였다.

한 무제(漢 武帝:기원전 156~87)

성(姓)은 유(劉), 이름은 철(徹). 경제(景帝)의 둘째아들로, 한(漢)의 7대(代) 군주이다. 재위(在位) 50년. 영토가 넓고 문화가 발달했던 전성기(全盛期)였다. 대학(大學)을 두어 유학(儒學)을 왕성하게 하고, 교사(郊祀:하늘을 제사 지내는 儀式)를 설정했으며, 음률(音律)을 정했다. 또한 시악(詩樂)을 짓고, 봉선(封禪:封土를 쌓아 하늘에 제사 지내며, 땅을 깨끗이 쓸고 山川에 제사 지내는 일)하는 등 주대(周代)에 이어 문물제도를 정비했다. 유학(儒學)을 좋아하여, 공손홍(公孫弘) 같은 대유(大儒)를 평민으로부터 올려 재상(宰相)으로 삼았다. 그 이후 대책(對策:시험)으로써 현사(賢士)를 채용하게 되었다. 또 동중서(董仲舒)의 설(說)을 받아들여, 오경박사(五經博士)를 두고 경학(經學)을 장려했다. 무제(武帝)는 특히 문학을 사랑하여 시인(詩人)·부가(賦家)를 많이 모으고, 악부(樂府:음악을 관장하는 관청)를 설치하여 가요(歌謠)를 수집·제작하게 하였다. 산문(散文)으로는 사마천(司馬遷)의 《史記》130권이 편찬(編纂)되고, 사마상여(司馬相如) 등이 부(賦)나 악부체(樂府體:漢詩의 한 體. 長短句를 섞은 것) 오언시(五言詩)를 많이 지어 서한(西漢)의 문학 전성기를 이루었다. 무제(武帝)에 관한 이야기는 소설이 되어, 〈漢武故事〉·〈漢武內傳〉·〈漢武事略〉 등으로 전승(傳承)되고 있다. 이것들은 무제(武帝)가 선녀(仙女) 신앙에 열중한 데에서 생겨난 설화(說話)이다.

한퇴지(韓退之:768~824)

유(愈), 字는 퇴지(退之). 당(唐)의 남양(南陽:河南省 修武縣) 사람. 아버지 중경(仲卿)은 무창(武昌)의 영(令)으로, 후에 비서랑(秘書郎)이 되었다.

유(愈)는 3세 때에 아버지를 잃고 형을 좇아 영남(嶺南)으로 갔는데, 얼마 안 가 형도 죽었으므로, 형수인 정씨(鄭氏)에 의해 양육되었다. 유(愈)는 각고(刻苦) 끝에 마침내 25세 때에 진사(進士)에 급제했지만, 성품이 강직(剛直)하여 남과 어울리지 못했으며, 관도(官途)도 평탄하지 못했다. 29세 때(796) 영무(寧武)의 절도사 장건봉(張建封)의 추관(推官)이 되었다. 그때 근무상의 일로 의견서(意見書)를 올렸던 것이 〈上張僕射書〉이다. 上元 18년(802)에 국자 사문(國子四門:大學) 박사(博士)가 되고, 19년에 감찰어사(監察御史)가 되었으며, 元和 원년(806)에 다시 국자박사(國子博士)가 되었다. 이와 같이 세 번 박사가 되었지만 중용(重用)되지 않았으므로, 그 불만을 한 편(篇)의 〈進學解〉에 비유하여 상사(上司)에게 호소했던 것이다. 얼마 안 있어 비부랑중(比部郞中)·사관수찬(史館修撰)이 되고, 그 후 지제고(知制誥:勅命을 담당)에서 중서사인(中書舍人:詔書·民政 등을 담당)으로 올랐다. 元和 14년(819), 헌종(憲宗)이 봉상(鳳翔)의 법문사(法門寺) 호국진신탑(護國眞身塔)에 석가모니불(釋迦牟尼佛)의 지골(指骨)이 있다고 듣고 그것을 궁중(宮中)으로 들여오게 하였다. 한유(韓愈)는 그것에 반대하여 〈論佛骨表〉를 올렸다. 헌종은 크게 노하여 죽임을 내리려 하였으나, 배도(裵度) 등의 적극적인 변호에 의해 죽임을 면하고 조주(潮州)의 자사(刺史)로 좌천되었다(〈潮州韓文公廟碑〉 참조). 조주(潮州)에서는 악어(鰐魚)의 해(害)를 제거하고 선정을 베풀어 덕망이 있었다. 얼마 후 원주(袁州)로 옮겼다가, 다음해에 목종(穆宗)이 즉위하자, 그를 소환(召還)하여 국자좨주(國子祭酒:國子學의 長官)로 삼았다. 장경(長慶) 2년(821)에 병부시랑(兵部侍郞)이 되었다. 진주(鎭州)의 난(亂)이 일어나서 우원익(牛元翼)이 토벌했지만 실패하고, 다음해에 한유가 단신으로 적장을 설득하여 난을 평정했다. 그 공(功)으로 이부시랑(吏部侍郞)이 되었으며, 그 다음해(823)에 경조(京兆:帝都)의 尹이 되고, 어사대부(御史大夫)를 겸했다. 그 해 10월 다시 병부시랑(兵部侍郎)이 되었다가 곧 또다시 이부시랑(吏部侍郎)이 되었다. 다음해 여름, 질병에 걸려 시골에서 휴양했지만, 12월 2일에 정안리(靖安里)에서 卒했다. 향년 57세. 예부상서(禮部尙書)가 추증(追贈)되었다. 육조(六朝) 이래의 섬약한 사륙변려체(四六騈儷體) 문장에 반대하여 웅건(雄健)하고 자유로운 古文을 제창, 유종원(柳宗元)과 함께 당대(唐代)의 古文을 확립했다. 당송팔대가(唐宋八大家)의 제일인자이다. 또 중당(中唐)의 시인으로서는 백낙천(白樂天)과 어깨를 나란히 하여, 성당(盛唐)의 이백(李白)·두보(杜甫)와 함께 李·杜·韓·白의 이름이 있다. 이 책에 퇴지의 작품이 13편 수록되어 있으므로, 그것들에 의해 韓愈의 인품을 알 수 있을 것이다. 《昌黎集》40권, 《外集》10권.

미래를 위한 과거로의 산책

세상을
움직이는 책